国際機構法の研究

中村 道【著】

東信堂

はしがき

　本書は、今からおよそ1年前に亡くなられた中村道先生の数ある業績の中から、特に国際機構法に関する論文を選び、これを体系的にまとめたものである。
　先生の研究対象は主に国際機構法と条約法の分野とに大別されるが、そのご関心は常に一貫していた。それは、伝統的な国際法理論、とりわけ国家間の合意の効力が、国際社会で新たに生起・展開する事象にどこまで妥当するかという点である。先生は、現代国際法の根本的な性格をつきとめるためにはそうした限界を見極めることこそが重要であるとされ、それがより顕著に現れる問題の考察にご研究の全精力を費やされてきた。したがって、上記2つの分野においてそれぞれ、特に「強制行動」と「条約と第三国」という問題に焦点を当てられたことは、先生にとってまさに必然であった。
　先生はまた、生前より国際機構法の体系書やご自身の論文集の刊行に強い熱意をお持ちになっていた。それが実現しないまま逝去されたことは、我々にとって誠に痛恨の極みである。そのため、先生のご遺志を継ぎこれに応えるべく、先生に最も親しく接してきた坂元茂樹神戸大学教授の呼びかけにより編集委員会が組織された。そして東信堂の協力を得て刊行に至ったのが、この『国際機構法の研究』なのである。
　国際機構法は、長らくその体系化が待ち望まれてきた分野の1つである。しかし、先生ご自身が論文の随所に指摘されているように、その作業は極度の困難を伴わざるをえない。主権国家の並存体制に大きな変革をもたらす要素となる国際機構の発展を国際社会の中に位置づける際、その視点の設定次第では国際機構法の体系化が困難となるほか、国際法体系の中での国際機構法の位置づけを含む、その両者の関係の複雑さもまた、国際機構法自体の体系化を阻む要因となるからである。さらに、国際機構は法と政治の交錯する場として多角的かつ総合的な把握が必要とされることも、国際機構法の存立

基盤を見出しにくくしている遠因となっている。

　中村先生は、こうした厳しい条件を求める国際機構法の体系化を成し遂げられる数少ない国際法学者のお一人であった。それゆえに、ご存命であれば、その重厚かつ緻密な学風から、より一層完璧に近い国際機構法の体系書を著されたであろうことは疑いがない。しかし、先生がこうして残された珠玉の論文だけでも、中村「国際機構法」学を広く読者に伝えることが十分にできるとともに、これらをまとめた本書が学界に多大な貢献をなしうるものであると我々は確信している。

　本書は3部構成をとっている。第1部は、国際機構法全般にわたる考察を内容としている。まず日本における国際機構法研究が概観され（第1章）、次いで、国際機構法の核心の1つである国際社会の組織化と国家主権の制約という論点が、安全保障をめぐる国連と地域的機構の関係一般の問題（第2～4章）や国連からのインドネシアの脱退問題（第5章）の検討を通じて考察される。そして最後に、国際機構法の体系化に関するアプローチが"organization"（機構／組織化）という両義的なキー概念を通じて第6章で明らかとなる。とりわけ、第4章（2007年度世界法学会報告）と第6章（2005年1月28日神戸大学最終講義）ではそれぞれ、「国連と地域的機構の関係」と「国際機構法」についての先生ご自身のお考えが明快に展開されている。

　第2部は、先生が研究者として第1歩を踏み出された当初からの検討対象であった米州機構の活動をめぐる論稿を集めている。ドミニカ問題やキューバ危機を契機として米州機構の実行を綿密に検討し、その紛争解決機能と強制行動の特徴を析出した第7章、紛争の平和的解決をめぐる国連と米州機構との権限関係を、米州機構による紛争先議の主張を通じて明確にした第8章、米州機構内における紛争解決手段の展開を考察した第9章、米州機構による強制行動に対する国連、特に安保理の権限の射程を検討した第10章、そしてこれまでの活動を通じて展開してきた米州機構の制度とその課題を総括する第11章がその内容である。これらは、米州機構の活動の展開とそれに対する先生の考察の深化を表すため、時系列に配置した。

　これに続く【資料編】は、米州機構憲章の改正文書やその他の重要な文書で、

米州機構の制度的展開を反映した資料をおさめる。米州機構に関するこれら文書については日本政府による公定訳がないことから、先生ご自身がその研究の蓄積をもとに文字通り一字一句訳されたものである。その意味で、【資料編】とはいえ、これらの文書はそうした米州機構の活動に関する先生の深い洞察と不可分であり、とりわけ第2部の諸論稿と密接な関連を有している。

　本書の出版に際しては、各出版社および各学会から論文の転載についてご快諾をいただいた。あらためてここに感謝を申し上げたい。なお、初出一覧は後述のとおりである。

　編集にあたっては、先生の「国際機構法」学の体系が明確となるように、既発表の論文を配置しなおすとともに、専門用語などの統一を図った。注については脚注にし、各章通し番号とすることで、読みやすくかつ本文とのつながりを明確にしている。また欧文雑誌名や国連文書等についてはできる限り統一を試み、引用文献へのアクセスの便宜を図ることを心がけた。他方、先生の思考の軌跡を残すため、原文をできるだけ忠実に維持することにも留意した。送り仮名等で各章により不統一が見られるのはそのためである。なお、先生の絶筆となった論稿にあたる第4章では、先生が注の位置を指示されていないものがいくつかあったため、編集委員会により先生が付したであろうと思われる場所を推定した。

　1冊の体系書として編まれた本書を前に、我々は先生の学問的な大きさにただ圧倒され、先生がいない喪失感になお呆然としている。しかし、我々は、先生が残されたご業績が不滅の光を放つこともまた確信している。我々の希望は、先生が研究者として歩んでこられた苦闘の成果が学界の貴重な財産として共有され続けること、ただそれだけである。1人でも多くの方が先生の「国際機構法」学に触れ、その学問的営為に共鳴していただくならば、先生の薫陶を受けた我々にとってこれにまさる喜びはない。

2009年6月

『国際機構法の研究』編集委員会

『国際機構法の研究』編集委員会

浅田　正彦（京都大学教授）
五十嵐正博（神戸大学教授）
酒井　啓亘（京都大学教授）
坂元　茂樹（神戸大学教授）
柴田　明穂（神戸大学教授）
濵本正太郎（京都大学教授）
林　　美香（神戸大学准教授）
前田　直子（神戸大学助教）

目 次／国際機構法の研究

はしがき……………………………………………………………… iii

第1部　国際機構　　3

1　日本における国際機構法研究 …………………………… 5
 I はしがき 5
 II 国際機構の発展と「国際社会の組織化」 7
 III 国際機構と国家主権 10
 IV 国際機構の組織構造 14
 V 国際機構の対外関係 18
 VI 国際機構法の「体系化」の模索 22

2　国際連合と地域的機構 …………………………………… 28
 I 憲章第8章の再発見 28
 II 第8章と地域的機構 33
 III 地域的平和維持活動 41

3　冷戦後における国際連合と地域的機構の新たな関係：補論 … 72
 I はしがき 72
 II 本書の概要と論点 75
 III あとがき 86

4　国際連合と地域的機構の関係：60年の変遷と課題 …… 91
 はじめに──考察の視座 91
 I 憲章第8章の枠組と「集団的自衛」機構 93
 II 冷戦期における第8章の適用回避 96
 III 冷戦後における憲章第8章の「再発見」 103
 IV 地域的平和維持活動の活用 107
 V 地域的強制行動に対する統制の形骸化 114
 VI 第8章を越える最近の動向──結びにかえて 117

5 インドネシアの国連脱退および復帰 ……………… 119
  - はじめに　　　　　　　　　　　　　　　　　　　　119
  - I　国際機構からの脱退権と基本文書の解釈　　　　　121
  - II　国連憲章と脱退に関する「解釈宣言」　　　　　　124
  - III　マレーシアの安全保障理事会非常任理事国選出と「例外的事情」　128
  - IV　インドネシアの国連復帰　　　　　　　　　　　133
  - おわりに　　　　　　　　　　　　　　　　　　　　138

6 国際機構の発展と国際社会の組織化 ……………… 139

第2部　米州機構　　　　　　　　　　　　　　　149

7 米州機構の平和維持機能と国際連合 ……………… 151
  - はじめに　　　　　　　　　　　　　　　　　　　　151
  - I　米州機構の紛争処理機能の変容　　　　　　　　160
  - II　米州機構の集団的措置の発動　　　　　　　　　196
  - III　米国の単独行動　　　　　　　　　　　　　　　237
  - 結びにかえて　　　　　　　　　　　　　　　　　　243

8 地域的機関先議の主張 …………………………… 246
  - I　地方的紛争の平和的解決　　　　　　　　　　　246
  - II　若干の予備的考察　　　　　　　　　　　　　　251
  - III　国際連合への直接的提訴(1)　　　　　　　　　264
  - IV　国際連合への直接的提訴(2)　　　　　　　　　276
  - V　安全保障理事会の権限　　　　　　　　　　　　289
  - VI　地域的機関への「付託」　　　　　　　　　　　299
  - VII　地域的解決の奨励とその限界　　　　　　　　　310

9 米州機構における紛争の平和的解決 ……………… 314
  - I　米州機構先議の主張　　　　　　　　　　　　　314
  - II　米州機構における紛争解決制度の展開　　　　　319
  - III　米州平和委員会の変遷　　　　　　　　　　　　332

	IV	米州平和委員会の活動と問題点	342
	V	米州機構憲章の改正と紛争の平和的解決	358

10　地域的強制行動に対する国際連合の統制 …………… 362
　I　はしがき　362
　II　地域的強制行動と非軍事的措置　365
　III　軍事的措置に対する統制の排除　375
　IV　あとがき　384

11　米州機構の現状と課題 ……………………………… 386
　I　戦後米州制度の展開　386
　II　改組と活動の方向づけ　387
　III　紛争解決制度の再構築　389
　IV　共同防衛体制の変容　391

【資料編】　　395

1　米州機構憲章の改正 ………………………………… 397

2　米州機構憲章の改正（カルタヘナ議定書） ………… 421

3　米州機構憲章の改正（ワシントン議定書・マナグア議定書）… 445

4　米州機構の平和的解決関係文書 …………………… 467

　中村道教授　略歴／研究業績　489
　あとがき　493
　索　引　497

===== ◇◇初 出 一 覧◇◇ =====

第1部 国際機構

1 日本における国際機構法研究
   『国際法外交雑誌』第96巻4・5号(1997年12月)
2 国際連合と地域的機構―冷戦後の新たな関係―
   安藤仁介・中村道・位田隆一(編)『21世紀の国際機構：課題と展望』[香西茂先生古稀記念論集](東信堂、2004年4月)
3 冷戦後における国際連合と地域的機構の新たな関係：補論
   ―Ademola Abass, *Regional Organisations and the Development of Collective Security: Beyond Chapter VII of the UN Charter* (2004)の書評を兼ねて―
   『貿易風〔中部大学国際関係学部〕』第1号(2006年3月)
4 国際連合と地域的機構の関係：60年の変遷と課題
   『世界法年報』第28号、刊行予定
5 インドネシアの国連脱退及び復帰
   『法経学会雑誌〔岡山大学〕』第18巻6号(1969年4月)
6 国際機構の発展と国際社会の組織化
   神戸大学大学院法学研究科最終講義(2005年1月28日)

第2部 米州機構

7 米州機構の平和維持機能と国際連合
   『法学論叢』第80巻6号(1967年3月)
   『法学論叢』第81巻2号(1967年5月)
8 地域的機関先議の主張―国連憲章上の限界―
   『法学会雑誌〔岡山大学〕』第21巻1号(1971年7月)
   『法学会雑誌〔岡山大学〕』第21巻3・4号(1972年3月)
   『法学会雑誌〔岡山大学〕』第27巻1号(1977年8月)
9 米州機構における紛争の平和的解決―米州平和委員会の展開を中心に―
   『国際法外交雑誌』第76巻6号(1978年3月)
   『国際法外交雑誌』第80巻1号(1981年4月)
10 地域的強制行動に対する国際連合の統制―米州機構の事例を中心に―
   太寿堂鼎(編)『変動期の国際法』[田畑茂二郎先生還暦記念](有信堂、1973年3月)
11 米州機構の現状と課題
   『世界法年報』第11号(1991年10月)

【資料編】

1 米州機構憲章の改正
   『法学会雑誌〔岡山大学〕』第19巻3・4号(1970年3月)
2 米州機構憲章の改正(カルタヘナ議定書)
   『法学会雑誌〔岡山大学〕』第37巻2号(1987年10月)
3 米州機構憲章の改正(ワシントン議定書・マナグア議定書)
   『神戸法学雑誌』第44巻4号(1995年3月)
4 米州機構の平和的解決関係文書
   『法学会雑誌〔岡山大学〕』第27巻3・4号(1978年3月)

国際機構法の研究

第1部　国際機構

1　日本における国際機構法研究

I　はしがき

　国際機構[1]の発展は、第2次大戦後の国際社会を特徴づける現象の1つである。これを反映して、日本の国際法学においては、1960年代以降、それまでの個別の国際機構の法的研究に加えて、国際機構全般を視野に入れた国際機構法を独自の研究領域として扱う傾向が顕著になっている[2]。高野雄一『国際組織法[3]』(1961年)はそうした最初の本格的な体系書であり、そこでは、国際機構法の研究課題として、国際連合を中心に据えつつも、「各国際組織とその法の実証的追求を基礎に、その有機的展開に即して国際組織一般とその法を全体として体系的に把握」することが提示された。その際、「このような国際組織法の研究は始まって間もない」、とくに「日本ではまだおくれている」と付言されている[4]。同様に、緒方貞子教授も、戦後日本の国際機構研究に関

1　本稿において考察の対象にするのは政府間国際機構である。International Organization (Institution, Agency)の訳語は「国際機構」と「国際組織」が相半ばするが、国際法学会編『国際法辞典』(鹿島出版会、1975年)および同『国際関係法辞典』(三省堂、1995年)では、いずれも前者の用語でもって項目を立てている。なお、わが国の公定訳ないし法令用語としては「国際機関」を当てるのが一般的であるが、講学上は、国際機構全体とその内部組織である「機関(organ)」を区別するため、この用語はあまり使われていない。

2　ちなみに、日本学術会議(国際関係法学研究連絡委員会)の最近の調査によれば、「国際法」の授業科目を開講している大半の大学で、「国際機構論・法」ないし「国際組織法」が別置されており、その数は、国際法の他の補充的科目より圧倒的に多い。「国際関係法の開講状況の調査結果」『国際法外交雑誌』第93巻1号(1994年)113-125頁。なお、わが国の大学で、国際機構法が独立の授業科目として開講されるようになったのは、1960年代に入ってからのことであり、京都大学での「国際機構」(1961年開設)が最初である。

3　高野雄一『国際組織法』(有斐閣、1961年)。同書は1965年に補正版、1975年に新版が刊行された。以下での引用・参照は新版による。

4　同上(新版)、13、15、18頁。諸外国における国際機構の法的研究の展開については、Louis

する総合的(国際法学、国際政治学・国際関係論、国際経済学の分野を含む)考察のなかで、「国際法学の分野の戦後初期(50年代まで—筆者)の研究では、国際組織はまだ独自の研究対象として定着していなかった[5]」と述べる。

しかし、これらの指摘は一般的な動向を示してはいるが、戦前から国際機構の発展に即して様々の機構とくに国際連盟についての法的研究が数多くあり、その成果は今日に受け継がれている。戦後数年間の著作に限っても、例えば、横田喜三郎『国際連合の研究[6]』(1947年)、同『国際組織の発展』(1950年)、田岡良一『国際連合憲章の研究』(1949年)、田畑茂二郎『世界政府の思想』(1950年)など、学界の貴重な財産となっている研究をすぐに挙げることができる。ただ、1950年代までは、国際機構全般を視野に入れて国際機構法を独自の研究領域として自覚的に構築する作業が一般化していないことは確かであろう。と同時に、戦後初期から、個別の国際機構とくに国連については、研究が着実にすすめられ、今日に至っている。それは戦前の連盟研究をはるかに凌いでおり、わが国においては、他の国際機構と区別し「国連研究」の名称の下に括れる一群の研究がある[7]、と指摘されるほどである。

国際法学会でも、国連の創設から10年、20年、25年、50年の節目に際して、学会誌を国連研究の特集号に当ててきた[8]。ほかにも、『国際連合の研究(田岡良一先生還暦記念論文集)』全3巻(1962-65年)に結集された総合的研究、また個別テーマでは、「拒否権」に関する内田久司教授の一連の研究[9]や最近の香西茂

B. Sohn, "The Growth of the Science of International Organizations," in Karl W. Deutsch and Stanley Hoffmann (ed.), *The Relevance of International Law: Essays in Honor of Leo Gross* (Schenkman, 1968), pp.251-269参照。

5 緒方貞子『日本における国際組織研究』(総合研究開発機構、1983年)10頁。
6 銀座出版社から刊行された本書はその後改訂され、新たに、『国際連合』(有斐閣、1950年、改訂版1960年)が出版されている。
7 緒方『前掲書』(注5)27頁。
8 「国際連合の一〇年」『国際法外交雑誌』第55巻2-4号(1956年)、「国際連合の二〇年」第65巻1・2号(1966年)、「国際連合の二五年—軍縮と開発」第69巻4-6号(1971年)、「国際連合の五〇年」第94巻5・6号(1996年)。
9 内田久司「『拒否権』の起源」『東京都立大学法学会雑誌』第5巻1号(1964年)103-163頁、同「国際連盟と拒否権問題」同誌第6巻2号(1966年)1-46頁、同「いわゆる二重拒否権について—安全保障理事会の表決手続における手続事項と実質事項」同誌第7巻1号(1966年)77-135頁、同「安全保障理事会の表決における棄権と欠席(一)、(二・完)」同誌第10巻1号(1971年)1-56頁、第11巻2号(1971年)103-162頁、同「初期の国連総会における『拒否権』論議」同誌第14巻2号(1974年)107-216頁。

『国連の平和維持活動』(1991年)をはじめとする数多くの労作があり、それらは、国連の組織と活動の全般、そして憲章の解釈と実行の法的分析の多岐にわたっている[10]。このように、国連研究は、日本における国際機構の法的研究のなかで大きな部分を占めるが、本稿では、国連研究には、他の個別の国際機構についてと同様、それ自体としては立ち入ることはせず、多少とも一般的な国際機構の法的研究に考察を限定したい。

II 国際機構の発展と「国際社会の組織化」

　高野教授が国際機構法を国際法における独自の研究領域と位置づけ、その課題を前記のように設定する背景には、現代を「国際社会組織化の時代」と捉え、「国際組織が一般的なそのメンバーを基礎とし、国際関係のあらゆる機能分野を包括し、かつ全体として有機的な関連を以て展開している[11]」という基本的認識がある。以前からも、国際機構の組織と機能の両面にわたる多くの法的考察のなかで「国際社会の組織化」が語られ、「組織化の現段階の把握」が試みられてきた。国際機構の発展が主権国家からなる伝統的な国際社会の構造と法秩序に大きな変革をもたらす要素となっているとの認識は、今日の国際法学において広く共有されている。しかし、つとに指摘されているように、国際社会の組織化とは「比喩的な表現[12]」であり、それの意味するところは論者によってかなりの幅があるように思われる。その差異は国際社会における国際機構の位置づけに起因し、国際機構法の視点設定にも関係している。

　国際機構は、一般に、諸国家間の合意に基づきそれらに共通する一定の目的を達成するため設立された国際団体(組織体)と定義される[13]。このように

10　国連の50年の歴史における変遷を、石本教授は、「憲章は、その適用過程で、原初的意義からの離脱、超法規的とさえ云うべき即応措置又は新規の立法とも云うべき憲章に対する補完がこれまで行われてきている」、と端的に表現している。石本泰雄「国連憲章千姿万態」『国際法外交雑誌』第94巻5・6号(1996年)4頁。わが国の国連研究のなかで、この点に関係する諸問題もほぼ網羅されている。

11　高野『前掲書』(注3)38頁。

12　田畑茂二郎『国際法(第2版)』(岩波書店、1966年)192頁。

13　国際機構の定義の問題については、後述V参照。現在いうところの「国際機構」を「国際団体」

理解される国際機構は、本質的に国家および国家結合と区別される機能的な団体であり、構成員の国家的存在を前提とし自らが主権的存在として構成国にとってかわるものではない[14]。しかし、国際機構の発展はその機能・権限の拡大強化をもたらす一方、それに伴って、構成国の主権に対する制約も増大することになるため、そのような事態の進展が分権的な国際社会の統合に通じるという捉え方がでてくる。これは国際機構の「発展」を重視する立場で、多種多様な国際機構の展開という現象のなかに国際社会の発展の方向を見すえ、主権国家の並存から統一的な世界政府に至る歴史的過程のなかに国際機構を位置づけるものである[15]。この視点からは、国際機構が国家主権にどのような影響を及ぼしているか、すなわち、構成員である主権国家に対していかなる独自の権能をもちまたそれを行使するか、他方で構成国の権能がそれによっていかなる制約を受けるかが考察の中心的課題となる。

国際機構の数は、1960年代に入って国家のそれを上回るようになり[16]、最近では300をこえるといわれている。しかし、このような動向にもかかわらず、国際機構の「発展」の指標というべき機構の権限の拡大と加盟国の部分的主権委譲にはさして進展がみられないのが実情であって、国際機構の機能強化の企図は、一部の例外を除き、たえず主権国家の側からの強い抵抗を受けてきた。国際機構の発展を語ることが意味をもつのは主に1950年代までの状況に

　　（組織体）と捉える認識が一般化したのは第2次大戦後のことといわれている。小寺彰『「国際組織』の誕生―諸国家体系との相剋」柳原正治（編）『国際社会の組織化と法（内田久司先生古稀記念）』（信山社、1996年）1-24頁。
14　国際機構は、機能的団体という点で、権力・支配団体である国家結合と区別されるのが一般的であるが、ドイツ（語圏）では、国際機構を国家結合の1つの形態と捉える傾向がある。わが国でも、田岡教授は、国家結合と国際機構を区別せず、国際法上の権利能力および行為能力という共通の基準で分類し、両者を一元的に再構成している。田岡良一『国際法講義・上巻』（有斐閣、1955年）166頁以下。なお、フランスにおいて国際機構は、広く「国際制度」の一部として扱われることもある。
15　クロードが、International Organizationを組織化の過程（国際的組織化）と捉え、この過程の特定の到達段階における代表的な局面としてInternational Organizations（国際機構）をみるのも、このような考えに通じる一面がある。Inis L Claude, Jr., *Swords into Plowshares: The Problems and Process of International Organization*, Fourth Edition (Random House, 1971), p.4.
16　Felice Morgenstern, *Legal Problems of International Organizations* (Grotius Publications, 1986), p.1. 国際機構に関する様々な理解およびアプローチについては、さしあたり、G. Abi-Saab (ed.), *The Concept of International Organization* (UNESCO, 1981), pp.70-169; C. Archer, *International Organizations* 2nd ed., (Routledge, 1992), pp.71-130; N. D. White, *The Law of International Organisations* (Manchester University Press, 1996), pp.1-26.

ついてであり、その後の国際機構の展開は、先の立場が想定する国際社会の発展の方向を縦軸とすれば「水平的な方向への転換」をとげたと指摘されている。つまり、「国際機構はもはや中間的な存在ではなく、それ自身が固有の組織体として安定し、主権国家と並存して一定の役割を果たす」という認識である[17]。今後とも、国際社会の共通(一般)利益を実現するうえで国際機構が果たす役割は注目されるところであるが[18]、この点でも、専門機関の政治化の問題に関連して、1960年代以降は国際機構の発展と国際社会の組織化が単純にリンクしにくくなっているとの指摘がある[19]。いずれにせよ、従来は国家によって構成されていた国際社会が、多種多様な国際機構の出現によって、国家と国際機構が並存する複雑な構造に変化しつつあり、この状況を直視する立場からは、国際機構と主権国家の「並存」ないしは国際社会における行為主体(構成員)の「多様化」の側面が強調される。今日、国際社会における国際機構の位置づけとして、力点のおきどころに差異はあるが、国際機構は主権国家により構成される組織体であると同時に、機構自体が国家と並ぶ国際社会の重要な行為主体でもある、という2つの基本的な側面から捉えられており、このことが、国際機構の発展と国際社会の組織化の現段階を示すものといえよう。

　わが国で「国際機構法」の研究が本格的に開始された1960年代は、国際機構が大きく転換する時期に当たっており、この変化が広く認識されるようになったのはかなり後のことである。この状況の変化と認識のずれは、国際機構法研究の展開にも反映されている。従来、わが国の国際法学においては、主権国家と世界政府を両極に対置させ、主権制限の尺度をもって国際機構の

17　横田洋三「国際機構の転換」馬場伸也(編)『講座政治学Ⅴ・国際関係』(三嶺書房、1988年)279頁。
18　最近わが国でも関心が高いこの問題については、広部和也・田中忠(編集代表)『国際法と国内法―国際公益の展開(山本草二先生還暦記念)』(勁草書房、1991年)および大谷良雄(編著)『共通利益概念と国際法』(国際書院、1993年)に所収の諸論稿を参照されたい。
19　最上敏樹「国際機構と国際社会の組織化―米国のユネスコ脱退を中心的素材として」『世界法年報』第6号(1986年)23-26頁。ここで、国際社会の組織化とは、「国際的諸問題の多国間処理、友好的な協力関係の広汎な制度化と恒常化」と捉えられている。より詳しくは、同『ユネスコの危機と世界秩序』(東研出版、1987年)144-165頁参照。なお、最上教授は、国際機構の展開をその思想的契機から捉えて考察している。とくに、同「思想としての国際機構」『岩波講座社会科学の方法ⅩⅠ・グローバル・ネットワーク』(岩波書店、1994年)81-141頁参照。そのほか、佐藤哲夫「国際組織の存在意義―『国際組織』概念の理解と機能の態様を中心として」『ジュリスト』第875号(1987年)219-225頁参照。

発展を把握する傾向が強かった[20]。この視点からは、国際機構とそれを構成する国家とのかかわりに主たる関心が払われ、国際機構の組織構造といったいわば内部関係が考察の中心を占める。また、その際は、個別の国際機構にも立ち入って様々な国際機構を比較検討することが必要である。他方、国際機構を主権国家と並存する行為主体とみる視点からは、必然的に他の行為主体とのいわば対外関係が問題となり、とくに国家を引照基準として国際機構の法的性格を明らかにすることが求められる。最近は、後者の視点に立つ国際機構の法的研究が進展しており、それが国際機構法の体系化を促す契機となっているように思われる。

III 国際機構と国家主権

国際機構と国家主権との関係について、従来の主たる関心は、はたしてまたはいかなる場合に、国際機構への国家の加盟がその国の主権を制限するものと解すべきかという点にあった。この問題は個別の国際機構について組織構造に立ち入った検討を必要とするが、とりわけ田畑教授の詳細な研究[21]によって、考察の基本的枠組が示されている。教授によれば、国家が主権を制限されたかどうかの問題は、国家が他の権力主体に従属しないという国家主権の本来の歴史的意義に照らして考察すべきであり、「単に、第三者の決定に国家が拘束されるかどうかという点だけではきまらないのであって、第三者が権力的な存在であるかどうか、また、その決定の内容が国家にとって基本的に重要な事項に関するものかどうか[22]」をも考慮して判断されねばならない。そして、具体的には、国際機構の機関の決定(決議)が全会一致によるか

---

20 緒方『前掲書』(注5) 12、20-21頁。
21 田畑茂二郎『国家主権と国際法』(日本評論社、1950年)50-83頁、同『前掲書』(注12)191-205頁、同『国際法I(新版)』(有斐閣、1973年)317-327頁。
22 田畑茂二郎『国際法』(岩波書店、1956年)192頁。なお、国際機構の権力の諸相と性格について、内田久司「国際組織の権力」『岩波講座基本法学6・権力』(岩波書店、1983年)81-116頁参照。また、合意理論による国際機構の基礎づけとその限界について、筒井若水「国際機構論の再構成に関する一試論」『国家学会雑誌』第86巻5・6号(1973年)1-37頁、同「条約にみられる国際機構の概念」『国際法外交雑誌』第75巻3号(1976年)1-36頁参照。

または多数決で行われるか、多数決による決定の場合それが勧告的な効力をもつにすぎないかまたは全加盟国を拘束する法的効力を認められるか、多数決による法的拘束力のある決定の場合でも、それが機構の内部組織・運営に関するものかまたは直接加盟国に一定の行動を要求するものか、政治的に重要な事項にかかわるかどうか、設立条約に定める義務の範囲内であるかまたは新たな義務を課すか、などが論点となり、併せて、関係規定の実効性や実際の運用と加盟国の最終的な脱退権も考慮される。これらの観点から考察すれば、現実に主権制限が問題となるのは、国連安全保障理事会による強制措置の発動の場合や欧州共同体(EC)についてなど、きわめて限られており、国際社会の組織化という「現象の上での変化にもかかわらず、国家が主権的な存在を認められていたこれまでの国際社会の基本構造は、一般的には、なおそのまま維持せられている[23]」との結論も基本的に異論のないところであろう[24]。

このうちECについては、欧州石炭鉄鋼共同体(ECSC)の当初の設立条約が、「最高機関」(現在は三共同体に共通の単一「委員会」に併合)の委員の任務の性格を「超国家的」と規定した[25]ことから、主権制限の問題と関連して、「超国家性」の概念に特別の関心が向けられた。その際、とくに、構成国から独立した委員で構成される委員会が機構の意思決定に関与すること、構成国の政府代表で構成する理事会において原則として多数決制が採用されること、理事会と委員会の多数決により法的拘束力のある第2次法規が定立されること、共同体法の執行過程で構成国における直接適用性、国内法に対する優位性、先行

---

23 田畑『前掲書』(注22)194頁。
24 国家主権については数多くの考察があるが、国際機構との関係を詳しく論じたものとして、別途に掲げるほかに、次の研究がある。佐藤和男「主権国家と国際機構との法的関係—国際社会の組織化をめぐる若干の法的問題(二)」『政治経済論叢〔成蹊大学〕』第23号(1957年)47-91頁、高野雄一「主権と現代国際法」高野雄一(編)『岩波講座現代法12・現代法と国際社会』(岩波書店、1965年)24-40頁、内田久司「主権概念の変容」『国際問題』第279号(1983年)2-15頁、鈴木義孚「地域的国際組織における国家主権の制限」住吉良人・大畑篤四郎(編)『二十一世紀の国際法(宮崎繁樹教授還暦記念)』(成文堂、1986年)273-293頁、横田洋三「現代の主権国家と国際機構」『国際問題』第378号(1991年)2-13頁。
25 第9条5項、6項。「超国家的」の語は、欧州経済共同体(EEC)と欧州原子力共同体(EURATOM)の設立条約では委員会に関する規定中に当初からなく、また1967年発効の三共同体の機関併合条約も単一委員会に関する規定で用いていない。従って、現在、「超国家的」の語は、実定国際法上の概念としてではなく、ECの一般的な法的特性を表現する概念として使用されている。

判決の制度が導入されていることなどが、ECの超国家性を示す具体的特性として一般に捉えられてきた[26]。また、これらの機構的・制度的特性のそれぞれについて詳細な法的考察も行われている[27]。ただ、従来の議論が、ECのこれらの特性から超国家性の概念を定式化し、そこに措定された要素に則して超国家的機構を一般の国際機構と区別するのであれば問題であろう。最上敏樹教授は、この点を指摘しつつ、ECにおける超国家性枠組の現実性を委員会と理事会を対象として考察するなかで、共同体の意思決定過程における超国家性の後退―政府間的要素の増大―という現象と、その下でなお構成国間の結合性・一体性を支え、他の国際機構との比較でECを特殊たらしめる諸要因を分析している[28]。また、ECの地域統合の法的状況を正確に把握するためには、主権制限の問題を一般的に論じるだけでなく、国家主権の内容として対外的側面と対内的側面から理解されてきた諸権能が、具体的にECと構成国の間でどのように配分されているかを個別的に検討することも必要である[29]。なお、わが国政府は、ECが、国家主権の行使と考えられる権限の一部を三共同体に集め、そこで「主権的な権利を行使させる」ことから、「国家に準ずる地位」をもつ国際機構と捉えている[30]。

　国際機構と国家主権の問題は、従来は主に機構の意思決定過程に視点を据えて制度的側面から論じられることが多かったが、最近では動態的な側面からも把握されるようになっている。国際機構は国家間の合意に設立の基礎をおくが、一旦設立されると、固有の意思をもち自己の名において行動する国際団体であり、また、必然的含意の法理により黙示的権限が認められるなど、いわば生きた組織体として目的の実現のため自律的に機能する。その際、目的の実効的な達成という要請から、国際機構が（加盟国の多数意思を反映して）

26　筒井若水「国際組織における超国家性の研究（一）、（二・完）」『国際法外交雑誌』第62巻5号（1963年）33-64頁、第63巻1号（1964年）34-64頁。
27　ECについても個別の研究に立ち入らないが、1980年、法律、政治、経済その他の分野にわたるEC研究者の集まりとして「日本EC学会」が設立され（現・日本EU学会）、翌年から同学会の年報が刊行されている。そこには、ECの国際法的考察も多く含まれている。
28　最上敏樹「欧州共同体の組織構造―『統合の組織』論再構成の試み（一）、（二・完）」『国際法外交雑誌』第81巻1号（1982年）30-67頁、第81巻3号（1981年）26-62頁。
29　植木俊哉「『主権国家』概念と地域統合」『国際問題』第378号（1991年）14-30頁。
30　第72回国会衆議院・外務委員会議録第25号（1974年5月15日）3頁（伊達政府委員答弁）。

その機能・権限の拡大強化をはかる場合、それに伴って国家主権の制約をもたらし、これに反対する加盟国の抵抗を招く。もとより、国際機構の機能・権限は設立条約によって限定されているが、設立条約は機構の活動のすべてについて直接の具体的な法的根拠を提供するわけではないため、機構の実効性を促進しまたはこれに対抗するそれぞれの側が、設立条約を盾にして対峙するという構図が生みだされ、両者のせめぎ合いのなかで機構の活動が展開される。そのような状況自体が考察の重要な対象としてとりあげられた[31]。また、このように国際機構を動態的に捉えるならば、加盟国の主権制限の問題も、「基本条約ではなく決議自体のレベルで」検討することが必要である[32]。決議に具体化される国際機構の活動の合法性を司法的に審査する必要性[33]は指摘されるとおりであるが、その可能性はまだ限られており、当面は当該機構(または機関)自身の判断に委ねられる部分が大きい。ただ、このような判断に際してまず問題となるのは、国際機構の設立条約が、国家間の条約であると同時に国際機構の基本法・組織法(Constitution)でもあるという二重の性格をもつことである[34]。この基礎的問題について、これまでは議論が不足していたが、佐藤哲夫教授は、緻密な研究によって、設立条約を加盟国間の条約としてよりも国際機構に内在するダイナミズムを考慮した組織法として理解する立場から、その解釈理論を詳細に提示している[35]。国際機構と国家主権の問題は、このような設立条約の解釈理論との関係でも考察されねばならない。

31 　位田隆一「国際連合と国家主権—国際機構の実効性と国家主権によるコントロールの対峙」『国際法外交雑誌』第90巻4号(1991年)1-47頁。
32 　内田「前掲論文」(注22)109頁。
33 　この問題については、古川照美「国際組織に対する国際司法裁判所のコントロール—その審査手続について」、『法政研究〔九州大学〕』第45巻3・4号(1979年)111-164頁、同「国際組織に対する国際司法裁判所のコントロール—国際組織の権限踰越(ultra vires)」『国際法外交雑誌』第78巻3号(1979年)72-119頁参照。
34 　この問題に関し旧社会主義諸国の学説も含めて考察した論文の紹介として、R・マクドナルド／深津栄一・渡部茂己(訳)「国際連合憲章—基本法か契約か？」『日本法学』第50巻4号(1985年)83-124頁。
35 　佐藤哲夫『国際組織の創造的展開—設立文書の解釈理論に関する一考察』(勁草書房、1993年)。

IV 国際機構の組織構造

　今日の国際機構とくに普遍的機構は、すべての加盟国が代表される総会(的機関)、限られた一部の加盟国が代表される理事会(的機関)および加盟国から独立した国際公務員からなる事務局の3機関を基本にして構成されているが、各機構はその機能・任務の性質に応じた独自の内部組織を形成し、意思決定過程を含む組織構造の面で多様な展開を示している。そのなかには、特定の国際機構に限定されない新しい現象や多少とも一般的な傾向もみられ、わが国での研究からもそのいくつかを確認することができる。

　その1つは、構成員の多元化ともいえる現象で、国家を構成単位とする政府間機構でありながら、国家(政府代表)以外の行為主体が機構の意思決定過程に直接参加する場合である。戦前からの例は国際労働機関における加盟国代表の三者構成にみられるが、最近では、インテルサットやインマルサットなど、多数国の共同の出資を得て国際的に業務活動を行う機構において、国家以外に民間の出資事業体にも代表資格が認められており、この種の機構がもつ政府間国際機構および国際共同企業体としての二重の性格が注目されている[36]。

　この「多元化」の現象は、国際機構の内部機関についても指摘されている[37]。とくに国連においては、国連貿易開発会議や国連大学の例にみるように、機構の一機関として設立されながら、設立文書(総会決議)で自治を認められ、独自の内部機関や財政的基盤をもつなど、それ自身が独立の国際機構としての外観を呈するものが増えている。これらの自治的(自立的)機関も当該国際機構の内部機関であることに変わりはないが、その「自治」の内容と法的地位や権限の範囲について問題を含んでいる[38]。

36　山本草二『インテルサット(国際電気通信衛星機構)恒久協定の研究』(国際電信電話株式会社、1973年)86頁以下参照。
37　構成員と内部組織の2つの側面からの「多元性」の考察として、香西茂「国際海底機構の『多元的』性格」山本草二・杉原高嶺(編)『海洋法の歴史と展望(小田滋先生還暦記念)』(有斐閣、1986年)69-99頁。同様の論点を含む国際海底機構の考察として、ほかに、横田洋三「深海底開発の国際機構論的側面」『日本の海洋政策』(外務省)第4号(1981年)1-10頁がある。
38　横田洋三「国際機構の自立的補助機関の法的地位」『社会科学ジャーナル〔ICU〕』第24号(2)(1986年)1-22頁。

内部機関のうち総会と理事会の関係については、全加盟国で構成する総会は機構の最高機関として基本政策を定めるが、経常の活動や運営は理事会に委ねられ、実質的に総会よりも理事会の権限が強い場合が多くみられる。普遍的国際機構における理事会の存在は、機構としての「発展」を意味する[39]と同時に、一部の加盟国だけが実質的に機構の運営に携わる結果となるため、理事会の権限が大きくなるに従ってその構成国の選定の重要性も増大する。この点は、国連安全保障理事会のほか、とくに国際通貨基金や国際復興開発銀行(世界銀行)をはじめとする国際金融機構について論じられてきた[40]。

　国際機構の機関の表決制度として、今日、多数決が一般的に導入されるようになったことはしばしば指摘されるところである。国家主権の基本的な要請からは、国際機構の決議は、それが法的拘束力をもつ限り、全会一致で行われねばならない[41]。しかし、国際機構の発展に伴って、全会一致制は機構の効果的な機能の遂行を阻害するため、維持することがしだいに困難になってきた。このように、国際機構における多数決制の導入は、全会一致制のように国家主権との関係で論理的必然性はなく、全会一致制がもつ実際上の不都合によるものである。この観点から、多数決制が有効に機能する条件およびそのための多数決の内容が検討されてきた[42]。表決権に差異を設けることが、国家主権との関連でより大きな問題を提起することは、後にふれるとおりである。

　表決制度とも関連し、国際機構の決議の効力は国際機構の統合度を測る1つの指標とされる[43]。表決制度における多数決が一般化したのとくらべて、決議が法的拘束力を認められる場合はまだ限られていることは多くの研究で言及されるとおりである。しかし、一部の専門機関やECで一般的効力をも

39　高野『前掲書(新版)』(注3)553-554頁。
40　横田洋三「国際金融機関の組織法上の特色―国際公社論の試み(一)、(二・完)」『国際法外交雑誌』第70巻1号(1971年)47-75頁、70巻3号(1971年)31-64頁では、内部組織に限らず様々な側面から、国際金融機構の特徴が論じられている。
41　田畑『前掲書(国家主権と国際法)』(注21)54頁。
42　一又正雄「国際社会における多数決」日本法哲学会(編)『多数原理(法哲学年報・一九六一)』(1962年)1-16頁、筒井若水「国際組織における多数決の条件(一)、(二・完)」『国家学会雑誌』第80巻11・12号(1967年)1-25頁、第81巻1・2号(1968年)82-108頁。
43　内田久司「国際組織の決議の効力」寺沢一・内田久司(編)『国際法の基本問題(別冊法学教室・基本問題シリーズ1)』(有斐閣、1986年)46頁。

つ規則が制定されることから、国際機構の立法的ないし準立法的権能に関心が注がれるようになり、また、これとの関連で、国連総会のいわゆる法原則宣言の法的効果が論じられるなど、国際機構の国際法定立機能の側面から国際社会の組織化の現状が考察されるようになった[44]ことに注目する必要がある。

　このように、国際機構の組織構造に関する研究は、その一部だけをみても多岐にわたっているが、とくに意思決定過程における参加・表決制度は、国家平等の原則との関係で、論議を呼んだ問題の1つである。国連憲章第2条1項が定めるように、国際機構が加盟国の「主権平等の原則」に基礎をおくものとすれば、機構の意思決定過程における平等の代表（全員参加）、平等の票数（1国1票）そして全会一致制が要請される。しかし、このうちの「要」に位置する全会一致制がもはや維持されず、多数決制が一般化するなかで、理事会は機能が拡大するとともに、その構成国の一部が固定されたり資格を特定され、また表決権にも量的、質的な差異が設けられるようになっている。国連安全保障理事会における常任理事国の拒否権は極端な例であるが、加重投票制の導入は国際金融機構に限られておらず、今では必ずしも例外的なことではない。そこで、このような現象を国家平等の原則との関連でどのように理解すべきかが論じられてきた。

　国家平等は、通常、法の前の平等、実質的平等および形式的平等の3つの意味で論じられており、ここで関係する第三の意味での国家平等を、国家が自己を法的に拘束する決定に平等の立場で参加すること、と狭く理解すれば、前記の現象にかかわらず、国家平等は基本的には維持されているといえる。しかし、国際機構との関係での国家平等は、より広く、機構の運営や意思決

44　村瀬信也「現代国際法における法源論の動揺―国際立法論の前提的考察として」『立教法学』第25号（1985年）81-111頁、藤田久一「国際立法について」『関西大学法学論集』第36巻3・4・5号（1986年）39-78頁、河西（奥脇）直也「国連法体系における国際立法の存在基盤―歴史的背景と問題の所在」大沼保昭（編）『国際法、国際連合と日本（高野雄一先生古稀記念論文集）』（弘文堂、1987年）77-121頁、同「国連システムと国際法」『岩波講座社会科学の方法Ⅵ・社会変動のなかの法』（岩波書店、1993年）49-87頁、植木俊哉「国際組織の国際法定立機能に関する一考察―『国際立法』概念の批判的検討を手がかりとして」『法学』第52巻5号（1988年）180-220頁、篠原梓「国際法定立の新動向と共通利益概念」大谷（編著）『前掲書』（注18）113-140頁、同「慣習国際法の形成における国連総会決議の意義」『国際法外交雑誌』第88巻1号（1989年）65-89頁、山本良「国連総会決議の法的効果―国際司法裁判所の判例を中心として」同誌90-121頁。

定に平等の立場で参加できるかどうかという点からも問題とされてきた[45]。そして、この観点から、国際機構における国家平等の説明として提示されてきたのが、従来の形式的(絶対的)平等にかわる機能的(相対的)平等の考え方である。それは、国際機構の効果的な機能の遂行のため、その運営や意思決定に際し、国家の実質的差異を機構の任務・機能の性質に即して加盟国としての地位に反映させるということにあり、この機能的平等が妥当するための要件や適用の基準にも立ち入った検討がなされてきた[46]。

形式的平等が主権国家たることを唯一の基準として適用されるのに対して、機能的平等の下では具体的国家が国際機構の具体的機能との関連で把握される。従って、同じく機能的平等の原則に依拠するにしても、具体的な参加・表決制度は、当該国際機構の任務・機能に対応して異なり、また、国際社会の変化に適応した新たな展開を求められる。この視点に立って、位田隆一教授の一連の考察[47]は、実質的平等をめざす新国際経済秩序の機構的インプリメンテーションという観点から平等参加の問題に焦点を当て、南北問題にかかわる国際機構におけるグループ代表制度、コンセンサスおよび調停手続を含む表決制度の展開をみるなかで、国際経済決定過程への途上国の参加権が、機能的平等の要請にも配慮しつつ、実施に移されてきたことを確認している。

もっとも、国際機構と国家平等の問題については、「機構論の立場」から全く別の理解も示されている[48]。そこでいう機構論の立場とは、国際機構を独

---

45 田畑茂二郎『国家平等思想の史的系譜』(有信堂、1961年) 166頁。
46 大谷良雄「国際組織と国家平等理論」『国際法外交雑誌』第68巻2号(1969年) 98-116頁は、(相対的)平等についての先駆的な研究である。ほかに、同「国家の平等権」寺沢・内田(編)『前掲書』(注43) 82-87頁参照。
47 位田隆一「国際経済機構における実質的平等の主張—国連貿易開発会議の成立(一)、(二・完)」『法学論叢』第96巻3号(1974年) 34-63頁、第97巻3号(1975年) 63-103頁、同「新国際経済秩序の機構的インプリメンテーション—平等参加権と国際農業開発基金」『法学会雑誌〔岡山大学〕』第29巻1号(1979年) 55-114頁、同「国際農業開発基金—機構と機能」同誌第33巻3・4号(1983年)、281-354頁、同「国際機構における表決制度の展開—国際社会の組織化の指標として」林久茂・山手治之・香西茂(編)『国際法の新展開(太寿堂鼎先生還暦記念)』(東信堂、1989年) 115-151頁。同様の視点からの研究として、以下がある。磯ية博司「新国際秩序と平等—国際組織における参加の平等」『東京都立大学法学雑誌』第21巻1号(1980年) 63-136頁、深津栄一・渡部茂己「国際機構の表決手続にみる国家平等原則の展開—絶対的平等と相対的平等の調整に関する最近の動向」『日本法学』第50巻2号(1984年) 74-106頁。
48 横田洋三「国連システムにおける表決制度の意味—機構論的再検討」『国際法外交雑誌』第85巻1号(1986年) 1-48頁。とくに5、21-23頁参照。

立の組織体と捉え加盟国を機構の構成要素と位置づけることにより、基本的に、国家の一般国際法上の地位や権能と国際機構の加盟国としてのそれとを峻別するものであり、また表決制度など機構独自の内部問題は「加盟国が加盟の際に合意したこと」であるから一般国際法の立場から論じることは適切でないとする。すなわち、「表決制度は、すぐれて国際機構の内部法上の問題であり、加盟国の国家としての機構外の地位や権能とは、必ずしも直接に結びつかない」のであって、国家平等論の立場からの加重表決制度批判や拒否権批判は意味をなさなくなる、という。なぜなら、「国家平等論は、機構外の国家の地位や権能に関する問題であって、機構の内部における意思形成過程への加盟国の参加の問題とは一応切り離されるからである」、と。

しかし、国家の国際機構内外における地位を区別するにしても、国際法上、主権国家の平等は基本原則であり、また国際機構においても国家主権が基本的に維持されるものとすれば、機構の意思決定過程、参加・表決制度における加盟国の地位の差異も、国家平等の原則との関連で説明する必要がないとは思われない。機能的平等はそうした観点から提示された理論であり、その意義(と限界)が正当に評価されてしかるべきであろう。

V　国際機構の対外関係

国際機構が国家と並ぶ国際社会の重要な行為主体であるという側面からは、国際機構と他の行為主体との関係に視点がおかれ、国際法上、国際機構がいかなる権能をもちどのような地位にあるかが問題となる。その際に中心となる概念は国際法人格である。国際司法裁判所の「国際連合の役務中に蒙った損害に対する賠償」事件に関する勧告的意見(1949年)は、法人格(国際法主体)の意味を「国際的な権利および義務を享有することができ、かつ国際請求により、その権利を主張する能力をもつこと」と解したうえで、国際機構に一般的に適用可能な基準により国連の法人格を肯定した点で意義があり、わが国でも、国際機構の法人格を論じる際は常にこの基準が引照されてきた[49]。

49　この問題に関する早期の研究には、川島慶雄「国際機構の国際法上の人格性についての一考

と同時に、この勧告的意見が、法人格の根拠についていわゆる主観説と客観説の対立を生み、また具体的権利(損害賠償請求権)を導く基礎として黙示的権限の理論を認めるなど、問題を孕むことも指摘されている。今日では、内外とも、国際機構に国際法人格を認めることにさして異論はみられないが、そこでいう法人格の具体的な意味内容およびこの概念から導かれる機構の権能の範囲について、見解は様々で共通の理解が存在しない[50]。また、国際機構の法人格性自体は理論的色彩が強く、直接的に実定法現象として捉えがたいため、法人格論にとどまれば、国際機構の法的性格は十分に解明することができない。そこで、国際法人格の内容をなす具体的な権利義務(特権免除、条約締結権、損害賠償請求権、国際責任など)の検討を通して、原初的な国際法主体である国家と比較した国際機構の特徴に焦点を当て、その国際法上の地位が考察されてきた。

国際機構(機構自身および加盟国の代表者と機構の職員)の特権免除は、国家や外交官のそれとは違って相互主義に基づいておらず、もっぱらそれが所在する国家に負担を課すことにその特徴がある[51]。そこで、主要な国際機構の本部所在地国ではこの問題に対する関心が高く、特権免除条約を補足する一般的な国内法が制定され、判例の蓄積もみられる。わが国はこれらの諸外国と事情を異にするが、最近では、20以上の国際機構の本部、補助機関および出

察」『阪大法学』第58号(1966年)1-25頁がある。そのほか、川崎恭治「国際組織の国際法主体性―いくつかの懐疑論」『一橋論叢』第92巻5号(1984年)143-151頁、横田洋三「国際組織の法主体性」寺沢・内田(編)『前掲書』(注43)109-115頁、植木俊哉「国際組織の概念と『国際法人格』」柳原(編)『前掲書』(注13)25-58頁。

また、本勧告的意見に関する研究としては、佐藤和男「国際連合の損害賠償請求権に関する事件―国際連合の事務執行中に蒙った損害に対する賠償」『一橋論叢』第36巻2号(1956年)82-93頁、筒井若水「国際連合の役務中にこうむった傷害に対する賠償」高野雄一(編著)『判例研究国際司法裁判所』(東京大学出版会、1965年)282-291頁。

50 植木教授は、国際機構の概念をふまえつつ、その国際法人格に関する内外の論議を法人格の「概念・定義・内容」、「要件」、「根拠」、「効果」および権能の「範囲」の諸点から丹念に整理し考察している。植木「前掲論文」(注49)47-53頁。

51 太寿堂鼎「民事裁判権の免除」『新・実務民事訴訟法講座―7』(日本評論社、1982年)67-72頁。なお、国際機構への国家代表の地位については、竹本正幸「国際機構への国家代表の地位に関する条文草案―国際法委員会第二二会期の審議を中心として」『法学論叢』第86巻6号(1970年)53-84頁、島田征夫・高井晋「普遍的国際機構との関連における国家代表に関するウィーン条約」『国際法外交雑誌』第75巻3号(1976年)77-109頁。国際機構の職員の特権免除については、熊谷直博「国際機関職員の特権免除」『外務省調査月報』第4巻1号(1963年)46-74頁。

先機関が設置されており[52]、また、国連大学やEC委員会代表部を相手とする訴訟が提起されたことから、この問題への関心が高まりつつある。これらの事件については多くの論評があり[53]、国連大学事件において、国連の補助機関が機構内での自治、独立性を理由に別個の国内法人格(訴訟上の権利能力)を肯定されたうえで、なお国連特権免除条約を根拠に、訴訟手続からの免除が認められたこと、EC委員会代表部事件では、同代表部が応訴したため、その(EC三共同体ではなく委員会の)当事者能力が審理されないままに肯定され、また裁判権免除と区別される執行免除の可能性に言及しつつもその根拠が示されなかったこと、などの問題点が指摘され詳しく検討されている。この分野では、ほかに、とくに国家の主権免除が絶対免除主義から制限免除主義へと移行しつつある動向との関係で、国際機構の裁判権免除が考察されてきた[54]。

国際機構の条約締結能力は、その国際法人格の具体的内容として重要な位置を占める。しかし、今日、ほとんどの国際機構の設立条約が機構の条約締結能力を規定していることから、かつて論議された国際機構の条約締結能力[55]や国際機構締結条約の国際法上の妥当性[56]自体よりも、国際機構を当事者とする条約の規律の在り方に関心が向けられるようになっている。この観点からの考察に豊富な素材を提供するのは、国際機構締結条約法条約(1986

---

[52] 日本に所在する各国際機構の地位については、中村道「国際機構の地位、特権及び免除」国際法事例研究会『日本の国際法事例研究(4)—外交・領事関係』(慶應義塾大学出版会、1996年)195-217頁参照。国際機構の国内法人格については、平岡千之「国際機関の法人格およびわが国におけるその国際法上の地位について」『外務省調査月報』第4巻10号(1963年)49-78頁。

[53] 各事件について、さしあたり、横田洋三「国連大学の当事者能力及びわが国における訴訟手続の免除」『ジュリスト』第693号(1979年)264-266頁、小寺彰「欧州共同体委員会の法的地位」『ジュリスト』第792号(1983年)268-271頁参照。

[54] 西谷元「合衆国における国際機構の裁判管轄権免除」『広島法学』第12巻4号(1989年)321-348頁、同「国際機構の特権及び免除と共通利益」大谷(編著)『前掲書』(注18)299-328頁、平覚「国際機構の特権免除と国家主権」『世界法年報』第10号(1990年)16-29頁、渡部茂己「国際機構の特権免除—国内裁判権免除に関する米・日の諸判例を手掛かりとして」『日本法学』第59巻2号(1993年)163-203頁。

[55] 川島慶雄「国際連合の法的性質に関する一考察—条約締結能力と国際法上の人格性の関係」『阪大法学』第59・60号(1966年)214-245頁。

[56] 横田洋三「国際組織が締結する条約の効力と強制力—世界銀行の貸付協定の場合を中心として」寺沢一ほか(編)『国際法学の再構築・上』(東京大学出版会、1977年)41-94頁。

年採択)である^{57}。この条約は、まず、国家間条約に関する条約法条約との関係でいわゆる「パラレリズム」を基本的に採用するが、このアプローチは、起草上の便宜だけによるものではないとすれば、条約関係における国家と国際機構の平等性および国家間条約と国際機構締結条約の同一化を示唆する。そこで、パラレリズムの維持とそれからの逸脱を要請する要因を分析し、それぞれが国際機構締結条約法条約で具体的にどのように反映されているかを検討することにより、条約当事者としての国際機構の法的地位が考察されている^{58}。また、国際機構締結条約の機構加盟国に対する効力(法的効果)は、国際機構締結条約法条約の起草過程で論議を呼んだ問題であり、国連国際法委員会の草案はこれに関する規定(第36条bis)を設けていたが、条約採択全権会議で削除された経緯がある。小寺彰教授は、この側面から国際機構の法的性格を考察する詳細な研究のなかで、条約の効力についての国家間条約に関する条約法上の法的構成をふまえつつ、国連と専門機関の条約実行および欧州共同体の混合協定を含む条約実行の分析から、加盟国に対する効力の態様(間接的効力、直接的効力)を決定する価値判断の内容を探り、それを、機構の「自律性の要請」(機構の利益に直接的に関連する事項については、機構自身が関与しその意思を貫く)と「脆弱性(要補完性)の要請」(機構が国家と同等の能力をもたないため、機構と並立して加盟国に協同を求める)の関数として提示している^{59}。

　国際機構の国際責任は、国際司法裁判所が損害賠償事件の勧告的意見において国連の国際請求能力を認めたことを契機として論じられるようになった問題である。つまり、もし国際機構が違法に損害を蒙った場合に加害国の国

57　ここで国際機構締結条約法条約自体には立ち入らないが、諸論点については、さしあたり、小川芳彦「国際機構に関する条約法—その法典化の困難」『法と政治』第25巻3・4号(1975年)201-234頁、谷内正太郎「国際機関条約法条約採択国連全権会議」『国際法外交雑誌』第85巻4号(1986年)94-109頁参照。

58　酒井啓亘「条約当事者としての国際機構—二つのウィーン条約の『パラレリズム』からみた法的地位(一)、(二・完)」『法学論叢』第128巻3号(1990年)30-50頁、第129巻3号(1991年)85-107頁。また、紛争当事者としての国連の地位を、国際機構の「対外関係上の紛争」の構造およびそれと国連システムとの関連で考察したものとして、同「国際連合を当事者とする紛争の法的構造—国連本部協定をめぐる国連と合衆国の対立(一)、(二・完)」『法学論叢』第131巻1号(1992年)28-48頁、第131巻4号(1992年)42-67頁がある。

59　小寺彰「国際機構の法的性格に関する一考察—国際機構締結条約を素材として(一)〜(四・完)」『国家学会雑誌』第93巻1・2号(1980年)1-62頁、第94巻3・4号(1981年)1-53頁、第95巻5・6号(1982年)52-107頁、第99巻9・10号(1986年)42-75頁。

際責任を追及する資格を有するとすれば、逆に国際機構が第三国に違法に損害を与えた場合には国際責任を追及される立場にあるのか、が必然的に問題となるからである。その際、国際責任の法理は、伝統的に国家間の関係に限定し「国家」責任として捉えられてきたため、いかにして、新たに国際機構を責任法に包摂するかがまず提起される。山本草二教授は、この問題に関する先駆的な考察[60]のなかで、伝統的な国家責任の法理が、「必要な修正と変更のうえ」、当然に国際機構にも適用可能であるとする前提が認められるかどうかを検討することから始める。教授によれば、国際責任に関する国際機構の「受動的当事者適格」およびその条件と範囲は、機構の法人格性を根拠にして抽象的一義的に確定することはできず、その法人格性の実質的かつ具体的な態様の検討が必要な問題であり、また、国際機構と加盟国の間の国際責任の帰属ないし配分についても、当該機構の遂行する「機能」の態様に即して判断されねばならない。このような考察の基盤をふまえて、植木俊哉教授は、欧州共同体の損害賠償責任を具体的な素材としてとりあげた大部の研究のなかで、国際機構の国際責任を国家の国際責任と対比しつつ、成立要件と認定手続の両面から詳細に考察し、国家と国際機構を含めた「国際責任法」の再構築をめざすとともに、「国際機構法」全体の枠組のなかで機構の国際責任の問題の位置づけを行っている[61]。

VI 国際機構法の「体系化」の模索

国際機構法を独自の研究領域として捉えその体系化を目指す場合、対象と

---

60 山本草二「政府間国際組織の国際責任」寺沢一ほか(編)『国際法学の再構築・下』(東京大学出版会、1978年)161-197頁。
61 植木俊哉「国際組織の国際責任に関する一考察—欧州共同体の損害賠償責任を手がかりとして(一)〜(七・完)」『法学協会雑誌』第105巻9号(1988年)1-66頁、第108巻10号(1991年)103-158頁、第110巻2号(1993年)34-96頁、第110巻5号(1993年)108-171頁、第110巻6号(1993年)78-154頁、第110巻7号(1993年)12-84頁、第110巻11号(1993年)118-206頁。併せて、同「国際組織の国際違法行為と国際責任—国際責任法への一視座」『国際法外交雑誌』第90巻4号(1991年)48-82頁参照。ほかに、大森正仁「国際機構の国際責任—宇宙損害責任条約における意義」『法学研究〔慶應義塾大学〕』第64巻5号(1991年)19-48頁がある。

する国際機構の定義と範囲、国際機構の法現象・法構造の統一的把握および国際法全体におけるその位置づけなどが課題となる。わが国では、冒頭でふれた高野雄一『国際組織法』に続く本格的な体系書はまだ著されていない[62]が、その後の多くの研究成果のなかに、国際機構法の新たな体系化の模索を見て取ることができる。

　国際機構の定義としては、条約法条約が同条約の適用上、「『国際機関』とは、政府間機関をいう」(第2条1項(f))と規定し、また国際機構締結条約法条約および普遍的国際機構への国家代表条約(1975年採択)も同じ文言を踏襲するが、この規定はいわゆる非政府間機構(NGO)を除外する消極的な意味しかもたず、国際機構の具体的要件ないし基準を示すものではない。国際機構の定義は機構の法人格の問題とも関連し論者の見解が一様でないが、内外の学説ともに、この定義の中に含めるべき要素として、設立の法的基礎(国家間の合意)、機能(共通目的の継続的な遂行)、組織体(常設的な内部機関と固有の意思の存在)および構成員(国家の結合体)に言及する点でほぼ共通しており、これらの要素の組み合わせと具体的表現に差異はあれ、実質的内容に大きな違いはみられない。と同時に、「論者間の見解の若干の相違は、それぞれの論者による国際組織法の体系化に関する方法論の差異と密接に関連したものである[63]」、といえよう。その1つは、超国家的機構の扱いである。

　わが国でもしばしば参照される西欧の2、3の学説をみると、ヴィラリーは国際機構の前記の「機能」の要素を「国家間協力の機能」の意味に理解し、「統合」を機能とする超国家的機構を「国際機構」と区別する[64]のに対して、スヘルマースは国際機構を政府間機構と超国家的機構に分類しつつも両者を一括して扱っており[65]、さらにザイドル・ホーヘンヴェルデルンは、その体系書

62　考察の対象・範囲と視点に差異はあるが、国際機構を全般的に扱った著作として以下がある。高野雄一・筒井若水『国際経済組織法』(東京大学出版会、1965年)、佐藤和男『国際経済機構の研究』(新生社、1967年)、高橋悠『国際組織法』(ミネルヴァ書房、1970年)、家正治・川岸繁雄・金東勲(編)『国際機構(新版)』(世界思想社、1992年)、横田洋三(編著)『国際機構論』(国際書院、1993年)、桜井雅夫『国際機構法』(第一法規、1993年)、最上敏樹『国際機構論』(東京大学出版会、1994年)、渡部茂己『国際機構の機能と組織(第二版)』(国際書院、1997年)。

63　植木俊哉「前掲論文」(注49)37頁。

64　M. Virally, "Definition and classification of international organizations: legal approach," in Abi-Saab (ed.), *supra* note 16, pp.53-56.

65　H. G. Schermers and M. Blokker, *International Institutional Law* 3rd Revised ed., (Nijhoff, 1995),

の表題が示すように、国際機構法を明確に「超国家的共同体を含む国際機構の法」と提示している[66]。いうまでもなく、ここで超国家的機構として念頭に置かれているのはEC(EU)であり、これを含めて国際機構法を体系化すべきかどうか自体について、わが国とEC構成国の間で当然ながら関心度に大きな隔たりがある。ただ、わが国においても、国際機構法の対象の中心に据えられているのは国連とその専門機関(国連ファミリー)およびECであり、かつ両者を並置して具体的考察の対象とされることが少なくないだけに、問題なしとはいえない。より一般的には、規模、機能・目的、権限などの面で著しく異なる多種多様な国際機構を対象にして、スヘルマースとブロッカーのいう "Unity within Diversity[67]" をいかに追求するか、ということになろう。

国際機構法の対象範囲についていま1つの問題は、国際司法裁判制度をそこに含めるかどうかである。高野教授は、司法的国際機構は「きわめて特殊な原理に支配され独特の性質を持つ」もので、「他の国際組織にくらべて明確に特殊の存在と機能をもっている」として、その『国際組織法』での研究対象から除外している[68]。このような取り扱いは諸外国では一般的とはいえず、その代表的な例として、バウエットの体系書は、個別の国際機構を考察する各論的部分で、普遍的機構と地域的機構に続けて司法的機構を扱う[69]。わが国の論者の多くは、この対照的な事実に言及するにとどまり、それ以上の立ち入った検討を加えていない。そうしたなかで、関野昭一教授は、国際司法裁判制度は、国際社会の組織化と不可分の関係において、また一般国際平和機構と一体として発展してきたものであるから、「司法裁判組織と一般国際組

---

pp.39-42. 本書の旧版の部分的な邦訳として、H・G・シュヘルメルス／金井英雄ほか(訳)『国際機構法(上)、(中)』(啓文社、1981年、1987年)がある。ただし、このうち上巻は初版(1972年)、中巻は第二版(1980年)の訳である。

66　I. Seidl-Hohenveldern und G. Loibl, *Das Recht der internationalen Organisationen einschließlich der supranationalen Gemeinschaften,* Fünfte überarb. Auflage (Heymanns, 1992). 本書の旧版(1979年)の邦訳として、イグナツ・ザイドル　ホーヘンベルデルン／山口福夫(訳)『国際機構の基本問題』(晃洋書房、1980年)がある。

67　Schermers and Blokker, *supra* note 65, pp.21-25. なお、この部分の記述は、スヘルマースが単独で著した旧版にはなく、ブロッカーと共著の第三版に初めてでてくる。

68　高野『前掲書(新版)』(注3)5頁。同様の見解として、C. F. Amerasinghe, *Principles of the Institutional Law of International Organizations* (Cambridge University Press, 1996), p.12.

69　D. W. Bowett, *The Law of International Institutions* 4th ed., (Stevens & Sons, 1982).

織を一体として捉え考察する必要がある[70]」と指摘する。今後の検討課題の1つである。

　国際機構が国家により構成される組織体であると同時に、機構自体も国家と並ぶ国際社会の重要な構成員とする基本的認識からは、国際機構の法現象・法構造は、機構の内部的な組織構造と機構のいわば対外関係の両面から捉えることが必要である。しかし、これまでの研究はそのうちの一方とくに前者の側面に傾斜し[71]、全体として統一的に把握する試みがあまり行われてこなかった。また、考察が組織・制度の面に偏り、活動・作用の面に十分な注意が払われてこなかったことも問題である。この点で、横田(洋三)教授が、これらの諸側面を再構成した国際機構法の体系(そこでは、「国際組織の法」を「組織法」と「作用法」に分け、さらに、いずれも定立の方法の違いから、前者を「内部法」、「対外法」、「上位法」、後者を「規制的作用法」、「合意に基づく作用法」、「基準設定および監視の作用法」に分類する)を提示し[72]、併せて、国際機構と法のかかわりについて、国際法に限らず国内法および機構の固有法との関係を含めた体系化を試みている[73]のは注目されてよい。ただ、そのなかで、いわゆる国際機構内部法(右の分類では「内部法」と「規制的作用法」がそれに当たる)の概念と法的性質については学説上議論があり[74]、これを国際法、国内法とも異なる第三の法、つまり固有法とみる立場は必ずしも一般的ではない。

　また、山本教授が提示する「国際行政法」の理論[75]は、国際機構法の体系化

70　関野昭一「国際社会の組織化と国際司法制度」寺沢ほか(編)『前掲書』(注56)215-16頁。

71　高野『前掲書(新版)』(注3)が前者に視点をおいていることは、国際機構一般の問題を扱う第七章「国際組織の基本問題」での考察を「国際組織の構成要素」、「国際組織の構造」および「国際組織の表決手続と権限」に限っており、それらが「国際組織一般に通ずる国際組織法上の中核的問題」とされることからもうかがえる。530頁。

72　横田洋三「国際組織の法構造―機能的統合説の限界」『国際法外交雑誌』第77巻6号(1979年)17-37頁。

73　横田洋三「国際組織と法」日本国際政治学会(編)『国際政治』第76号「国際組織と体制変化」(1984年)138-157頁、同「国際機構が国際法に及ぼした影響」大沼(編)『前掲書』(注44)123-167頁。

74　国際機構内部法について、わが国ではまだ議論が十分に展開されていないが、これまでに以下の研究がある。桑原輝路「国際機構内部法の観念」『政経論叢〔広島大学〕』第26巻5号(1977年)91-111頁、篠原梓「国際連合及び専門機関における内部規則の制定」『社会科学ジャーナル〔ICU〕』第21号(1)(1982年)65-85頁、田中祥積「新たな法現象としての『国際機構内部法』―その法的性格について」伊古・大畑(編)『前掲書』(注24)295-331頁。

75　山本草二「国際行政法の存立基盤」『国際法外交雑誌』第67巻5号(1969年)1-66頁、同「国際行政法」雄川一郎・塩野宏・園部逸夫(編)『現代行政法体系1・現代行政法の課題』(有斐閣、1983年)

にも結びつく広い射程をもっている。そこでいう国際行政法は、国際社会に固有の「国際公共事務」とこれを執行する手続・作用としての固有の国際行政行為という2つの基準から捉えられるが、国際行政の担い手として、国際機構を含む多辺的国際制度の存在を前提としており、具体的には国際機構の機能面と重なる部分が少なくないからである。この国際行政法理論は、教授の国際法学の基本的視点である「領域性原理の優位から機能性原理の導入」によって基礎づけられたもので、国際機構法理論への展開においても「機能的分化」が中心に据えられ、「目的論的、構造論的な側面だけではなく、国際組織の活動・作用の分類と、加盟国の国内法および国内行政事務に及ぼすその影響という機能論的な側面をも考慮して、両者の相互関連により」国際機構法を再構成することが企図されている[76]。

　このように、国際機構法の体系化は、国際法全体における国際機構法の位置づけの問題に結びつく。この点について、わが国における国際法の体系書・概説書での扱いは様々で、その多くは国際機構に関する法を国際法の一分野としてとりあげるが、国際法の主体の問題の一部として扱うものもあり、またいずれの場合も、国際機構の具体的機能については国際法の各分野のなかで叙述される、という状況であり、そこに共通の理解はみいだせない。そうしたなかで、最近、国際機構法と国際法の関係について、内外の諸学説の綿密な検討をふまえた新たな体系構築をめざす作業が開始されていることは注目される[77]。戦前、横田（喜三郎）教授は、国際法全体を国際機構法として捉え、これを「国際立法に関する法」、「国際行政に関する法」および「国際司法に関する法」の三部から構成する斬新な「国際組織法の理論」体系を提示されたことがある[78]。それは、国際社会の発達によって大きくなった身体に従来の国際

329-364頁。
76　山本「前掲論文」（注60）174、197頁。
77　植木俊哉『「国際組織法」の体系に関する一考察—『国際組織法総論』構築への予備的考察（一）、（二）、（三）』『法学』第65巻1号（1992年）、1-25頁同2号（1992年）39-72頁、第61巻4号（1997年）1-33頁。
78　横田喜三郎「国際組織法の理論（一）、（二・完）」『法学協会雑誌』第47巻6号（1929年）1-46頁、第47巻7号（1929年）1-47頁。この論文は、ほぼそのまま、横田喜三郎『国際法の基礎理論』（有斐閣、1949年）に再録されている。横田喜三郎『国際法・上巻、下巻』（有斐閣、1933、34年）は、この「国際組織法の理論」に基づく国際法の体系書である。

法という衣服は狭すぎるため、これを押し広げるだけでなく、「はじめから全くあらたに仕立直さなくてはならない[79]」、という認識によるが、戦後この理論体系は維持されなかった[80]。国際機構法の体系化と同様に、国際法全体における国際機構法の位置づけないし両者の関係についても、どのように国際機構の発展と国際社会の組織化の現段階を認識し、その将来を展望するかが出発点であるように思われる。

79　横田『前掲書(国際法の基礎理論)』(注78) 2頁。
80　例えば、横田喜三郎『国際法学・上巻』(有斐閣、1955年)、同『国際法(再訂版)』(有斐閣、1986年)。

2 国際連合と地域的機構
―― 冷戦後の新たな関係

I 憲章第 8 章の再発見

　冷戦の終焉は、東西両陣営の対立構造による桎梏から解き放たれた地域・国内紛争を顕在化させる一方、安全保障理事会での常任理事国の協調を可能にし、国連の平和維持機能を活性化させた。それは、「平和維持活動(peace-keeping[1])」の分野においてとくに顕著である。冷戦後の国連の平和維持活動は、その数と規模の双方で著しく増大したのみならず、その任務が拡大され、伝統的な概念では捉えきれない新たな活動が大きな部分を占めるに至っている。とくに問題となるのは、平和維持活動と平和強制との結合である[2]。と同時に、国連は、このような平和維持活動の実施にあたって多くの困難に直面してきた。その1つはオーバー・コミットメントの問題であり、財政危機や要員・装備の不足から地域的機構に役割分担が求められた。地域紛争に関して地域的機構を活用することは、関係諸国が地域の平和維持に直接の利害を有する点からも考慮に値する。このような背景から、冷戦後の新たな状況において憲章第8章が再発見され、国連と地域的機構の新たな関係が模索さ

1　本稿では、国連憲章で一般に使用される "maintenance of peace" と区別するため、"peace-keeping" の訳語として、「平和維持」ではなく「平和維持活動」を当てる。なお、フランス語では両者の間に区別はなく、ともに "le maintien de la paix" である。
2　香西茂「国連による紛争解決機能の変容―『平和強制』と『平和維持』の間―」山手治之・香西茂（編集代表）『現代国際法における人権と平和の保障』[二一世紀国際社会における人権と平和：国際法の新しい発展をめざして・下巻]（東信堂、2003年）207-240頁、浅田正彦「国連における平和維持活動の概念と最近の動向」西原正、セリグ・S・ハリソン（共編）『国連PKOと日米安保―新しい日米協力のあり方』（亜紀書房、1995年）35-89頁。

れることになった[3]。

　ブトロス・ガリ事務総長が、1992年6月、同年1月の安全保障理事会首脳会議の要請により提出した報告書、『平和への課題[4]』は、国連要員の予防展開（preventive deployment）、平和強制部隊（peace-enforcement units）の創設、紛争後の平和構築など、新しい構想を提示し注目された。同報告書は、冷戦後の平和維持構想の一環として「地域的取極および機構との協力」の問題をも取り上げ、次のような基本的認識を示している。

　「冷戦は第8章の適切な利用を阻害し、また実際に、その時期には、地域的取極はときには憲章で想定された方法での紛争の解決を妨げるように作用した。……しかし、この新たな好機の時期において、地域的取極または機関は、その活動が憲章の目的および原則と一致したかたちで行われ、またそれと国連とくに安全保障理事会との関係が第8章によって規律されるならば、偉大な貢献をなすことができる[5]」。

　ここでは、地域的機構と国連との関係についてのいかなる公式のパターンや特定の役割分担も提唱されていないが、「地域的取極または機関が、多くの場合に、この報告書に盛られた機能、すなわち予防外交（preventive

---

3　全般的に論じたものとして、別途に掲げるほか、Louise Fawcett and Andrew Hurrell (eds.), *Regionalism in World Politics* (Oxford UP, 1995)［菅英輝、栗栖薫子（監訳）『地域主義と国際秩序』（九州大学出版会、1999年）］; Hilaire McCoubrey and Justin Morris, *Regional Peacekeeping in the Post-Cold War Era* (Kluwer Law International, 2000); Paul F. Diehl and Joseph Lepgold (eds.), *Regional Conflict Management* (Roman & Littlefield Publishers, 2003); Michael Pugh and Waheguru Pal Singh Sidhu (eds.), *The United Nations and Regional Security: Europe and Beyond* (Lynne Rienner Publishers, 2003); Tom J. Farer, "The Role of Regional Organizations in International Peacemaking and Peace-keeping: Legal, Political and Military Problems," in Winrich Kühne (ed.), *Blauhelme in einer turbulenten Welt* (Nomos Verlagsgesellschaft, 1993), pp.275-292; Christoph Schreuer, "Regionalism v. Universalism," *European Journal of International Law*, Vol.6, No.3 (1995), pp.477-499; Winfried Lang, "New Regionalism in a Changing World Order," in K. Wellens (ed.), *International Law: Theory and Practice* (Kluwer Law International, 1998), pp.45-60; Rüdiger Wolfrum, "Der Beitrag regionaler Abmachungen zur Friedenssicherung: Möglichkeiten und Grenzen," *Zeitschrift für ausländisches öffentliches Recht und Völkerrecht*, Bd.53, H.3 (1993), S.576-602.

4　An Agenda for Peace: Preventive diplomacy, peacemaking and peace-keeping, Report of the Secretary-General pursuant to the statement adopted by the Summit Meeting of the Security Council on 31 January 1992, U.N.Doc. A/47/277-S/24111 (17 June 1992).

5　*Ibid.*, paras.60, 63.

diplomacy)、平和維持活動(peace-keeping)、平和創造(peacemaking)、および紛争後の平和構築(post-conflict peace-building)、に役立つよう利用される潜在能力を有することは明らかである」とする。また、憲章上、安全保障理事会は、今後とも、国際の平和と安全の維持に対する主要な責任を保持するが、「地域的行動は、集中排除、権限委譲、および国連の努力との協力の面で、理事会の負担を軽減するだけでなく、国際問題への参加、コンセンサス、および民主化などの意識の向上にも貢献する」と、地域的機構の役割が積極的に位置づけられている。そのための方策として、第1に、国連と地域的取極または機関との間の協議は、問題の性質とそれに必要な措置についての国際的コンセンサスの創出に大いに貢献する。第2に、国連と合同の補完的努力への地域的機構の参加は、その地域外の諸国にも支持する行動を促す効果がある。第3に、安全保障理事会が地域的取極または地域的機構に対しその地域内の危機への対応に主導権をとることをとくに許可するならば、それは、地域的努力の妥当性に国連の重みを与えるのに役立つ。このようなアプローチは、平和維持の任務のすべてのレベルで民主化を奨励するものである。しかしながら、同時に「主要な責任はあくまで安全保障理事会にあることを引き続いて承認することが不可欠である」、と強調されている[6]。

この事務総長の報告書をうけて、安全保障理事会は、報告書の審議を継続するなかで、1993年1月の議長声明により、憲章第8章の枠組内において、地域的取極および機構に対し、それぞれの権限内で平和維持機能を強化する方策および地域的努力と国連のそれとの調整を改善する方策を早急に検討するよう求めた[7]。また総会は、翌年12月、国連憲章および国連の役割強化に関する特別委員会の報告として提出された、「国際の平和および安全の維持における国連と地域的取極および機関の間の協力の向上に関する宣言[8]」(以下、国連と地域的機構の間の協力向上に関する宣言)を採択した。そこでも、憲章第8章の規定を再確認しつつ、「地域的取極または機関は、それぞれの権限分野においてかつ憲章に従って、適当な場合には、紛争の平和的解決、防止外交、平

---

6 *Ibid.*, paras.64-65.
7 U.N.Doc. S/25184 (3166th Meeting, 28 January 1993).
8 G.A.Res. 49/57 (84th plenary meeting, 9 December 1994), Annex.

和創造、平和維持活動および紛争後の平和構築によるものを含めて、国際の平和および安全の維持に対して重要な貢献を果たす」、との同じ基本的立場が表明されている。

1994年8月、事務総長は、国連が平和維持の分野で最近協力してきた地域的機構の長との会合を開いた。そこでの意見交換を踏まえて、事務総長は、1995年1月、国連50周年を機会に提出した『平和への課題・追補[9]』の中で、国連と地域的機構の協力の具体的な態様として、協議、外交上の支援とともに、作戦上の支援(Operational support)、並行展開(Co-deployment)、共同作戦(Joint operation)の5つを挙げている。ここでも、地域的機構の平和創造および平和維持活動の能力やその構造、任務、意思決定過程における差異から、国連との関係について普遍的モデルを設定することは適当でないとするが、基礎となるべき原則として、次の4つを挙げる。①公式でなくとも協議メカニズムの設定、②国連の優越性の尊重、③同一の紛争に関与する場合に重複と競合を避けるための明確な分業の設定、④平和維持活動の基準のように、双方の機構にとって共通の関心事項を扱う場合の一貫性[10]。

『平和への課題』の後ほどなく、国連は平和維持機構としての信頼性を損なう幾つかの事態に直面した。事務総長自身、1994年3月、国連の平和維持活動能力の改善に関する報告書において、「1年前の楽観論は、現場—とりわけソマリアや旧ユーゴスラビア—において遭遇した困難の結果として先細りした」ことを認め[11]、それが『同・追補』にも反映されている。まず、「平和強制」活動の実施の困難さを認め、平和維持活動と強制行動を明確に区別するなど、先の野心的な構想は軌道修正された。また、旧ユーゴ問題への対応の教訓として、国連と地域的機構間の調整の重要性が指摘されている。さらに、一部を除く地域的機構の側での意思と能力の欠如から、地域的行動に対する期待感が減退していることは否めない。しかしながら、地域的機構に対する先の基本的立場は維持されている。

9　Supplement to An Agenda for Peace: Position paper of the Secretary-General on the occasion of the fiftieth anniversary of the United Nations, U.N.Doc. A/50/60-S/1995/1 (3 January 1995).
10　*Ibid.*, paras.86-88.
11　Improving the capacity of the United Nations for peace-keeping, U.N.Doc. A/48/403-S/26450 (14 March 1994), para.67.

『平和への課題』およびこれに続く国連文書は、いずれも、国連と地域的機構との新たな協力関係について、安全保障理事会の平和維持に関する主要な責任を繰り返すとともに、憲章第8章によって規律されるべきことを再確認している。しかし、まさに「冷戦は第8章の適切な利用を阻害した」と指摘されるように、過去の実行は、冷戦後の国連と地域的機構の関係を規律するうえで限られた示唆しか提供しない[12]。従って、以下では、これまでの適用事例には深く立ち入ることなく、「地域的平和維持活動」の問題を中心に、第8章の新たな展開を示す主要な論点に考察を限定したい。

なお、国連の平和維持機能は憲章では紛争の平和的解決（第6章）と強制措置（第7章）の2つの側面から規定され、また平和維持活動も国連の機能として定着しているが、冷戦後さらに、国連の諸機能が憲章規定を離れて表現されるようになった。そして、これらの概念が不明確で混乱もみられることから、国連と地域的機構の関係を考察するうえで困難が伴う。先にふれたように、地域的機構が国連と協力し平和と安全の維持に貢献できる側面として、『平和への課題』は、国連の機能についてと同様に、予防外交、平和維持活動、平和創造および紛争後の平和構築の4つをこの順序で掲げる。これらの概念は、多分に、紛争処理の過程を時系列的に分類したもので、各局面における平和維持機能は伝統的に定義された概念をもって捉えることができない[13]。事務総長自身の説明によると、そこでの用語は全体として相互に関係する(integrally related)とともに、具体的に、例えば平和創造は、第6章に定める手段による紛争の解決が中心であるが、第7章の強制措置にまで及んでお

12　このことは、同じく憲章第8章の問題を全般的に扱った、ハーグ・アカデミーの次の2つの講義からも窺われる。E. Jiménez de Aréchaga, "La coordination des systèmes de l'ONU et de l'Organisation des États américains pour le règlement pacifique des différends et la sécurité collective," *Recueil de cours*, tome 111 (1964), pp.426-520; Ugo Villani, "Les rappotrs entre l'ONU et les organisations régionales dans le domaine du maintien de la paix," *Recueil des cours*, tome 290 (2001), pp.229-436.

13　他方、先に掲げた総会の「国連と地域的機関の間の協力向上に関する宣言」は、『平和への課題』と較べて、冒頭に紛争の平和的解決を追加しかつ平和維持活動と平和創造の順序を入れ替えた5つを掲げる。また『平和への課題・追補』ではより憲章に則して整理されており、予防外交と平和創造を一括し、次いで平和維持活動、紛争後の平和構築、制裁、強制行動と再構成されるとともに、新たに軍縮が加えられた。『平和への課題』と『同・追補』における諸概念の検討について、詳しくは、香西茂「国連と世界平和の維持―五〇年の変遷と課題」『国際問題』第428号（1995年11月）17-19頁。

り、また平和維持活動は、予防外交、平和創造、紛争後の平和構築のいずれにも用いられる手段とされる。これらの概念は、国連の活動を全体的かつ動態的に理解するために有用であるにしても、十分に精確な法的意味をもたない。従って、国連と地域的機構の関係は、紛争処理の過程を分類した諸概念によってではなく、各局面における具体的機能について、かつ憲章第8章の規定に則して考察することが必要である[14]。

II　第8章と地域的機構

1　第8章の枠組

　国連憲章は、第8章「地域的取極」において、「国際の平和及び安全の維持に関する事項で地域的行動に適当なものを処理するための地域的取極又は地域的機関」の存在を承認するとともに、かかる取極や機関と国連との関係を詳細に規定している。まず、地域的取極やこれに基づいて設立される地域的機関およびその活動は、国連の目的および原則と一致することが要求され（第52条1項但し書）、またそこでとられるすべての活動が安全保障理事会に報告されなければならない（第54条）。

　この条件のもとに、紛争の平和的解決に関して、地域的取極や機関は、紛争の当事国がまず第1に利用すべき自らの選ぶ解決手段の1つとしてその有用性を一般的に承認され（第33条1項）、また、とくに地方的紛争（local disputes）、すなわち前記の取極や機関の加盟国相互間の紛争については、この地域的手段による平和的解決の努力が優先し、かつ奨励されるべき旨が明記されている（第52条2項、3項）。もっとも、このことは、第34条および第35条の適用を害するものではない（第52条4項）から、いかなる紛争についても、安全保障理事会は平和の維持を危うくする虞があるかどうか調査することができ、また国連加盟国も理事会や総会の注意を促すことができる。従って、地域的機

---

[14] この点を強調するものとして、Andrea Gioia, "The United Nations and Regional Organisations in the Maintenance of Peace and Security," in Michael Bothe, Natalino Ronzitti, Allan Rosas (eds.), *The OSCE in the Maintenance of Peace and Security: Conflict Prevention, Crisis Management and Peaceful Settlement of Disputes* (Kluwer Law International, 1997), pp.222-224.

関の加盟国が相互間の紛争を直接に国連の場に提起することは妨げられず、また安全保障理事会の側も、地域的解決の努力が尽くされるまで地方的紛争への介入が制限ないし排除されるわけではない。この意味で、国連憲章は、地方的紛争の処理について、手続的に厳格な「地域的機関の先議」を規定すると解することはできない[15]。

他方、地域的強制行動は、安全保障理事会によってその権威の下に利用される場合があるほか、国連の事前の統制に服することを原則とし、「いかなる強制行動も、安全保障理事会の許可がなければ、地域的取極に基いて又は地域的機関によってとられてはならない」(第53条1項前段)。この原則は、地域的強制行動を国連の集団安全保障体制に組み込む「要」として、すでにダンバートン・オークス提案で規定されていたが、サンフランシスコ会議では、相互援助条約の締結を予定する各方面からの不満の対象であった。その結果、対旧敵国措置に関する例外規定(第53条1項後段)に加えて、個別的または集団的自衛の措置に安全保障理事会の許可、従ってまた常任理事国の拒否権の適用、を免除する第51条が新設されたことにより、地域的強制行動は実質上その最も重要な部分について事前の統制を免れるとともに、国連の集団安全保障体制が当初から大きな制約を受けることになった。さらに、その後の実行では、自衛権の発動要件を緩和する第51条の拡大解釈が展開される一方、集団的自衛として正当化されえない地域的措置についても、地域的「強制」行動の制限解釈ないし安全保障理事会の「許可」の柔軟解釈が主張されるなど、冷戦期において第53条の原則は形骸化してきた[16]。

戦後初期にソ連が東欧諸国と結んだ一連の同盟・相互援助条約や1950年の中ソ友好同盟相互援助条約(1980年失効)は暫定的な性格をもつ旧敵国条項に

---

15 拙稿「地域的機関先議の主張—国連憲章上の限界—(一)、(二)、(三・完)」『法学会雑誌[岡山大学]』第21巻1号(1971年7月)、3・4号(1972年3月)、第27巻1号(1977年8月)(本書第2部第8章)、およびそこで引用する文献のほか、Domingo E. Acevedo, "The Right of Members of the Organization of American States to Refer Their "Local" Disputes Directly to the United Nations Security Council," *American University Journal of International Law and Policy*, Vol.4, No.1 (Winter 1989), pp.25-26.

16 拙稿「地域的強制行動に対する国際連合の統制—米州機構の事例を中心に—」『変動期の国際法』[田畑茂二郎先生還暦記念](有信堂、1973年)403-430頁(本書第2部第10章)、およびそこで引用する文献、とくに、Michael Akehurst, "Enforcement Action by Regional Agencies, with Special Reference to the Organization of American States," *British Year Book of International Law*, Vol.42 (1967), pp.175-227.

依拠していたが、冷戦が激化するなかで、対立するいずれの陣営も、国連の統制を排した自律的な共同防衛体制のより一般的な根拠として、憲章第51条を広く援用してきた。1949年の北大西洋条約や1955年のワルシャワ条約(1991年終了)は、この集団的自衛権に基づいて外部からの侵略に対する相互援助を約束する代表的な取極であり、そこでは、統一司令部を含む軍事機構が組織されるとともに、対外的な防衛力の整備・強化が図られてきた。この種の地域的機構は、元来、憲章第8章にいう「地域的機関」とは異質なものである。後者には、地方的紛争の平和的解決および国連の集団安全保障体制に組み込まれた地域的強制行動、すなわち旧来の同盟と区別される地域的集団安全保障の機能が予定されるからである。

　もっとも、集団的自衛を主たる目的とする地域的機構が、副次的に紛争の平和的解決や地域的集団安全保障の機能を担う可能性は否定されえず、またとくに、「地域的機関」に不可欠な条件として紛争解決の手続や組織の整備を要求する根拠も見い出せない[17]。他方、第8章の地域的機関も集団的自衛の機能を併せもつことが妨げられるわけではない。憲章は第8章の地域的機関を定義しておらず、またこれを同定するための規準を国連のこれまでの実行から導くことも困難である。従って、問題は、ある地域的機構が「地域的機関」であるかどうかではなく、特定の事態において地域的機関として機能し第8章の関係規定の適用を受けるかどうかにある[18]。ただ、憲章第8章が規定する「地域的行動に適当な事項」の性質から、これを有効に処理することが期待できるのは、ある程度の対内的志向性を備えた地域的機構の場合に限られ

17　この点は、北大西洋条約に関して、Beckettの見解をKelsenが批判したところである。Sir W. Eric Beckett, *The North Atlantic Treaty, the Brussels Treaty and the Charter of the United Nations* (Stevens and Sons Limited, 1950); Hans Kelsen, "Is North Atlantic Treaty a Regional Arrangement?" *American Journal of International Law*, Vol.45, No.1(1951), pp.162-166. この問題はその後も一部で議論されており、なお見解が分かれる。例えば、Rüdiger Pernice, *Die Sicherung des Weltfriedens durch regionale Organisationen und die Vereinten Nationen: Eine Untersuchung zur Kompetenzverteilung nach Kapitel VIII der UN-Charta*(Hansischer Gildenverlag, 1972), S.52-62; Christian Walter, *Vereinte Nationen und Regionalorganisationen: Eine Untersuchung zu Kapitel VIII der Satzung der Vereinten Nationen*(Springer, 1996), pp.59-90.

18　Akehurst, *supra* note 16, p.180; Joachim Wolf, "Regional Arrangements and the UN Charter," in Rudolf Bernhardt(ed.), *Encyclopedia of Public International Law, Instalment 6*(North-Holland, 1983), p.289; Philipe Sands and Pierre Klein, *Bowett's Law of International Institutions*(5th ed., Sweet & Maxwell, 2001), p.153.

る。このような意味において、従来から「地域的機関」と一般にみなされており、また実際にも第8章の適用が論じられてきたのは、アラブ連盟(LAS)、米州機構(OAS)、アフリカ統一機構(OAU)である[19]。

2 地域的機構の新展開

周知のように、サンフランシスコ会議において、エジプトは「地域的取極」のかなり詳細な定義を提案したが、この定義は明らかに正当で適格な要素を含むがすべての場合をカバーしない、との理由で受け入れられなかった経緯がある[20]。ブトロス・ガリ事務総長は、『平和への課題』において、このように「意識的に精確な定義が設けられなかった」ことによる「有用な柔軟性」を指摘しつつ、地域的取極および地域的機関を、次のように広く捉えている。

> 「国連創設の前後を問わず条約に基づいて設立された機構、相互安全保障と防衛のための地域的機構、全般的な地域開発または特定の経済的事項や機能に関する協力のための機構、および当面の関心事である特定の政治的、経済的または社会的事項を処理するため設立された集団[21]」。

---

19 Jean-Pierre Cot et Alain Pellet(éd.), *La Charte des Nation Unies: Commentaire article par article* (2ᵉ éd., Économica, 1991), p.810.［中原喜一郎・斎藤惠彦(監訳)『コマンテール国際連合憲章・上巻』(東京書籍、1993年)、983頁］; Waldemar Hummer/Michael Schweizer, "Article 52," in Bruno Simma(ed.), *The Charter of the United Nations: A Commentary*(2nd ed., Oxford UP, 2002), p.828. これ以前の文献でも、扱いは同じである。例えば、Erkki Kourula, "Peace-Keeping and Regional Arrangements," in A. Cassese(ed.), *United Nations Peace-Keeping: Legal Essays*(Sijthoff & Noordhoff, 1978), pp.101-106; Mark W. Zacher(ed.), *International Conflicts and Collective Security, 1946-77: The United Nations, Organization of American States, Organization of African Unity, and Arab League*(Praeger, 1979); UNITAR(Berhanykun Andemicael ed.), *Regionalism and the United Nations*(Oceana, Sijthoff, 1979), pp.147-336.

20 *United Nations Conference on International Organization, Documents*(*UNCIO*), Vol.12, pp.776, 850, 857-858.

21 An Agenda for Peace, *supra* note 4, para.61. ブトロス・ガリ事務総長は、1995年の年次報告書でも、「憲章自身が、地域的取極および機構の精確な定義を設けないことによって、柔軟性の必要を予想していた」と述べている。Boutros Boutros-Ghali, Confronting New Challenges, Report of the Work of the Organization from the Forty-ninth to the Fiftieth Session of the General Assembly, 1995(United Nations, 1995), p.337. この点についての詳細な考察として、Jorge Cardona Llorenz, "La coopération entre les Nation Unies et les accords et organismes régionaux pour le réglement pacifique des affaires relatives au maintien de la paix et de la sécurité internationales," in *Boutros Boutros-Ghali: Amicorum discipulorumque liber: paix, développement, démocratie*, Vol.1(Bruylant, 1998), pp.253-275.

以後の国連文書において、「地域的取極または機関(arrangements and/or agencies)」(以下、地域的機関)と地域的機構(organizations)の用語が広く併用されるようになったのは、そうした柔軟な理解によるものである。具体的に、その後安全保障理事会の議長声明が国連との建設的な関係を評価し[22]、また事務総長との意見交換の会合に招請される[23]など、平和維持機能の強化と国連との関係の調整が求められた地域的機構は、LAS、OAS、OAUや、新たな発展を遂げた欧州安全保障協力会議(CSCE)のほか、元来は軍事同盟機構である北大西洋条約機構(NATO)と西欧同盟(WEU)、経済分野を主要な関心事項とする欧州共同体(EC、現欧州連合：EU)と西アフリカ諸国経済共同体(ECOWAS)、さらにはイギリスを中心に連繋するコモンウェルス、ソ連邦解体後に結成された独立国家共同体(CIS)、イスラム会議機構(OIC)などを含め、極めて多岐にわたっている。

憲章第8章の「地域的機関」についてのこのように柔軟な解釈は、地域的機構の側にみられる平和維持機能の強化と国連に対する態度の変化に対応している。いくつかの地域的機構の立場をみると、OASは、当初から機構憲章で、「国際連合内においては地域的機関である」とみずからを規定し(第1条後段)、かつ、国連憲章に基づく、「地域的責任」を果たすことをその目的の重要な一部としている(第2条)。他方、LASは、国連憲章に先立つその連盟規約で言及しないが、「地域的機関」を自認していたことは、サンフランシスコ会議での先のエジプト提案に示される[24]。同様に、OAUも機構憲章で国連との関係を明記しないが、その起草過程から「地域的機関」が意図されていたことは明

22　U.N.Doc. S/25184 (28 January 1993). この議長声明が要請した平和維持機能の強化と国連との関係の調整に関する地域的機構側の回答は、次の文書に一括されている。U.N.Doc. S/25996 (15 June 1993) and S/25996/Add.1-6 (14 July 1993-4 May 1994).

23　Boutros Boutros-Ghali, Building Peace and Development: Report on the Work of the Organization from the Forty-eighth to the Forty-ninth Session of the General Assembly, 1994 (United Nations, 1994), p.258.

24　Robert W. MacDonald, *The League of Arab States: A Study in the Dynamics of Regional Organizations* (Princeton UP, 1965), pp.9-18; Hussein A. Hassouna, *The League of Arab States and Regional Disputes: A Study of Middle East Conflicts* (Oceana, 1975), pp.11-12.

25　T. O. Elias, *Africa and International Law* (2nd ed. by Richard Akinjide, Martinus Nijhoff Publishers, 1988), p.125.

らかであり[25]、また1993年に紛争の防止、処理および解決のための新しいメカニズムを設置して平和維持機能の強化を図るとともに、2002年には新たにアフリカ連合(AU)を発足させた[26]。

CSCEは、1990年のパリ首脳会議で、それまでの東西欧州間の対話プロセスから、一体としての欧州の安全を強化するメカニズムの構築へと方向を転換し、1992年のヘルシンキ首脳会議において「国連憲章第8章の意味での地域的取極」であると宣言するとともに、「憲章第8章の枠内で行われる」平和維持活動に関して詳細な規則を設け[27]、また1994年のブタペスト首脳会議で欧州安全保障協力機構(OSCE)として組織化された[28]。そして、CISは、1993年のCIS憲章[29]で「集団安全保障および軍事的・政治的協力」の枠組を規定する(第3章)とともに、1996年、加盟国の領域における抗争の防止と解決のための構想について合意し、そのなかで、地域的機構の資格で「国連憲章第8章に従って」行動することを正式に宣言した[30]。ほかにECOWASは、1975年の設立条

---

26 紛争解決メカニズムについては、Michel Cyr Djiena Wembou, "Le mécanisme de l'OUA pour la prévention, la gestion et le réglement des conflits," *African Yearbook of International Law*, Vol.2 (1994), pp.71-91; Juliane Hilf, "Der neue Konfliktregelungsmechanismus der OAU," *Zeitschrift für ausländiches öffentliches Recht und Völkerrecht*, Bd.54, H.3-4(1994), S.1023-1047. 紛争解決の視点からAUとOAUを比較検討したものとして、松本祥志「アフリカ連合(AU)設立の法的背景と意義―政治的解決と司法的解決―」山手・香西『前掲書』(注2)231-354頁。AUへの再編および国連との関係については、Tiyanjana Maluwa, "Reimaging African Unity: Some Preliminary Reflections on the Constitutive Act of the African Union," *African Yearbook of International Law*, Vol.9(2001), pp.3-38; Njunga-Michael Mulikita, "Cooperation versus Dissonance: The UN Security Council and the Evolving African Union(AU)?" *Ibid.*, pp.75-99.
27 *International Legal Materials*, Vol.31(1992), p.1400. CSCEの発展の経緯全般について、吉川元『ヨーロッパ安全保障協力会議(CSCE)―人権の国際化から民主化支援への発展過程の考察―』(三嶺書房、1994年)、とくにヘルシンキ首脳会議後の展開については、Dominic McGoldrick, "The Development of the Conference on Security and Co-Operation in Europe(CSCE)after the Helsinki 1992 Conference," *International and Comparative Law Quarterly*, Vol.42, Pt.2(April 1993), pp.411-432.
28 *International Legal Materials*, Vol.34(1995), p.773. ブタペスト首脳会議以降の動向全般について、Kari Mottola, "The OSCE: Institutional and Functional Developments in an Evolving European Security Order," in Bothe, Ronzitti and Rosas(ed.), *supra* note 14, pp.1-33.
29 *International Legal Materials*, Vol.34(1995), pp.1286-87. CIS憲章の採択に至る錯綜した経緯については、さしあたり、G.シンカレツカヤ「CIS(独立国家共同体):国際組織を作るにあたっての法律的な問題」中央学院大学地方自治センター(編)『国際関係法』(丸善プラネット、1996年)161-176頁。
30 Concept for prevention and settlement of conflicts in the territory of States members of the Commonwealth of Independent States, *International Legal Materials*, Vol.35(1996), p.789.

約では関心事項が経済分野に限られていたが、同条約と不可分の一体をなす1978年の不侵略に関する議定書および1981年の防衛相互援助に関する議定書によってその機能を拡大し、域内の平和と安全の維持にも関心を示してきた[31]。

これに対して、NATOが憲章第51条に基づく集団的自衛機構として設立され、第8章とくに第53条の適用を受ける意図のないことは、武力攻撃に対する共同防衛を定めた北大西洋条約第5条の規定からも明らかであり、国連の統制を排したこの自律的な立場は繰り返し確認されてきた[32]。しかし、冷戦後、NATOは自らの役割の再検討を迫られ、その結果は、注目されることに、「憲章第8章の枠組内において」安全保障理事会が地域的機構に対し検討を要請した、平和維持機能の強化と国連との関係の調整に関する回答のなかで述べられている。すなわち、NATOは、従来からの「集団的自衛機構」としての基本的立場を改めて表明しつつも、欧州において新たに予想される、武力攻撃以外の多様な危険に対処するため、1991年11月のローマ首脳会議で新戦略概念(new Strategic Concept)を採択し、また翌年には、CSCEの平和維持活動をケース・バイ・ケースで(on a case-by-case basis)支援することや国連の平和維持活動にも積極的に対応することが合意された[33]。その結果、NATOは、条約の改正なしに任務・機能を拡大し、第5条が想定する以外の事態にまた第6条が定める以外の場所で(out-of-area)行動を予定する(非5条任務、域外任務)など、事実上、集団的自衛機構から大きく変容を遂げた[34]。このように、出自

---

31 これらの条約は次の資料集に収録されている。M. Weller(ed.), *Regional Peace-Keeping and International Enforcement: The Liberian Crisis*(Cambridge UP, 1994), pp.1-24.
32 もっとも、この間にも、NATOは、加盟国間の紛争解決と国連との協力を模索したことがある。Martin A. Smith, "At Arm's Length: NATO and the United Nations in the Cold War Era," *International Peacekeeping*(London), Vol.2, No.1(Spring 1995), pp.56-73; J. F. McMahon and Michael Akehurst, "Settlement of Disputes in Special Fields," in Sir Humphrey Waldock(ed.), *International Disputes: The Legal Aspects*(Europa Publications, 1972), p.256.
33 U.N.Doc. S/25996(15 June 1993), *supra* note 22, pp.18-19.
34 非5条任務の確立過程については、小林正英「NATOの『非五条』任務確立の道標とその意味—旧ユーゴ紛争への対応を通じて—」『法学政治学論究』第48号(2001年3月)1-33頁。このように基本条約上の明確な根拠なしに任務を拡大することの是非については議論がある。例えば、Ige F. Dekker & Eric. P. J. Myjer, "Air Strikes on Bosnian Position: Is NATO Also Legally the Proper Instrument of the UN?," *Leiden Journal of International Law*, Vol.9(1996), pp.411-416, Niels Blokker & Sam Muller, "NATO as the UN Security Council's Instrument: Question Marks From the Perspective of International Law?," *Ibid.*, pp.417-421.

の異なる「地域的機関」と集団的自衛機構の区別が曖昧になったことが冷戦後の1つの特徴である[35]。

国連と一部の地域的機構の間では、従来から、国連総会におけるオブザーバーの地位を付与しまた協力の枠組協定を結ぶなど、一定の協力関係が存在したが、それらは多分に形式的なものにとどまり、平和維持のため積極的に利用されることはなかった。しかし、冷戦後、地域的機構側の平和維持機能の強化や国連に対する態度の変化は、憲章第8章の枠内で国連との新たな協力関係を可能にした。協力の具体的な態様の例として、『平和への課題・追補』が、旧ユーゴでの国連保護軍(UNPROFOR)に対するNATO空軍力の作戦上の支援、リベリアでのECOWASとグルジアでのCISとの並行展開、ハイチに関するOASとの共同作戦に言及する[36]ほか、その後、ECOWASはシエラレオネで、CISはタジキスタンで、またNATOはデイトン合意後のボスニア・ヘルツェゴビナとの関連で、国連との関係に新たな展開がみられる。これらの事例に

なお、NATOの変容全般について、Philip H. Gordon (ed.), *NATO's Transformation: The Changing Shape of the Atrantic Alliance* (Rowman & Littlefield, 1997); Stuart Croft, Jolyon Howorth, Terry Terrif and Mark Webber, "NATO's Triple Challenge," *International Affairs*, Vol.76, No.3 (2000), pp.495-518; NATOの変容との関連でWEUの新たな役割について、Luisa Vierucci, "The Role of the Western European Union (WEU) in the Maintenance of International Peace and Security," *International Peacekeeping* (London), Vol.2, No.3 (Autumn 1995), pp.309-329; また、欧州の平和維持に係わる諸機構 (EU、WEU、NATO、OSCE) 相互の役割について、Jan Wouters and Frederik Naert, "How Effective is the European Security Architecture? Lessons from Bosnia and Kosovo," *International and Comparative Law Quarterly*, Vol.50, Pt.3 (July 2001), pp.540-576. ほかに、集団的自衛機構の変遷全般について、則武輝幸「国連憲章第五一条に基づく地域的集団防衛機構―その興隆・衰退・変容―」柳原正治(編)『国際社会の組織化と法』〔内田久司先生古稀記念〕(信山社、1996年) 365-414頁。

35 国内的にも、NATO(およびWEU)の非5条・域外任務へのドイツ軍の参加が基本法に違反しないかどうかをめぐって、連邦憲法裁判所は、1994年7月12日の判決で、NATOが基本法第87a条で認められた防衛同盟であるだけでなく、第24条2項でいう集団安全保障の制度でもあるとし、両者を区別せず柔軟に解釈した。Urteil des Zweiten Senats vom 12. Juli 1994, *Entscheidungen des Bundesverfassungsgericht*, Bd. 90, S.286. この問題について、詳しくは、Georg Nolte, "Die 'neuen Aufgaben' von NATO und WEU: Völker- und verfassungsrechtliche Fragen," *Zeitschrift für ausländiches öffentliches Recht und Völkerrecht*, Bd.54, H.1 (1994), S.95-123; Torsten Lohmann, "German participation in international peacekeeping: now free of constitutional constraints?" *International Peacekeeping* (The Hague), Vol.1, No.3 (June-August 1994), pp.78-80; Markus Zöckler, "Germany in Collective Security Systems-Anything Goes?" *European Journal of International Law*, Vol.6, No.2 (1995), pp.274-286.

36 Supplement to An Agenda for Peace, *supra* note 9, para.86.

37 主要なものに以下がある。酒井啓亘「国連平和維持活動における自衛原則の再検討―国連保

ついては、すでにわが国でも優れた研究[37]があるので、以下では個々の具体的内容には深く立ち入らない。

III 地域的平和維持活動

1 法的根拠

　冷戦下において、国連は、「平和維持活動」と呼ばれる一連の活動を展開してきた。国連の平和維持活動とは、国際平和を脅かす地域紛争や事態の平和的収拾を図るため、関係国の要請や同意の下に国連の権威を象徴する一定の軍事組織を現地に派遣し、その非強制的性格と中立的役割を通じて事態の悪化を防止するとともに、紛争の平和的解決の素地を作る活動をいう[38]。このような活動は1948年のパレスチナにおける国連停戦監視機構(UNTSO)に遡るが、それがとくに注目される契機となったのは、1956年のスエズ動乱に際して派遣された大規模な国連緊急軍(UNEF)であり、その後、1960年のコンゴ国連軍(ONUC)や1964年のキプロス国連平和維持軍(UNFICYP)と続く活動も、基本的に同じ性格をもつ。

　国連の平和維持活動は、憲章が構想する集団安全保障の制度が挫折するなかで、武力紛争に現実的かつ柔軟に対処するため、実践過程で編み出された新しい平和維持方式である。平和維持活動は憲章に明示の法的基礎をもたず、

護軍(UNPROFOR)への武力行使容認決議を手がかりとして―」『国際協力論集』第3巻2号(1995年12月)、同「シエラレオネ内戦における『平和維持活動』の展開―ECOMOGからUNAMSILへ―(一)、(二・完)」同第9巻2号(2001年10月)、3号(2002年2月)、松本祥志「西アフリカ諸国経済共同体のリベリア『平和維持軍』(ECOMOG)と国際法―地域的機関のPKOと国連の役割―」『札幌学院法学』第12巻2号(1996年3月)、楢林健司「リベリア内戦への西アフリカ諸国経済共同体と国際連合による介入」『愛媛法学会雑誌』第22巻2号(1995年9月)、同「グルジア／アブハジア紛争における国際連合グルジア監視団と独立国家共同体平和維持軍の『並行展開(Co-deployment)』」同第26巻3・4号(2000年3月)、同「シエラレオネ内戦に対する西アフリカ諸国経済共同体と国際連合による介入」同第27巻4号(2001年3月)、松田竹男「正統政府回復のための強制措置の発動―ハイチの場合」『法経研究[静岡大学]』第44巻3号(1995年11月)、桐山孝信「中米和平プロセスと国際連合―平和・人権・民主主義実現の枠組みとイデオロギー―(一)、(二)、(三・完)」『法学雑誌』第42巻3号(1996年1月)、第44巻3号(1998年3月)、第45巻2号(1999年2月)。
38　香西茂『国連の平和維持活動』(有斐閣、1991年)2-3頁。本稿は、平和維持活動について、香西教授の同書を含む一連の研究に多くを負っている。ほかに、Michael Bothe, "Peace-keeping," in Simma (ed.), *The Charter of the United Nations, supra* note 19, pp.648-700.

また軍事組織の派遣を伴うだけに、当初、その性格および合憲性について議論があった[39]。この点について、国際司法裁判所(ICJ)は、「ある種の国連経費」に関する勧告的意見(1962年)において、UNEFおよびONUCを第7章の下での強制行動と区別するとともに、明文の規定がなくとも、国連が憲章上の目的を遂行するためにとる行動は権限踰越(ultra vires)ではないと推定される、との見解を示している[40]。平和維持活動は、国連の実行において、有用性が評価されるにつれて独自の紛争処理方式として定着し、憲章上の根拠はなお不明確ながら、一般的に是認されるようになった。

この間、地域的機構によっても、とくに1965年のドミニカ共和国におけるOASの米州軍(Inter-American Force)、1976-83年のレバノンにおけるLASのアラブ抑止軍(Arab Deterrent Force)、1981-82年のチャドにおけるOAUのアフリカ軍(Inter-African Force)など、平和維持活動と主張される大規模な軍事行動がとられたことがある[41]。しかし、これらの地域的平和維持活動についても、国連の場合と同様に、当該地域的機構の基本文書に明示の法的基礎を求めることができない。

OASでは、ドミニカ共和国の内乱に際してアメリカがいち早く1万有余の軍隊を派遣した後、第10回外務大臣協議会議が、「(自己の)権威のもとに行動する米州軍を創設するため、米州機構の利用に供される軍隊を拠出するようその意思と能力のある加盟国政府に要請」した。この外務大臣協議会議は、アメリカの軍事介入に対処すべく米州相互援助条約の下での「協議機関」とし

39　詳しくは、香西『前掲書』(注38) 389-421頁。石本教授によれば、「学説は、これまでその根拠を大捜索してきたが、どれだけ捜しても、ないものはない」。石本泰雄「国際連合千姿万態」『国際法外交雑誌』第94巻5・6合併号(1996年2月) 29-30頁。それでも、平和維持活動の新たな動向の下で、この捜索はまだ続いている。Nigel D. White, "The UN Charter and Peacekeeping Forces: Constitutional Issues," *International Peacekeeping* (London), Vol.3, No.4 (Winter, 1996), pp.43-63; Alexander Orakhelashvili, "The Legal Basis of the United Nations Peace-Keeping Operations," *Virginia Journal of International Law*, Vol.43, No.3 (Winter 2003), pp.485-524.

40　Certain expenses of the United Nations (Article 17, paragraph 2 of the Charter), Advisory Opinion: *ICJ Reports 1962*, pp.166, 168, 170-172, 175-177.

41　これらと並んで、1983年のグレナダに対するアメリカと東カリブ諸国機構(OECS)の軍事介入にも言及されることがあるが、グレナダ侵攻は平和維持活動から掛け離れているため、ここでは扱わない。これについては、さしあたり、William C. Gilmore, *The Grenada Intervention* (Mansell Publishing Limited, 1984). ほかに文献について詳しくは、Anthony Clark Arend & Robert J. Beck, *International Law & the Use of Force* (Routledge, 1993), pp.225-226 (footnote 73).

てではなく、機構憲章でいう「米州諸国にとって緊急でありかつ共通の利害関係がある問題」(第39条＝現憲章第61条)を審議するため開催されたものであり、まずもって、このような米州軍を設置する法的根拠が不明確であった。そこで、米州軍の設置決議では、改めて、「米州機構は、平和の維持および民主的常態の再建に関して加盟国を援助する権限を有する」ことを確認する必要があった[42]。また、同決議は、「米州軍の創設が当然に、ドミニカ領域に現に駐留する軍隊の、一国または国家集団の軍隊ではなく米州機構のものである別の軍隊への変容を意味する」と述べるが、後にOAS統一司令部の指揮下に置かれたのは、主として在ドミニカ米軍である。

　LASでは、レバノンの内戦に介入したシリア軍に取り替わって「レバノンにおける安全と安定を維持するため」、当初、理事会が象徴的アラブ保安軍(Symboric Arab Security Force)を設置したが、この保安軍は、後に首脳会議によって、3万人規模のアラブ抑止軍へと拡大強化された。アラブ抑止軍の任務は、とりわけ、「停戦の順守と敵対行為の終結、交戦部隊の引き離しおよび合意違反の抑止」とされた。このようなLASの活動の法的根拠については、国連経費に関するICJの勧告的意見に全面的に依拠しつつ説明されている。すなわち、LAS規約や共同防衛および経済協力条約に平和維持活動に関する明文の規定はないが、これらの条約の関連諸規定は平和維持軍の設立を認めるものと解釈することができ、また連盟が規約上の目的を遂行するため理事会や首脳会議の決定に基づいてとる行動は権限内(intra vires)のものと推定される[43]、という。

　他方、OAUが創設されたとき、すでに国連は平和維持活動を展開しており、ONUCにはアフリカ諸国も参加していた。しかし、国連の平和維持活動に対

42　Reprinted in *American Journal of International Law*, Vol.59, No.4(October, 1965), pp.987-988. このドミニカ問題に関するOASの活動は、次の文書に一括されている。Report of the Secretary-General of the Organization of American States Regarding the Dominican Situation, OEA/Ser. F/110.10(English), 1965.

43　Istvan Pogany, *The Arab League and Peacekeeping in the Lebanon*(Avebury, 1987), pp.93-107; *idem*, "The Arab League and Regional Peacekeeping," *Netherlands International Law Review*, Vol.34, No.1 (1987), pp.54-74. アラブ抑止軍については、ほかに、Jean Pierre Isselé, "The Arab Deterrent Force in Lebanon, 1976-1983," in A. Cassese(ed.), *The Current Legal Regulation of the Use of Force* (Martinus Nijhoff, 1986), pp.179-221.

して一部の国の不信感が根強く、また内政不干渉の原則を重視する立場から軍隊の使用には消極的な態度が一般的であった。そのため、OAU憲章では、防衛と安全保障に関する一般的政策の調整(第2条2項(f))および防衛委員会の設置(第20条)に言及するだけで、具体的に平和維持活動が採用される余地はなく、また、監視活動、平和維持活動、強制行動のいずれであるかを問わず、いかなる種類の軍事行動も想定されていない[44]。そうしたなかで、OAUは、錯綜するチャド紛争について、リビアの介入を排除しラゴス和平協定に従った解決を図るため、ナイジェリア軍を主力とし3000人を超える平和維持軍を派遣した[45]。ここに至るOAUの活動の根拠は、元首首長会議の「黙示的権限」にしか求めることができないと指摘されている[46]。しかし、アフリカ軍のチャドへの派遣は、その法的基礎の問題に限らず、任務の不明確さや財政上の不備など多くの面で無理があり、事実、早期の撤収を余儀なくされたことは、OAUには平和維持活動を実施する基盤が未だ存在しなかったことを示している[47]。その後、アフリカでは、サブリージョナルなECOWASが平和維持活動を積極的に展開するようになる。

ECOWASでは、1981年の防衛相互援助に関する議定書で、とくに「加盟国における国内武力抗争が外部から活発に支持され支援され、共同体全体の安

---

44 Henry Wiseman, "The OAU: Peacekeeping and Conflict Resolution," in Yassin El-Ayouty and I. William Zartman (eds.), *The OAU after Twenty Years* (Praeger, 1984), p.126; *idem*, "The United Nations and International Peacekeeping: A Comparative Analysis," in UNITAR, *The United Nations and Maintenance of International Peace and Security* (Martinus Nijhoff, 1987), p.312. OAUにおけるその後の平和維持構想については、松本祥志「アフリカ統一機構による平和維持と国際法─チャド紛争と西サハラ問題を中心に─(二)」『札幌学院法学』第4巻2号(1988年2月)87-95頁。

45 OAUにおけるチャド問題の処理については、Dean Pittman, "The OAU and Chad," in El-Ayouty and Zartman (ed.), *supra* note 44, pp.297-325; G. J. Naldi, "Peace-keeping Attempts by the Organisation of African Unity," *International and Comparative Law Quarterly*, Vol.34, No.3 (July 1985), pp.593-595; Jean-Pierre Cot, "The Role of the Inter-African Peacekeeping Force in Chad, 1981-1982," in Cassese (ed.), *supra* note 43, pp.167-178; Roy May and Simon Massey, "The OAU Interventions in Chad: Mission Impossible or Mission Evaded?" *International Peacekeeping* (London), Vol.5, No.1 (Spring 1998), pp.46-65; 松本祥志「アフリカ統一機構による平和維持と国際法─チャド紛争と西サハラ問題を中心に─(一)」『札幌学院法学』第4巻1号(1987年10月)87-107頁。

46 Naldi, *supra* note 45, p.593.

47 もっとも、チャド・アフリカ軍についての評価は分かれる。Naldiが、「チャドにおけるOAUの活動は惨めな失敗に終わった」(*Ibid.*, p.595)と結論するのに対して、Cotは、チャドにおける敵対行為を抑制、緩和するなど、「アフリカ軍が疑いなく一定の肯定的な結果を伴った」(*supra* note 45, p.177)という。

全と平和を危うくする虞れがある場合」(第4、18条)にも使用される共同体同盟軍(Allied Forces of the Community)の設立が規定された。1990年のリベリア内戦および1997年のシエラレオネ内戦に際してECOWAS常設調停委員会が設置した停戦監視団(ECOWAS Ceasefire Monitoring Group, ECOMOG)の法的基礎となりうるのは、主にこの防衛相互援助に関する議定書である。このうち、リベリアECOMOGは、ナイジェリア軍を中心に当初約3000人からなり、「リベリア全域における停戦規定の履行を監視し当事者により厳格な遵守を確保するうえで、ECOWAS常設調停委員会を援助する[48]」ことを任務とした。すでにこのリベリアへの介入に関して、前記議定書およびECOWAS設立条約の適用は、その前提条件の充足、実施機関、決定手続など様々な点で、シエラレオネECOMOGにも同様に当てはまる疑義が、多くの論者によって指摘されており[49]、平和維持活動の法的根拠は不十分であることが窺われる。しかし、これらECOMOGの場合も、規定上の不備や意思決定過程上の問題は、国連の平和維持活動やアラブ抑止軍の例に倣って説明されている[50]。

　このように、冷戦期に締結された地域的機構の基本文書において、平和維持活動は規定されておらず、従って地域的平和維持活動の根拠、任務、性格は多少とも曖昧である。しかし、国連の側では、概して、地域的平和維持活動の法的根拠および基本文書との両立性に関心を示してこなかった。先に掲げた事例のうち、唯一、安全保障理事会で論議を呼んだドミニカ米州軍に

48　Weller(ed.), *supra* note 31, p.68.
49　David Wippman, "Enforcing the Peace: ECOWAS and the Liberian Civil War," in Lori Fisler Damrosch(ed.), *Enforcing Restraint: Collective Intervention in Internal Conflicts*(Council on Foreign Relations Press, 1993), pp.187-189; Kofi Oteng Kufuor, "The Legality of the Intervention in the Liberian Civil War by the Economic Community of West African States," *African Journal of International and Comparative Law*, Vol.5, No.3(October 1993), pp.536-539; Antoine-Didier Mindua, "Intervention armée de la CEDEAO au Liberia: illégalité ou avancée juridique?," *ibid.*, Vol.7, No.2 (June 1995), pp.263-269; Anthony Chukwuka Ofodile, "The Legality of ECOWAS Intervention in Liberia," *Columbia Journal of Transnational Law*, Vol.32(1994), p.411; W. Ofuatey-Kodjoe, "Regional Organizations and the Resolution of Internal Conflict: The ECOWAS intervention in Liberia," *International Peacekeeping*(London), Vol.1, No.3(Autumn 1994), pp.281-283; 松本「前掲・西アフリカ諸国経済共同体のリベリア『平和維持軍』(ECOMOG)と国際法」(注37)130-135頁。
50　Georg Nolte, "Restoring Peace by Regional Action: International Legal Aspects of the Liberian Conflict," *Zeitschrift für ausländisches öffentliches Recht und Völkerrecht*, Bd.53, H.3(1993), pp.612-617; *idem*, "Combined peacekeeping: ECOMOG and UNOMIL in Liberia," *International Peacekeeping*(The Hague), Vol.1, No.2(March-May, 1994), p.42.

ついて、議論の焦点はもっぱら国連憲章および一般国際法との関係であり、OAS基本諸文書上の根拠ではない。アラブ抑止軍は理事会で議論されることもなく、またチャド・アフリカ軍が全会一致で「留意する(take note)」にとどめられるに当たって、「その活動の法的地位の問題、すなわち平和維持軍の介入の法的根拠の欠如は、一貫して回避された[51]」と指摘されている。同様に、理事会がリベリアとシエラレオネのECOMOGの努力を「称賛する(commend)」際にも、ECOWAS基本諸文書に照らしその合法性に立ち入った議論は行われていない[52]。このような経緯に注目し、「地域的機構は、平和維持軍を設置する黙示的権限を有し、また平和維持行動がその機構の名においてとられる場合にも、それぞれの条約で規定された正式の意思決定手続に従う必要はない」ことを諸国は受け入れてきた、とする見解がある[53]。

　しかし、これらの地域的平和維持活動が、基本文書の明文規定に基礎をもたないことを理由に、直ちにその合法性を疑問視し、この前提の下に議論を進めることは適当でない。一方で、平和維持活動に限らず地域的機構の活動一般について、その基本文書の適用と解釈に関する疑義は、少なくとも第一次的には当該地域的機構およびその加盟国の判断に委ねられるべき事項であって、これを国連の場で争うことができるかどうかは検討の余地がある[54]。他方で、安全保障理事会は、とくに地域的機構の活動を許可する場合、

51　S.C.Res. 504(30 April 1982). Cot, *supra* note 45, p.176.
52　後掲注116-124の本文参照。
53　Christine Gray, "Regional Arrangements and United Nations Collective Security System," in Hazel Fox(ed.), *The Changing Constitution of the United Nations*(B.I.C.L., 1997), p.97; *idem*, *International Law and the Use of Force*(Oxford UP, 2000), p.210. なお、OAS憲章では、1985年の改正(カルタヘナ議定書)により、「米州機構は、この憲章によって明示的に付与されたもの以外のいかなる権限も有しない」(第1条後段)との一文が追加された。拙稿「米州機構憲章の改正(カルタヘナ議定書)」『法学会雑誌[岡山大学]』第37巻第2号(1987年10月)(本書資料編第2章)参照。
54　地域的機構の措置の合法性が国連で争われた事例として、1962年、OASがキューバを除名(正式には「米州制度への参加からキューバ現政府を除外」)したのに対し、キューバは、安全保障理事会で、国連憲章のみならず、除名規定のないOAS憲章および米州相互援助条約との両立性についても、ICJに勧告的意見を求めるよう提案した。しかし、かかる地域的措置は、「もっぱら地域的機構自身の権限に属する事項」、「国連がいかなるlocus standiをも有しない事項」との理由から、この提案は採択されなかった。詳しくは、拙稿「前掲・地域的強制行動に対する国際連合の統制」(注16)414-415頁。また、1965年のドミニカ米州軍について、ウルグアイは、安全保障理事会で、関係当事者の同意の欠如およびex iniuria ius non oriturの原則(つまり、元のアメリカの干渉の違法性)に加えて、OAS憲章上の権限踰越(ultra vires)を理由に違法であると主張していた。United Nations Security Council, Official Records(SCOR): 20th year, 1221st Mtg., 7 June 1965, paras.42-45.

「その許可の予備的段階で」合法性を審査したとの「推定」が成り立つ、とも主張される[55]。さらに、国連も、平和維持活動を含む地域的機関の活動について、その基本文書との両立性を考慮せず、国連憲章との関係でのみ対応してきたわけではない。この点で注目されるのは、1994年の「国連と地域的機関の間の協力向上に関する宣言」が、地域的機構は「それぞれの権限分野において(in their fields of competence)」かつ憲章に従って行動すべきことを繰り返し述べていることである[56]。冷戦後は、地域的機構の側でも基本文書で平和維持活動を規定し、その根拠、任務および性格を明確にするようになってきた。

CSCEは、1992年のヘルシンキ首脳会議の宣言[57]により、国連憲章第8章の枠内で行われる平和維持活動の詳細な規則を規定した。それによると、「CSCEの平和維持活動は、そのマンデートに従って、文民および／または軍事要員を含み、小規模から大規模にわたり、また監視団、検証団および軍隊の大規模な展開を含む多様な形態をとる。平和維持活動は、とりわけ、停戦の監視とその維持の援助、軍の撤退の検証、法と秩序の維持の支援、人道および医療援助の提供、および難民の援助のために使用される」と規定される。また、同宣言は、CSCEの平和維持活動が「国連憲章第8章の枠組内で行われる」ものとし、「強制行動を伴わない」、「直接の関係当事者の同意を必要とする」、「公平に行われる」、「交渉による解決の代替ではなく、従って時間的に限定される」ことを規定するとともに、派遣の決定に先立つ条件として停戦の確立、関係当事者との了解覚書、要員の安全の保証を確保すること、また設置の決定には明確で詳細なマンデートの採択を含めることを要求している。また、CSCEが軍事面で依存するNATO、WEU、CISやECとの協力に関する規定も置かれている。このように、宣言は、CSCEの平和維持活動に多様な任務と形態を予定するなかで、国連の伝統的な平和維持活動の基本的諸原則を明記するとともに、派遣の条件や任務の範囲についても、冷戦後の国連活動の教

55　Georg Ress/Jürgen Bröhmer, "Article 53," in Simma(ed.), *supra* note 19, p.870.
56　G.A. Res. 49/57, *supra* note 8, Annex, paras.2, 5, 9, 10.
57　*International Legal Materials*, Vol.31(1992), pp.1400-1401.
58　OSCEの平和維持活動および国連との関係全般について、Natalino Ronzitti, "OSCE Peace Keeping," in Bothe, Ronzitti, Rosas(eds.), *supra* note 14, pp.237-255; Gian Luca Burci, "Division of Labour between the UN and the OSCE in the Connection with Peace-keeping," *ibid.*, pp.289-313.

訓を反映してかなり慎重な立場をとっていることが注目される[58]。

CISでは、1993年のCIS憲章が第3章「集団安全保障および軍事的・政治的協力」のなかで集団的平和維持軍(Collective Peacekeeping Forces)を含む平和維持活動を想定する(第11条[59])ほか、その前年に軍事監視団および集団的平和維持軍に関する協定[60]が締結され、また1996年に合意された「CIS加盟国の領域における抗争の防止と解決のための構想」のなかで、「憲章第8章に従って」武力紛争に対処するための措置として平和維持活動が規定されるとともに、これに付属する集団的平和維持軍に関する規定[61]が採択された。1992年協定によると、CISの軍事監視団および集団的平和維持軍(平和維持団)は、加盟国の領域における民族間、宗教間および政治的性格の抗争であって人権侵害を伴うものを、相互の合意を基礎にして、規制し防止するのを援助することを目的とし(第1条)、具体的任務として「抗争当事者の引き離し、停戦または休戦に関する合意の履行の監視、抗争当事者の非武装化に関する合意の履行の監督、紛争および抗争の平和解決のための条件の創出、人権および自由の保護の促進、ならびに生態系の激変または自然災害の場合における人道的援助の提供」などが規定されるとともに、「平和維持団は、戦闘行動に参加するために使用することはできない」と明記される(第3条)。また、平和維持団の機能と任務は国家元首評議会が全会一致で決定するが、「そのような決定は、すべての抗争当事者による要請の受領がある場合においてのみ、かつ全当事者が平和維持団の到着前の停戦およびその他の敵対行為の停止に合意したことを条件として、行うことができる」(第2条)。1996年規程は、1992年協定をより詳細に定めたもので、集団的平和維持軍の行動の基本原則として、公平と中立、受入国の法律、慣習および伝統の遵守、戦闘活動への不参加、例外的な場合を除く武器の不行使および活動の透明性を規定する。このように、1992年協定および1996年規程ともに、CSCEの場合と同様、総じて国連の平和維

---

59 *International Legal Materials*, Vol.34 (1995), p.1286.
60 Agreement on Groups of Military Observers and Collective Peacekeeping Forces in CIS. この協定の非公式英訳は、以下に掲載されている。*International Peacekeeping* (The Hague), Vol.1, No.1 (January-February 1994), pp.23-24.
61 Statute on Collective Peace-keeping Forces in the CIS, *International Legal Materials*, Vol.35 (1996), pp.792-802.

持活動と同じ前提条件と基本的性格を規定するとともに、任務の内容をより具体的に掲げている[62]。ただ、このうち、1996年規程で例外的に認められる武器使用の範囲が、伝統的な平和維持活動の自衛原則との関係で問題となることは、後に述べるとおりである[63]。

2　憲章上の位置づけ

すでに述べたように、憲章第8章は、国連と地域的機構の関係を、紛争の平和的解決と強制行動の両面から規定する。このうち平和的解決について、第52条は、地域的解決の努力が優先しかつ奨励されるべきことを規定する。このことは地方紛争について手続的に厳格な「地域的機関の先議」を設定するものではないが、紛争の平和的解決に関するかぎり、地域的機構は、安全保障理事会への報告を条件として、国連の統制を排した自律的な機能が認められることに異論はない。これに対して、第53条の下で、安全保障理事会はその権威の下での強制行動のため地域的機構を利用する場合があるほか、地域的強制行動は国連の事前の統制に服することを原則とし、安全保障理事会の許可なしにとられてはならない。しかしながら、第8章は、平和維持活動における国連と地域的機構の関係に言及しないため、地域的平和維持活動の憲章上の位置づけは従来から不明確であった。

　第8章が規定する国連と地域的機構の関係をみると、紛争や事態が重大になるにつれて安全保障理事会の関与が深まり、またとられる措置の強制的性質が増大するにつれて理事会の統制が強化されている[64]。この第8章の構造は、国連の平和維持機能に関する憲章全体の構造を反映し、基本的に、第52条は第6章にまた第53条は第7章にそれぞれ対応する関係にある[65]。それだけに、国連の平和維持活動が憲章に明文の基礎をもたず、一般に「第6章半

62　CISの平和維持活動全般について、Bakhtiyar Tuzmukhamedov, "The Legal Framework of CIS Regional Peace Operations," *International Peacekeeping* (The Hague), Vol.6, No.1 (January-February 2000), pp.1-6; S. Neil MacFarlane, "Regional Peacekeeping in the CIS," in Ramesh Thakur and Albrecht Schnabel (eds.), *United Nations Peacekeeping Operations: Ad Hoc Missions, Permanent Engagement* (United Nations UP, 2001), pp.77-99.

63　後掲注(110)-(114)の本文参照。

64　Sands and Klein, *supra* note 18, p.151; Schreuer, *supra* note 3, p.490.

65　Pernice, *supra* note 17, p.114.

(Chapter 6 and a Half)」と位置づけられることは、地域的平和維持活動が第52条または53条のいずれによって規律されるかを曖昧にする最大の要因であった。地域的平和維持活動の憲章上の位置づけを不明確にするいま1つの要因は、すでにふれたように、冷戦後、平和維持活動以外にも、平和を実現する国連の諸機能が憲章規定を離れて表現されるようになり、そこに概念の混乱がみられることである。ただ、この点については、ブトロス・ガリ事務総長は、1994年の平和維持活動能力の改善に関する報告書で、国連の諸機能を予防外交、平和創造、平和維持活動、平和強制および平和構築にこの順序で整理した際、平和維持活動を、「第6章に規定する手段による」平和創造と「第7章の下での行動からなる」平和強制の中間に置くことによって、従来の立場への回帰を示唆している[66]。しかし、実際には、国連の平和維持活動と平和強制の結合が、地域的平和維持活動の憲章上の位置づけをさらに困難にしたことは、後に検討するとおりである[67]。

　国連の平和維持活動が「第6章半」に位置づけられることは、端的に、それが第7章の強制措置に当たらないが、第6章に規定する平和的解決手段を越えるという意味である。そこで、例えば、地域的平和維持活動は、一方で国連の事前の統制に服さず、第53条が要求する安全保障理事会の許可なしにとることができるが、他方で第52条により地域的努力が優先または奨励されるところではなく、理事会は、平和的解決の場合以上に強く、独自の判断で行動できると主張される[68]。この見解が、地域的平和維持活動を国連の平和維持活動とパラレルに位置づけ、もって、第8章には存在しない「第52条半(Article 52 and a Half)」によって規律しようとするものであれば、問題なしとしない。

　国連の平和維持活動は、冷戦下において、ハマーショルド事務総長の所謂「防止外交(Preventive Diplomacy)」という、集団安全保障にかわる新しい平和維持政策の下に展開され是認されてきたものであり、状況の異なる地域的機構において、この種の活動が、憲章上「地域的行動に適当な事項」(第52条1項)として認められるかどうかは、なお議論の余地がある。また、国連の平和維

66　U.N.Doc.A/48/403-S/26450, *supra* note 11, para.4.
67　後掲注90以下の本文参照。
68　髙野雄一『国際組織法〔新版〕』(有斐閣、1975年)396-397頁。

持活動の憲章上の位置づけはともかく、地域的平和維持活動と国連の関係は、「第8章」の規定によって規律されることが必要である。この点で、「ある種の国連経費」に関するICJの勧告的意見は、UNEFとONUCを第7章の強制措置と区別しつつその合憲性を認めたが、それは国連の平和維持活動についてであり、そこから直ちに、平和維持活動における国連と地域的機構の関係を導き出すことはできない。しかし、実際には、ICJの勧告的意見に依拠しつつ、国連の平和維持活動を引証基準として、地域的平和維持活動の性格および国連との関係が論じられてきた。そこでの議論の焦点は、地域的平和維持活動が安全保障理事会の事前の許可を必要とするかどうかである。

　安全保障理事会で地域的平和維持活動と国連の関係が多少とも論議されたといえる事例は、1965年のドミニカ共和国への米州軍である。米州軍の創設決議は、「米州軍の唯一の目的」として、「民主的公平の精神をもって、ドミニカ共和国における常態の回復、住民の安全および人権の不可侵性の維持、ならびに、民主的諸制度の機能を可能にする平和と和解の環境の樹立に協力する」ことを掲げており[69]、安全保障理事会においても、米州軍のこうした非強制的、中立的な性格が強調された。この立場から、米州軍はドミニカ共和国またはその人民に対する(against)ものでなく、UNEF、ONUC、UNFICYPと類似の性格をもった地域的行動であることを理由に、「国連憲章の要件は、第53条でなく第52条および第54条である」と主張された[70]。これに対して、軍隊の使用を伴う地域的行動はすべて「強制行動」とみなし、または平和維持活動と強制行動は区別できないとする立場から[71]、第53条に従って安全保障理事会の許可が必要であると主張されたほか、平和維持活動であるためには「本質的と一般にみなされる前提条件、すなわち関係当事者の同意、が欠けていることだけからも」、米州軍を地域的平和維持活動とみることはできないとの主張があった[72]。ここでは、地域的平和維持活動の憲章上の位置づけ

69　Reprinted in *American Journal of International Law*, Vol.59, No.4 (October 1965), p.988.
70　とくに、アメリカの主張である。SCOR, 20th year, 1220th Mtg., 3 June 1965, paras.79-80; 1222nd meeting, 9 June 1965, para.21. ボリビアとマレーシアも同調。
71　とくに、ソ連の主張である。SCOR, 20th year, Supplement for April, May and June 1965, pp.225-227 (S/6411 of 3 June 1965). キューバとマレーシアも同調。
72　SCOR, 20th year, 1221st Mtg., 7 June 1965, para.44 (ウルグアイ). フランスも同じ点を指摘している。*Ibid.*, paras.60-61.

よりも、具体的に、米州軍の創設の経緯とこれに伴う活動の実態が議論の焦点であったが、平和維持活動における国連と地域的機関の関係について、後に展開される次のような見解の対立もすでに窺われる。

地域的平和維持活動は第53条の強制行動に当たり、従って安全保障理事会の事前の許可が必要であるとの論拠は、国連の平和維持活動に関する初期の議論と同様、それが軍隊の使用を伴う点に帰着する。要するに、「軍事力が強制よりむしろ『平和維持活動』のために使用されると主張することはできない。いかなる軍事力の使用も、その目的が何であるかを問わず、憲章第53条の下での強制とみなされねばならない[73]」。従って、「地域的平和維持活動も、軍隊の使用を伴う場合には、国連の機関の許可を得なければならない[74]」、「地域的取極が安全保障理事会の承認なしに平和維持措置をとることができるとの議論は、安全保障の問題における国連実行の最近の展開と鋭く矛盾する[75]」と主張される。もっとも、平和維持活動と強制行動を同等視することについては、両者を区別する「より柔軟な解釈が傾聴に値する」としつつも、「それは地域的行動にありがちな偏向に対して十分なセーフガードを備えないので、平和維持活動を強制に分類し安全保障理事会の事前の許可を要件とすることが望ましい[76]」との見解がある。

これに対して、地域的平和維持活動は強制行動に当たらず、従って安全保障理事会の許可を必要としないとの論拠は、それが関係国の同意に基礎を置く点に求められる。より積極的に、「合意に基礎を置く中立的な平和維持活動は、国連憲章に合致し、紛争の解決を促進するため発展したメカニズム」として、第52条の下で奨励されている地域的解決努力の一形態であるとの指摘

73　Ellen Frey-Wouters, "The Relevance of Regional Arrangements to Internal Conflicts in the Developing World," in John Norton Moore (ed.), *Law and Civil War in the Modern World* (Johns Hopkins UP, 1974), p.491.

74　Asbjørn Eide, "Peace-keeping and Enforcement by Regional Organizations," *Journal of Peace Research*, Vol.3 (1966), p.141. もっとも、この許可は総会によっても与えられうるというが、それは問題である。

75　Kourula, *supra* note 19, p.117.

76　Zsuzsanna Deen-Racsmány, "A Redistribution of Authority Between the UN and Regional Organizations in the Field of the Maintenance of Peace and Security?," *Leiden Journal of International Law*, Vol.13 (2000), pp.301-302.

77　White, *supra* note 39, p.56; *idem*, *Keeping the Peace: The United Nations and the Maintenance of International Peace and Security* (2nd ed., Manchester University Press, 1997), p.231; Orakhelashvili,

もある[77]。しかし、一般的に強調されるのは、ICJの勧告的意見に倣って、関係国の要請または同意に基づいてとられ、いずれの国に対しても向けられていない活動は強制行動ではない、つまり「すべての当事者が同意した措置は強制的性格を欠く[78]」ことである。この立場から、地域的平和維持活動は、国連の伝統的な平和維持活動の基本的諸原則に従うかぎり、安全保障理事会の事前の許可が必要でないと主張される[79]。その際、ICJの勧告的意見は国連の平和維持活動に関するものであるが、同じ考慮は地域的機関の活動にも適用することができ[80]、またこの見解を多くの国が受け入れているという[81]。換言すれば、平和維持活動が強制行動と区別されるのは、当事者の同意に基づくことによるのであって、「その軍隊が国連または地域的機構のいずれの指示で任務につくかは、平和維持活動の法的性質または法的基礎にとって決定的ではない[82]」。

もっとも、このように同意の存在を理由に、地域的平和維持活動について安全保障理事会の許可を不要とすることに対しては、かかる活動の合憲性は、関係国の同意にではなく、国連憲章の規定に依存するとの立場からの反論がある。それによると、「受入国の、自国領域での平和維持活動に対する同意は、その活動の合法性の証拠となりうるが、それは決定的ではない[83]」。しかし、そこで論じられているのは内戦状況における介入であって、そのような場合の「受入国」の同意は、地域的平和維持活動にかぎらず、国連の平和維持活動にも共通の困難を提起してきた問題である[84]。また、関係国の要請または同

---

  supra note 39, p.514.
78 Christian Walter, "Security Council Control over Regional Action," *Max Planck Yearbook of United Nations Law*, Vol.1 (1997), p.174.
79 例えば、Villani, *supra* note 12, pp.393-397.
80 John Norton Moore, "The Role of Regional Arrangements in the Maintenance of World Order," in Cyril E. Black and Richard A. Falk (eds.), *The Future of International Legal Order: Vol.3, Conflict Management* (Princeton UP, 1971), p.154.
81 Wolf, *supra* note 18, p.293.
82 Orakhelashvili, *supra* note 39, p.515.
83 Kourula, *supra* note 19, p.118.
84 この問題について、詳しくは、David Wippman, "Military Intervention, Regional Organizations, and Host-State Consent," *Duke Journal of Comparative & International Law*, Vol.7 (1996), pp.209-239.

意により、個別の国家が一般国際法の下で合法的にとることができる措置は、地域的機構がとる場合も安全保障理事会の許可は必要でない[85]との主張については、「地域的行動の一般国際法上の合法性は、必ずしも、憲章第53条の下での『強制行動』の性格を除去するものではない[86]」と反論されるなど、議論は錯綜している。

　上述の基本的に対立するいずれの主張にも共通するのは、国連および地域的機構の実行における平和維持活動の多様な展開を考慮したうえで、地域的平和維持活動の憲章上の位置づけを具体的に論じてはいないことである。国連の平和維持活動には軍事監視団と平和維持軍の2つの主要な形態があり、また地域的機構においても、先に挙げた大規模な平和維持軍のほか、従来から小規模な軍事監視団が数多く展開されてきた[87]。冷戦後、OSCEやCISが多様な任務と形態の平和維持活動を予定していることは、すでにふれたとおりである。『平和への課題』は、様々な任務と活動内容を包括した平和維持活動の定義として、関係当事者の同意を得て行われる「軍隊および／または警察の要員そして往々に文民をも含む国連の現地プレゼンス[88]」と要約する。そして『同・追補』は、国連と地域的機構の間で、「平和維持活動の規準のように、双方の機構にとって共通の関心事項を扱う場合の一貫性」が必要であると指摘している[89]。この点で注目されるのは、総会の「協力向上に関する宣言」が、平和維持活動における国連と地域的機構の関係について基本的視点を提示していることである。同宣言は、前文で、「地域的取極または機関による平和維持活動は、そのような活動が実施される領域国の同意を得て行われなければならない」と強調するとともに、次のように規定する。

85　これは、かつて、第53条の地域的「強制行動」が軍事的措置に限られ、経済関係の中断や外交関係の断絶などの非軍事的措置は含まない、との制限解釈が展開された際の主要な論拠であった。拙稿「前掲・地域的強制行動に対する国際連合の統制」(注16)、410-411頁。
86　Gioia, *supra* note 14, pp.215, 231.
87　主要な地域的機構の平和維持活動について、詳しくは、Indar Jit Rikhye, *The Theory and Practice of Peacekeeping* (C. Hurst & Company, 1984), pp.131-178; Jane A. Meyer, "Collective Self-Defense and Regional Security: Necessary Exceptions to a Globalist Doctrine," *Boston University International Law Journal*, Vol.11 (1993), pp.415, 419, 422.
88　An Agenda for Peace, *supra* note 4, para.20.
89　Supplement to An Agenda for Peace, *supra* note 9, para.88.

「10. 地域的取極または機関は、それぞれの権限分野において、国連憲章に従い、適当な場合には国連と協力して、また必要な場合には安全保障理事会の権威の下にまたは理事会の許可を得て使用するための、軍事または文民の監視団、事実調査団および平和維持軍部隊の設置および訓練を検討するよう奨励される[90]」。

　この宣言は、受入国の同意を得て行われることを前提とする地域的平和維持活動も、一定の場合には、安全保障理事会の統制の下に置かれる必要があることを示唆する。つまり、すべての平和維持活動が、受入国の同意に基づくことから直ちに、憲章第53条の意味での強制行動とは区別されるわけではなく、その任務の範囲や活動の内容いかんによっては、地域的強制行動となることがある。具体的には、受入国の同意を得た小規模な軍事監視団や事実調査団の派遣は、安全保障理事会の許可を必要とする強制行動に当たらず、むしろ地域紛争の平和的解決のための地域的努力として、第52条の下で奨励され、国連の統制を排して自律的に行うことができる。また、地域的平和維持軍の展開が、国連の伝統的な平和維持活動の基本的諸原則、すなわちすべての関係当事者の同意、公平・中立、自衛を越える武力の不行使、に従って行われるかぎり、安全保障理事会への通報が要求されるだけで、理事会の事前の許可は必要としないと考えられる。ただ、これまでの実行において、多くの地域的平和維持活動が安全保障理事会の許可なしに行われてきたが、それらの事例のいくつかは、理事会の許可なしに行いうる性格の平和維持活動といえるかどうか問題が残る。

3　平和強制との交錯

　冷戦後、国連の平和維持活動は、その数と規模が著しく増大するなかで、質的にも大きな変化を遂げてきた。それは、従来の平和維持活動が主に国家間紛争における停戦監視や兵力引き離しを基本的任務とし、軍事的側面での収拾と現状維持によって平和的解決を促進することを目的としたのに対して、冷戦後の平和維持活動は、国家の破綻すらもたらしかねない内戦状況に

90　G.A.Res. 49/57, Annex, *supra* note 8.

おいて展開されることが多いだけに、任務の拡大と紛争解決への関与を余儀なくされたためである。平和維持活動の質的変化には、従来の軍事的過程に政治的過程が結合した複合化現象と平和強制機能との結合現象、の2つの側面がある。このうち、複合化現象は、平和維持活動が、内戦の終結を図る包括的和平協定の実施段階で活用された結果であり、この政治的解決過程への関与を通じて平和創造や紛争後の平和構築にも結びついている。ただ、この複合化現象は、それ自体、従来の平和維持活動の性格に本質的な変容をもたらしたとはいえない[91]。従って、地域的機構によるこの種の活動は、安全保障理事会への報告を条件として、国連の統制を排した自律性を害されることはない。とくに、民生部門が主力である平和構築への地域的機構の参加は、憲章第52条の下で奨励されると考えてよい[92]。

他方、平和維持活動と平和強制との結合現象は、冷戦後、大国間の協調により活性化した国連の強制機能が平和維持活動に結びつけられた結果である。この結合現象は、各事例によってその背景は同じでないが[93]、とくに内戦状況での平和維持活動の実効性を重視する見地から要請された[94]。具体的に、これらの平和維持活動については憲章第7章が採用され、またその際は、要員の安全強化と安全地域の保護や人道援助活動に安全な環境の確保のため、武力行使を含むあらゆる措置をとることが容認された結果、受入国の同意、中立・公平、自衛を越える武力の不行使など、従来の基本的諸原則を

91　香西「前掲論文」(注13)、28頁、同「前掲論文」(注2)、224頁。
92　浅田教授は、伝統的な平和維持活動を憲章「第6章半」と位置づけるとすれば、複合化現象は平和維持活動に第6章の紛争の平和的解決の要素を結合したものであり、「第6章4分の1」の活動とでも称することができるという。浅田「前掲論文」(注2)、44頁。
93　憲章第7章の下での平和維持活動は、例えば、受け入れ国の同意を必要としないもの、要員の安全強化のため、軍事的強制権限をもつもの、の3つのカテゴリーに区別される。浅田「前掲論文」(注2)、51-61頁。
94　端的に、「エスニック紛争は、国内と国際、国と国以外の行為主体、ならびに第6章と第7章の区別をぼやかす」、と指摘される。Winrich Kühne, "The United Nations, Fragmenting States, and the Need for Enlarged Peacekeeping," in Christian Tomschat(ed.), *The UN at Age Fifty: Legal Perspective*(Kluwer Law International 1995), p.99.
95　詳しくは、酒井「前掲・自衛原則の再検討」(注37)。同「国連平和維持活動の今日的展開と原則の動揺」『国際法外交雑誌』第94巻5・6合併号(1996年2月)、93-116頁。佐藤哲夫「冷戦解消後における国連平和維持活動—国内紛争に対する国際連合の適応—」杉原高嶺(編)『紛争解決の国際法(小田滋先生古稀祝賀)』(三省堂、1997年)323-353頁。

大きく揺るがせた[95]。このような、いわゆる「強力な(robust)」平和維持活動は、第6章と第7章の区別をさらに曖昧にする"gray area"をもたらしたが[96]、『平和への課題・追補』では、ソマリアと旧ユーゴでの教訓から「平和強制」活動の実施の困難さを認め、平和維持活動と強制行動を明確に区別するなど、伝統的な平和維持活動への回帰が顕著である[97]。もっとも、その後、2000年8月の『国連平和活動に関するパネルの報告書』(ブラヒミ・レポート)は、平和維持活動の伝統的な三原則を基本的に維持しつつも、内戦の状況下で、それらの適用に困難が伴うことを指摘して、柔軟で弾力的な原則適用を求めている[98]。

この間、旧ユーゴにおける国連の「強力な」平和維持活動について、安全保障理事会は、憲章第7章と併せて第8章を援用し、または第8章の下でも行動していることを示唆した。例えば、ボスニア上空の軍事飛行の禁止を設定した決議781(1992年10月9日)は、第8章に明示に言及することなく、「個別国家としてまたは地域的機関もしくは取極を通じて行動する(acting nationally or through regional agencies or arrangements)」加盟国に対して、UNPROFORを支援するために必要なすべての措置を取るよう要請し、また新ユーゴの海上封鎖に関する決議787(1992年11月16日)は、「国連憲章第7章および第8章に基づいて」、個別的にまたは地域的機関もしくは取極を通じて行動する加盟国に対して、すべての海上による輸出入用の積み出しを停止させるために必要な措置をと

96　Gray Areaの問題については、以下で詳しく論じられている。Peter Viggo Jakobsen, "The Emerging Consensus on Gray Area Peace Operations Doctrine: Will it Last and Enhance Operational Effectiveness,?" *International Peacekeeping*(London), Vol.17, No.3(Autumn 2000), pp.36-56; David M. Malone and Karin Wermester, "Boom and Bust?-The Changing Nature of UN Peacekeeping," *ibid.*, Vol.7, No.4(Winter 2000), pp.37-54; Mats Berdal, "Lessons Not Learned: The Use of Force in 'Peace Operations' in the 1990s," *ibid.*, Vol.7, No.4(Winter 2000), pp.55-74.

97　Supplement to An Agenda for Peace, *supra* note 9, para.35. 平和維持活動の原点に遡って、その後の変遷を考察したものとして、香西茂「国連の平和維持活動(PKO)の意義と問題点」日本国際連合学会(編)『21世紀における国連システムの役割と展望』(国際書院、2000年)9-24頁。

98　Report of the Panel on United Nations Peace Operations, U.N.Doc. A/55/305-S/2000/809(21 August 2000), paras.48-55. ブラヒミ・レポートの論評として、Heike Spieker, "Changing 'Peacekeeping' in the New Millenium?-The Recommendations of the Panel on United Nations Peace Operations of August 2000," *International Peacekeeping*(The Hague), Vol.6, No.4-6(July-December 2000), pp.144-152; Nigel White, "Commentary on the Report of the Panel on United Nations Peace Operations (The Brahimi Report)," *Journal of Conflict and Security Law*, Vol.6, No.1(2001), pp.127-138; Christine Gray, "Peacekeeping after the Brahimi Report. Is there a Crisis of Credibility for the UN?," *ibid.*, Vol.6, No.2(2001), pp.267-288.

99　SC. Res. 781(9 October 1992); S.C.Res. 787(16 November 1992). 旧ユーゴでのNATOの関与全

るよう要請した[99]。これらは、決議で言及されないが、憲章第53条1項に従って、安全保障理事会がその権威の下における「強力な」平和維持活動、すなわち強制行動のために、地域的機構を利用した例と考えることができる。もっとも、この点に関連して、第53条1項に基づく地域的機構の利用は、「その地域内でのまたは加盟国に対する」強制行動の場合に限られ、「域外の」行動については、安全保障理事会は第48条2項と併せて第42条に依拠すべきである、との主張がある[100]。端的にいえば、「地域的取極または機構の当事国でない国において行動がとられる場合には、第53条を援用することができない[101]」。

第8章の適用上、地域的機構と第三国の関係は、第52条でいう「地域的行動に適当な事項」の範囲とも関連し、議論のあるところであるが、第53条1項の適用をこのように限定し、安全保障理事会の裁量権を制約する十分な根拠はみいだせない[102]。また、理事会は第42条および第48条2項(そこでいう「適当な国際機関とは、元来、専門機関が想定されていた)の下で地域的機構を「域外の」行動のために利用することができ、従って「第8章は地域的行動のための唯一

般については、さしあたり、Tarcisio Gazzini, "NATO Coercive Military Activities in the Yugoslav Crisis (1992-1999)," *European Journal of International Law*, Vol.12, No.3 (2001), pp.391-435.

100　Erika de Wet, "The Relationship between the Security Council and Regional Organizations during Enforcement Action under Chapter VII of the United Nations Charter," *Nordic Journal of International Law*, Vol.71, No.1 (2002), pp.9-10.

101　Giorgio Gaja, "Use of Force Made or Authorized by the United Nations," in Tomschat (ed.), *supra* note 94, p.14.

102　Gioia, *supra* note 14, pp.209, 210. 同旨として、ほかに、Hans Kelsen, *The Law of the United Nations* (Frederick A. Praeger, 1950), p.327; Akehurst, *supra* note 16, pp.219-221; Fred L. Morrison, "The Role of Regional Organizations in the Enforcement of International Law", in Jost Delbrück (ed.) *Allocation of Law Enforcement Authority in the International System: Symposium of the Kiel Institute of International Law, March 23 to 25, 1994* (Duncker & Humblot, 1994), p.52. これに対して、「第52条の下で地域的行動が地域的取極の当事国でない国に係わる問題では適当でないとする見解には相当の支持がある」との主張もある。Leland M. Goodrich, Edvard Hambro and Anne Patricia Simons, *Charter of the United Nations: Commentary and Documents* (3rd and Revised ed., Columbia UP, 1969), p.358. とくに、Wolfは、「安全保障理事会の許可に関する規定は、地域的自律性に対する制約であって、地域的取極または機関が強制行動を開始する権限の拡張としてみてはならない」と主張する。*supra* note 18, p.294. この指摘自体は適切と思われるが、安全保障理事会が、その権威の下でとられる強制行動のために地域的機構を利用する場合は、地域的機構のイニシアチブでとられる強制行動を許可する場合とは区別して考える必要がある。前者においては、地域的機構はKelsenの所謂「安全保障理事会の機関(organs)として行動する」(*supra* note 102, p.326)という側面を考慮する余地があるからである。

103　Schreuer, *supra* note 3, p.491.

の基礎ではない[103]」とすれば、第53条の適用を「域内の」行動の場合に限定する実際上の意味はない。さらに、理事会が第8章または第7章のいずれに基づいて地域的機構に強制行動を認めるかは、「地域的機構の役割に対する象徴的な重要性はあるにしても、何ら大きな法的意味はない[104]」ともいわれる。なお、前記の諸決議の要請は、地域的機構としてのNATOが第53条の下で直接に利用されたと解されないよう、地域的機構を通じて行動する国に宛てられているが、この「故意に曖昧な」表現は地域的機構と「差異のない区別」にすぎない[105]、と指摘されるとおりである。ただ、安全保障理事会が、その権威の下における「強力な」平和維持活動のために地域的機関を利用すること自体について、別段の異論はみられない。

　その後、ボスニア・ヘルツェゴビナの和平に関し、デイトン合意に基づく一般的枠組協定の「招請」[106]に従って、安全保障理事会は、決議1031（1995年12月15日）により、和平合意の履行を確保するため、「和平合意の附属書1-Aで言及される機構を通じてまたはこれと協力して行動する国」に対して、統一的指揮とコントロールの下に多国籍の和平履行軍（IFOR）を設置することを許可した[107]。和平合意で言及される機構とはNATOであり、同決議によって、NATOを主力とするIFORには、自己の保護だけでなく、和平合意の遵守と履行を確保するためにも必要なすべての措置をとることが認められた。これは、安全保障理事会が、明確に強制行動のために地域的機構を利用した最初の事例である。しかし、IFORおよび後続の安定化軍[108]（SFOR）は、憲章第53条で

104　Gray, *International Law and Use of Force, supra* note 53, p.235.
105　Rosalyn Higgins, "Some Thoughts on the Evolving Relationship between the Security Council and NATO," in *Boutros Boutros-Ghali: amicorum discipulorumque liber*, Vol.1, *supra* note 21, p.516, もっとも、地域的機構ではなく、その加盟国への言及は、地域的機構における「合憲性の問題に対する関心の欠如を反映する」とも指摘される。Gray, *International Law and Use of Force, supra* note 53, p.235.
106　和平合意の附属書1-A、第1条1項(a)は、「国連安全保障理事会は、加盟国または地域的機構および取極に対し多国籍の和平履行軍（IFOR）を設置することを許可する決議を採択するよう招請される」、と規定する。また、同条では、続けて、「NATOがそのような軍を設置する」こととし、IFORは「NATO指揮系統を通して北大西洋理事会（NAC）の権威の下にかつその指示と政治的コントロールに従って行動する」こと、および「この附属書の遵守と自らの保護を確保するため、必要な武力の行使を含めて、必要となる行動をとる」ことができる旨が明記されている。*International Legal Materials*, Vol.35 (1996), p.92.
107　S.C.Res. 1031 (15 December 1995), paras.14-15.
108　S.C.Res. 1088 (12 December 1996).

いう安全保障理事会の「権威の下にとられる強制行動」ではなく、その内実は、国連の枠外で合意された和平を強制する権限がNATOに委ねられたものである[109]。

他方で、地域的機構の伝統的な平和維持活動は第53条の意味での強制行動に当たらず、従って安全保障理事会の許可が必要でないにしても、「強力な」地域的平和維持活動には理事会の許可が必要であることについて、見解は一致している。国連または地域的機構を問わず、「強力な」平和維持活動がとくに問題となるのは、内戦状況下で中央政府が機能せず、またはすべての当事者の同意を得ることが困難な場合の介入である。そのような場合に平和維持活動の実効性を確保するため、安全保障理事会はしばしば憲章第7章を採用してきた。このことから、「強力な」地域的平和維持活動の性格が、次のように説明されている。

「安全保障理事会が、国連の『強力な平和維持活動』のマンデートを採択するためには、憲章第7章の下で決定することが必要であると考えるのであれば、その場合、地域的な『強力な平和維持活動』は第53条1項の下での強制行動と性格づけられねばならず、かくして安全保障理事会の許可が必要である[110]」。

しかし、第7章の採用は様々な意味をもって行われており、すべての場合に平和維持活動の性格を平和強制に変えるものではない[111]。内戦状況においてもなお「伝統的な」平和維持活動の枠内で、安全保障理事会の強い意思を表明し、政治的効果をねらったものが少なくない。問題は第7章の採用自体ではなく、決議の内容である。安全保障理事会が、第7章の言及に加えて、要

---

109 和平合意とNATOの関係について、詳しくは、Niccoló Figà-Talamanca, "The Role of NATO in the Peace Agreement for Bosnia and Herzegovina," *European Journal of International Law*, Vol.7 (1996), pp.164-175.
110 Walter, *supra* note 78, p.175.
111 この点については、香西教授の詳しい考察がある。香西「前掲論文」(注2)、229-233頁。なお、第7章の援用に関連し、「平和に対する脅威」概念と平和維持活動との関係については、酒井啓亘「国連憲章第三九条の機能と安全保障理事会の役割—『平和に対する脅威』概念の拡大とその影響」山手・香西(編)『現代国際法における人権と平和の保障』(注2)、147-250頁。

員の任務遂行に際して自衛を越える武力行使を容認するなど、伝統的な基本的諸原則と両立しない機能を授権する場合は、平和維持活動を平和強制に変容させるものといえる。同様に、すべての紛争当事者の同意を得ずに行われ、また自衛を越える武力行使を認めるような「強力な」地域的平和維持活動は、第53条の意味での強制行動として安全保障理事会の許可が必要である。この点で問題となるのは、先にふれたCIS集団的平和維持軍に関する1996年の規程が、国連の伝統的な平和維持活動の基本的諸原則を確認し、またとくに、1992年の協定と同様に「戦闘活動への不参加」を明記する一方で、次のような規定を置くことである。

「28. 集団的平和維持軍の要員は、その任務の遂行に際して、次の場合に、例外的に武器を使用する権利を有する。
　不可譲の自衛権を行使して、その生命と健康の危険に対して安全と保護を確保するため、
　委ねられた任務の遂行を武力によって妨げる企てがある場合、
　テロリストや妨害者の集団による公然の武力攻撃を撃退するため、およびそれらの者を逮捕するため、
　文民住民をそれらの者に対する暴力的危険から保護するため。
　武器は、また、警報を発しまたは援助を求めるために使用することができる[112]」。

伝統的な平和維持活動において、武力行使は要員の自衛のためにのみ認められてきた。しかし、この規定は、CISの集団的平和維持軍に、住民を保護するためおよび任務の遂行を妨げる軍事行動を撃退するためにも武力行使を認めており、明らかに、武力行使の伝統的な許容範囲を越える。従って、ここでは、「強力な」地域的平和維持活動も想定されていると考えられる。事実、規程自身が、「抗争の状況および規模を考慮し、かつ国連憲章に従って、国家元首評議会は、国連安全保障理事会に平和維持活動を行うにつき許可(マン

112　*International Legal Materials*, Vol.35 (1996), p.800.
113　*Ibid.*, p.793.

デート)および財政的支援を要請する[113]」ことを規定する。どのような場合に、CISの平和維持活動が安全保障理事会の許可の下に行われるかは具体的に定められていないが、理事会の許可を予定することによって、「強力な」平和維持活動が憲章第53条の意味での強制行動に当たるとの認識を示している。このことは、集団的平和維持軍に関する規程を附属書として添付している本体の、「CIS加盟国の領域における抗争の防止および解決に関する構想」自身が、次のように規定することによって確認される。すなわち、「抗争の解決における強制措置(平和強制)は、そのような権限が国連憲章に従って国連安全保障理事会により委ねられた場合にのみ、認められる[114]」。

「強力な」地域的平和維持活動が憲章第53条の意味での強制行動に当たるのであれば、安全保障理事会の許可が必要であることは当然である。そして、許可は、国連が地域的行動を統制するという本来の意味をもつためには、事前にかつ明示に与えられねばならない[115]。しかし、冷戦下では、とくにOASとの関係で、国連の関与を排した自律的な機能を確保するため、「自衛」行動の拡大解釈および「強制」行動の制限解釈と併せて、「事後および黙示の許可」を認める柔軟な解釈が主張されてきた[116]。冷戦後、この許可の柔軟な解釈は、とくにECOWASの平和維持活動に対する安全保障理事会の対応との関連で、新たな議論を呼んでいる。

安全保障理事会は、その許可なしに派遣されたリベリアECOMOGに関し、半年後の1991年1月と翌年5月の2度の議長声明[117]によりECOWASの努力を「称賛する(commend)」とともに、同年11月には正式の決議[118]において改めて称賛した。このような安全保障理事会の対応の意味は、事態の推移とECOMOGの役割の変化にも関連して必ずしも明らかでなく、その理解も論者にって様々である。例えば、一般的に、「注意深く選択された用語は、安全

114　Ibid., p.789.
115　Wolf, supra note 18, p.293; Ress/Bröhmer, "Art. 53," in Simma(ed.), supra note 19. もっとも、後者では、実際上の見地から柔軟な解釈の必要性が指摘され、安全保障理事会の統制を実質的に損なわないよう厳格な条件の下に、事後のおよび黙示の許可の余地が認められている。
116　詳しくは、拙稿「前掲・地域的強制行動に対する国際連合の統制」(注16)参照。
117　U.N.Doc. S/22133(22 January 1991), S/23886(7 May 1992).
118　S.C.Res. 788(19 November 1992).

保障理事会が、ECOWASの行動を明示に承認も非難もしないことによって、中立的立場をとっていることを示唆する[119]」、との見解がある。より具体的に、理事会議長の声明が称賛したのは「伝統的な平和維持活動の側面」のみであり、また理事会決議はECOMOGの活動を「どの範囲または程度で」支持するかが曖昧であるから、いずれも軍事的強制行動の事後の許可に当たらないと主張される[120]。また、理事会の対応は、「ECOMOGの軍事行動が『強制行動』の敷居に届かない」ことを意味すると解しつつ、いずれにせよ、「憲章第53条の意味に更なる不明確さを追加しただけである」と付言される[121]。さらに、より積極的に、「ECOWASの努力を『称賛する』ことによって、安全保障理事会は、その見解では、ECOMOGの介入が理事会の許可を必要としないことを必然的に示唆した」と主張し、理事会がこのように評価した前提として、「ECOMOG軍は受入国の有効な招請を得ていた」ことが指摘される[122]。

しかしながら、ECOMOGが、その派遣の状況と活動の実態から、伝統的な平和維持活動であり従って安全保障理事会の許可を必要としない、と結論するのは困難である[123]。他方で、安全保障理事会は、ECOWASの動向を承知しつつ、当面、リベリアの内戦に自ら介入する意思がなかったことも明らかである。そうしたなかで、理事会が総意としての議長声明により、また全会

119　Ofodile, *supra* note 49, p.414. もっとも、これは、彼の見解では「平和維持活動を遥かに越えた」ECOMOGについて、「国際社会がどちらとも判定を下すことを欲しなかった」ことを示すにすぎない。*Ibid.*, pp.413, 414.

120　de Wet, *supra* note 100, pp.23-24. 同旨として、Kufuar, *supra* note 49, pp.554-555. これに対して、安全保障理事会の審議では、ECOMOGの行動を第52条の下での平和的措置と第53条の下での地域的強制行動に区別せずに、「抗争へのECOMOGの関与全体について平和を回復するための称賛に値する地域的努力」と表現された、と指摘される。Wippman, *supra* note 49, p.186. なお、具体的に、2つの議長声明は、「リベリアでの平和および常態を促進する(promote)努力」、「リベリアの抗争を迅速に終結させる飽くなき努力」を、また決議は、「リベリアに平和、安全および安定を回復する(restore)努力」を称賛している。

121　Anthony Clark Arend, "The United Nations, Regional Organizations, and Military Operations: The Past and the Present," *Duke Journal of Comparative and International Law*, Vol.7, No.1 (Fall 1996), pp.25-26.

122　Nolte, "Restoring Peace by Regional Action," *supra* note 50, pp.632-634.

123　とくに、Nolteの見解に対する批判として、Wippman, *supra* note 84, pp.225-228. 同様の指摘として、「ECOMOGは、中立的平和維持活動と軍事的強制行動の間の境界を越えてしまった」。White, *Keeping the Peace*, *supra* note 77, p.231;「ECOWASの行動は、単なる平和維持活動を越えた」もので、「安全保障理事会の許可なしに、ECOWASは、基本的に、無許可の強制行動を行った」。Christopher J. Borgen, "The Theory and Practice of Regional Organization in Civil Wars," *New York University Journal of International Law and Politics*, Vol.26, No.4 (Summer 1994), pp.817, 820.

一致で採択した決議の本文の冒頭において、ECOWASの努力を称賛するとともに自らの直接的な関与を差し控えたことは、事実上、事態の収拾をこの地域的機構に委ねることを意味した。この背景と併せて、「称賛する」とは、「否認しない(fail to disapprove)」ないし「沈黙を保つ」ような、曖昧かつ消極的な対応[124]でないことはもとより、単純に「留意する(take note)」以上の、肯定的な評価を加えた積極的態度表明であると考えれば、不明確さは残るが、一部で主張されるように、地域的強制行動に対して事後に黙示の許可が与えられた事例とみることも可能である[125]。

その後、1993年7月のコトヌー(Cotonou)停戦合意[126]の成立を受けて、同年9月、安全保障理事会は国連リベリア監視団(UNOMIL)を設置し、平和維持活動において国連と地域的機構の並行展開が初めて行われることになった。そこでは、UNOMILは、ECOMOGの行動の監視を含めて、伝統的な平和維持活動に機能が限定され、他方でECOMOGは「戦闘活動」を含む平和強制を担

---

124 かつて議論されたこの点については、拙稿「前掲・地域的強制行動に対する国際連合の統制」(注16) 424-425頁。

125 Walter, *supra* note 78, pp.180, 186; Jeremy Levitt, "Humanitarian Intervention by Regional Actors in Internal Conflicts: The Cases of ECOWAS in Liberaria and Sierra Leone," *Temple International & Comparative Law Journal*, Vol.12, No.2(1998), p.347; Inger Österdahl, *Threat to the Peace: The Interpretation by the Security Council of Article 39 of the UN Charter*(Iustus Förlag, 1998), p.57; David Schweigman, *The Authority of the Security Council under Chapter VII of the UN Charter: Legal Limits and Role of the International Court of Justice*(Kluwer Law International, 2001), pp.89-93. リベリアECOMOGの事例は、後にNATOのコソボ空爆の合法性に関連し、イギリス下院外交委員会の求めにより提出された覚書のなかでも、理事会による事後の許可として言及されている。Christine Chinkin, "The Legality of NATO's Action in the Former Republic of Yugoslavia(FRY) under International Law," *International and Comparative Law Quarterly* Vol.49, Pt.4(October 2000), p.915; Christopher Greenweed, "International Law and NATO Intervention in Kosovo," *Ibid.*, 929. これに対して、黙示の許可という点から、リベリアECOMOGとNATOのコソボ空爆を明確に区別する見解として、Ugo Villani, "The Security Council's Authorization of Enforcement Action by Regional Organizations," *Max Plank Yearbook of United Nations Law*, Vol.6(2002), pp.535-557. また、Franckは、「人道的干渉」との関連で、国連の実行における第53条の「再解釈」の観点から、リベリアとシエラレオネのECOMOGの事例における事後の(遡及的)許可を論じる。Thomas M. Franck, *Recourse to Force: State Action Against Threats and Armed Attacks*(Cambridge UP, 2002), pp.155-162.

126 Reprinted in Weller(ed.), *supra* note 31, pp.343-352.

127 S.C.Res. 866(22 September 1993). この決議は、UNOMILの任務の1つとして、「強制行動に参加することなく、ECOMOGの別の責任の遂行に当たってECOMOGと調整すること」を規定する。ここにいうECOMOGの別の責任(separate responsibilities)の内容は、事務総長のリベリアに関する報告書が、UNOMILとECOMOGの関係について、とくに、次のように述べることから明らか

うなど、両者の間の役割分担が注目される[127]。このことは、安全保障理事会がより具体的にECOWASの強制行動を是認するものである[128]と同時に、「強力な」地域的平和維持活動を許可する場合にも、これを監視しコントロールする必要があるとの認識を示すものである。このように地域的機構と補完的な安全保障理事会のあらたな対応は、シエラレオネ内戦についても当てはまる。また、後に国連シエラレオネ監視ミッション(UNOMSIL)が設置され[129]、ECOMOGとの並行展開が行われたことも、リベリアの場合と同じである。このような並行展開は、CISとの関係でも、国連グルジア監視団(UNOMIG)および国連タジキスタン監視団(UNMOT)によって行われた[130]。もっとも、UNMOTは、UNOMIGの場合と違って、CIS平和維持軍の活動を監視する任務は明示には付与されていないため、地域的行動のコントロールという面では十分でない[131]。

IV 地域的機構の役割分担の限界

冷戦後の平和維持において、地域的機構の役割分担が要請された背景には、国連のオーバー・コミットメントに伴う財政危機の問題がある。この観

である。(d)ECOMOGが戦闘活動を伴う計画された平和強制を行う場合には、UNOMIL監視員はそのような行動に参加せず、他の国連スタッフとともにその場から一時的に撤収する」。United Nations Secretary-General, Report on Liberia, U.N.Doc. S/26422 (9 September 1993), para.14.
128 もっとも、この点についても異論はある。例えば、「UNOMILが強制行動に従事しないことは、ECOMOGがそれを行うことを実際に許可された、という結論には必ずしも導かない」という。de Wet, *supra* note 100, p.24. 他方で、UNOMILの任務から平和強制の明示の除外は、ECOMOGが平和強制を行いうることを示唆するが、「しかし、そのことは、憲章第53条の下でのECOMOGによる強制行動の明示の許可には当たらず、それが示唆するところは、平和強制は第53条の下での強制行動ではないということであるように思われる」、とも主張される。Gray, *International Law and the Use of Force*, *supra* note 53, pp.222-223.
129 S.C.Res. 1181 (13 July 1998).
130 それぞれの設置決議は、S.C.Res. 937 (21 July 1994), S.C.Res. 963 (16 December 1994).
131 UNOMIGの設置決議は、その任務として、「和平合意の枠組内でのCIS平和維持軍の活動を監視すること」に言及する。なお、CISの「強力な」平和維持活動とUNOMIGおよびUNOMOTの関連については、問題点の鋭い指摘がある。Christian Walter, "Peacekeeping by the Commonwealth of Independent States and the United Nations in Abkhazia/Gegrgia and Tajikistan," *International Peacekeeping* (The Hague), Vol.3, No.4-6 (June-December 1996), pp.78-81.

点から、国連の平和維持活動における地域的機構の利用は、「選択肢というよりも必然」であると指摘される[132]。事実、安全保障理事会は、個別国家としてまたは地域的機構を通じて行動する国連加盟国による行動を許可するに際して、幾度か、「そのオファーを履行する費用が当該加盟国によって賄われるとの了解」を付言してきた[133]。しかし、地域的機構の側でも、自らの平和維持活動を行うための財政的基盤は十分でなく、逆に国連に支援を求めたことがある。そうした最初の例はOAUのチャド平和維持軍についてであり、安全保障理事会は、事務総長に対して、OAU平和維持軍の支援のため加盟国の自発的拠出による基金の設置を要請した[134]。また、リベリアECOMOGについても、事務総長は同じ目的のため信託基金を設け、安全保障理事会の賛同を得た[135]。CISの場合は、集団的平和維持軍に関する規程自身が、安全保障理事会に対して、「平和維持活動を行うにつき財政的支援を要請する」ことを予想している[136]。財政面にかぎらず、平和維持機能の各側面で、地域的機構の多くが国連の負担軽減のため役割を分担できる実情にないことは、自らの機能強化と国連との調整の方策に関する安全保障理事会への回答から見て取ることができる[137]。つまり、憲章第8章の再発見を可能にした冷戦後の新たな状況において、すべての地域的機構が、直面する課題に取り組む意思や能力を備えているわけでない。

　憲章第8章の基本的立場からは、地域的行動によって処理されうる紛争や事態を地域的機構を通じて解決するよう努力するのが、法的に妥当でありまた政治的にも望ましいことに異論はない。平和維持活動における地域的機構の活用も、より積極的に、地域的な紛争や事態の効果的な処理という視点か

132　McCoubrey and Morris, *supra* note 3, p.223.
133　S.C.Res. 929 (22 June 1994) (ルアンダ) ; S.C.Res. 940 (31 July 1994) (ハイチ).
134　*Yearbook of the United Nations, 1982*, pp.318-319.
135　S.C.Res. 866 (22 September 1993). この信託基金には、アメリカ、イギリスおよびデンマークが拠出した。United Nations Secretary General, Report on the Observer Mission in Liberia, U.N.Doc., S/26868 (13 December 1993), para.20; United Nations Secretary General, Second Progress Report on the Observer Mission in Liberia, S/1994/168 (14 February 1994), para.26.
136　*International Legal Materials*, Vol.35 (1996), p.793.
137　地域的機構からの回答は、注(22)。これらの回答の詳しい比較分析として、Michael Barnet, "Partners in Peace? The UN, regional organizations, and peace-keeping," *Review of International Studies*, Vol.21, No.4 (October 1995), pp.420-425.

ら考慮に値する。一般に、地域的機構を組織する諸国は、「共に行動することに久しく慣れており、歴史的および地理的な絆によって互いに結ばれており、従ってまた、これらの国の間では、一層大きな規模の国際機構におけるよりも容易に了解が達成されうる[138]」からである。すべての紛争が常に国連の場での処理に適しているわけではない。地域的平和維持活動は、紛争の地域外への拡大をよりよく防止し、紛争当事者の必要と地域的な要因により合致した機能を果たす[139]ことによって、直接に国連の手による以上に、事態の収拾と平和的解決に貢献することも十分に考えられる。同じ趣旨から、地域的機構の役割について、「補完性(Subsidiary)の原則」にも言及されている[140]。しかしながら、このような「地域的アプローチの理論的利点─当事者や問題への精通─は、党派的行動や地域内対抗という実際上の不利な点によって相殺される[141]」、と指摘されるとおりである。とくに、地域的機構の平和維持機能に影響を及ぼし問題となるのは、域内大国の存在である。

多くの地域的機構にとって、冷戦時以来変わらぬ課題は、制度上の不備に加えて、域内大国の動向による制約のなかで、いかにして紛争や事態の公平な処理を確保するかにあった。域内大国が主力部隊を担う地域的平和維持活動は、最初から伝統的な基本的諸原則の枠を越えて展開されることが少なくなく、または後に「強力な」平和維持活動へと容易に変質しがちである。すでにふれたように、OASにおける、ドミニカ米州軍の設置は、事実上、アメリカによる単独の軍事介入という既成事実を追認するものであった。レバノンへのアラブ抑止軍ではシリアの支配が圧倒的であり、同国は抑止軍のマンデート終了後もレバノンに居座り続けた。チャドOAU平和維持軍の展開と撤収を大きく左右したのは、主力部隊を派遣したナイジェリアの動向である。そして、ナイジェリア部隊はリベリアECOMOGの約7割を占め、またシエラレオネECOMOGの派遣前に同国に駐留しているなど、いずれの内戦の帰趨にも大きな影響を及ぼした。CISの平和維持活動は、ソ連邦の崩壊がもたら

138　SCOR, 15th Year, 874th Mtg., 18 July 1960, para.154(エクアドル).
139　Paul F. Diehl, *International Peacekeeping* (Johns Hopkins UP, 1993), p.119.
140　David O'Brien, "The Search for Subsidiarity: The UN, African Regional Organizations and Humanitarian Action," *International Peacekeeping* (London), Vol.7, No.3 (Autumn 2000), pp.57-83.
141　Higgins, *supra* note 105, p.521.

した事態への対応およびロシアの「特別な役割」の認知要求という特殊な困難を抱えている[142]。また、そこでは、ロシア軍は、旧ソ連軍としてCIS諸国から撤収するのと並行して、CIS集団的平和維持軍として一部の国に再導入され、とくにロシアの"near abroad"において、両者の区別は不明確である。これらの地域的平和維持活動のいずれについても、安全保障理事会に許可が求められることはなかった。しかし、このことから、直ちに、それらが「強力な」平和維持活動に当たらないと結論することはできない。

　冷戦後の国連と地域的機構の新たな関係が憲章第8章によって規律されるべきであるならば、「強力な」平和維持活動における地域的機構の役割分担は、第53条が規定する2つの側面から捉える必要がある。すなわち、安全保障理事会が、「その権威の下における」強制行動のために地域的機構を「利用する」場合と、地域的機構のイニシアチブによる強制行動を「許可する」場合である。しかし、第53条のいずれの面でも、原則適用の形骸化が顕著である。前者との関係で問題となるのは、いわゆる「外注(outsourcing)」ないし「下請け(sub-contracting)」の傾向であり、旧ユーゴにおけるNATOの諸活動にみられるように、安全保障理事会は、「その権威の下における」強制行動に対して実質的なコントロールを保持するのが困難になっている[143]。一般に、「強力な」平和維持活動に部隊を派遣する国はその行動が国連の厳格な指揮・統括に服することに慎重であり、また「国連が是認した軍事的関与のレベルが高くなるほど、国連のコントロールは低くなる[144]」のが実情である。もっとも、地域的機構への外注は、湾岸危機での多国籍軍への授権[145]に始まる動向の一環であり、この点では、第8章の下で行動する地域的機構と第7章の下で行動する「意思

142　CISの平和維持活動におけるロシアの動向については、Suzanne Crow, "Peace-keeping in the CIS: An Instrument of Russian Hegemonic Desires?" in Kühne (ed.), *supra* note 3, pp.351-375; John Mackinlay and Peter Cross (ed.), *Regional Peacekeepers: The Paradox of Russian Peacekeeping* (United Nations UP, 2003).

143　安全保障理事会が第7章に基づく権限を地域的機構に委任する際にも、コントロールを保持すべきことは強調されるところである。Danesh Sarooshi, *The United Nations and the Development of Collective Security: The Delegation by the UN Security Council of its Chapter VII Powers* (Oxford UP, 1999), pp.248-250.

144　White, *supra* note 39, p.53.

145　いわゆる「武力行使容認決議」の憲章上の根拠については、さしあたり、松井芳郎『湾岸戦争と国際連合』(日本評論社、1993年)69-83頁。

146　N. D. White and Özlem Ülgen, "The Security Council and the Decentralised Military Option:

と能力のある国(The willing and able)」を区別することは困難である[146]。

　第53条の後者の適用における問題は、ECOWASやCISとの関係でみられるように、地域的機構の「強力な」平和維持活動、すなわち地域的強制行動に対する安全保障理事会の不明確な態度である。そこでは、地域的機構が主力の活動を担う一方で、国連の小規模な活動はこれを支援しつつ、地域的活動が安全保障理事会の立場と合致することを監視する、「並行展開」が行われた。事務総長は、この並行展開を「憲章第8章で想定された国連と地域的機構の間の体系的協力[147]」の具体例として挙げ、また、とくにリベリアECOMOGは、一部で地域的平和維持活動の成功例として評価されている[148]。しかし、この肯定的な立場からも、地域的強制行動に対する国連の対応は、あまりに遅くかつ限定的であると指摘される[149]。概してアフリカの紛争や事態について、安全保障理事会は対応が鈍く、当初は関心の欠如ともいうべき「ノーコメント・アプローチ[150]」であり、またこの間、地域的強制行動が無許可でとられるのを事実上黙認してきた。その後の並行展開において、このような地域的強制行動の欠陥が治癒されないままに、安全保障理事会の監視機能も実際には大きく制約されている[151]。この点で想起されるのは、かつて冷戦の最中、地域的機構に宛てられた次のような指摘が、冷戦後はむしろ国連自身の対応について当てはまることである。

　　Constitutionality and Function," *Netherlands International Law Review*, Vol.44, Issue 3(1997), pp.388-389.
147　Cited in Gray, "Regional Arrangements and the United Nations Collective Security System," *supra* note 53, p.109.
148　James O. C. Jonah, "ECOMOG: A Successful Example of Peacemaking and Peace-keeping by a Regional Organization in the Third World," in Kühne(ed.), *supra* note 3, pp.303-325; W. Ofuatey-Kodjoe, "Regional Organizations and the Resolution of Internal Conflict: The ECOWAS Intervention in Liberia," *International Peacekeeping*(London), Vol.1, No.3(Autumn 1994), pp.261-302; 'Funmi Olonisakin, "UN Co-operation with Regional Organizations in Peacekeeping: The Experience of ECOMOG and UNOMIL in Liberia," *ibid.*, Vol.3, No.3(Autumn 1996), pp.33-51; B. G. Ramcharan, "Cooperation between the U.N. and Regional/Sub-Regional Organizations in Internal Conflicts: The Case of Liberia," *African Yearbook of International Law*, Vol.4(1996), pp.3-17.
149　Olonisakin, *supra* note 148, pp.47-48.
150　Jane Boulden, "United Nations Security Council Policy on Africa," in Jane Boulden(ed.), *Dealing with Conflict in Africa: The United Nations and Regional Organizations*(Palgrave Macmillan, 2003), p.17.
151　楢林健司「『並行展開(co-deployment)』の実績と課題」安藤仁介・中村道・位田隆一(編)『21世紀の国際機構：課題と展望』(東信堂、2004年)279頁以下、参照。

「平和の維持に関して、地域的取極の重要性は憲章のなかで十分に承認されており、またそのような取極の適切な利用は奨励されている。しかし、そのような取極の利用が第一次的に選択される場合にも、その選択は、国連の究極の責任にいかなる疑問を投げかけることも認められるべきではない[152]」。

これは、1954年のグアテマラ事件の処理におけるOASとの関係で、ハマーショルド事務総長が年次報告で述べた一節である。冷戦後、右に批判されるような「地域的機関の先議」が一度も主張されなかったことは、国連と地域的機構の新たな関係を端的に示している。同様に、冷戦後しばらくは、地域的強制行動に対する国連の統制を制限ないし排除する主張が展開されることもなかった。むしろ、この間、国連は、多発する地域・国内紛争に自ら十分に対応しきれず、武力行使を伴う措置を含めて、大幅に地域的機構による処理に委ねてきたのが実情である。そこには、一面、両者の間の協力ないし補完の関係をみることができる。しかし、このような実行は、他面、「国連と地域的機構の間における権威の再配分[153]」を促したと指摘されている。冷戦後の状況は、地域的機構の自律的機能が再び主張される新たな素地を作ってきた。1999年のNATO軍によるユーゴ＝コソボ空爆は、そのような動向の帰結ということができる。そして、地域的機構の自律的機能の主張の背後に域内大国の単独行動主義が控えていることは、冷戦時の構図と基本的に変わらない。

国連と地域的機構の関係は、憲章にとどめ置かれた不明確さのため、「解決されるべき問題ではなく、むしろ運用操作される(managed)べき過程[154]」であるといわれる。また冷戦後、国連の平和維持機能が大きな変容を遂げるなかで、地域的機構の役割も変化してきた。しかし、両者の関係の新たな展開を

---

[152] Introduction to the Annual Report of the Secretary-General on the Work of the Organization, 1 July 1953 to 30 June 1954, United Nations General Assembly, Official Records (GAOR), 9th Sess., Suppl. No.1 (A/2663), p.xi.

[153] Deen-Racsmány, *supra* note 76, p.330.

[154] Inis L. Claude, Jr., *Swords into Plowshares: The Problems and Progress of International Organization* (4th ed., Random House, 1971), p.117.

みると、憲章第8章による規律、つまり安全保障理事会の平和維持に関する主要な責任という基本的枠組を改めて確認することが必要であるように思われる。

3 冷戦後における国際連合と地域的機構の新たな関係：補論

―Ademola Abass, Regional Organisations and the Development of Collective Security: Beyond Chapter VIII of the UN Charter (2004) の書評を兼ねて―

I はしがき

　冷戦の終結は、安全保障理事会での常任理事国の協調を可能にし、国連の平和維持機能を活性化させる一方、東西両陣営の対立構造による桎梏から解放された多くの地域・国内紛争を顕在化させ、これらの紛争への相次ぐ関与は国連のオーバー・コミットメントの問題を提起した。このような冷戦後の新たな状況において国連憲章第8章が再発見され、国連と地域的機構の新たな関係が模索されることになった。

　1992年6月にブトロス・ガリ事務総長が提出した報告書、『平和への課題』は、冷戦後の平和維持構想の一環として「地域的取極および機構との協力」の問題を取り上げ、国連の負担軽減のためにも「憲章第8章の枠内で」地域的機構の役割分担を求めた[1]。このような地域的機構に対する国連の積極的な評価は、冷戦後の地域的機構の側にみられる平和維持機能の強化と国連に対する態度の変化に対応しており、また憲章第8章の本来的な意味を回復する一面があることも確かである。

　国連と地域的機構の関係については、憲章にとどめ置かれた不明確さのため、運用の過程で処理されるべき問題が少なからず残されている。また冷戦後、国連の平和維持機能が大きな変容を遂げるなかで、地域的機構の役割も変化してきた。しかし、「両者の関係の新たな展開をみると、憲章第8章によ

1　*An Agenda for Peace: Preventive diplomacy, peacemaking and peace-keeping*, Report of the Secretary-General pursuant to the statement adopted by the Summit Meeting of the Security Council on 31 January 1992, United Nations Documents (U.N.Doc.), A/47/277-S/24111 (17 June 1992).

る規律、つまり安全保障理事会の平和維持に関する主要な責任という基本的枠組を改めて確認することが必要であるように思われる」、というのが先に著した小論における筆者の基本的認識である（拙稿「国際連合と地域的機構―冷戦後の新たな関係―」、安藤仁介・中村道・位田隆一（編）『21世紀の国際機構：課題と展望』［香西茂先生古稀記念論文集］（東信堂、2004年）、43-97、78頁）（本書第1部第2章）。ここにいう安全保障理事会の平和維持に関する主要な責任が、第8章の文脈では、とりわけ第53条1項の次の規定に具現されていることは周知のとおりである。

　「安全保障理事会は、その権威の下における強制行動のために、適当な場合には、前記の地域的取極又は地域的機関を利用する。但し、いかなる強制行動も、安全保障理事会の許可がなければ、地域的取極に基いて又は地域的機関によってとられてはならない」。

　このうち、とくに問題となる後段（但し書）の規定は、地域的強制行動を国連の集団安全保障体制に組み込む「要」として、すでにダンバートン・オークス提案で規定されていた。しかし、サンフランシスコ会議で、集団的自衛の措置に安全保障理事会の許可を免除する第51条が新設された結果、地域的強制行動は実質上その最も重要な部分について事前の統制を免れるとともに、国連の集団安全保障体制は当初から大きな制約を受けることになった。さらに冷戦期の実行において、自衛権の発動要件を緩和する第51条の拡大解釈が展開される一方で、集団的自衛として正当化されえない地域的措置についても、地域的「強制」行動の制限解釈および安全保障理事会の「許可」の柔軟解釈が主張されるなど、第53条の原則は形骸化していたのが実状である。

　しかるに、冷戦後の新たな実行を踏まえたうえで、改めて、憲章第8章が規律する国連と地域的機構の関係を柔軟に解釈する主張が散見され、そのような論稿のいくつかについて先の小論でも言及した。その後、国連の統制を排した地域的機構の自律的機能を正面から主張し、この立場を積極的に展開する包括的研究が刊行されている。それが、ここで取り上げるAdemola Abass, *Regional Organisations and Development of Collective Security: Beyond*

74 第1部 国際機構

Chapter VIII of the UN Charter（Hart Publishing, Oxford and Portland, Oregon, 2004, xxviii+239pp.）である。

本書についてとくに注目するのは、その副題によって端的に示される著者の基本的立場であり、またそれが筆者の上記の見解と根本的に対立することである。そこで、本稿では、同書の書評を通じて、冷戦後における国連と地域的機構の新たな関係について先の考察を補足しつつ、筆者の立場を再確認しておきたい。

本書の著者Ademola Abassは、ラゴス大学を経てノッティンガム大学で学んだ後、現在the University of the West of England, BristolのSenior Lecturer in Lawの職にある。本書は著者がノッティンガム大学に提出した博士学位請求論文が基になっており、指導教授は、本書が扱う平和維持や国際機構の分野で造詣が深く、その著作を通じて広く知られているN. D. Whiteである[2]。なお、著者は、本書が考察の焦点におく西アフリカ諸国経済共同体（ECOWAS）の事務局でのインターンの経験があり、そこで収集した資料を駆使して最近の動向を考察した論稿がある[3]。

本書の構成は次のとおりであり、冒頭の「序」であらかじめ各章の論点を指摘するとともに、最後に全体を要約した「結論」が付されている。

---

[2] *Keeping the Peace: The United Nations and the Maintenance of International Peace and Security*（2nd ed., Manchester UP, 1997）; *The Law of International Organisations*（2nd ed., Manchester UP, 2005）. なお、WhiteとAbassの共著論文に次のものがある。"Countermeasures and Sanctions" *in* Malcolm D. Evans（ed.）, *International Law*（Oxford UP, 2003）, pp.505-528.

[3] "The New Collective Security Mechanism of ECOWAS: Innovations and Problems," *Journal of Conflict and Security Law*, Vol.5（2000）, pp.211-229; "The Implementation of ECOWAS New Protocol and Security Council Resolution 1270 in Sierra Leone: New Developments in Regional Intervention," *University of Miami International and Comparative Law Review*, Vol.10（2002）, pp.177-216. ほかに、本書に関連する著者の論稿に次のものがある。"Consent Precluding State Responsibility: A Critical Analysis," *International and Comparative Law Quarterly*, Vol.53（2004）, pp.211-225; "Security Council and the Challenges of Collective Security in the Twenty-First Century: What Role for African Regional Organaisations?" in Douglas Lewis（ed.）, *Global Justice and the Quest for Justice*, Vol.1, *International and Regional Institutions*（Oxford, Hart Publishing, 2005）; Ademola Abass and Mashood A. Baderin, "Towards Effective Collective Security and Human Rights Protection in Africa: An Assessment of the Constitutive Act of the African Union," *Netherlands International Law Review*, Vol.49（2002）, pp.1-38.

第1章　地域主義の意味
第2章　地域的機構と国連憲章第8章
第3章　分権的強制行動：第7章の下での代替の集団安全保障の評価
第4章　地域的機構と集団安全保障に対する残存的責任
第5章　冷戦後の地域的介入
第6章　地域的強制行動と武力行使の禁止

　このうち、前半の3章は主としてこれまでの議論の整理と実行の批判的検討に当てられ、後半の3章で著者自身の見解が展開されている。そこで、以下では、第1章〜第3章は説明を補足しつつ概観するにとどめ、第4章〜第6章の各章については紹介と併せて問題点を指摘することにしたい。

II　本書の概要と論点

1　本書第1章が扱う地域的機構の定義については、周知のように、サンフランシスコ会議でエジプトがかなり詳細な提案をしたが、この定義は明らかに正当で適格な要素を含むがすべての場合をカバーしない、との理由で受け入れられなかった経緯がある。以来、この問題をめぐって学説は錯綜し、そこに共通の理解をみいだすことができない。また、国連の実行からも憲章第8章の「地域的取極又は地域的機関」を同定するための規準を導くことは困難である。ただ、従来から「地域的機関」と一般にみなされており、また実際に第8章の適用が論じられてきたのは、主に米州機構（OAS）、アラブ連盟（LAS）およびアフリカ統一機構（OAU）である。他方、ブトロス・ガリ事務総長は『平和への課題』において、むしろ、憲章中に「意識的に精確な定義が設けられなかった」ことによる「有用な柔軟性」を指摘しつつ、地域的機構を次のように広く捉えており、また冷戦後の国連の実行もこの柔軟な理解を支持するように思われる。

　　「国連創設の前後を問わず条約に基づいて設立された機構、相互安全保

障と防衛のための地域的機構、全般的な地域開発または特定の経済的事項や機能に関する協力のための機構、および当面の関心事である特定の政治的、経済的または社会的事項を処理するため設立された集団[4]。

著者は、とくに地域、地域主義に関する様々なアプローチの検討を踏まえて、しかし何故かブトロス・ガリの見解に言及することはなく、地域的機構を、「地理的に確定できる地域に属するが、必ずしもその必要はなく、共通のまた異なる属性や価値を有するが、共通の目標の達成を追求する主体を包含する概念」(25頁)、と一層広く定義する。

憲章第8章の意味での地域的機構についてこのように柔軟な理解と広い定義はいずれも、筆者の考えでは、冷戦後における地域的機構の「拡散」を反映したものといえる。この拡散は、一般的には、地域的機構の側にみられる平和維持機能の強化と国連に対する態度の変化に対応し、多少とも平和維持に係わる地域的機構の数が増加したことにある。しかし、より注目されるのは、地域的機構のいわば質的な変化ともいうべき、機能の拡大ないし多様化である。

例えば、本書がとくに注目する西アフリカ諸国経済共同体(ECOWAS)は、設立条約の下ではその関心事項が経済分野に限られており、従って国連憲章第8章にいう「国際の平和及び安全の維持に関する事項で地域的行動に適当なものを処理する」ことを目的としたものでないが、その後、経済的諸問題の解決を図るうえで政治的安定を確保することが不可欠であるとの認識から、機能を拡大し域内の平和と安全の維持のためのメカニズムを構築してきた。このような地域的機構における平和維持機能の拡大強化は、ほかにも、南部アフリカ開発共同体(SADC)、アフリカ連合(AU)、欧州連合(EU)、欧州安全保障協力機構(OSCE)、独立国家共同体(CIS)にみられる。

他方、北大西洋条約機構(NATO)が憲章第51条に基づく集団的自衛機構として設立され、第8章とくに第53条の適用を受ける意図のないことは、武力攻撃に対する共同防衛を定めた北大西洋条約第5条から明らかであり、国連の統制を排したこの自律的な立場は繰り返し確認されてきた。しかし、冷戦

---

4 An Agenda for Peace, *supra* note 1, para.61.

後、NATOは自らの役割の再検討を迫られた結果、従来の基本的立場を維持しつつも条約の改正なしに任務・機能を拡大し、非5条任務・6条域外任務を予定するなど、事実上、集団的自衛機構から大きく変容を遂げた。このように、出自の異なる集団的自衛機構と憲章第8章の地域的機構の区別が曖昧になったことも冷戦後の1つの特徴である。

これらの動向のうち、著者は、とくにアフリカの地域的経済機構が「集団安全保障(Collective Security)」に機能を拡大してきたことに注目し、冷戦後の集団安全保障の分野において、地域主義が地域相互間や普遍主義との対抗なしに果たす役割とその可能性を探ろうとする。そして、「地域的機構」が上のように極めて抽象的に定義されるのも、アフリカ諸国の種々の面で多様な現実と、政治的経済的その他の多面的な協力の必要性を考慮してである。しかし、地域的集団安全保障については、国連憲章上の位置づけとくに第8章との関連がまずもって問題となり、この点は後に改めて検討する。また、著者は、憲章の関連規定を理解し冷戦後の国連と地域的機構の新たな関係を評価するうえで、地域的機構の定義の必要性を強調するが、著者の概括的な定義ではほとんど役に立たない。冷戦後における地域的機構の拡散状況と国連の実行からは、むしろ、問題は、ある地域的機構が「地域的機関」であるかどうかではなく、特定の事態において「地域的機関」として機能し第8章の関係規定の適用を受けるかどうかにある[5]、とかつて指摘されたことが一層当てはまるように思われる。

2　本書第2章では、具体的に、憲章第8章の諸規定を地域的機構がどのように解釈し適用してきたかを検討する。憲章第8章は、国連と地域的機構の関係を紛争の平和的解決と強制行動の両面から規定する。このうち紛争の平和的解決について、地域的機構は紛争当事国がまず第1に利用すべき自らの選ぶ解決手段の1つとしてその有用性を一般的に承認され(第33条1項)、またとくに地方的紛争(local disputes)については、地域的手段による平和的解決の努力が優先し、かつ奨励されるべき旨が明記されている(第52条2項、3項)。こ

---

[5] Michael Akehurst, "Enforcement Action by Regional Agencies, with Special Reference to the Organization of American States," *British Year Book of International Law*, Vol.42(1967), p.180.

れらの規定を根拠に、冷戦下において、主にOASそしてLASやOAUからも、平和的解決に関する限り、地域的解決の努力が尽くされるまで国連の介入を制限ないし排除し、もって地域的機構に審議の優先権を付与する「地域的機構の先議」が主張された。しかし、第52条4項は同条が第34条および第35条の適用を害するものでないと規定することから、いかなる紛争についても、安全保障理事会は平和の維持を危うくする虞れがあるかどうか調査することができ、また国連加盟国も理事会や総会の注意を促すことができる。従って、憲章は、紛争の平和的解決について厳格な「地域的機構の先議」を手続的に設定するものと解することはできない。この立場が基本的に受け入れられたことは、著者は言及しないが、とくに議論を呼んだOASとの関係で、1975年の米州相互援助条約(リオ条約)の改正(未発効)および1985年の憲章改正(カルタヘナ議定書、1988年発効)により、加盟国間の紛争の地域的解決手続への付託を定める従来の規定に、国連憲章第52条4項と同文の規定が追加されたことによって確認できる。

　今日では、国連と地域的機構の間で紛争解決の先議をめぐる対立はみられなくなった。著者は、その要因として、国連と地域的機構の対立をもたらした冷戦構造の解消、地域的機構における紛争解決メカニズムの発展、多発する地域・国内紛争に対する国連の対応能力と意思の限界を指摘する。そして、憲章第52条の適用をめぐる対立の基礎にあったとする「地域的取極又は地域的機関」の同定の問題を改めて取り上げ、それが実行においてどのように扱われてきたかを検討している。

　憲章第52条の場合と違って、地域的強制行動に関する第53条については、従来からの重要な問題が未解決のまま残されており、冷戦後も議論は錯綜している。冷戦下では、とくにOASとの関係で、国連の関与を排した自律的な機能を確保するため、地域的「強制」行動の制限解釈とともに、安全保障理事会の「事後および黙示の許可」を認める柔軟な解釈が主張された。まず強制行動の範囲について、憲章第41条および第42条に基づく安全保障理事会の措置がともに強制措置であることに異論の余地はないが、1960年のドミニカ共和国に対する経済制裁以来、安全保障理事会の許可が必要な地域的機構の強制行動を、第2条4項との関係で理事会の許可なしには憲章上正当化されない

措置として、軍事的措置に限定する主張が展開された。また、安全保障理事会の許可は、地域的強制行動に対する国連の統制という趣旨からは、事前にかつ明示に与えられるべきことが当然と考えられるが、1962年のキューバ危機に際しての理事会の対応を、隔離措置に対する事後および黙示の許可に当たるとする柔軟な解釈が主張された。冷戦後、これらの問題は、とくにECOWASのリベリアやシエラレオネに対する強力な(robust)平和維持活動ないし強制行動およびこれに対する理事会の対応との関連で、新たな論議を呼んでいる。さらに、NATOとの関係では、憲章第53条の下で安全保障理事会が地域的機構を「域外の」強制行動のため利用し、またはかかる地域的行動を許可することができるかという問題も具体的に提起された。

著者は、これまでの実行の検討から、総じて、地域的強制行動が安全保障理事会の許可なしにとられ、憲章第53条が意図する国連の統制は回避されてきたことを確認する。と同時に、このような展開の一因として、第8章が許可の「時期および様式」を特定していないことを指摘し、憲章上それを「事前の」ものに限定する根拠はないという。そのような解釈は、著者によれば、安全保障理事会は平和に対する脅威等の事態を認定した後でのみ地域的強制行動を許可できるという意味で、第53条を第39条と結合させる誤った理解に拠るものである。しかし、第8章の下で、地域的機構がそのような事態の認定を行うことを妨げる規定はなく、また自らの認定に基づいて迅速に行動できることが地域的強制行動が認められる元の趣旨である。従って、「許可は事前でなければならないと論じることは、第8章の下での地域的取極のまさに本質を損なう」(54頁)という。しかしながら、このような解釈は、武力攻撃に対する自衛措置に限って安全保障理事会の許可が免除された経緯と、第51条の新設にかかわらず第53条の規定がとどめおかれた趣旨を無視するものであり、国連の集団安全保障体制の根底を揺るがさずにはおかない。

3　本書第3章は、地域的機構による憲章第8章の諸規定の回避を、第7章が定める国連の集権的な集団安全保障が実現されず、「分権的強制行動(decentralised enforcement action)」の体制へと変遷する動向のなかで捉えようとし、著者はそのような第7章の分権的な適用を「代替の(surrogate)」集団安全保

障と呼ぶ。第7章は安全保障理事会の下に組織化された集団安全保障を規定するが、かかる体制は、冷戦下において、第43条に基づく特別協定が不在のままでの理事会の「勧告」による朝鮮国連軍の派遣、拒否権のため理事会が機能しない場合は総会による強制措置の勧告を可能にする「平和のための結集」決議などを通じて大きく変容した。また、冷戦の終結により常任理事国の協調が可能になってからも、安全保障理事会が強制行動を一部の加盟国や地域的機構に委ねる傾向は顕著であり、第7章の分権的な適用状況は基本的に変わらない。

　本書は、このような分権的強制行動の体制が進む過程と、それぞれの場合の法的根拠、指揮統括や報告義務などを検討するが、すでに多く論じられたそれらの問題はここでは取り上げない。ただ、そのなかで、冷戦後の分権的強制行動については、安全保障理事会が第7章の権限を地域的機構を通じて行動する加盟国に委任する場合と、個別国家として行動する加盟国（いわゆる有志連合）に委任する場合との相違を強調し、憲章上、前者が第53条により明示的に認められかつ第54条の適用を受けるのに対して、後者は「黙示的権限」に基づいて認められるとしても理事会のコントロールを排除してきたことをとくに問題にする。しかし、安全保障理事会のコントロールという点では、第54条の報告義務が履行されず実効的でないことは周知のとおりであり、地域的機構または有志連合のいずれの行動かで実質的な差異はないように思われる。ほかに、冷戦後の集権的な集団安全保障を阻害する要因として、とくにアフリカ地域の紛争や事態との関係で、安全保障理事会の対応が著しく選択的であることを挙げ、理事会の機能の選択性ないし二重基準が正統性の欠如をもたらし国連への信頼を損なうとともに、当該地域的機構への依存を高め、憲章第8章の適用を排除する傾向に繋がっていると指摘される。

4　本書第4章は、安全保障理事会が憲章第7章に基づく集団安全保障の機能を果たさない場合、地域的機構が地域の平和維持のため「残存的（residual）」役割を果たすことができるかを検討する。この考察は、地域的機構は地域の平和維持に関し当然に責任を有し、従って安全保障理事会の同意をまつ必要はないという繰り返される主張に対応するものである。この考察の前提として、

著者は、憲章では定義されない集団安全保障が、とくに冷戦後の地域的機構において紛争の平和的解決から強制行動までを含む広い概念に理解されており、またそのような集団安全保障の権限を諸国は連盟規約や国連憲章以前から保持していたと指摘する。そして、憲章第24条が定める安全保障理事会の平和維持に関する責任と権限は憲章自体に由来するのでなく、諸国との「社会契約」によって委任されたものであるから、理事会が社会契約の条件に従ってその責任を果たさない場合には加盟国の平和維持に関する権限が復活すると主張する。

　もっとも、憲章第24条は自己完結的な(self-contained)法的レジームであり、安全保障理事会に主要な責任が付与される条件を規定するから、理事会の権限の由来いかんによって上の結論が変わるものではない。第24条は、国連の「迅速且つ有効な行動を確保するために」平和維持に関する「主要な責任」を安全保障理事会に負わせており、理事会の責任は排他的なものでなく、またその権限も白紙委任ではない。第24条が規定する条件の履行は、安全保障理事会に付与された責任の遂行と権限の行使にとって、加盟国に対する法的義務としての必須要件(conditio sine qua non)であるから、理事会が「迅速且つ有効な行動」をとらない場合には加盟国の集団安全保障の権限が復活する。

　加盟国は、国連憲章により「集団的に」平和維持に関する主要な責任を安全保障理事会に付与したのであるから、理事会が機能しない場合に平和維持の権限を取り戻すのは集団的においてのみである。この点で、地域的機構は、第8章の下での権限に照らして、集団安全保障に関する残存的権限が加盟国に復活する最上の集団的基盤であり、また地域的機構の条約上かかる行動が認められる場合には、残存的権限の正統性の強い根拠となる(136頁)。事実、残存的権限の主張は、有志連合よりも地域的機構として行動する加盟国によって一層強く唱えられてきたと指摘する。

　しかし、以上の考察は、著者も認めるように、従来の一般的な考えと掛け離れたところが少なくない。安全保障理事会の平和維持に関する主要な責任の法的淵源については議論があり、従って加盟国の残存的権限の復活という立論自体に問題があるとともに、理事会が主要な責任を果たさない場合は、個別の加盟国ではなく地域的機構に残存的権限が復活するというのも少し短

絡的である。さらに、第7章とくに第39条の下で安全保障理事会が広い裁量権をもつことに照らし、理事会が主要な責任を果たさない場合を、誰がどのようにして判断するのかという根本的な問題が残されている。なお、このような主張は、憲章第2条4項が定める武力行使の禁止を国連の集団安全保障の実現と結びつけて両者を一体的に論じる立場[6]と軌を一にするものであり、それに対するのと同じ批判がここでもあてはまる。

5　本書第5章は、冷戦後の地域的機構にみられる自律的機能を、「分権的集団安全保障（decentralised collective security）」と捉え、そこに生起しつつある新たな原則と概念を検討する。ここでいう分権的集団安全保障とは、「地域的機構がその設立条約により認められた平和維持の諸機能を状況によっては安全保障理事会の許可なしに遂行する体制」であり、この意味で、地域的機構による憲章第8章の法的規律の枠内およびそれを越えた（within and beyond）集団安全保障の実施である（157頁）。この分権的集団安全保障において具体的に憲章との関係が問題になるのは「地域的に許可された強制行動（regionally authorised enforcement action）」であり、これは先に言及した「分権的強制行動」とは区別される。後者は第53条の下での安全保障理事会による地域的機構の「利用」であり、第7章の分権的な適用である。

　冷戦後の分権的集団安全保障、すなわち地域的に許可された強制行動の先駆けとして指摘されるのは、リベリアとシエラレオネに対するECOWASの行動である。安全保障理事会は、理事会の許可なしに行われた両国に対する強制行動に関し、後に議長声明や正式の決議によりECOWASの努力を「称賛する（commend）」対応をとった。このような対応の理解をめぐり議論は錯綜するが、この理事会による是認は、それを（事後の）黙示的許可とみる論者が認める以上に大胆なものであるという。明らかに、理事会はECOWASが憲章

6　わが国では、例えば、村瀬信也「武力不行使に関する国連憲章と一般国際法との適用関係―NATOのユーゴ空爆をめぐる議論を手掛かりとして―」『上智法学論集』第43巻3号（1999年12月）18-29頁〔『国際立法―国際法の法源論―』（東信堂、2002年）に再録〕。これに対する批判として、さしあたり、松井芳郎「現代国際法における人道的干渉」藤田久一・松井芳郎・坂元茂樹（編）『人権法と人道法の新世紀』（東信堂、2001年）20-23頁。また最近の論稿として、瀬岡直「国連集団安全保障体制における秩序と正義の相克―NATOのコソボ空爆を素材として―」『同志社法学』第57巻1号（306号）（2005年5月）234-244頁。

第53条1項および第2条4項に従っていないことを承知しており、しかも称賛しているからである。要するに、憲章第8章は国連の集団安全保障の全体構造の一部であるから、安全保障理事会が行動しない場合、地域的機構の行動を許可するとの想定があり、また理事会が自ら行動できずまたは行動する意思がない場合は、当然に地域的機構は必要と考えるあらゆる措置をとることができる(160頁)。

分権的集団安全保障の実行において、地域的機構は、受入国の同意なしに介入する新しい権利を認められ、また地域の平和と安全および「安定」のため、武力行使を含む必要な措置を決定する権限を付与されているのが注目される。これらの点について、とくにECOWASの紛争処理メカニズムに関する1999年の新議定書[7]は明確であり、また2002年の設立規約の下でAUも基本的に同じ立場である[8]。しかも、ECOWASおよびAUともに、当局者の見解では、強制行動に先立って安全保障理事会に許可を求める意思はないという。そして、この自律的な集団安全保障は、他の地域的機構にもみられる動向である。

アフリカの地域的機構とくにECOWASにおいては、慢性的な抗争に対処し地域の安定を確保する必要から、不干渉に関する慣習法規則からの乖離は決定的であり、加盟国は地域の平和を脅かす事態に機構が強力的に介入することに事前に同意し、またこの憲章第8章の枠を越えた自律的な地域的行動によって地域の平和を維持する方策を追求してきた。これは、国連の関心が低くその集団安全保障体制から利益を得ることが最も少ない地域の諸国が選択したアプローチであり、安全保障理事会もこのことを認めて、自らの方向づけを再調整するとともに、地域的機構のより積極的な役割を評価するようになっている。

著者は、分権的集団安全保障について主要な法的問題は、第2条4項および第53条との関係であり、とくに、「憲章第53条1項が有効な地域的強制行動の

7　新議定書、すなわち"Protocol Relating to the Mechanism for Conflict Prevention, Management, Resolution, Peace-Keeping and Security"は、1999年12月10日、ECOWAS 16国の首脳によりロメで調印された。本議定書の詳しい検討は、Abass, "The New Collective Security Mechanism of ECOWAS: Innovations and Problems," *supra* note 3. この論文の末尾には、議定書のテキストの全文が付されている。

8　ECOWASとAUの新たな動向について、著者は、(注3)に掲げた諸論稿で詳しく考察している。

条件として安全保障理事会の許可を要求しているときに、いかに、地域的に許可された強制行動を正当化できるか」(157頁)であると、論点を正確に指摘している。しかし、以上の考察は自ら提起したこの問いに直接には答えず、先の「地域的機構の残存的権限」を前提にした説明にとどまっているように思われる。

6　本書第6章は、同意を基礎にする(consensual)「地域的に許可された強制行動」と憲章第2条4項との関係を考察する。第2条4項が定める武力行使の禁止は、今日では慣習法規則としても承認されているが、地域的強制行動が憲章第8章の枠内で、すなわち安全保障理事会の許可を得て行われるかぎり、これを第2条4項に対する例外として扱うことに問題はない。しかし、冷戦後、ECOWASの新議定書やAUの設立規約のように、地域的機構が安全保障理事会の許可なしに強制行動をとる権限を認めるものがあり、また実行において、かかる地域的強制行動が憲章第2条4項に対する新たな例外として次第に承認ないし容認されつつある、という。国連がリベリアとシエラレオネに対するECOWASの行動を非難しなかったことを例に挙げて、状況が全く異なるコソボに関するNATOの行動を是認することはできないが、ECOWASの行動は、「地域的に許可された強制行動」として同意を基礎にする点で、憲章第2条4項との両立性の問題を改めて提起する。

　周知のように、条約法条約第53条は、「一般国際法の強行規範(jus cogens)と抵触する条約は無効である」と規定する。また、2001年に国際法委員会(ILC)が採択した国家責任条文は、違法性阻却事由として「同意」を挙げ、同意の範囲内にある行為の違法性が阻却されると規定する(第20条)とともに、強行規範と一致しない行為の違法性は阻却されないと明記する(第26条)ことによって、強行規範からは合意によっても逸脱が許されないことを確認している。そこで問題となる憲章第2条4項と強行規範との関係について、あらゆる武力行使の禁止を強行規範とする見解もあるが、ILCは、国家責任条文第26条のコメンタリーで、「明白に受諾され承認された」強行規範の若干の例のうち、武力行使との関連では「侵略の禁止」を挙げるのみである。また、国際司法裁判所も、ニカラグア事件判決で、武力攻撃に当たる最も重大な形態の武力行

使と、重大性がそれに至らぬ武力行使を区別した。第2条4項の下で、すべての武力行使が禁止されていることは確かであるが、禁止された武力行使のすべてが強行規範の違反となるのではなく、最も重大な形態の武力行使である侵略の禁止をもって強行規範と解すべきである[9]。侵略の定義については、1974年の国連総会決議以上のコンセンサスはないが、同決議の定義に該当しない武力行使は侵略ではない。

とすれば、地域的機構に対して加盟国が与えた同意は、侵略に当たらない範囲での武力行使に関するかぎり、第2条4項の適用を排除し、地域的機構が加盟国の同意を基礎にしてとる行動は、その同意の範囲内にあるかぎり、第2条4項の違反とはならない（202頁）。この同意は地域的機構が行動する特定の各場合に与えられる必要はなく、条約によって事前に与えられた同意をもって足る。従って、いわゆる破綻国家に対しても、地域的機構の加盟国として同意を与えているかぎり、武力行使は、その目的からではなく同意を根拠にして認めることができる。同意を基礎としない地域的機構の武力行使は全く別の問題であり、「人道的干渉」が論議を呼ぶのもこの点からである。

しかしながら、このように、地域的機構によるその条約の下で認められた強制行動は、武力行使を伴う場合も同意を基礎にするから、それが侵略に当たらないかぎり憲章第2条4項に違反しないという主張は、かかる強制行動が第53条の下で安全保障理事会の許可を必要としないとする主張と同様に、憲章に根拠をみいだすことは困難である。そもそも、地域的機構は設立条約の根拠なしに強制行動をとることができないのであって、「地域的に許可された強制行動」も、武力攻撃に対する自衛措置でない場合は安全保障理事会の許可がないかぎり、第2条4項が定める武力行使禁止の原則に対する例外とはならない。また、地域的機構が強制行動をとるための条約上の根拠を、憲章第2条4項との関係で、違法性阻却事由としての「同意」と同列に捉えることも問題である。一般に、地域的機構の条約は、強制行動をとることができる具体的状況と措置の具体的内容を特定せずに、これを概括的に規定するにとどまり、各場合におけるその適用を権限ある機関の判断に委ねている。従って、

9　著者は、国家責任条文第20条および第26条と憲章第2条4項の関係について、別稿で詳しく論じている。Abass, "Consent Precluding State Responsibility: A Critical Analysis," *supra* note 3.

このような条約上の根拠をもって、直ちに、「特定の行為に対する有効な同意」があり、かつ「その行為が当該同意の範囲内にある」（国家責任条文第20条）とすることはできない。例えば、OAS憲章第23条は、「現行条約に従い平和及び安全の維持のためにとられる措置は、第19条（不干渉の義務）及び第21条（領土の不可侵）に掲げる原則の違反とはならない」と規定するが、このことから、リオ条約に基づくOASのすべての措置が国連憲章第2条4項に違反しないと結論することはできない。また、著者も認めるように、第2条4項が定める武力行使の禁止のうち、侵略の禁止に限って強行規範とする見解は必ずしも一般的とはいえない。

Ⅲ　あとがき

　本書は、全体として内容・表現ともに少し生硬さが目立ち、論述の構成も各章の整理と章間の調整が必ずしも十分とはいえない。また、重要な論点にかかわる自作の専門的述語(jargon)が多く用いられていることも、論旨の正確な理解を困難にすることは否めない。例えば、Decentralised Enforcement Action, "Surrogate" Collective Security, Residual Responsibility for Collective Security, Decentralised Collective Security, Regionally Authorised Enforcement Actionなどは、これまで使用の例をみない用語である。これらは、安全保障理事会の下に組織化された集団安全保障(Collective Security)とその実施としての強制行動(Enforcement Action)、そしてこの国連の体制に組み込まれた地域的強制行動(Regional Enforcement Action)という憲章の基本的枠組を考察の前提にしつつ、第8章を越えた地域的集団安全保障(Regional Collective Security)の展開をなお憲章と関係づけて説明するために用いられており、こうした新奇な造語の多用が、本書における立論に少なからず問題があることを示唆しているように思われる。

　本書には、一般の理解とは異なる著者独自の見解や解釈が散見されるが、それらのいくつかは各章についてすでに指摘したとおりである。ここでは、本書のテーマ全般にかかわる問題として、考察の焦点がECOWAS、AU、

SADCなどアフリカの地域的機構に当てられていることの意義とその限界に留意しておきたい。著者がなかでもECOWASに注目するのは、リベリアとシエラレオネに対する行動や紛争処理メカニズムに関する新議定書など、ECOWASの実行と展開が冷戦後の国連と地域的機構の新たな関係の方向を明確に示しており、またこの新たな関係は、国連の関与が最も少ない地域からの現実的要請として是認されつつある、という認識による。併せて、本書は、従来の研究が欧米の地域的機構に片寄り、アフリカ地域に関心を払ってこなかった不均衡を是正する試みともされる(xxiv)。

確かに、アフリカの紛争や事態について、安全保障理事会の対応は鈍く、当初は関心の欠如ともいうべき「ノーコメント・アプローチ[10]」であり、またこの間、地域的機構によって強力な平和維持活動ないし強制行動が理事会の許可なしにとられるのを事実上黙認してきた。概してアフリカ地域への国連の関与があまりに遅くかつ極めて限定的であることは、各方面からしばしば指摘されるところである。しかし、そうした状況のなかでも、ECOWASをはじめとするアフリカの地域的機構の動向が各場合において具体的に何を意味ないし意図しており、またそれが安全保障理事会の側でどのように受けとめられてきたか、そしてそれらの実行が地域的機構一般と国連との新たな関係の展開にどのようにかかわっているかは、いま少し慎重な検討を必要とするように思われる。

例えば、多くの論議を呼んだリベリアとシエラレオネの事例について、著者は、ECOWASが、一般的な理解と違って、当初から明らかに強制行動を意図していたと断定し、しかも安全保障理事会は、事後にECOWASの努力を「称賛する」ことによって、この地域的強制行動に理事会の許可が必要でないことを示唆した、という。他の研究でも、これらの事例に依拠し、強制行動について「国連と地域的機構の間での権威の再配分[11]」や「第53条の再解

---

10 Jane Boulden, "United Nations Security Council Policy on Africa," in Jane boulden(ed.), *Dealing with Conflict in Africa: The United Nations and Regional Organizations* (Palgrave Macmillan, 2003), p.17.
11 Zsuzsánna Deen-Racsmány, "A Redistribution of Authority Between the UN and Regional Organizations in the Field of the Maintenance of Peace and Security?" *Leiden Journal of International Law*, Vol.13(2000), pp.297-331.

釈[12]」が主張されている。しかし、この種の主張は、安全保障理事会の不明確な対応や一般的ステートメントにあまりに多くのことを読み込もうとするものであり、また、流動的で錯綜した状況下にあるECOWASの立場、そして他の地域的機構の見解にどこまで合致しているか定かではない。後者の点に関連して、著者は、ECOWASが新議定書の下で、またAUも設立規約の下で、強制行動に先立って安全保障理事会に許可を求める意思はないというが、この指摘は当局者とのインタビューだけに拠るものである（102、166頁）。一般に、憲章第8章に基づく地位を自認する地域的機構が、第53条にとくに言及しない（それが通例である）ことによって、同条の適用排除を意図していると解することはできない。因みに、OSCEは憲章第8章の枠内で行う平和維持活動は「強制行動を伴わない」ものとされ、他方憲章第8章に従って行動するCISの集団的平和維持軍について、強制措置（平和強制）には安全保障理事会の承認が必要であると明記している。いずれにせよ、筆者は、武力行使を伴う地域的強制行動が安全保障理事会の許可を必要としない、と具体的に主張された事例を知らない。

　本書での考察の出発点は、従来の一般的立場が、地域的強制行動の合法性を地域的機構の設立条約ではなく国連憲章に照らして評価してきたことに対する批判にある[13]。著者によれば、そのような制限的アプローチは、その帰結として、安全保障理事会の許可を得ずにとられた地域的強制行動を「憲章違反として即座に却下する」だけのことであり、国連が機能しない場合にこれを補う地域的集団安全保障の新たな展開と、そのような状況の変化に対する憲章の適応能力を正当に考慮していないという（xxii-xxiii）。この視点は、国際機構のダイナミズムに対する適切な配慮の要請として一般的には考慮に

12　Thomas M. Franck, *Recourse to Force: State Action Against Threats and Armed Attacks* (Cambridge UP, 2002), pp.155-162.
13　筆者が批判の対象として挙げるGrayは、次のように述べている。「地域的機構が武力行使に携わる場合、そのような行動の合法性は、残りの世界によって、その機構の設立文書ではなく国連憲章および一般国際法に照らして評価されてきた」。Christine Gray, *International Law and the Use of Force* (Oxford UP, 2000), p.209. このような批判に関して、Grayは、本書と同時期に刊行された同書第2版において、「地域的平和維持（活動）と強制行動」に関する章の中に憲章第53条の再解釈を批判する節（"A reinterpretation of Article 53 of the UN Charter?"）を追加し、本書が提起する問題をすでに簡潔に論じている。Christine Gray, *International Law and the Use of Force* (Fully Updated Second Edition, Oxford UP, 2004), pp.318-319.

値するが、しかし、それは基本的な法的枠組からの逸脱を許すものであってはならない。問題は、憲章の基本的枠内で、どのように国連と地域的機構のダイナミズムを考慮し、それとの関連で具体的事例がもつ意味をいかに的確に判断するかである。

　リベリアやシエラレオネに関するECOWASの事例のように、安全保障理事会はその許可なしに地域的機構が強制行動をとるのを事実上黙認することがあっても、それは直ちに、地域的強制行動が理事会の許可を必要としないことを意味するわけではない。また、理事会が、その許可なしにとられた地域的強制行動に関して後に「称賛する」ことは、著者のいう集団安全保障に関する「地域的機構の残存的権限の復活」として、憲章第8章の枠外で強制行動がとられることを是認するものとみるよりも、その後の「並行展開(co-deployment)」と併せて考えると、むしろ、かかる地域的強制行動を第8章の枠内つまり国連の集団安全保障体制の下に「引き戻す」ことを意味すると解する方が妥当と思われる。そして、この観点から、「事後の許可」を語ることは無意味ではない[14]。

14　この観点から、筆者は、リベリアに派遣されたECOWAS停戦監視団(ECOMOG)に対する安全保障理事会の対応の意味を、次のように述べた。
　　「ECOMOGが、その派遣の状況と活動の実態から、伝統的な平和維持活動であり従って安全保障理事会の許可を必要としない、と結論するのは困難である。他方で、安全保障理事会は、ECOWASの動向を承知しつつ、当面、リベリアの内戦に自ら介入する意思がなかったことも明らかである。そうしたなかで、理事会が総意としての議長声明により、また全会一致で採択した決議の本文の冒頭において、ECOWASの努力を称賛するとともに自らの直接的な関与を差し控えたことは、実際上、事態の収拾をこの地域的機構に委ねることを意味した。この背景と併せて、『称賛する』とは、『否認しない(fail to disapprove)』ないし『沈黙を保つ』ような、曖昧かつ消極的な対応でないことはもとより、単純に『留意する(take note)』以上の、肯定的な評価を加えた積極的態度表明であることを考えれば、不明確さは残るが、一部で主張されるように、地域的強制行動に対して事後に黙示の許可が与えられた事例とみることも可能である」。拙稿「国際連合と地域的機構」(本章本文冒頭に掲載)72-73頁。
　　もっとも、Walterは、第53条に基づく安全保障理事会の権限の主要な目的が、とられた行動の合法性の審査にあるとの理由から、事後の許可は憲章の趣旨と合致するというが、このような見解は第53条の意義を軽視するものである。Christian Walter, *Vereinte Nationen und Regionalorganisationen -Eine Untersuchung zu Kapitel VIII der Satzung der Vereinten Nationen*(Springer, 1995), S.294-295. なお、Österdahlは、一方的な(違法な)武力行使に対する安全保障理事会の事後の合法化の問題を全般的に扱った最近の論稿のなかで、「事後の許可は、安全保障理事会に行動に対する何らかの形でのコントロールの機会を与えうるから、許可が全くないよりもよい」という。Inger Österdahl, "Preach What You Practice. The Security Council and the Legalisation *ex post facto* of the Unilateral Use of Force," *Nordic Journal of International Law*, Vol.74(2005), p.258.

結局、憲章第8章を越えた地域的集団安全保障の主張は、国連の集団安全保障を補完するのではなくこれに取って替わるものであり、このような主張を容認する安全保障理事会の具体的な対応例を確認することはできない。反対に、著者が論じるECOWASとの関係でも、安全保障理事会の最近の実行は、強制行動に対するコントロールの再主張(reassertion)を示唆すると指摘されている[15]。冒頭に記したブトロス・ガリ事務総長の『平和への課題』は、憲章第8章の「地域的機関」を広く捉え、冷戦後の平和維持におけるこれら地域的機構の積極的な役割を評価しつつも、同時に、「国連とくに安全保障理事会との関係が第8章によって規律されるべきこと」、すなわち「主要な責任はあくまで安全保障理事会にあることを引き続いて承認することが不可欠である」と繰り返し強調していた[16]。この原則は、その後の実行において、国連および地域的機構のいずれの側も厳格に遵守してきたとはいえないが、基本的には今後とも維持されるべきものと認識されているように筆者には思われる。

15　Gray, *International Law and the Use of Force* (2nd ed.), *supra* note 13, p.319.
16　*An Agenda for Peace*, *supra* note 1, paras.64-65.

4 国際連合と地域的機構の関係：60年の変遷と課題

はじめに――考察の視座

国際機構のアプローチとして普遍主義と地域主義の関係が論じられてきたが、クロード(Inis L. Claude)が指摘するように、問題は単純にいずれのアプローチを選択するかではなく、「両者の間のバランス、普遍的機構と地域的機構に最も適当な分野および2つのタイプの機構の間で可能かつ望ましい関係」を調整することである[1]。平和維持の分野において、この調整は、より精確には、普遍主義の下でどのように地域主義の要求を取り入れるかというべきである。地域主義の問題は、旧来の同盟による安全保障に替わって、普遍性を志向する集団安全保障が導入されるなかで提起されてきた。したがって、地域的機構は普遍的平和維持機構の存在を前提とし、これと有機的に関連づけたその役割と位置づけを論じる必要がある[2]。

冷戦期において、地域主義は、普遍主義から切り離され、それと対立するかたちでいわば独り歩きした。寺沢一教授のいう「地域主義の偏向[3]」である。

1　Inis L. Claude, Jr., *Swords into Plowshares: The Problems and Progress of International Organization* (4th ed., Random House, 1971), p.102.
2　わが国でこの点を指摘するのは、とくに高野雄一「地域的安全保障と集団的自衛」『国際法外交雑誌』第55巻2・3・4合併号(1956年)181-182頁［同『集団安保と自衛権』(東信堂、1999年)所収、32-33頁］。ほかに、祖川武夫「集団的自衛――いわゆるUS Formulaの論理的構造と現実的機能」祖川武夫編『国際政治思想と対外意識』(創文社、1977年)469-470頁［小田滋・石本泰雄編集代表『国際法と戦争違法化：その論理構造と歴史性［祖川武夫論文集］』(信山社、2004年)所収、178-179頁］。
3　寺沢一「地域主義の偏向」『国際法外交雑誌』第53巻1・2号(1954年)23-24頁［同『法と力：国際平和の模索』(東信堂、2005年)所収、170頁］。

しかし、このような地域主義の展開は、明らかに普遍主義を採用していたダンバートン・オークス提案が、サンフランシスコ会議で修正された諸決定、すなわち国連憲章のなかに、ある程度は予想できたことである。と同時に、冷戦の終結によって、地域主義が国連憲章に定める本来的な機能を回復したわけではない。国連は、安全保障理事会での常任理事国の協調が可能となり、平和維持機能を活性化する一方で、冷戦構造の桎梏から解放されて顕在化した多くの難題に直面し、自らが十分に対応できないからである。そのための方策として、地域的機構の役割分担が求められた結果、新たな状況の下で地域主義の問題が改めて提起され[4]、国連と地域的機構の新たな関係を憲章上どのように位置づけるかが課題となっている。

このような視点から、本稿では、普遍主義と地域主義の問題を国連と地域的機構の関係にそくして考察し、とくに冷戦期と冷戦後にどのような変容が生じてきているかについて、その特徴点を中心に検討する。したがって、本稿の目的は限定的で、普遍主義と地域主義の問題を一般的に論じるものではなく、60年の国連と地域的機構の関係における全般的な動向を指摘することを主眼とし、またその際、特定の地域的機構や具体的な事例の詳細には立ち入らない。

国連と地域的機構の関係は、憲章第8章および第51条が考察の出発点である。そこで、まず第8章の枠組と「集団的自衛」機構との関係を簡単に確認した後、冷戦期において、第8章の適用が平和的解決および強制行動の両分野でどのように回避・歪められてきたかを旧拙稿を基に概観し、冷戦後に第8章がいわば「再発見」されて後、とくに平和維持活動に関し国連と地域的機構の実行の中で提起されたいくつかの問題を取り上げ、最後に第8章を越える最近の動向にも言及する。

国連と地域的機構の関係については、憲章にとどめおかれた不明確さのため、運用の過程で処理されるべき問題が少なからず残されている[5]。また冷戦後、国連の平和維持機能が大きな変容を遂げるなかで、地域的機構の役割

---

4 Christoph Schreuer, "Regionalism v. Universalism," *European Journal of International Law*, Vol.6 (1995), pp.477-499; Winfried Lang, "New Regionalism in a Changing World Order," in Karel Wellens (ed.), *International Law: Theory and Practice* (Kluwer Law International, 1998), pp.45-60.

5 Claude, *supra* note 1, p.117.

も変化してきた。この2つの側面に留意しつつ、今日にいたる顕著な動向を探ってみたい。

I 憲章第8章の枠組と「集団的自衛」機構

　国連憲章は、平和と安全の維持に関する主要な責任を安全保障理事会に負わせ、理事会の下に組織化された集団安全保障体制を定めるとともに、第8章「地域的取極」において、「地域的行動に適当な事項を処理するための地域的取極又は地域的機関」の存在を承認し、これら取極や機関と国連との関係を紛争の平和的解決と強制行動の両面から規定している。まず、一般的に、地域的取極や機関およびその活動は、国連の目的および原則と一致することが要求され（第52条1項但し書）、また、そこでとられるすべての活動が理事会に報告されねばならない（第54条）。

　この条件の下に、紛争の平和的解決については地域的解決を奨励すべきことが、すでにダンバートン・オークス提案で規定されていた（第52条3項に該当）。加えて、サンフランシスコ会議では、主にラテン・アメリカ諸国の要求に応えて、第33条1項が列挙する自発的な紛争解決手段のなかに「地域的取極又は地域的機関」の利用が追加され、また、とくに地方的紛争については、地域的解決の努力が優先すべきことが明記された（第52条2項）。しかし、同時に新設された第52条4項は、地方的紛争についても、第34条と第35条の適用が害されないと規定し、安全保障理事会の権限を確認している。このように、第52条のなかで視点の異なる2、3項と4項が並置された結果、紛争解決についても、国連と地域的取極や機関の関係に不明確な部分を残すことになった。

　他方、地域的強制行動は、安全保障理事会によってその権威の下に利用される場合があるほか、国連の事前の統制に服することを原則とし、「いかなる強制行動も、安全保障理事会の許可がなければ、地域的取極に基いて又は地域的機関によってとられてはならない」（第53条1項前段但し書）。この原則は、地域的強制行動を国連の集団安全保障体制に組み込む「要」として、すでにダンバートン・オークス提案で規定されていたが、その後ヤルタ会議で合意さ

れた安全保障理事会の表決手続と相俟って、サンフランシスコ会議では、相互援助条約を締結しまたは予定する各方面からの不満の対象であった。その結果、対旧敵国措置に関する例外規定に加えて、個別的または集団的自衛の措置に安全保障理事会の許可、従ってまた常任理事国の拒否権の適用、を免除する第51条が新設されることにより、地域的強制行動は実質上その最も重要な部分について事前の統制を免れ、国連の集団安全保障体制が当初から大きな制約を受けることになった。

戦後に結ばれた一部の同盟・相互援助条約は暫定的な性格をもつ旧敵国条項に依拠していたが、冷戦が激化するなかで、いずれの陣営も、国連の統制を排した自律的な共同防衛体制のより一般的な根拠として、憲章第51条を広く援用してきた。1949年の北大西洋条約や1955年のワルシャワ条約は、この集団的自衛権に基づいて外部からの侵略に対する相互援助を約束する代表的な取極であり、そこでは、統一司令部を含む軍事機構が組織されるとともに、対外的な防衛力の整備・強化が図られてきた。この種の地域的機構(「集団的自衛」機構)は、元来憲章第8章にいう「地域的機関」とは異質なものである。後者には、地方的紛争の平和的解決と国連の集団安全保障体制に組み込まれた地域的強制行動、すなわち旧来の同盟と区別される地域的集団安全保障の機能が予定されているからである。

憲章第51条に依拠する集団的自衛機構と第8章の地域的機関の関係については、北大西洋条約機構(NATO)の性格をめぐり、両者を明確に区別するベケット(Sir Eric Beckett)とこれに反論するケルゼン(H. Kelsen)の間で詳しく論じられたことがある[6]。この論争は、バウエット(D. W. Bowett)が指摘するように、「機構の機能よりもむしろ形式によって、集団自衛または地域的取極のいずれの機構であるかを性格づけようとする」ことに起因するように思われる[7]。一方で、第8章の地域的機関が、その加盟国の権利である集団自衛の機能をもつことが妨げられるわけではないとともに、集団的自衛として正当化

---

6 Sir Eric Beckett, *The North Atlantic Treaty, the Brussels Treaty and the Charter of the United Nations* (Stevens & Sons, 1950). Hans Kelsen, *The Law of the United Nations* (Frederick A. Praeger, 1950), pp.918-26; *idem*, "Is the North Atlantic Treaty a Regional Arrangement?," *American Journal of International Law*, Vol.45(1951), pp.162-166.

7 D. W. Bowett, *Self-Defence in International Law* (Manchester University Press, 1958), p.222.

されえない地域的措置は安全保障理事会の許可を必要とすることは当然である。また他方で、集団的自衛を主たる目的とする地域的機構が、それだけの理由から第8章の「地域的機関」の資格はないと結論することはできない。集団的自衛機構も、副次的に、紛争の平和的解決や地域的集団安全保障の機能を担う可能性は否定できず、またとくに、「地域的機関」に不可欠な条件として、紛争解決の手続や組織の整備を要求する根拠も見いだせない[8]。

周知のように、第8章の「地域的取極」の定義については、サンフランシスコ会議でエジプトがかなり詳細な提案[9]を行ったが、受け入れられなかった経緯がある。以来、この問題について学説は錯綜し、そこに共通の理解をみいだすことができない。また、国連の実行からも憲章第8章の地域的取極や機関を同定する規準を導くことは困難である[10]。そうしたなかで、問題は、ある地域的機構が「地域的機関」であるかどうかでなく、特定の事態において「地域的機関」として機能し、従って第8章の関係規定の適用を受けるかどうかにある[11]、というほかない。ただ、憲章第8章が規定する「地域的行動に適当な事項」の性質から、これを有効に処理することが期待できるのは、ある程度の対内的志向性(internal orientation)を備えた地域的機構の場合に限られる。このような意味において、従来から「地域的機関」と一般にみなされており、また実際にも第8章の適用が論じられてきたのは、米州機構(OAS)、アラブ連盟(LAS)、アフリカ統一機構(OAU)である。このように、憲章第8章の規定の適用は当初から大幅に限られており、それが具体的に問題となった

---

8 例えば、Gerhard Bebr, "Regional Organizations: A United Nations Problem," *American Journal of International Law*, Vol.49(1955), p.169.

9 エジプト提案は「地域的取極」を次のように定義していた。「一定の地理的区域で集団をなし、それらの近接性、利益の共通性または文化的、言語的、歴史的もしくは精神的親近感のため、相互の間に生じる紛争の平和的解決およびその地域の平和と安全の維持、ならびに利益の保護および経済的、文化的関係の発展に対して共同で責任を負う諸国の常設的性質の組織」。*Documents of the United Nations Conference on Internaional Organization*(*UNCIO*), Vol.12, p.850.

10 Leland M. Goodrich, Edvard Hambro & Anne Patricia Simmons, *Charter of the United Nations: Commentary and Documents*(3rd and Revised ed., Columbia University Press, 1969), pp.356-367; Waldemar Hummer/Michael Schweitzer, "Article 52," in Bruno Simma(ed.), *The Charter of the United Nations: A Commentery*(2nd ed., Oxford University Press, 2002), pp.689-691.

11 Bowett, *supra* note 7, pp.222-223; *Idem*, *The Law of International Institutions*(4th ed., Stevens & Sons, 1982), pp.165-166; Joachim Wolf, "Regional Arrangements and the UN Charter," in Rudolf Bernhardt(ed.), *Encyclopedia of Public International Law, Instalment 6*(North-Holland, 1983), p.289.

のは、とくにOASとの関係においてである。

　OASは、従前の広汎な地域的協力の枠組(「米州制度(Inter-American System)」と総称される)を、国連の創設を契機として新たに組織法の下に再編成し発展させたものである。OASは、唯一、1948年の機構憲章(通称「ボゴタ憲章」)で「国際連合内においては地域的機関である」と自らを規定し、また国連憲章に基づく「地域的責任」を果たすことを謳っている(第1、2条)地域的機構であり、その平和維持制度は、一般原則と組織を定めるボゴタ憲章を中心に、この分野での特別条約として憲章と不可分の関係にある1947年の米州相互援助条約(通称「リオ条約」)および1948年の平和的解決に関する米州条約(別名「ボゴタ条約」)から構成される。これら3基本条約の下で、OASは、集団的自衛に限らず、紛争の平和的解決を含む地域的集団安全保障の機能をかなり維持しているのが特徴であり、またこの点で、サンフランシスコ会議で地域主義が主張され、憲章第8章の適用が論じられる現実の基盤を備えていることは確かである。

　しかし、冷戦下において、OASと国連の関係が憲章第8章の具体化という面でもつ意味は限られている。地域的機構の平和維持機能にとって常に問題となるのは域内大国の存在であり、とくにOASにおいては、指導的地位にあるアメリカ合衆国の動向による制約が避けられない。その結果、冷戦構造に係わるかぎり、OASの平和維持機能は対内的志向が失われ、そのように変容したOASと国連の関係が、憲章第8章の問題として提起されていたのである[12]。

II　冷戦期における第8章の適用回避

1. 地域的機構「先議」の主張

　紛争の平和的解決について、憲章は第6章の冒頭で、地域的解決手段の有用性を一般的に承認するとともに、第8章では、地域的紛争について地域的

12　Inis L. Claude, Jr., "The OAS, the UN, and the United States", *International Conciliation*, No.547 (March, 1964). 拙稿「米州機構の平和維持機能と国際連合(1)、(2・完)」『法学論叢』第80巻6号(1967年3月)35-83頁、第81巻2号(1967年5月)32-84頁(本書第2部第9章)。同「米州機構の現状と課題」『世界法年報』第11号(1991年10月)46-52頁(本書第2部第11章)。

手段による平和的解決の努力が優先し、かつ奨励されるべき旨を明記している。しかし、この憲章の構想にかかわらず、当の地域的機構の側で紛争の平和的解決にはあまり関心を払ってこなかった。例えば、LASでは1945年の連盟規約と1950年の共同防衛経済協力条約で加盟国間の紛争の平和的解決を一般的に規定するにとどまり、またOAUでは、機構憲章第19条に基づき、1964年の議定書によって設けられた仲介調停仲裁委員会は、一度も利用されることなく終わっている。そうしたなかで、OASは、以前からの米州制度を発展させて、紛争解決のため、早くから手続や組織を整備するとともに、着実に努力を重ねてきた[13]。これとの関連で注目されるのは、ボゴタ憲章が「米州諸国間に生ずることのあるすべての国際紛争は、国際連合安全保障理事会に付託される前に、この憲章に掲げる平和的手続に付されねばならない」（第20条）と規定することである。同様の規定は、リオ条約（第2条）とボゴタ条約（第2条）にも置かれている。このような規定は他の地域的取極にはみられないが、地方的紛争について地域的解決手続への付託の優先を規定すること自体は、むしろ憲章第8章の趣旨に沿うものといえる。

しかし、冷戦下においては、これらの規定を根拠に、1954年のグアテマラ事件や1960年以降のキューバ問題など、地域的手続を迂回して直接に国連に提起された紛争の処理に際して、OASの「先議」（Try OAS First）が主張された。類似の主張は、LASやOAUとの関連でも論議されたことがある。この主張が各機構についてもつ意味は同じでないが、いずれも、平和的解決に関するかぎり、「地域的解決の努力が尽くされるまで、国連とくに安全保障理事会、つまり常任理事国の関与を制限ないし排除し、もって地域的機構に審議の優先権を付与する」ことを目的としており、「地域的機構先議の主張」と一括することができる[14]。

地域的機構「先議」の主張は、憲章上、一般的には、地方紛争に対する第6

---

13 拙稿「米州機構における紛争の平和的解決――米州平和委員会の展開を中心に(1)、(2・完)」『国際法外交雑誌』第76巻6号（1973年3月）39-64頁、第80巻1号（1981年4月）46-85頁（本書第2部第9章）。同「米州機構の平和的解決関係文書」『法学会雑誌[岡山大学]』第27巻3・4号（1973年3月）83-108頁（本書資料編第4章）。

14 この問題について、詳しくは、拙稿「地域的機構先議の主張――国連憲章上の限界(1)、(2)、(3・完)」『法学会雑誌[岡山大学]』第21巻1号（1971年7月）55-98頁、第21巻3・4号（1972年3月）93-126頁、第27巻1号（1977年8月）57-76頁（本書第2部第8章）、およびそこで引用する文献。

章の適用が、第8章とくに第52条によって制限されるかどうかにも係わるが、より具体的には、第52条に並置された2、3項と4項の関係をめぐる問題である。そして、第52条4項により第34条と第35条の適用が害されないと明記される以上、第6章に基づく安全保障理事会の権限および加盟国の権利は制限されえない。すなわち、地域的機構の加盟国は、相互間の紛争をまず地域的手段によって解決するよう努力することを要求されているが、そのために国連への直接的付託を妨げられることはなく、地域的解決の努力が有効たりえずまたは不適当と判断する場合には、総会または安全保障理事会に提起することを選択できる。他方、安全保障理事会の側は、地域的解決の「発達」を奨励するよう要請されるが、地方的紛争の性質と地域的解決努力の実状から判断して、何時そして如何に介入するかを自ら決定できると解すべきであり、とくに、直接に付託を受けた場合でもそれだけの理由から、地域的解決の努力が尽くされるまで介入を制限されたり地域的機構への付託を要求されるわけではない。またその際、第52条4項が第34条と第35条にのみ言及することから、第36条と第37条の適用が制限される[15]と解釈することには十分な理由がない。従って、憲章は、地方的紛争の平和的解決について、「地域的機構の先議」を手続的に設定し、もって地域的機構に特別の地位を付与するものと解することはできない。かくして、地域的機構先議の主張が国連の政治的機関においてどの程度に尊重されるべきかは、各場合における地域的解決努力の有効性に依存する問題となる。

　この立場が基本的に受け入れられたことは、とくに論議を呼んだOASとの関係でみると、1975年のリオ条約の改正(未発効)および1985年のボゴタ憲章の改正(カルタヘナ議定書、1988年発効)により、地域的解決手続への付託を定める従来の規定に追加し、国連憲章第52条4項と同文の規定が新たに設けられたことによって確認できる[16]。そして、これは、1982年の国連総会決議(37

15　国連と地域的機構の間での権限の競合を回避するため、第52条の解釈において"formal procedural"と"merit-based"な権限の区別を強調する立場として、Hummer/Schweitzer, *supra* note 10, pp.708-710. この見解に対する批判は、Abdrea Gioia, "The United Nations and Regional Organizations in the Maintenanace of Peace and Security," in Michael Bothe, Natalino Ronzitti, Allan Rosas (eds.), *The OSCE in the Maintenance of Peace and Security: Conflict Prevention, Crisis Management and Peaceful Settlement of Disputes* (Kluwer Law International, 1997), pp.207-209.

16　Domingo E. Acevedo, "The Right of Members of the Organization of American States to Refer Their

/ 10附属書)、「国際紛争の平和的解決に関するマニラ宣言」で、平和的解決の「手段選択の自由の原則」が確認されたことの反映である。

地域的機構先議の主張は、実際には一方の紛争当事国の意に反して、国連の関与を排除することにより、地域的機構の枠内で問題をいわば内部的に処理することを意図したものである。他方、地域的解決手続を回避し、国連の介入を求めた国は、制度上の不備以外の理由から、地域的機構に紛争の実効的とくに公平な処理が期待できない立場にあった[17]。このように、地域的機構先議の主張は、地方的紛争の平和的解決を促進し、地域的解決の発達を奨励するとともに、国連の過重な負担を軽減するという憲章第8章の趣旨から離れて、冷戦を背景に展開されたのであり、冷戦後この問題が提起されたことはない。

2. 地域的「強制行動」の自律性確保

平和的解決に関する憲章第52条の場合と違って、地域的強制行動に関する第53条については、従来からの重要な問題が未解決であり、冷戦後も新たな議論を呼んでいる。

第53条は、第51条の規定により、地域的強制行動の実質上その最も重要な部分、集団的自衛行動への適用を当初から外された。しかし、それによって第53条が、一部で主張されたように[18]、無意味になったわけではない。留め置かれた第53条の適用の可能性は、実際に、地域的取極の規定自体から予想

'Local' Disputes Directly to the United Nations Security Council," *American University Journal of International Law and Policy*, Vol.4 (1989), p.28. 拙稿「米州機構憲章の改正 (カルタヘナ議定書)」『法学会雑誌 [岡山大学]』第37巻2号 (1987年10月) 317-318頁 (本書資料編第2章)。

17 この点を的確に指摘するものとして、例えば、John Norton Moore, "The Role of Regional Arrangements in the Maintenance of World Order," in Cyril E. Black and Richard A. Falk (eds.), *The Future of the International Legal Order: Vol.III, Conflict Management* (Princeton University Press, 1971), p.131. D. W. Bowett, "The United Nations and Peaceful Settlement," in David Davies Memorial Institute of International Studies, *International Disputes: The Legal Aspects* (Europa Publications, 1972), p.191.

18 Alf Ross, *Constitution of the United Nations: Analysis of Structure and Function* (New York, 1950), pp.172-173. 田岡教授は次のようにいう。「……第53条1項は、実際上ほとんど益なき規定と化する。結局、第53条1項は第51条によって否定されたといっても過言ではない。ダンバートン・オークス案第8章C節2条はサン・フランシスコ会議によって殺され、その死骸を第53条1項の中に留めたのである」。田岡良一『国際法上の自衛権』(勁草書房、1964年) 196頁。

された。とくにリオ条約は、憲章第51条を援用する第3条とは別に、第6条において、米州国の領土保全や政治的独立が「武力攻撃でない侵略」その他の事態によって影響を受ける場合にも共同防衛措置の発動を予定しており、この場合は集団的自衛として正当化できないと考えられる。そこで、憲章第53条の適用は、主にこのリオ条約第6条に基づくOASの措置との関係で論議されてきた[19]。冷戦下におけるOASの関心は、平和的解決におけると同様、強制行動についても、国連の関与・統制を排した自律的機能を確保することにあった。この目的で第53条に関して展開された主張には、安全保障理事会の許可が必要な地域的「強制行動」を軍事的措置に限定する制限解釈と、理事会の「事後または黙示の許可」を認める柔軟な解釈の2つの側面がある。

まず強制行動の範囲について、憲章第41条および第42条に基づく安全保障理事会の措置は、ともに強制措置であることに異論の余地はないが、1960年のドミニカ共和国に対する外交・経済制裁以来、理事会の許可が必要な地域的強制行動を、第2条4項との関係で理事会の許可なしには憲章上正当化されない措置として、軍事的措置に限定する主張が展開された。それによると、非軍事的措置は、基本的に個別国家が国際法に違反せずにとり得るから、地域的機構が集団的措置としてとる場合も、理事会の許可は要求され得ない、という[20]。この制限解釈は一定の理由があり、一部の論者によって支持され

---

[19] この問題について、詳しくは、拙稿「地域的強制行動に対する国際連合の統制——米州機構の事例を中心に——」『変動期の国際法(田畑茂二郎先生還暦記念)』(有信堂、1973年)403-430頁(本書第2部第10章)、およびそこで引用する文献、とくに、Michael Akehurst, "Enforcement Action by Regional Agencies, with Special Reference to the Organization of American States," British Year Book of International Law, Vol.42(1967), pp.175-227.

[20] イギリスは、この立場を次のように詳細に述べている。すなわち、「イギリス政府の見解によれば、第53条におけるこの文言(「強制行動」—筆者)の使用は、安全保障理事会の決議に基づくほかは通常正当でないような行動のみを包摂する、と解釈するのが常識である。国際法上原則として、いずれの国もそのように決定する場合、他の国との外交関係を断絶しまたは経済関係の一部中断を設定することを何ら妨げられない。これらの手段は、ドミニカ共和国に関して米州機構が決定した措置であるが、完全にいずれの主権国家の権限内にもある政策上の行為である。したがって、明らかに、それらは集団的に行動する米州機構加盟国の権限内にあることになる。換言すれば、第53条が『強制行動』に言及する場合、そこでは、安全保障理事会の決議に基づくほかは通常いずれの国または国の集団にとっても正当でない方法による武力の行使が意図されているにちがいない」。United Nations Security Council, Official Records (SCOR): 15th Yr., 893rd Mtg., 8 September 1960, paras.96-97. [編集注記：この脚注は、元の原稿では本文中の位置が示されていなかったため、編集側で推測して付したものである。]

ているが、文理解釈として無理がある(第53条1項中でも「強制行動」は2度使用されている)ほか、地域的行動の一般国際法上の合法性を理由に、「強制行動」としての性格を否認することも問題である。

　ドミニカ共和国に対するOASの制裁措置は、憲章54条に基づいて安全保障理事会に報告された。ソ連がこの措置を第53条の下で「承認する(approve)」ことを要求したのは、明らかに、キューバに対して予想される同種の措置を理事会が否認する権限を明確にしておく意図からである。他方、これに反対する国は、強制行動の範囲について、サンフランシスコ会議では主張されなかった新たな解釈を展開していた。結局、安全保障理事会は、OASの制裁措置に「留意する(take note)」米州3国提案を採択したが、問題の法的側面は不明確のままとどめられた。その後、キューバに対する一連の非軍事的措置をめぐっても同じ論議が繰り返されたが、決着はついていない。そして、このような、地域的強制行動から「非軍事的措置」を除外する主張は、冷戦下において、軍事的措置についても国連の統制を排除する主張につながっていく。

　安全保障理事会の許可は、地域的強制行動に対する国連の統制という趣旨からは、憲章で明記されないが、「事前かつ明示に」与えられるべきことが当然と考えられる[21]。しかし、1962年のキューバ危機に際しての理事会の対応を、隔離措置に対する「事後および黙示の許可」に当たるとする柔軟な解釈が主張された。隔離措置が、憲章第2条4項で禁止された「武力による威嚇または武力の行使」に当たることは明らかであるため、これを集団的自衛として説明する論者も少なくないが、米国務省が憲章第8章の枠内で正当化を図ったことは注目される[22]。事実、OASの措置は、リオ条約第6条に基づく「武力

21　例えば、Gioia, *supra* note 15, pp.215, 231. [編集注記：この脚注は、元の原稿では本文中の位置が示されていなかったため、編集側で推測して付したものである。]

22　国務省法律顧問および同補佐によれば、米国は、隔離措置を「第51条の意味内での『武力攻撃』に対処するために必要な措置として正当化しようとしなかった」ばかりか、「第51条が自衛権の包括的な表明ではなく、また、隔離は『武力攻撃』以外の場合における自己の防衛のためいずれの国も個別的にとることができる自衛措置である、との根拠によって自らの行動を支持しようともしなかった」、という。L.C.Meeker, "Defensive Quarantine and the Law," *American Journal of International Law*, Vol.57 (1963), p.523; A. Chayes, "The Legal Case for U.S. Action on Cuba," *Department of State Bulletin*, Vol.47 (1962), p.763; idem, "Law and the Quarantine of Cuba," *Foreign Affairs*, Vol.41 (1963), p.550. Chayesの見解は、より詳しい後者による。[編集注記：この脚注は、元の原稿では本文中の位置が示されていなかったため、編集側で推測して付したものである。]

攻撃でない侵略」その他の事態に対する共同防衛措置としてとられ、憲章第54条の下で安全保障理事会に報告された。しかし、理事会において隔離措置の法的側面がほとんど議論されず、とくにこれを否認する決議が採択されなかった(fail to disapprove)ことをもって、「黙示の許可」を語ることはできない。さらに、許可の柔軟な解釈に加えて、隔離措置がOASの「勧告」によることを理由に、許可は必要でないとも主張されたが[23]、これは義務的措置と強制行動を混同するものであり、その結果はOASのすべての措置について国連の統制を排除することに帰着する。リオ条約上、「いかなる国も自国の同意なしに武力を行使することを求められることはない」(第20条)からである。

その後、1965年のドミニカ共和国に対する米州軍の派遣については、非強制的、中立的な性格が強調され、国連の平和維持活動と類似の地域的活動であることを理由に、「憲章上の要件は、第53条ではなく第52条と第54条である」と主張された[24]。この種の活動が地域的機構のもとでとられる可能性は否定できないが、米州軍の派遣については、そのための前提条件である領域国の同意を確認することができない。米州軍は単独で介入していた在ドミニカ米軍を基本的に引き継いで、OAS統一司令部の指揮下においたにすぎず、この事実から、ex iniuria jus non oriturの原則を理由に米州軍の違法性が指摘されるほか、リオ条約に基づかないこの種の米州軍を設置する法的根拠も不明確であった。このような米州軍の創設の経緯とこれに伴う活動の実態から、それを地域的平和維持活動として「強制行動」から区別することは困難である。しかし、ドミニカ米州軍について安全保障理事会の許可は与えられていない。このように、冷戦期において、地域的強制行動は両陣営の対立の視点から捉えられ、国連の統制が排除されてきたのが実状である。

23　Meeker, *supra* note 22, pp.521-522. [編集注記：この脚注は、元の原稿では本文中の位置が示されていなかったため、編集側で推測して付したものである。]
24　SCOR: 20th Yr., 1220th Mtg., 3 June 1965, paras.79-80(アメリカ). [編集注記：この脚注は、元の原稿では本文中の位置が示されていなかったため、編集側で推測して付したものである。]

III 冷戦後における憲章第8章の「再発見」

1.「地域的取極・機関」の柔軟な解釈

1992年6月、ブトロス・ガリ事務総長が提出した報告書『平和への課題』は、冷戦後の平和維持構想の一環として、「地域的取極および機構との協力」の問題を取り上げ、地域的機構の役割分担を求めた。そこでは、基本的認識を次のように述べている。

「冷戦は第8章の適切な適用を阻害し、また実際に、その時期には、地域的取極はときには憲章で想定された方法での紛争の解決を妨げるように作用した。……しかし、この新たな好機の時期において、地域的取極または機関は、その活動が憲章の目的および原則と一致したかたちで行われ、またそれと国連とくに安全保障理事会との関係が第8章によって規律されるならば、偉大な貢献をなすことができる[25]」。

ここでは、具体的に、地域的取極や機関は、「予防外交(preventive diplomacy)、平和維持活動(peace-keeping)、平和創造(peacemaking)および紛争後の平和構築(post-conflict peace-building)に役立つよう利用される潜在的能力を有することは明らかである」とされ、また、これらの分野での地域的行動は、「集中排除、権限委譲、および国連の努力との協力の面で、理事会の負担を軽減するだけでなく、国際問題への参加、コンセンサス、および民主化などの意識の向上にも貢献する[26]」と位置づけられている。このような地域的機構の役割に対する積極的評価は、1995年1月の『平和への課題・追補[27]』でも基本的に維持されており、冷戦後の新たな状況の下で、憲章第8章の本来的

---

25 An Agenda for Peace: Preventive diplomacy, peacemaking and peace-keeping, Report of the Secretary-General pursuant to the statement adopted by the Summit Meeting of the Security Council on 31 January 1992, U.N.Doc. A/47/277-S/24111 (17 June 1992), paras.60, 63.
26 *Ibid.*, para.64.
27 Supplement to An Agenda for Peace: Position paper of the Secretary-General on the occasion of the fiftieth anniversary of the United Nations, U.N.Doc. A/50/60-S/1995/1 (3 January 1995), paras.86-88.

な意味を回復する一面があることも確かである。以後の国連における一連の動きのなかで、まず注目されるのは、第8章の地域的取極・機関の柔軟な解釈である。

すでにふれたように、サンフランシスコ会議でエジプトが提案した「地域的取極」の定義は受け入れられなかった。ブトロス・ガリ事務総長は『平和への課題』で、これを「意識的に精確な定義が設けられなかった」ものと捉え、その「有用な柔軟性」を指摘しつつ、第8章の地域的取極・機関を次のように極めて広く理解している。

「国連創設の前後を問わず条約に基づいて設立された機構、相互安全保障と防衛のための地域的機構、全般的な地域開発または特定の経済的事項や機能に関する協力のための機構、および当面の関心事である特定の政治的、経済的または社会的事項を処理するため設けられた集団[28]」。

以後の国連文書において、「地域的取極または機関(arrangements and/or agencies)」(以下、地域的機関)と「地域的機構(organizations)」の用語が広く併用されるようになったのは、そうした柔軟な理解によるものであり、冷戦後の国連の実行もこの立場を支持するように思われる(この理由から、本稿のタイトルでも、地域的機関でなく地域的機構の語を用いている)。具体的に、その後安全保障理事会の議長声明が国連との建設的な関係を評価し[29]、事務総長との意見交換の会合に招かれ、また総会決議で協力向上が謳われるなど、平和維持機能の強化と国連との関係の調整が求められた地域的機構は、極めて多岐

28　*Ibid.*, para.61. この点についての詳細な考察として、Jorge Cardona Llorenz, "La coopération entre les Nations Unies et les accords et organismes régionaux pour le réglement pacifique des affaires relatives au maintien de la paix et de la sécurité internationales," in *Boutros Boutros-Ghali: amicorum discipulorumque liber-paix, développement, démocretie*, Vol.1 (Bruylant, 1998), pp.253-275.

29　各地域的機構の対応は、さしあたり、安全保障理事会の議長声明(U.N.Doc. S/25184(28 January 1993))が要請した平和維持機能の強化と国連との関係の調整に関する回答を参照。U.N.Doc. S/25996(15 June 1993) and S/25996/Add. 1-6(14 July 1993-4 May 1994)。拙稿「国際連合と地域的機構——冷戦後の新たな関係——」安藤仁介・中村道・位田隆一(編)『21世紀の国際機構：課題と展望』[香西茂先生古稀記念](東信堂、2004年)51-53頁(本書第1部第2章)。[編集注記：この脚注は、元の原稿では本文中の位置が示されていなかったため、編集側で推測して付したものである。]

にわたっている。それらは、従来から「地域的機関」と一般にみなされてきたOAS、LAS、OAUや新たな発展を遂げた欧州安全保障協力会議(CSCE)のほか、元来は軍事同盟機構であるNATO[30]と西欧同盟(WEU)、経済分野を主たる関心事項とする欧州共同体(EC、現欧州共同体：EU)と西アフリカ諸国経済共同体(ECOWAS)、さらにはイギリスを中心に連繋するコモンウエルス、ソ連邦解体後に結成された独立国家共同体(CIS)、イスラム会議機構(OIC)などである。

2. 地域的機構の新展開

憲章第8章の地域的取極や機関についてこのように柔軟な解釈は、冷戦後における地域的機構の「拡散」ないし「増殖」を反映したものである。この拡散は、一般的には、地域的機構の側にみられる平和維持機能の強化と国連に対する態度の変化に対応し、多少とも平和維持に係わる地域的機構の数が増加したことにある。しかし、より注目されるのは、地域的機構のいわば質的な変化ともいうべき、機能の拡大ないし多様化であり、そのなかには、国連憲章との関係や平和維持活動に明示に言及するものもある。

CSCEは、1990年のパリ首脳会議で、それまでの東西欧州間の対話プロセスから、一体としての欧州の安全保障を強化するメカニズムの構築へと方向を転換し、1992年のヘルシンキ首脳会議において「国連憲章第8章の意味での地域的取極」であると宣言するとともに、「憲章第8章の枠内で行われる」平和維持活動に関して詳細な規則を設け、また1994年のブタペスト首脳会議で欧州安全保障協力機構(OSCE)として組織化された。そして、CISは、1993年のCIS憲章で「集団安全保障および軍事的・政治的協力」の枠組を規定する(第3章)とともに、1996年、加盟国の領域における抗争の防止と解決のための構想について合意し、そのなかで、地域的機構の資格で「国連憲章第8章に従って」武力紛争に対処するため平和維持活動を予定し、集団的平和維持軍に関する規程を採択した。ほかにECOWASは、1975年の設立条約では関心事項が経済的分野に限られていたが、同条約と不可分の一体をなす1978年の不

---

30 U.N.Doc. S/25996 (15 June 1993), *supra* note 29, pp.18-19. ［編集注記：この脚注は、元の原稿では本文中の位置が示されていなかったため、編集側で推測して付したものである。］

侵略に関する議定書および1981年の防衛相互援助に関する議定書によって機能を拡大し、域内の平和維持に関心を示してきた。アフリカでは、OAUも2002年にアフリカ連合(AU)へと発展するなかで新しいメカニズムを設け、平和維持機能の強化を図っている。

　他方、NATOが憲章第51条に基づく集団的自衛機構として設立され、第8章とくに第53条の適用を受ける意図のないことは、武力攻撃に対する共同防衛を定めた北大西洋条約第5条の規定からも明らかであり、国連の統制を排したこの自律的な立場は繰り返し確認されてきた。しかし、冷戦後、ワルシャワ条約機構の解体に伴って、NATOは自らの役割の再検討を迫られ、その結果は、注目すべきことに、安全保障理事会が「憲章第8章の枠組内において」地域的機構に対し検討を要請した、平和維持機能の強化および国連との関係の調整に関する回答の中で、次のように述べられている。すなわち、NATOは、従来からの「集団的自衛機構」としての基本的立場を改めて表明しつつも、欧州において新たに予想される、武力攻撃以外の多様な危険に対処するため、1991年11月のローマ首脳会議で「新戦略概念(new Strategic Concept)」を採択し、翌年には、CSCEの平和維持活動をケース・バイ・ケースで(on a case-by-case basis)支援することや、国連の平和維持活動にも積極的に対応することが合意された。その結果、NATOは、条約の改正なしに任務・機能を拡大し、第5条が想定する以外の事態にまた第6条が定める以外の場所で(out-of-area)行動を予定する(非5条任務、6条域外任務)など、事実上、集団的自衛機構から大きく変容を遂げた[31]。このように、出自の異なる憲章第51条の「集団的自衛機構」と第8章の「地域的機関」の区別が曖昧になったことも、冷戦後の1つの特徴である。

　このような、国連と地域的機構の双方の新たな状況の中で、冷戦後の両者の関係における焦点となったのは平和維持活動である。

31　集団的自衛機構の変遷全般については、則武輝幸「国連憲章第51条に基づく地域的集団防衛機構——その興隆・衰退・変容——」柳原正治(編)『国際社会の組織化と法』[内田久司先生古稀記念](信山社、1996年)365-414頁。[編集注記：この脚注は、元の原稿では本文中の位置が示されていなかったため、編集側で推測して付したものである。]

Ⅳ 地域的平和維持活動の活用

1. 法的根拠と憲章上の位置づけ

冷戦下において、国連は、「平和維持活動」と呼ばれる一連の活動を展開してきた。国連の平和維持活動とは、国際平和を脅かす地域紛争や事態の平和的収拾を図るため、関係国の要請や同意の下に国連の権威を象徴する一定の軍事組織を派遣し、その非強制的性格と中立的役割を通じて事態の悪化を防止するとともに、紛争の平和的解決の素地を作る活動をいう[32]。この種の活動は、憲章が定める集団安全保障の制度が挫折するなかで、武力紛争に現実的かつ柔軟に対処するため、実践過程で編み出された新しい平和維持方式である。平和維持活動は、憲章に明示の法的根拠をもたず、また軍事組織の派遣を伴うだけに、当初、その性格や合憲性について議論があった。この点について、国際司法裁判所(ICJ)は、「ある種の国連経費」に関する勧告的意見(1962年)において、1956年の国連緊急軍(UNEF)および1960年のコンゴ国連軍(ONUC)を第7章の下での強制措置と区別するとともに、明文の規定がなくとも、国連が憲章上の目的を遂行するためにとる行動は権限踰越(ultra vires)ではないと推定される、との見解を示している[33]。平和維持活動は、国連の実行において、有用性が評価されるにつれて独自の紛争処理方式として定着し、憲章上の根拠はなお不明確ながら、一般的に是認されるようになった。

この間、地域的機構によっても、平和維持活動と称される大規模な軍事活動がとられたことがある。1965年のドミニカ共和国におけるOASの米州軍(Inter-American Force)、1976年～83年のレバノンにおけるLASのアラブ抑止軍(Arab Deterrent Force)、1981年～82年のチャドにおけるOAUのアフリカ軍(Inter-African Force)である。これらの地域的平和維持活動についても、国連の場合と同様に、設立条約に明示の法的基礎を求めることはできないが、前記ICJの勧告的意見に全面的に依拠して、黙示的権能の観点から説明されてき

---

[32] 香西茂『国連の平和維持活動』(有斐閣、1991年)2-3頁。ほかに、Michael Bothe, "peace-keeping," in Simma(ed.), *supra* note 10, pp.648-700.

[33] Certain Expenses of the United Nations (Article 17, paragraph 2 of the Charter), Advisory Opinion: *ICJ Reports 1962*, pp.166, 168, 170-172, 175-177.

た。それだけに、冷戦期の地域的平和維持活動については、その任務、性格、実施機関、意思決定手続など、様々な点で問題が指摘されている。同じことは、90年代のリベリアやシエラレオネの内戦に際しECOWASが設置・派遣した停戦監視団(ECOMOG)についても当てはまる[34]。

従来、国連は、概して、地域的平和維持活動の法的根拠や基本文書との両立性に関心を払ってこなかった。先に挙げた事例のうち、唯一、安全保障理事会で論議を呼んだドミニカ米州軍について、議論の焦点はもっぱら国連憲章および一般国際法との関係であり、OAS基本諸文書上の根拠ではない。このような経緯に注目し、「地域的機構は平和維持軍を設置する黙示的権限を有し、また平和維持活動がその機構の名においてとられる場合にも、それぞれの条約で規定された正式の意思決定に従う必要はない」ことを諸国は受け入れてきた[35]、とする見解がある。しかし、冷戦後は、国連も、平和維持活動を含む地域的機構の活動について、その基本文書との両立性をも考慮し、1994年の総会決議「国連と地域的機関の間の協力向上に関する宣言」では、地域的機構は「それぞれの権限分野において (in their fields of competence)」かつ憲章に従って行動すべきことを繰り返し述べている[36]。これを受けて、地域的機構の側でも基本文書で平和維持活動を規定し、その根拠、任務、性格を明確にするようになった。例えば、OSCEやCISでは、総じて国連の場合と同じ前提条件と基本的性格を規定し、任務の範囲を具体的に掲げている[37]。

憲章第8章は、当然ながら、平和維持活動における国連と地域的機構の関係に言及しないため、地域的平和維持活動の憲章上の位置づけは従来から不明確であった。第8章の構造は、国連の平和維持活動に関する憲章全体の構造を反映し、第52条は第6章にまた第53条は第7章に対応する関係にある。それだけに、国連の平和維持活動が、一般に「第6章半 (Chapter 6 and a Half)」と位

---

34 詳しくは、拙稿「国際連合と地域的機構——冷戦後の新たな関係——」(注29)、55-57頁。
35 Christine Gray, "Regional Arrangements and United Nations Collective Security System," in Hazel Fox(ed.), *The Changing Constitution of the United Nations*(B.I.C.L., 1997), p.97; *idem*, *International Law and the Use of Force*(Oxford University Press, 2000), p.210.
36 G.A.Res. 49/57(84th plenary meeting, 9 December 1994), Annex, paras.2, 5, 9, 10.
37 詳しくは、拙稿「国際連合と地域的機構——冷戦後の新たな関係——」(注29) 58-60頁。

置づけられることは、地域的平和維持活動が第52条または第53条のいずれによって規律されるかを曖昧にする最大の要因であった。地域的平和維持活動の憲章上の位置づけを不明確にするいま1つの要因は、冷戦後、平和維持活動以外にも、平和を実現する国連の諸機能が憲章規定を離れて表現されるようになり、そこに概念の混乱がみられることである[38]。ただ、この点については、ブトロス・ガリ事務総長は、1994年の平和維持活動能力の改善に関する報告書で国連の諸機能を整理した際、平和維持活動を、「第6章に規定する手段による」平和創造と「第7章の下での行動からなる」平和強制の中間に置くことによって、従来の立場への回帰を示唆している[39]。しかし、実際には、国連の平和維持活動と平和強制の結合が、地域的平和維持活動の憲章上の位置づけをさらに困難にしたことは、後にふれるとおりである。

　国連の平和維持活動が「第6章半」と位置づけられることは、端的に、それが第7章の強制措置に当たらないが、第6章の平和的解決手続を越えるという意味である。そこで、例えば、地域的平和維持活動は、一方で国連の事前の統制に服さず、第53条が要求する安全保障理事会の許可なしにとることができるが、他方で第52条により地域的努力が優先または奨励されるところではなく、理事会は、平和的解決の場合以上に強く、独自の判断で行動できる、と主張される[40]。この見解が、地域的平和維持活動を国連の平和維持活動とパラレルに位置づけ、もって、第8章には存在しない「第52条半（Article 52 and a Half）」によって規律しようとするものであれば、問題なしとしない。たしかに、ICJの前記勧告的意見は、UNEFとONUCを第7章の強制措置と区別してその合憲性を認めたが、それは国連の平和維持活動についてであり、そこから、平和維持活動における国連と地域的機構の関係を導き出すことはできない。しかし、実際には、ICJの勧告的意見に依拠しつつ、国連の平和維持活動を引証規準として、地域的平和維持活動の性格および国連との関係が論じられてきた[41]。＊＊＊

38　この点については、香西茂「国連と世界平和の維持　五〇年の変遷と課題」『国際問題』第428号（1995年11月）17-19頁。
39　Report of the Secretary-General: Improving the capacity of the United Nations for peace-keeping, U.N.Doc. A/48/403-S/26450（14 March 1994), para.4.
40　高野雄一『国際組織法［新版］』（有斐閣、1975年）396-397頁。
41　Moore, *supra* note 17, p.154; Wolf, *supra* note 11, p.289.

地域的平和維持活動の憲章上の位置づけについては、それが第52条または第53条のいずれによって規律されるか、と問題を単純化するのは適当でなく、国連と地域的機構の双方の実行における多様な展開を考慮に入れて具体的に論じる必要がある。国連の平和維持活動には軍事監視団と平和維持軍の2つの主要な形態があり、また地域的機構においても、先に挙げた大規模な平和維持軍のほか、従来から小規模な軍事監視団が数多く展開されてきた。冷戦後、OSCEやCISでは多様な任務と形態の平和維持活動を予定している。『平和への課題』は、様々な任務と活動内容を包括した平和維持活動の定義として、関係当事者の同意を得て行われる「軍隊および／または警察の要員そして往々にして文民をも含む国連の現地プレゼンス[42]」と要約する。そして、『同・追補』が指摘するように、国連と地域的機構の間で、「平和維持活動の規準のように、双方の機構にとって共通の関心事項を扱う場合の一貫性[43]」を確保することが重要である。この点で注目されるのは、総会の「協力向上に関する宣言」が、平和維持活動における国連と地域的機構の関係について基本的視点を提示していることである。同宣言は、前文で、「地域的取極または機関による平和維持活動は、そのような活動が実施される領域国の同意を得て行われねばならない」と強調したうえで、次のように述べている。

「10. 地域的取極または機関は、それぞれの権限分野において、国連憲章に従い、適当な場合には国連と協力して、また必要な場合には安全保障理事会の権威の下にまたは理事会の許可を得て使用するための、軍事または文民の監視団、事実調査団および平和維持軍部隊の設置および訓練を検討するよう奨励される[44]」。

この宣言は、受入国の同意を前提として行われる地域的平和維持活動も、一定の場合には、安全保障理事会の統制の下に置かれる必要があることを示唆する。つまり、すべての平和維持活動が、受入国の同意に基づくことから

42　An Agenda for Peace, *supra* note 25, para.20.
43　Supplement to An Agenda for Peace, *supra* note 27, para.88.
44　G.A.Res. 49/57, Annex, *supra* note 36.

直ちに、憲章第53条の意味での強制行動と区別されるわけではなく、その任務の範囲や活動の内容いかんによっては、地域的強制行動となることがある。具体的には、受入国の同意を得た小規模な軍事監視団や事実調査団の派遣は、平和的解決のための地域的努力として第52条の下で奨励され、また、地域的平和維持軍の展開が、国連の伝統的な平和維持活動の基本的諸原則、すなわちすべての関係当事者の同意、公平・中立、自衛を越える武力の不行使、に従って行われるかぎり、安全保障理事会への通報が要求されるだけで、理事会の事前の許可は必要でないと考えられる。ただ、これまでの実行において、多くの地域的平和維持活動が理事会の許可なしに行われてきたが、それらの事例のいくつかは、理事会の許可なしに行い得る性格の活動といえるかどうか問題が残る。

2. 平和強制との交錯

冷戦後、国連の平和維持活動は、その数と規模が著しく増大するなかで、大きな変化を遂げてきた。その1つは、従来の停戦監視や兵力引き離しという軍事的側面に政治的解決過程が結合した複合化(多機能化)現象である。この複合化現象は、平和維持活動が内戦の終結を図る包括的和平協定の実施段階で活用された結果であり、この政治的解決・国家再建への関与を通じて平和創造や紛争後の平和構築にも結びついているが、それ自体は、従来の平和維持活動の性格に本質的な変化をもたらしたとはいえない。したがって、地域的機構によるこの種の活動は、安全保障理事会への通報を条件として[45]、国連の統制を排した自律性を害されることはない。とくに、民生部門が主力である平和構築への地域的機構の参加は、憲章第52条の下で奨励されていると考えてよい[46]。

45　香西「国連と世界平和の維持」(注38)28頁；同「国連による紛争解決機能の変容―『平和強制』と『平和維持』の間―」山手治之・香西茂(編集代表)『現代国際法における人権と平和の保障』[二一世紀国際社会における人権と平和：国際社会の新しい発展をめざして 下巻](東信堂、2003年)224頁。

46　浅田教授は、伝統的な平和維持活動を憲章「第6章半」と位置づけるとすれば、複合化現象は平和維持活動に第6章の紛争の平和的解決的要素を結合したものであり、「第6章4分の1」の活動とでも称することができるという。浅田正彦「国連における平和維持活動の概念と最近の動向」西原正、セグリ・S・ハリソン(共編)『国連とPKOと日米安保――新しい日米協力のあり方』(亜紀書房、1995年)44頁。

今1つの変化は、平和維持活動と平和強制との結合現象であり、これは、冷戦後、大国間の協調により活性化した国連の強制機能が平和維持活動に結びつけられた結果である。この結合現象は、各事例によってその背景は同じでないが、とくに内戦状況での平和維持活動の実効性を重視する見地から要請された[47]。具体的に、これらの平和維持活動については憲章第7章が援用され、またその際は、要員の安全強化と安全地域の保護や人道援助活動の確保のため、武力行使を含むあらゆる措置をとることが容認された。その結果、受入国の同意、中立・公平、自衛を越える武力の不行使など、従来の基本的諸原則を大きく揺るがせた[48]。この、いわゆる「強化された(robust)」平和維持活動は、第6章と第7章の区別をさらに曖昧にしたが、『平和への課題・追補』では、ソマリアと旧ユーゴでの教訓から「平和強制」活動の実施の困難さを認め、平和維持活動と強制行動を明確に区別するなど、伝統的な平和維持活動への回帰が顕著である[49]。もっとも、その後、2000年8月の『国連平和活動に関するパネルの報告書』(ブラヒミ・レポート)は、平和維持活動の伝統的な三原則を基本的に維持しつつも、内戦の状況下ではそれらの適用に困難が伴うことを指摘して、柔軟で弾力的な原則適用を求めている[50]。

この間、旧ユーゴにおける国連の「強化された」平和維持活動について、安全保障理事会は、憲章第7章と併せて第8章を援用し、または第8章の下でも行動していることを示唆したことがある。例えば、ボスニア上空の軍事非行の禁止を設定した決議781(1992年10月9日)は、第8章に明示に言及する

47　Winrich Krühne, "The United Nations, Fragmenting States, and the Need for Enlarged Peacekeeping," in Christian Tomschat(ed.), *The United Nations at Age Fifty: Legal Perspective*(Kluwer Law International, 1995), pp.91-112.
48　詳しくは、酒井啓亘「国連平和維持活動における自衛原則の再検討——国連保護軍(UNPROFOR)への武力行使容認決議をてがかりとして——」『国際協力論集』第3巻2号(1995年12月)61-83頁、同「国連平和維持活動の今日的展開と原則の動揺」『国際法外交雑誌』第94巻5・6合併号(1996年2月)93-116頁。佐藤哲夫「冷戦解消後における国連平和維持活動——国内紛争に対する国際連合の適応」杉原高嶺(編)『紛争解決の国際法』[小田滋先生古稀祝賀] (三省堂、1997年)323-353頁。
49　Supplement to An Agenda for Peace, *supra* note 27, para.35. 平和維持活動の原点に遡って、その後の変遷を考察したものとして、香西茂「国連の平和維持活動(PKO)の意義と問題点」日本国際連合学会(編)『21世紀における国連システムの役割と展望』(国際書院、2000年)9-24頁。
50　Report of the Panel on United Nations Peace Operation, U.N.Doc. A/55/305=S/2000/809 (21 August 2000), paras.48-55.

ことなく、「個別国家としてまたは地域的機関もしくは取極を通じて行動する(acting nationally or through regional agencies or arrangements)」加盟国に対して、UNPROFORを支援するために必要なすべての措置をとるよう要請し、また新ユーゴの海上封鎖に関する決議787(1992年11月16日)は、「国連憲章第7章および第8章に基づいて」、個別的にまたは地域的機関もしくは取極を通じて行動する加盟国に対して、すべての海上による輸出入用の積み出しを停止させるために必要な措置をとるよう要請した。これらは、決議で明示されていないが、憲章第53条1項に従って、安全保障理事会がその権威の下における「強化された」平和維持活動のために、地域的機構を利用した例と考えることができる。

このように、地域的機構が国連の「強化された」平和維持活動のために利用される場合があるほか、地域的機構の「強化された」平和維持活動には安全保障理事会の許可が必要であることについて、見解は一致している。この点は次のように説明されることがある。

「安全保障理事会が、国連の『強化された平和維持活動』のマンデートを採択するためには、憲章第7章の下で決定することが必要であると考えるのであれば、その場合、地域的な『強化された平和維持活動』は第53条1項の下での強制行動と性格づけられねばならず、かくして安全保障理事会の許可が必要である[51]」。

しかし、第7章の援用は様々な意味をもって行われており、すべての場合に平和維持活動の性格を平和強制に変えるものではない[52]。内戦状況においてもなお「伝統的な」平和維持活動の枠内で、安全保障理事会の強い意思を表明し、政治的効果をねらったものが少なくない。問題は第7章の援用自体で

---

51 Christian Walter, "Security Council Control over Regional Action," *Max Plank Yearbook of United Nations Law*, Vol.1 (1997), p.174.
52 この点については、香西教授の詳しい考察がある。香西「国連による紛争解決機能の変容」(注45)229-233頁。なお、第7章の援用に関連し、「平和に対する脅威」概念と平和維持活動との関係については、酒井啓亘「国連憲章第39条の機能と安全保障理事会の役割――「平和に対する脅威」概念の拡大とその影響」山手・香西(編)『現代国際法における人権と平和の保障』(注45)147-250頁。

はなく、決議の内容である。安全保障理事会が、第7章の言及に加えて、任務遂行に際して自衛を越える武力行使を容認するなど、伝統的な基本的諸原則と両立しない機能を授権する場合には、平和維持活動を平和強制に変えるものといえる。同様の意味で「強化された」地域的平和維持活動は、第53条の下での強制行動として安全保障理事会の許可が必要である。

　この点で問題となるのは、CISの集団的平和維持軍に関する1996年規程が、一方で国連の伝統的な平和維持活動の基本的諸原則を確認し、とくに「戦闘活動への不参加」を明記しつつも、他方で、自衛の場合に加えて、住民の保護や任務遂行を妨げる軍事行動の撃退のためにも、武力行使を認めていることであり[53]、これは、明らかに武力行使の伝統的な許容範囲を越えている。したがって、ここでは「強化された」地域的平和維持活動も想定されていると考えられる。事実、同規程自身が、一定の場合、安全保障理事会の許可（マンデート）を予定することによって、「強化された」地域的平和維持活動が憲章第53条の意味での強制行動に当たるとの認識を示している。また、CIS集団的平和維持軍を含む「抗争の防止と解決に関する構想」自身も、「抗争の解決における強制行動（平和強制）は、国連憲章に従って安全保障理事会により委ねられた場合にのみ、認められる」ことを確認している。これは、OSCEが憲章第8章の枠内で行う平和維持活動は、「強制行動を伴わない」と明記されているのと対照的である。

V　地域的強制行動に対する統制の形骸化

　冷戦後の国連と地域的機構の新たな関係が憲章第8章によって規律されるべきであるならば、「強化された」地域的平和維持活動は第53条が規定する2つの側面から捉える必要がある。すなわち、安全保障理事会が、「その権威の下における」強制行動のために地域的機構を「利用する」場合と、地域的機構のイニシアチブによる強制行動を「許可する」場合である。しかし、第53条のいずれの面でも、原則適用の形骸化が顕著である。

53　詳しくは、拙稿「前掲・国際連合と地域的機構」（注29）70-71頁。

前者との関係で問題となるのは、いわゆる「外注(outsourcing)ないし下請け(sub-contracting)」の傾向であり、旧ユーゴにおけるNATOの諸活動にみられるように、安全保障理事会は、「その権威の下における」強制行動に対して、実質的なコントロールを保持するのが困難になっている。一般に、「強化された」平和維持活動に部隊を派遣する国はその行動が国連の厳格な指揮・統括に服することに慎重であり、また「国連が是認した軍事的関与のレベルが高くなるほど、国連のコントロールは低くなる」のが実情である。とくに、ボスニア・ヘルツェゴビナの和平に関し、デイトン合意に基づく一般的枠組協定の「招請」に従って、安全保障理事会は、NATOを主力とする和平履行軍(IFOR)の設置を許可した。これは、理事会が明確に軍事行動のために地域的機構を利用した最初の事例である。しかし、IFORや後継の安定化軍(SFOR)は、憲章第53条でいう理事会の「権威の下にとられる強制行動」ではなく、その内実は、国連の枠外で合意された和平を強制する権限をNATOに委ねたものである。

　もっとも、地域的機構への外注は、湾岸危機での多国籍軍への授権に始まる動向の一環であり、この点では、第8章の下で行動する地域的機構と第7章の下で行動する「有志連合(The willing and able)」を区別することは困難になっている。と同時に、第7章に定める集団安全保障の分権的な適用状況が、地域的強制行動に対する統制の形骸化を促す背景といえる。

　第53条の後者の適用における問題は、「強化された」地域的平和維持活動に対する安全保障理事会の不明確な態度である。この点に関し、冷戦後、ECOWASの平和維持活動との関連で、「事後および黙示の許可」の可能性が改めて論じられている。

　安全保障理事会は、その許可なしにリベリアやシエラレオネの内戦に派遣されたECOMOGに関し、いずれも後に議長声明や正式の決議によって、ECOWASの平和回復の努力を「称賛(commend)」した。このような対応の意味は、事態の推移とECOMOGの役割変化にも関連して必ずしも明らかでなく、その解釈も論者によって様々である。

　ただ、ECOMOGが、その派遣と活動の実態から、伝統的な平和維持活動であり従って安全保障理事会の許可を必要としない、と結論するのは困難で

ある。他方で、理事会は、ECOMOGの動向を承知しつつ、当面、内戦に自らは介入する意思がなかったことも明らかである。そうしたなかで、理事会が憲章第8章に明示に言及し、全会一致で採択した決議でECOWASの努力を称賛するとともに、自らの直接的な関与を差し控えたことは、実際上、事態の収拾をこの地域的機構に委ねることを意味した。

　この背景と併せて、「称賛」決議の採択は、非難決議の不採択（キューバ危機）や「沈黙を保つ」（レバノンへのアラブ抑止軍）ような、曖昧かつ消極的な対応でないことはもとより、単純に「留意する」決議（チャドOAU軍）以上の、肯定的な評価を加えた積極的態度表明であることを考えると、不明確さは残るが、地域的強制行動に対して事後に黙示の許可が与えられた事例とみることも可能である。

　もっとも、このように考えることは、一部で主張されるように、このケースを先例として安全保障理事会の許可は「事後」であってもよいとか、ましてや理事会の許可は必要でないというものではない。その意味するところは、安全保障理事会が、その許可なしにとられた地域的強制行動を事実上黙認することはあっても、ECOWASと国連による後の「並行展開」が示すように、違法な地域的行動を憲章第8章の枠内つまり国連の集団安全保障体制の下に「引き戻し」、理事会の統制を「回復する」ことである。この観点から、「事後の許可」を語ることは無意味ではない。

　後のECOWASやCISとの「並行展開」では、基本的に、地域的機構が「強化された」平和維持活動の主力を担い、国連の側は、地域的活動の監視を含めて、伝統的な平和維持活動に機能が限定されるなど、両者の間の役割分担が注目される。これは、安全保障理事会が「強化された」地域的平和維持活動をより具体的に是認するとともに、その場合にも、これを監視しコントロールする必要があるとの認識を示すものである。ガリ事務総長は、この並行展開を「憲章第8章で想定された国連と地域的機構の間の体系的協力」の具体例として挙げ、また、とくにリベリアECOMOGは地域的平和維持活動の成功例として一部で評価されているが、並行展開において、安全保障理事会の監視機能は、実際は大きく制約されている。

VI 第8章を越える最近の動向——結びにかえて

　冷戦の終結は、安全保障理事会での常任理事国の協調を可能にし、国連の平和維持機能を活性化したが、国連は、多発する国内・地域紛争に十分に対応しきれず、武力行使を伴う措置を含めて、大幅に地域的機構による処理に委ねてきたのが実情である。そこには、一面、両者の間の協力ないし補完の新たな関係をみることができる。しかし、このような実行は、他面、強制行動について「国連と地域的機構の間における権威の再配分」を促したと指摘され、具体的に「第53条の再解釈」が論じられている。1999年のNATOによるユーゴ空爆は、そのような動向の帰結ということができる。

　NATOの空爆は多岐にわたる問題を提起し、また様々な正当化が試みられてきたが、それが安全保障理事会の前の決議に基づかず、理事会の事後の承認も得ていないことは明らかである。このように地域的強制行動が、理事会の許可なくとられたことを理由に、憲章違反と断定することに対しては、国連が機能しない場合にこれを補う地域的機構の新たな展開と、状況の変化に対する憲章の適応能力を正当に考慮していないという批判がある。

　例えば、憲章第53条は安全保障理事会が主要な責任を果たすことを前提としており、従って理事会が機能不全に陥った場合には、地域的機構の自律的機能が復活すると主張される。これは、憲章第2条4項が定める武力行使の禁止原則を国連の集団安全保障の実現と結びつけて、両者を一体的に論じる立場と軌を一にするものであるが、まず、理事会が憲章で定める表決手続に従って積極的な意思決定をしない・できない場合をもって、「機能不全」とみること自体が問題である。また、このような主張は、いわゆる機能不全に備えて、武力攻撃に対する自衛措置に限り理事会の許可が免除された経緯と、第51条の新設にかかわらず第53条の規定が留め置かれた趣旨を無視するものである。

　NATO空爆が改めて提起した「人道的介入」の問題は、その後、新たな局面を迎え、「保護する責任」の理論が論議されている。この理論は、もともと、カナダ政府の下で設けられた「介入と国家主権に関する国際委員会（ICISS）」

の2001年報告書の中で提唱されたものであるが、国連でも事務総長へのハイレベル・パネル答申書(2004年)で採用され、国連改革に関するアナン報告書(2005年)も支持し、さらに同年のサミット「成果文書」も取り入れるなど、国連加盟国の「認知」を得た感がある。ここでは「保護する責任」理論自体には立ち入らないが、問題は国際社会の介入の形態である。カナダ委員会の報告書は、安全保障理事会が行動しない場合の選択肢の1つとして、理事会に事後の許可を求めることを条件に、地域的機構による行動を挙げるが、同時に、それが憲章の文言に合致しないことを認めている。そして、サミット成果文書は、国際社会の介入とは、「国連憲章第7章の下での安全保障理事会の決議による集団的行動」であることを明記し、「保護する責任」を憲章で定める集団安全保障の枠内に位置づけていることが注目される。

　振り返れば、『平和への課題』は、憲章第8章の「地域的機関」を広く捉え、冷戦後の平和維持におけるこれら地域的機構の積極的な役割を評価しつつも、同時に、「国連とくに安全保障理事会との関係が第8章によって規律されるべきこと」、すなわち「主要な責任はあくまで安全保障理事会にあることを引き続いて承認することが不可欠である」と繰り返し強調していた。この原則は、その後の実行において、国連および地域的機構のいずれの側も厳格に遵守してきたとはいえないが、基本的には、今後とも維持されるべきものと認識されているように筆者には思われる。

［編集注記：本文中の＊＊＊はもとの原稿にあったものである。また、もとの原稿では第Ⅴ節以下につき「(注)未完」と記載があった。］

5 インドネシアの国連脱退および復帰

はじめに

　1965年1月20日付で国連事務総長に宛てた書簡[1]によりインドネシア第一副首相兼外相は、同国政府が、「安全保障理事会理事国へのマレーシアの着任後非常に慎重な考慮の後に、国際連合から脱退することに決定した」ことを通告した。この書簡が述べるところによれば、インドネシア政府がかかる行動を余儀なくされるに至ったのは、国連において、反植民地主義闘争、並びに国連憲章の崇高な原則および目的に著しく反する事態が植民地主義勢力によってつくりだされた結果であって、国連におけるマレーシア問題の取り扱いは、「この国際機構が植民地主義並びに新植民地主義によって操縦されていることの正にもう1つの証拠」であり、とくに、マレーシアが安全保障理事会の理事国となることは「理事会自身を愚弄する」からである。インドネシア政府は、「この決定が、先例のないものではあるが、勿論、革命的なものである」ことを承知している。しかし、同政府によれば、この決定は、「強い警告を絶えず必要としている国際連合のためにとられた」のであり、併せて、「マレーシア問題自体の急速な解決にとっても有益な効果を伴いうる」。また、「インドネシアは、国際連合憲章に掲げられた国際協力に関する崇高な諸原則を依然支持するが、これは、機構自体の内部におけると同様にその外部においても、おこなわれうる」。従って、「上記の重大な理由によりインドネシアは、現在の段階において且つ現在の事情の下では、国際連合から脱退することに

1　U.N.Doc.A/5857; S/6157 (Jan. 21, 1965).

決定した」のである[2]。

 国連事務総長は、この通告を、「加盟国たる地位の問題に携わる2つの機関」である総会および安全保障理事会の文書として、全加盟国に送付するとともに、2月26日付でインドネシア第一副首相兼外相に返書[3]を送った。しかし、この返書は、インドネシアの行動の法的側面に関して、次のように、言質を与えることを慎重に差し控えているように思われる。

 「『インドネシアが、現在の段階において且つ現在の事情の下では、国際連合から脱退することに決定した』という貴声明および『インドネシアが国連憲章に掲げられた国際協力の崇高な諸原則を依然支持する』という貴確約は留意された(noted)」。

 しかし、書簡の冒頭の次のような指摘は、インドネシアの行動の合法性および有効性を判断するに際して、問題の考察に指針を与えている。

 「(書簡に)記された貴政府の立場は、国連憲章で明示に規定されていない事態を惹起した。しかしながら、サンフランシスコ会議はその問題に関して1つの宣言を採択していたことが想起される」。

 国連の歴史で最初のものであるインドネシアの脱退は、一方で、その直接の理由たるマレーシア問題だけでなく新興諸国に対する国連の態度全般にも根本的な再検討を迫るとともに、他方で、脱退に関する憲章上の不備に由来する法的困難を提起した。ただ、その後間もなくインドネシアがその国内政治上の劇的な転換により国連に復帰したことは、国際情勢の変化とあいまって、インドネシアの脱退が他の加盟国におよぼす国連からの遠心力の作用を最低限にくいとどめたように思われる。しかし同時に、インドネシアの国連復帰に際してとられた異例と思われる手続は、インドネシアの脱退によって

---

[2] この通告は、インドネシアがFAO、UNICEF(sic！)およびUNESCOなどの専門機関からも脱退することを述べている。
[3] U.N.Doc.A/5899; S/6202 (Feb. 26, 1965).

惹起された法的諸問題をかえって曖昧にした。そこで本稿においては、インドネシアの事例を素材にして、国連からの脱退および国連への復帰に関する憲章上の法理を素描してみたい。

I　国際機構からの脱退権と基本文書の解釈

　国際連合は、その専門機関の1つである世界保健機構（WHO）とともに、今日、基本文書のなかで加盟国の脱退について何ら言及するところがない数少い国際機構の1つである。このように基本文書に脱退の可能性が規定されていない場合でも当該の機構から加盟国は脱退することができるかという問題は、これまでにもいく度か論議される機会があった。その際、問題は通常、基本文書中の脱退を認める規定は、明示に規定されなくとも加盟国が本来もっている権利を確認するにすぎないもの―ex abundanti cautela―であるかそれとも加盟国の脱退権を創設する意味をもつものであるか、というかたちで提起されてきた[4]。とくに国際連盟規約の起草にあたっては、この問題がはっきりと認識されている。すなわち、連盟の基本文書に関しての公私にわたる種々の提案はいずれも脱退について言及していなかったが、連盟規約を起草したパリ平和会議の国際連盟委員会（The Commission on the League of Nations）において連盟からの脱退の可能性を否認する主張はみられなかった。ただそのなかで、ウィルソン米大統領は、連盟からの脱退を、規約中にそれを認める明示の規定がおかれなくとも可能であると考えていたが、英国代表セシル（Lord Robert Cecil）は、国際法上条約の一方的廃棄はその可能性が明示に規定されない限り違法であると主張して、米国代表団の法律顧問ミラー（David Hunter Miller）の支持を受けた[5]。そして、このような経緯の後、連盟規約の起草者は、脱退が可能であるためにはその旨が明示に規定されねばならない、との立場に立っていたといえるのである。これに対して、国連憲章の

4　多くの事例の検討を通してこの問題を詳細に論じた最近の研究には、N. Feinberg, "Unilateral Withdrawal from an International Organization," *British Year Book of International Law*, Vol.39 (1963), pp.189-219がある。
5　David Hunter Miller, *The Drafting of the Covenant* (Putnam, 1928), Vol.1, pp.293, 346.

起草過程においては事情が若干異なる。すなわち、サンフランシスコ会議においても設立される一般国際機構からの脱退を否認する主張はほとんどきかれなかったが、ここでは、基本文書の中に脱退の可能性を明示に規定するべきかどうかは、全く別個の問題として、従ってその法的側面があまり考慮されることなくほとんど専ら政策的観点から、論議されていたのである。

ところで、永続的な機能を予定される国際機構の基本文書が脱退に関する規定をおいていない場合にも加盟国はその機構から脱退することができるかどうかという問題をめぐって、学説上、根本的な見解の対立がみとめられる。ケルゼン(H. Kelsen)が国連からの脱退に関連して主張するところによれば、憲章も条約の1つであって、条約の一方的廃棄はその可能性が明示に規定されていない限り認められず、また、それが許されると主張される唯一の例外は事情不変更条項(Clausula rebus sic stantibus)の適用を受ける場合であるが、この原則もすべての学者によって承認されているわけではない[6]。これに対して、シン(N. Singh)によれば、国際機構を設立する基本文書は、すべての点にわたって条約法の適用を受けるわけではなく、また脱退権の存否も当該の機構の性格の如何にかかっているのであって、連邦(federation, Bundesstaat)型態の機構の場合、脱退権はそれが明示に規定されない限り行使されえないが、国家連合(confederation, Staatenbund)型態の機構(国連をも含めて今日の国際機構の大多数はこれにあたる)の場合には、基本文書によって明示に機構に付与された以外のすべての権限はひきつづいて加盟国に帰属するから、脱退権は明示に規定されなくとも存在するのである[7]。しかし、加盟国の脱退権の存否はいつに当該国際機構の基本文書の解釈にかかわることであり、また後にみるように、国連からの脱退に関してはとくに、問題をこのように一般的に論ずることが必要とは思われない。

国際機構の基本文書がその名称の如何を問わず条約の一種であること[8]についてほとんどすべての学者に見解の一致がみられるが、同時に、これに条約法を適用するにあたっては若干の問題について、基本文書はそれに基づい

---

6 Hans Kelsen, *The Law of the United Nations* (Stevens & Sons, 1950), p.128.
7 Nagendra Singh, *Termination of Membership of International Organisations* (Stevens & Sons, 1958), pp.7-12.
8 Lord McNair, *The Law of Treaties* (Clarendon Press, 1961), p.25.

て設立される機構が1つの組織体として永続的に機能することを予定しているということからくる、他の条約の場合とは異った考慮が必要となることも否定されえないところである。例えば、ラウターパクト(H. Lauterpacht)が制限的解釈と対置して強調する「条約解釈における実効性[9]」という要請は、とくに基本文書についてあてはまり、また基本文書に対する留保の許容性を判断するにあたっては、他の場合以上に条約の「一体性[10]」が重視されよう。しかし、条約法は必要な修正を受けて(mutatis mutandis)国際機構の基本文書にも適用されるのであって、国連国際法委員会の条約法草案(1966年[11])第4条が、「国際機構の基本文書である条約……に対する本草案の適用は、その機構の関連規則に従うものとする」と規定する趣旨もこの意味の枠内で理解される。このことと関連して、シンの指摘はたしかに重要な問題を提起していると思われるが、それが抽象的に論じられている限り多くの示唆を与えることができない。他方、ケルゼンの見解は、起草者の意思を無視して成文法規の論理構造の究明に考察を限定する彼の基本的立場からくる帰結といえるが、明示の規定がない場合における脱退権の存否の問題を直ちに条約の一方的廃棄または脱退の可否の問題と捉えるところに困難がある。この点で、国際法委員会の条約法草案第53条は、終了に関する規定を有しない条約の廃棄又は脱退を、「当事国がこれを廃棄し又は脱退する可能性を認める意思を有していたことが確証され(established)ない限り」認めていない。そして、このような原則は、今日においてのみならず国連憲章の成立当時においてもlex lataであると指摘されることろである。更に、同条約法草案第28条[12]は、条約の解釈にあたって依拠することができる補充的手段として、「条約の準備文書(preparatory work)および条約締結の際の事情(circumstances)」を挙げている。たしかに、基

---

9 Hersch Lauterpacht, "Restrictive Interpretation and the Principle of Effectiveness in the Interpretation of Treaties," *British Year Book of International Law*, Vol.26 (1949), pp.48-85.
10 条約の普遍性との関係で論じられるこの問題については、小川芳彦「多辺条約における留保(二・完)」『法学論叢』第66巻4号(1960年)86-87頁、同「国際法委員会による留保規則の法典化(二完)」『国際法外交雑誌』第66巻3号(1967年)57-60頁参照。
11 Draft Articles on the Law of Treaties, *Yearbook of International Law Commission*, 1966, Vol.I, 所収。以下、条約法草案の引用はこれによる。
12 1962年草案(28条)について、国連総会第六委員会で表明された見解。U.N.Doc. A/C. 6/SR. 783, 784; A/5601, Nov. 6, 1963.

本文書のなかに加盟国の脱退に関する規定がおかれていない場合、その欠缺 (lacuna) の故に、条約に基づく締約国の権利義務に従ってまた条約の意味が不明確なままにとどめられているのであるから、脱退権の存否を確かめるにあたって先ず要求されるのは、起草者の意思を明らかにすることを通してその基本文書を解釈することなのである。従って、妥当と思われるシャハター (O. Schachter) の次のような見解は、ケルゼンのそれとは明確に区別されねばならないであろう。

「一方的脱退は、そのような脱退を明示または黙示に認める規定がない場合には許されない、というのが国際法の受諾された規則である。唯一の例外は事情変更の原則の適用であるが、これも決して普遍的に受諾されたものではない[13]……」(傍点筆者)。

II 国連憲章と脱退に関する「解釈宣言」

国連憲章起草の基礎とされた所謂ダンバートン・オークス提案は、設立される一般国際機構からの脱退に関して、国際連盟規約第1条3項の如く一般的に又は同第26条2項の如くとくに基本文書の改正との関連でのいずれにおいても、何ら言及するところがなかったが、英国政府は、提案がとくに後者との関係で意味することについて次のような見解を表明したことがあった。

「……そのようにして(現憲章第108条に相当する規定に基づいて—筆者)採択される改正は、その改正に反対票を投じたものを含むすべての加盟国を拘束することになろう。それらの加盟国は、国際連盟規約に規定された如くこれを根拠に、機構から脱退することを許されない。これは、疑いなく国際手続における偉大な革新ではあるが、機構が今日の急速に変化する世界

---

[13] Oscar Schachter, "The Development of International Law through the Legal Opinions of the United Nations Secretariat," *British Year Book of International Law*, Vol.25 (1948), p.123.

に順応しうるべきであるとするならば、必要と考えられたのである[14]」。

　この見解は、加盟国に、その国の意思に反して改正が採択されたことを根拠とした脱退をも否定するのであるからして、他の理由をもってなされる場合を含めて一般的に脱退の可能性を否定しようとする主張と考えられる。しかし、その後サンフランシスコ会議においてこのような見解は、民主的機構における普遍性の強制という観点から除名および脱退の両者の可能性を否定したウルグァイの主張にその余波をとどめていたにすぎず[15]、設立される一般国際機構からの脱退が認められるべきことに関する限り、ダンバートン・オークス提案の共同提案国を含む他のいずれの国にも異論は全くみられなかった。なかでも米国は、機構が主権国家によって構成されることを理由に、「すべての加盟国は脱退の権能(faculty)をもつ[16]」と、またソ連は、「脱退権は国家主権の一表現である[17]」と、それぞれ主張したのであった。

　サンフランシスコ会議の第一委員会第二専門委員会(加盟国たる地位、改正および事務局の問題を担当)が脱退に関して決定を迫られた唯一の問題は、憲章に脱退を認める明示の規定を挿入するべきかどうかであったといえる。この点について多くの国は、「結婚の日に離婚について語りたくない[18]」という気持からのほか、とくに、国際連盟の崩壊が加盟国の相次ぐ脱退によって促進されたという苦い経験からも、消極的な見解を表明した。その際に指摘された主要な論拠として、脱退は、その可能性を否定されえないが、普遍性をめざす機構の理念と両立せず、また機構に譲歩を求め又は義務を免れるための手段として用いられる虞があるから、加盟国の脱退に奔る傾向を抑制するためにも憲章に脱退の可能性を明示に規定するべきではない[19]、ということが挙げられた。この結果、専門委員会において、憲章に脱退規定をおく

14　Cmd. 6571(1944), par.56, cited in *American Journal of International Law*, Vol.61(1967), pp.661-662.

15　*Documents of the United Nations Conference on International Organization,* San Francisco, 1945 (*UNCIO*), Vol.7, p.265.

16　*Ibid.*, p.265.

17　*UNCIO*, Vol.1, p.619.

18　Feinberg, *supra* note 4, p.190.

19　*UNCIO*, Vol.6, p.249,(前文参照)。

ことを求めるカナダの提案は24対19で否決され、これに代って、「解釈宣言（Interpretative Declaration）」と通称される次のような脱退に関する註釈が38対2、棄権3で採択された。

「本専門委員会は、憲章には機構からの脱退を許す又は禁止するのいずれとも明示に規定すべきではないという見解を採用する。本専門委員会は、加盟国となる国の最高の義務が国際の平和および安全を維持するために機構内で協力を継続するにあると考える。もっとも、加盟国が、例外的な事情のために、脱退し且つ国際の平和および安全を維持する責任を他の加盟国に委ねることを余儀なくされたと考える場合、その加盟国を強制して機構内で協力を継続させることは機構の目的ではない。

とくに、機構が、人類の希望を裏切って、平和を維持する能力のないことが判明するか、又は法と正義を犠牲にしてのみ平和を維持しうる場合には、脱退又は何か他のかたちによる機構の解体が不可避となることは明白である。

また、加盟国の権利義務が、その同意せず且つ受諾することができない憲章の改正によって変更を受ける場合、又は、総会若しくは全体会議において所要の多数により適正に受諾された改正が、その改正を発効させるに必要な批准を確保することができない場合にも、加盟国は機構にとどまることを義務づけられないであろう。

本専門委員会が、脱退をとくに禁止し又は許可するの正式な条項を憲章に挿入することを勧告するのを差し控えることに決定したのは、これらの考慮によるものである[20]」。

この解釈宣言は、専門委員会から委員会への報告に挿入され、更に委員会の報告の一部として本会議に提出された。この報告を審議した本会議で発言を求めたのはソ連代表だけである。すなわち、グロムイコ代表によると、解釈宣言第1項中の「……脱退し且つ国際の平和および安全を維持する責任を他の加盟国に委ねる」という文言は、脱退権が国家主権の一表現であるにもか

20　*Ibid.*, p.249.

かわらず、加盟国がこの権利の行使を必要と認める根拠を事前に非難する点で、また第2項は、加盟国が脱退するに至る責任を、その脱退の動機の如何にかかわりなく機構に負わせることになるが故に、いずれも同意できないというものであった[21]。しかしながら、これらの異論は、専ら解釈宣言中の一部の表現を問題としていたにとどまり、一定の場合には機構からの脱退の可能性が否定されないという宣言の趣旨に関する限り、本会議において全会一致の同意を受けたといえるのである。実際そこで、脱退に関する解釈宣言を含む第一委員会の報告は、国連憲章および国際司法裁判所規程のように表決に付されることはなかったが、全体として承認され、またソ連代表も自己の発言が記録にとどめられることで満足したのであった。

　国連憲章に脱退の可能性を規定する条項がおかれなかったのは、以上のような経緯によるものである。従って、サンフランシスコ会議で第一委員会の議長を勤めたアンリー・ローラン(H. Rolin)は後に、この会議においては、憲章に脱退の可能性を規定することだけでなく、脱退に関する憲章の沈黙をこの権利が黙示に認められたものと解釈することもはっきりと拒否された、と述べている[22]が、このような見解は全く根拠をもたないというべきである。他方でケルゼンは、次のような理由で、「脱退に関する註釈は何ら法的重要性をもたない(of no legal importance)」と断定する。

「註釈に述べられた諸原則は、法的効果を得るためには、すなわち憲章の権威的(authentic)解釈の性格をもつためには、憲章の本文に挿入されるか、又は憲章の締約国のすべてによって締結される別個の条約、就中所謂附属議定書、の内容とされるか、或いはまた署名もしくは批准に付される留保として表明されるべきであった[23]」。

　しかし、これらの手続がいずれも採られなかったといっても、国連からの脱退権の存否を確定するに際して解釈宣言を法的に無視しえないことは、基

21　UNCIO, Vol.1, pp.616-620. なお、ケルゼンは宣言第3項が述べる例について、もっともな疑問を投げかけている。Kelsen, *supra* note 6, pp.123-124.
22　*Annuaire de l'Institut de Droit International*, tome 49 (1961-I), p.237.
23　Kelsen, *supra* note 6, p.127. See also, Singh, *supra* note 7, p.94.

本文書を含む条約の解釈について前節で述べたところからも既に明らかであろう。実際、この宣言は、憲章の準備文書の一部を構成するだけでなく、条約の起草過程において通常なされる以上に明確に当事者の意思を示しているとも考えられる。従って、真に検討されるべき問題は、はたしてこの解釈宣言に、単に憲章解釈の補充的手段たる準備文書として以上の、すなわち憲章と同等の又はそれに準ずる、法的意味を認めることができるかどうかである。そして、補充的に解釈宣言に依拠して憲章を解釈することにより既に脱退の可能性が否定されえない以上、この宣言に準備文書として以上の法的地位を付与することの意義は、その効果において、国連からの脱退がこれにより法的に制限されるということに求められねばならない。インドネシアの脱退に関して提起されたのもこの点なのである。

Ⅲ　マレーシアの安全保障理事会非常任理事国選出と「例外的事情」

　国連加盟国のなかで、インドネシア政府の通告の法的側面について公式に態度を表明したのは英国およびイタリアの二国である。このうちイタリアは、1965年5月13日付で国連事務総長に宛てた口頭書[24]のなかで、「インドネシアの通告に述べられた理由について見解を表明することを、現段階では適当と考えな」かった。しかし、これより先にイギリス政府は3月8日付で国連事務総長に宛てた書簡[25]のなかで、「国際連合から加盟国が脱退するのを法的に正当化する事情について」は自己の見解の表明を差し控えながらも、「インドネシア政府が通告で述べた「脱退の理由、すなわち国連憲章第23条の要件を満たしていないとインドネシア政府が一方的に看做す安全保障理事会非常任理事国の選出は、機構から脱退するについてインドネシア政府を正当化するほど例外的な性質をもつ事情ではない」、と主張した。同じような指摘は、学者の見解のなかにもみうけられる。例えば、シュウェルブ（E. Schwelb）は、「インドネシアが挙げた脱退の理由、すなわち安全保障理事会非常任理事国の

24　U.N.Doc. A/5914; S/6356 (May 17, 1965).
25　U.N.Doc. A/5910; S/6229 (Mar. 17, 1965).

席へのマレーシアの選出は、『例外的な事情』とは合理的に判断されえない[26]」と、またリヴィングストン(F. Livingstone)も、「いくら想像をたくましくしても、安全保障理事会へのマレーシアの憲章上合法的な(constitutional)選出は、『例外的な事情』と看做されえない[27]」と、それぞれ述べている。

　たしかに、インドネシア政府が、「憲章に違反するばかりか安全保障理事会の機能および目的を愚弄する」ものと非難する、マレーシアの安全保障理事会非常任理事国への選出に関する限り、それが解釈宣言において加盟国に脱退を余儀なくさせることを予想されている「例外的な事情」に相当し難いことは、右に指摘されるほか、インドネシア政府自身によってもある程度は認められているように思われる。すなわち、第19国連総会においては、所謂国連軍の分担金問題に端を発する投票権問題が解決されなかったために、安全保障理事会非常任理事国の選出を含むすべての議事につき、投票に代えて、議長が加盟国と「協議」した結果を「異議なく」承認するという便法が採られたのであって、しかも、インドネシア政府は先の通告のなかで、このような「議事投票手続によるマレーシアの選出の合法性を争うことができた」にもかかわらず、「他の非常任理事国の選出に関して総会議長および大多数の国連加盟国と協力することを望ん」で、正式な投票方式の採用にあえて固執しなかったことを指摘しているのである。しかし同時に、このことは、先に引用した脱退通告からも明らかなように、インドネシアの行動が、単にマレーシアの安全保障理事会非常任理事国への着席を阻止すること自体を意図したものではないことをも示しているといえよう。従って、インドネシアの行動の是非を、その直接的な理由と考えられる、安全保障理事会非常任理事国へのマレーシアの選出との関係でのみ論ずることは、あまり公平な態度とはいえない。それはともかく、インドネシアの脱退理由が「例外的な事情」に相当し難いという争われえない判断に基づいて、「インドネシアは国連からの脱退を宣言する権利をもたず[28]」又は「インドネシアの脱退は無効である[29](ineffective)」と結

26　Egon Schwelb, "Withdrawal from the United Nations—the Indonesian Intermezzo," *American Journal of International Law*, Vol.61, No.3 (1967), p.671.
27　Frances Livingstone, "Withdrawal from the United Nations—Indonesia," *International & Comparative Law Quarterly*, Vol.14, Issue 2, 1965, p.641.
28　*Ibid.*
29　Schwelb, *supra* note 26, p.671.

論する見解の是非は、解釈宣言の法的意味を検討することにより明らかにされうる。

　サンフランシスコ会議においてギリシャ代表は、「憲章中に脱退に関する条項を挿入することと……専門委員会の報告で脱退に言及することとでは、法的観点からはほとんど差異がない[30]」、と主張していた。この見解を肯定するにあたって学者が試みる種々の根拠付けは、大きく次の2つに分けられる。先ずグッドリッチおよびハンブロー(L. Goodrich & E. Hambro)は解釈宣言を、「憲章と同一の拘束力をもつ一般に受諾された留保[31](a generally accepted reservation)」と看做している。そして、国連国際法委員会の条約法草案第27条(解釈の一般原則)で条約の解釈上その「文脈」を構成する1つに数えられる、「条約の締結に関連して全当事国間においておこなわれたその条約に関する合意」に解釈宣言が相当すると考える見解も[32]、基本的には右と同じ推論によるといえる。他方で、シュバルツェンベルガー(G. Schwarzenberger)は、「この解釈決議は、憲章自身と同様に、国連社会の法(The United Nations lex societatis)の一部である[33]」と、またドゥウース(F. Dehousse)は、この宣言が「国連の法秩序(l'ordre juridique de l'O. N. U.)の構成部分となることを予定されている[34]」と、それぞれ主張しており、このような見解はまたウニ(A. C. C. Unni)によっても支持されている[35]。

　しかし、これらの見解のうち前者はいずれも、解釈宣言について採られた手続およびソ連の態度から支持することが困難である。また、この見解によると、宣言は原加盟国に対してのみ拘束力をもつと看做されねばならず、従って、インドネシアの如く後に加盟を認められた国については問題の解決が別途に要求されるという不都合な結果が生じる。これに対して、後者は右

30　*UNCIO*, Vol.7, p.266.
31　Leland M. Goodrich & Edvard Hambro, *Charter of the United Nations: Commentary and Documents* (2nd ed.) (World Peace Foundation, 1949), p.144.
32　Schwelb, *supra* note 26, p.665.
33　Georg Schwarzenberger, *Letter to the Editor of The Times*, January 11, 1965, p.9.
34　Franklin Dehousse, "Le droit de retrait aux Nations Unies," *Revue belge de droit international*, tome 1 (1965, Part I), p.38.
35　A.C.C. Unni, "Indonesia's Withdrawal from the United Nations," *Indian Journal of International Law*, Vol.5, No.2 (1965), p.137.

の難点をいずれも回避できるが、その推論の要である「国連社会の法」又は「国連の法秩序」という概念自体に曖昧さを免れない。更に、解釈宣言の内容は、インドネシアの脱退が「例外的事情」によって正当化されるか否かを判断しようとする努力自体を無意味にしているように思われる。この宣言は、脱退の可能性を「例外的事情」の場合に限定してはいるものの、そのような事情を不明確なままにとどめているほか網羅的に列挙していないことが明らかであり、従って、加盟国に脱退を余儀なくさせる事情が現実に存在するかどうかの判断は、これをおこなう機関および手続が明記されていないこととも併せて、当該の国の裁量に委ねられざるをえない。実際、解釈宣言により国連からの脱退が制限されると考えることの実益が問われねばならないのである。この点をニザール(L. Nizard)は簡潔に次のように指摘している。

　「ここでの基本的な問題は、故意に曖昧な表現(「例外的な事情」―筆者)の意味を定義することではなく、この判断が誰に帰属するかを決定することなのである。……如何なる機関もこの判断をおこなう任務を負わされていず、また如何なる手続も設けられていないという事実は、そのような決定が加盟国の裁量権に帰属することを示しているように思われる[36]」。

そして、インドネシアの脱退理由が「例外的な事情」によって正当化されえないことを強調する英国政府が、これの判断を差し控えたイタリア政府と同様に、国連憲章第2条6項の原則に注意を喚起しているのも、まさに右の点を考慮してであるように思われる[37]。

このように、解釈宣言を根拠に、国連からの脱退が憲章上黙示に認められまたインドネシアの脱退が法的に争われえないと結論することができるが、他方、脱退権の行使にあたって要求される法的条件をこの宣言から導き出す

36　Lucien Nizard, "Le retrait de l'Indonésie des Nation Unies," *Annuaire français de droit international*, tome 11 (1965), p.505. See also, Kelsen, *supra* note 6, p.123.
37　国連からの脱退が無制限に認められるものではないこと、あるいはまた、インドネシアの行動は通告で示された理由により正当化されえないことを強調する者も、結局は、リヴィングストンのいう「脱退する権利(right)とこれをおこなう権能(power)」との区別を黙示に承認しているように思われる。Livingstone, *supra* note 27, p.642.

ことはできない。国際連盟規約第1条3項は、「連盟国ハ、二年ノ予告ヲ以テ連盟ヲ脱退スルコトヲ得。但シ脱退ノ時迄ニ其ノ一切ノ国際上及本規約上ノ義務ハ履行セラレタルコトヲ要ス」と規定していたし、また他の多くの国際機構も脱退について通常、一定期間の予告および機構滞納金の支払等を要求している[38]。しかし、これらの条件はいずれも一般国際法上国際機構からの脱退について課されているものではなく、従って、国連からの脱退も憲章と不可分の一体を構成する規定によってのみ規制されうる。この点でイタリア政府は、国連憲章が加盟国の脱退につき何ら言及しないことに由来する「不穏な結果」に強い懸念を表明し、また解釈宣言についても、それが「加盟国の脱退が有効(effective)と看做されるためのいかなる手続をも指示していない」ことを指摘している。たしかに、このような事態は既にサンフランシスコ会議で若干の国により予想されていた。例えば、ベネズエラ代表は、「脱退への言及が専門委員会の報告でのみおこなわれる場合、脱退の規制は困難になろう[39]」と、またペルー代表は、「専門委員会が脱退を規制することを望むならば、その規制を、単に専門委員会の報告に含めるよりは、憲章中におく方がずっと良いであろう[40]」と、主張していた。もっとも、インドネシアは1965年2月25日、1964年度分の通常予算および特別会計の未払金を支払っている。しかし、滞納金の支払は脱退の有効性に関係はなくまた国連事務総長の返書もこれを判断する性質をもたないから、インドネシアの国連脱退は、その通告が発せられた1月20日に効力を発生したものと看做される[41]。

　解釈宣言の趣旨は、国連からの脱退の可能性が否定されえないことを確認するとともに、専門委員会の報告の言葉を借りると、「無分別な又は軽率な脱退権の行使」を抑制することにあった。そして、後者の観点からみる限り右のように、この宣言に法的重要性はほとんど認められないように思われる。しかし、このように理解しても、解釈宣言が採択されたことは全く意味をもたないわけではない。何故なら、この宣言は、グッドリッチおよびハンブロー

38　これらの条件がもつ意味について、C. Wilfred Jenks, "Some Constitutional Problems of International Organization," *British Year Book of International Law*, Vol.22 (1945), pp.23-25.
39　*UNCIO*, Vol.7, p.264.
40　*Ibid.*, p.266.
41　Cf. Unni, *supra* note 35, p.130.

が指摘するように、脱退をおこなう国が、国連および他の加盟国に対して自己の行動を正当化する義務を負い、またその理由が提示されず又は提示された理由によって脱退が正当化されない場合には、「国連加盟国および『世界の良心』の道義的非難[42]」に晒されねばならないことを明らかにしている、と考えられるからである。そして、インドネシアの行動が論ぜられねばならないのもむしろ解釈宣言のもつこのような側面からであろう。

IV　インドネシアの国連復帰

　かつてコスタリカなど一部の国は、国際連盟から脱退した後に再び加盟の手続をとることなく連盟に復帰したことがあった[43]。ルソー(Ch. Rousseau)はそこでとられた復帰手続を次のように法的に正当化している。

　「脱退権はその性質上裁量権である。この権限は、その決定的な動因および時期の選択について裁量的であるならば、その期間および存続についてもまたそして必然的に裁量的である。離脱しようとする国の意思表示たる脱退の決定は制限された権限の表現ではない。それは反対の意味の意思表示によって後に一方的に取り消されうる[44]」。

　しかし、脱退は当該の国の一方的な意思によりこれをおこなうことができるとしても、再度の加盟についてはこれをおこなう国と機構との間の意思の合致が必要である。実際、復帰又は再加盟は、そのための特別な手続が設けられていない限り、法的にはまさしく加盟そのものにほかならず、従って、これを脱退の意思表示の取り消しと擬制することは困難である。国連についていえば、加盟を承認するに際しては、憲章第4条が掲げる条件と関連ある

42　Goodrich and Hambro, *supra* note 31, p.145.
43　F. P. Walters, *A History of the League of Nations* (Oxford University Press, 1960), pp.388-395.
44　Ch. Rousseau, "La sortie de la Société des Nations," *Revue générale de droit international public* (1934), p.320.

限り政治的要因を払拭することはできない[45]から、以前に加盟していた国にとっても再度の加盟は保証されておらず、またこのような国が再び加盟を希望する場合に「適用される唯一の条項は第4条である[46]」。従って、国連への復帰という「事態は、法的には明白と思われる。すなわち、国家は国連を去る限りもはやこの機構の加盟国ではない。その後復帰しようとする場合、その国が第三国と同一の条件の下で……憲章第4条に従ってその加盟を得なければならないことに議論の余地がないと思われる[47]……」。しかし、インドネシアの復帰に際してこのような手続はとられなかったのである。

1966年9月19日、駐米インドネシア大使は国連事務総長に、1965年1月20日付の同国第一副首相兼外相の書簡および同年1月26日付の事務総長の返書に関連して、インドネシア「政府が、国際連合との完全な協力を再開し且つ第21総会からその活動への参加を再開することに決定した[48]」ことを通告した。この通告は、同9月28日の国連総会で、第21会期議長パズワク（Pazwak）により次のように取り扱われた。

「インドネシア政府は、国連からのその最近の不在が機構からの脱退ではなく協力の停止に基づいている、と考えているように思われる。国連がこの問題についてこれまでにとった行動は、この見解を排除するとは思われない。もし、これが加盟国の一般的な見解でもあるならば、事務総長は、インドネシアが機構の活動に再び参加するためにとられるべき必要な行政的行動に指示を与えることになろう。もし加盟国たる地位の絆が不参加の期間を通じて継続していたというのが一般的な見解であれば、事務総長はその期間における適当な経費の支払をインドネシアと交渉する意図である。……

もし異議がなければ、インドネシアは国連の活動への完全な参加を再開しまた事務総長は上記に概説したかたちでことをはこぶ、というのが加盟

45　Conditions de l'admission d'un État comme membre des Nations Unies (Article 4 de la Charte), Avis consultatif, *C. I. J. Recueil 1947-48*, p.63.
46　Kelsen, *supra* note 6, p.78.
47　Nizard, *supra* note 36, p.522.
48　U.N.Doc. A/6419; S/7498.

国の意思であると考える[49]」。

そして異議は全く表明されなかった[50]ので、議長はインドネシア代表に総会への着席をうながした。インドネシアの国連復帰はこのように簡単に実現した。しかし、「インドネシアの国連への再参加を円滑にするため[51]」にとられたこのような手続が法的に正当化されるかどうか[52]は、インドネシアの「加盟国たる地位の絆」がその不在の期間も継続していたかどうか、にかかっている。先に述べたように、1965年1月20日の通告に示されたインドネシアの行動は、憲章上合法且つ有効な国連からの脱退と看做すことができた。しかし、ここでの問題は、ひるがえってインドネシアのこの行動を国連からの脱退と看做さなくてもよかったか又は看做すべきではなかったかなのである。この点についてシャハターは既に1965年9月に次のように述べている。

「インドネシアの脱退の合法性は、インドネシアがその立場を変更して国連に復帰することを決定しない限りそして決定するまでは、最終的に解決されないであろう。そこで次のように論ずることができよう。すなわち、国連は、明示にではなくとも実行により、インドネシアの脱退を受諾し、従ってまた再加入の要請を加盟の申請と取り扱ってこれに総会並びに安全保障理事会の承認を要求しなければならない、と。しかし、反対の立場の可能性も排除されえない。すなわち、インドネシアは参加を停止しましたこの事実は種々の実際的な措置を通して受諾されたけれども、脱退の合法性について明示の受諾はなく従ってまたインドネシアは新規の加盟申請国として取り扱われるべきではない、と[53]」。

---

49 U.N.Doc. A/PV. 1420, pp.7-10.
50 新聞報道によれば、アルバニアは正規の加盟手続を採るよう要求していたと伝えられるが国連の記録にはみあたらない。
51 インドネシア代表が、総会議長および事務総長に対する謝辞の中で述べていた文言。U.N.Doc. A/PV. 1420, p.11.
52 インドネシアの国連復帰手続を合法とみなす見解として、Schwelb, *supra* note 26, pp.665-671、またこれの合法性を否認する見解としては、Yehuda Z. Blum, "Indonesia's Return to the United Nations," *International & Comparative Law Quarterly*, Vol.16, Issue 2 (1967), pp.522-531.
53 Oscar Schachter, in Swift (ed.), *Annual Review of Untied Nation Affairs 1964-1965* (1966), p.119.

このようにインドネシアの脱退の合法性についての最終的な判断を同国が国連に復帰するまで差し控えることが必要且つ妥当とは思われない。しかし、この立論の是非もインドネシアの国連復帰手続の合法性とともに、第21国連総会議長が指摘し且つ同意された見解を検討することにより明らかにされよう。すなわち、問題は、インドネシアがこれまでの行動を国連からの脱退ではなく協力の停止と看做しており、またその間の国連の行動もかかる判断を妨げない、といえるかどうかである。

　先ず、1965年1月20日付のインドネシア政府の通告で意図されていた行動が国連からの脱退であったことは明白である。この通告は脱退の意図をくり返し述べていたほか、その決定が「先例のない(unprecedented)」ものであることをも指摘していた。国連の全部又は一部の機関の活動への単なる不参加又は協力の停止に関する限り、国連の歴史上先例のないものではない。その一例を挙げれば、1950年にソ連は、中国代表権問題の取り扱いに不満を表明して、3つの理事会等に関してこのような態度をとったことがある。更に通告は、インドネシアが、国連憲章に掲げられた国際協力の崇高な諸原則を国連の外部(outside)」から支持する決意を表明している。

　国連がインドネシアの行動に関連してとった態度はこれほど明確ではないが、そこでもインドネシアの行動は国連からの脱退と看做されていると結論できる。先ず、1965年2月26日付でインドネシア政府に宛てた国連事務総長の返書は、国連の公式の見解を示すものとは看做されえないが、「国連加盟国との協議」を経て作成されている。そして、その冒頭で「サンフランシスコ会議がこの問について1つの宣言を採択していた」ことが指摘されているのは、何よりもインドネシアの行動が脱退に関するものであると理解されていたことを示している。ただ、この返書の末尾で「インドネシアが適当な時期に国連との完全な協力を再開するようにとの誠実な希望」が表明されていることはたしかに問題とされうる[54]が、これも右の理解を妨げるに決定的ではない。そして、インドネシアについて国連がとった措置のうち、次のようなことが総会においてパズワク議長により指摘された[55]。先ず、1965年3月1日、事務

54　Schwelb, *supra* note 26, p.666.
55　U.N.Doc. A/PV. 1420, p.6.

総長の指示に基づく「行政的行動(administrative action)」として事務局により、インドネシアの表札および国旗がとり除かれた。それ以後インドネシアは、機構の加盟国、又は専らその地位に基づく国連の主要および補助機関の構成員としてリストされなくなった。また、1965年12月21日、総会は、1965、66および67年度分の分担金の割当についてインドネシアをその評価からはずした決議2118(XX)を採択した。そのほか、国連の文書は同国に送付されなくなったことも、行政的行動の1つに挙げられるであろう。これらの措置のなかには、専ら実際的な理由により従ってまたインドネシアの不在を脱退と看做さなくとも、とりうるものがあるが、しかし、インドネシアの行動を脱退と考えることなしにはとりえないものもある。そして、国連事務総長のインドネシアへの返書が同国の行動の合法性又は有効性について言質を差し控えたように、国連の行動のすべてがこれについての明確な判断に基づいてとれたものとは思われない[56]。しかし、インドネシアの行動が国連からの脱退であったという国連の判断はとりわけ行政的行動によって確認されよう。そして、このような態度は、インドネシアの行動の法的側面に言及した英国およびイタリアを含めた多くの国連加盟国の立場でもあった[57]。

このようにみれば、1965年1月20日から1966年9月28日までの間インドネシアは国連加盟国たる地位の絆を切断されており、従ってその間同国は、1950年前後に世界保健機構およびユネスコが共産圏諸国の相次ぐ脱退表明に直面して採用した如き「非活動的加盟国[58](membre inactif)」とは看做されえないのである。そして、インドネシアが復帰した後に、その不在中の分担金を一定額引きうけた[59]ことは、その期間における同国の地位についての右の判断を妨げるものではなく、むしろ、無分別な脱退に課せられた懲罰の意味に理解されよう。従って、インドネシアの復帰にあたって加盟の手続がとられなかっ

---

56 例えば、経済社会理事会の補助機関におけるインドネシアの不在により生じた空席を補充するについての事務総長の慎重な立場を参照。U. N. Doc. E/4000 and E/4007, March 11, 1965.
57 英国およびイタリアが憲章第2条6項に注意を喚起していることについては先にふれた。その他の若干の国連加盟国の見解は以下の文書にみいだされる。U. N. Doc. A/PV. 1319, A/PV. 1321, A/PV. 1339, A/PV. 1345, A/PV. 1358.
58 Paul Bertrand, "La situation des 'membres inactifs' de l'OMS," *Annuaire français de droit international*, tome 2(1956), pp.602-615.
59 U.N.Doc. A/C. 5/1097, Dec. 6, 1966; A/6630, Dec. 19, 1966; G.A.Res. 2240(XXI), Dec. 20, 1966.

たことは国連憲章上正当化されえないのである。

おわりに

　国連憲章中に脱退に関する規定がおかれていないことは、たしかにこの憲章上の不備に基づく法的困難を惹起するが、他方で、加盟国が脱退を決定するにあたって考慮されるべきその政治的重要性をも併せて示している。この点でインドネシアの脱退は、それが「消極的な側面でのあらゆる考慮を勘案して」、また「国連を精神および行為の両面から改革・強化するための触媒」[60]となる目的でとられたにもかかわらず、サンフランシスコ会議での解釈宣言に十分な考慮を払ったものとは思われない。同様に、インドネシアの行動に直面して、国連が憲章上の不備を政治的便宜によって補充したことも、国連の長期的な政策上、適当であったかは疑わしいように思われる。そして、とくに国連事務総長のインドネシア政府宛の書簡に示される立場の慎重さも、インドネシアの国連復帰を容易にしたというよりも円滑にしたにとどまるというべきである。ただ、そこにみとめられる政治的賢明さは、今後、国連又は他の国際機構からの脱退に際して採用されるべき指針を与えた[61]ことは否定できない。他方、インドネシアは一たび国連を脱退したにもかかわらず全加盟国の同意を得て復帰した以上、その手続の異例なることを理由に、今日改めて、同国に国連加盟国たる地位を否認することは困難である。そして、インドネシアの脱退に直接の契機を与えたマレーシアの安全保障理事会非常任理事国選出に際してと同様に、インドネシアの国連復帰にあたっても、議長が関係国と「協議」した結果を「異議なく」承認するという便法がとられたが、所謂分担金問題に端を発するかかる表決手続の合法性はより大きな視野から更に[62]検討を要するであろう。

60　U.N.Doc.A/5857; S/6157(Jan. 21, 1965). ［編集注記：この脚注は、元の原稿では本文中の位置が示されていなかったため、編集側で推測して付したものである。］
61　Nizard, *supra* note 36, p.506.
62　Jean Charpentier, "La procédure de non objection - A propos d'une crise constitutionelle de l'O.N.U." *Revue générale de droit international public*, tome 37, No.4(1966), pp.862-877.

6　国際機構の発展と国際社会の組織化

　国際機構の発展は、第2次大戦後の国際社会を特徴づける現象の1つである。これを反映して、日本の国際法学においては、1960年代以降、それまでの個別の国際機構とくに国際連合の法的研究に加えて、国際機構全般を視野に入れた「国際機構法」を独自の研究領域として扱う傾向が顕著になっている。高野雄一『国際組織法』(1961)はそうした最初の本格的な体系書であり、そこでは、国際機構法の研究課題として、国際連合を中心に据えつつも、「各国際組織とその法の実証的追求を基礎に、その有機的展開に即して国際組織一般とその法を全体として体系的に把握」することが提示された。

　このように国際機構法を国際法における独自の研究領域と位置づけ、その課題を上のように設定する背景には、現代を「国際社会組織化の時代」と捉え、国際機構が「国際関係のあらゆる機能分野を包括し、かつ全体として有機的な関連を以て展開している」という基本的認識がある。以前からも、国際機構の組織と機能の両面にわたる多くの法的考察のなかで「国際社会の組織化」が語られ、「組織化の現段階の把握」が試みられてきた。

　国際機構の発展が、主権国家の並存(ウエストファリア体制)を基盤とする、伝統的な国際社会の構造と法秩序に大きな変革をもたらす要素となっているとの認識は、今日の国際法学において広く共有されている。しかし、つとに指摘されるように、国際社会の組織化とは「比喩的な表現」であり、それの意味するところは論者によってかなりの幅があるように思われる。そして、その差異は国際社会における国際機構の位置づけに起因し、また国際機構法の視点設定にも関係している。

　本最終講義の論題を「国際機構の発展と国際社会の組織化」とするに際し

て、同じ言葉(orgnization)が2度使われていると指摘された。これは、論題の主旨と問題の所在を正確に理解した指摘である。これに関連して、クロードは、international organizationを(国際社会の組織化の)過程(process)と捉え、この過程の特定の到達段階における代表的な局面として、international organizationsをみている。問題は、国際機構の展開状況から、国際社会の組織化過程の現段階をどのように把握し、国際機構法の存立基盤を見出すかにある。

　国際機構は、一般に、諸国家の合意に基づきそれらに共通する一定の目的を達成するため設立された国際団体(組織体)と定義される。このように理解される国際機構は、本質的に領域的存在である国家および国家結合と区別される機能的な団体である。つまり、国際機構は構成員の国家的存在を前提とし、機構自らが主権的存在として構成国にとってかわるものではない。しかしながら、国際機構の発展はその機能や権限の拡大強化をもたらす一方、それに伴って、構成国の主権に対する制約も増大することになるため、そのような事態の進展が分権的な国際社会の統合に通じるという捉え方がでてくる。これは国際機構の「発展」を重視する立場で、多種多様な国際機構の展開という現象のなかに国際社会の発展の方向を見据え、主権国家の並存から統一的な世界政府に至る歴史的過程のなかに国際機構を位置づけるものである。この視点からは、国際機構が国家主権にどのような影響を及ぼしているか、すなわち、構成員である主権国家に対していかなる権能をもちまたそれを行使するか、他方で構成国の権能がそれによっていかなる制約を受けるかが考察の中心的課題となる。

　国際機構の数は、1960年代に入って国家の数を上回るようになり、最近では300を超えるともいわれている。しかし、このような動向にもかかわらず、国際機構の「発展」の指標というべき機構の権限の拡大強化と加盟国の部分的主権委譲にはさして進展がみられないのが実状であって、国際機構の機能強化の企図は、一部の例外(EC／EU)を除き、たえず主権国家の側から強い抵抗を受けてきた。国際機構の発展を語ることが意味をもつのは、主に1950年代までの状況についてであり、その後の国際機構の展開は、先の立場が想定

する国際社会の発展の方向を縦軸とすれば、「水平的な方向への転換」をとげたと指摘されている。つまり、「国際機構は(世界政府に至る)中間的な存在ではなく、それ自身が固有の組織体として安定し、主権国家と並存して一定の役割を果たす」という認識である。

　もっとも、国際社会の組織化を、「国際的諸問題の多数国間処理、友好的な協力関係の広汎な制度化と恒常化」(最上敏樹)と捉える考えもある。分権的な国際社会を反映して、国際法は、その定立、解釈・適用、執行・強制のすべてにおいて基本的に分権的であり、また従来、国際法の主たる機能・任務は、各国の個別的な権利義務や利害を調整することにあった。国際機構は、各国の個別的な利害調整を促進するとともに、国際社会の共通(一般)利益を実現する上で有用な多数国間フォーラムを提供する。しかし、この意味においても、「国際機構の拡散(proliferation)」と呼ばれる今日の状況は、国際社会の組織化と単純にリンクしにくくなっている、と指摘されるとおりである。

　いずれにせよ、従来は主権国家により構成されていた国際社会が、多種多様な国際機構の出現によって、国家と国際機構が並存する複雑な構成に変化しつつあり、この状況を直視する立場からは、国際社会における両者の「並存」ないしは行為主体(構成員)の「多様化」の側面が強調される。今日、国際社会における国際機構の位置づけとして、力点の置きどころに差異はあるが、「国際機構は主権国家により構成される組織体であると同時に、機構自体が国家と並ぶ国際社会の重要な行為主体でもある」、という2つの基本的な側面から捉えられており、このことが、国際機構の発展と国際社会の組織化の現段階を正確に示すものといえよう。

　わが国で「国際機構法」の研究が本格的に開始された1960年代は、国際機構が大きく転換する時期に当たっており、この変化が広く認識されるようになったのはかなり後のことである。この状況の変化と認識のずれは、国際機構法研究の展開にも反映されている。従来、わが国の国際法学においては、主権国家と世界政府を両極に対置させ、主権制度の尺度をもって国際機構の発展を把握する傾向が強かった。この視点からは、国際機構とそれを構成する国家との係わりに主たる関心が払われ、国際機構の組織構造といったいわば内部関係が考察の中心を占める。また、その際は、個別の国際機構にも立

ち入って様々な国際機構を比較検討することが必要である。他方、国際機構を主権国家と並存する行為主体とみる視点からは、必然的に他の行為主体との間のいわば対外関係が問題となり、とくに国家を引証基準として国際機構の法的性格を明らかにすることが求められる。最近は、後者の視点に立つ国際機構の法的研究が進展しており、それが国際機構法の体系化を促す契機となっているように思われる。

　国際機構法の体系構成に当たっては、少なくとも、対象とする国際機構の定義と範囲、国際機構の内部的な組織構造と対外的関係の両面にわたる法現象・法構造の統一的把握、および国際法全体との関係での国際機構法の位置づけ等、重要な様々の課題に直面する。これらの課題のいずれについても、ここでは具体的に取り上げる余裕をもたないが、国際機構法のいずれの面で考察をすすめるうえで常に問題となるのは、スヘルマースとブロッカーのいう"Unity within Diversity"をいかに追求するかと、国際機構と国家主権の関係をどのようにみるかである。ここでは、そのうち、国際法全体における国際機構法の位置づけにも係わる後者の問題に簡単に触れておきたい。

　国際機構と国家主権との関係について、国連憲章は、機構および加盟国をともに規律する7つの基本原則を述べる第2条の冒頭で、「この機構は、そのすべての加盟国の主権平等の原則に基礎をおいている」と規定する。この原則は、国連加盟国が主権的存在であり、また国家主権のコロラリーとして平等である、という2つのことを意味している。このような趣旨の明文規定は他の国際機構の設立条約にはみられないが、それらにあっても、同じ原則が含意されているとみてよい。この原則のうち、前者（加盟国の主権的存在）との関連では、これまで一般に、はたしてまたはいかなる場合に、国際機構への国家の加盟がその国の主権を制限するものと解すべきかが論じられてきた。国際機構への加盟は多少とも制約や義務を伴うため、それを主権制限に結びつけて考える立場がある一方で、一定の義務を伴う国際機構への加盟も設立条約への参加であり、条約締結は国家主権の「行使」という側面があるとともに、条約の締結によって国家性が失われることもある。このように、主権制限の問題はさほど単純ではなく、また個別の国際機構について組織構造に立

ち入った検討を必要とするが、田畑茂二郎教授の詳細な研究によって、考察の基本的枠組が次のように示されている。

すなわち、国家が主権を制限されたかどうかの問題は、国家主権の本来の歴史的意義(国家が他の権力主体に従属しない)に照らして考察すべきであり、「単に、第三者の決定に国家が拘束されるかどうかという点だけではきまらないのであって、第三者が権力的な存在であるかどうか、また、その決定の内容が国家にとって基本的に重要な事項に関するものであるかどうか」をも考慮して判断されねばならない。そして、具体的には、国際機構の機関の決定(決議)が全会一致によるかまたは多数決で行われるか、多数決による決定の場合それが勧告的な効力をもつにすぎないか法的拘束力を有するか、多数決による法的拘束力のある決定の場合でも、それが機構の内部組織・運営に関するものかまたは直接加盟国に一定の行動を要求するものか、政治的に重要な事項に係わるかどうか、設立条約に定める義務の範囲内であるかまたは新たな義務を課すか、などが論点となり、併せて関係規定の実効性や実際の運用と加盟国の最終的な脱退権も考慮される。これらの観点から考察すれば、現実に主権制限が問題となるのは、国連安全保障理事会による強制措置の発動の場合や欧州共同体(EC)／欧州連合(EU)についてなど、きわめて限られており、国際機構の発展に伴う「現象の上での変化にもかかわらず、国家が主権的な存在を認められていたこれまでの国際社会の基本構造は、一般的には、なおそのまま維持せられている」との結論も基本的には異論のないところであろう。

このうちEC／EUについては、欧州石炭鉄鋼共同体(ECSC)の当初の設立条約が、「最高機関」(後に三共同体に共通の単一「委員会」に併合)の委員の任務の性格を「超国家的」と規定したことから、主権制限の問題と関連して、「超国家性」の概念に特別の関心が向けられた。その際、とくに、構成国から独立した委員で構成される委員会が機構の意思決定に関与すること、構成国の政府代表で構成する理事会において原則として多数決制が採用されること、理事会と委員会の多数決により法的拘束力のある第二次法規が定立されること、共同体法の執行過程で構成国における直接適用性、国内法に対する優位性、先行判決の制度が導入されていることなどが、EC／EUの超国家性を示す

具体的特性として一般に捉えられてきた。ただ、これらの特性が、他の国際機構との比較でEC／EUを特殊ならしめる諸要因であるにしても、唯一EC／EUに独特な(sui generis)これらの特性から超国家性の概念を定式化し、そこに指定された要素に則して超国家的機構を一般の国際機構と区別するのであれば問題であろう。

なお、周知のように、わが国政府は、EC／EUが国家主権の行使と考えられる権限の一部を共同体に集め、そこで「主権的な権利を行使させる」ことから、「国家に準ずる地位」をもつ国際機構と捉えている。EC／EUの「統合」と称される法的状況を正確に把握するためには、主権制限・主権委譲の問題を一般的に論じるだけでなく、具体的に国家主権の内容として対外・対内両面から理解されてきた諸権能が、共同体と構成国の間でどのように配分されているかを個別的に検討することも必要である。

今日の国際機構とくに普遍的機構は、すべての加盟国が代表される総会(的機関)、限られた一部の加盟国が代表される理事会(的機関)、そして加盟国から独立した国際公務員からなる事務局の三機関を基本にして構成されている。これは19世紀以来の国際機構の発展の系譜、すなわち一部の大国によるヨーロッパ協調、国の大小を問わず参加が認められたハーグ平和会議、そして専門的・技術的な分野を扱い事務局が中心の国際行政連合、の3つの流れを収斂させたもので、国際連盟にその原型をみることができ、国連およびそれと連携する16の専門機関でも受け継がれている。もっとも、各機構はその機能や任務の性質に応じた独自の内部組織を形成し、意思決定過程を含む組織構造の面で多様な展開を示している。従って、国際機構の組織構造は、個々の機構について立ち入った検討が必要であり、一般的に語れることは限られている。そのなかで、特定の国際機構に限定されない現象や多少とも一般的な傾向として、総会と理事会の関係および機構の意思決定過程の両者に係わる国家主権の問題を取り上げたい。

国際機構の内部機関のうち総会と理事会の関係については、全加盟国で構成する総会は機構の最高機関として基本政策を策定するが、通常の活動や運営は理事会に委ねられ、実質的に総会よりも理事会の権限が強い場合が多く

みられる。普遍的国際機構における理事会の存在は、機構としての「発展」を意味すると指摘されることもあるが、一部の加盟国だけが実質的に機構の運営に携わる結果となるため、理事会の権限が大きくなるに従ってその構成員の選定が重要な問題となる。国連安全保障理事会の常任理事国のほか、とくにIMFや世銀など国際金融機構の任命(出資額)理事の例に示されるとおりである。

　また、国際機構の意思決定、つまり関係内部機関の表決制度として、連盟は総会、理事会ともに国家主権の要請から全会一致制をとっていたが、今日では、国連に限らず総会はもとより理事会でも機能・任務の効果的な遂行のため多数決が一般的に導入されている。加えて、安全保障理事会常任理事国の拒否権、国際金融機構における出資額に応じた加重投票制など、投票権に差異を設けられる場合もある。このような国際機構の意思決定過程における参加・表決制度の実状は、国家主権、主権平等の原則との関係で問題を提起する。国連憲章第2条1項が定めるように、国際機構が「主権平等の原則」に基礎をおくものとすれば、機構の意思決定過程における平等の代表(全員参加)、平等の票数(1国1票)そして全会一致制が要請される。しかし、このうちの「要」に位置する全会一致制がもはや維持されず、多数決制が一般化するなかで、理事会は機能が拡大するとともに、その構成国の一部が固定されたり資格を特定され、また表決権にも量的、質的な差異が設けられるようになっている。国連安全保障理事会における常任理事国の拒否権は極端な例であるが、加重投票制の導入は国際金融機構に限られておらず、今日では必ずしも例外的なことではない。そこで、このような現象を国家平等(主権平等)の原則との関連でどのように説明できるかが問題となる。

　国家平等は、通常、法の前の平等、実質的平等、および形式的平等の3つの意味で論じられており、ここで関係する第3の意味での国家平等を、国家が自己を法的に拘束する決定に平等の立場で参加すること、と狭く理解すれば、前記の現象にかかわらず、国家平等は基本的に維持されているといえる。しかし、国際機構との関係での国家平等は、より広く、機構の運営や意思決定に平等の立場で参加できるかどうかという点からも問題とされてきた。そして、この観点から、国際機構における国家平等の説明として提示されてき

たのが、従来の形式的(絶対的)平等にかわる機能的(相対的)平等の考え方である。それは、国際機構の効果的な任務や機能の遂行のため、その運営や意思決定に際し、国家の実質的差異を機構の任務や機能の性質に即して加盟国としての地位に反映させるということにある。形式的平等が主権国家たることを唯一の基準として適用されるのに対して、機能的平等の下では具体的国家が国際機構の具体的任務や機能との関連で把握されることになる。従って、同じく機能的平等の原則に依拠するにしても、具体的な参加・表決制度は、当該国際機構の任務や機能に対応して異なり、また、国際社会の変化に適応した新たな展開が求められる。この点で、機能的平等は、その適切な適用を確保することが重要である。もっとも、国際機構と国家平等の問題については、「機構論の立場」(横田洋三)から全く別の理解が示されている。そこでいう機構論の立場とは、「国際機構を独立の組織体と捉え加盟国を機構の構成要素と位置づけることにより、基本的に、国家の一般国際法上の地位や権能と国際機構の加盟国としてのそれとを峻別するもの」であり、また表決制度など機構独自の内部問題は「加盟国が加盟の際に合意したこと」であるから、一般国際法の立場から論じることは適切でないとする。すなわち、「表決制度は、すぐれて国際機構の内部法上の問題であり、加盟国の国家としての機構外の地位や機能とは、必ずしも直接に結びつかない」のであって、国家平等論の立場からの加重投票制度批判や拒否権批判は意味をなさない、とする。なぜなら、「国家平等論は、機構外の国家の地位や権能に関する問題であって、機構の内部における意思形成過程への加盟国の参加の問題とは一応切り離されるからである」、と。

　しかしながら、国家の国際機構内外における地位を区別するにしても、国際法上、主権国家の平等は基本原則であり、かつ国連憲章が明記するように、国際機構においても加盟国の主権的存在、国家主権が基本的に維持されるものとすれば、機構の意思決定過程、参加・表決制度における加盟国の地位の差異も、国家平等の原則との関連で説明する必要がないとは到底思われない。機能的平等はそうした観点から提示された1つの理論であり、その意義(と限界)が正当に評価されてしかるべきであろう。

　横田洋三教授の所謂「機構論の立場」とは、要するに、国際機構の「内部法」

を国際法秩序と峻別するものにほかならない。しかし、機構の単なる「構成要素」とされる加盟国は国際社会を構成する主権国家なのであり、この意味において、「国際機構は主権国家により構成される組織体」という側面をなお維持している。つまり、主権国家は国際機構の構成員であると同時に、機構自体が主権国家と並存する関係にあり、両者の並存および主権国家の二面性こそが、国際法と国際機構法を包摂した体系構成を困難にする根源である。この困難を直視することなく、国際機構の内外における国家の地位を峻別し、機構の「内部法」を含む国際機構法を国際法から区別して捉えることだけからは、現実の法状況の適切な説明はほとんど期待できない。

　戦前、横田喜三郎教授は、国際法全体を国際機構法として捉え、これを「国際立法に関する法」、「国際行政に関する法」および「国際司法に関する法」の三部から構成する斬新な「国際組織法の理論」体系を提示されたことがある。それは、国際社会の発達によって大きくなった身体に従来の国際法という衣服は狭すぎるため、これを押し広げるだけでなく、「はじめから全くあらたに仕立直さなくてはならない」、という認識によるが、戦後この理論体系は維持されなかった。国際機構法の体系化と同様に、国際法全体における国際機構法の位置づけないし両者の関係についても、どのように国際機構の発展と国際社会の組織化の現段階を認識し、その将来を展望するかが出発点であるように思われる。

第 2 部　米州機構

7　米州機構の平和維持機能と国際連合

はじめに

　米州機構(The Organization of American States)は、米国およびラテン・アメリカ諸国の政治的・経済的・社会的・文化的協力を促進するための綜合的な地域的国際機構であるとともに、国際連合との関係では「地域的機関」である[1]。国連憲章は、平和維持の分野における地域的取極又は地域的機関の存在を承認するに際して、「この取極又は機関及びその行動が国際連合の目的及び原則と一致すること」を要求するに止り(第52条1項但書)、その取極又は機関が何を意味するかを必ずしも明らかにしていない[2]。しかし国連憲章第51条を援用して多くの成立をみた他の地域的機関又は地域的取極にあっては専ら又は主として防衛同盟といった対外的側面および軍事的性格が強調されているのに反して、米州機構は、米州諸国の集団安全保障としての機能をかなり維持している[3]とともに米州諸国間の紛争の平和的解決のためのメカニズムを整

1　米州機構憲章第1条も、「……米州機構は、国際連合内においては、地域的機関である」と規定している。
2　サンフランシスコ会議において、エジプト代表は、「地域的取極」に関する定義を挿入することを提案したが、同代表の提出したかなり包括的な定義によってもすべての地域的組織が包摂されない虞があるとして、この提案は採択されなかった。*Documents of the United Nations Conference on International Organization* (*UNCIO*), Vol.12, pp.701-702.
3　地域的集団安全保障は、一般的集団保障を前提とし且つそれと有機的に調和することによって、存在意義を十分に発揮し、また国際の平和および安全の維持に貢献できる。しかし、国連憲章の下で、本質上軍事同盟にはかならない地域的取極又は機関の存在を一般に否定することが困難であるかぎり、地域的集団安全保障も補助的に共同防衛としての機能を伴う余地が残されている。高野雄一『国際安全保障 法学理論篇165』(日本評論新社、1953年)、と

備している[4]点で、国連憲章が予定する「国際の平和及び安全の維持に関する事項で地域的行動に適当なものを」より有効に処理できる地域的機関であるといえよう。

1889－90年の第1回米州国際会議以来米国およびラテン・アメリカ諸国によって形成されてきた米州制度[5](The Inter-American System)は、「一般国際機構の設立のためのダンバートン・オークス提案」を契機として大きな発展をとげ、そこに、米州機構の平和維持制度の概容が示された。1945年3月、メキシコ・シティーで開催された「戦争と平和の諸問題に関する米州会議[6]」において、米州諸国は、米州制度の再組織、統合および強化を企図するとともに、その米州制度とダンバートン・オークス提案に示された一般国際機構との調整を審議してサンフランシスコ会議に備えた。この会議で構想された米州制度の発展は、とりわけ、次の3点にみとめられる。

(1) 侵略に対する連帯を基礎とした米州諸国の集団的行動によって米州の平和および安全を維持する体制を確立すること（決議VIII「相互援助およ

くに81-83頁参照。Cf. Inis L. Claude, Jr., *Swords into Plowshares: The Problems and Process of International Organization*(Third Edition, Randam House, revised, 1964), pp.94-109, 223-259.

4 Gerard Bebrは、地域的機構が国連憲章の意味における「地域的機関」としての資格を付与されるためには、その機構は、地方的紛争を解決するための適当なメカニズムを備えていなければならない、と述べている。Gerard Bebr, "Regional Organizations: A United Nations Problem," *American Journal of International Law*, Vol.49, No.2(1955), p.169. しかし、米州相互援助条約が国連憲章第52-4条に基づいており、補足的に第51条に言及しているにすぎないという指摘(*Ibid.*, p.177)は第51条の成立過程、とくに、サンフランシスコ会議において、ラテン・アメリカ諸国および米国が果した役割から考えても適当でないだろう。

5 "Inter-American System"を厳密に定義したものは見当らないが、例えば、John C. Dreier, *The Organization of American States and the Hemisphere Crisis*(Harper & Row, 1962), p.11によれば、米州諸国間の法的原則、政策、行政協定、および一群の機関又は組織などが一括してこう呼ばれる。米州制度は、米州機構憲章により、ほとんど米州機構に統合されたが、一部とり残されている(例えば、米州平和委員会)ので、今日においても、「米州制度」は「米州機構」よりも広い意味で用いられているようである。米州制度の発展については、*cf.* Ann Van Wynen Thomas & A. J. Thomas, Jr., *The Organization of American States*(Southern Methodist University Press, 1963); P. Whitaker, "Development of American States," *International Conciliation*, No.469(March 1951); J. Lloyd Mecham, *The United States and Inter-American Security 1889-1960*(University of Texas Press, 1965).

6 メキシコ・シティ会議での決議テクストは、Pan American Union, Inter-American Conference on Problems of War and Peace, Report Submitted to the Governing Board of the Pan American Union by the Director General(Washington, D.C., 1945).

び米州の連帯(チャプルテペック協定)」)。
(2)　一般国際機構の下での有効的機能を確保するために、これまで組織法を欠いていた米州制度を基本条約の下に再組織すること(決議IX「米州制度の再組織、統合および強化[7]」)。
(3)　米州諸国間の紛争の平和的解決を促進するために、以前に締結された紛争の防止および平和的解決に関する諸条約を1つの条約に統合して、解決手続の利用を高めること(決議XXXIX「米州平和制度」)。

　これらのうち、後の二者は、主として機構上の整備又は諸条約および諸決議に散在している諸原則の統合を企図したに止り、従ってそれ自体が米州の平和維持に関して斬新的なものをうちだしたとはいえない。これに反して、チャプルテペック協定は、一方で、第2次世界大戦の脅威から米州を防衛するための諸原則を綜合的に発展させて戦後の米州の平和維持のための基本原則[8]を築くとともに、他方で、設立される一般国際機構との関係では「地域的取極」を規定しており、この面からは、ダンバートン・オークス提案の普遍主義への偏向に対するラテン・アメリカ諸国の不満を表明していた[9]。そし

7　米州制度の再組織の問題はここでは取りあげないが、この問題を扱ったものとして、Josef L. Kunz, "The Inter-American Conference on Problems of War and Peace at Mexico City and the Problem of the Reorganization of the Inter-American System," *American Journal of International Law*, Vol.39, No.3(1945), pp.527-533.
8　チャプルテペック協定は、その第1部で基本原則を次のように規定している。「米州のいずれかの国の領土の保全もしくは不可侵に対する、又は主権もしくは政治的独立に対する、いずれかの国によるすべての攻撃は、……この協定の他の締約国に対する侵略行為とみなされる。……(第2項)「侵略行為が発生した場合、又は、米州のいずれかの国の領土の保全もしくは、不可侵に対して、又は主権もしくは政治的独立に対して、他のいずれかの国により侵略行為が準備されていると信ずる理由がある場合には、この協定の締約国は、とるに適当と思われる措置を協定するために、相互に協議するものとする(第4項)」。そして、第2部には、右の原則に基づいて「侵略の脅威又は侵略行為に対処することができるような手続を定める条約」の締結が勧告されており、また、協定される措置として、外交的、通信的、経済的、および軍事的措置が列挙されている。
9　チャプルテペック協定は、「この宣言および勧告は、国際の平和および安全の維持に関する事項で西半球における地域的行動に適当なものを処理するための地域取極を規定する」ものとしている。しかし、協定の規定は、地域的取極に基づく又は地域的機関による強制行動に関して安全保障理事会の事前の許可を要求しているダンバートン・オークス提案第8章C項2節但書によって、その実効性をうばわれていた。従って、協定が、「右の取極、および、その取極中に掲げられた活動および手続は、一般国際機構が設立されたときは、その目的および原則と両立するものでなければならない」。と規定していることは、逆にチャプルテペック協定と

て、国連憲章を起草したサンフランシスコ会議において、一般国際機構の下でも米州制度の平和維持機能に対して積極的な評価を求めるラテン・アメリカ諸国は、紛争の平和的解決および強制行動に関して地域的取極および地域機関の自律的な活動領域の拡大を要求した[10]。ことに、チャプルテペック協定を維持しようとするこれらの国の主張は、一方で、クンツ（Josef L. Kunz）の所謂「ラテン・アメリカの危機[11]」を惹起して「集団的」自衛権を創設する[12]とともに、他方で、米国に、右の協定を具体化した条約の早期締結を約束させた。1947年、リオ・デ・ジャネイロの「大陸の平和および安全の維持に関する米州会議」で締結された「米州相互援助条約（リオ条約）[13]」がそれである。また1949年、ボゴタの第9回米州国際会議において、メキシコ・シティー会議の他の2つの決議は、各々、「米州機構憲章（ボゴタ憲章）[14]」および「平和的解決のための米州条約（ボゴタ条約）[15]」に具体化された。米州機構の平和維持制度は、組織および一般原則を規定するボゴタ憲章を中心に、憲章の第4章「紛争の平和的解決」および第5章「集団安全保障」の特別条約に相当するボゴタ条約の3つの基本条約によって構成されている。ただ、ボゴタ条約が多数の国の批准を得られなかったために、この欠陥は同条約に統合されなかった「米州

調和するようにダンバートン・オークス提案を改定しようとする米州諸国の意図を示すものといえよう。ことに米国は、ダンバートン・オークス提案の共同提案国でありながらチャプルテペック協定に署名することによって、事実上、ラテン・アメリカ諸国に、右の改定の言質を与えたことになったといえよう。

10 Report to the President on the Results of the San Francisco Conference by the United States Delegation, the Secretary of State (Settinius Report), p.103.
11 Josef L. Kunz, "Individual and Collective Self-Defense in Article 51 of the Charter of the United Nations," *American Journal of International Law*, Vol.41, No.4 (1947), p.873.
12 憲章第51条に相当する規定の採択に際して、コロンビア代表のジェラス・カマルゴが述べた「ラテン・アメリカ諸国は、……『集団的自衛』という文言の起源は、米州制度の如き地域的制度を保全する必要性は同一であると了解している」という言葉は、この間の事情を最もよく示したものといえよう。*UNCIO*, Vol.12, p.680.
13 テクストの邦訳は、主として、田畑茂二郎・高林秀雄編『国際条約資料集』（有信堂、1967年）によった。
14 テクストは、Pan American Union, Charter of the Organization of American States, Treaty Series No.1 (Washington, D.C., 1957).
15 テクストは、Pan American Union, Treaty on Pacific Settlement, "Pact of Bogotá," signed at the Ninth International Conference of American States Bogotá, March 30-May 2, 1948 (Washington, D.C., 1961). なお、この条約の内容およびこの条約に統合された紛争の防止又は平和的解決に関する諸条約および次に言及する「米州平和委員会（Inter-American Peace Committee）」は、川島慶雄「米州機構の安全保障制度」『阪大法学』第47号（1997年）46-66頁に簡潔にまとめられている。

平和委員会」の活用によってある程度補われているが、紛争の平和的解決に関しても、ボゴタ憲章と不可分にして一体のリオ条約の運用に多くが委ねられている。

　かつて、「パン・アメリカン・ユニオンに、いわば、ワシントンの記念碑の影がかかっているのに憤慨した[16]」ラテン・アメリカ諸国は、一方で、パン・アメリカン・ユニオンに政治的権限を付与することを一貫して拒否するとともに、他方で、国際連盟に、米国の脅威に対する解毒剤としての役割を期待した。たしかに、国連憲章の起草過程において米州制度の自律的機能に関するラテン・アメリカ諸国の主張となり、また、今日リオ条約を要とする米州機構の平和維持制度を他の地域的取極又は地域的機関のそれから区別する「対内的方向付け(internal orientation)[17]」となって表現された米州の平和維持に関する米国とラテン・アメリカ諸国との連帯は、米州制度の歴史において比較的最近の成果であり、それは、米州における不干渉の原則の確立によって誘導され、第2次世界大戦の脅威によって促進され、且つ一般国際機構の設立を契機として大きく発展したといえるのである。

　「善隣政策」の萌芽は既にF. D. ルーズベルトの大統領就任以前にみとめられる[18]。しかし、米国とラテン・アメリカ諸国との共同行動によって米州の平和および米州諸国の安全を維持するための米州制度が構想可能な政治的環境が成立したのは、米国が、モンロー主義の所謂「ルーズベルト・コロラリー」に基づく干渉政策の放棄を行動に示して後のことであり[19]、更に、そのよう

16　Samuel Flag Bemis, *A Diplomatic History of the United States*(Fifth edition, Rinehart and Winston, 1965), p.762.

17　Inis L. Claude, Jr., "The OAS, the UN and the United States," *International Conciliation*, No.547 (March 1964), p.18. また、リオ条約は、米国がバンデンバーグ決議以前に国連憲章第51条を援用して締結した唯一の地域的協定であることも指摘されよう。

18　事実、次に言及する第6回米州国際会議の直後(1928年2月17日)の「モンロー主義に関するクラーク覚書」によって、米国政府は、モンロー主義のルーズベルト・コロラリーを根拠のない解釈として否定している。しかし、少なくとも、善隣政策が、米国の外交上具体化されるに至るのは、ルーズベルト政府の下においてである。

19　既に、1815年にボリバールは、「ジャマイカからの便り」のなかで、米州諸国による連合の設立を構想していたといわれている。しかし、1826年、彼の発意で開催されたパナマ会議で採択された永世連合条約(Treaty of Perpetual Union, League and Confederation)は、コロンビア(当時はパナマを含む)一国の批准しか得られなかった。この条約は共同防衛、紛争の平和的解決、領土の保全などを規定している。しかし、このような構想の実現には時期尚早であったと考えられる。詳しくは、Thomas & Thomas, *supra note 5*, p.508. また、1823年のモンロー宣言に

な構想の着手は不干渉の原則の条約化を待たねばならなかった。それ以前においても米州諸国間の紛争の平和的解決を促進するために努力が払われていたが、問題は、米国からのラテン・アメリカ諸国の安全の確保にあった。

1928年、ニカラグアに対する米国の干渉の最中に開催された第6回米州国際会議において最高度に達したラテン・アメリカ諸国の、米国の干渉政策に対する不満は、善隣政策の下に取り除かれて、以後、米国とラテン・アメリカ諸国との関係は急速に改善された。そして、「国家の権利および義務に関する条約[20]」を採択した1933年の第7回米州国際会議を経て、「不干渉に関する追加議定書[21]」のなかにラテン・アメリカ諸国が要求していた不干渉の原則の条約化を実現した1936年の「平和の維持のための米州会議」(ブエノス・アイレス)は、同時に、「平和の維持、擁護および再建に関する条約[22]」のなかで米州および米州諸国の平和に対する脅威に対処するための「協議(consultation)」

　対して多くのラテン・アメリカ諸国は好意的であり、ことに、チリ、コロンビア、メキシコなど5ケ国は、その集団化を要請したが、米国は、これを拒否した。Samuel Flagg Bemis, *The Latin American Policy of the United States* (Harcourt, 1943), p.68. 以後米西戦争を経て、モンロー主義のルーズベルト・コロラリーとともに、所謂、「グレート・ギャップ」時代に入り、米国とラテン・アメリカの協調は失われた。

20　第8条は、「いずれの国も他の国の国内又は対外の事項に干渉する権利をもたない」と不干渉の原則を規定していた。米国は、後に言及するように、干渉政策の放棄を明確に宣言し、且つ条約に同意しながらも、規定の「解釈に相違が生じる場合には、……一般に承認され且つ了解された国際法に従う」ことを言明して、条約全体に留保した。条約および米国の留保のテクストは、*Supplement to the American Journal of International Law*, Vol.28 (1934), pp.75-78.

21　第1条は次のように規定している。
　「締約国は、他の締約国の国内又は対外の事項に対する直接又は間接の、いずれの国の干渉も、その理由のいかんを問わず許されないものと宣言する」。この条約のテクストは、*Supplement to the American Journal of International Law*, Vol.31 (1937), pp.57-58. この条約によっても未だ干渉の意味が明らかにされていないので、「外交的干渉」の如きより穏かな干渉は放置されるおそれがある。Charles G. Fenwick, "Intervention: Individual and Collective," *American Journal of International Law*, Vol.39, No.3 (1945), p.656. また、この「不干渉の原則は干渉を定義していない」ことも指摘されている。Ann Van Wynen Thomas & A. J. Thomas, Jr., *Non-Intervention: The Law and its Import in the Americas* (Southern Methodist University Press, 1956), p.63.

22　テクストは、*Supplement to the American Journal of International Law*, Vol.31 (1937), pp.55-56. なお協議制度の採用およびそれにつづく米州の共同防衛体制の強化に関して、しばしば、モンロー主義「大陸化」又は「汎米化」が云々される(例えば、Bemis, *supra* note 16, p.771)が他方で、「モンロー主義は、その性質上、国家間の契約義務を伴い得ない」。という有力な反論がある (Mecham, *supra* note 5, pp.130, 144)ので、本稿では、とくにこの点に言及しないことにする。なお、*cf.* Dexter Perkins, *A History of the Monroe Doctrine* (A revised edition of the definitive study originally published under the title, *Hands Off: A History of the Monroe Doctrine*, Longman, 1960).

手続を採用して、米州制度の時代を画した。しかし、カスタニェーダ(Jorge Castañeda)も指摘する如く[23]、「不干渉」は、本来、消極的な原則であり、ことに米州においては、米国とラテン・アメリカ諸国との共存を可能にするための前提条件にすぎない。米州で最も特徴的且つ重要な国際規範ともいうべきこの不干渉の原則は、「大陸の団結ではなく分裂から生れた」ものなのである。従って、不干渉の原則の条約化自体は、米国とラテン・アメリカ諸国との親善を発展させて直ちに米州の平和維持のための共同行動を導入する程積極的な意味をもちえないといえよう。このことは、協議制度の採用が、米国が強く注意を喚起するヨーロッパの情勢によって促されたことにも示される。更に重要なことに、干渉政策の放棄を明確に宣言しながらも「国家の権利および義務に関する条約」に留保していた米国が「不干渉に関する追加議定書」を承認したのも、同様に、ヨーロッパの情勢に対処するためにラテン・アメリカ諸国の協力を要請するためにであった[24]。従って、この協議制度に、米国は集団的な行動を求めたのに反して、ラテン・アメリカ諸国はせいぜい行動の集団化をみていたといえよう。このように消極的なラテン・アメリカ諸国に行動を要請したのは第2次世界大戦の脅威であり、従って、第8回米州国際会議(1938年)の「米州の連帯に関する宣言(リマ宣言[25])」を経て第2回外務大臣会議(1940年)の決議XV「米州の防衛のための相互援助および協力[26]」に集約された諸原則は、非米州国による侵略の脅威に対処するためのものであって、専ら対外的に方向付けられていた。非米州国との関係に限定されていた右の諸原則を米州国を含むすべての国との関係にも適用するとともに共同措置を

23　Jorge Castañeda, "Pan Americanism and Regionalism: A Mexican View," *International Organization*, Vol.10, No.1(1956), pp.381-382.
24　協議条約は、米州諸共和国の平和を脅威する虞のある米州外部の戦争の場合にのみ、「協議」を通じておこなわれる協力が平和的なものに限られないとしていることも指摘されよう。また同会議は、協議制度の採択にひきつづいて、米州外部のすべての紛争との関係での「米州諸国の連帯および協力の原則に関する宣言」を採択している。
25　この宣言は、協議の方法によって米州諸国の連帯を維持することを再確認したほか、その協議を、今日の外務大臣協議会議の前身である外務大臣会議によっておこなうことを決定した。
26　この決議により、米州諸国は、米州のいずれかの国に対する侵略行為を米州のすべての国に対する侵略行為と看なすこと(非米州国の侵略に対する米州諸国の連帯)および非米州国の侵略行為又は、侵略の脅威に対処するために、「とるに望ましい措置を協定するために相互に協力する」ことを宣言した。テクストは、*Supplement to the American Journal of International Law*, Vol.35. No.1(1941), pp.15-16.

具体化することによって米州の地域的集団安全保障を構想していたチャプルテペック協定がリオ条約に具体化されたことは既に述べたとおりである。そして、このような発展を可能にした理由として、大戦を通じて米国とラテン・アメリカ諸国との団結が強化されたことのほか、とくに、メキシコ・シティー会議の決議IXの言葉を借りると、米州制度が一般国際機構の下での地域的機関としての「妥当な責任」を果すことを要請されたことなどが挙げられるであろう。以上のように、リオ条約に至る米州の平和維持制度の発展は、その端緒を開いたブエノス・アイレス会議以来主として米州外部の要因によって促進されてきただけに、対外的には米国とのかなり強い連帯を示したラテン・アメリカ諸国が対内的にどの程度積極的でありうるかは、米州機構の下で改めて問われねばならない課題であった。

このような観点からみるとき、戦後の国際社会を特徴づける米・ソ両陣営の対立を反映して、米州諸国間の紛争の処理に際しても米州への共産主義勢力の侵透の阻止といういわば対外的側面が米国によって強調されたばかりでなく、既に19世紀に一応の政治的独立を達成したが依然経済的に米国に従属しているラテン・アメリカ諸国に、戦後の国際社会の1つの動向ともいうべき民族解放運動が波及するに至って、「米州の連帯(Inter-American Solidarity)」という標語の下に久しく繕われてきた米国とラテン・アメリカ諸国との間の政治的・経済的・社会的異質性が亀裂となって顕在化したことは、米州機構の平和維持制度の基礎に対する重大な挑戦を意味した。

「不干渉に関する追加議定書」は、ボゴタ憲章第15条および第17条に更に詳細に規定されている[27]。しかし、第19条は、「現行の諸条約に従って平和およ

---

[27] 第15条「国又は国の集団は、理由のいかんを問わず、直接又は間接に他の国の国内又は対外の事項に干渉する権利を有しない。この原則は、国の人格又は、その政治的、経済的および文化的要素に対する武力のみでなく他のいかなるかたちによる干渉又は威嚇の試みも禁止するものである」。第17条「国家の領域は、不可侵である。不可侵である国家の領域は、いかなる理由によっても、直接又は間接に、一時的であっても、他の国の軍事占領又は軍事的措置の目的としてはならない。武力又は他の強制措置のいずれかによって得られた領土取得又は特殊利益は承認してはならない」。

この不干渉の原則は、かなり詳細に規定されているが、すぐ後に言及することのほか、リオ条約に基づかない機構の活動はいかなる限度で許されるかという問題を提起されることは、国連憲章第2条7項と類似している。この点で、国連憲章上の国内管轄事項について詳しく論じた次の文献は、ボゴタ憲章の考察に際しても示唆に富む。金東勳「国際連合と国内管轄事項」『法学論叢』第79巻2・3号(1966年)。なお、Travis, Jr. は第15条の解釈として、「米州機構

び安全の維持のためにとられる措置は、第15条および第17条に掲げる原則の違反とならない」と規定しているから、リオ条約に基づく集団的措置[28]については不干渉の原則の適用が除外される。従って、ブエノス・アイレス会議においてラテン・アメリカ諸国が米国に要求した不干渉の原則の厳守と米国が単独行動を放棄する代りにラテン・アメリカ諸国に要求した責任の分担、すなわち米州諸国の共同行動との調整はリオ条約に委託されており、また、先ずこの調整機能に関するリオ条約の実効性によって、サンフランシスコ会議でラテン・アメリカ諸国がなした米州制度の自律的機能に関する主張が担保されねばならなかったといえる。

今日、米州機構は、米州内外の国際社会の現実による掣肘をうけて様々の側面での「危機[29]」を指摘されている。しかしそれに止らず、1965年4月、米国がドミニカ共和国の内乱に単独の軍事介入をおこなうに及んで米州の平和維持制度の基礎が否定されるに至っている。このように、米州において再度提起されるに至ったラテン・アメリカ諸国の米国からの安全という観点から米州機構の活動をあとづけることによって米州機構の平和維持機能およびその問題点を考察するとともに、米州機構におけるその現実を基礎として、国際連合に提起された問題を通じて国際連合と米州機構との関係を明らかにすることが本稿の目的である。

   は、特定の国家の国内又は対外の事項に影響を与えるいかなる問題に関しても、リオ条約の下で審議されるか又は国際法上の問題と考えられる場合を除いて、その国に対して特定の調査又は名指しでの批判的な勧告をしてはならない」と述べている。*Proceedings of the American Society of International Law*, Vol.51 (1957), pp.100-109.

28 リオ条約の規定上、Kunzによれば、集団的措置が取られる場合として、次の5つが想定されている。

    (1)非米州国又は米州国による第4条の地域内での武力攻撃。(2)第4条の地域外ではあるが、いずれかの米州国の領域(例えばハワイ)における武力攻撃。(3)第4条の地域外で且つ米州国の領域外での武力攻撃。(4)第4条の地域内又は地域外での武力攻撃でない侵略。(5)侵略の脅威、大陸外もしくは大陸内の紛争、又は米州の平和を危くする虞のある何らかの事実又は事態。Josef Kunz, "The Inter-American Treaty of Reciprocal Assistance," *American Journal of International Law*, Vol.42, No.1 (1948), p.115.

29 William Manger, *Pan American Crisis: The Future of the OAS* (Public Affairs Press, 1961); Dreier, *supra* note 5; René-Jean Dupuy, "Organisation internationale et unité politique-la crise de l'Organisation des États Américains," *Annuaire français de droit international*, tome 6 (1960), pp.185-224; G. B. Grozdaryov, "The Inter-American System in Crisis," *International Affairs* (USSR) (Aug. 1965), pp.18-24.

I 米州機構の紛争処理機能の変容

1 反共政策への傾斜

　サンフランシスコ会議において、ラテン・アメリカ諸国が米州制度の自律的機能を主張したとき、その主張は、たしかに、冷却化しつつある米国とソ連との関係によって促進されていたが、当時はまだラテン・アメリカ諸国に及ぼすその影響ははっきりした形をとるに至っていなかった。しかし、共産主義および共産主義勢力に反対する米州諸国の態度は、既に、米州機構の成立に際して明らかにされている。ボゴタ憲章を採択した第9回米州国際会議(1948年)において、米州諸国は、「米州における民主主義の維持および防衛[30]」に関する決議のなかで、「国際共産主義又はいかなる全体主義の政治理論も、その非民主主義的性格およびその干渉主義的傾向により、米州の自由の理念と両立しない」ことを宣言し、且つ各国がその領域内で共産主義の破壊活動を根絶するために必要な措置をとることを約束した。さらに、朝鮮戦争の勃発に際して開催された第4回外務大臣協議会議(1951年)においては、国際共産主義の侵略活動から米州を防衛するための政治的・軍事的・経済的協力に関する諸問題が審議されたほか、とくに、「米州諸共和国の国内的安全の強化[31]」に関する決議のなかで、国際共産主義の代理機関による破壊活動を防止するためには適当な国内的措置に加えてパン・アメリカン・ユニオンを通じての国際協力が必要であることが確認された。しかし、これらの決議はいずれも、共産主義および共産主義勢力に対する一般的態度および政策を表明し又は国内的措置およびそのための国際協力を勧告するに止ったために、米州機構において重大な問題を提起し又はラテン・アメリカの諸国に脅威をもたらすことはなかった。

　たしかに、米国にとって、米州機構を共産主義勢力の脅威に有効に対処できる共同防衛機構たらしめることは、冷戦の激化とともにますます重要な課

30　Final Act of the Ninth International Conference of American States, Bogotá, Colombia, March, 30-May 2, 1948 (Congress and Conference Series No.65), pp.46-47.

31　R. Dennett and K. D. Durnat eds., *Documents on American Foreign Relations*, Vol.13 (World Peace Foundation, 1951), pp.255-256.

題となっていた。しかし、一方で、米国の力説する国際共産主義運動の脅威の急迫性、まして大陸外からの侵略の可能性を認めず[32]、かえって、なによりも戦後の経済復興の緊急性を強調して、「ラテン・アメリカ・マーシャルプラン」の実施を含む大規模な経済援助を要求する[33]ラテン・アメリカ諸国から米国は右の一般的宣言以上のものを期待しえなかったとともに、他方で、米国自身、戦略上第一次的重要性をおくヨーロッパの政治的・経済的・軍事的復興および強化に専心している時期において、そして、ラテン・アメリカ諸国への共産主義勢力の侵透および前者の側からの共産圏諸国との提携といった事実が顕著にはみとめられない状況においてはとくに、一部のラテン・アメリカ諸国の離反を賭けてまで米州機構において反共政策を更に推進することはなかった。このように、1950年代の初期までは、既に米国を軸に西欧陣営の一環をなしている米州機構の内部において、冷戦の影響はまだ顕在化していなかったといえよう。米国の反共政策が米州機構に重大な問題を提起し且つラテン・アメリカ諸国に脅威をもたらすに至るのは、ラテン・アメリカ諸国における米国の経済的利益の侵害が共産主義との関連で論議されて後のことである[34]。

32　ワシントン会議においてブラジル代表は、共産主義勢力の脅威を力説するトルーマン大統領に反論して、西半球において現実に外部からの侵略の脅威に晒されているのは、米国だけであると述べている。Peter Calvocoressi, *Survey of International Affairs 1953* (Oxford University Press, 1956), p.372.

33　Mecham, *supra* note 5, pp.353-373. *cf.* Milton S. Eisenhower, "United States-Latin American Relations: Report to the President," *Department of State Bulletin*, Vol.29 (Nov. 23, 1953), p.695.

34　しかし、この時期において米州機構は、既に活動を開始しており、1948年のコスタ・リカ－ニカラグア紛争、1950年のハイチ・ドミニカ共和国紛争、およびそれに続くカリブ海地域の不穏な事態は、いずれも一応の解決をみている。これらの紛争において、米州機構理事会はリオ条約第6条に基づく提訴をうけた場合、日時および場所を未定のままで外務大臣協議会議の招集を決定するとともに、第12条に基づく暫定協議機関としての資格で現地に調査委員会を派遣するか、又は、外務大臣協議会議を招集しないことを決定するとともに、当事者に紛争を米州平和委員会等の手続に付託するよう勧告するなど、極めて柔軟的に問題を処理した。なお、リオ条約の適用に関する資料は、次の文書に事件ごとに一括されている。Organization of American States, *Inter-American Treaty of Reciprocal Assistance, Applications* (*Applications of the Rio Treaty*), Vol.1 (1948-1959), Vol.2 (1960-1964) (1964). *cf.* Charles G. Fenwick, "Application of the Treaty of Rio de Janeiro to the Controversy between Costa Rica and Nicaragua," *American Journal of International Law*, Vol.43 (1949), pp.329-333; Edgar S. Furniss, Jr., "The Inter-American System and Recent Caribbean Disputes," *International Organization*, Vol.4 (Nov. 1950), pp.585-597. 米州機構の紛争処理手段の運用全般について、Charles G. Fenwick, "Inter-American Regional Procedures for the Settlement of Disputes," *International Organization*, Vol.10 (Feb. 1956), pp.12-21. なお「米州

(1) カラカス決議

共産主義からの米州の防衛が初めて米州内部の問題との関連でとりあげられたのは、1954年3月、ベネズエラのカラカスで開催された第10回米州会議においてである。当時、農地改革を中心に急進的な社会改革を遂行しておりまた共産主義者に対して寛容な態度をとっているグァテマラのアルベンス (Jacobo Arbenz Guzmán) 政府は、ホンジュラスおよびニカラグアに脅威であるに止らず米国に不信の念を懐かせていた。ことにユナイテッド・フルーツ社所有の広大な土地が収用されるに及んで、米国はアルベンス政府を実質的には国際共産主義運動の勢力の下におかれた政権と看なすに至った。このような背景の下で、米国の強い要請[35]により「米州諸国に対する国際共産主義の干渉」の問題をとりあげたカラカス会議は、「国際共産主義の干渉に対して米州諸国の政治的統一を保持するための連帯に関する宣言[36]」と題する決議のなかで次のように宣言した。

「国際共産主義運動が大陸外勢力の政治制度をこの半球に及ぼし、米州

平和委員会 (Inter-American Peace Committee) 」は先にも言及した如くボゴタ憲章に基礎をもつ機関ではなく、1940年の第2回外務大臣会議 (ハバナ) が採択した決議「紛争の平和的解決」に基づいて設置されたものである。決議の勧告によれば委員会は5ヶ国の代表からなり、その目的を果すに最も適当な国の首都に設置されることとされている。また委員会は紛争の迅速な解決を保障するように常に注意を払うことが要求されている。1940年、右の決議に基づいて、米国、メキシコ、アルゼンチン、ブラジルおよびキューバの代表からなる委員会がワシントンに設置されたが利用されることなく、また、1948年のボゴタ条約にも統合されなかった。しかし、同年7月、ドミニカ共和国ーキューバ紛争において前者が委員国に代表の指名を要請し、ここに平和委員会が復活されることになった。従って委員会は自律的な存在であるが後に述べるように1959年のサンチャゴ会議は、この委員会に一定の事項の調査を依頼した。ハバナ決議のテクストは、*Supplement to the American Journal of International Law*, Vol.35, No.1 (1941), p.15. 委員会の復活の経過および米州機構との関係について、Charles G. Fenwick, "The Inter-American Peace Committee," *American Journal of International Law*, Vol.43, No.4 (1949), pp.770-772.

35 この会議において、ダレス国務長官は、国際共産主義運動を、単に米州外部からの脅威としてだけではなく、米州内部の、米州諸国内の問題との関係においても注意を払うこと、および、この観点から具体的な対抗措置をとれる体制を整えることを要求した。*Documents on American Foreign Relations 1964* (Harper and Row, 1965), pp.407-408.

36 テクストは、P. V. Curl ed., *Documents on American Foreign Relations 1954* (Harper and Row), pp.412-414; *Supplement to the American Journal of International Law*, Vol.48, No.3 (July 1954), pp.123-124. なお、この決議に対して、グァテマラは反対し、アルゼンチンおよびメキシコは棄権した。

のいずれかの国の政治機構を支配又は管理することは、米州諸国の主権および政治的独立に対する脅威を構成し、米州の平和を危くするものであり、従って、現行の諸条約に基づいて適当な行動をとることを審議するよう協議会議に要請する」。

カラカス決議は、現行の諸条約すなわちリオ条約の下で、協議機関たる外務大臣協議会議(緊急の場合には暫定協議機関としての理事会)が米州の特定の国の政治機構を国際共産主義運動に支配又は管理されたものと認定することによって、その米州国に対する集団的措置の発動を可能にする点において、以前の一般的態度の表明又は国内的措置の勧告と較べて画期的であると同時にラテン・アメリカ諸国にとって重大な脅威を含んでいた[37]。

右の宣言でなによりも問題となる点は、国際共産主義運動による米州国の政治機構の支配又は管理といったことが具体的に如何なる事態を意味するか又は如何なる事実によって判断されるかが明らかにされていないことにある。そして、問題が、カラカス会議における議題およびカラカス決議の表題が示す如く米州諸国に対する国際共産主義の干渉というかたちで提起されながらも、結局は、一方で国際共産主義運動の影響の下にあるとして非難される米州国と他方で米国を中心とする他の米州諸国との間の関係に帰着せざるをえないところに、共産主義又は国際共産主義運動から米州を防衛するためにカラカス会議が採択した方策は現実の適用に際して多くの困難を予想された。事実、ダレス国務長官の提案に対して、ラテン・アメリカ諸国の多くは、その提案が米州のいずれの国に向けられたものでもなくただ国際共産主義運動による西半球への干渉のみに関するということを前提にして同意したが、カラカス会議におけるすべての代表がカラカス決議の適用についてアルベンス政府を想定していたことは当然であったといえよう[38]。以上のことを適用

---

[37] なおダレス長官の提案は「……現行の諸条約に従って適当な措置を要請」しており、採択された決議よりも表現が強い反対により緩和された。Charles G. Fenwick, "The Tenth Inter-American Conference: Some Issues of Inter-American Regional Law," *American Journal of International Law*, Vol.48, No.3 (July 1954), p.466.

[38] Philip B. Taylor, Jr., "The Guatemalan Affair: A Critique of United States Foreign Policy," *American Political Science Review*, Vol.50, No.3 (Sept. 1956), p.792.

が予想されるリオ条約第6条との関連で敷衍すると、国際共産主義運動によってその政治機構を支配又は管理させているとして非難される米州国と他の米州諸国との関係において、右の事態が「武力攻撃ではない侵略」、「米州外もしくは米州内の紛争」又は「米州の平和を危くする虞のある他の何らかの事実もしくは事態」のいずれかに該当しうるかは疑問であり、まして、後二者のいずれかに該当する場合を仮定しても、そのような事態がそれ自体で、「米州のいずれかの国の領土の不可侵もしくは保全、又は主権もしくは政治的独立が……影響をうける」という集団的措置の発動要件を満足させると認定できるかは極めて疑わしい[39]。それにも拘らず一般的且つ事前の認定に基づいて「適当な行動をとることを審議するよう協議会議に要請する」ことは、実質的には、リオ条約第6条が規定する集団的措置の発動条件を緩和することになるといえよう[40]。

このような宣言が将来集団的干渉の口実に利用されることを恐れるラテン・アメリカ諸国は、カラカス決議の末尾に、決議で宣言された「外交政策」

[39] メキシコの反対意見もこの点を強調していた。しかし、米国の見解によれば、国際共産主義運動は不干渉の原則によって保護されないものとされていた。Charles G. Fenwick, "Intervention - At the Caracas Conference," *American Journal of International Law*, Vol.48, No.3 (July 1954), pp.451-452. ただ、この決議は条約ではないから、直ちに、リオ条約第6条の要件を緩和し、従って、ボゴタ憲章第15条を制限するものとは考えられない。しかし、カラカス会議は、「機構の一般的行動および政策を決定」する米州会議であったから、カラカス決議は、軽視されえない。更に、米州機構の決議は、一般に、最終議定書の調印により拘束力をもつことが慣習化されていると指摘されている。色摩力夫「米州機構の現状」『外交季刊』第6巻1号(1961年)6頁。なお、当時、米州機構理事会において米国を代表していたDreierは、「厳密に実際的・技術的観点からみると、このカラカス決議は『政治機構の支配又は管理』という概念を導入することによって、米州のいずれかの共和国における共産主義の問題を考える際に、新しい障壁をつくったことになる。……行動をとることに反対の国は、この法的障壁の背後で消極的な政策を擁護することになる……(ラテン・アメリカ諸国が)行動する意志さえあれば、リオ条約自体に基づいて行動する方が単純明快である」と述べている。Dreier, *supra* note 5, p.52. この懸念は、後に述べるように、キューバ問題において現実となる。なお、カラカス決議のもつ意味を「承認」および「干渉」の理論の側面から歴史的にあとづけたものとして、J. Irizarry y Puente, "The Doctrines of Recognition and Intervention in Latin America," *Tulane Law Review*, Vol.28, No.3 (April 1954), pp.313-342.

[40] Dihigoは、「集団的機関(Collective organ)による干渉は、いずれかの米州共和国の主権に対する攻撃、もしくはその国の真の独立に対する又は大陸の安全および平和に対する脅威となる国際共産主義の行動が明白な場合に直面したときのみ、合法的なものとみなされる」のであって、「右の場合は、既にリオ条約第6条に考慮されている」と述べている。Ernest Dihigo, "Legality of Intervention under the Charter of the Organization of American States," *Proceedings of the American Society of International Law*, Vol.51 (1957), pp.91-99.

が「米州各国の、自らの政府形態および経済体制を自由に選択しまた自らの社会的および文化的生活を営む不可譲の権利を害するためにではなく保護するために企画され」たことを確認する1項目を挿入し、さらに、この不可譲の権利の承認を一般的に謳った別個の決議、「カラカス宣言」を採択した[41]。そして、カラカス決議の追加項目の「実際的解釈」として次のように主張する学者もいる。

「……国際共産主義運動との連繫がないかぎり、特定の国家、それがグァテマラであれ又は他の国家であれ、はその国家がおこなおうとする経済体制上のいかなる改革をも自由に遂行することができた。グァテマラを例にとれば、決議はユナイテッド・フルーツ社の土地の収用の如き措置にまで決して及んでいなかった。……その結論は最終項目がなくとも明白であっただろう。何故なら、ソ連との連繫という考えは決議の表題においてのみならず『国際共産主義運動』に言及している宣言の第1段においても明らかに示されていたからである[42]」。

国際共産主義運動又は共産圏諸国との連繫が米州諸条約のいずれの条項に基づいて拒否されうるかを問わないとしても、国際共産主義運動による政治機構の支配又は管理といったことが明らかにされないかぎり、右の主張にも拘らず、追加項目の確認さえ十分な意味をもちえず、従って、カラカス決議の「外交政策」が、特定の政治制度もしくは経済体制、又は特定の国内もしくは対外の政策、ことに米国の経済的利益を害し又は害する虞のあるラテン・アメリカ諸国の経済改革に対して適用される危険は払拭されなかった。

ところで、カラカス決議の採択に直接の契機を与えたグァテマラ問題は、5月17日、米国国務省がグァテマラのプェルト・バリオス港にチェコスロバキアから1900トンにのぼる武器が到着したことを公表するに至って、まさに

---

41 カラカス宣言においても、「あらゆる形態の全体主義」には、この不可譲の権利が認められていない。
42 Fenwick, *supra* note 39, pp.452-453. 色摩力夫「米州における平和維持体制」『外務省調査月報』第1巻8号（1960年）12頁も、この見解を取り入れている。

カラカス決議が実施されねばならない事態に進展した[43]。米国はこれに対抗するために直ちにホンジュラスおよびニカラグアへの軍事援助を強化した。この措置の効果は1ケ月後に早くも現れて、6月19日、アルベンス政府は、グァテマラがホンジュラスに亡命中のアルマス大佐(Col. Castillo Armas)の率いる侵入軍の攻撃をうけたことに関して、ホンジュラスおよびニカラグアの政府および米国の在外独占資本の荷担を国連安保理事会および米州平和委員会に提訴した[44]。しかし、グァテマラ政府は、後者からは提訴を直ちに取り下げて、この問題の審議を全面的に前者に委ねた。そして、同政府は、20日の安保理事会が流血の即時の終結を要請するに止った後も米州平和委員会からの付託の招請を拒絶し、25日、20日の決議の履行を要求する再度の提訴が安保理事会によって審議を拒否されて後にようやく平和委員会の招請を受諾した。しかし、27日、委員会がほとんど活動を開始しないうちにアルベンス政府は崩壊した。このように米州平和委員会を始めとする米州機構の紛争解決手続を回避するグァテマラ政府の行動は、米州機構におけるもう1つの活動によって促進されていたことを知らねばならない。すなわち、米国を含む10ケ国は、26日、米州機構理事会に対して、「グァテマラ共和国に対する国際共産主義運動の明白な干渉およびこれが大陸の平和および安全にもたらす危険[45]」に対処するために、リオ条約の協議機関たる外務大臣協議会議の開催を要請した。この要請に基づいて、理事会は、28日、「国際共産主義運動によるグァテマラの政治機構への侵透から生ずる大陸の平和および安全に対するあらゆる面での危険、およびとるに望ましい措置を審議するために[46]」、リオ条約第6条および第11条に基づく外務大臣協議会議を7月7日に招集することを決定した。既に前日アルベンス政府が崩壊していたにも拘らず理事会が右の決定をおこなったのは、「新政府が共産主義に染っていないかを見きわめるには時期尚早であった[47]」からである。このように、米州平和委員会の活動とは別に、

---

43 カラカス会議前議のグァテマラをめぐる状況については、Taylor, *supra* note 38, pp.787-797.に詳しい。
44 安全保障理事会および米州平和委員会の活動については、I. 2.参照。
45 *Applications of the Rio Treaty*, Vol.1, *supra* note 34, p.159.
46 *Ibid.*, p.161.
47 28日の理事会における米国の主張、Taylor, *supra* note 38, p.800.

既にカラカス決議が実施されつつあった。カラカス決議の下での米州機構は、グァテマラによって侵略行為又はその援助の廉で非難されたホンジュラス、ニカラグアおよび米国に対してではなく、またこれらの諸国間の紛争の平和的解決という観点からでもなく、かえって、侵略の犠牲となっているグァテマラに対して行動を開始していたのである。従って、このような状況の下では、平和委員会の活動が理事会のそれから独立していても、アルベンス政府が前者に多くを期待できるかは疑わしく、まして米州機構に援助を求めることは事実上不可能であったといえよう。ただ、その後事態が、「好転」したために[48]外務大臣協議会議は開催されなかった。しかし協議会議の無期延期を決定した7月2日の理事会において、ペロン政府の下のアルゼンチンが、共産主義に反対する立場を明らかにしながらも如何なる理由にせよ米州のいずれかの国に対する武力干渉を憂慮して、アルベンス政府によって非難された諸国の行動を予定されていた外務大臣協議会議において審議することを主張したのは注目すべきであろう[49]。

　カラカス会議において、多くのラテン・アメリカ諸国は、共産主義の脅威よりはむしろ、又はその脅威に対処するためにも先ず、経済的・社会的諸問題の解決に関心をよせていた。そのような諸国もカラカス決議に同意せざるをえなかったのは、国際共産主義運動の浸透にも増して米国の単独行動を抑制するためのほかに、この決議に同意することなしには米国の経済援助を期待しえなかったからである[50]。この点で、カラカス決議は法的にのみならず政治的にも極めて脆弱であったといえよう。カラカス決議が示す方策が共産主義から米州を防衛するのに現実に有効であるかは、ダレス国務長官の提案を強く支持した独裁者の一人であるバチスタを打倒したカストロの下でのキューバをめぐって再度厳しく問われることになった。

48　Thomas & Thomas, *supra* note 21, p.310はグァテマラにおける共産主義に対して米州機構が措置をとれなかった点を非難している。
49　Taylor, *supra* note 38, pp.791-792.
50　C. Neale Ronning, "Intervention, International Law and the Inter-American System," in *Law and Politics in Inter-American Diplomacy* (J. Wiley, 1963), p.75.

(2) サンチャゴ宣言

1959年1月1日、ハバナにおいて成功したカストロによるバチスタ政府の打倒は、リオ・グランデの南では日常的な単なるクーデター以上の、キューバ人民大衆を基盤にした新しい社会体制の樹立を告げるものであった。それだけに、キューバ革命は、一方で、経済的・社会的後進性に悩む他のすべてのラテン・アメリカ諸国に1つの進路を示すとともに、他方で、反政府運動を活気づけられたカリブ海地域の諸国、および、キューバを含むラテン・アメリカ諸国に巨大な資産を保有し且つ米州への共産主義諸国の勢力の侵透に強く反対する米国を極度に警戒させて、以後、これらの諸国とキューバとの間に一連の緊張を惹起した。

米州機構がキューバ革命によって惹起された事態を初めて審議したのは、1959年8月、チリのサンチャゴで開催された第5回外務大臣協議会議においてである。当時、キューバ革命の影響の下にパナマ、ニカラグアおよびドミニカ共和国において相次いで発生した親カストロ・反政府暴動に関して、これらの諸国は、暴動が外国から侵入し又は援助をうける叛徒によってひきおこされたと理事会に提訴していた[51]。また、キューバ革命によって直ちに損われることのなかった米国とキューバとの関係も、6月にカストロ政府が農地改革法[52]を公布するに及んで、悪化のきざしを示していた。このように全般的に緊張を孕むカリブ海地域の状況に対処するためにブラジル、チリ、ペルーおよび米国の要請[53]に基いて開催されたサンチャゴ会議[54]は、「米州制度の諸原則および諸基準、とくに不干渉および不可侵の原則からみたカリブ海地域の緊張」、および「代議制民主主義の有効的実施および人権の尊重[55]」を審議した。サンチャゴ会議の成果のなかでとりわけ重要なものは、「サンチャゴ宣

---

51 *Applications of the Rio Treaty*, Vol.1, *supra* note 34, pp.325-365 (パナマ), pp.369-406 (ニカラグァ), pp.411-413 (ドミニカ共和国)。
52 農地改革法の問題点は、色摩力夫「キューバ・カストロ政権の外国系資産収用」田岡良一・田畑茂二郎監修『外国資産国有化と国際法』(日本国際問題研究所、1964年)、とくに、144-154頁参照。C. Garreau de Loubresse, "Les nationalisations cubaines," *Annuaire français de droit international*, tome 7 (1961), pp.215-226.
53 OEA/Ser. G/III/C-Sa-332.
54 この会議はリオ条約の協議機関としてではなく、ボゴタ憲章第39条に基づいて開催された。
55 OEA/Ser. G/III/C-Sa-333.

言」および「米州平和委員会に関する決議」である[56]。

サンチャゴ宣言は、米州諸国が代議制民主主義の諸原則、人権および基本的自由を遵守することにカリブ海地域の緊張の解決策を求めて、米州諸国の「政権および政府がどの程度民主主義制度と調和しているかを国内的および国際的世論が測定できるように」、次のような「西半球における民主主義制度のいくつかの原則および特質を一般的に述べ」たものである[57]。

1. 法の支配の原則は、権力の分立、および国家の権限ある機関による政府行為の適法性の統制によって保障されるべきである。
2. 米州諸共和国の政府は自由選挙に由来すべきである。
3. 権力の永久化、又は、一定の期限がなく且つ永久化の明白な意思を伴う権力の行使は、民主主義の有効的実施と両立しない。
4. 米州諸国の政府は、個人の自由の、および基本的人権の尊重に基づく社会的正義の制度を確保すべきである。
5. 米州諸国の立法にとり入れられた人権は、有効な司法手続によって保護されるべきである。
6. 政治的排斥の組織的な実施は米州の民主主義秩序に反する。
7. 新聞、ラジオおよびテレヴィジョンの自由、および、一般に、報道および表現の自由は、民主主義政権の存在のための基本的条件である。

「米州諸国の連帯およびそれを通じて追求される崇高な目的は、これらの諸国による代議制民主主義の有効的実施を基礎とする政治機構を必要とする」(ボゴタ憲章第5条d項)。この代議制民主主義の有効的実施 (the effective exercise of representative democracy) の要請は米州機構の諸会議において絶えずくり返され、また、すべてのラテン・アメリカ諸国によって少なくともリップ・サービスを常に払われてきた[58]。それにも拘らず、代議制民主主義の原則は、

56　サンチャゴ宣言および米州平和委員会に関する決議のテクストは共に、*Department of State Bulletin*, Vol.41, No.1054 (Sept. 7, 1959), pp.342-344参照。いずれも全会一致で採択された。
57　サンチャゴ宣言の前文。
58　米州における代議制民主主義を歴史的に考察したものとして、Ann Van Wynen Thomas & A. J. Thomas, Jr., "Democracy and the Organization of American States." *Minnesota Law Review*, Vol.46,

ボゴタ憲章第5条が「再確認」している米州機構の諸原則のうちで最も遵守されていないものの1つであるといわれている[59]。それに止らず、とくにカリブ海地域においては独裁政権の存続およびクーデターの続発が、亡命国の多少とも明白な支持を受けた政治亡命者の破壊活動およびそれに基づく紛争を慢性化していた。今回のカリブ海地域の緊張も、ベネズエラの独裁者ペレス・ヒメネス (Marcos Pérez Jiménez) の失脚およびキューバ革命の影響の下にこの地域において反政府運動が一般化したこと、またそれに伴って、ベタンクール (Rómulo Betancourt) およびカストロの民主政権とニカラグアおよびドミニカ共和国に存続する独裁政権との対立がにわかに激化したことを原因としていた。ただ当時は、とくにキューバ革命の影響の下で、独裁政権は劣勢におかれていたことが指摘されよう。トルヒーリョ政府は、「ベネズエラ政府の関与を得てキューバ領土において組織された」2度にわたるドミニカ共和国への侵入を理事会に提訴したが、ほとんど支持を得られなかったためにその苦情を撤回しなければならなかった[60]。そして、ベネズエラおよびキューバは、ニカラグアおよびドミニカ共和国による非難を否定しながらも、かえって、不干渉の原則の利益を民主主義国にのみ留保して右の独裁政権に対する集団的干渉を強く要求した[61]。このような状況において、サンチャゴ会議は、一方で、ベネズエラおよびキューバの主張を拒否して、「内乱の場合における国家の権利および義務に関する条約」に示される不干渉の基本原則を堅持しつつも、他方で、サンチャゴ宣言を採択することによって、独裁政権に対して警告を与えるとともに、代議制民主主義の原則を具体化してその有効的実施を促進しようとした。この点で、サンチャゴ宣言は、ボゴタ憲章第5条d項の規定の枠内においてではあるが[62]、代議制民主主義に対する米州機構の積極的な態度を示すものと評価できよう。

しかし、このサンチャゴ宣言は、共産主義からの米州の防衛という米国の

No.2 (1961-62), pp.338-379.
59 Castanêda, *supra* note 23, p.384.
60 *Applications of the Rio Treaty*, Vol.1, *supra* note 34, pp.413-414.
61 Ronning, *supra* note 50, p.76. 所謂Cordón Sanitarioの主張である。
62 ボゴタ憲章第5条d項の法的拘束力は、一般に、否定されている。*cf.* Thomas & Thomas, The OAS, *supra* note 5, p.220.

政策の基調との関連で重要な、従って将来のキューバにとって極めて危険な、他の側面を備えていたことに留意しなければならない。先ず、米州機構において代議制民主主義は、独裁政権下のラテン・アメリカ諸国におけるその有効的実施を促進するための積極的な方策がとられなかったこととはなれても、現実に、それらの独裁政権に対する以上に共産主義又は国際共産主義運動との関係において主張又は処理されてきたといえる。この点でとくに想起されるのは、共産主義に対する米州諸国の非難の先駆がボゴタ会議の「米州における民主主義の維持および防衛」に関する決議にみいだされることである。以後、所謂反共宣言は米州における代議制民主主義の防衛というかたちをとってきた。従って、サンチャゴ宣言の前文もまた、右の決議についての詳細な言及のなかで、政治的、市民的権利および自由を抑圧する傾向をもつものとして「とくに国際共産主義の行動」を指摘していることは、この宣言が、その起草に直接の契機を与えた独裁政権から共産主義政権へと非難の標的を容易に移しうることを示しているといえよう。そして、米州機構における独裁政権—代議制民主主義—共産主義の一般的関係から既に導かれるこの可能性がカラカス決議の下で考察されるとき、サンチャゴ宣言のもう1つの側面がより明らかになる。すなわち、サンチャゴ宣言は、「西半球における民主主義制度のいくつかの原則および特質」を列挙することによって、「国際共産主義運動による米州国の政治機構の支配又は管理」を認定するための1つの具体的な手がかりを提供する点で、カラカス決議を補充していた。

　サンチャゴ会議は、それがリオ条約でなくボゴタ憲章を基礎としていたことにも示されるように、いずれかの国に対して集団的措置をとるためではなく、またいずれかの国に対する非難を公開又は審査するためでもなく、カリブ海地域の緊張一般を審議するために開催された[63]。そして、事態がキューバ革命と密接なつながりをもっており、また、米国・キューバ関係も悪化しつつあったが、会議にはカリブ海の底流をなしているキューバ問題が直接に想起されることはなかった。しかし米国は、反政府暴動のいくらかが大陸

63　米国は、サンチャゴ会議の招集を決定した理事会において、この点を強調していた。*Department of State Bulletin*, Vol.41, No.1048 (July 27, 1959), p.131. なお、サンチャゴ会議におけるハーター国務長官の演説にもこの点が強調されている。*Ibid.*, No.1053 (August 31, 1959), pp.301-302.

外の勢力の利益を代表し又は国際共産主義運動の侵透をうけていることに対する懸念を最初からはっきりと表明していた[64]。そして、代議制民主主義の原則の再確認の実際的効果こそ、会議における米国の立場を最も正確に表しているのである。つまり、サンチャゴ宣言は、一方で、独裁政権をボゴタ憲章の規定の枠内において非難するとともに、他方で、国際共産主義運動の侵透をうけているとして非難される虞のある政府に対するリオ条約の適用を容易にするという二重の機能をもっていた。前者において多くのラテン・アメリカ諸国の要求が、また後者において米国の要求が満たされたといえよう。そして何よりも、米国の主張する反共政策に、代議制民主主義の有効的実施というより積極的な根拠が与えられた。キューバは他のすべてのラテン・アメリカ諸国と共にサンチャゴ宣言を支持したが、「人民には抽象的な意味での自由および民主主義以上の何かを与えねばならない」と主張して、農業改革に示される一連の社会改革を遂行しているカストロ政府が、「西半球における民主主義制度」を採用するかは極めて疑わしく、従って、サンチャゴ宣言は、キューバ革命の進展およびそれに伴う米国・キューバ関係の悪化如何によっては、将来カストロ政権に向けられる可能性を秘めていた。

デュピュイ(René-Jean Dupuy)に倣って[65]、サンチャゴ宣言が米州制度の基礎にある政治的イデオロギーをより明確に定義した規範面での措置であったとすれば、事態の現実に対処するための具体的な活動が「米州平和委員会に関する決議」に示されたといえよう。この決議によって平和委員会は次の3つの問題の審議を委託された。

1. 合法政府を転覆すること、又は干渉の口実もしくは侵略行為を挑発することを企図する外国からのすべての活動を防止するための方法および手続。
2. 一方で人権の蹂躙および代議制民主主義の不履行と、他方で西半球の平和に影響を与える政治的緊張との関係。
3. 経済的低開発と政治的不安定との関係。

64　*Ibid.*, p.303.
65　Dupuy, *supra* note 29, p.201.

更に、この決議によって平和委員会は、右記の任務の遂行に際して、新たに、関係「政府の要求により又は自己の発意に基づいて行動する」権限を与えられた。しかし、「それぞれの国の領域においておこなわれねばならない調査の場合には、その国の明示の同意を条件とする」という制限は従来通り維持された。

委員会に審議を委託された個々の問題をここで再度論ずる必要はないであろう。ただ、そこには、民主政権に対しての行動の抑制の要求、独裁政権に対しての人権の保護および代議制民主主義の実施の要求、および米国に対しての経済的援助の要求という重要な諸問題が適当に結びつけられてすべての諸国が受諾できるように配列されていること、しかし、これらの問題は、決議も述べている如く「サンチャゴ会議の招集の対象であった問題」であるから、その具体的な取扱いは、サンチャゴ宣言の実際的機能と同様、カリブ海地域の事態の推移に従うこと、を指摘すれば十分であろう。ここではむしろ、新たに委員会に付与された任務および権限がその機能および性格に及ぼす影響について若干ふれておこう。

米州平和委員会がボゴタ条約に代る又はリオ条約を補足する紛争解決手続として利用され、またある程度その成果を挙げてきた主な理由は、委員会がボゴタ憲章の枠外にあるために米州機構の活動に直接影響されることなく特定の紛争に適した柔軟な行動をとれること、および委員会独自の権限および活動範囲が限定されているためにかえってラテン・アメリカ諸国の接近を可能にしたことにあったといえる[66]。たしかに、これらの特徴はそれ自体で平和委員会の有効な機能を保障するものではなく、また逆に、任務・権限の強化が直ちに委員会の機能を損うともいえないであろう。しかし、グァテマラ事件に際してのアルベンス政府の行動は、理事会を中心とする米州機構の活動が、紛争当事者に、従ってまた委員会の紛争処理機能に与える影響が如何に大きいかを示していた。そして、このグァテマラ事件の教訓は、カリブ海

66　Dreier, *supra* note 5, pp.37-39. *cf.* Fenwick, "Peace Committee," *supra* note 34, pp.770-772; Fenwick, "Inter-American Regional Procedures," *supra* note 34, pp.12-21; Gilles Fuchs, "La commission interaméricaine de la paix," *Annuaire français de droit international*, tome 3(1957), pp.142-152.

地域の緊張の底流をなしていたのがキューバ問題であるだけに、一層重要である。米州平和委員会は、従来、すべての関係国の同意を条件として特定の紛争に介入する権限を認められていたが、サンチャゴ会議において、関係政府の要請又は自己の発意に基づいてカリブ海地域の事態全体を対象として行動することが認められたことにより、単に従来有していた機能を拡大・強化されたというよりむしろ、外務大臣協議会議の補助機関としての新たな地位を与えられたといえよう。そして、決議は委員会の新たな任務および権限を、1961年にキトーで開催を予定されていた第11回米州会議までと限定していたが、米州会議が開催されなかったために、委員会は引きつづいてカリブ海地域の緊張にまき込まれていた。従ってこのような委員会には、それ本来の紛争解決手続としての機能をあまり期待できなかった[67]。しかしそれに止らず、委員会は、事態の発展の結果、ボゴタ憲章に基づくサンチャゴ会議によって委託された任務を履行することによって、事実上、リオ条約の協議機関たる外務大臣協議会議の招集および集団的措置の発動のための資料を準備するに至るのである。後に述べるプンタ・デル・エステ会議がそれである。

(3) サン・ホセ宣言

カリブ海地域の事態は、サンチャゴ会議によって緩和されるどころか、かえって、当時はまだ明確なかたちをとっていなかった2つの方向に悪化の一途を辿った。その1つは、サンチャゴ会議の直接の対象であった独裁政権と民主政権との対立の激化であり、他は、会議にははっきりと登場していなかったキューバをめぐる事態の表面化である。事態のこのような進展は、たしかに、サンチャゴ会議が解決策として提示した代議制民主主義が左・右両政権から挑戦をうけていることを意味した。事実、サンチャゴ会議においてキューバ政府と提携して独裁政権に対抗したベタンクールは、今やトルヒーリョおよびカストロの両者からの攻撃の対象となっていた[68]。しか

---

67 例えば、サンチャゴ会議での決議に基づいて、1961年10月、ペルーが米州機構理事会に提訴したキューバに対する苦情を米州平和委員会が調査したとき、キューバは、委員会の越権を強く抗議している。Report of the Inter-American Peace Committee to the Eighth Meeting of Consultation of Ministers of Foreign Affairs. 1962, Appendices to Part II 3, 4 and 5.

68 Thomas & Thomas, *supra* note 5, p.318は、カストロがベタンクールに対抗するためにトルヒーリョと提携した、と述べているがこの点は明らかでない。

し、更に重要なことに、事態がドミニカ共和国・ベネズエラおよびキューバ・米国の2つの対立に収斂されるに伴って、そして、前者の対立はドミニカ共和国によるベネズエラへの干渉へと発展しまた後者の対立はキューバとソ連との提携によって一層激化するに及んで、ラテン・アメリカ諸国と米国との間で、サンチャゴ宣言についての評価の相違が明瞭に示されるに至った。すなわち、ラテン・アメリカ諸国はサンチャゴ宣言によってドミニカ共和国およびキューバを非難しつつも、トルヒーリョ政府に対してはリオ条約にのみ基づいて制裁を要求した。他方、米国は、サンチャゴ宣言をカラカス決議に結びつけてカストロ政府に対する集団的措置を要求するとともに、トルヒーリョ政府に対する制裁が第2のキューバ革命に導くことを懸念しなければならなかった。

米州機構は、1960年8月、コスタ・リカのサン・ホセにおいて引き続いて2度の外務大臣協議会議を開催した[69]。ドミニカ問題を審議したリオ条約の協議機関たる第6回会議およびキューバ問題を審議したボゴタ憲章に基づく第7回会議がそれである。後者は、米国の反共政策に対するラテン・アメリカ諸国の支持の従ってまた米州機構の傾斜の限界を示しまた前者は、米国がキューバに対する集団的措置の発動を要求するための跳躍台を提供した。従って両者は相互の関連で考察されねばならないが、ここでは先ず後者を考察することによって、本節を結ぼう。

既にサンチャゴ会議当時農地改革法をめぐって緊張を孕んでいた米国・キューバ関係は、1960年7月6日、米国政府がキューバ糖の輸入割当の削減を決定し[70]、他方キューバ政府は報復措置として更に米国人資産を国有化するに及んで、悪化を極めた。これに加えて、ソ連がキューバに、米国によって、削減された量に相当するキューバ糖の購入を申し出るとともに米国の武力侵

69　René-Jean Dupuyは、この2つの外務大臣協議会議を相互の関連において、極めて刻明に描いている。Dupuy, *supra* note 29, pp.204-224.

70　R. P. Stebbins ed., *Document on American Foreign Relations 1960*（Harper and Bro.）, pp.474-476. このなかで、大統領は、この措置の理由として、キューバがソ連とバーター取極に基く貿易をおこなっており、かつ、その支払いにキューバ糖をあてているから、今後、米国に対しての安定したキューバ糖の供給が望めなくなったことを指摘している。なお米国政府は同年12月16日にキューバ糖の輸入割当を削除した。*Ibid.*, p.527.

略に際しての全面的援助を約束[71]したことは、キューバをめぐって直接に米・ソの対立を惹起した。このように、キューバ問題は、米国・キューバ紛争の表面化に加えてソ連の介入という事態の新たな局面を伴って、米州機構においてとりあげられることになった。

キューバ政府は、7月11日、キューバに対する米国の干渉政策および侵略的行為を国連安保理事会に提訴したが、理事会は、19日の決議でキューバ・米国紛争を米州機構の審議に委ねるに止り、緊張を緩和すべき成果をあげることができなかった[72]。他方、安全保障理事会へのキューバの提訴につづいて、ペルーは、米州機構理事会に、「事態の種々の局面および反共を米州制度において有効な原則、基準および義務に照して審議する」ためにサンチャゴ会議と同様ボゴタ憲章第39条に基づく外務大臣協議会議の開催を要請した[73]。安全保障理事会の決議に際して考慮されていた第7回外務大臣協議会議は、しかし、カストロ政府の国内での社会改革の促進および対外関係での共産圏諸国との提携等に示される如く革命後のキューバが進む道が明らかとなった状況の下で、キューバの苦情についてはアド・ホック調停委員会を設けたに止り、かえって、次のような条項を含むサン・ホセ宣言[74]を採択した。

1. 米州諸共和国の内政に対する大陸外の国の干渉又は干渉の脅威を、それが条件付きの場合にも、強く非難し、また、米州のいずれかの国による大陸外からの干渉の脅威の受諾は、米州の連帯および安全を危くするものであり、従って米州機構は同様に強力にそれを非難しかつ拒否する義務を負っていることを宣言する。
2. 米州のいずれかの国の政治的、経済的又は社会的事態を利用しようとする中・ソ諸国の企図は西半球の団結を破壊しまた西半球の平和および安全を危くする虞があり、従ってそのような企図もまた拒否する。……

---

71 *Ibid.*, p.476.
72 後述I. 2. (2)(キューバ・米国紛争)
73 OEA/Ser. G/III/C-Sa-329(1), OEA/Ser. G/III/C-Sa-380.
74 サン・ホセ宣言のテクストは、*Department of State Bulletin*, Vol.43, No.1107(Sept. 12, 1960), pp.407-408 の非公式英訳によった。なおキューバは投票前に退場、また、ドミニカ共和国は第7回外務大臣協議会議に欠席。

米国は、既に、2度にわたって米州平和委員会に送付した覚書[75]のなかで、カリブ海地域の緊張の悪化に関してキューバの責任を厳しく且つ詳細に追求してきた。サン・ホセ会議においてハーター国務長官がおこなったカストロ政府に対する非難は、右の覚書の域をでるものではない。同長官の見解に沿ってみてみると、キューバは、米州制度を無視した行動[76]のほか、とくに次の点で非難された。キューバにおいて活動を許されている唯一の政党は共産主義政党であるだけでなく、この政党は労働組合、農業組合、人民軍を始めキューバにおけるあらゆる形態の社会・政治機構に侵透し且つそれらを支配している。キューバにおいては、政府指導者自身がくり返し言明しているように、反共産主義は反革命と同義に理解されている。また、キューバ政府は、その外交政策において、ソ連および中共を増々支持しており、ことに、米国に対するミサイル爆撃を伴うソ連によるキューバの支援を歓迎した。また、キューバの領土は他の米州諸国への共産主義の輸出基地として使用されている。これらの理由からキューバにおける共産主義の支配が断定されている。更に、このことを補強する事実として、キューバを含むすべての米州諸国によって同意されたサンチャゴ宣言のすべての条項の違反が指摘され、このような代議制民主主義および人権の尊重の諸原則からの乖離は、カストロ政権が大陸外の共産主義勢力の支配をうけている証拠とされている[77]。

　カラカス決議が、「国際共産主義運動による政治機構の支配又は管理」という表現を用いていたことは、サンチャゴ宣言によってそのような事実の認定のための実質的な手がかりを与えられたにもかかわらず、専ら自国民の力によって成立した、その意味で土着の共産主義政権であるカストロ政府に右の決議を適用する際には、不干渉の原則を強く主張するラテン・アメリカ諸国の消極的な政策の口実となることが予想された[78]。サン・ホセ宣言の第1項は、

75　6月27日付覚書, "Provocative Actions of the Government of Cuba Against the United States Which Have Served to Increase Tensions in the Caribbean Area," *Department of State Bulletin*, Vol.43, No.1099 (July 18, 1960), p.79; 8月1日付覚書, "Responsibility of Cuban Government for Increased International Tensions in the Hemisphere," *Ibid.*, Vol.43, No.1105, p.318.

76　カストロ政府がリオ条約を支持しないことを表明したことおよび、米国に対する苦情を米州機構に付託せず、直接に安全保障理事会に提訴したことなど。

77　*Department of State Bulletin*, Vol.43, No.1107 (Sept. 12, 1960), pp.396-400.

78　この点は、既にカラカス決議を考察した際に言及した。

ハーター長官が強調したように、今日における大陸外からの干渉は、大陸外の国に忠誠を誓う機関＝共産主義政権による権力の行使という形態をとることを理由に、米州における共産主義政権の存在自体を「大陸外からの干渉の脅威の受諾」と認めて、米州機構がこれを拒否すべき義務を宣言することにより、カラカス決議に伴う難点を除去しようとしたものといえよう。

このように、サン・ホセ宣言に至るまでの反共政策への米州機構の傾斜は、カラカス決議の具体化、すなわちリオ条約第6条の要件の緩和の過程であった。しかし、カラカス決議は、その適用のための技術的難点を除去されたけれども、そして除去されたが故になおさら、その法的・政治的脆弱性をはっきりと示していた。2つのサン・ホセ会議において、米国は、ベネズエラに干渉を企てたトルヒーリョ政府と、国内でサンチャゴ宣言を無視しまた対外関係で中・ソ諸国との提携を強めるカストロ政府とを同一平面で処理しようとした。しかし、リオ条約を堅持するラテン・アメリカ諸国にとって、前者の非難されるべき行動は明らかであったが、後者のそのような行動は何ら確証されていなかった。更に、米国の要求するキューバへの集団的措置の発動をラテン・アメリカ諸国は拒否したばかりでなく、これらの国にとっては、カストロ政府を直接に非難することさえ、自国内の親カストロ分子に対する懸念から、受諾しえないことであった[79]。このような状況で、米国とラテン・アメリカ諸国に妥協の契機を提供していたのは、キューバに対するソ連の介入であった。モンロー主義へのこの明白な挑戦に対して、ラテン・アメリカ諸国は米国と結束することにより、米国の過大な要求を外部にそらすことに成功した。既にキューバ革命によって亀裂が生じていた「米州の連帯」はまだ対外的には効力を維持していたのである。

2 米州機構先議の主張

国連憲章第33条1項は、紛争の平和的解決一般について、紛争を、国連に付託するに先立って当事者が選ぶ平和的手段による解決を求めることを要求するとともに、そのような手段の1つとして「地域的機関又は地域的取極の利用」を挙げている。ところで、憲章52条は、地方的紛争に関して、一方で第

---

79 Dupuy, *supra* note 29, pp.205-206, 218.

33条の規定を敷衍して、地域的機関の加盟国が先ず地域的機関によって平和的に解決するようにあらゆる努力をすること、および、安全保障理事会が、関係国の発意に基づくか又は理事会からの付託によるかを問わず、地域的機関による平和的解決の発達を奨励することを要求している(2項および3項)が、他方で、第34条および第35条の適用を保障している(4項)ために、地方的紛争に関して、地域的機関の加盟国が先ずその機関によって平和的解決を求める義務が必ずしも明確にされていない。

　ダンバートン・オークス提案は、地域的機関による紛争の平和的解決に関して、憲章第52第3項に相当する規定しかおいていなかった(第8章C節1項後段)。既にメキシコ・シティー会議以前に紛争の平和的解決に関して米州制度の自律的機能を主張していたラテン・アメリカ諸国[80]は、サンフランシスコ会議(提案第8章C節「地域的取極」を担当した第三委員会・第四分科会)においても、地方的紛争はできるかぎり地域的機関の枠内で解決されねばならないことを強調した。これらの国の主張は、要約すれば、地方的紛争に安全保障理事会が介入できる場合を、(1)地域的行動が失敗した場合、(2)地域的機関の加盟国以外の国の平和および安全が脅かされる場合、および(3)地域的機関の要請に基づく場合、に限定することにあった[81]。従って、「安全保障理事会は、何らかの地域的解決の手続がとられている場合、いかなる介入をも差し控え、また、とられた手段が紛争を解決するに適していることが判明すれば、最終審の機関たる機能を果すにとどまる[82]」ことが要請された。この要請に基づいて、提案第8章A節3項(憲章第33条1項に相当)が列挙する平和的解決手続に地域的取極又は地域的機関の利用が加えられ、また憲章第52条2項に相当する規定が新たに設けられたが、同時に設けられた憲章第52条4項に相当する規定は、ラテン・アメリカ諸国の主張とは反対に、米州の紛争に対する安全保障理事会の権限を確認していた。これについて、ペルーは次のように懸念

80　Kunzによれば、これらの諸国は、地域的紛争の手続が進行中は、安全保障理事会は介入を差し控えるべきであり、その問題が地域的集団を越えて平和を危くする場合にのみ介入してもよいと考えていた。Josef Kunz, "The Inter-American System and the United Nations Organization," *American Journal of International Law*, Vol.39, No.4(1945), p.763.

81　UNCIO, Vol.12, pp.764-784. なお、ブラジルは、地域間紛争(inter-regional disputes)を挙げている。*Ibid.*, p.836が、これも(2)のなかに入れられよう。

82　ベネズエラの主張。*Ibid.*, p.783.

を表明している。

　「……末尾の規定は、実際には、地域的機構および安全保障理事会による同時の紛争処理、又は地域的機関によってとられている適当な行動に対する安全保障理事会の側での信頼の欠如に帰着する虞がある。この2つの可能性のうち、前者は不都合であり、また後者は受諾できない。……地域的機関が平和的解決を確保することに失敗した場合、そしてその場合にのみ、安全保障理事会の管轄権が適用されるべきである。……これとは反対に、第8章A節第1項（憲章第34条に相当）の規定は……管轄権の重複（a double jurisdiction）を設定しているように思われる[83]」。

　一方、この分科会の議長を務めていたジェラス・カマルゴ（Alberto Lleras Camargo）は、コロンビア代表の資格において、ペルー代表に反論した。彼の見解によれば、一方で、安全保障理事会は、その行動を、自己の発意に基づくか又はいずれかの国の要請によるかを問わず、平和を危くする虞のある事態を調査し、またその問題の地域的解決を促進するに止めるべきであり、他方で、地域的機関の加盟国は、問題を安全保障理事会に付託する前に、地域的機関を通じて平和的解決を達成するようにあらゆる努力をおこなう義務を負っているので、「安全保障理事会と地域的機関との間に、一定の平和的解決を提案する権限又は管轄権の重複はないし、またありえない[84]」。しかし、地方的紛争への第34条および第35条の適用を保障している問題の第52条4項からだけでなく、国際の平和および安全の維持に関する主要な責任を安全保障理事会に負わせている第24条、および紛争の平和的解決に関する憲章の規定全体の文脈からみても、地方的紛争の処理のための特別な手続を第52条に読みとることは困難であり[85]、従って、サンフランシスコ会議での右の諸決

83　*Ibid.*, p.685.
84　*Ibid.*, pp.686-687.
85　H. Kelsenは次のように述べている。「もし第52条の規定によって第6章の規定を限定すること、すなわち、地方的紛争の平和的解決のための手続を他の紛争の平和的解決のためのそれとはちがった方法で組織することが意図されていたならば、この趣旨の条項を第6章に挿入することが必要であった。というのは、第6条の規定は第52条の規定に先行しており、且つ、地方的紛争を含むすべての紛争にわたる一般的な文言で規定されているからである」。Hans Kelsen,

定が、カマルゴが結論する如く「米州諸国にとって完全に満足できるものである」かは疑問であった[86]。

　米州諸国は、国連憲章のなかで、米州の紛争への国連の介入を明確に制限することはできなかったが、米州の紛争に関して審議の優先を自己の地域的機関に与えることによって、同一の目的をいわば裏面から達成しようとした。これらの諸国は、米州機構の3つの基本条約のなかで、その相互間の紛争を国連の総会又は安全保障理事会に付託するに先だって米州機構の平和手続に付託することを約束している[87]。しかし、国連憲章第103条により国連憲章に基づく米州諸国の義務が米州の諸条約に基づくそれに優先するほか、右の基本条約自身も、そこに掲げられた規定が米州諸国の国連憲章に基づく権利義務を害するように解釈されてはならないことを確認している[88]ことから、米州の紛争に関してどの程度有効に米州機構の先議が主張され、従ってまた国連の介入が阻止されうるかは、米州機構が紛争処理に関して現実にどの程度有効に機能するかに多くを依存していた。

　　The Law of the United Nations (F. A. Praeger, 1950), p.436. また、L. M. Goodrich and E. Hambro, Charter of the United Nations (2nd and revised edition, World Peace Foundation, 1949), p.315 も、第52条4項は第34条および第35条しか言及していないが、安全保障理事会が第24条に基づいて負っている国際の平和および安全の維持に関する全面的な責任、および第36条と第37条との特別な規定を考慮して、「紛争が地域的取極又は地域的機関が現実に危くされる事が存在することが明らかになった場合、安全保障理事会がその通常の機能を果す権限を否定する意図は、第52条の下にない」としている。なお、Yepes, J. M. は安全保障理事会の権限を第34条に基づく調査に限定し、「地域的機関の加盟国間の紛争の解決は、この機関の排他的権限に属する」としている。J. M. Yepes, "Les accords régionaux et le droit international," Recueil des cours, tome 71 (1947-II), p.279.

86　キューバは、地域的機関と安全保障理事会との間で、後者が介入すべきかどうかに関して見解の不一致が生じた場合、その問題を直ちに総会に付託して最終的な解決を求めるべきである、と主張していた。UNCIO Vol.12, p.772.
87　ボゴタ憲章20条、「米州諸国間に生ずることのあるすべての国際的紛争は、国際連合安全保障理事会に付託される前に、この憲章に掲げる平和的手続に付されねばならない」。リオ条約第2条、「……締約国は、相互間に起ることのあるあらゆる紛争を平和的解決という方法に付することと、および、相互間の右紛争を、国際連合の総会又は安全保障理事会に付託するに先だって、米州機構において実施中の手続きによって解決することに努めることを約束する」。ボゴタ条約第2条、「締約国は国際紛争を、国際連合安全保障理事会に付託する前に、地域的な平和的手続によって解決する義務を承認する」。
88　ボゴタ憲章第102条、「憲章の規定は、加盟国の国際連合憲章の下における権利義務を害するように解釈されてはならない」。リオ条約第10条、「この条約のいずれの規定も、国連憲章に基づく締約国の権利および義務を害するものと解釈されてはならない」。

(1) グァテマラ事件

国際連合において提起された最初の米州の問題であるグァテマラ事件は、反共政策に傾斜した米州機構の平和維持機能を問うとともに、米州の平和および安全の維持、とくに米州諸国間の紛争の処理に関しての国際連合と米州機構の関係が論議される最初の機会を与えた。

1954年6月19日、グァテマラのアルベンス政府は、安全保障理事会議長に宛てた電報[89]のなかで、米国の支援をうけたホンジュラスおよびニカラグアの侵略行為を非難するとともに、国連憲章第34条、第35条および第39条に基づいて、安全保障理事会に、グァテマラに対しておこなわれつつある侵略を終結させるに必要な措置をとるよう要請した。グァテマラ政府は、安全保障理事会にと同時に米州平和委員会にも提訴したが、その後直ちに後者に前者が行動をとるまで審議を停止するよう要請した[90]ため、事実上、米州機構の紛争解決手続を回避していた。そして、このことが、20日の安全保障理事会において、グァテマラ政府の苦情を米州機構に付託することを求めるブラジル・コロンビア決議案[91]が提出される道を開いていた。

グァテマラは、安全保障理事会が事態を調査するためにグァテマラおよび他の諸国に監視委員会を派遣することを要求する[92]とともに、直接に安全保障理事会に提訴した自国の行動の法的根拠を次のように示した。すなわち、グァテマラは、憲章第34条および第35条に基づいて、「安全保障理事会に提訴する争われえない権利をもっている[93]」。また、グァテマラは、ホンジュラス又はニカラグアとの間に「紛争(dispute)」をもっているのではなくこれらの国によって「侵略(aggression)」をうけているのであり、従って、安全保障理事会へのグァテマラの提訴は「紛争」ではなく「侵略」に関するものであるから、本件には、「紛争」に関してのみ規定する国連憲章第33条および第52条2項は適

89　United Nations Security Council, Official Records (SCOR): 9th Yr., Supplement for April, May and June 1954 (U.N.Doc.S/3236 (20 June 1954)).

90　"Report of the Inter-American Peace Committee on the Controversy between Guatemala, Honduras, and Nicaragua, 8 July 1954," *Annals of the Organization of American States*, Vol.6 (1954), pp.239-241.

91　U.N.Doc. S/3236, June 1954.

92　SCOR: 9th Yr., 675th Mtg., 20 June 1954, paras.44-46.

93　*Ibid.*, para.104.

用の余地がなく、むしろ第34条および第39条が適用される。同じ理由により、ボゴタ憲章第20条も適用されえず、また米州平和委員会は行動する権限がない[94]。このようなグァテマラの主張はソ連によって全面的に支持された。ソ連の見解によれば、第52条2項は侵略がまだ発生していない事態を想定しているのであり、また、グァテマラに対して侵略が既に開始されている状況の下で米州機構に問題を付託することは、国連の迅速且つ有効な行動を確保するために国際の平和および安全の維持に関する主要な責任を安全保障理事会に負わせている第24条からみて、正当化されえないことであった[95]。このように、グァテマラおよびソ連は、米州機構に審議の優先を与えることの法的基礎を争うと同時に、そしてそれ以上にむしろ、事態の急迫性に注意を喚起することによって、「紛争当事者の一方を強制してその国が受諾したくない手続に従わせるために、問題を手続的に解決しようとする企図[96]」にほかならない決議案に反対して、安全保障理事会自身が有効な措置を迅速にとることを主張した。

これに対して、コロンビアは、次のように、米州機構の先議を法的に主張することによって、決議案を正当化しようとした。

「……第52条2項はすべての加盟国に先ず地域的機構に提訴する義務を課しており、従って、地域的機構は必然的に第一審法廷(the court of first appeal)である。憲章に署名した国はこの義務を引き受けたのであるから、これは放棄されうる権利なのではない[97]」。

しかし、決議案を支持した他の理事国は、コロンビアとは違って、米州機構の先議を法的に主張するよりむしろ実際的な理由に基づいて、米州機構への付託を要求していた。これらの諸国を代表するフランスは、米州機構を構

94　*Ibid.*, paras.101-104
95　*Ibid.*, paras.144-146. ソ連は、更に、当事者の一方がこの手続(米州機構への付託)を既に拒否しているから決議案を採択することは憲章第36条2項の違反である、とも述べている。
96　*Ibid.*, para.146.
97　*Ibid.*, para.73. なおキューバも安全保障理事会議長宛の書簡(U.N.Doc. S/3235/Rev.1)のなかでコロンビアと同様の見解を表明している。

成する諸国が「協力して活動することに久しく慣れており、歴史的および地理的な絆によって互に結びつけられており、またこれらの諸国の間では、より大きな規模の国際組織におけるよりも容易に了解が達成されうる[98]」ことを指摘した。当の米州諸国についていえば、米国は、「事態が何処で最も迅速且つ効果的に処理されうるか[99]」という観点にたっており、また、決議の共同提案国であるブラジル、および利害関係国として理事会の討議に参加したホンジュラスおよびニカラグアもこの実際的理由を強調した。事実、決議案自身もグァテマラの苦情を米州機構へ付託する法的根拠としては「国連憲章第8章の諸規定」を挙げているに止まり、むしろ、「米州の平和および安全の維持に関する問題を効果的に処理できる米州の機関が利用可能なることに留意」していた。

更に、注意すべきことに、決議案を支持した諸国の多くは、グァテマラ問題に対する安全保障理事会の権限を明示又は黙示に承認さえしていた。例えば、米国は、「決議案は安全保障理事会から責任を免除しようとしていない。それは米州機構に何か有益なことをなしうるかを考えるように求めているにすぎない[100]」と考えていた。また、フランスは、安全保障理事会が、グァテマラの要請を緊急事項として米州平和委員会に付託することによって、自己の責任を平和委員会に負わせようとするのではないことを強調するとともに、まさにこのことを示すものとして、流血の即時の終結を要請する条項をブラジル・コロンビア決議案に追加することを提案した[101]。そして、米州機構への付託を主張するすべての国がこの提案を支持したことにより、安全保障理事会の権限はすべての理事国によって確認されたといえよう。

一方、ソ連は、米州機構への付託を、憲章の規定に基づいてのみならず、更に重要なことには、「グァテマラはその機構から何ら有益なことを期待できない[102]」という実際的な理由からも反対していた。たしかに、明らかにアル

98　SCOR: 9th Yr., 675th Mtg., 20 June 1954, para.75. フランスと同様にイギリスおよびブラジルも米州諸国の歴史的・地理的緊密性を強調した。para.89.(イギリス) para.67.(ブラジル)。
99　*Ibid.*, para.156.
100　*Ibid.*, para.170.
101　*Ibid.*, paras.75-77.
102　*Ibid.*, para.119.

ベンス政府を対象としているカラカス決議の下での米州機構にグァテマラが紛争の公平な処理を期待することは困難であり、まして侵略に対処するための援助を求めることは事実上不可能であった。しかしそれに止らず、「事態は侵略を伴っておらず、グァテマラ人に対するグァテマラ人の反乱にすぎない[103]」と主張する米国が、ホンジュラスおよびニカラグアとともに、カスティージョ・アルマス大佐に率いられる侵入軍を支援している状況においては、「米州機構に問題を付託して討議し且つ決定を下す余裕を与える間にグァテマラが圧倒される[104]」虞があった。従って、ソ連は、米州機構先議の主張の理由の如何を問わず、またフランスの追加条項によって安全保障理事会の権限が確認されても、このグァテマラの苦情を米州機構に付託する決議案には同意できなかった。

結局、フランスの修正を伴ったブラジル・コロンビア決議案はソ連の拒否権によって否決され、単独で再度提出されたフランス決議案が全会一致で採択された。しかし、この決議の採択が意味することについてすべての理事国の見解が一致していたわけではない。例えば、ソ連は決議の実質を、またレバノンは安全保障理事会がこの重大な事態において何ら決定をおこなえないことから救われたことを、評価した。そして米州諸国の関心は、米州機構が適当と考える措置をとるのを何ら害されない[105]程度にしか安全保障理事会はグァテマラ事件に介入しなかったという点にあった。いずれにせよ、フランス決議案の採択により、米州機構を回避して直接に提訴された問題に対する安全保障理事会の権限が明示に承認され[106]、従って、米州機構の先議を法的に主張することは、今後、多くの困難を予想されたといえよう。

安全保障理事会が決議を採択した後、グァテマラは米州平和委員会への提訴の取り下げを完了したが、今度は、ホンジュラスおよびニカラグアが平和委員会にグァテマラとの紛争の早期解決のための援助を要請した。そして平

---

103 *Ibid.*, para.158.
104 *Ibid.*, para.111.
105 フランスも修正案も提出するに際して「米州機構がとる措置を害することなく」という文言を入れていた。
106 Claudeは、グァテマラの苦情を米州機構に付託することを主張した理事国が、安全保障理事会の権限を承認するフランスの修正条項に2度賛成投票したことを指摘している。Claude, *supra* note 17, p.24.

和委員会は、23日、両国の要請に基づいて、問題の3ケ国に実情調査委員会を派遣することを決定するとともに、グァテマラにこの措置に同意するよう招請した[107]。しかし、グァテマラは、米州平和委員会の招請を受諾せず、かえって、安全保障理事会に20日の決議の履行を確保するよう要請した。

　安全保障理事会に再度提訴するに際して、アルベンス政府は、グァテマラ問題が20日の決議の採択により完全に理事会の権限の下におかれていることを指摘するとともに、次の3つの理由に基づいて、「米州機構は国際法の厳格な基準により行動をとることができない」と主張した。(1)グァテマラ政府は米州機構にこの問題を取り扱わないよう要請した。(2)国連憲章第103条により、国連憲章に基づくグァテマラの義務は、米州の諸条約に基づくそれに優先する。(3)グァテマラは、米州機構の基本条約であるリオ条約およびボゴタ憲章の批准を完了していない[108]。

　しかし、25日に開かれた理事会は、米州機構、とくに米州平和委員会がグァテマラ問題に関して行動を開始していることを考慮して、アルベンス政府の苦情を議題に採択することを拒否した[109]。従って、グァテマラ代表は理事会の討議への参加を認められず、またその苦情の実質が審議されることもなかった。しかし、議長を務めていた米国代表ロッジ(H. C. Lodge)の強力な指導による理事会のこの決定が正当且つ妥当であったかは疑問である。安全保障理事会は、既に20日、グァテマラの苦情を異議又は留保なしに議題に採択したのみならず、フランス決議案の採択に示されるように、その問題について一定の行動をとっていた。従って、グァテマラの再度の提訴に際しての問題は、20日の決議の履行を確保するために更に何らかの又は如何なる措置をとるべきかにあったといえよう[110]。デンマークは次のようにこの点を正確に

107　SCOR: 9th Yr., Supplement for April, May and June (U.N.Doc. S/3245 (24 June 1954)).
108　*Ibid.* (U.N.Doc. S/3241 (23 June 1954)). グァテマラは、リオ条約およびボゴタ憲章の批准の際、ベリーズ(Belize)地域の主権を留保したが、この留保がすべての他の批准国の同意を得ることができなかったために、右の留保が批准の効力に変更を加えるものではない旨明示し(*Applications of the Rio Treaty*, Vol.1, *supra* note 34, p.423)、またこれまで米州の諸会議に参加していた。Thomas & Thomas, *supra* note 21, pp.167-168はこのようなグァテマラの行動は禁反言によって拒否されるとしている。
109　議題採択に賛成：デンマーク、レバノン、ニュージーランドおよびソ連。反対：ブラジル、中国、コロンビア、トルコおよび米国。棄権：フランスおよびイギリス。
110　安全保障理事会仮手続規則第10条に依れば、「安全保障理事会の会議日程中のいずれかの事

指摘している。「最も正しいと考えられる手続は、問題を議題に載せて、グァテマラ代表が何か新しい情報又は提案をもっているかを審理することである。もし何も現れないなら、審議の停止に確信をもって同意し、また、十分な信頼をもって米州平和委員会の手に問題の審議を委ねよう[111]」。

理事会において、米国は、米州機構を回避しようとする企図は実質上憲章第52条の違反であるという理由で、安全保障理事会に直接提訴する権利をグァテマラに否認するとともに、とくにグァテマラが米州機構の加盟国たる地位を否定したことについて、次のように非難した。

「……長期間にわたって加盟国たる地位に基づくすべての特権を主張し且つ行使した後に義務および責任を拒否することは二枚舌の一例である。……グァテマラは、米州機構の加盟国であり従って第52条2項に拘束されるか、又はクリーン・ハンドで安全保障理事会に提訴できない程度に二枚舌の罪を犯しているかのいずれかである[112]」。

また、コロンビアは、理事会が既に開始されている米州機構の活動への介入を「留保なしに」差し控えることを要求した。更に、ブラジルの主張によれば、理事会は実情調査委員会の報告を待つべきであり、事態のこの段階で理事会が適当な情報をもたずに行動することは、仮にそれが討論にすぎなくとも、正当化されず、かえって事態を更に混乱させることであった[113]。

しかし、米州諸国のこのような主張にもかかわらず、安全保障理事会は、議題の採択を拒否することにより、グァテマラ問題に関して自己の権限を否定し又は米州機構先議の主張を法的に承認したといえるかは疑問である。たしかに、一般的にいえば、理事会が、米州機構を回避して直接に提訴をうけた米州の問題に関して、米州機構への付託を求めて、議題の採択すら拒否す

項であって、その審議が右の会議において完了しなかったものは、安全保障理事会が別段の決定をしない限り、自動的に次の会議日程に含まれる」とされており、ソ連もこの点を指摘していた。
111　SCOR: 9th Yr., 676th Mtg., para.133.
112　*Ibid*., para.176.
113　*Ibid*., para.78（コロンビア）, para.27（ブラジル）.

る場合、右の推定は可能であろう。しかし、グァテマラ問題に関する理事会の権限は既にフランス決議案の採択によって確立されており、従って、グァテマラの再度の提訴に際して、米国のように、理事会の権限を争うことは遅きに失したといえよう。事実、議題の採択に賛成しなかった理事国のほとんどは、グァテマラ問題に関して安全保障理事会が引き続いて権限を有することを明示に留保していた[114]。

理事会において米州諸国が強調しまた他の理事国によっても指摘されたのは、米州機構の活動のうち米州平和委員会のそれである。理事会が議題の採択を拒否した後に結局グァテマラが平和委員会の招請を受諾したという結果からは、たしかに、これらの諸国の主張に根拠があったといえよう。しかし、このことは、理事会がグァテマラの苦情を審議することさえ拒否するのを決して正当化するものではない。むしろ、ホンジュラスおよびニカラグアの要請に基づいて米州平和委員会が活動を開始していたために、グァテマラは安全保障理事会の援助を得ることができなかったというべきであろう。既に20日の理事会で監視委員会の派遣を要請していたグァテマラが平和委員会の派遣する調査委員会を拒否したのは、米州機構において、平和委員会の活動とは別に、既に述べたように、グァテマラに対してカラカス決議が実施されつつあったからである。このような状況の下で、安全保障理事会を離れたグァテマラ問題には米州平和委員会の活動の余地がなく、事実、アルベンス政府は直ちに崩壊した。

レバノンが「危険な先例[115]」と非難したグァテマラ問題における安全保障理事会の行動は、それが重大な結果を伴ったことにもより、ラテン・アメリカ諸国を含む様々な方面から批判が投げかけられ[116]、更に、国連事務総長によっ

---

114 とくに表決に棄権したイギリスおよびフランス。Ibid., paras.96, 99. なお、中国は、安全保障理事会が、20日、反対なしにグァテマラの苦情を議題に採択したのだから今回も同じ手続をとるべきであると主張するレバノンに反論して、20日の議題の採択が暫定的なものであったと主張するとともに次のようにつづけている。「議題を採択しないことは1つの問題であり、この事項を議題から取りはずすことは全く別の問題である。この特定の会議のための議題の採択に反対することによって、安全保障理事会の議題からその事項を取除くのではない」。Ibid., para.123.
115 Ibid., para.105.
116 ラテン・アメリカ諸国の多くは第9国連総会で、グァテマラ事件における安全保障理事会の措置について言及した。ことに、ブラジルは、理事会での行動を否定するかのごとく、理

ても、年次報告の中で、次のように注意を喚起されている。

　「平和の維持に関して地域的取極の重要性は憲章のなかで十分に承認されており、またそのような取極の適当な使用は奨励されている。しかし、そのような取極の利用が第一次的に選択される場合に、その選択は、国際連合の窮極の責任にいかなる疑問を投げかけるとも認められるべきではない。同様に、地域的機関の妥当な役割に十分に余地を与える政策は、同時に、加盟国の憲章に基づいて審理を受ける権利を十分に保護することができるし、またそうすべきである[117]」。

(2)　キューバ・米国紛争

　キューバ政府は、1970年7月11日付の書簡[118]で、安全保障理事会に、キューバに対する米国の「度重なる脅迫、陰謀、報復および侵略行為」によって惹起された重大な事態を審議し且つ適当な措置をとるよう要請した。今回も、米国によって共産主義諸国の手先と看なされている国が米州機構の紛争解決手続を回避して直接に安全保障理事会に提訴した点で、状況はグァテマラ事件におけると同じであった。しかし、カストロ政府は、アルベンス政府と違って、理事会において米州機構の先議が主張されることを最初からはっきりと予想していたといえよう。事実、キューバは、理事会への提訴の根拠として、憲章第24条、34条、35条1項および36条に加えて「いかなる地域的取極および機関をも無効とすることなく、憲章に基づく義務が右の取極に優先することを明確に規定している」第52条4項および第103条をも援用していた。そして、このような出発点の相違はグァテマラ事件とキューバ・米国紛争とにおける事態の急迫性の相違にも起因しており、逆に、事態の現実は、米州機

　事会の権限を明示に承認している。United Nations General Assembly, Official Records (GAOR): 9th Sess., 486th Plenary Mtg., 1 Oct. 1954, p.150. *cf.* Sir Leslie Munroe, "The Present-day Role of the Security Council in the Maintenance of Peace," *Proceedings of the American Society of International Law*, Vol.49 (1955), pp.131-136. なお、Munroeは当時、安全保障理事会におけるニュージーランド代表。

117　Introduction to the Annual Report of the Secretary-General on the Work of the Organization, 1 July 1953 to 30 June 1954, GAOR: 9th Sess., Supplement No.1 (U.N.Doc. A/2663), p.xi.

118　SCOR: 15th Yr., Supplement for July, August and September 1960 (U.N.Doc. S/4378, 11 July 1960).

構先議の主張に対する提訴国の態度に影響を及ぼさずにはおかなかった。アルベンス政府が安全保障理事会に提訴したとき、グァテマラは既に侵入軍の攻撃を受けていた。従って、グァテマラ政府は、理事会への提訴の根拠として憲章第34条および第35条に加えて第39条を援用し、また、米州機構先議の主張を否定するに際しても、その主張の法的根拠自体を争う以上に、それが主張されるとしても「紛争」に関してなされるべき米州機構先議を「侵略」に関するグァテマラの提訴に適用することに反対した。これに対して、キューバ・米関係は、カストロ政府による米国人資産の国有化および米国政府によるキューバ糖輸入割当の削減を中心に悪化を極めていたが、当時事態は一般的な緊張に止りまだ具体的なかたちをとっていなかった。従って、カストロ政府は安全保障理事会への提訴を憲章第6章の枠内にとどめていた。しかし、それ故にかえって、キューバの提訴は米州機構先議の主張に正面から挑戦するものであり、ここに、安全保障理事会は、米州機構先議の問題に関して、十分な論議の機会を与えられることになった。そして、3度にわたる理事会の審議[119]は、米国に対するキューバの苦情の実質についてよりも、次のようにアルゼンチン・エクアドル決議案に集中した。

「安全保障理事会は、……
国連憲章第24条、33条、34条、35条、36条、52条および103条を考慮し、キューバおよび米国が加盟国である米州機構憲章第20条および第102条もまた考慮し、……
この事態が米州機構によって審議中であることに注目し、
1. この問題の審議を、米州機構から報告を受理するまで延期することを決定する。
2. 米州機構の加盟国に、国連憲章の目的および原則に従って現在の事態の平和的解決の達成のために援助を与えるよう招請する。
3. すべての国に、その間、キューバおよび米国の間に存在する緊張を増

---

[119] 安全保障理事会におけるキューバ・米国紛争の審議は、Lucien Nizardによって、極めて詳細に考察されている。Lucien Nizard, "La question cubaine devant le Conseil de sécurité," *Revue générale de droit international public*, tome 66 (1962), pp.486-545.

加させる虞のあるいかなる行動をも慎むよう要請する[120]」。

　米国は、キューバによって非難された干渉政策および侵略的行動を全面的に否定するとともに、キューバと他の米州諸国との間の紛争を審議するための適当な機関は米州機構であり、またキューバは国連憲章および米州の諸条約の規定に従って先ず地域的機関に紛争の解決を求めねばならないから、安全保障理事会はキューバの苦情に関して、少なくとも米州機構においてこの問題の審議がおこなわれるまで、何ら行動をとるべきではないと主張し、更に、理事会に、その間、事態を悪化させようとする米州外部の勢力、とくにソ連、の企図に注意を払うよう要求した[121]。また、米国の主張を強く支持するイギリス、フランスおよびイタリアも、米州機構にキューバ・米国紛争の審議の優先を認めることについて、問題は、米州機構が国連にとって代ることにではなく、安全保障理事会の最終的な紛争解決手続としての機能を維持することにあることを理由に、国連憲章と米州の諸条約との間に何ら矛盾をみいださなかった。とくに、決議案について、それは、安全保障理事会がキューバの苦情の審議を拒否することではなく単に延期することを目的としているから、憲章第103条は問題とならないことが強調された[122]。しかし、これらの諸国の主張は、キューバが直接に安全保障理事会に提訴する権利およびキューバの苦情に関する理事会の権限自体を争うことよりも、むしろ、この紛争について先ず米州機構に審議の機会を確保することに向けられた。その際とくに、安全保障理事会は、既に活動を開始している米州機構に充分な審議の機会を与えるためばかりでなく理事会自身が十分な審議をおこなうためにも、米州機構から報告を受けとるまで、この問題について何ら行動をとらないよう要請された。このように、理事会での議論は、キューバの権利および理事会の権限の承認を前提としておこなわれたといえよう。「何故なら、反対なしに議題が採択されることにより、同時に、安全保障理事会の権限およびキューバの理事会に提訴する権限が承認されたものと推定されねばならな

120　U.N.Doc. S/4379
121　SCOR: 15th Yr., 874th Mtg., paras.47-102.
122　とくにイタリア、*Ibid*., 875th Mtg., para.11.

いからである。討論の過程で、誰もこの見解を争わなかった[123]」。

　更に注目されるのは、ラテン・アメリカ諸国がこのことを明確に承認したことである。アルゼンチンが「問題を実際的観点からみている」のは、「いずれの国も、自国が加盟国である機構への提訴を拒否されえないということが一般に承認されているからである[124]」。また、エクアドルは、「地域的行動によって処理されうる紛争を地域的組織を通じて解決するよう努力することは、法的に正当であり且つ政治的に妥当である」ことを強調しながらも、アルゼンチンの見解を次のように敷衍した。

　「地域的取極又は機関に関する憲章の規定、および地域的機関を設立するに際して諸国が引き受けた法的義務は、自国の権利又は利益によって要請され、また、特定の事態又は紛争が地域的行動に適当なものではあるが、国際の平和および安全を危くする虞がある場合に、右諸国が安全保障理事会に提訴する権利を決して無効にしない、ということは明らかである。これと反対のいかなる解釈も地域的機構の加盟国を国連においてより少しの権利しかもたない(capitis diminutio)地位におくことになり、このようなことは、悲しむべきであるとともに法的にも妥当でない[125]」。

　ラテン・アメリカ諸国の見解は、セイロンおよびチュニジアの強い支持を受けた。とくにセイロンは、キューバが、米州機構を回避して直接に安全保障理事会に提訴することができるのみならず、「そこで自国の苦情が十分に審議されるよう要求する権利[126]」をもっていることを確認した。しかしながら、これらの諸国も、キューバの苦情の実際の取り扱いについては、米国を始めとする諸国の支持を受けたアルゼンチン・エクアドル決議案を支持した。従って、アルゼンチン、エクアドル、セイロンおよびチュニジアは、原則面では、キューバを支持して安全保障理事会自身が事態に対処するに有効な措置をとることを要求するソ連およびポーランドと同じ立場にいたが、米国の要求を

123　*Ibid*., 875th Mtg., para.29.
124　*Ibid*., 874th Mtg., para.134.
125　*Ibid*., paras.154-6.
126　*Ibid*., 875th Mtg., para.29.

理事会の実際の行動のなかにとり入れることを支持した[127]。事実、安全保障理事会の審議の停止を求めるアルゼンチン・エクアドル決議案は、キューバの権利および安全保障理事会の権限を確認する条項と米州機構の先議を主張する条項とを併記しており、また、そうすることによって、特に法的根拠を明示せずにグァテマラの苦情を米州機構に付託することを求めたブラジル・コロンビア決議と同じ目的、すなわち米州機構の先議を事実上確保することを目指していた。

　ソ連の関心は、アルゼンチン・エクアドル決議案が安全保障理事会の権限を承認していることではなく、それが同時に理事会の責任を免除していることにあった。従って、ソ連は、右の決議案に対して、前文の最終項目および本文の第1項を削除し且つ本文第2項において平和的解決のための援助を「米州機構」ではなく「国際連合」の加盟国に要請する修正案を提出した[128]。しかし、ソ連の修正案は否決され[129]、アルゼンチン・エクアドル決議案が原案通り採択された[130]。しかし、採択された決議について、ソ連と米国とを仲介した決議提案国および提案国に与する諸国の間でも、見解が一致していたわけではない。例えば、アルゼンチンは、「重要なことは、地域的機関が問題を審議しているという事実を認めること、およびその問題についてより良く判断するために地域的機関が提供しうる評価の資料を保持することである[131]」と、決議が事実上米州機構の先議を承認したことを強調していたのに反して、エクアドルは、「そうすること（地域的機関による平和的解決の奨励）によって、理事会は、自己の権限の範囲を削減するどころか、自己の権限を行使しているのである[132]」と、決議を法的に擁護した。そして、ソ連が拒否権の行使を差

127　この意味で、Nizardはこれらの国の役割を「蝶番」にたとえている。Nizard, *supra* note 119, p.500.
128　U.N.Doc. S/4394. なおソ連は、アルゼンチン・エクアドル案に示される米国の意図を次のように述べている。「この問題は米州機構に付託され且つ米州機構からの報告を待たねばならないと告げられた。何故なのか。ロッジ（米国）代表は、この問題を処理するのに安全保障理事会は適当な機関ではないという。しかし提案（決議案）は、それが表決に付された場合には、安全保障理事会がその問題を処理する権限をもたないことを意味する」。SCOR: 876th Mtg., para.96.
129　2（ポーランド・ソ連）：8、棄権1（チュニジア）
130　9：0、棄権2（ポーランド・ソ連）
131　SCOR: 874th Mtg., para.135.
132　*Ibid.*, para.155.

し控えた理由の1つは、決議案が、キューバの権利および理事会の権限を承認することによってソ連の最低限の要求を満しているに止らず、エクアドルの見解の余地を残していることにあったことは否定できないであろう。グァテマラ事件の際、右のアルゼンチンの見解の枠内にとどまったブラジル・コロンビア決議案はソ連の拒否権によって採択を阻まれたことが想起される。

　安全保障理事会は、事態が米州機構において審議されていることを理由に、キューバの苦情の審議を停止した。事実、決議の前日、米州機構理事会はキューバをめぐる事態を審議するために第7回外務大臣協議会議の招集を決定していた。しかし、ソ連が強調したように[133]、このサン・ホセ会議は、キューバの苦情を審議するためではなく、ペルーの要請に基づいて、キューバに対して行動するために招集された。そこでは、キューバと中・ソ諸国との提携を非難するサン・ホセ宣言が採択されたほか、米国・キューバ紛争に関してアド・ホック調停委員会が設けられたが、委員会が活動を開始するのは3ケ月後のことである。

　既に明らかなように、安全保障理事会において米州機構の先議が主張されたのは、米州機構における反共政策の形成期にあたる。この時期以来、米州機構において、共産主義勢力の侵透を受けていると非難され又は大陸外の共産圏諸国と提携するラテン・アメリカ諸国を一方の当事者とする紛争の平和的解決の余地は残されておらず、かえって、右の国は集団的措置の対象としてとらえられたばかりでなく、その措置の発動要件も緩和されつつあった[134]。従って、米州機構は国連憲章第33条1項の意味での「当事者が選ぶ平和的手段」として機能しえなかったといえよう。このような状況の下では、アルベンス政府およびカストロ政府にとって、米州機構の先議は、それが法的主張か又は実際面からの主張かを問わず、単なる紛争処理手続の選択ではなく、原告から被告への立場の転換を意味した[135]。この点で、ソ連は、この主

133　*Ibid.*, 876th Mtg., paras.97-102.
134　Kelsenは紛争は地域的機関に"付託する"ことは、その紛争の解決を地域的機関に付託することを意味するから、「第6章の下で理事会は紛争をそのような機関に付託しえない」ことを理由に、第52条3項の趣旨に疑問を投げかけているKelsen, *supra* note 85, pp.435-436)が、この疑問は、米州機構についてはとくに、現実的な意味をもっているといえよう。
135　Claudeも、グァテマラ事件に関してこの点を指摘している。Claude, *supra* note 17, p.30.

張が、ラテン・アメリカ諸国に対する米国の侵略・干渉政策のかくれみのであると非難した[136]。他方米国は、安全保障理事会が米州の問題を審議すること自体を西半球へのソ連の介入の第一段階と看なして、理事会にその機会を与える国をソ連の手先であると非難した[137]。しかし、米州機構において反共政策がラテン・アメリカ諸国に定着していなかったように、その反共政策に基づいて安全保障理事会に提起された米州機構先議の主張も、ラテン・アメリカ諸国に定着していなかった。キューバ・米国紛争の審議においてキューバの権利および理事会の権限を明確に承認したエクアドルは、同時に、キューバ革命に対する支持を表明していたのである[138]。

ニザール (Lucien Nizard) が、キューバ問題に関する安全保障理事会の審議の考察から結論しているように、憲章第52条2項が地域的機関の加盟国に厳格な義務を課していないことは、国連の実行によっても確認された[139]。そして、このように法的基礎を否定された米州機構先議は、それが実際的理由から主張される場合にも、米州機構での米国の独走とともに、多くのラテン・アメリカ諸国の支持を急速に失っていった。キューバがサン・ホセ会議のアド・ホック調停委員会を拒否して再度安全保障理事会に苦情を提訴した際、チリおよびエクアドルは、最早米州機構への付託に言及することなく、紛争

---

136 例えば、SCOR: 9th Yr., 675th Mtg., paras.114-117, 182-184; 15th Yr., 876 Mtg., paras.73-77.
137 例えば、SCOR: 9th., Yr., 675th Mtg., paras.171-172; 15th Yr., 876th Mtg., para.112.
138 「キューバ革命は、抑圧的な独裁制に対するキューバ人民の勝利であり、またそれは、経済的および社会的な面で、国内におけるとともに国際的にも、正義を樹立しようとするキューバ人民の正当な欲望によって鼓吹されつづけるであろう……。キューバ政府は、キューバに対して国際的共存の基本的諸原則が尊重されねばならないという正当な主張を提示した。つまり、外交々渉は、国家の法的平等、および、その主権、領土保全および政治的独立の尊重を基礎にすべきであるという原則である……」。SCOR: 15th Yr. 874th Mtg., paras.149-150.

　また、理事会において、エクアドルと極めて似かよった立場をとったセイロンは、次のように述べている。「キューバは、独裁的且つ腐敗した政府のくさびを絶とうとの企図、および、経済生活に革命的変化をもたらすことによって人民の生活水準を改善しようとの努力に関して、自由の情熱に燃えるすべての国の同情と支持をうけることができる。この目的を遂行するに際して、それの達成のために導入される多くの改革措置が、個人的利益を侵害された人々の反感を招くことは不可避である。……両政府間に誤解を惹起するに強力な影響を及ぼしたのは、多分、この利益であろう」。Ibid., 875th Mtg., para.34.
139 Nizard, supra note 119, p.495. この点については学者の見解は一致しているようである。Claude, supra note 17, pp.34-37; Eduardo Jiménez de Aréchaga, "La coordination des systèmes de l'ONU et de l'Organisation des Etats Américains pour le réglement pacifique des différends et la sécurité collective," Recueil des cours, tome 111 (1964-I), pp.426-452.

の平和的解決を要請する決議案を提出した[140]。このようなラテン・アメリカ諸国の態度を最も明確に示したのはメキシコであろう。同じキューバの苦情を審議した第15国連総会において、若干のラテン・アメリカ諸国が問題を米州機構に付託するよう提案したのに対して、メキシコ代表は次のように述べている。

「総会は、当事者の意向を含む紛争のすべての状況を考慮して、最も有効であるとおもわれる手続を勧告することができる。米州機構の委員会の介入は、……事実を明かにしまた当事者がその紛争を解決するのを援助するためには、適当且つ公平な方法たりえよう。しかしながら、当事者の一方がこの手続を不適当と判断する場合、総会は他の方法による解決を探求するべきである[141]」。

II 米州機構の集団的措置の発動

1 集団的干渉の脅威

(1) ドミニカ事件

1960年6月24日、ベネズエラの首都カラカスにおいてベタンクール大統領殺害未遂事件が発生したのは、米州平和委員会が、ベネズエラ政府の要請およびサンチャゴ会議の決議に基づいておこなった調査の報告を米州機構理事会に提出した直後のことである。その報告のなかで、平和委員会は、「カリブ海地域の国際緊張がドミニカ共和国における……人権の重大且つ広汎な蹂躙によって悪化した」と結論し、とりわけ、同共和国における「集会の自由および言論の自由の拒否、恣意的な逮捕、政治犯の残忍且つ非人道的な取り扱い、および政治的武器としての脅迫および迫害の使用」を指摘し、更に、「委員会の見解によれば、ドミニカ共和国において人権の重大な蹂躙が存続する限

---

140 SCOR: 16th Yr., 921st to 923rd Mtgs.,(U.N.Doc.S/4612).
141 GAOR: 15th Yr., 1st Committee 1150 sess., p.74.

り、右の緊張は引き続いて増大するであろう」ことを強調していた[142]。しかし、第6回外務大臣協議会議がドミニカ共和国に対して集団的措置を発動したのは、結局、専らリオ条約に基づいてであって、サンチャゴ宣言の実施という観点からではなかった。「独裁者が狙われまた代議制民主主義の機会を増大するように努められたのは、侵略者を通じてなのである[143]」。

　1948年のコスタ・リカーニカラグア紛争以来、米州機構理事会は、リオ条約第6条に基づいて提訴をうけた多くの場合、日時および場所を未定のままで外務大臣協議会議の招集を決定するとともに、暫定協議機関としての資格で、現地に委員会を派遣して事態を調査してきた。そして、この調査委員会を通じて事態が解決された結果、これまで、外務大臣協議会議が現実に開催されるにまで至ることはなかった[144]。たしかに、暫定協議機関の活動が長期化する場合、「理事会の政治的権限」に関する極めて重大な問題が提起される虞があったが[145]、それにもかかわらず、理事会が採用してきたこのような手続は、「紛争の平和的解決のための新しい略式手続[146]」との賞讃に値する実績を挙げてきたといえる。

　ベタンクール政府が、6月24日の事件に極まるベネズエラに対するドミニカ共和国の干渉および侵略行為を提訴した場合にも、米州機構理事会は従来と同じ手続を採用した。しかし、カラカスおよびシウダード・トルヒーリョに派遣された調査委員会が実情を調査した結果、6月24日のベネズエラ大統領の人身に対する企ては同国政府の転覆を企図する陰謀の一部でありまた右

142　Report of the Inter-American Peace Committee to the Second Special Inter-American Conference on the Activities of the Committee since the Tenth Inter-American Conference 1954-1965, OEA/Ser. L/III/ II. 9, pp.25-26.
143　Dupuy, *supra* note 29, p.207.
144　グァテマラ事件に際して開催を決定されていた外務大臣協議会議が「無期限に延期 (postpone sine die)」されたのは、既に述べたように、全く別の理由による。
145　この問題を詳細に論じたものとして、Alwyn V. Freeman, "The Political Powers of the OAS Council," in George A. Lipsky (ed.), *The Law and Politics in the World Community: Essays on Hans Kelsen's Pure Theory and Related Problems in International Law* (University of California Press, 1953), pp.252-278. なお、暫定協議機関としての理事会の権限の範囲に関する問題は、1948年のコスタ・リカーニカラグア紛争以来、学者によって提起されている。*Ibid.*, pp.274-278; Charles G. Fenwick, "The Competence of the Council of the Organization of American States," *American Journal of International Law*, Vol.43, No.4 (1949), pp.772-775.
146　Fenwick, "Inter-American Regional Procedures," *supra* note 34, p.13.

の企ておよび陰謀に共謀した人物はドミニカ共和国の高官から精神的・物質的援助を受けていたことなどの事実が確証された[147]ために、理事会は、紛争の平和的解決のための略式手続に止らずリオ条約に基づく正式の手続をとることを要請された。そして、8月にサン・ホセで開催された第6回外務大臣協議会議は、調査委員会の報告を基礎にして、「ドミニカ共和国政府の、ベネズエラに対する侵略および干渉の行為への荷担」を強く非難するとともに、リオ条約第6条および第8条に基づいて、ドミニカ共和国との外交関係の断絶および経済関係の一部中断の措置を決定した[148]。

ドミニカ問題はリオ条約に基づく集団的措置の発動をみるにまで発展した最初の事件であったが、トルヒーリョ政府によって惹起された事態に対する処理は米州機構の平和維持活動のうちで最も成功したものの1つに数えられる。とくに、リオ条約に基づく措置は、サン・ホセ会議において両当事国を除く全会一致で決定され且つリオ条約第20条[149]に従ってほとんど完全に履行されたほか、国連安全保障理事会においても、国連憲章第53条との関連で提起された問題を離れてこの措置の実質に関する限り、すべての理事国の支持を得ていた[150]。

---

147 *Applications of the Rio Treaty*, Vol.2, *supra* note 34, pp.12-27. 調査委員会の報告によれば、ドミニカ共和国政府による援助は、主として、次の点にみられる。事件の共謀者に、破壊計画との関係で、ドミニカ共和国の領土に出入りしました居住するための便宜を供与したこと。ベネズエラに登録された2機の航空機に、ドミニカ共和国のサン・イシドロ(San Isidro)空軍基地に出入りする便宜を与えたこと。ベネズエラ政府に対する反乱の際に使用されるための武器および6月24日の事件において使用された電気装置および爆薬を供給するとともに、右の装置の操作および爆薬の破壊力を教示したこと、など。

148 *Ibid*., pp.8-9. なお、経済的措置は、「あらゆる種類の武器および軍用資材の貿易の即時の停止」である。また、決議は、理事会に、状況に従い且つ各加盟国の国内法上の制限を考慮して、「ドミニカ共和国との貿易の停止を他の品目に拡大することの可能性および妥当性」を審議し、また、「ドミニカ共和国政府が西半球の平和および安全に対して危険でなくなった場合に」右の措置を中止する権限を与えた。この権限に基づいて、理事会は、同年12月19日、ドミニカ共和国に対する「a. 石油および石油製品、b. トラックおよびその部分品」の輸出の停止を決定した(この決定にブラジルは反対)が、1962年1月4日、これらの措置は中止された。*Ibid*., pp.10-16.

149 「第8条に明示されている措置の適用を要求する決議は、この条約を批准したすべての署名国を拘束する。但し、唯一の例外として、いかなる国も自国の同意なしには武力を使用することを要求されることはない」。

150 これについては後述、II(2). サン・ホセ会議で決定された措置は、決議の第3項に従い国連憲章第54条に基づいて、米州機構事務総長を通じて安全保障理事会に報告された。U.N.Doc. S/4476. なお、ドミニカ共和国は、サン・ホセ会議において右の措置が安全保障理事会の許可なしには有効でないと主張していた(安全保障理事会におけるエクアドル代表の発言。SCOR:

しかし、このドミニカ共和国に対する集団的措置はキューバをめぐるカリブ海地域の緊張と離れて発動されえたのではない。ラテン・アメリカ諸国は、トルヒーリョ政府の「ベネズエラに対する侵略および干渉の行為への荷担」に注目したのに反して、米国は、この問題を、独裁政権および共産主義政権に対して警告を与えているサンチャゴ宣言の違反として処理しようとしたからである。

サン・ホセ会議において、ハーター国務長官は、ドミニカ共和国に制裁措置を発動するよりはむしろトルヒーリョ政府に米州機構の監視下での自由選挙の実施を同意させること、そして、これが拒否された場合に初めて、またその場合には干渉および侵略行為に対する制裁としてに止らず右の同意を得るために、集団的措置を発動することを提案した[151]。その理由は次のように述べられている。

「ドミニカ共和国における人権の蹂躙および代議制民主主義の欠如とベネズエラ政府に対する干渉および侵略行為に極まる国際緊張との間に存在すると認められる緊密な関係を考慮すれば、協議機関がリオ条約に基づいて執るいかなる措置も問題のこの基本的な側面に向けられうるし、またそうされるべきである。そのような集団的措置は、米州機構憲章第19条の規定により、第15条すなわち不干渉の原則の違反とはならない[152]」。

たしかに、右に指摘された「緊密な関係」は、一般的には、米州平和委員会の報告のなかでも強調されていた。しかし、ドミニカ共和国におけるトルヒーリョ将軍の独裁が、リオ条約に基づく、従って不干渉の原則の適用が排除される集団的措置の発動を要請する事態を惹起したのは、ベネズエラに対する干渉および侵略行為を通じてであったということによってのみならず、ベネズエラ政府が米州機構理事会に提訴した時期(7月4日)および調査委員会の報告からも明らかなように、そのような事態は、6月24日の事件を限度と

15th Yr., 893rd Mtg., para.60)が、この問題を安全保障理事会に提起して争わなかったことは注目すべきである。

151 *Department of State Bulletin*, Vol.43, No.1106(Sept. 5, 1960), pp.356-357.
152 *Ibid.*, p.357.

していたという事実によっても、米国のこの主張の基礎は否定されねばならなかった。ドミニカ共和国における人権の尊重および代議制民主主義の実施を確保することによってドミニカ共和国政府の侵略的・干渉主義的政策の放棄を将来においても保障しようとする米国の見解は、米州機構においてかつて幾度か否定されてきた所謂「平和と民主主義との併行論(parallelism between peace and democracy)」又は「防疫線(cordón sanitario)」の主張[153]のコロラリーといえよう。

サン・ホセ会議における米国の提案は、直接的には、「独裁者を排除することは民主主義を確立することとは一致しない[154]」という見解に基づいていた。すなわち、米国は、第2のキューバ革命を阻止する保証があればトルヒーリョ将軍の独裁を除去する用意さえあったが、その保証がなければドミニカ共和国にリオ条約に基づく制裁措置を発動することにも消極的であった。これに反して、サンチャゴ宣言を擁護する場合にも同時に不干渉の原則を強く主張して、集団的措置の発動に関しては専らリオ条約の規定に基づいて判断しようとするラテン・アメリカ諸国は、一方で、内政不干渉を理由に米国の提案を拒否するとともに、他方で、ベネズエラに対する干渉および侵略行為に関

153　前者は、1945年、ウルグァイの外相Eduardo Rodríguez Larretaが主唱したもので、Larreta doctrineともいう。*Cf.* Thomas & Thomas, Jr., *supra* note 58, pp.348-349. 後者は、既に述べたサンチャゴ会議におけるキューバおよびベネズエラの主張。*Cf.* Ronning, *supra* note 50, p.76. いずれも、民主主義国にのみ不干渉の利益を留保して、米州の平和を確保するために独裁政権に対する集団的干渉を認める主張。

　なお、1950年のドミニカ共和国‐ハイチ紛争の際、米州機構理事会は、暫定協議機関の資格で、両国に代議制民主主義の諸原則の有効的実施を基礎とした事態の解決を勧告しながらも、同時に、次のように宣言していた。「前記の諸原則は、決してまたいかなる概念の下においても、いずれかの政府又は政府の集団に、不干渉の原則に関する米州の義務に違反すること又は……不干渉に関する追加議定書および米州機構憲章第15条に規定された原則の違反に正当性の外観を与えることを認めるものではない」。*Applications of the Rio Treaty*, Vol.1, *supra* note 34, p.134.

154　Dreier, *supra* note 5, p.99. サン・ホセ会議における米国代表の一員であった彼は、更に次のように続けている。「過去30年にわたってドミニカ全土を支配してきた将軍が突然に取り除かれたとしても、その権力が隣国のキューバからやって来る同様に専制的な上り坂の若者の手に委ねられないとはだれが保証できようか。従って、ドミニカ共和国における民主主義政府の樹立を保証するためには、米州機構が責任を負う一連の措置が必要である」。また、ブラジルは、後に理事会がドミニカ共和国に対する経済的措置の拡大を決定した(注148参照)際に、「制裁の拡大は米州の長期的な団結および連帯を脅かし、とりわけ、予期しえない変化を伴う事態の悪化を惹起するだろう」と警告した。*Applications of the Rio Treaty*, Vol.2, *supra* note 34, pp.13-14.

してドミニカ共和国に制裁措置をとることを強く主張した。そして、これらの国の要求に米国が同意したのはカストロ政府を考慮してであった。カラカス決議を背景にサンチャゴ宣言をリオ条約と並置して、キューバに対する集団的措置の発動を要求している米国にとっては、先ず、リオ条約にのみ基づいてラテン・アメリカ諸国が要求する措置を支持しておくことが必要であったからである[155]。従って、ハーター長官は同時に次のような希望を表明することを忘れなかった。

「(米国の)提案は、機会があれば、米州機構がこの重要な目的(サンチャゴ宣言の実施)の達成に如何に貢献できるかという問題についての将来の審議の基礎として役立つであろう[156]」。

サン・ホセで引き続いて開催された第7回外務大臣協議会議において米国がサンチャゴ宣言に対する違反の廉でカストロ政府を厳しく非難していたことは既に考察した通りである。

(2) キューバ問題
(a) 除　名

第6回外務大臣協議会議によってカリブ海地域の緊張は、いわば、キューバ問題に純化された。しかし、キューバ問題を審議するために引き続いて開催された第7回会議は、一方で、一部のラテン・アメリカ諸国に根強く残るキューバ革命に対する支持を露呈するとともに、他方で、カストロ政府による共産圏諸国との提携の強化[157]およびそれに伴う米国とキューバとの対立

155　Dreierも、「土着の独裁者」に対する重大な関心を示すに効果的な措置がとられない限り、「米州機構はキューバで増大しつつある共産主義の脅威に対して何ら集団的な行動をとりえないことが明らかとなった」ことを指摘している。Dreier, *supra* note 5, pp.97-98.
156　*Department of State Bulletin*, Vol.43, No.1106 (Sept. 5, 1960), p.357.
157　サン・ホセ会議の直後(1960年9月2日)に開催されたキューバ人民全国大会において、カストロ首相は、とくに、中華人民共和国政府との外交関係の樹立を表明し、また、同会議において採択された「ハバナ宣言」はサン・ホセ宣言を全面的に非難するとともに、その第4項で、「キューバ領土が米国の武力攻撃をうける場合、ソ連のロケットによる援助を受け入れる」ことを宣言し、且つ、ソ連の支援に感謝の意を表明した。人民全国大会におけるカストロ首相の演説は、フィデル・カストロ著(池上幹徳訳)『わがキューバ革命・その思想と展望』(理論社、

の激化[158]を結果したに止る。そして、1961年12月1日、カストロ首相が、「統一革命組織」の設立に関する演説のなかで、自分がマルクス・レーニン主義者であること、「資本主義と社会主義との間に第3の道はない」こと、および、キューバ革命を防衛・強化するために既存の3つの革命勢力をマルクス・レーニン主義を基礎に統合することを言明した[159]のも、たしかに、キューバ侵攻を傍観した米州機構に、かえって、キューバにおいて増大しつつある共産主義の脅威に対処するための行動が要請されるに至る契機以上のものではなかった。

既に同年10月、ペルーは、キューバの行動を非難して、米州機構理事会にリオ条約第6条に基づく外務大臣協議会議の招集を要請したが、理事会はペルーの苦情を米州平和委員会の調査に委ねていた[160]。11月、今度はコロンビアから、「平和および米州諸国の政治的独立に対して米州の連帯の破壊を目指す大陸外諸国の干渉から生ずる虞がある脅威」を審議し且つ「西半球の平和および安全の維持のために執るに適当な措置を決定するために」、同様の要請

1960年)191-204頁に収録。また、ハバナ宣言は、同上204-213頁および、高橋勝之訳『カストロ演説集』(新日本出版社、1965年)334-341頁に収録。

158 1960年10月20日、米国政府は、食料品および医薬品を除いて、キューバへの輸出を禁止した。キューバは、この「経済的侵略」を第15国連総会で非難した。また、1961年1月3日、米国政府はキューバとの国交を断絶した。この直接の理由として、キューバ政府が、スパイを理由に、在キューバ米国大使館員を在米国キューバ大使館員のそれと同数の11人に制限したことが挙げられている。*Department of State Bulletin*, Vol.44, No.1126(Jan. 1961), pp.521-524. なお、すぐ後に言及するキューバ侵攻については後述、III.

159 "The Only Lawful Guarantee of Our Power(an abridged version of Castro's speech)", *International Affairs*(USSR)(Feb. 1962), pp.63-71. なお、この演説で、これまでキューバ革命を推進してきた3つの勢力の基本的性格として、7月26日運動は農民を、3月13日革命幹部会は学生を、そして人民社会党は労働者階級を、各々、代表していたと説明されている。また、カストロ首相によるマルクス・レーニン主義についての表明はこれが最初であったために米州機構において大きな反響を呼びおこしたが、キューバにおける唯一の政党である人民社会党が共産主義政党であることはそれ以前にはっきりと表明されている。例えば、1960年8月、キューバ人民社会党第8回全国大会における同党書記長ブラス・ロカ(Blas Roca)の一般報告(邦訳、西田勝・伊藤成彦訳『キューバ現代史』(三一新書、1963年))。

160 *Applications of the Rio Treaty*, Vol.2, *supra* note 34, pp.61-63. なお、ペルーの要請のなかで、キューバ政府はとくに次の行為について非難されていた。(1)キューバの支配政権による本質的に違法な強制行為で、キューバ市民および外国人に損害をあたえるもの。例えば、死刑執行、拘禁、国外追放、虐待、財産の没収。(2)米州諸国に対する国際共産主義の行動および中・ソブロックへのキューバ政府の加入。(3)正統政府および民主主義制度に対する破壊および革命を扇動する目的で、外交職員、公使節および秘密代理機関を利用してキューバ政府が他の米州諸国に対しておこなう共産主義の浸透。

を受けた理事会は、カストロ首相の言明を契機に、外務大臣協議会議の招集を決定した[161]。そして、翌年1月、ウルグァイのプンタ・デル・エステで開催された第8回外務大臣協議会議は、右の米州平和委員会の報告[162]に基づいて、「米州制度への参加からのキューバ現政府の除外」(決議VI)およびキューバとの経済関係の一部(武器および軍用資材の輸出)中断(決議VIII)を含む措置を決定した[163]。

　プンタ・デル・エステ会議は、キューバ問題に関して初めてリオ条約に基づく協議機関として行動する外務大臣協議会議であった。そして今回は、キューバにおける「国際共産主義運動による政治機構の支配又は統制」(カラカス決議)、「西半球における民主主義制度のいくつかの原則および特質」(サンチャゴ宣言)に対する違反、および「大陸外からの干渉の脅威の受諾」(サン・ホセ宣言)といったことがいずれも、カストロ首相自身の言明によっていわば事前に認定されており、更に、会議において、キューバを除くすべての国は「共産主義の諸原則が米州制度の諸原則と両立しない」ことを最終的に確認している(決議I)。それにもかかわらず、共産主義の採用又は大陸外の共産圏諸国との提携といったことがはたしてリオ条約第6条の要件を満足させるか、すなわち、カラカス決議以来具体化されてきた反共政策を、単なる決議・宣言から集団的措置の発動へ発展させることが可能であるかについて、再度、一部のラテン・アメリカ諸国によって重大な疑問が提起された。そして、この疑問は、既に、第8回外務大臣協議会議の開催自体に関して投げかけられ

161　*Ibid.*, pp.67-68.
162　Report of the Inter-American Peace Committee to the Eighth Meeting of Consultation of Ministers of Foreign Affairs 1962, OEA/Ses. L/III, CIP/1/62, esp.pp.22-48.
163　*Applications of the Rio Treaty*, Vol.2, *supra* note 34, pp.69-80. 会議で採択された決議およびその表決は次の通り(反対票は、いずれも、キューバ)。I 米州における共産主義の攻撃(20：1)。II 国際共産主義の破壊活動に対する安全保障に関する諮問委員会(19：1、棄権・ボリビア)。III 不干渉および自決の原則の再宣言(20：1)。IV 自由選挙の実施(20：1)。V 進歩のための同盟(20：1)。VI 米州制度への参加からのキューバ現政府の除外(14：1、棄権・アルゼンチン、ボリビア、ブラジル、チリ、エクアドルおよびメキシコ)。VII 米州防衛委員会(20：1)。VIII 経済関係(16：1、棄権・ブラジル、チリ、エクアドルおよびメキシコ)。IX 米州人権委員会規程の改正(19：1、棄権・ウルグァイ)。
　なお、決議VIについては後述。決議VIIIは、理事会に、状況に従い且つ各加盟国の国内法上の制限を考慮して「戦略的重要性をもつ品目に特に注意を払って、貿易の停止を他の品目に拡大することの可能性および妥当性」を審議し、また、「キューバ政府が米州制度の目的および原則との両立性を示すような場合に」右の措置の一部又は全部を中止する権限を与えた。

ていたのである。

　プンタ・デル・エステ会議の招集を決定した12月4日の理事会において、メキシコは、コロンビアの要請が現在のではなく「生ずる虞のある(might arise)」脅威に基づいていることを理由に、理事会がリオ条約第6条の要件を欠いた右の要請に基づいて協議機関たる外務大臣協議会議を招集する権限はない、と主張した[164]。これに対して、コロンビアを強く支持する米国は、カストロ首相の言明に特に注意を喚起するとともに、次のように反論した。

　「このような事態は、疑いなく、ボゴタ憲章第39条に規定された『緊急であり且つ共通の利害関係を有する問題』であるが、それ以上のものである。それは、明らかに、米州の平和を、危くする虞があるだけでなくリオ条約第6条に規定された如く現実に危くする(not only might but actually does endanger the peace of America)事態である[165]」。しかし、同時に、右の米国の主張の基礎として示されたリオ条約第6条の解釈によれば、同条が「米州の平和を危くする虞のある他の何らかの事実又は事態」に言及していることを理由に、とりわけ「基本的人権の蹂躙又は民主主義制度からの乖離」が大陸諸国による集団的行動を要請する事態に含まれていた[166]ことを知らねばならない。リオ条約第6条は、武力攻撃の場合に関する第3条と違って、武力攻撃に至らぬ侵略および平和を危くする虞のある他の事態に関して規定しており、その規定が包括的であることは右に指摘された言及についてとくにいえる。しかし、既に述べたように、第6条は、そのような事実又は事態によって「米州のいずれかの国の領土の不可侵もしくは保全又は主権もしくは政治的独立が影響を受ける場合」にはじめて協議機関の活動を認めているのである[167]。従って、コロン

164　Charles G. Fenwick, "The Issues at Punta del Este: Non-Intervention v. Collective Security," *American Journal of International Law*, Vol.56, No.2 (1962), pp.470-473. コロンビアの要請は、既に言及したことのほか、「とくに、発生した場合、米州機構憲章第5章および米州相互援助条約の規定に従って、平和および安全の維持のための措置の適用を正当化する、平和に対する種々の形態の脅威又は一定の行為を指摘するために」、と述べているにすぎない。

165　*Department of State Bulletin*, Vol.45, No.1174 (Dec. 25, 1961), p.1069.

166　*Ibid.*, pp.1069-1070.

167　Thomas & Thomasも、米国の主張と同様、この点を考慮せずに、「平和を危くする虞のある他の何らかの事実又は事態」という文言が現在且つ現実の脅威のみならず起りうべき脅威をも含むほど広いことを理由に、コロンビアの要請を支持している。Thomas & Thomas, *supra* note 5, pp.325-326.

ビアおよび米国の主張は、ボゴタ憲章第39条に基づく場合はさておき協議機関としての外務大臣協議会議の招集を要請するには、極めて根拠に乏しかったといえよう[168]。

結局、コロンビアの要請は辛うじて必要な3分の2の支持を得ることができた(14：2、棄権5)が、理事会における対立は外務大臣協議会議にもそのまま持ち越されて、キューバに対する直接的な措置を要求する米国およびコロンビアを中心とする諸国と一般的な反共宣言に止めることを主張するメキシコおよび他の6ケ国が対立した。そして、この対立にかんがみて米国が妥協案を提出したにもかかわらず、プンタ・デル・エステ決議の採択に際しても、米州機構からのキューバの除名およびキューバとの経済関係の一部中断の措置については依然反対の声は消えず、ことに前者は、その措置の「法的に疑わしい点を米州における民主主義の防衛に有利に解釈した」ホンジュラス、および米国に「説得された」ことを自ら表明した[169]ハイチを含めて、ようやく3分の2の支持を得ることができたのである。

理事会および外務大臣協議会議におけるこのような問題点は、キューバ問題に際して採用された手続の面からも確認される。前項で詳しく論じたドミニカ事件の場合と違って、コロンビアから提訴をうけた理事会は、暫定協議機関の資格で事前に調査することなく又はそうすることができぬままに外務大臣協議会議の正式の招集を、また、外務大臣協議会議は、ペルーの提訴をうけて米州平和委員会がおこなった調査の報告に基づいてキューバに対する措置を、各々、決定しようとしたために、いずれの場合にも、リオ条約の適用を可能にする事実又は事態の存在自体が争われねばならず、他方、米州平和委員会は、ボゴタ憲章に基づくサンチャゴ会議によって委託された任務

---

168 ただ、リオ条約第6条の適用を可能にする事実又は事態の認定は、武力攻撃に対する第3条の場合以上にたしかに困難であろう。しかし、後にキューバが安全保障理事会において非難したように、「コロンビアの提案は、米州のいずれの国が影響を受けるか又は如何なる形態の侵略、紛争、事実又は事態がその国に影響を与えたかを述べていなかった」という点からも、同提案に十分根拠があったとはいえないであろう。リオ条約が締結されたリオ・デ・ジャネイロ会議において、「(協議)機関は、直接に攻撃を受けた一又は二以上の国による要請、苦情又は提案に基づいて招集されねばならない」ことが決定されており、事実、これまでは、暫定協議機関の段階で事態が解決された場合においても、リオ条約の適用を要請したのは直接の利害関係国だけであった。SCOR: 17th Yr., 992nd Mtg., paras.14, 24.
169 Statements to the Final Act, *Applications of the Rio Treaty*, Vol.2, *supra* note 34, pp.79-80.

を遂行することによって、事実上、リオ条約の協議機関たるプンタ・デル・エステ会議に集団的措置の発動のための唯一の資料を提供していたのである。このように、第8回外務大臣協議会議による諸措置の採択には、次のような一連の仮定に基づく集団的干渉との非難を受ける余地が残されていた。「キューバは、社会主義国であるから、『中・ソ制度』の衛星国であり、従って、米州の平和および安全に対する脅威となる[170]。たしかに、フェンウィック(C. G. Fenwick)が指摘するように、「リオ条約の起草者は、事態が、重大且つ緊急の性格を有するものであって、ある意味で、国家の政治的存在自体を急迫する場合でなければ、条約に列挙された制裁を実施する意図はなかった[171]」といわねばならない。

ところで、決議VI「米州制度への参加からのキューバ現政府の除外 (Exclusion of the Present Government of Cuba from Participation in the Inter-American System)」については、ボゴタ憲章およびリオ条約がいずれも、除名又は加盟国としての権利および特権の停止に関して何ら規定していないところから、はたしてリオ条約第6条に基づく外務大臣協議会議がこのような措置をとれるかが更に問題とされねばならない。事実、決議VIに消極的であった諸国も、その理由として、この措置が法的基礎を欠いていることを強調していた[172]。決議は、この点を明らかにすることなく、その本文で次のように述べている。

(1) 米州機構のいずれかの加盟国によるマルクス・レーニン主義への帰依は米州制度とは両立せず、また、かかる政府の共産主義ブロックへの同調は西半球の統一および連帯を破壊する。
(2) 自らをマルクス・レーニン主義政府として公式に確認したキューバ現政府は、米州制度の原則および目的と両立しない。
(3) この矛盾によりキューバ現政府は米州制度への参加から除外される。
……

---

170 SCOR: 17th Yr., 992nd Mtg., para.21.
171 Fenwick, *supra* note 164, p.471.
172 Statements to the Final Act, *supra* note 169. アルゼンチン、ブラジル、チリ、エクアドルおよびメキシコの見解は、安全保障理事会においてキューバによりかなり詳しく紹介されている。SCOR: 17th Yr., 992nd Mtg., paras.80-89.

決議は、前文で、キューバが、自らの行動により自発的に、米州制度を離れたことを確認するかの如く宣言しているが、カストロ政府が、その意図はともかく、米州機構から脱退[173]する意思をもっていなかったことは、同政府が後に国連安全保障理事会でとくにこの措置の合法性を争ったことからも明らかである。また、ボゴタ憲章は、米州機構への加盟資格として、米州の国家であることおよび憲章を批准することしか要求していない[174]のであるから、キューバは、共産主義の採用又は大陸外の共産圏諸国との提携などの理由で、自動的に、加盟国たる地位を失ったわけでもない。

　ボゴタ憲章以前、米州制度への参加は、すべての米州諸国に権利として認められていたといわれている[175]。この点を考慮すれば、ボゴタ憲章は、除名規定を欠いているのみならず、本来、除名を予想していないと考えられる。また、「公法上の機関は、法が禁止していないすべてのことをおこなうことができる個人とは違って、その基本法で認められたことしかおこなうことができない」とも主張される[176]。しかし、この主張に対しては、「米州機構憲章を含めて、条約は、制限的にではなく実効的に、……その基本目的を実施するように、解釈されねばならない」という反論がある[177]。また、普遍性が強調される国際連合の場合と違って、政治的、経済的又は、そして特に、イデオ

173　ボゴタ憲章第112条は次のように規定している。「この憲章は無期限に効力を有する。ただし、加盟国は、パン・アメリカン・ユニオンに宛てた通告書により、これを廃棄することができる。パン・アメリカン・ユニオンは、受領した各廃棄通告を他のすべての加盟国に通告する。パン・アメリカン・ユニオンが廃棄の通告を受領した日から2年後に、この憲章は、廃棄国についてその効力を失い、右の廃棄国は、この憲章から生ずる義務を履行した後、機構への所属を終止する」。
174　ボゴタ憲章第2条は、「この憲章を批准するすべての米州国は、この機構の加盟国である」と規定している。1948年のボゴタ会議において、ブラジルは、再組織される米州制度への加盟資格を、憲章の批准だけでなく一定の民主主義制度の採用に依存させることを提案したが、この提案は拒否された。Thomas & Thomas, *supra* note 58, p.350.
175　Thomas & Thomas, *supra* note 5, p.54. また、Kunzは、アルゼンチンが出席していないメキシコ・シティー会議が米州制度の再組織を企図する権限があったかを疑問視している。Kunz, *supra* note 7, p.527.
176　国連安全保障理事会におけるキューバの主張。SCOR: 17th Yr., 992nd Mtg., para.18.
177　右のキューバの主張に対する米国の反論。SCOR: 17th Yr., 993rd Mtg., para.108.
　なお、今日一般に厳格な解釈よりも実効性が重視される傾向にあることについて、Hersch Lauterpacht, "Restrictive Interpretation and the Principle of Effectiveness in the Interpretation of Treaties," *British Year Book of International Law*, Vol.26(1949), pp.48, 67-85.

ロギー的排他性がある程度認められざるをえない今日の地域的機構については、機構の基本的目的および原則に対する違反を離れて、機構の政策との両立性も考慮されよう[178]。この点で、共産主義政権であることを公式に確認したカストロ政府の下のキューバが米州機構にとどまることは、共産主義勢力の米州への侵透の阻止という米国の要請が他の加盟国によって支持又は黙認される限り、極めて困難であると考えられる。

以上の諸点を考慮すれば、一方で、ボゴタ憲章の歴史的背景および除名規定の欠缺を理由に米州機構からの除名を一般的に否定することは困難であるが、他方で、現行憲章上、除名のためには、手続上先ず、ボゴタ憲章の改正が必要であろう[179]。ボゴタ憲章第111条によれば、「この憲章の改正は、そのために招集された米州会議においてのみ、採択することができる」。従って、たとえ、憲章の形式的改正、更には、憲章改正のための米州特別会議自体も省略されうるとしても、少なくとも、現行のボゴタ憲章上、米州機構からの除名は機構の最高機関たる米州会議の専属事項であると考えねばならない。

プンタ・デル・エステ会議はリオ条約第6条に基づく協議機関たる外務大臣協議会議であった。従って、決議VIの合法性は、除名規定の欠缺のみならず議決機関との関係においても疑問が残る[180]。リオ条約第6条に基づく協議機関は、「共同防衛のためと大陸の平和および安全の維持のために執るべき措置を協定するため」の機関である。従って、キューバに対する措置も右の観点から執られたものと考えて、法的には、加盟国たる権利および特権の停

---

178 この点については、安全保障理事会におけるプンタ・デル・エステ決議の審議の際にしばしば指摘された。例えば、後に(*infra* note 258)に引用するアイルランドの見解。なお、国際連合からの除名に関して、Kelsenは、加盟国が憲章に基づく義務に違反したかどうかという法的問題の審査を国際司法裁判所に委ねるべきである、と述べている。Kelsen, *supra* note 85, p.711.

179 この措置に賛成しなかったラテン・アメリカ諸国の見解でもある。注172参照。高橋悠「地域的機関における強制行動―キューバ問題をめぐる米州機構と国際連合との関係」『国際法外交雑誌』第63巻4号(1964年)28頁。なお、Thomas & Thomasは、キューバが米州機構の基本原則を無視したことを強調して、この措置が現行のボゴタ憲章上可能と解釈している。Thomas & Thomas, *supra* note 5, pp.58-60. キューバは、安全保障理事会において、米州機構からの除名は国連総会の専属事項であり且つそのためには先ずボゴタ憲章の改正が必要であると主張していた。

180 Fenwickは、表決数に視点をおいて、現行のボゴタ憲章上除名がリオ条約の下での決定に必要な3分の2の多数決によって可能であることは憲章の改正に必要な表決数(3分の2)によって確認されると述べている。Fenwick, *supra* note 164, p.474.

止と看なすこともできよう。決議は、「米州制度への参加からのキューバ現政府(the *present* Government of Cuba)の除外」と述べており[181]、キューバの加盟国たる地位に影響を与えるものか又は一時的にキューバを米州機構の活動から排除する趣旨かを必ずしも明らかにしていない。しかし、右の措置を権利および特権の停止と解釈しても、除名と解釈する場合と同様に、その法的基礎は疑わしく、また、キューバは、米州機構のすべての活動から排除された[182]から、事実上、除名されたに等しい。ただ、いずれに解釈するとしても、キューバが米州機構の活動に復帰するためには、プンタ・デル・エステ会議と同様の、リオ条約第6条に基づく外務大臣協議会議の決議で足りると考えられる。

　以上のように、カストロ政府に対処するための米州機構の行動は、カラカス会議で既に提起されていた問題を再度浮き彫りにした。それは次のように要約されよう。先ず、第8回外務大臣協議会議の招集自体に投げかけられた疑問は、カラカス決議以来の諸決議・諸宣言をリオ条約に基づく集団的措置に発展させることの適法性に関するものにほかならなかった。従って、プンタ・デル・エステ会議の諸決定は、国連憲章のほかに米州の諸条約との関連においても、後に国際連合において争われねばならなかった。また、外務大臣協議会議は強引に開催されながらも、そこで、武器および軍用資材の輸出の禁止のほかその法的基礎を疑われた「除外」措置が辛うじて発動されえたところに、反共政策に対するラテン・アメリカ諸国の支持の限界が明瞭に示された。従って、米国が更に強力に反共政策を推進する場合には、米州諸国による集団的行動は崩壊する虞があった。最後に、しかし重要なことには、プンタ・デル・エステ会議は、何ら問題を解決に導くことなく、キューバを決定的に共産圏諸国と提携させたに止る。たしかに、「除名は政治家のという

181　この点に関してキューバは次のように反論している。「政府は国家の体現である。従って、政府が除名されることにより、……実際にはそれが代表している国家が除名されるのである。国際法上、領土、国民、国家および政府はすべて、『加盟国』と呼ばれる見えない実体を構成している」。SCOR: 17th Yr., 992nd Mtg., para.63.
182　決議Ⅵの第4項は、米州機構理事会および米州制度のその他の諸機関に、この決議を遵守するために必要な措置を遅滞なく執るよう要請している。この第4項に基づいて、米州機構理事会は、2月14日、キューバ現政府を理事会、および、理事会の委員会および機関から除外することを決定した。*Applications of the Rio Treaty*, Vol.2, *supra* note 34, p.76.

よりもむしろ政治屋の武器である[183]」ことが銘記されねばならない。従って、カストロ政府の脅威を排除するには、より強力な措置が要求されるが故に米国が、単独で且つキューバを支援する共産圏諸国に直接、対処しなければならなかった。事実、キューバはソ連との軍事的提携を強化していった。

(b) 隔　離

　1962年10月22日、ケネディ大統領は、キューバにおいてソ連の手により秘密裡に、「一連の攻撃的ミサイル基地が建設中であるとの事実が確証された」ことを公表して、米州へのソ連の軍事的介入を激しく非難するとともに、「この攻撃的な建設を阻止するために、キューバへ輸送中のすべての攻撃的軍用器材を厳重に隔離する(quarantine)」決意を明らかにした[184]。そして、米国政府は、一方で、国連安全保障理事会に「キューバにおけるソ連のミサイルおよび他の攻撃的兵器を即時に公開および撤去する」ための行動を要請[185]するとともに、他方で、リオ条約第6条に基づいて米州機構理事会に、暫定協議機関の資格で、共同防衛のための適当な措置を直ちにとるよう要請した。翌23日、暫定協議機関たる理事会は、次のような決議を採択した[186]。

　「(1)すべてのミサイルおよび攻撃力ある他の兵器の即時の公開およびキューバからの撤去を要請する。
　(2)加盟国に、米州相互援助条約第6条および第8条に従い、キューバ政府が大陸の平和および安全を危くする虞のある軍用資材および関連補給物資を中・ソ諸国から引き続いて受け取れないよう確保し且つキューバに存在する攻撃力あるミサイルが大陸の平和および安全に対する顕在的脅威となるのを阻止するために必要と考えられるあらゆる措置を、武力の行使を含めて個別的および集団的にとることを勧告する。

183　Louis B. Sohn, "Expulsion or Forced Withdrawal from an International Organization," *Harvard Law Review*, Vol.77, No.8 (June 1964), p.1424.
184　*Department of State Bulletin* (November 12, 1962), pp.715-720.
185　SCOR: 17th Yr., Supplement for October, November and December 1962 (U.N.Doc. S/5181, 22 Oct. 1962).
186　*Applications of the Rio Treaty*, Vol.2, *supra* note 34, p.112.

(3) 国連憲章第54条に従ってこの決議を国連安全保障理事会に通報し、また、安全保障理事会が米国によって提出された決議案[187]に従って国連監視団をキューバへ早急に派遣することを希望する。……」

この決議の第2項に従って、同23日夜、ケネディ大統領は、陸、海および空軍に24日午後2時を期して「キューバへの攻撃的兵器および関連資材の輸送を阻止する(interdict)」ことを正式に命令した[188]。一方、米州機構理事会と時を同じくして審議を開始した国連安全保障理事会は、米・ソの激しい非難の応酬をみるに止り、事態を解決するための行動をとることができなかった[189]。しかし、多数の国連加盟国の要請を受けたウ・タント国連事務総長代理が、「一方で、キューバへのあらゆる武器の輸送の自発的停止、および他方で、キューバへ向う船舶の臨検を含む隔離措置の自発的停止」を要請した[190]結果、米・ソ両国の現実の武力衝突は回避された。

しかし、このキューバ危機は米州機構をカラカス決議以来の反共政策の極限にまで傾斜させていた。先ず検討されねばならないのは、米州諸国が集団的に行動したのか又は米国が単独で行動したのかという問題である。ケネディ大統領が正式に米軍に命令を下したのは、たしかに、暫定協議機関の決議に基づいてであった。従って、実質的には米軍が単独でキューバを隔離したにせよ、形式的には米国の行動は米州機構の集団的措置の一環を構成していたといえる[191]。しかし、既に22日ケネディ大統領がキューバを隔離する

---

[187] 安全保障理事会に米国が提出した決議案は次の通りである。
「安全保障理事会は、……
1. 第40条に基づく暫定措置として、すべてのミサイルおよび他の攻撃的兵器の即時の公開およびキューバからの撤去を要請する。
2. 事務総長に、この決議の遵守を確保し且つそれを報告するための国際連合の監視団をキューバ派遣する権限を付与し且つそれを要請する。
3. 前記第1項の遵守を国際連合が確証次第、キューバへの軍事輸送に対する隔離措置の停止を要請する。
4. 米国およびソ連が西半球の安全および世界の平和に対する現存の脅威を除去するための措置を緊急に協議し且つそれを安全保障理事会に報告することを強く勧告する」。(U.N.Doc. S/5182, 22 Oct. 1962).

[188] *Department of State Bulletin* (November 12, 1962), p.717.
[189] SCOR: 17th Yr., 1022nd to 1025th Mtgs., 23 to 25 Oct. 1962.
[190] SCOR: 17th Yr., 1024th Mtg., para.119.
[191] 暫定協議機関の決議に基づいて、米国のほか9ケ国が隔離措置への参加を申し出た。

決意を明確に表明している状況の下で暫定協議機関は米国の要求を受諾し、従って米国の単独行動を事前に集団化するの外なかったことも明らかである。しからば翻って、米国が強引におこなったキューバの隔離は事前に集団化されていなくとも米州の諸条約によって正当化されえたであろうか。この点に関しては米国自身の行動が回答している。米国は、米州機構理事会に対する要請の根拠として、国連憲章第51条に基づく個別的および集団的自衛行動を援助するための集団的措置に関するリオ条約第3条2項ではなく、「武力攻撃でない侵略」等の事態に対処するための共同防衛措置に関するリオ条約第6条を援用していたのである[192]。

暫定協議機関の決議は、武力の行使を含む措置の発動理由として、「キューバ政府が、再三の警告にもかかわらず、その領域に、中・ソ諸国が核弾頭搭載可能な短距離および中距離のミサイルを保持するのを認めた」ことを指摘している[193]。この事態がリオ条約第6条の要件を満しているかを考察することは困難であり且つあまり意味をもたない。むしろ、リオ条約第6条に基づいて全会一致で採択された隔離措置が国連憲章上正当化されるかが更に問われよう。たしかに、右の事態は、サン・ホセ宣言が「大陸外からの干渉の脅威の受諾」と看なして非難したキューバとソ連との提携が、キューバの除名理由の1つである「ソ連による米州への軍事的干渉の脅威さえ包含する大陸外の共産主義諸国からの軍事援助の受諾」を経て、ソ連によるキューバのミサイル基地の建設にまで発展したものであり、従って、キューバのミサイルおよびミサイル基地を「攻撃的」と看なし且つこの事態に少なくともリオ条約第6条を適用する状況は既にできていた。ただ、一部のラテン・アメリカ諸国は決議第2項後段に対しては、それがキューバに対する隔離だけでなく侵攻をも許容する虞があるという理由で、棄権している。

既に1951年の第4回外務大臣協議会議においてブラジル代表は、共産主義勢力の脅威に備えて共同防衛体制の強化を力説するトルーマン大統領に対して、西半球において現実に大陸外部からの侵略の脅威に晒されているのは米

Applications of the Rio Treaty, Vol.2, *supra* note 34, pp.112-120.
192 これに関して、「米州機構は第3条の広義の解釈の下でも行動しえた」という反論もある。Thomas & Thomas, *supra* note 5, p.334.
193 *Applications of the Rio Treaty*, Vol.2, *supra* note 34, p.112.

国だけであると反論していた。同様に、キューバにおけるミサイル基地の建設に脅威を感じたのは事実上無防備な他のラテン・アメリカ諸国よりも米国であった。そして、キューバの隔離は、より正確に云えば、米国によるキューバからのソ連の隔離である。従って、米国の行動が米州機構のキューバに対する集団的措置というかたちをとりながらも、事態は、キューバを含むラテン・アメリカ諸国が不在のまま、米・ソ両国の妥協によって一応解決された。協議機関の決議の第3項が国際連合の介入を要請していることに示される如く、米・ソの武力衝突を秘めるキューバ危機は米州機構の活動領域を越えた事態であったのである[194]。

(c) 外交的・経済的措置

　キューバ危機以後の暫くの間、カストロ政府をめぐるカリブ海地域の情勢は緊張を孕みながらも停滞していた。しかし、1963年11月、ベネズエラ政府が、「ベネズエラの領土保全および主権並びにその民主主義制度の機能に影響を与えるキューバ側での干渉および侵略の行為に対処するために執られるべき措置を審議するために」リオ条約第6条に基づく協議機関の招集を要請したことによって、米州機構はここに四たびキューバ問題に取り組むことになった。そして、翌年7月、ワシントンで開催された第9回外務大臣協議会議は、暫定協議機関がベネズエラに派遣した調査委員会の実情報告に基づいて、キューバ現政府のベネズエラに対する侵略および干渉の行為を非難するとともに、キューバに対する次のような措置を決定した[195]。

(a) 外交および領事関係の断絶。
(b) 人道的理由に基づく食料、医薬品および医療器材を除く直接又は間接のすべての貿易の中断。
(c) 人道的理由に基づく場合を除くすべての海上輸送の中断。

第7回外務大臣協議会議(1960年8月)以来米国が要求していたキューバに対

194　なお、キューバ危機の事実関係は、*New York Times*, Nov. 3, 1962に簡潔に要約されている。
195　*Applications of the Rio Treaty*, Vol.2, *supra* note 34, pp.181-189.

する外交的・経済的措置は、このワシントン会議においてようやく実現されるに至った。しかし、キューバが大陸外の共産圏諸国と決定的に提携した後において、これらの措置がカストロ政府に対して効果的であるかは極めて疑問であった。また、リオ条約20条に従えばすべての加盟国を拘束する右の決定がすべてのラテン・アメリカ諸国によって履行されたわけでもなかった。

更に重要なのは次のような決議第5項である。

「キューバ政府が機構の一又は二以上の加盟国に対して侵略および干渉の性格をもつ行為を引き続いておこなう場合、加盟国は、協議機関が西半球の平和および安全を保障する措置をとるまで、武力の行使に至ることのある個別的又は集団的形態の自衛行動によって、主権国家としての基本的権利を維持するであろう……」。

既に、ワシントン会議の開催理由とされたキューバの行動を「侵略」行為と看なすこと又はこれに対してリオ条約第6条に基づく集団的措置をとることについてさえ一部のラテン・アメリカ諸国から異議が表明されていた[196]。まして、この程度のキューバの行動に対して武力行使を含む個別的又は集団的な自衛行動を予定することは、リオ条約第3条およびそれが援用する国連憲章第51条の規定を大きく逸脱するといわねばならない[197]。右の第5項は、事実上、米国および米国を支持する一部のラテン・アメリカ諸国が、カストロ政府の脅威を除去するために、協議をおこなうことなく単独で、キューバに対して軍事的干渉をおこなうことを認めたにほかならなかった[198]。

このように、キューバ問題の総決算をおこなったといえるワシントン会議は、米国に、米州機構を通じて反共政策を推進することの有効性の限界を示すと同時にキューバ問題の処理を一任したのである。そして、米国による単

---

196 See the statement of Chile, *Ibid.*, p.188.
197 See the statement of Mexico, *Ibid.*, pp.188-189.
198 Bemis, *supra* note 16, p.994. なお、Modesto Seara Vazquezは、前記の措置に関する条項およびこの第5項を含む決議Iが一般国際法、国連憲章および米州の諸条約のいずれにも明らかに違反していることを詳細に論及している。Modesto Seara Vazquez, "La IXème réunion de consultation des ministres des affaires étrangères et l'affaire de Cuba," *Annuaire français de droit international*, tome 10(1964), pp.638-652.

独行動への道を正式に開いた米州機構は、「キューバ人民に対する宣言」のなかで、米州制度への参加からのキューバ現政府の除外が「米州社会におけるキューバ人民の正当な権利を否定する如何なる意図をも決して意味しない」ことを指摘するとともに、「キューバ人民が独力で早急に自らを共産主義政権の独裁から解放するようにとの希望」を表明していた。

2　国際連合の統制の排除

「安全保障理事会は、その権威の下における強制行動のために、適当な場合には、前記の地域的取極又は地域的機関を利用する。但し、いかなる強制行動も、安全保障理事会の許可がなければ、地域的取極に基づいて又は地域的機関によってとられてはならない」(国連憲章第53条1項前段、傍点筆者)。

既にダンバートン・オークス提案第8章C節2項におかれていたこの規定は、同提案に示された一般国際機構の集団安全保障体制の要であった。と同時に、ダンバートン・オークス提案には未定のままで残されていた安全保障理事会の表決手続を決定したヤルタ会談で常任理事国に拒否権が認められた結果、右の規定は、設立される一般国際機構の下での中・小国の安全保障に大きな不安を投げかけた。すなわち、五大国のいずれか又はその支持を受ける国によって平和が脅威・破壊される場合には安全保障理事会に平和を維持・回復するための行動を最早期待しえないばかりか、一般に地域的強制行動がいずれかの常任理事国の反対によって阻止されることが予想されたからである。サンフランシスコ会議において、右の事態に対する不満は、チャプルテペック協定がソ連の拒否権によってその実効性を奪われることを危惧するラテン・アメリカ諸国のほか、相互援助条約を締結しているオーストラリアおよびニュージーランド、および、ドイツによる侵略の再発を恐れるヨーロッパの諸国からも表明された。他方、米国は、ダンバートン・オークス提案の共同提案国でありながら且つヤルタ会談の後にチャプルテペック協定に署名することによって、事実上、ラテン・アメリカ諸国に右協定の実効的機能を保障することについて言質を与えていたといえる。

ダンバートン・オークス提案第8章C節「地域的取極」の審議を担当した第

三委員会第四分科会において、地域的強制行動を確保しようとする諸国の不満は先ず安全保障理事会の表決手続に向けられた。例えば、ベルギーは、一般に五大国の拒否権を正当化する考慮も地域的強制行動の許可に関する安全保障理事会の決定に際しては妥当しないことを理由に、この場合に限り、当該の地域的取極又は地域的機関の加盟国でない常任理事国に拒否権を否認し、同様に、オーストラリアは、三常任理事国を含む七理事国の同意投票をもって足りると主張した[199]。このような安全保障理事会の表決手続に関する修正案は、たしかに、地域的強制行動が安全保障理事会によって阻止される可能性を減少させるものではあったが、しかし、「安全保障理事会が、国際の平和を維持又は回復するための措置を自ら執らずしかも地域的取極又は地域的機関の下で執られる行動を許可しない場合」を除去しえなかった[200]。そして、後者の場合に対する懸念をも払拭しようとする主張は、地域的強制行動を安全保障理事会の許可に従属させているダンバートン・オークス提案第8章C節第2項自体の否定へと進まざるを得なかったのである。米州制度を考慮におくベネズエラは、右の要件が地域的強制行動の発動を遅らせ、従ってまたその「効果を台無しにするであろう」という理由で、事前の許可に代えて事後の「修正(revision)」を提案した[201]。このような見解は、相互防衛条約を一般国際機構の下に位置付けようとする諸国を代表するフランスによって一層明確に示された。

「不慮の事態に備えてこの機構の加盟国の間で締結され且つ安全保障理事会に報告された相互援助条約が規定する緊急措置を安全保障理事会が決定に達するときまで遅らせることは、緊急の行動を要求するいくらかの国の安全保障の条件に合致しない[202]」。

---

199 *UNCIO*, Vol.12, pp.668, 669.
200 オーストラリアは、この場合、「この憲章のいかなる規定も、この憲章に適合するいずれかの地域的取極の加盟国がその取極に従って国際の平和および安全を維持又は回復するために正当且つ必要と認める措置を執る権利を害するものと看なされるべきではない」と主張した。*Ibid.*, p.668.
201 *Ibid.*, p.784.
202 *Ibid.*, p.776.

以上のような地域的強制行動に対する安全保障理事会の統制を緩和乃至排除しようとする要求に基づいて国連憲章第51条および第53条1項後段に相当する規定が新たに設けられ、前者はチャプルテペック協定を維持しようとするラテン・アメリカ諸国を、また後者は旧敵国の侵略政策の再現を恐れるヨーロッパ諸国を、各々、満足させた。ことに、第51条の「集団的自衛」という概念は、コロンビア代表が指摘したように[203]、「米州制度の如き地域的制度を維持する必要性」から創設されたものであった。その結果、武力攻撃に対処するための地域的行動を阻止するために非友好的な拒否権は最早使用されえず、かえって、「友好的な拒否権が地域的行動に対する安全保障理事会の介入を阻止するために使用されうる[204]」ことになった。このように、サンフランシスコ会議において、ダンバートン・オークス提案第8章C節2項は、チャプルテペック協定の実効的機能を確保しようとするラテン・アメリカ諸国の要求を実現するために、いわば去勢されたといえる[205]。

　しかし、憲章第51条が採択されたことは、同条項の起草に努力した米国代表ヴァンデンバーグ上院議員（Senator Vandenberg）が宣言したように、「やがて起草される条約によって補完されるチャプルテペック協定は、新しい国際機構が要求するすべての基準に合格するであろう[206]」ことを必ずしも意味したわけではない。何故なら、集団的自衛行動が「国際連合の枠内ではあるが拒否権の枠外[207]」に移されたにもかかわらず、ダンバートン・オークス提案第8

203　*Ibid.*, p.680.
204　Claude, *supra* note 17, p.8.
205　田岡良一博士は、第51条の成立の歴史に鑑みれば、第53条1項のいう地域的取極に基づく強制行動の中には地域的取極の当事国の1つが武力攻撃をうけた場合に他の当事国が前者を助けるために執る強制行動は含まれておらずそれ以外の場合に執る強制行動だけが意味されている、と解釈するの外はなく、また、この解釈を採るとき、「第53条1項は、実際上ほとんど益なき規定と化する。結局、第53条1項は第51条によって否定されたといっても過言ではない。ダンバートン・オークス案第8章C節2条はサン・フランシスコ会議によって殺され、その死骸を第53条1項の中に留めたのである」と刻明に述べている。田岡良一『国際法上の自衛権』（勁草書房、1964年）、196頁。
206　*UNCIO*, Vol.12, p.706. コロンビア代表も、「この条項（第51条）に対する同意はチャプルテペック協定が憲章に矛盾しないことを示す」と述べて、他のラテン・アメリカ15ケ国の支持を受けた。*Ibid.*, p.681. これに対して、ソ連代表は、会議はチャプルテペック協定等に関する問題を審議しなかったから、ラテン・アメリカ諸国の右の声明は会議を拘束しない、と反論した。*Ibid.*, p.706, ヴァンデンバーグの主張は、これに対する再反論である。
207　Bebr, *supra* note 4, p.174.

章C節2項の規定は憲章第53条1項に残されたために、第51条の適用を受けえない地域的強制行動に関しては依然安全保障理事会の許可が要求されているからである。この点で、チャプルテペック協定を具体化したリオ条約は、第3条において武力攻撃に対処するための国連憲章第51条に基づく集団的行動を規定しているほか、第6条において、米州のいずれかの国の領土保全又は政治的独立が「武力攻撃でない侵略」、米州内外の紛争又は米州の平和を危くする虞のある他の何らかの事実又は事態によって影響を受ける場合にも集団的措置の発動を予定しているために、後者の場合、国連憲章第53条との関係が問われねばならなかった。その際、リオ条約第6条に基づく集団的措置の発動は、それが国連憲章第51条によって正当化されえないことが明らかであるから、安全保障理事会の許可を必要とすると一応考えられる。しかし、このような見解に対しては、リオ条約の締結以来有力な反論が存在した。サンフランシスコ会議で第三委員会第四分科会の議長を勤め且つリオ条約締結当時パン・アメリカン・ユニオンの事務局長であったジェラス・カマルゴ (Alberto Lleras Camargo) はリオ会議の報告書[208]のなかで次のように述べている。

「国連憲章には、安全保障理事会が侵略の脅威、……平和の破壊に対処する際に執る手続と緊密に調整された2つの型態の措置がある。……軍事行動と緊密に同一視される物理的暴力の要素を欠如しているという意味で強制的 (coercive) でない第41条の措置 (強制行動 enforcement action) と第42条の措置との間には憲章上明確な区別がある。物理的力の使用を伴う強制行動は、明らかに、個別的又は集団的自衛を唯一の例外として、安全保障理事会の特権である。しかし、他の措置すなわち第41条の措置はそうではない。他の国と外交、領事および経済の関係を断絶し又は通信を停止することは、すべて国が憲章の目的、原則又は規定に必ずしも違反することなくおこないうることであるとさえいいうる。従って、米州諸国による武力の行使は次の2つの制限に従う。すなわち、これらの国は、武力攻撃がおこなわれ

---

[208] Report on the Results of the Inter-American Conference for the Maintenance of Continental Peace and Security, Congress and Conference Series No.53, Pan American Union, Washington, D.C., 1947. 筆者はこの文書を参照できなかったので、次の引用は *Applications of the Rio Treaty*, Vol.1, *supra* note 34, pp.17-18 に依った。

た際の自衛の場合又は他の侵略および侵略の脅威の際で安全保障理事会の権威に基づく場合以外は、武力を行使することができない」。

　この主張は、後に、リオ条約第6条に基づく(非軍事的)措置に関しても安全保障理事会の統制を排除しようとする米州諸国を指導することになった[209]。しかし、サンフランシスコ会議において、ダンバートン・オークス提案第8章C節2項および安全保障理事会の表決手続に関するヤルタ協定との関係で危惧されたのは第一次的には武力侵略に対する安全保障であり且つその問題が憲章第51条の創設によって解決された結果、残された憲章第53条との関係で地域的強制行動を論議する必要性は最早感じられなかったと考えられる。ただ、その中にあって、若干のラテン・アメリカ諸国はダンバートン・オークス提案第8章C節2項が地域的機関による非軍事的措置にも適用されると解釈していた[210]ことは注目すべきであろう。

(1) ドミニカ問題

　国連憲章第53条の「強制行動」の問題が初めて提起されたのは第6回外務大臣協議会議がドミニカ共和国に対して発動した外交的および経済的措置に関してである。サン・ホセ会議の決定は憲章第54条に基づいて安全保障理事会に報告されており[211]またドミニカ共和国によっても米州機構の外で争われることはなかった。しかし、ソ連は、次のような理由で、安全保障理事会が右

---

[209] なお、ついでに指摘すれば、このカマルゴの見解と対照的にしばしば引用されるのは、次のようなKelsenの見解である。「そのような措置(集団的措置──筆者)には二種類ある。すなわち、武力の行使を伴わない措置と武力の行使を伴う措置である。第42条から第47条に規定された措置のみが『武』力を伴うが、両者共に憲章上、場合によって呼称を異にするが、『強制措置』又は『強制行動』である(措置と呼ばれる場合：第2条7項、第50条。『行動』と呼ばれる場合：第5条、第53条)。第41条に規定された措置にはとりわけ次のようなものがある。『経済関係および鉄道、航海、航空、郵便、電信、無線通信その他の運輸通信の手段の全部又は一部の中断並びに外交関係の断絶』。この目的は第41条に次のように規定されている。『その(安全保障理事会の)決定を実施するために』。このことは、従わない国に決定を強制することを意味する。従って、これらの措置もまた、憲章の種々の条項で言及されている『強制措置』又は『強制行動』と考えられうる」。Kelsen, *supra* note 85, p.724. *Cf.* Jiménez de Aréchaga, *supra* note 139, pp.469, 473; SCOR: 17th Yr., 996th Mtg., 21 Mar. 1962, paras.76-77(ガーナ)。

[210] *UNCIO*, Vol.12, pp.767(ボリビア)，783(ベネズエラ)。

[211] SCOR: 15th Yr., Supplement for July, August and September 1960 (U.N.Doc. S/4476 (1 Sept. 1960))。

の決定を第53条に基づいて「承認する(approve)」ことを提案した[212]。

　「安全保障理事会は、いずれかの国に対しての地域的機構による強制行動の適用を許可する権限をもつ唯一の機関である。安全保障理事会の許可なしには、地域的機関による強制行動の発動は国連憲章に反することになる[213]」。

　ソ連は、たしかに、自らも「正統且つ妥当である」と看なす米州機構の決定を国際連合が全体として支持することを要請していた。と同時に、ドミニカ共和国に対する措置に憲章第53条を適用しようとする「ソ連の提案は、反対解釈により (*a contrario sensu*)、安全保障理事会が、適当と考える場合、これらの措置を無効にし又は修正する権限をもつことも意味することが明らかであった[214]」。従って、アルゼンチン、エクアドルおよび米国は、利害関係国として討議に参加したベネズエラの支持を得て、米州機構の活動に対する安全保障理事会の統制を確保しようとするソ連の提案に反対し、安全保障理事会が米州機構からの報告に「留意する(take note)」に止めることを提案した[215]。この3ケ国共同決議案は、その法的根拠を明示していなかったが、明らかに、憲章第53条の適用に反対して提出された。ここに、右の2つの決議案をめぐって国連憲章第53条の「強制行動」の意味を明らかにする機会が与えられたが、実際には、この問題の法的側面がかならずしも十分に論議されたとはいえない。その理由としては、憲章第53条が今回初めて且つ突然に援用されたために多くの理事国にとって「強制行動」に関する明確な見解を示すことが困難で

212　*Ibid.*(U.N.Doc.S/4477 (5 Sept. 1960), and U.N.Doc.S/4481/Rev.1 (8 Sept. 1960)).
213　SCOR: 15th Yr., 893rd Mtg., 8 Sept. 1960, para.23.
214　*Ibid.*, para.31 (アルゼンチン)。
215　SCOR: 15th Yr., Supplement for July, August and September 1960 (U.N.Doc.S/4484, 8 Sept. 1960).
　　なお、ベネズエラは次のように述べている。「ソ連決議案における憲章第53条の明示の言及は、地域的機構の有効な機能に対して重大な障害を惹起するであろう。何故なら、その言及は、本件における如くそれ自体有効且つ完全な決定を完結させるために安全保障理事会による許可の必要性の承認を意味するからである。……3ケ国決議案は法にかなっている。しかし……米州大陸のすべての人民は、国際の平和および安全の維持に対する安全保障理事会の高度の責任からして、理事会がこの決定に留意するだけでなく、米州の地域的機構によって承認された行動を何らかの方法で援助することを期待している」。SCOR: 15th Yr., 893rd Mtg., paras.80-82.

あったことに加えて、問題の実質ともいうべきドミニカ共和国に対する米州機構の措置自体については全く異論がみられなかったために、とりわけ右の諸国がすべての理事国にとって受諾できるような法的というよりむしろ実際的な解決策を求めたことなどが挙げられるであろう。ただ、その中にあっても、「強制行動」を軍事的措置に限定する中国、イギリスおよび米国と、非軍事的措置をも「強制行動」と看なすソ連およびポーランドがはっきりと対立を示した。

前者の見解を最も明確に主張したのはイギリスである。

「第53条に使用されたこの文言（強制行動）を安全保障理事会の決議に基づくほかは通常正当でないような行動のみを包摂すると解釈することは常識である。国際法上原則として、いずれの国家も他のいずれかの国家との外交関係を断絶し又は経済関係の一部中断を設定することを何ら妨げられない。これらの措置は、……完全にすべての主権国家の権限内にある政策上の行為である。従って、明らかに、それらは、集団的に行動する米州機構の加盟国の権限内にあることになる。換言すれば、第53条が『強制行動』に言及する場合、そこでは、安全保障理事会の決議に基づくほかは通常いずれの国家又は国家の集団にとっても正当でない方法による武力の行使が意図されているにちがいない[216]」。

このイギリスの主張は、「強制行動」を非軍事的措置に限定しようとする諸国に一致した重要な論拠であるように思われる。中国および米国も、米州機構の加盟国によって集団的にとられた措置をすべての主権国家が自己の発意に基づいて個別的にもとることができることを強調していた[217]。

これに対して、ソ連の見解によれば、非軍事的措置も軍事的措置と同様に、その目的および性質上「強制」措置であり、従って、地域的機関がそれを発動するには安全保障理事会の許可が必要であった。すなわち、憲章第41条に規定された非軍事的措置は、既に引用したケルゼンの見解も示すように、侵略

---

216 *Ibid.*, paras.96-97.
217 *Ibid.*, para 102（中国），para.50（米国）．ベネズエラもこれらの諸国に含まれる。*Ibid.*, para.78.

国を強制して侵略行為をやめさせ又は侵略の再発を阻止する目的で安全保障理事会によって採用されるのであるから、その性質上強制措置である。同様に、ドミニカ共和国に対する米州機構の措置も、サン・ホセ決議第2項から明らかなように、トルヒーリョ政府を強制して国際の平和および安全に対して危険となる行動をやめさせることを目的としているから、その性質上強制措置である[218]。ソ連は、更に、イギリス等の諸国の主張に次のように反論した。

「(右の)事情は、外交関係の断絶の如き一定の措置が各国により自国の憲法のみに従って、すなわち単独で執られうるという事実によって決して変るのではない。疑いなく、そのような措置は、諸国による集団的な決定に従って適用される場合、制裁の性質をもつ。同じことは、経済関係および通信等の全部又は一部の中断についてもいえる。この場合においても、地域的機構の加盟国を含めて各国は、個別的に行動している場合にも、事実上、制裁の適用に参加しているのである[219]」。

また、ポーランドの見解によれば、平和の脅威に対処するための行動に武力を行使する権利は、国連憲章第7章の規定により、専ら安全保障理事会に与えられているのであって、地域的取極又は地域的機関はこの種の権利をもっていない。従って、「軍隊の使用の場合が第53条の範囲から除外されねばならないとすれば、憲章の起草者は第53条を起草するに際して如何なる種類の行動又は制裁を念頭においていたかとの疑問が生ずる。明らかに、彼等は、軍事行動に至らぬすべての制裁を意図していたのである[220]」。

以上のほかの理事国は、いずれも、「強制行動」の意味について、明確な見解およびその論拠を示すことを差し控え又は議論の余地が残されていることを強調していた。そして、米国とともに、安全保障理事会が米州機構からの

---

218 SCOR: 15th Yr., 894th Mtg., 9 Sept. 1960, paras.56-66. なお、サン・ホセ決議の第2項は次の通り。「米州機構理事会に、『ドミニカ共和国政府が西半球の平和および安全に対して危険でなくなった場合に』、この決議において採択された措置を、3分の2の同意投票によって停止する権限を与える」。*Applications of the Rio Treaty*, Vol.2, *supra* note 34, p.9.
219 SCOR: 15th Yr., 894th Mtg., paras.68-69.
220 *Ibid.*, para.33.

報告に「留意する」ことを要請するに止る決議案の共同提案国であるアルゼンチンおよびエクアドルがこれらの諸国に含まれていることはとくに注目すべきであろう。アルゼンチンは、地域的機関によってとられる措置はそれが武力の行使を必要とする場合にのみ安全保障理事会の許可を要求されるという議論に有力な理由(weighty reasons)があることを認めながらも、「いずれにせよ、問題に議論の余地があるように思われる」と留保していた[221]。また、エクアドルは、第53条1項の範囲について現実に提起されうる若干の疑問に対する「絶対的な回答(categorical reply)が、サンフランシスコにおける討論にも、理事会自身の決定にも、また憲章の関連諸章の文脈にもみいだされない」ので、「強制行動」に関する自己の見解を示すことを差し控えた[222]。そして、セイロンは、アルゼンチンとは逆に、第53条がたしかに解釈の相違の余地を残していることを承認しながらも、「強制行動」には第41条および第42条に規定された両種の行動が含まれると考えられ、従って、「ソ連決議案は論理的態度を採用しており且つ無理とは思わない線に沿った第53条の解釈に従っていると云わざるをえない」ことを表明していた[223]。セイロンは、更に、その論拠として、「地域的機構の加盟国である各国の個別的な権利とその機構の加盟国としての権利とを区別する」立場から、既に言及したイギリスの主張に対するソ連の反論を次のように補足した。

「国家が地域的集団の加盟国として行動しまた憲章第8章、とくに第53条、の下にある場合には……個別的国家の権利および義務は、憲章との関係においては、地域的機構の権利および義務に埋没する。従って、国家は、その個別的資格において、一定の権利を有するが、そのうちのいくらかは、(地域的)機構と憲章との間に設立された別の関係によって負った義務に従属する[224]」。

221　SCOR: 15th Yr., 893rd Mtg., para.32.
222　*Ibid.*, paras.64-65.
223　SCOR: 15th Yr., 894th Mtg., paras.12-14.
224　*Ibid.*, para.20.

いずれにせよ、これらの諸国に共通の理解は、国連憲章の規定からもまた国際連合の実行によっても第53条の意味で理解されるべき「強制行動」の範囲および内容を明確にすることは不可能でありまた今回は一般原則に関する問題文は第53条の如き憲章の特定の規定の解釈に関する議論に深入りするには適当な機会ではないということであった[225]。従って、問題の審議を将来に委ねようとするこれらの諸国の多くは、「強制行動」に関する自己の見解の如何を問わず、安全保障理事会が一たび採択すれば疑いなく第53条の解釈についての先例を構成する虞のある決議案には消極的であり、とくに本件においては、ドミニカ共和国に対する措置自体について異論がみられなかっただけに、法的又は政治的に明示の反対を招かない解決策を求めた。この点で、安全保障理事会がサン・ホセ会議の決定に、そしてその決議Iにとくに、「留意する」ことはそれ自体理事会がドミニカ共和国に対する措置を「承認する」ことを意味するにほかならないから、3ケ国共同決議案とソ連決議案との間に実質的な相違がないこと、しかしそれにもかかわらず、後者は、第53条に基づいて「承認する」ことを明記しているために、「強制行動」についての見解の対立を直接に巻き込む虞があることが指摘された[226]。

　結局、3ケ国共同決議案が反対なしで採択され（ソ連およびポーランドは棄権）、ソ連案は表決に付されなかった。しかし、理事会における討議内容から既に明らかなように、決議が第53条の解釈についての先例として十分な意味をもちうるかは疑問である。事実、このことは、決議の解釈についても示

---

[225] 既に言及した諸国のほか、フランス（*Ibid.*, 893rd Mtg., para.89）およびイタリア（*Ibid.*, 894th Mtg., para.45）。なお、フランスは自己の見解を表明していないが、イタリアは次のように述べている。「審議中の本件においては、米州機構によって採択された措置の性質そのものから、第53条の適用可能性について多くの疑問を懐いている。我々は、第53条の適用範囲が、安全保障理事会の決議に基づくほかはいかなる国によっても正当に採用されえない措置に限定されていると考えたい（very much inclined）」。*Ibid.*, para.47.

[226] *Ibid.*, 893rd Mtg., paras.33-34. 37（アルゼンチン），68（エクアドル），92（フランス），894th Mtg., paras.22-24（セイロン）．なお、セイロンは、次のようにも述べている。「安全保障理事会における問題の決定に関する限り、本代表は、この種の問題においては、解釈についての固有の困難によってのみならずラテン・アメリカ諸国代表の見解および希望によって強く影響づけられる。我々はこの問題を、専らではなくともかなりの程度、地域的集団の加盟国の権限内にあるものと認めるべきである。安全保障理事会は、そのような場合、通常地域的機関を利用し且つ一般にその地域的機関によって表明された見解に影響づけられる。従って、我々は、これらの諸国の見解および勧告による指導をうけるべきであると考える」。*Ibid.*, para.18.

されていた。表決後、ソ連は、ソ連案が否決されたのではなく撤回されたことに注意を強く喚起するとともに、「留意する」ことは「承認する」ことを意味するのであるから、決議が採択されたことにより、いずれの理事国も、米州機構の決定が憲章第53条の適用を受け従って安全保障理事会による承認を条件とするという立場を争わなかったと主張した[227]。他方、米国は、3ケ国共同決議案が第53条の下で提出されたのではないことを強調してソ連の解釈に反対したが、同時に、「問題の原則については将来の審議に委ねられた」ことを指摘していた[228]。

憲章第53条の「強制行動」の解釈に関して安全保障理事会にみられた見解の対立は、窮極的には、憲章の解釈に際しての基本的な視点の相違にまで遡ることができる。ソ連にとって、「憲章は安全保障理事会に国際の平和および安全の維持に関する主要な責任を与えているということが、安全保障理事会の機能および権限に関する憲章の規定すべてにとっての出発点である[229]」。他方、米州諸国にとって、憲章は、平和の維持に関して安全保障理事会の権限と地域的機関の存在および目的との間に「微妙な均衡(a delicate system of balances)」を設定しているのであるから、憲章の規定はいずれも個別的又は文字通りにではなく憲章全体の文脈から解釈されねばならず、またその際、「地域的機関の自律性、組織、および妥当且つ実効的な活動を保護しまた保証する線に従うことが基本的である[230]」。

しかし、安全保障理事会における見解の対立は右の基本的な相違を直接に反映していたのではない。そこでは、米州諸国、とくに米国、およびソ連にとって、ドミニカ問題はキューバ問題との関係において重要な意味をもっていたのである。問題の法的側面に限定すれば、米国も明確な回答をもっていたとはいえないであろう。事実、第6回外務大臣協議会議において、ドミニカ共和国に対して発動される措置が、少なくとも、国連憲章との関係で問題となりうることを示唆していたのはハーター国務長官であった[231]。従って、米国

---

[227] SCOR: 15th Yr., 895th Mtg., 9 Sept. 1960, paras.22-23.
[228] *Ibid.*, paras.31-32.
[229] *Ibid.*, 894th Mtg., para.50.
[230] *Ibid.*, 893rd Mtg., paras.62-63(エクアドル).
[231] ハーター国務長官は次のようにドミニカ共和国に対する措置の発動に反対していた。「リオ

は、安全保障理事会において、第53条に関するソ連の見解に反論する以上に、「米州制度の機能に対する拒否権を求めようとする大胆な企図」であるソ連の提案に第7回外務大臣協議会議のサン・ホセ宣言によって応答した[232]のである。また、「強制行動」に関する見解を明確に示さなかったアルゼンチンおよびエクアドルが米国とともに共同決議案を提出したのは、「憲章第53条が将来如何に解釈されようとも、法的に組織された地域的集団は当該地域の枠内の問題を解決するに十分な権威をもたねばならない[233]」ことを確保するためにであった。更に、ソ連も次のようにその意図をはっきり述べていた。

「ドミニカ共和国に関する本件の類推によって他の一定の場合に、米国が一定のラテン・アメリカ諸国に対して追求する侵略的政策に関して同種の討論がおこなわれ且つ同種の決定が採択されることは、勿論、疑いなく必要であろう[234]」。

従って、ソ連は、米州機構がドミニカ共和国に対する経済的措置を拡大した[235]とき、安全保障理事会にその決定を「承認する」よう再度要請する必要を感じなかった。このように、ドミニカ問題は、米州機構においてと同様安全保障理事会においても、キューバ問題との関連で処理されていたのである。

サン・ホセ宣言を採択した第7回外務大臣協議会議からも明らかなように、米州機構が米国の強い要請の下に早晩カストロ政府に対して外交的・経済的措置を発動するであろうことは既に予想されていた。従って、ドミニカ共和国に対する措置を支持することによってキューバに対する措置を阻止しよう

条約第8条に規定された措置で最後の武力の行使を除くすべてを適用しようとの見解が示された。『そのような行動が地域的機関による強制行動に関する国連憲章の規定によって影響を受けるかどうかの問題について討論に入ることなく』、私は、これが現実に我々の目的を達成するに最も効果的な手段であるかどうかについての問題を提起したい。……」*Department of State Bulletin*, Vol.43, No.1106 (Sept. 5, 1960), p.356.

232 SCOR: 15th Yr., 893rd Mtg., para.53, 895th Mtg., paras.2-5.
233 *Ibid.*, 893rd Mtg., para.41 (アルゼンチン). また、エクアドルも、「この条項(第53条)は地域的機関の行動を厳格に安全保障理事会の許可に従わせるために使用されえないしまたそうされるべきではない」と述べている。*Ibid.*, para.66.
234 *Ibid.*, 895th Mtg., para.11.
235 II(1), 注(148)参照。

とするソ連の企図はたしかに巧妙であった。しかし、米州機構の決定自体が争われなかったために、かえって安全保障理事会は、不明確ながらも、ソ連の拒否権を肯定する以上に、米州機構の活動に拒否権を行使しようとするソ連の主張を否定したのでもあった[236]。更に、このドミニカ問題から、地域的強制行動に対する安全保障理事会の許可に際して、拒否権の機能の逆転が予想された。すなわち、地域的機関の決定を政治的又は法的に争うために憲章第53条が援用される場合、その決定に好意的な常任理事国が右の提案を拒否する立場にたつことは明らかである。しかし、このことは、ドミニカ問題に関する限り、次のようなフランスの指摘に止る。

「許可は事前に与えられねばならないから、……今回、第53条を適用することは自己矛盾である[237]」。

(2) キューバ問題

第8回外務大臣協議会議が採択した措置[238]に関して、国際連合は、三度にわたってキューバにより審議を要請された。先ず、総会は、プンタ・デル・エステ会議の直後に、かねてから提出されていた米国の干渉および侵略政策に関する苦情と併せて右の措置に対する新たな非難を審議したが、第一委員会および本会議のいずれにおいても、決議を採択するに至らなかった[239]。その直後に、今度は安全保障理事会が、キューバに対する米州機構の措置は米国の圧力の下に執られた違法な強制行動でありまたキューバに対する米国の直接侵略の序曲であるとの提訴を受けたが、理事会においてキューバの苦情は、「強制行動」の問題は既にドミニカ問題に際しての決議によって一応の

236　*Cf.* Claude, *supra* note 17, pp.52-53.
237　SCOR: 15th Yr., 893rd Mtg., para.90. エクアドルも冒頭で次のように述べている。「協議会議の決議は、安全保障理事会からの許可なくして実効的であり、また、米州機構の加盟国によって、既に、ほとんど完全に履行された。従って、我々は既に効力を有し且つ実施された決議を取り扱っているのである」。*Ibid.*, para.60.
238　プンタ・デル・エステ会議の諸決議は、国連憲章第54条に基づいて、安全保障理事会に報告された。SCOR: 17th Yr., Supplement for January, February and March 1962 (U.N.Doc.S/5075)
239　GAOR: 16th Sess., 1st Comm., 1231st to 1243rd Mtgs., 5 to 15 Feb. 1962; 1104th to 1105th Plenary Mtgs., 19 to 20 Feb. 1962.

解決が与えられておりまた米国の侵略政策に関する苦情の実質は既に総会によって審議されたとの理由で、議題に採択されなかった[240]。このような状況の下で、キューバは、再度安全保障理事会にプンタ・デル・エステ会議の決定を提訴するに際して、理事会が、憲章第96条および国際司法裁判所規程第65条に従って国際司法裁判所に次の7項目に関する勧告的意見を要請し、且つ、その間、憲章第40条に基づく暫定措置として、米州機構に右の決定の実施の停止を要請することを求めた[241]。

(1) 米州機構は、その憲章の規定の下において、国連憲章第8章の意味の枠内での地域的機関であるか、また、その活動は国際連合の目的および原則と一致しなければならないか。

(2) 国連憲章の下において、米州機構は地域的機関として安全保障理事会の許可なしに国連憲章第53条に規定された強制行動をとる権利を有するか。

(3) 国連憲章第53条における「強制行動」という表現は国連憲章第41条に規定された措置を含むと看なされうるか。第41条における措置のリストは網羅的であるか。

(4) 米州機構憲章は、とくにその社会制度を理由として、機構の加盟国を除名するための何らかの手続を規定しているか。

(5) 米州機構憲章および米州相互援助条約の諸規定は国連憲章に基づく加盟国の義務に優先すると看なされうるか。

(6) 国連憲章の主要な原則の1つは、国際連合の加盟国たる地位が、その制度に関係なく、憲章第4条の要件を満たす国家に開放されているということであるか。

(7) 前記の質問に対する回答に照して、プンタ・デル・エステにおける第8回外務大臣協議会議で採択された、その社会制度を理由としての地域的機関の加盟国の除名および安全保障理事会の許可なしでのその国に

---

240 SCOR: 17th Yr., Supplement for January, February and March 1962 (U.N.Doc.S/5080, 22 Feb. 1962); SCOR: 17th Yr., 991st Mtg., 27 Feb. 1962.
241 SCOR: 17th Yr., Supplement for January, February and March 1962 (U.N.Doc.S/5080, 8 Mar. 1962, and U.N.Doc.S/5095, 20 Mar. 1962).

対する他の強制行動の発動に関する決議は、国連憲章、米州機構憲章およびリオ条約の諸規定に従っているか。

　第8回外務大臣協議会議で執られた諸措置が違法な強制行動であるというキューバの非難を護れば、キューバに対する米州機構の行動はリオ条約およびボゴタ憲章と国連憲章との各々に二重に違反していると主張されている。すなわち、プンタ・デル・エステ会議の諸決定だけでなく、外務大臣協議会議の招集に関する米州機構理事会の決定、更に、その招集を要請したコロンビアの提訴のいずれもが米州の諸条約との関係で法的基礎を欠いている。そして、キューバに対する諸措置は、「マルクス・レーニン主義政権は米州機構と両立しない」という理由で発動された点で、地域的取極又は地域的機関およびその活動が国際連合の目的および原則と一致することを要求する国連憲章第52条1項に、また、安全保障理事会の許可なしに実施された強制行動である点で、憲章第53条1項に、各々、違反している。プンタ・デル・エステ会議の諸決定のなかでキューバの非難が集中したのは決議Ⅵ「米州制度への参加からのキューバ現政府の除外」である。キューバの見解によれば、「米州機構からキューバを除名する決議は協議機関によってもまた米州会議によってさえも採択されえない。何故なら、加盟国を除名する権限は、国連憲章第6条に従って、専ら総会に付与されているからである[242]」。また除名措置はその例外的な性質上「最大限の強制措置(the maximum coercive measure)」であると主張された。何故なら、国連憲章上、加盟国の権利および特権を停止するためには安全保障理事会がその国に対して防止行動又は強制行動を執っていることが、更に、除名のためには当該の国が憲章の原則に執ように違反したことが、各々前提条件として、要求されているからである、と[243]。

　これに対して米国は、プンタ・デル・エステ会議の諸決議について逐一キューバの主張に反論した。とくに、決議Ⅵに関しては次の諸点が強調された。すなわち、キューバが米州機構から除名されたのは、キューバが非難するように「社会制度」を理由とするのではなくて、代議制民主主義の有効的実

242　SCOR: 17th Yr., 992nd Mtg., 14 Mar. 1962, para.78.
243　*Ibid*., paras.103-104.

施および人権の尊重に関するボゴタ憲章の基本的な原則および義務の違反そしてとくに他の米州諸国に対する侵略的および破壊的な活動に対処するための防衛措置としてであり、それはむしろキューバの「自己除外(self-exclusion)」を確認したものといえる[244]。また、除名がボゴタ憲章上違法な措置であるというキューバの主張は次の理由で否定される。(1)ボゴタ憲章を解釈するのは米州機構自身であり、それに必要な3分の2の加盟国は憲章上この措置が適法であると解釈した。(2)ボゴタ憲章を含めて条約は制限的にではなく実効的に、すなわちその基本目的を実施するように解釈されねばならず、憲章の実効的な解釈上キューバの除名が要請される。(3)いずれの地域的機構もその加盟国によって機構の憲章に違反していると判断される政府の存在を受諾することを強制されえない[245]。更に、キューバの除名は国連憲章第53条の意味での「強制行動」ではない。何故なら、「安全保障理事会の『許可』は、地域的機構への参加からの除外に関する本件の如く、安全保障理事会自身がそれについて行動することができず専ら地域的機構自身の権限に属する事項に関する地域的行動には要求されえない[246]」からである。また、決議VIIIに関しては、武器の貿易の停止は侵略の裏返しであってこの場合には侵略に対する1つの自衛措置であること、および、そのような措置はいずれの国も何処からの許可もなしに個別的又は集団的に執ることができる手段であるから憲章第53条の「強制行動」ではないことが指摘された[247]。

　以上のようなキューバの主張および米国の反論からも明らかなように、安全保障理事会に提起された問題は、プンタ・デル・エステ会議で採択された諸措置が国連憲章第53条の意味での「強制行動」に含まれるかだけでなく、とくに除名措置との関連で、国際連合と地域的機関との関係一般にまで及んでいたのである。それだけに、安全保障理事会が国際司法裁判所に勧告的意見を要請するよう求められた前記の問題は、キューバの見解によれば「疑いなく政治的意味を伴っているけれども本質的には(per se)高度に法的な性質をもつ」ものであったが、多くの理事国はそれを「法的形式に偽装された政治的

244　SCOR: 17th Yr., 993rd Mtg., 15 Mar. 1962, paras.96-104.
245　*Ibid*., paras.105-109.
246　*Ibid*., para.101.
247　*Ibid*., para.113.

問題」と看なしていた。

　「強制行動」の問題に関していえば、多くの理事国が、ドミニカ問題の審議におけると違って明確に、安全保障理事会の許可を必要とする地域的機関の行動を武力の行使を伴う措置に限定した[248]ことが注目される。そして、ドミニカ問題に際しての安全保障理事会の決議が右の主張を支持する先例として強調された。例えば、キューバの要請を拒否すべき理由として安全保障理事会が既に十分な審議の後に「強制行動」の問題に明確な決定を下していることを指摘した米国の見解によれば、ドミニカ共和国に対する外交的・経済的措置はキューバに対する措置よりもはるかに強力であり、また、前者に関して米州の3ケ国によって提出され且つ安全保障理事会において反対なしに採択された決議案は、表決に付されることさえなかったソ連決議案とは違って、安全保障理事会の行動を、憲章第54条に基づいて理事会に報告された米州機構の行動を許可又は承認するのではなくて「留意する」に明確に限定することを目的としていたのであるから、プンタ・デル・エステ会議で執られた諸措置が憲章第53条の意味での「強制行動」を含まず従ってまた安全保障理事会の許可を必要としないことは明らかであった[249]。これに対して、「強制行動」には第41条に列挙されたすべての措置「そしておそらくは他の措置も同様に」含まれると主張するソ連は、ドミニカ問題に際して安全保障理事会が3ケ国共同決議案を採択したことは米州機構の強制行動に対する理事会の「承認」を意味するにほかならないことを強調したほか、とくに、個別的に執られる場合には安全保障理事会の許可を必要としない非軍事的措置が地域的機関の決定に基づいて集団的に執られる場合にはその性質を変えて憲章第53条の意味での強制行動となる理由として、右の両者の間で「その政治的行動の範囲従ってまたその重要性が完全に異る」ことを指摘した[250]。しかし、執られた措置の現実の政治的影響力を問題とする限り、それが地域的機関の決定に基づくか又は各国の発意に基づくかによって区別することは実際には不可能である

248　Cf. SCOR: 17th Yr., 994th Mtg., 16 Mar. 1962, paras.65-67(チリ); 995th Mtg., 20 Mar. 1962, paras.16-17(イギリス); Ibid., para.24(中国); 996th Mtg., 21 Mar. 1962, para.65(アイルランド); 997th Mtg., 22 Mar. 1962, paras.23-25(ベネズエラ).
249　SCOR: 17th Yr., 993rd Mtg., paras.119-121.
250　SCOR: 17th Yr., 998th Mtg., paras.36-42.

だけでなく、キューバに対する米州機構の措置についてはとくに安全保障理事会の許可を要求することが困難であった。何故なら、中国が指摘したように、「プンタ・デル・エステ会議が招集される以前に、キューバとの外交および貿易の関係は多くの国によって断絶されていた。ある意味で、プンタ・デル・エステ決議は、多くの個々の政府がキューバ政権の政策に反対して既におこなっていることの集団的な表現にほかならない[251]」からである。

　ガーナおよびアイルランドは、「強制行動」の問題について議論の余地又は見解の相違が残されていることを承認したが、キューバの要請の処理について見解を異にした。ガーナ代表のケソンサッキー（Quaison-Sackey）は、第53条の「強制行動」の範囲および内容が、サンフランシスコ会議の記録、憲章の諸規定および精神、国際連合の実行又は先例、又は学説のいずれによっても明らかにされえないこと、および、安全保障理事会におけるドミニカ問題の審議に際して、何が「強制行動」であるかという法的問題には十分な審議の余地が残されていることについて見解の一致があったことを詳細に検討した後、「第53条の下での『強制行動』の意味について、従って当然に（*ex hypothesi*）、プンタ・デル・エステで執られた諸決定のいくつかと憲章の規定との両立性についても、合理的な疑問の根拠が依然残されている」と結論し[252]、更に、キューバの要請に関しては、すべての理事国にとって受諾可能と考えられる前記の第3項の分離投票を要請した。これに対して、「強制行動」を軍事的措置に限定する見解を支持するアイルランドは、第53条の解釈に関する見解の相違が純粋に法的なものではなく基本的に政治的な性質をもつことを強調した。

　「それは、事実、安全保障理事会従ってまた拒否権が……地域的機構の活動との関係で果しうる役割の範囲に関する根本的な政治的見解の対立である。そのような見解の対立は裁判所の勧告的意見によって満足に解決されえない。それは合意、とくに大国間の合意によって解決されねばならない[253]」。

251　SCOR: 17th Yr., 995th Mtg., para.33.
252　SCOR: 17th Yr., 996th Mtg., paras.74-88.
253　*Ibid.*, para.66.

このようなアイルランドの主張は、憲章第53条をめぐって既に幾度か表明された見解を控え目に表現したものである。より法的に、ベネズエラは、「強制行動」を軍事的措置に限定すべき理由として、「特定の国、本件においては拒否権をもつ五常任理事国、に特権を付与しているすべての規定は広義にではなく制限的に解釈されねばならない[254]」と主張した。またより政治的に、米国は、ドミニカ問題に際してのソ連の行動を、「米州機構に反対し且つ西半球におけるソ連の活動基地であるキューバを防衛するためにその拒否権を行使しようとする後の企図の序曲[255]」であったと再度非難した。ただ、アイルランドは、「強制行動」の問題の解決を国連憲章が再審議される際に期待していた。

　結局、安全保障理事会において、憲章第53条に関するキューバの見解はソ連およびルーマニアの支持を受けたに止る。そして、前記のキューバの要請に関して、ガーナは、第3項が分離投票により否決された結果最早十分な意味をもちえない他の6項目についての表決に参加しなかったことにも示されるように、安全保障理事会の許可を必要とする地域的機関の行動が武力の行使を伴う場合に限定された結果、論理的には、除名措置に関するキューバの主張もその基礎を失っていた。それにもかかわらず安全保障理事会での議論がむしろ除名措置に関して集中したのは、それが地域的機関にとって最も基本的な権利ともいうべき加盟国たる地位の決定にかかわるからであった。従って、「強制行動」の問題については自己の見解を表明しなかったアラブ連合も、アラブ連盟を考慮すれば少なくとも、地域的機関の加盟国を除名する権限を有する唯一の機関は国連総会であるというキューバの見解を受諾できなかった[256]。また、イギリスは、「他の独立した機構の加盟国たる地位は、国際連合がそれに関して宣言すべき如何なる権限（locus standi）をも有しない問題である[257]」と、キューバの主張を全面的に拒否した。たしかに、米州機構からのキューバの除名については、次のようなアイルランドの指摘が多くの

254　SCOR: 17th Yr., 997th Mtg., para.26.
255　SCOR: 17th Yr., 993rd Mtg., para.123.
256　SCOR: 17th Yr., 996th Mtg., para.52.
257　SCOR: 17th Yr., 995th Mtg., para.15.

理事国に一致した見解であった。

「実効的であるためには、地域的機構は共通の目的をもたねばならない。それは、最少限度の内部的結合、すなわち共通の目的に関する基本的な意識をもたねばならない。地域的機構に、加盟国が全体として共有する目的および理想を支持しなくなったと他の加盟国が何らかの理由で看なす政府又は国家から加盟国たる地位に基づく特権を奪う自由を否定することは、地域的機構から、その主要な存在理由である利益および目的の共同体意識を奪うことであり、また、そうすることによって、地域的機構という考え全体を無に帰することである[258]」。

安全保障理事会でドミニカ問題に際して暫定的に示され且つキューバ問題に際して確認されたともいうべき国連憲章第53条の解釈に従えば、安全保障理事会の事前の許可を要求される地域的「強制行動」は、武力攻撃に至らぬ事態に対処するために執られる軍事的措置に限定される。このうち、武力攻撃に対処するために執られる場合の強制行動一般が第53条に規定された意味での「強制行動」から排除されることは既に述べた通り明らかであるが、その「強制行動」が軍事的措置に限定されることについては依然議論の余地がある。何故なら、一方で、国連憲章の他の条項[259]において使用されている「強制行動」又は「強制措置」という文言は非軍事的措置および軍事的措置の両者を指すものと解釈されねばならないことのほか、実際上、武力攻撃に至らぬ事態に対処するためにとられる措置は通常非軍事的措置であることからも、第53条の「強制行動」に非軍事的措置および軍事的措置の両者が含まれると解釈することは不自然でないからである。しかし他方で、国連憲章上、いずれの加盟国も外交関係の断絶或いはまた経済関係の中断等の措置を執ることを禁止されていない以上、これらの非軍事的措置を地域的機関が、すなわち、地域的機関の加盟国がその機関の発意に基づいて集団的に、執る場合に安全保障理事

---

258 SCOR: 17th Yr., 996th Mtg., para.62. なお、キューバの要請のうち、第3項は、賛成4(ガーナ、ルーマニア、アラブ連合およびソ連):反対7で、また、他の条項は、賛成2(ルーマニアおよびソ連):反対7:棄権1(アラブ連合):投票不参加1(ガーナ)で、各々、否決された。
259 第2条7項、第5条、第50条など。

会の許可を要求することは、国際連合において地域的機関の加盟国が̇よ̇り̇少̇
し̇の権利しかもたないという極めて不都合な事態を惹起し²⁶⁰、更に、右の要
求は、地域的機関の各加盟国が自己の発意に基づいて個別的又は集団的に行
動することによって、憲章上合法的に且つ措置の効果を減ずることなく回避
されうる、ということを認めねばならない。従って、憲章第53条が「強制行動」
に言及する場合、そこには、安全保障理事会の許可に基づくほかはいずれの
国家又は国家の集団も憲章上合法的に執ることができない行動、すなわち、
武力攻撃に至らぬ事態に対処するために執られ且つ武力の行使又は武力に
よる威嚇を伴う行動が意図されていると理解することがよ̇り̇論理的且つ実際的
であろう²⁶¹。

　しかし、更に重要なことに、安全保障理事会において主張されたのはソ連
の拒否権からの米州機構の自律的機能であったことからも明らかなように、
憲章第53条の「強制行動」に関して右の制限的解釈を主張した諸国は同時に第
53条の除去を要求していたのである。例えば、フランスは、プンタ・デル・
エステ会議で執られた措置は「本質上、国連憲章第51条の下で正当化される
集団的防衛(collective protection)に関する事項である」という理由で、右の措置
に対する第53条の適用を否定した²⁶²。たしかに、このような極端な見解は他
の理事国の支持を得られなかったが、しかしそこには「第53条の制限的解釈
および第51条の拡大解釈によって安全保障理事会からの米州機構の完全な自
律性が得られる²⁶³」ことがはっきりと示されていた。しかし、地域的強制行
動に対する安全保障理事会の統制を排除するために米国が採用した手続は、
第53条に規定された「強制行動」を更に限定するとともに安全保障理事会の許̇
可̇を形骸化することであった。

　キューバに対する米州機構(又は米国)の隔離措置が、多くの学者によって

260　既に述べたように、紛争の平和的解決に関して、米州機構先議の主張を否定する根拠とし
　　てもこの点が強調されていた。I. 2.(2)参照。
261　Jiménez de Aréchaga, *supra* note 139, pp.427-482; Marvin G. Goldman, "Action by the Organization
　　of American States: When is Security Council Authorization Required under Article 53 of the United
　　Nations Charter?," *UCLA Law Review*, Vol.10 (1963), pp.849-855.
262　SCOR: 17th Yr., 995th Mtg., para.59.
263　Claude, *supra* note 17, p.58.

主張されるように[264]、憲章第51条に基づいて正当化されうるかは、個別的又は集団的自衛権の発動が第51条の規定によってどの程度制限されているか[265]という法的問題およびキューバにおけるミサイル基地の建設は如何なる事態と看なされるかという事実認定との関係で議論の分れるところである。しかし、注目すべきことに、米国はキューバに対する隔離措置の発動を憲章第51条に基づいて正当化しようとはしなかった。事実、米国が米州機構理事会に提訴したのはリオ条約第6条に基づいてであり、また、米州機構の暫定協議機関の決定は国連憲章第54条に基づいて安全保障理事会に報告された[266]。そして、米国国務省法律顧問補佐ミーカー（L. C. Meeker）は次の理由で隔離措置を憲章第53条に基づいて正当化している[267]。第1に、ドミニカ問題に際してのソ連の行動からも明らかなように、安全保障理事会は事後にその「許可」を適正に与えることができる。第2に、米国の理解によれば、「強制行動」とは武力の行使を伴い且つ義務的な行動を意味する。第3に、安全保障理事会の許可は明示的でなく黙示的でもよい。「安全保障理事会は、隔離が継続している

264 Goldman, *supra* note 261, pp.867-868; Eustace Seligman, "The Legality of U. S. Quarantine Action under the United Nations Charter," *American Bar Association Journal*, Vol.49(1963), pp.142-145; Charles G. Fenwick, "The Quarantine against Cuba: Legal or Illegal?" *American Journal of International Law*, Vol.57, No.3(1963), pp.588-592; Brunson MacChesney, "Some Comments on the 'Quarantine' of Cuba," *Ibid.*, pp.592-597; Myres S. McDougal, "The Soviet-Cuban Quarantine and Self-Defense," *Ibid.*, pp.597-604; Covey Oliver, "International Law and the Quarantine of Cuba," *American Journal of International Law*, Vol.57, No.2(1963), pp.373-377. なお、Jiménez de Aréchagaは、第51条によって正当化されないが「核の『現状』又は安定性を維持するために必要、適当且つ受諾された手段」として正当化しようとする。Jiménez de Aréchaga, *supra* note 139, pp.509-520. しかし、キューバに対する隔離措置の合法性はQuincy Wrightによって極めて詳細に否定されている。Quincy Wright, "The Cuban Quarantine," *American Journal of International Law*, Vol.57, No.3(1963), pp.546-565. *Cf.* Emile Giraud, "A propos de l'affaire cubaine - La Quarantaine. L'interdiction du recours à la force. La théorie et la pratique des Nations Unies," *Revue générale de droit international public*, tome 67, N°3(1963), pp.501-544.

265 この問題の詳細な検討は別の機会にゆずる。なおこれに関しては、さしあたって、次の論文・著作を参照。田畑茂二郎「国連憲章51条と自衛権」『法学論叢』第67巻1号（1960年）1-32頁。田岡『前掲書』（注205）、横田喜三郎『自衛権』（有斐閣、1951年）。

266 SCOR: 17th Yr., Supplement for October, November and December 1962(U.S.Doc.S/5193, 25 Oct. 1962).

267 Leonard C. Meeker, "Defensive Quarantine and the Law," *American Journal of International Law*, Vol.57, No.3(1963), pp.515-524. また、国務省法律顧問であるAbram Chayesによっても概括的にではあるが同様の見解が示されている。Abram Chayes, "The Law and the Quarantine of Cuba," *Foreign Affairs*, Vol.41(1963), pp.550-557. なお、次に挙げる3点は、Aréchagaによって、各々、詳細に非難されている。Aréchaga, *supra* note 139, pp.495-500.

間に且つそれを認識しつつ、当事者に米国およびソ連の間での一連の外交交渉を追求することを奨励した。従って、たとえ許可が必要であると考えられても(これは米国の見解ではないが)、そのような許可は安全保障理事会が執った行動の過程において与えられていたということができる」。このように、米国は、一方的に、「地域的機関による責任の増大の受諾」を承認したのである。そして、1964年にワシントン会議でキューバに対して執られた措置は最早安全保障理事会において争われることもなかった。

III 米国の単独行動

国連憲章の起草過程において米州制度の自律的機能に関するラテン・アメリカ諸国の主張として表現され且つリオ条約を要とする米州機構の平和維持制度の基礎をなしている「米州の連帯」は、米州における不干渉の原則の確立にその起源をもつ。然るに、その不干渉の原則を条約化したブエノス・アイレス会議が同時に採用した協議手続は、「ヒューズおよびハルの両国務長官が『国際法』によって統制されるべきであると考えたのと類似の事態に米国が直面する場合に」、解決策をみいだすための1つの手段としても予定されていた[268]。また、ボゴタ憲章第15条および第17条に具体化された不干渉の原則は、歴史的に米国の単独行動に向けられたものであって、直接には、米州機構の行動には向けられていなかった。従って、ラテン・アメリカ諸国にとっての脅威は、第一次的には、米国の単独行動というよりむしろ米州機構の集団的措置という形態をとっていた。この点で、米国が強力に推進する反共政策への米州機構の傾斜は、集団的干渉への「危険な傾向」であった[269]といえよう。しかし、反共政策に対する多くのラテン・アメリカ諸国の消極的な態度は、米国が干渉政策を放棄するに際してこれらの国に要求した「責任の分担」の否定を意味するものであり、従って、米州機構の集団的行動は常に米国の単独

---

268 Fenwick, *supra* note 21, pp.656-657. *Cf.* Secretary Hull's statement at the Montevideo Conference, *Supplement to the American Journal of International Law*, Vol.28(1934), p.78.
269 Castañeda, *supra* note 23, pp.381-382.

干渉によって補充されてきたのである。

　既に1954年6月、グァテマラのアルベンス政府の崩壊に米国政府が荷担していたことは公然の秘密とされていた。この点に関して、カスティージョ・アルマス大佐の率いる侵入軍は米国が軍事援助協定に基づいてホンジュラスに供与した武器によって装備されていたこと、更にまた、アルベンス政府は陸軍が人民軍の設立に反対したために崩壊したのであるから侵入軍に対する右の「間接援助」さえ不必要であったことを理由に、米国の責任を免除しようとする主張もある[270]。しかし、しばしば引用される次のような見解が公平であろう。

　「真面目に問題とされうる唯一のことは米国がこの種の活動を巧妙に且つ首尾よく操作することができるかどうかである。……もし奨励且つ支持するべき土着の革命運動が存在しないならば、その場合、何か他の救済策がみつけられねばならなかったであろう。幸いにも善意の土着の運動があり、更に、幸いにもホンジュラスはそれを自国の領土から送り出す用意があった[271]」。

　しかし、米国の干渉が明確なかたちをとるに至ったのは、1961年4月17日、主として在米キューバ亡命者によって敢行されたキューバ侵攻においてである。カストロ政府に対する「土着の革命運動」をみいだせなかったので、米国は、それに代る救済策として、「米国に公然たる援助を要請することができる暫定政府」を樹立するために[272]自から反革命軍をキューバに派遣したのであった。この事件に関して、米国政府は、キューバ亡命者に対する同情を表明しながらも、「米国の軍隊が決して介入していなかった」ことを強調している。しかし、フロリダを発った侵入軍が訓練、装備等のあらゆる面で米国政府、とりわけCIA（中央情報局）から援助を受けていたことは明白であり、こ

---

[270] Mecham, *supra* note 5, pp.446-447. しかし、カスティージョ・アルマス大佐に対する米国の直接的な軍事援助については、当時の米国大統領アイゼンハワー自身が認めている。仲晃・佐々木謙一訳『アイゼンハワー回顧録I（現代史戦後編28）』（みすず書房、1965年）375-381頁。

[271] *Christian Science Monitor*, June 22, 1954 (Joseph C. Harsch), cited in Taylor, *supra* note 38, p.806; Claude, *supra* note 17, p.31.

[272] 安全保障理事会におけるキューバの指摘。SCOR: 15th Yr., 765th Mtg., para.45.

の行動は、国連憲章および米州の諸条約に違反しているといわねばならない。しかし、それに止らず、サン・ホセ会議とプンタ・デル・エステ会議との間に発生したこの事件に米州機構の将来が既に示されていたのである。何故ならケネディ大統領は次のような「キューバの教訓」を学んでいたからである。

「我国又は同盟国に対する外部からの攻撃が存在しない場合には、米国による単独の干渉はすべて我国の伝統および国際義務に反したであろう。しかし、我国の自制が無制限でないことを明らかにしておかねばならない。もし米州の不干渉主義が単に無為(nonaction)の政策に対する隠蓑又は口実にすぎないと思われるならば——もし西半球の諸国が外部からの共産主義の浸透に対処するべき自らの義務を履行しないならば——その場合、我政府がその第一次的な責任、すなわち我国の安全に対する責任、を履行するのに躊躇しないということを、私ははっきりと理解させておきたい[273]」。

ここに、キューバ侵攻の責任はラテン・アメリカ諸国の無為に転嫁されるとともに、これらの国が分担された責任を果さない場合には、共産主義の脅威を排除するために米国が単独で行動する決意が明らかにされた。しかし、米州機構が反共政策に傾斜している状況の下でのこの主張は、事実上、ラテン・アメリカ諸国に集団的干渉又は米国の単独干渉の二者択一を迫るにほかならなかった。従って、共産主義の脅威よりも不干渉の原則を重視するラテン・アメリカ諸国は米州機構の行動に対する消極的な態度を維持し、また、米国は、米州機構を通じてキューバに対する有効な措置をとることができずに終った。そして、米州機構に多くを期待できない米国は、1965年4月24日に始まるドミニカ共和国の革命に際して、共産主義の脅威を先制するために単独で軍事介入をおこなうに至ったのである。

---

273 "The Lesson of Cuba," *Department of State Bulletin*, Vol.44, No.1141, p.659. R. A. Falkはキューバ侵攻に関する詳細な研究の中で、このケネディ大統領の言明にみとめられる次の3つの点を指して「ケネディ・ドクトリン」と呼んでいる。(1)不干渉の原則の適用を直接的な武力干渉に限定したこと。(2)米州機構が自らの責任を果さない場合、米国が単独で直接的な武力干渉をおこなうことを示唆したこと。(3)西半球における共産主義勢力との間には交渉の余地がないことを明らかにしたこと。Richard Falk, "American Intervention in Cuba and the Rule of Law," *Ohio State Law Journal*, Vol.22, No.3 (1961), pp.583-584.

早くも28日、「米国市民の生命が危険に晒されており、且つ、当局が最早その安全を保証できなくなった」ことを理由に、400名の海兵隊をサント・ドミンゴに上陸させた米国政府は、2日後に、「ドミニカ共和国に共産主義政府が樹立されないように監視するために」4200名の空挺部隊の増強をおこない、更にその2日後には、6500名の陸軍を上陸させて、「西半球にもう1つの共産主義国が成立するのを阻止する」決意を明らかにした[274]。このような状況の下で米州機構理事会が、4月29日、「ドミニカ共和国における武力衝突によって惹起された重大な事態を審議するために」ボゴタ憲章第39条に基づく外務大臣協議会議の招集を決定したことは、このドミニカ問題に対する米州機構の基本的態度を示していたといえよう。何故なら、一方で、米国の軍事介入はボゴタ憲章が規定する「米州諸国にとって緊急であり且つ共通の利害関係のある問題」であるに止らず明らかにリオ条約の適用を受けるべき事態であり、他方で、ドミニカ共和国の革命およびそれに続く内戦に米州機構が自発的に介入できるかは疑わしいからである。従って、ドミニカ共和国の革命およびそれに伴う共産主義の脅威を懸念する米国を中心とする諸国と、米国の行動を非難する諸国との妥協の下に開催された第10回外務大臣協議会議は、その出発点において、ドミニカ共和国の革命に干渉するとともに米国の軍事介入を既成事実と看なすという二重の機能を担っていたのである[275]。

第10回外務大臣協議会議は、ラテン・アメリカ諸国の非難の的であり且つ米州機構の調停工作の障碍となっている在ドミニカ米軍を、米州諸国によって拠出され且つ「米州機構統一司令部 (the OAS Unified Command)」の指揮下におかれる「米州軍 (Inter-American Force)」に統合した[276]。しかし、この米州軍の創設は更に重大な問題を提起した。決議は、「米州機構が平和の維持および民主主義的な状態の再建のために加盟国を援助する権限を有する」ことを米州軍

---

[274] *Department of State Bulletin*, Vol.52, No.1351, pp.738, 742, 746.
[275] 事実、外務大臣協議会議の招集を決定した29日の米州機構理事会において、「停戦を要請する決議」はサント・ドミンゴに駐留する米軍の存在を前提にしていたために、チリ、ウルグァイ、メキシコおよびベネズエラはこれに棄権した。そして、これらの諸国は、以後の米州機構の活動についても常に批判的であった。なお、このドミニカ問題に関する米州機構の活動は次の文書に一括されている。Report of the Secretary General of the Organization of American States Regarding the Dominican Situation, OEA/Ser. F/111 10(E), 1965.
[276] 「米州軍を創設する決議」(5月6日)の表決は次の通り。賛成：15、反対：5(チリ、エクアドル、メキシコ、ペルーおよびウルグァイ)、棄権：1(ベネズエラ)。なお、5月22日の決議によっ

7　米州機構の平和維持機能と国際連合　241

創設の根拠としており、また、この米州軍の「唯一の目的」として、「ドミニカ共和国における常態の回復、住民の安全および人権の不可侵の維持、および民主主義的機構の機能を可能にする平和および和解の環境の確立」に協力することを挙げている。しかし、たとえボゴタ憲章第39条に基づく外務大臣協議会議がこのような米州軍を創設する権限を有するとしても、そのために何よりも先ず必要なドミニカ共和国の同意を同国が内乱状態の下で推定することは困難であった[277]。また、米州軍の実態は決議の文面からはほど遠い。米州軍はほとんど空軍によって占められた陸海空の三軍から成る正規の軍隊であり、更に、その唯一の機能は、米軍に代り、サント・ドミンゴにおいて、回廊を形成することによって立憲政府と軍政府を遮断し且つ後者に有利に存在することであった[278]。このように、米州軍の創設は、ドミニカ共和国に対する米国の単独の軍事的干渉を米州機構の下に集団化することにほかならなかった[279]。

　第10回外務大臣協議会議は、立憲政府と軍政府との間の戦闘を終結させるために再三調停委員会およびモラ（Jose Mora）米州機構事務総長をサント・ド

　て、米州軍司令官の任命はブラジル政府に委ねられた。賛成：14、反対：4（チリ、エクアドル、メキシコおよびペルー）、棄権：2（アルゼンチンおよびベネズエラ）。Goldmanは、米州機構が、安全保障理事会の許可なしに、UNEF・ONUCの型の警察軍を創設することができると述べている。Goldman, *supra* note 261, pp.857-859. この問題については更に検討を必要とするが、少なくとも、今回の「米州軍」には、次に述べるように、その実態からもGoldmanの考慮におかれたものとはいえない。なお、所謂国連軍（平和維持軍）に関する諸問題については、香西教授の次の論文を参照。香西茂「国連軍をめぐる『関係国の同意』の問題─スエズとコンゴの場合」『法学論叢』第68巻5・6号（1961年）149-186頁、同「国連軍」田岡良一先生還暦記念論文集編集委員会編『国際連合の研究 第1巻』（有斐閣、1963年）88-128頁、同「国連の平和維持活動と経費の分担─国際司法裁判所の勧告的意見─」『法学論叢』第76巻1・2号（1964年）102-134頁。

[277]　5月6日および22日の決議にドミニカ共和国（軍政府代表）は賛成投票をおこなっているが、ドミニカ共和国が二分されている状況の下でのこの軍政府の同意は、米州機構の介入を正当化するものとは解釈され難い。事実、7月20日の国連安全保障理事会において、立憲政府のみならず軍政府も米州軍の撤退を要求している。SCOR: 20th Yr., 1230th Mtg., 20 July 1965, paras.45-50（立憲政府）、paras.51-55（軍政府）。

[278]　5月14日の安全保障理事会の決議（U.N.Doc.S/6355）に基づいて、国連事務総長の代理としてドミニカ共和国に派遣されたマヨブレは、同19日に安全保障理事会に提出した報告のなかで、米軍（米州軍）の存在がインベルト派（軍政府）に有利となっていることを指摘している。SCOR: 20th Yr., 1212nd Mtg., 19 May 1965, paras.78-87.

[279]　例えば、ウルグァイは、安全保障理事会において、米国の行動を「モンロー主義の新たなコロラリー」又は「ジョンソン・ドクトリン」と非難している。SCOR: 20th Yr., 1198th Mtg., 4 May 1965, paras.5-40.

ミンゴへ派遣した。しかし、既に4月29日の理事会において「停戦を要請する決議」さえすべてのラテン・アメリカ諸国の支持を獲得することができなかったことに示されるように、米軍又はそれを統合した米州軍の存在を前提とした調停工作は困難を極め、立憲政府の支持を得られないのみならず調停委員会の内部にも対立をもたらした[280]。結局、9月に至って両政府はガルシア・ゴドイ臨時政府の下に統一され、また、翌年米州軍の監視下で総選挙がおこなわれた結果、バラゲール政府の下にドミニカ共和国の秩序が回復された。

　ドミニカ共和国に対する米国の軍事干渉は、それが両国間で有効な条約に根拠を求めることができない点で善隣政策以前の米国の干渉と区別され、また、米国が承認した政府の要請に基づいていない点で1958年のレバノン介入および現在のヴェトナムにおける行動と区別される。そして、4月24日、レイド・カブラル政府を崩壊させた革命軍が1963年憲法の復活およびボッシュ(Bosch)前大統領の復帰を要求していたにすぎなかったにもかかわらず、米国が予想される非難を無視して約30年ぶりに単独で軍事干渉をおこなうに至った理由は、1961年、ボッシュ政府が成立した当時には依然軍部に握られていた武器が、米国が介入した4月28日には、グァテマラ事件に際してアルベンス政府が企図し且つキューバ革命に際して実行された如く、ドミニカ共和国人民の手に配布されつつあったからである[281]。

　米国のこの行動に関して、国務省法律顧問ミーカーは次のように述べている。

　「今日の事象を判断・評価するために絶対的なもの(absolutes)に依拠することは人為的であり、黒・白だけでは、世界政治における特定の事態の現実を描写するのに不適当であり、また、国際法上の義務の性質に関する原則主義者(fundamentalist)の見解は、困難な政治的、経済的および社会的な

280　ウルグァイは、安全保障理事会において第10回外務大臣協議会議がドミニカ共和国に派遣した5人(調停)委員会はドミニカ共和国の内政に干渉していると非難し(*Ibid.*, para.30)、また5月11日に理事会に提出した決議案(U.N.Doc.S/6380)のなかで、国連憲章第24条、第34条および第35条に留意し、ボゴタ憲章第15条および第17条の不干渉の原則を強調し、国連事務総長の介入を要請し、且つ、米州機構に国連事務総長との協力を要請している。
281　*Monthly Review*, Vol.17 (Sept. 1965), pp.3-4.

諸問題の実際的且つ正当な解決を達成するための手段としてはあまり役に立たない[282]」。

これに対して、フリードマン(Wolfgang Friedmann)は次のように反論している。

「ミーカー氏が『原理主義者』の見解と描いたものは、国際法の伝統的な制度および国連憲章の両者の主要な基礎の1つである。……また彼が『黒・白』と描いたものは正に法の核心である適法な行動と違法な行動との区別なのである。……ナチの法律家は国際法上の広域秩序(Völkerrechtliche Grossraumordnung)を口にした。また、共産主義の法律家は、『民族解放』戦争について干渉の禁止を免除する。たしかに、米国の法的・政治的行動様式は、全体主義たる敵のそれからはっきりと袂を分つべきである[283]」。

結びにかえて

ミッチェム(J. Lloyd Mecham)は、最近の米州機構における米国とラテン・アメリカ諸国との離反の要因を米国の立場から次のように的確に指摘している。

「米州機構の加盟国は共同の敵である国際共産主義に対抗することを厳粛に誓約しておりまた我々はこの脅威を何にも増して重大であると看なしているので、我々米国は、この問題が他のすべてのことに優先すべきであると考えがちである。従って、我々は、ラテン・アメリカ諸国が共産主義の危険に関する我々の評価を受け入れないことを知るとき、失望しまた憤慨しさえする。彼等ラテン・アメリカ諸国は、自らの独裁者の方がより身

---

282 "The Dominican Situation in the Perspective of International Law," *Department of State Bulletin*, Vol.53, No.1359, p.60.
283 Wolfgang Friedmann, "United States Policy and the Crisis of International Law," *American Journal of International Law*, Vol.59, No.4(1965), pp.868-869.

近かな注目に値すると看なすだけでなく、干渉主義自体を共産主義よりも重大な悪と看なしている。……[284]」。

ウルグァイがカラカス決議について述べたように、その決議に始まる米州機構の平和維持機能の変容にラテン・アメリカ諸国の多くは、「情熱ももたず、楽観もせず、喜びもなく、また建設的な政策に貢献しているという感情もなく同意した」のである[285]。その結果、共産主義からの米州の防衛に関する限り、米州機構の平和維持制度が集団的干渉の装置に変容した。しかし、注意すべきことは、「米州の連帯」の基礎をさえ否定するに至った米国の独走自体も実は常に空転していたことである。この点で、ドミニカに対する米国の軍事干渉は戦後の米州における米国の行動の縮図といえる。米国は、共産主義に先制するために立憲政府に対抗して軍政府を創設したが、前者が共産主義の影響を受けていないことが判明した後は右の「いずれの側にも支持を与えない[286]」と言明し、更に、その後は後者を見捨てて前者を中心とした統一に努力した。そして、臨時政府は、前者が復帰を要請していたボッシュ前大統領のかつての閣僚の一人によって組織されたのであった。

ヒメネス・デ・アレチャガ(Eduardo Jiménez de Aréchaga)が指摘するように[287]、「その曖昧さの深さによって注目すべき法律文書」という国連憲章全体に付与される特色は、とりわけその第8章の規定にあてはまる。サンフランシスコ会議において、ラテン・アメリカ諸国は紛争の平和的解決および強制行動に関して米州制度の自律的活動領域の拡大を要求したが、この要求に対して必らずしも明確な回答が与えられていなかった。しかし、米州機構の自律的機能の範囲が国際連合の実践過程で具体化される際に、ラテン・アメリカ諸国および米国の主張は、その裏付けとなるべき米州機構の平和維持機能が変容をきたすにつれて、修正されねばならなかった。この点で、米州機構先議の主張が否定される過程は極めて鮮明である。他方、米州機構の集団的措置に対する安全保障理事会の統制の排除に関してラテン・アメリカ諸国が

---

284 Mecham, *supra* note 5, p.481.
285 *New York Times*, March 7, 1954.
286 *Department of State Bulletin*, Vol.LII, No.1354, p.909.
287 Aréchaga, *supra* note 139, p.429.

米国に協力したのは、この問題がソ連の拒否権と直接に結びつけられうるからであった[288]。そして、サン・ホセ宣言に示されたように、「米州の連帯」は対外的には依然その効力を維持していたのである。

　米国が共産主義からの米州の防衛に第一次的重要性を置く結果、かつて米国の干渉政策に口実を与えていた独裁政権が惹起する事態すら未だ解決されていない。既に、1954年、ミルトン・アイゼンハワーは、米国政府が「民主主義的な指導者には抱擁を与え、独裁者には形式的な握手の手をさしのべる」に止めるべきことを勧告していた[289]。また、1963年、ハイチ‐ドミニカ共和国紛争を審議した安全保障理事会において、ソ連は、両国間の永続的な平和を確保するためには先ず米国が、ラテン・アメリカ諸国の独裁政権に関する政策を根本的に改めなければならないと警告していた[290]。しかし、これらの助言を実行する前に米国が努力しなければならないことは、キューバ人民の声に、国際共産主義運動ではなく、増してAmokでもなく、ラテン・アメリカ諸国人民の声をみとめることであろう。それなくしては、急場しのぎのプンタ・デル・エステ憲章(進歩のための同盟)や米州開発銀行と同様に、平和の維持に関しても米州機構にあまり多くを期待できないからである。

288　Claude, *supra* note 17, p.62.
289　"United States--Latin American Relations; Report to the President," *Department of State Bulletin*, Vol.29, No.752, p.715.
290　SCOR: 18th Yr., 1036th Mtg., paras.73-99.

8 地域的機関先議の主張
——国連憲章上の限界

I 地方的紛争の平和的解決

　国際連合を中心に数多くの成立をみた種々の国際機構相互の間の関係は、今日、国際法によって規律されるべき領域の重要な一部を構成しており、なかでも、如何に、普遍的国際機構の活動と地域的機構のそれとを調整し、あるいはまた、普遍的機構の下で地域的な必要又は要求を充たしもしくは地域的行動を規制するかは、その最も議論のあるところといえよう[1]。普遍性を目指す国際機構の下での所謂「地域主義」をめぐるこの問題は、とくに平和維持の分野において、国際連盟以来つとに論ぜられ、また、国連の設立に際しても多大な困難を提起したものの1つであった[2]。

　国連憲章は、第8章において、国際の平和および安全の維持を目的とする地域的取極又はこれに基づき設置される地域的機関と国連との関係を、紛争の平和的解決および強制行動の両者について規定している。そのうち、地域

---

[1] C. Wilfred Jenks, "Coordination: A New Problem of *International Organization*," *Recueil des cours*, tome 77 (1950-I), pp.157, 167.
[2] スタークによれば、国際法上その是非はともかく、地域主義は、今日、安全保障の分野に限らず、一定の問題を解決する方式又は方策として一般的な承認を受けている、という。J. G. Stark, "Regionalism as a Problem of International Law," in George A. Lipsky (ed.), *Law and Politics in the World Community: Essays on Hans Kelsen's Pure Theory and Related Problems in International Law* (University of California Press, 1953), p.115. しかし、地域主義が、多義的な概念であり、とくに右の分野で現実に多くの偏向を蒙ってきたことは否定できないところである。寺沢一「地域主義の偏向」『国際法外交雑誌』第53巻1・2合併号(1954年)23-45頁。なお、連盟の下での地域主義の動向については、とくに、José Ramon de orúe y Arregui, "Le régionalisme dans l'Organisation internationale", *Recueil des cours*, tome 53 (1935-III), pp.1-93参照。

的強制行動は、安全保障理事会によりその権威の下に利用される場合のほか、理事会の事前の許可を条件とする(第53条1項)が、既にダンバートン・オークス提案(第8章C節2項)に規定されていたこの原則は、その後ヤルタ会談で合意をみた安全保障理事会の表決手続と相俟って、サンフランシスコ会議における各方面からの不満の対象であった。その結果、対旧敵国措置に関する例外規定に加えて、そしてとりわけ、「集団的自衛」行動に安全保障理事会の許可、従ってまた拒否権の適用、を免除する第51条が創設されたことにより、地域的強制行動は、実質上、その最も重要な部分において、国連による統制を免れることになった[3]。この決定が国連の集団安全保障体制を大きく歪めたことは否定できない。と同時に、このことは、地域主義の主張に有利な一応の決着がつけられたことを意味する。

　他方、紛争の平和的解決の分野における地域的行動に、サンフランシスコ会議がさほど注目したとはいえない。しかし、一定の条件の下でのみ認められる地域的強制行動の場合とちがって、地域的手段による紛争の平和的解決は、憲章上、国連の枠内における有用性を一般的に承認されており、また、地域的取極又は地域的機関およびその行動が国連の目的および原則と一致すること、並びに、そこで開始され又は企図されている活動につき安全保障理事会が常に充分に通報されることを条件として(第52条1項但書および第54条)、この取極および機関が、国連の統制を排除した自律的な紛争解決機能を害されることもない。この観点から、ロス(Alf Ross)は、国連憲章の基本的態度を次のように述べている。

　「地域的取極がその加盟国間の紛争の平和的解決を目的とする限りにお

3　もっとも、その際、第51条に基づく集団的自衛行動と第53条1項にいう地域的強制行動とは、厳密にいえば、「事実上両者が競合する場合はありうるとしても、観念の上でははっきりと区別されなければならない」、との指摘に留意すべきであろう。田畑茂二郎『国際法Ⅰ〔法律学全集〕』(有斐閣、1957年)262-263頁。と同時に、「結局、第53条1項は第51条によって否定されたといっても過言ではない。ダンバートン・オークス案第8章C節第2条は、サンフランシスコ会議によって殺され、その死骸を第53条1項の中に留めたのである」、という表現は、この間の事情を刻明に伝えている。田岡良一『国際法上の自衛権』(勁草書房、1964年)196頁。なお、第53条1項になお何らかの役割りが残されているかについては、いく度か国連で論議される機会があった。拙稿「米州機構の平和維持機能と国際連合(二)」『法学論叢』第81巻第2号(1967年)52-75頁(本書第2部第7章)参照。

いて、何ら特別の問題は生じない。国連がその点について如何なる排他性を主張する理由も全く存在しない。……国連憲章は、いわば、諸取極からなるこのネットワークに上部構造を形成しているにすぎないのであって、それを廃止する意図はもたず、逆に、機構の活動にとって可能な基盤として受け入れる[4]」。

従って、「地域的取極」が紛争解決の手続および組織を整備している場合はとくに、国連の側でも、これらの手段による紛争の平和的解決の発達を奨励するよう要請されることには、疑問の生ずる余地がないように思われる。

しかしながら、こうした地域的手段による紛争解決を促進することと、そのために、地方的紛争(local dispute)、すなわち右取極の加盟国相互間の紛争[5]、に関して特別な解決手続を設定し、あるいはまた、とくにその初期の処理段階において、当該の地域的取極(の加盟国)又は地域的機関に一定の排他的権限を付与することとは、国連憲章上、一応別個の問題である。地域的手段による紛争の平和的解決と国連との関係が考察されねばならないのは、主に、「地域的機関」による後者の主張との関連においてであり、また、この点からの地域主義の主張に関してサンフランシスコ会議は、強制行動の場合ほどに明確な決定を下していなかった。もっとも、国連憲章が第8章で「地域的取極」の存在を承認し且つこの紛争解決手段の有用性をとくに強調している事実には、たしかに、地方的紛争に関する限り、国連の平和的解決機能を定める第6章の諸規則に「ある程度の修正が伴う[6]」ことを予想させるものがある。しかし、他方、このような制限が意図されている場合、その趣旨の規定がむしろ第6章に挿入されてしかるべきであった、との反論にも理由がある。「第6章の諸規定は、第52条のそれに先行し、且つ、地方的紛争を含めたすべての紛争に亙る一般的な文言で述べられている[7]」からである。そこで、問題は、地方

---

4 Alf Ross, *Constitution of the United Nations: Analysis of Structure and Function* (Rinehart, 1950), p.169 (emphasis original).
5 国連憲章第52条2項および3項にいう「地方的紛争」を、地域的取極又は地域的機関の加盟国相互間の紛争と理解するところまでは、異論がないように思われる。
6 Ross, *supra* note 4, p.166.
7 Hans Kelsen, *The Law of the United Nations: A Critical Analysis of Its Fundamental Problems* (Stevens, 1950), p.436.

的紛争の平和的解決について、第6章の適用が、はたしてあるいはまたどの程度に、第8章とくにその第52条によって制限されるか、とおきかえることができよう。

この問題は、実行上とくに、地域的解決手続を尽すことなく又はこれを迂回して直接に、国連に対し提訴された地域的機関の加盟国相互間の紛争の処理をめぐって、より具体的なかたちで提示された。その際に展開されることになる主張を、ヴェラス（Pierre Vellas）は一言で次のように述べたことがある。

「ある国が、第52条2項の義務を無視して最初から安全保障理事会に提訴する場合、理事会は、自らの権限なきことを宣言し、且つ、第52条3項に従って、これを地域的了解へ付託しなければならない[8]」。

この見解は、後にみるように、正確には2つの段階に区別されるべきである。すなわち、その一は、地域的機関の加盟国がその地方的紛争を直接に安全保障理事会（又は総会）へ提訴する権利又はかかる紛争を理事会が受理する権限を否認する主張であり、他方、安全保障理事会がこの紛争の審議を地域的機関に付託するよう要求される場合、右の直接的提訴自体は承認されたものと看做されねばならないであろう。と同時に、後者の場合は更に、地方的紛争に関する理事会の権限の範囲並びに地域的機関への「付託」の意味を検討することにより、安全保障理事会が如何なる条件の下でこうした地域的解決の奨励を義務づけられ又は要求されるか、を明らかにする必要がある。

このような主張は、いずれも、サンフランシスコ会議におけるラテン・アメリカ諸国の要求のなかにその端緒がはっきりとみとめられ、また、国連の実行においても、とくに米州機構との関係で表明されてきたものである。そのうち、先の前者を指して、クロード（Inis L. Claude, Jr.）は、「米州機構先議（Try OAS First）」の主張と呼んでいる[9]。また、同じ意味で、「アフリカ統一機構先議（Try OAU First）」の主張の萌芽が指摘されている[10]ほか、この問題は、ヨーロッ

---

8 Pierre Vellas, *Le régionalisme international et l'Organisation des Nations Unies*（Pedone, 1948）, p.94.
9 Inis L. Claude, Jr., "The OAS, the UN, and the United States," *International Conciliation*, No.547（March 1964）, p.21.
10 Patricia Berko Wild, "The Organization of African Unity and the Algerian-Moroccan Border Conflict:

パ評議会との関係においても関心が払われている[11]。他方、後者は、アラブ連盟との関係でも論じられたことがある。これらの主張は、共に、「地方的紛争に関する限り、地域的解決の努力が尽されるまで国連の介入を制限ないし排除し、かくして地域的機関に審議の優先権を付与する」、といったその意図する目的と効果を同じくする意味において、「地域的機関先議の主張」と一括することができよう。本稿の目的は、この主張が国連憲章上どの範囲で認められるかを考察することにより、紛争の平和的解決の分野における国連と地域的機関との関係を明らかにすることにある。また、そのためには、予め、サンフランシスコ会議の関連諸決定および地域的取極中の関係諸規定、並びに、この問題が国連で論議された主要な事例を概観しておくことが有益であろう。

地域的機関先議の主張は、これまでのところ、紛争の平和的解決につき国連を過度の負担から解放し又は地域的解決の発達を奨励しもしくは特定の紛争の効果的な解決を達成することに加えて、又はそれ以上にむしろ、問題をいわば内部的に処理しようとの意図に動機づけられているのであり、他方、地域的解決手続が回避される事実は、その制度上の不備以外の何らかの理由からも当事者にとって、紛争の実効的且つ公平な処理が地域的機関に期待できないことを示唆する。この観点から、かつて筆者は、一部のラテン・アメリカ諸国をして国連の介入を要請することを余儀なくさせた、米州機構における紛争処理の実情を一瞥したことがあった[12]。本稿では、地域的機関の先議が主張されるこうした現実を踏まえつつ、広く、地域的解決が奨励されうる限界を明らかにすることにより、紛争の平和的解決において国連の果すべき役割の再検討へと考察を進めてみたい。

A Study of New Machinery for Peacekeeping and for the Peaceful Settlement of Disputes among African States", *International Organization*, Vol.20, No.1 (Winter 1966), p.25.

11 Alexandre Ch. Kiss, "Conseil de l'Europe et le règlement Pacifique des différends," *Annuaire français de droit international*, tome 11 (1965), pp.668-686. もっとも、ヨーロッパ審議会規程が紛争の平和的解決に言及しないことと関連して、「西欧においては、地域的紛争が原則として普遍的機構に優先して地域的機関により解決されねばならない、といった西半球の場合と類似の感情は存在しない」、と指摘されたことがあった。M. Margaret Ball, "The Organization of American States and the Council of Europe: A Comparative Study," *British Year Book of International Law*, Vol.27 (1950), p.165.

12 拙稿「米州機構の平和維持機能と国際連合(一)」『法学論叢』第80巻6号 (1967年) (本書第2部第7章)。

II　若干の予備的考察

1　「一般国際機構の設立に関するダンバートン・オークス提案」は、紛争当事者が先ず第1に利用すべき自らの選ぶ平和的手段の1つとして、地域的解決手続をとくに掲げることはなく、また、地方的紛争の平和的解決についても、国連憲章第52条3項に該当する規定（第8章C節1項後段）しかおいていなかった。これに関して、ラテン・アメリカ諸国は逸早く、設立される一般国際機構の下でも米州制度に対し、米州諸国間の紛争を処理するために充分な活動の余地を確保することに関心を表明しており[13]、また、こうした要求は、右提案を検討したメキシコ・シティーの「戦争と平和の諸問題に関する米州会議」において確認されている[14]。サンフランシスコ会議で「地域的取極」の審議を担当した第三委員会の第四専門委員会において、地域的手段による紛争の平和的解決の問題に言及したのは、これらラテン・アメリカ諸国と、会議の直前にアラブ連盟を設立した諸国を代弁するエジプトとであった。もっとも、このうち後者は、地域的機関が紛争の平和的解決の分野で果しうる役割りを一般的に強調したに止る[15]。これに対して前者は、地方的紛争ができる限り当該の地域的枠内で解決するよう奨励されねばならず、従ってまた、国連の側では、この紛争に直ちに介入することによって地域的解決の努力を害するべ

---

[13]　J. L. Kunz, "The Inter-American System and the United Nations Organization," *American Journal of International Law*, Vol.39, No.4 (Oct. 1945), p.763

[14]　決議第30「一般国際機構の設立について」は、ダンバートン・オークス提案を原則的に支持しながらも、サンフランシスコ会議で考慮されるべき種々の提議を列挙している。そういうものの1つとして右決議が強調したのは、「米州諸国間の (de carácter interamericano) 紛争および問題を、一般国際機構の方法および手続と調和を保ちつつ、優先的に、米州のそれに従って解決すること」であった。Serie sobre Congresos y Conferencias No.47: *Conferencia Interamericana sobre Problemas de la Guerra y de la Paz, México, D. F., México, Febrero 21-Marzo 8, 1945* (Unión Panamericana, 1945), p.57.

[15]　エジプトの主張のなかには、先ず、憲章にいう地域的取極を、平和維持の分野に限定しないことのほか、とくに、軍事同盟から区別すべきである、という点があった。*United Nations Conference on International Organization, Documents* (*UNCIO*), Vol.12, p.776. また、同国は地域的取極に、他の分野での機能に加えて、「加盟国間に生ずるすべての紛争の平和的解決およびその地域における平和と安全の維持に対し共同で責任を負う」ことを要求していた。*Ibid.*, p.580. 更に、エジプト代表は、第三委員会において一層はっきりと、地方的紛争の平和的解決における地域的取極の重要な役割りについて述べている。

きではないと主張し、併せて、この旨の明確な規定を憲章に設けることを要求した。その際とくに問題とされたのは、ダンバートン・オークス提案が次の点に関して安全保障理事会の権限の範囲を明らかにしていないことであった。すなわち、理事会の「介入は、地域的手続の進行中はその問題に対する直接的ないかなる行動をも差し控えつつ、当該の紛争を解決するための地域的行動に対し必要な支持を与えるにとどめられるか、あるいはまた、理事会は、『奨励する』という包括的な権限—そこでは必らずしも抑制を義務づけられていない—の下で、理事会の不可欠にして直接的な介入を問題の紛争が必要とすると主張して、直ちに行動することを選択できるのか[16]」。

ラテン・アメリカ諸国の主張は、要約すれば、紛争が地域的な枠を越えて平和と安全を脅かすものでない限り、安全保障理事会がこれに介入できる場合を、地域的解決の努力が失敗した場合又は地域的機関の要請に基づく場合にはっきりと限定することにあった[17]。この意味で、地方的紛争の平和的解決について、地域的機関は第一次的な機関たる地位を付与されるべきであり、他方、安全保障理事会は、国際の平和および安全の維持に関する主要な責任を否定されないがこの種の紛争に関する限り、「何らかの地域的解決手続がとられている場合にはいかなる介入をも差し控えつつ、とられた手段が紛争を解決するには不適当と判明した場合に最終審の機関たる機能を果すにとどまる[18]」べきことを要請されたのである。

このような要求を背景に、サンフランシスコ会議は、ダンバートン・オークス提案第8章A節3項(憲章第33条に該当)が列挙する平和的解決手段のなかに「地域的機関又は地域的取極の利用」を追加したほか、新たに憲章第52条2項に該当する規定を設けることにより、地方的紛争に関しては地域的解決の努力が優先すべきことを一層明確にしたのである。しかしながら、同時に新設された第52条4項に該当する規定によって第34条および第35条の適用が明示に保証されたことは、前二者の決定にもかかわらず、却って、ラテン・アメリカ諸国の意向とは反対に、地方的紛争に関する安全保障理事会の権限を確

16　*Ibid.*, pp.782-783(ベネズエラ—emphasis added).
17　*Ibid.*, p.768(ブラジル); p.769(チリ); p.771(5国—チリ、コロンビア、コスタリカ、エクアドルおよびペルー—共同提案); p.772(キューバ); pp.782-783(ベネズエラ).
18　*Ibid.*, p.783(ベネズエラ).

認するように思われた。この間の経緯は必らずしも詳らかにされていないが、事実、ペルー代表は、この点に対する懸念を次のようにはっきりと表明している。

「この末尾の規定(憲章第52条4項に該当—筆者)は、実際には、地域的機構と安全保障理事会とによる紛争の同時的処理、又は、地域的機関によってとられている適当な行動に対する安全保障理事会の側での信頼の欠如、のいずれかに帰着する虞がある。これら2つの可能性のうち、前者は不都合であり、また、後者は受諾できない。……地域的機関が平和的解決を確保することに失敗した場合、そしてこの場合にのみ、安全保障理事会の管轄権が適用されるべきである。……これとは反対に、第8章A節1項(憲章第34条に該当—筆者)の規定は、……管轄権の重複(a double jurisdiction)を設定しているように思われる[19]」。

この専門委員会の議長を勤めていたジェラス・カマルゴ(Alberto Lleras Camargo)は、コロンビア代表の資格において、ペルー代表の解釈に反論した。すなわち、彼の見解によれば、「一方で、安全保障理事会はその行動を、自己の発意によるか又はいずれかの国の要請に基づくかを問わず、平和を危くする虞のある事態を調査しその問題の地域的解決を促進するにとどめるべきであり、また他方で、地域的制度に加盟している国は、問題を安全保障理事会に付託する前に、自己の機構を通して平和的解決を達成するようあらゆる努力をおこなう義務を負っている」ので、「安全保障理事会と地域的機構との間に、一定の平和的解決を提案する権限又は管轄権の重複はなく、またありえない」のであった[20]。

コロンビア代表のこの反論を他のラテン・アメリカ諸国も了承したように思われる。かくして事態が収拾されたことは、しかし、サンフランシスコ会議の諸決定についての理解を更に一層混乱させたというべきであろう。すなわち、ジェラス・カマルゴの立場からも、「地域的制度が平和的解決に失敗し

---

19 *Ibid.*, p.685.
20 *Ibid.*, p.686.

た場合、安全保障理事会が第5項(つまり、第8章A節5項＝憲章第36条に該当—筆者)に従って解決方式を提案するために介入できることは明白である」[21]が、この規定の下で理事会は、国際の平和および安全の維持を危くする虞のある紛争又は事態の「いかなる段階においても」かかる直接的な介入を認められており、また、第8章C節1項後段(憲章第52条3項)の下でこうした可能性が払拭されていないところに議論の出発点があった。もっとも、地方的紛争の場合、地域的解決を奨励するためにその努力を優先させ、またこの間、国連の介入が必要な最少限にとめられるべきこと自体は、会議で争われたこともない。しかし、その場合でも、安全保障理事会が、特定の紛争に何時そして如何に介入するかを自らで決定できる地位にとどまる限り、地域的機関の果しうる第一次的な役割りは、結局、理事会の裁量に委ねられることになる。キューバは、この点を最初から充分に認識して、「安全保障理事会が介入すべきか否かについて地域的機関と理事会との間に不一致が生ずる場合、この問題は遅滞なく総会による最終的な決定に付される」[22]ことを要求していた。同様に、ペルーは、会議の決定が、安全保障理事会のこうした権限を維持し又は確認する虞のあることに不満を表明したのであったが、この点からの判断を、他のラテン・アメリカ諸国と共にコロンビアは差し控えたように思われる。その際、問題の憲章第52条4項について、前者は、第34条(および第35条)の適用が保証されていることを懸念したのに対し、後者は、そこでの言及がこの2条に限られ第36条(および第37条)に及んでいないことに留意していたのである。ここに、後の論争の原型をみいだすことができよう[23]。他方、ボリビアが、直接的にはむしろ第52条2項との関係で同条4項を理解していたことは、国連の実行上より具体的に提起される問題の所在を示唆している[24]。同国代表は、ひとり、ジェラス・カマルゴの説明にかかわらず、第8章C節1項の新草案(第52条2項に該当する規定を追加)について、それが「第8章A節2項(憲章第

21　*Ibid.*, p.687.
22　*Ibid.*, p.772. 他方、キューバを含むラテン・アメリカ5国の共同提案は、地域的取極の下で紛争が解決できなかったとき安全保障理事会はその任務の遂行を妨げられない、としながらも、「そのような場合が発生したことの決定」を専ら地域的機関に委ねていたように思われる。*Ibid.*, p.771.
23　後述、V。
24　後述、Ⅲ、Ⅳ。

35条に該当―筆者)の下で諸国に付与された権限又は同A節5項(憲章第36条に該当―筆者)に従って安全保障理事会が行動する権限と牴触しない[25]」という了解の下に、同意していたのである。

こうしたなかにあってとくに注目されるのは、米国代表団を率いたステティニアス(Edward R. Stettinius, Jr.)国務長官が、大統領への報告のなかで、会議の先の諸決定から次のように結論していることである。

「これらの修正は、………地域的な平和的解決手段が、地方的紛争の解決を試みるにつき可能な最大限の機会を与えられねばならないこと、および、安全保障理事会がそうした試みを奨励し促進するべきこと、を明らかにしている。しかしながら、安全保障理事会は、紛争が国際平和を危くするかどうかを自己の発意により又は加盟国もしくは非加盟国の要請に基づいて決定し、あるいはまた、地域的救済手続によって紛争を解決することが失敗した場合に他の措置をとるにつき、その権威を何ら害されるべきではない、ということは明確に承認された[26]」。

サンフランシスコ会議における多くのラテン・アメリカ諸国の関心は、国連の下で地域的制度の、というよりむしろ専ら米州制度の、存在を承認し、これに充分な活動領域を確保することにあった[27]。他方、米国は、ダンバートン・オークス提案の共同提案国を兼ねていたのである[28]。同じく米州制度の下にあってこうした相異る立場から各自に有利な解釈が主張される余地を会議がとどめたことは否定できない。また、この限りにおいて、会議の成果

---

25 *UNCIO*, Vol.12, p.687.
26 *Report to the President on the Results of the San Francisco Conference by the Chairman of the United States Delegation, the Secretary of State*, Deptartment of State Publication 2349, Conference Series 71 GOP, 1945), p.105 (emphasis added).
27 この点から、ラテン・アメリカ諸国は、米州制度が憲章と両立するものとして国連の下で存在を承認される旨を明記するよう要求していた。*UNCIO*, Vol.12, p.771 (5国共同提案); p.773 (キューバ); p.775 (エクアドル); p.778 (グァテマラ); p.779 (メキシコ); p.780 (パラグァイ).
28 こうした立場の相違は、既にメキシコ・シティー会議において、ラテン・アメリカ諸国の要求を処理するに際し、はっきりと示されていた。Ruth B. Russell, *A History of the United Nations Charter* (Brookings Institution, 1958), p.558.

が「米州諸国にとって完全に満足できる[29]」というジェラス・カマルゴの結論も、不正確ではなかった。と同時に、地方的紛争の平和的解決に関し国連憲章第52条となって具体化された諸規定は、ダンバートン・オークス提案におかれていた第3項[30]、および、サンフランシスコ会議で新たに設けられた第2項と第4項の不明確な組合せ、のいずれについてみても、地域的機関に対する安全保障理事会の優位を肯定するのに有利に作用することが、米州諸国によっても既にある程度は予想されていた、といえるのである。

2　サンフランシスコ会議において、地域的な紛争解決手段は、当事者が先ず第1に利用すべき自らの選ぶ平和的手段の1つとして、その有用性を一般的に確認され、また、とくに地方的紛争については、この手段による平和的解決の努力が優先し且つ奨励されるべきことが承認された。国連憲章に規定するこうした構想は、しかし、これまでの実行のなかで、紛争の当事者および国連の政治的機関、とくに安全保障理事会、のいずれの側からも極めて限られた支持しか受けておらず、また、今日なお、地域的な紛争解決手段が利用可能な範囲は限定されている。事実、数多くの締結をみた地域的協定のほとんどは、専ら又は主として共同防衛、相互援助といった対外的側面および軍事的性格を強調するものであって、通常、紛争の平和的解決について何らかの―少くとも、国連憲章第2条3項の原則を再確認する―一般規定を含んではいるがそれの実施に必要な手続又は組織を伴っておらず[31]、従って、これらの協定の下では、その加盟国間の紛争を平和的に解決するための努力を予想することが困難である[32]。かかる地域的協定に集団的自衛権の援用されるこ

29　UNCIO, Vol.12, p.687.
30　この規定もサンフランシスコ会議において、「……地方的紛争の『平和的』解決『の発達』を奨励しなければならない」、と追加修正されている。
31　See, *A Survey of Treaty Provisions for the Pacific Settlement of International Disputes, 1949-1962* (United Nations, 1966), p.85.
32　しかも、キプロス問題や最近のチェコスロバキア事件などの事例が示すように、この種の取極の加盟国相互の間に紛争の発生が予想され、又は国連の介入を俟たずしてその平和的解決が達成されうる、というわけでもない。なお、右の問題がそれぞれの機構に与えた教訓について、さしあたり、Alastair Buchan, "The Future of NATO," *International Conciliation*, No.565 (Nov. 1967), pp.32-34. Andrzej Korbonski, "The Warsaw Pact," *International Conciliation*, No.573 (May 1969), pp.57-66.

とがはたして国連憲章と両立するかは、別途に詳細な検討を必要とする問題であるが、同時に、憲章上、「第51条に基づく集団的自衛の機構を第一次的に目指す条約が、その理由のために、地域的取極としての資格をもたない」、と結論することはできないであろう[33]。また、「第8章の意味での『地域的取極』としての資格をもつためには、地域的機構が、地方的紛争を解決するための充分なメカニズムを備えていなければならない[34]」、と主張するに足る根拠もみいだせないように思われる[35]。こうした見解はサンフランシスコ会議においてもはっきりと表明されている[36]が、そこでの諸国の主たる関心は、地域的取極一般を定義することよりも特定の取極について特権を主張することに向けられていたのであり、また、「地域的取極」が国連の目的および原則との両立性のほかに備えるべき諸要件は、取極のおよぶ「地域性」の問題を含めて、結局、憲章に明記されなかった[37]。更に、関係諸国の主張および国連の

---

[33] Norman Bentwich and Andrew Martin, *A Commentary on the Charter of the United Nations* (Routledge & Kegan Paul, 1950), p.110 (emphasis added). Michel Akehurst は、この点を次のように一層はっきりと述べている。「……第51条の下で有効な活動が第8章にも合致することは必要ではない。しかしながら、このことは、必ずしもNATOのような機構が、その加盟国間の紛争解決の如く第8章に従うと看做される副次的機能を担う可能性を排除するものではない。問題は、ある機構が地域的機関であるかどうかではなく、特定の事態の下でそういったものとして機能しているかどうかにある。その機能の一部は第51条の下にそして他はおそらく第8章の下にとらえられよう」。"Enforcement Action by Regional Agencies, with Special Reference to the Organization of American States," *British Year Book of International Law*, Vol.42 (1967), p.180 (emphasis original).

[34] Gerard Bebr, "Regional Organizations: a United Nations Problem," *American Journal of International Law*, Vol.49, No.2 (April 1955), p.169. 同様の指摘は、ほかにもみうけられる。例えば、J. M. Yepes, "Les accords régionaux et le droit international," *Recueil des cours*, tome 71 (1947-II), pp.251, 252. A. Salomon, *L'O.N.U. et la Paix: le Conseil de sécurité et le règlement pacifique des différends* (Editions internationales, 1948), p.84. Hanna Saba, "Les accords régionaux dans la Charte de l'O.N.U.," *Recueil des cours*, tome 80 (1952-I), p.686.

[35] 第51条を援用する取極が同時に第8章の下での機能を備えていることもあるほか、一般に、地域的取極のなかには、紛争の平和的解決又は安全保障のいずれか一方のみを目的とする条約およびこの両者について規定するものが含まれる、と考えるべきであろう。Ross, *supra* note 4, p.167. 田岡良一『国際連合憲章の研究』(有斐閣、1949年) 160、175頁。

[36] 例えば、コロンビア代表も、「地域的協定は、米州諸国の場合のように、完全な平和的解決制度を含まなければならない」と述べている。*UNCIO*, Vol.12, p.678.

[37] 周知のように、サンフランシスコ会議でエジプトは、地域的取極に関する定義を憲章中に挿入するよう提案したが、この企ては無限の論議を呼びおこす理由から拒否された。しかし、その際、エジプトが提出した定義について米国は、地域的組織に予想されるあらゆる事態が包摂されていないとしつつも、そこには「地域的取極たるための明らかに正当で適格な要素」が掲げられていることを認めている。そういうものとしてエジプトが右の定義のなかで挙げ且つ強調したのは、1、取極を結ぶ諸国の地理的近接性、2、これらの間の特殊な連帯関係又

実行から、第8章にいう地域的取極又は地域的機関を最終的に同定しもしくはそのための一般的基準を導くことも困難である[38]。しかし、右の種の地域的取極が、少くとも、・紛・争・の・平・和・的・解・決・の分野において「地域的取極」たる地位を主張できないことは、認められねばならないであろう。それらにあっては、憲章第8章に予定されるこの「地域的行動に適当な事項」を有効に処理することが期待できないからである。この限りにおいて、また、それらの取極の枠内で紛争を解決するよう当事者が努力し又は国連が奨励することは、憲章上、とくに要請されるところではない。

こうしたなかで、サンフランシスコ会議におけるラテン・アメリカ諸国の主張は、メキシコ・シティー会議で戦後の発展を約束された米州の平和維持制度[39]によって担保されていた、ということができる。事実、1948年の米州

は近親性、3、取極の永続性、および4、その下での組織の存在、などであった。*Ibid.*, pp.701, 776, 850, 857-858. 他方、ラテン・アメリカ諸国は、地域的取極の諸要件を憲章で詳細に規定しておくことよりもむしろ、取極の各場合について、安全保障理事会(5国共同提案、*Ibid.*, p.771)又は総会(キューバ、*Ibid.*, p.772; エクアドル、pp.774, 775)による承認を要求していた。なお、前掲注(15)、(27)参照。

38 ある取極が第8章によってカバーされるかどうかを確かめる唯一の方法は、結局、取極の当事者がこの旨を主張し且つそれが国連の実行において受諾されたかどうかをみきわめることであろう。Akehurst, *supra* note 33, p.178. この点に今ここで深くたち入る余裕はないが、国連総会は、米州機構およびアラブ連盟にオブザーバーの派遣を招請する提案をめぐって、この問題を一般的なかたちで論じたことがある。しかし、総会は、いずれの場合も右提案を採択するに際して、それぞれの機関が憲章第52条1項の範囲内にあるかどうかの判断を差し控えた。とくに後者の場合、第六委員会は総会への報告のなかで、右招請は「アラブ連盟が憲章第8章の意味での地域的機関であるかないかを何ら示唆するものではない」、と言明している。*Repertory of Practice of United Nations Organs*, Vol.2 (1955), pp.443-448. 同じことは、アフリカ統一機構についてもあてはまる。また、憲章第54条に基づく安全保障理事会への通報義務の履行如何によって、「地域的取極」たる資格の有無を判断することも困難である。これまでのところ、第54条を遵守してきたといえるのは米州機構のみであって、そのほかには、アラブ連盟およびアフリカ統一機構が時おりその活動を安全保障理事会に報告したにとどまるが、理事会の側で特定の取極又は機構に対し第54条の履行を要求したことはない。なお、憲章第54条に言及する例は米州相互援助条約(第5条)にみるだけであり、また、すぐ後にふれるように、米州機構が「地域的機関」であることはその憲章によって明記されている。この点を基本条約で明らかにしていないアラブ連盟およびアフリカ統一機構については、さしあたり、Majid Khadduri, "The Arab League as a Regional Arrangement," *American Journal of International Law*, Vol.40, No.4 (Oct. 1946), pp.756-777 および José Antonio de Yturriga, "L'Organisation de l'Unité Africaine et les Nations Unies," *Revue générale de droit international public*, tome 69, Nº 2 (1965), pp.370-394 をそれぞれ参照。

39 その概要を示したのが、決議第8「相互援助および米州の連帯(チャプルテペック協定)」、決議第9「米州制度の再組織、統合および強化」、および決議第39「米州平和制度」である。For the text, see Serie sobre Congresos y Conferencias No.47, *supra* note 14.

機構憲章(ボゴタ憲章)により新たに組織法の下で再編成された米州制度、すなわち米州機構は、この憲章上、「国際連合内においては地域的機関である」と自らを規定し(第1条後段)、また、国連憲章に基づく「地域的責任」を果すべくその基本的な目的および原則の1つとして、加盟国間の紛争の平和的解決を宣言する(第4条b項および第5条g項)とともに、このため、早くから手続および組織を整備し且つこれまでに努力を重ねてきた点で、他の地域的機関からはっきりと区別される。とくに、ボゴタ憲章の第4章「紛争の平和的解決」の特別条約として憲章と同時に採択された「平和的解決に関する米州条約[40]、『ボゴタ条約』(American Treaty on Pacific Settlement, "Pact of Bogotá")」は、米州諸国が以前に締結した紛争の防止と平和的解決に関する諸条約を統合し綜合的に発展させたものである。もっとも、ボゴタ条約は、多数の批准を得られなかったため、当初予定された機能を今日なお充分には果しえない状態にある[41]が、この欠陥は、漸次、同条約に編入されなかった「米州平和委員会(Inter-American Peace Committee)」の活用[42]並びに1947年の米州相互援助条約(リオ条約)第12条

40　For the text, see *United Nations Treaty Series*(*UNTS*), Vol.30(1949), p.55. この条約とそこに統合された諸条約については以下を参照。色摩力夫「米州における平和維持体制」『外務省調査月報』第1巻8号(1960年)664-673頁。川島慶雄「米州機構の安全保障制度」『阪大法学』第47号(1963年)46-67頁。Charles G. Fenwick, "The Ninth International Conference of American States," *American Journal of International Law*, Vol.42, No.3(July 1948), pp.559-560; Edgar Turlington, "The Pact of Bogota," *American Journal of International Law*, Vol.42, No.3(July 1948), pp.608-611; C. G. Fenwick, "The Revision of the Pact of Bogotá", *American Journal of International Law*, Vol.48, No.1(Jan. 1954), pp.123-126.

41　ボゴタ条約の批准国は、ブラジル、コロンビア、コスタリカ、エルサルバドル、ハイチ、ホンジュラス、メキシコ、ニカラグア、パナマ、パラグァイ、ペルー、ドミニカ共和国およびウルグァイの13国。*Serie sobre Tratados No.5: Estado de los Tratados y Convenciones Interamericanos, Revisado al 1°de septiembre de 1970.*

42　米州平和委員会は、5国の代表から構成され紛争の迅速な解決を確保するため当事者を援助することを任務とする機関で、1940年の第2回外務大臣会議(ハバナ)の決議第14「紛争の平和的解決」に基づいて設置されたまま久しく利用されることなく、また、米州制度の再編成にあたっても放置されたが、1948年のドミニカ共和国・キューバ紛争において介入を要請され、ここにようやく活動を開始するに至ったものである。See, C. G. Fenwick, "The Inter-American Peace Committee," *American Journal of International Law*, Vol.43, No.4(Oct. 1949), pp.770-772; Gilles Fuchs, "La Commission interaméricaine de la paix," *Annuaire français de droit international*, tome 3(1957), pp.142-152. なお、委員会の活動の概要は、委員会の任務権限上の変更に関する事項、および委員会規程等の関連文書のテクストとともに、とりわけ、以下の文書に収録されている。*Second Report of the Inter-American Peace Committee to the Tenth Inter-American Conference*, Doc. 11, SG-11(3 Feb. 1954); *Report of the Inter-American Peace Committee to the Second Special Inter-American Conference on the Activities of the Committee since the Tenth Inter-*

に基づく暫定協議機関(機構理事会)の運用[43]によって補われ、その結果、米州諸国間の紛争は多くが米州機構の枠内で解決された[44]。加えて、1967年の改正憲章は、平和委員会を新たに「米州平和的解決委員会(Inter-American Committee on Pacific Settlement)」として、理事会を引き継ぐ機構常設理事会の下に設置することにより、これまでの紛争解決機関について、重複を除去する一方、法的基礎と権限の範囲を明確にした[45]。更に、1960年に設立された米州人権委員会が、それ本来の任務遂行にあたって紛争解決の面で果す役割り

American Conference 1954-1964, OEA/Ser.L/III/II. 10(31 March 1965).

43 リオ条約の下では、いずれかの米州国が、「武力攻撃に至らない侵略、米州外もしくは米州内の紛争、又は、米州の平和を危くする虞のある他の何らかの事実もしくは事態」によって影響をうける場合にも、協議機関は共同防衛と平和維持に必要な措置をとることとされている(第6条)。しかし、1948年のコスタリカ・ニカラグア紛争以来、理事会は、リオ条約第6条に基づいて提訴をうけた多くの場合、日時および場所を未定のままで協議機関たる外務大臣協議会議の招集を決定するとともに、自らが暫定協議機関としての資格で事態を収拾してきた結果、ほとんどの場合、外務大臣協議会議の現実の開催従ってまた強制措置の適用は回避されている。と同時に、暫定協議機関のこうした活動は、それが長期化する場合にはとくに、理事会の政治的権限の範囲をめぐる重大な問題を孕んできたことに留意する必要がある。この最後の点については、C. G. Fenwick, "The Competence of the Council of the Organization of American States," *American Journal of International Law*, Vol.43, No.4(Oct. 1949), pp.772-775; Alwyn V. Freeman, "The Political Power of the OAS Council," Lipsky(ed.), *supra* note 2, pp.252-278 を、また、暫定協議機関の最初の事例については、C. G. Fenwick, "Application of the Treaty of Rio de Janeiro to the Controversy between Costa Rica and Nicaragua," *American Journal of International Law*, Vol.43, No.2(April 1949), pp.329-333; René-Jean Dupuy, "L'application du Traité d'assistance reciproque de Rio de Janeiro dans l'affaire Costa-Rica-Nicaragua," *Annuaire français de droit international*, tome 1(1955), pp.99-111 を参照。なお、リオ条約の適用事例は、次の文書に一括されている。*Inter-American Treaty of Reciprocal Assistance, Applications (Applications of the Rio Treaty)*, Vol.1(1948-1959), Vol.2(1960-1964) (Pan American Union, General Secretariat, Organization of American States, 1964).

44 これらの機関による紛争の処理について、初期のものではあるが、Edgar S. Furniss, Jr., "The Inter-American System and Recent Caribbean Disputes," *International Organization*, Vol.4(Nov. 1950), pp.585-597; C. G. Fenwick, "Inter-American Regional Procedures for Settlement of Disputes," *International Organization*, Vol.10, No.1(Winter 1956), pp.12-21 は、今なお参照に値する。また、米州機構における紛争解決の制度と活動については、既に掲げたもののほか、とりわけ以下を参照。Charles G. Fenwick, *The Organization of American States: The Inter-American Regional System*(Kaufmann Printing, 1963), pp.171-216; Ann Van Wynen Thomas & A. J. Thomas, Jr., *The Organization of American States*(Southern Methodist University Press, 1963), pp.277-337; Inter-American Institute of International Legal Studies, *The Inter-American System: Its Development and Strengthening*(Oceana Publications, 1966), pp.69-104; M. Margaret Ball, *The OAS in Transition*(Duke University Press, 1969), pp.412-436.

45 第82条-第90条。For the text, see *International Legal Materials*, Vol.6, No.2(March 1967), p.310. 拙稿「米州機構憲章の改正」『法学会雑誌〔岡山大学〕』第19巻3・4号(1970年)116頁(本書資料編第1章)参照。

にも、無視できないものがある[46]。

そのほか、西欧諸国間においては、人権条約および三共同体設立条約の解釈と適用に関して常設の国際裁判所による独自の解決手続の発展をみたが、紛争の平和的解決一般を規定した最初のものは、西ヨーロッパ連合の創設に関して5国が締結した1948年の所謂ブラッセル条約[47]であり、他方、1949年のヨーロッパ評議会規程は加盟国間の紛争解決に言及しなかったが、その後、1957年の「紛争の平和的解決に関するヨーロッパ条約[48](La Convention européene pour le règlement pacifique des différends)」によって補足されている。同様に、基本条約で紛争の平和的解決を規定しないアフリカ統一機構においても、機構憲章第19条に基づく1964年の「仲介、調停および仲裁裁判に関する委員会の議定書[49](Protocol of the Commission of Mediation, Conciliation and Arbitration)」によりこの分野が整備されたことに注目されよう。更に、このための特別な条約をもたないアラブ連盟では、連盟規約の下で、漸次、加盟国間の紛争をこの機

---

46 米州人権委員会については、芹田健太郎「米州における人権の保護――米州人権委員会を中心に」『法学論叢』第86巻2号(1969年)40-97頁のなかで詳しく考察されているほか、さしあたり、Karl Vasak, *La Commission interaméricaine des Droits de l'Homme: La protection internationale des droits de l'homme sur le Continent américain*(Librairie générale de droit et de jurisprudence, 1968); Anna P. Schreiber, *The Inter-American Commission on Human Rights*(Sijthoff, 1970)を参照。

47 For the text, see *UNTS*, Vol.19(1948), p.51. その第8条――西ドイツとイタリアの加入に伴う1954年の改正補充議定書により同一内容のまま第10条となる――は簡単な規定であるが、これに従って、マンキエとエクレオ諸島に関するフランスとイギリス間の紛争およびベルギーとオランダ間の国境地区をめぐる紛争は、当事者間の特別合意に基づく国際司法裁判所への付託によって解決された。The Minquiers and Ecrehos case, *I.C.J. Reports 1953*, p.47; Case concerning Sovereignty over certain Frontier Land, *I.C.J. Reports 1959*, p.209.

48 For the text, see *UNTS*, Vol.320(1959), p.243. See also, Hans Wehberg, "La convention européene pour le règlement pacifique des différends," in *Varia juris gentium: liber amicorum J. P. A. François* (Sijthoff, 1959), pp.391-399; Jean Salmon, "La Convention européene pour le règlement pacifique des différends," *Revue générale de droit international public*, tome 64, Nº 1(1959), pp.21-54; Kiss, *supra* note 11, pp.668-686.

49 See, V. D. Degan, "The Commission of Mediation, Conciliation and Arbitration of the Organization of African Unity," *Revue égyptienne de droit international*, tome 20(1964), pp.53-80; T. O. Elias, "The Commission of Mediation, Conciliation and Arbitration of the Organization of African Unity," *British Year Book of International Law*, Vol.40(1964), pp.336-354. いずれにも、議定書のテクストが付されている。See also, B. Boutros-Ghali, *L'Organisation de l'Unité Africaine*(Armand Colin, 1969), pp.52-60. なお、アフリカ統一機構憲章第19条の解釈として、議定書は、批准を必要とせず、首脳会議の承認のみにより、憲章と不可分の一体として発効する、という見解が採用された(第32条)。Elias, *supra* note 49, p.347.

構の枠内で平和的に解決するよう努力が払われている[50]。これらに較べて、地域的な取極又は機構を越えた特殊な連繋関係にあるブリティッシュ・コモンウェルス諸国は、連盟時代におけるほどには国連の下で、相互間の紛争の内部的処理に関心を示してこなかったように思われる[51]。

　国連憲章は、先にふれたように、「地域的取極」を定義しなかったが、一般に、第8章の諸規定との関係が問題となりうるのは、ある程度の「対内的指向性（internal orientation）」を備えた地域的機構の場合であって[52]、加盟国間における紛争解決への努力とこのための平和的手段の整備は、「地域的取極」としてのそのような性格を最もよく示すと同時に、とりわけ、第52条を援用して地域的機関の先議が主張されうるための基盤となる。そうした資格をもつ地域的機関としては、これまでのところ、米州機構のほか、アラブ連盟、ヨーロッパ理事会およびアフリカ統一機構に限定するのが適当であろう。なかでもとくに注目されるのは、紛争の平和的解決手段を最も整備する米州機構の場合、3つの基本文書のなかで米州諸国が次のように約束していることである。

　　リオ条約第2条　「………締約国は、相互の間に生ずることのあるあらゆる紛争を平和的解決の方法に付すること、および相互間の右紛争を、国際連合の総会又は安全保障理事会に付託するに先立って、米州制度において実施中の手続によって解決するよう努力することを約束する」。
　　ボゴタ憲章第20条＝改正憲章第22条　「米州諸国間に生ずることのある

50　アラブ連盟規約は簡単ながら第5条で紛争の平和的解決を規定しており、これによれば理事会は、加盟国間の一定の紛争について当事者がその解決を委ねた場合に拘束力ある決定をおこなうほか、加盟国間又は加盟国と第三国間のすべての紛争を調停すべきこととされている。なお、連盟規約第19条が予定するアラブ司法裁判所の設置を中心に、連盟の初期における紛争解決制度の整備の企図については、Ezzeldin Foda, *The Projected Arab Court of Justice* (Nijhoff, 1957)が詳しい。See also, Robert W. MacDonald, *The League of Arab States: A study in the Dynamics of Regional Organization* (Princeton University Press, 1965), pp.240-243.
51　こうした動向を示すのは、南アフリカ連邦共和国におけるインド人の取り扱い問題やインドとパキスタン間のジャム・カシミール紛争が国連に提訴された事例などである。しかし、現在においてもコモンウェルス諸国は、国際司法裁判所規程第36条2項による選択条項の受諾に、その相互間の紛争を裁判所の管轄から除外する旨の留保を付すのが普通である。これらの問題について、J. E. S. Fawcett, *The British Commonwealth in International Law* (Stevens & Sons, 1963), pp.202-208 参照。
52　Claude, Jr., *supra* note 9, p.18.

すべての国際紛争は、国際連合安全保障理事会に付託される前に、この憲章に掲げる平和的手続に付されねばならない」。

ボゴタ条約第2条 「締約国は、国際紛争を、国際連合安全保障理事会に付託する前に、地域的な平和的手続によって解決する義務を承認する[53]」。

これらのうち後二者は、安全保障理事会にのみ言及するが、リオ条約が規定するのと同様に、国連総会との関係でその適用が排除される理由はない。また、ボゴタ条約にいう「解決する」義務は、文言通りにではなく、前二者の規定の意味に理解されねばならない。実際そうでなければ、国連の政治的機関に付託される余地のある米州の紛争は全く存在しないことになるが、しかし、同条約の下では先に挙げた他の紛争解決諸条約の場合と同様、そのすべての規定を受諾した国についても、相互間のあらゆる紛争の最終的な解決が確保されているとはいえず[54]、かくして、米州諸国にとって国連の紛争解決機能が否定されるに至るからである。

このような規定は他の地域的取極にみうけられないが、それらの取極にあっても、紛争解決手続を設けている限りその存在理由として、地域的手段の利用が優先すべきことは黙示に承認されていると看做されねばならないであろう。と同時に、米州諸条約の右の規定は、明らかに、サンフランシスコ会議でラテン・アメリカ諸国が、地方的紛争に対する安全保障理事会の権限の範囲を制限することによって達成しようとしたのと同一の目的を、いわば

53　ボゴタ条約は、このほか判決の履行と勧告的意見に関しても、同じ趣旨から、次のような注目すべき規定をおいている。
　　第50条「いずれかの締約国が国際司法裁判所の判決又は仲裁裁判の判決に基づく義務を履行しない場合、他の関係当事者は、国際連合安全保障理事会に提訴する前に、外務大臣協議会議に対し、右判決の履行を確保するために適当な措置を協定するよう提議しなければならない」。
　　第51条「紛争当事者はその解決のため、合意によって、国際連合の総会又は安全保障理事会に対し、いかなる法律問題についても国際司法裁判所に勧告的意見を要請するよう申請することができる。この申請は、米州機構理事会を通してなされねばならない」。
54　田岡良一『国際法Ⅲ〔法律学全集〕』(有斐閣、1959年)110-114頁参照。とくに、ボゴタ条約の目的は、ボゴタ憲章(第23条)の文言を借りると、米州諸国間の紛争が「妥当な期間内に最終的解決に達しないことのないように」、その平和的解決のため適当な手続と手段を規定することにあった。こうした観点から、ボゴタ条約中のとくに仲裁裁判および司法的解決に関する部分は、詳細に批判検討されている。Josef L. Kunz, "International Arbitration in Pan American Developments," in *The Changing Law of Nations: Essays on International Law* (Ohio State University Press, 1968), pp.689-700.

裏面から確保することを意図している。しかし、国連憲章第103条により、この憲章に基づく米州諸国の義務が米州諸条約に基づくそれに優先するほか、これらの基本条約の側でも、そこに掲げられた規定が、国連憲章に基づく米州諸国の権利義務を害するように解釈されてはならないことを確認している[55]（リオ条約第10条、ボゴタ憲章第102条＝改正憲章第137条）。そこで、紛争の平和的解決における地域的機関と国連との関係は、実行においては主として、こうした地域的取極に明示な規定又は黙示の要求が、国連憲章上、如何なる効果を付与されるべきか、というかたちで提起されることになったのである。

III　国際連合への直接的提訴(1)

1　地域的機関の加盟国相互間の問題が、国連の政治的機関に対して直接に提訴されたのは、グァテマラ事件[56]においてが最初である。1954年6月19日、グァテマラのアルベンス政府は、アルマス大佐の率いる反政府軍の侵入に関して「北方の政府」の支援をうけたホンジュラスとニカラグアを非難し、憲章の第34条、第35条および第39条に基づき安全保障理事会に対して、侵略行為を終結させるに必要な措置をとるよう要請した[57]。同政府は、国連に対すると同時に米州平和委員会にも提訴していたが、その後直ちに後者には、前者が適当な行動をとるまで介入の停止を要求したため[58]、事実上、米州機構の解決手続を回避しており、かくして、20日の安全保障理事会においては、「グァテマラ政府の苦情を米州機構による緊急の審議に付託する」ブラジル・コロ

55　米州諸条約が国連憲章上の権利を害するものではないことは強調されている。Eduardo Jiménez de Aréchaga, "La coordination des systèmes de l'ONU et l'Organisation des Etats américains pour le règlement pacifique des différends et la sécurité collective," *Recueil des cours*, tome 111 (1964-I), p.435.

56　グァテマラ事件の背景、並びに、国連および米州機構での処理に関する問題点一般について、とくに、Philip B. Taylor, Jr., "The Guatemalan Affair: A Critique of United States Foreign Policy," *American Political Science Review*, Vol.50, No.3 (Sept. 1956), pp.787-806 が参照されるべきである。

57　United Nations Security Council, Official Records (SCOR): 9th Yr., Suppl. for April, May and June 1954 (S/3232, 19 June 1954).

58　*Report of the Inter-American Peace Committee on the Controversy between Guatemala, Honduras, and Nicaragua*, 8 July 1954 (OEA/Ser. L/III/I. 1), pp.1-2.

ンビア決議案の提出される道が開かれていた[59]。しかし、グァテマラの意思に反するこの措置にはソ連が拒否権を行使したため、結局、理事会は、フランス決議案を採択することにより、流血をもたらすすべての行動の終結を全会一致で要請したにとどまる[60]。その2日後、グァテマラは、新たにホンジュラスとニカラグアから介入の要請をうけていた米州平和委員会の招請を無視し[61]、却って、右決議の履行の確保を求めて、再度、安全保障理事会に提訴した[62]。しかし、25日の理事会は、米州機構が既に活動を開始していることを理由に、議事日程の採択を拒否したため、グァテマラ代表が討議に参加することは認められず、また、その苦情の実質が審議されることもなかった[63]。アルベンス政府が崩壊したのは、この直後の6月27日のことである。

1960年7月11日、キューバのカストロ政府が安全保障理事会に対し、米国のたび重なる脅迫、陰謀、報復および侵略行為によって惹起された重大な事態を審議しこれに対処するため必要な措置をとるよう要請した際、米州機構

---

59 表決に付されたのは、次の修正ブラジル・コロンビア決議案である。
 「安全保障理事会は……
  グァテマラ政府が、同様の通知を、米州機構の一機関である米州平和委員会に対して発したことに注目し、
  国連憲章第8章の諸規定を考慮し、
  米州の平和および安全の維持に関する問題を効果的に処理できる米州の組織が利用可能なることに留意し、
   1. グァテマラ政府の苦情を米州機構による緊急の審議に付託する。
   2. 米州機構に対し、この問題に関してとりえた措置を可及的速やかに、適宜、安全保障理事会へ通報するよう要請する。
   3. 米州機構がとる措置を害することなく、流血を引き起す虞のあるすべての行動の即時の終結を要請し、且つ、すべての国連加盟国に対し、憲章の精神に従って、かかるいかなる行動にも援助を与えることを慎しむよう要請する」。
  上のうち、本文第3項が、フランスの提案により追加修正されたものである。SCOR: 9th Yr., 675th Mtg., 20 June 1954, paras.69, 77.
60 修正ブラジル・コロンビア決議案に対する表決の内訳は、賛成10：反対1(ソ連)。なお、採択されたフランス決議案は、ブラジル・コロンビア決議案に追加された修正条項(但し、「米州機構がとる措置を害することなく」の部分を削除)が単独で再度提出されたものである。
61 *Report of the Inter-American Peace Committee*, supra note 58, pp.3-4. SCOR: 9th Yr., Suppl. for April, May and June 1954 (S/3245, 24 June 1954). この間に、グァテマラは、米州平和委員会への要請を正式に撤回している。
62 *Ibid*(S/3241, 23 June 1954).
63 SCOR: 9th Yr., 676th Mtg., 25 June 1954. 議事日程の採択に関する表決の内訳は、賛成4(デンマーク、レバノン、ニュージーランドおよびソ連)：反対5(ブラジル、中国、コロンビア、トルコおよび米国)、棄権2(フランスおよびイギリス)。

の紛争解決手続が全く回避されていた点で、国連への直接的提訴の状況は、グァテマラ事件におけるよりもはっきりとしている[64]。事実、キューバ政府自身、かかる行動に対する非難を予想して、憲章の第24条、第34条、第35条1項および第36条のほか、「いかなる地域的取極および機関をも無効にはしないが、憲章に基づく義務が右取極に優先することを明確に規定する」第52条4項と第103条を援用していた[65]。しかしながら、安全保障理事会は、三度にわたる会合[66]の末、キューバの意向を無視しつつソ連の黙認を得て、アルゼンチン・エクアドル決議案を採択することにより、「米州機構から報告を受けるまで、この問題の審議を延期する」ことに決定し[67]。その後、事態が悪化の一途を辿り、1961年4月17日のコチーノス湾侵攻[68]に至る間も、キューバは、米州機構の介入を一貫して拒否する一方、再三にわたり、国連の総会および

---

64 この観点から、安全保障理事会におけるキューバ問題の処理は、ニザールによって詳細に分析されている。Lucien Nizard, *La Question cubaine devant le Conseil de sécurité*(*Extrait de la Revue général de droit international public*, juillet-septembre 1962, No.3)(Pedone, 1962). 以下の引用頁は、この別刷による。

65 SCOR: 15th Yr., Suppl. for July, August and September 1960(S/4378, 11 July, 1960).

66 SCOR: 15th Yr., 874th and 875th Mtgs., 18 July 1960, 876th Mtg., 19 July 1960.

67 SCOR: 15th Yr., Suppl. for July, August and September 1960(S/4395, 19 July 1960). 賛成9：反対0、棄権2(ポーランドおよびソ連)。決議の内容は次の通り。
　　「安全保障理事会は、……
　　国連憲章第24条、第33条、第34条、第35条、第36条、第52条および第103条の諸規定を考慮し、
　　キューバおよび米国の両者が加盟している米州機構の憲章第20条および第102条もまた考慮し、
　　キューバおよび米国の間に存在する事態に深く留意し、
　　国際紛争を外交交渉およびその他の平和的手段によって国際の平和および安全並びに正義を危くしないように解決することは、すべての国連加盟国の義務であると考察し、
　　この事態が米州機構によって審議中であることに注目し、
　1. 米州機構から報告を受けるまで、この問題の審議を延期することに決定する。
　2. 米州機構加盟国に対し、国連の目的および原則に従って現在の事態の平和的解決を達成するため援助を与えるよう招請する。
　3. その他のすべての国に対し、その間、キューバおよび米国の間に存在する緊張を増大させる虞のあるすべての行動を慎しむよう要請する」。
　　ソ連は、アルゼンチン・エクアドル決議案に対して、前文の最終項目および本文の第1項を削除し且つ本文第2項で平和的解決の援助を「米州機構」ではなく「国際連合」の加盟国に招請することを提案していた。SCOR: 15th Yr., 876th Mtg., 19 July 1960, paras.105-109(S/4394). しかし、この修正案は、賛成2(ポーランドおよびソ連)：反対8、棄権1(チュニジア)により否決された。

68 この事件の詳細については、Richard A. Falk, "American Intervention in Cuba and the Rule of Law," *Ohio State Law Journal*, Vol.22, No.3(Summer 1961), pp.546-585; Quincy Wright, "Intervention and Cuba in 1961," *Proceedings of the American Society of International Law*, 1961, pp.2-19を参照。

安全保障理事会に必要な緊急措置をとるよう要請している[69]。しかし、当時、キューバ問題は、グァテマラ事件の場合とちがって、提訴国により憲章第6章の枠内にとどめられていた[70]。そして、このことは、以下の事例にも共通する。

他方、1958年にレバノンがアラブ連合の内政干渉を非難した当初は、1963年のハイチ・ドミニカ共和国紛争および1964年のパナマ・米国紛争におけると同様に、いずれも、国連に提訴した国が同時に地域的機関にも介入を要請し又はこれに同意していた点で、更に、グァテマラ事件およびキューバ問題の場合からも区別される。すなわち、レバノンが安全保障理事会に審議を要請したのは、アラブ連盟が同国から提訴をうけた翌日の5月22日のことであり[71]、連盟理事会は、安全保障理事会が開かれた4日後の同31日に審議を予定していた[72]。また、5月5日、ハイチが憲章第34条および第35条1項に基づき安全保障理事会に提訴した隣国との問題[73]について、米州機構理事会は、既に4月28日、ドミニカ共和国の側から提訴をうけたほか、コスタリカの要請によってリオ条約第6条に基づく協議機関の招集を決定し、且つ、暫定協議機関の下での実情調査に、両当事者が協力の意思を表明していた[74]。更に、パナマ運河地帯で勃発した学生と米軍との衝突に関して、1月10日、パナマ

---

69 United Nations General Assembly, Official Records (GAOR): 15th Sess.; 872nd, 909th and 910th Plenary Mtgs., 26 Sept., 31 Oct. and 1 Nov., 1960; General Cmtte., 131st Mtg., 25 Oct. 1960; 1st Cmtte., 1149th to 1161st Mtgs., 15-21 April 1961; Annexes, Agenda item 90. SCOR: 16th Yr., 921st and 922nd Mtgs., 4 Jan. 1961, and 923rd Mtg., 5 Jan. 1961.

70 因みに、1960年の末、米国による侵略の企図をキューバが安全保障理事会に提訴した際、援用された憲章の条項は、第1条、第31条、第32条、第34条、第35条1項、第52条4項および第103条であった。SCOR: 15th Yr., Suppl. for October, November and December 1960 (S/4605, 31 Dec. 1960).

71 SCOR: 13th Yr., Suppl. for April, May and June 1958 (S/4007, 22 May 1958).

72 27日の安全保障理事会でコロンビアは、この事情を通報する覚書が、前日、国連常置アラブ連盟オブザーバーおよび国連事務局によって配布された旨を述べているが、この文書は、国連の公式記録中にみあたらないところから、憲章第54条に基づく通報ではなく非公式な情報と思われる。SCOR: 13th Yr., 818th Mtg., 27 May 1958, para.24 参照。

73 SCOR: 18th Yr., Suppl. for April, May and June 1963 (S/5302, 5 May 1963). 事態は、ハイチで独裁をつづけるデュバリエ政府と、トルヒーリョなきあとのドミニカ共和国に民主化を推進するボッシュ政府との反目に基因し、相互に、破壊活動、干渉および侵略行為の廉で相手を非難していた。

74 Ibid., (S/5301, 2 May 1963); (S/5304, 7 May 1963). Applications of the Rio Treaty, supra note 43, Vol.2, pp.159-165.

政府は、憲章第34条および第35条1項に基づき安全保障理事会に提訴する一方[75]、米州機構においても、理事会に対しリオ条約第6条に基づく協議機関の招集を要求するとともに、米国と共同で、米州平和委員会の調停を要請していたのである[76]。しかし、地域的解決への意思が関係当事者にみとめられる場合でも、このように、その努力を尽す間もなく地方的紛争が国連の諸機関に提訴される限り、地域的解決手続を全く回避した直接的提訴と異なるところはないというべきであろう。もっとも、これらのいずれにおいても安全保障理事会では、提訴国の同意の下に地域的解決の努力が払われている事実を考慮して、この間、理事会による審議を停止し又は延期することが、関係地域的機関に加盟する理事国又は他方の当事者の発議により、また、正式の決議のかたちをとるまでもなく、了承されている[77]。その結果、ハイチ・ドミニカ共和国紛争は暫定協議機関の段階で、また、パナマ・米国紛争は暫定協議機関および米州平和委員会の調停を経て両国間の直接交渉により、ともに米州制度の枠内で一応の収拾をみている[78]。しかし、レバノン問題は、その後間もなく、再度、国連に提起され、これの処理も新たな局面を迎えることになった[79]。

このように、多様な状況の下で、地方的紛争が、地域的機関を迂回して直接に国連へ提訴される一方、地域的機関によるこれの審議を優先させるために企図され又はとられた措置にも種々のものがあった[80]。また、地域的機関

---

75 SCOR: 19th Yr., Suppl. for January, February and March 1964 (S/5509, 10 Jan. 1964). パナマ事件を綜合的に扱ったものとして、Lyman M. Tondel, Jr. (ed), *The Panama Canal* (Oceana Publications, 1965) がある。
76 *Applications of the Rio Treaty, supra* note 43, Vol.2, pp.215-216. SCOR: 19th Yr., Suppl. for January. February and March 1964 (S/5511, 11 Jan. 1964).
77 SCOR: 13th Yr., 818th Mtg., 27 May 1958; 18th Yr., 1036th Mtg., 9 May 1963; 19th Yr., 1086th Mtg., 10 Jan. 1964.
78 *Applications of the Rio Treaty, supra* note 43, Vol.2, pp.165-177, 217-232; Report of the Inter-American Peace Committee, *supra* note 42, pp.49-53.
79 国連におけるレバノン事件の処理について詳しくは、René-Jean Dupuy, "Agression indirecte et intervention sollicitée a propos de l'affaire libanaise," *Annuaire français de droit international*, tome 5 (1959), pp.431-467 を参照。
80 なお、1965年のドミニカ事件は、直接的提訴の事例ではないと同時にその提起した問題が一層多岐に亙る関係上、後で別途に言及する。ドミニカ事件を綜合的に扱ったものとしては、René-Jean Dupuy, "Les Etats-Unis, l'O.E.A. et l'O.N.U. à Saint-Domingue," *Annuaire français de droit international*, tome 11 (1965), pp.71-110 および John Carey (ed.), *The Dominican Republic Crisis*

の先議は、その現実に伴った結果から、一定の場合、地方的紛争の平和的解決における有効性を判断されねばならないであろう。これらのいずれの面からも、最初のグァテマラ事件は、別個に考察されるべき困難を提起している。

同時に、とくにそこで、地域的機関先議の論拠の1つとして表明された、直接的提訴自体を否認する主張は、先ず第1に検討を必要とする他の事例にも共通な問題である。

2　国連憲章第52条2項によれば、地域的取極を締結し又は地域的機関を組織する国連加盟国は、「地方的紛争を安全保障理事会に付託する前に、この地域的取極又は地域的機関によってこの紛争を平和的に解決するようにあらゆる努力をしなければならない」。グァテマラ事件において、この規定は、米州諸条約に定める先の原則と共に、地域的機関の加盟国がその相互間の紛争を国連へ直接に提訴するのを否認する根拠として援用された。アルベンス政府の最初の提訴に際して、コロンビアは、米州機構の先議を次のように主張している。

「……国連憲章第52条2項の規定は、すべての加盟国に先ず地域的機構へ提訴する義務を課しており、地域的機構が必然的に第一審法廷(the court of first appeal)である。憲章に署名した国はこの義務を引き受けたのであるから、これは廃棄されうる権利なのではない[81]」。

また、アルベンス政府が、再度の提訴にあたって、グァテマラの米州機構加盟国たる地位を否定することによりこの地域的解決手続を回避しようとしたこと[82]を、米国は次のように非難した。

1965 (Oceana Publications, 1967)がある。
81　SCOR: 9th Yr., 675th Mtg., 20 June 1954, para. 73. また、キューバも、安全保障理事会議長宛の書簡のなかで、「第33条および第52条により、問題は、先ず、米州機構の適当な機関によって審議されねばならない」、と述べていた。SCOR: 9th Yr., Suppl. for April, May and June 1954 (S/3235/Rev. 1, 21 June 1954).
82　アルベンス政府は、「米州機構が国際法の厳格な基準により行動できない」理由の1つとして、「グァテマラは、この機構に加盟していると考えられるかもしれずまた実際そうであるのだが、本件は関係する限り、リオ・デ・ジャネイロとボゴタの、機構の基本条約の批准を完了

「……長期間にわたって加盟国たる地位に基づくすべての特権を主張し且つ行使した後に義務と責任を拒否することは、二枚舌の典型である。……グァテマラは、米州機構の加盟国であり従って第52条2項に拘束されるか、又は、クリーン・ハンドでは安全保障理事会に提訴できない程度にまで二枚舌の罪を犯しているか、のいずれかである[83]」。

これに対して、ソ連は、第52条2項が要求するのは地方的紛争が安全保障理事会に付託される以前における地域的解決の努力であることを理由に、既に理事会に提起されているグァテマラ問題への右規定の適用を排除しようとした[84]。しかし、アルベンス政府自身は、その行動をより実質的に正当化する法的根拠として、憲章第34条および第35条(1項)を強調し、これらの規定の下で、グァテマラが「安全保障理事会に提訴する争われない権利をもつ」とともに、理事会も「直接に介入する自己の権限を否定しえない[85]」、と主張し

していない」、と主張していた。Ibid.,(S/3241, 23 June 1954). グァテマラは、リオ条約およびボゴタ憲章の批准に際し、ベリセ地域(ブリティッシュ・ホンジュラス)に対する主権を留保したが、当時、この留保が未だ他のすべての署名国によって受諾されていなかったため、批准書の寄託を阻まれていたからである。しかし、グァテマラは、この間も、1954年3月の第10回米州会議を含めて、米州機構の諸機関の活動に完全な資格で常に参加し、また、6月20日の安全保障理事会では、米州機構加盟国たる地位を前提とした見解を表明していた。SCOR: 9th Yr., 675th Mtg., 20 June 1954, paras.60, 189. 従って、グァテマラがこうした立場を否定することに対しては、禁反言の原則が適用されるといえよう。C. G. Fenwick, "Jurisdictional Questions in the Guatemalan Revolution," *American Journal of International Law*, Vol.48, No.4(Oct. 1954), pp.598-599. Thomas and Thomas, *supra* note 44, p.307. と同時に、この問題は、ボゴタ憲章による米州制度の改組・組織化の性質という観点からも検討を必要とする。ボゴタ憲章以前、米州制度への参加は、すべての米州諸国に権利として認められていたといわれており、また、本件においてとくに関係する米州平和委員会は、ボゴタ憲章又はその他の基本条約に基礎をもつものではなく、従って厳密には、米州制度の枠内ではあるが米州機構の枠外にある、といえるからである。Ibid., pp.34, 307.

83 SCOR: 9th Yr., 676th Mtg., 25 June 1954, para.176.
84 *Ibid.*, para.138. 本件において問題の審議を米州機構に委ねることが第36条2項に違反する、とのソ連の議論も同じ論法である。*Ibid.*, para. 144; 475th Mtg., 20 June 1954, paras. 148-149. 因みに、トルヒーリョ政権下のドミニカ共和国に対してとられた米州機構の外交的経済的措置が第53条に基づき安全保障理事会の許可を必要とするか否かが論じられた際、フランスは、「許可は事前に与えられねばならないから、……今回、第53条を適用することは自己矛盾である」、と述べていた。SCOR: 15th Yr., 893rd Mtg., 8 Sept. 1960, para. 90. 当時、これらの措置は米州諸国によって既に実施されていたからである。See also, *Ibid.*, para. 60(エクアドル)。こうした、ニザールの所謂paralogismeは、それ自体としては考察に値しない。Nizard, *supra* note 64, p.40.
85 SCOR: 9th Yr., 475th Mtg., 20 June 1954, paras. 103-104.

ている。そして、これら2条は、地方的紛争を国連へ直接に提訴した国が共通に援用する憲章上の基礎であった[86]。こうした立場は、キューバ問題を審議した安全保障理事会の冒頭でカストロ政府により、予想される反論に先制して、次のように敷衍されている。すなわち、国連憲章第52条2項を根拠としてキューバの行動に反対する見解は、同条4項および第103条を無視したものであり、また、同じ目的で援用されるボゴタ憲章第20条については、同第102条の規定が指摘されよう。国連加盟国は、安全保障理事会に提訴する権利を否定されえないと同時に、地域的機関への加盟を兼ねる場合、このうちのいずれの機構に提訴するかを選択できる、と考えるべきである。さもなければ、米州諸国は、地域的機関を組織することによって、国連憲章上の権利を自ら制限ないし放棄したとの結論に帰着せざるをえない。しかるに、これらの国が意図したのは、右権利を補充するものを地域的機関の下で享有することであったことに、疑問の余地がない[87]。

　直接的提訴をめぐって相対立するこれらの見解は、いずれも憲章第52条に依拠しつつ、その基礎を第6章の枠内にとどめているといえよう。しかし、グァテマラ事件に関する限り同時に留意すべきなのは、アルベンス政府が、直接的提訴を否認する主張の法的根拠を争う以上にむしろ、いずれにせよ専ら紛争の平和的解決に関してなされるべきこの主張を、グァテマラの提訴に適用すること自体に対して、次のように反論していたことである。すなわち、グァテマラは、ホンジュラス又はニカラグアもしくはその他のいずれの国との間にも「紛争(dispute)」をもっているのではなく、「侵略(aggression)」をうけているのであり、従って、安全保障理事会へのグァテマラの提訴は「紛争」ではなく「侵略」に関するものであるから、本件には、「紛争」の場合のみを規定する国連憲章第33条1項および第52条2項は適用の余地がなく、一定の「事態(situation)」についても規定する第34条および第35条1項、並びに、第39条が適用される[88]。同じ理由により、ボゴタ憲章第20条も適用されえないから、

---

[86] もっとも、レバノンは、提訴に際して、その行動の法的根拠に言及しなかったが、安全保障理事会においては、これらの条項に基づいた発言をしている。SCOR: 13th Yr., 818th Mtg., 27 April 1958, paras. 14, 15.
[87] SCOR: 15th Yr., 874th Mtg., 18 July 1960, paras.6-8.
[88] SCOR: 9th Yr., 475th Mtg., 20 June 1954, paras. 101-104, 190-191.

グァテマラは、米州機構へ問題を付託する権利をもつもののそうすることを義務づけられず、また、米州平和委員会は、介入を差し控えるよう要求されていると同時に、行動する権限がない[89]。グァテマラのこのような立場は、国連憲章に関係する限り、直接的提訴を否認する根拠として援用された「第52条2項が、侵略のまだ発生していない事態を想定している[90]」、というソ連の主張に要約されよう。更に、これらの国が、ブラジル・コロンビア決議案を正当化する憲章上の根拠をみいだしえなかったのも、主にこの立場からである。すなわち、グァテマラは「存在しない紛争を論議するため地域的機関へ赴くことができない[91]」のみならず、「米州機構に問題を付託して討議し且つ決定を下す余裕を与える間に、グァテマラが圧倒される[92]」ことが憂慮されるのであり、既に侵略が開始されている急迫した状況の下では、安全保障理事会自身が、第24条の文言に従って、この侵略を終結させるに有効な措置を迅速にとるべきであった[93]。

グァテマラがコロンビアの「法律的な」議論に対抗するためと自認しつつ[94]述べたこのような見解を検討することは、直接的提訴の否認に限らず一般に地域的機関先議の主張の適用範囲を明らかにするうえで、いくつかの有益な示唆を与えるように思われる。そのうち、先ず、第52条の関係諸規定は第6章の下で処理される事項の一定の場合に適用されるものであるから、これを根拠とした地域的機関の先議が、「侵略のまだ発生していない事態」の下での紛争の平和的解決に関してのみ主張されうること自体は、グァテマラやソ連の指摘を俟つまでもない。憲章上、安全保障理事会は第7章の下で行動する場合もその平和的解決機能を害されるわけでないが、「平和に対する脅威、平和の破壊又は侵略行為」が存在する場合に理事会が果すべき「主要な責任」は、これらの事態に対処するために必要な措置を講ずることにある[95]。そうした

89　*Ibid.*, para.189; SCOR: 9th Yr., Suppl. for April, May and June 1954 (S/3241, 23 June 1954).
90　SCOR: 9th Yr., 475th Mtg., 20 June 1954, para.144.
91　*Ibid.*, para.103.
92　*Ibid.*, para.111.
93　*Ibid.*, paras.144-145.
94　*Ibid.*, para.100.
95　第39条の下で意図されていた「勧告」は、第6章で規定される紛争の平和的解決に関するものである。*UNCIO*, Vol.12, p.507. 従って、安全保障理事会は、一旦、第39条にいう事態の存在

際に、平和的解決のため地域的な努力が払われることはあっても、最早、その優先如何が安全保障理事会の関心事ではありえず、むしろ必要となるのは、地域的強制行動がとられる場合にこれを理事会の権威の下におくことであろう[96]。しかしながら、このことは、グァテマラ事件において、アルベンス政府が憲章第39条を援用していたことにより、直ちに、地域的機関先議の主張が排除されることを意味するものではない。安全保障理事会は、提訴国による事態の性質決定をそのまま承認し又はこれに基づいて行動することを義務づけられておらず、従って、グァテマラの主張にかかわらず自己の判断によってその介入を憲章第6章の枠内にとどめることも可能であり[97]、また、この限りにおいては、地域的機関の先議が主張されうるからである。

　もっとも、この点で、グァテマラ事件における安全保障理事会の立場を判断するにあたっては、いくつかの困難が指摘されよう。先ず、6月20日の会合でグァテマラ、ホンジュラスおよびニカラグアが憲章第32条に基づいて討議への参加を招請された事実から、安全保障理事会がこれら三国を「紛争」の当事者と看做していたとは推定できない。理事会がこうした判断をなしうるのは、通常、関係国から事情を聴取した後のことであり、このことからも、

を認定した後も強制措置の適用を義務づけられるわけでなく、適当と考える場合にはその平和的解決に努力することが可能であり、また、この両者の行動を「連続的に又は並行して」おこなうこともできる。Leland M. Goodrich, Edvard Hambro and Ann Patricia Simons, *Charter of the United Nations: Commentary and Documents* (Third and Revised ed., Columbia University Press, 1969), p.300. かくして、第6章と第7章の「2つの章は、相互に他を排除するのではなく、同一事項の2つの側面を取り扱っている」といえる。Alf Ross, *supra* note 4, p.143. See also, Kelsen, *supra* note 7, p.438. と同時に、平和的解決の勧告をするにとどめることが可能なのは、一般的にいえば、戦闘行為が未だ開始されていない事態の初期の段階であり、また、とくに、重大な侵略行為に際しては必要な暫定措置が受諾されない場合、充分な強制措置を直ちに発動することが明らかに意図されていた、といわねばならないであろう。*UNCIO*, Vol.12, p.507. Bentwich and Martin, *supra* note 33, p.90. Goodrich, Hambro and Simons, *supra* note 95, p.300. cf. Kelsen, *supra* note 6, pp.734-735.

96　サンフランシスコ会議で、この点はベネズエラによってはっきりと述べられていた。*UNCIO*, Vol.12, p.783. なお、第39条の下での紛争解決に際しては、第37条による場合とちがって、第33条1項が適用されない。Kelsen, *supra* note 7, pp.440-441. 第52条2項との関係でも同様に考えるべきであろう。

97　Nizard, *supra* note 64, p.21. これとの関連でとくに指摘できるのは、第39条の文言が「主観的な政治的判断の余地をかなり残している」ことである。Goodrich, Hambro and Simons, *supra* note 95, p.293.

第32条を右のように厳格に解釈することは問題である[98]。その後の討論の過程で、ソ連はグァテマラの提起した問題に第39条の適用を主張したが、他のすべての理事国がこれを第34条にいう「紛争」又は「事態」の範囲で処理しようとしたことは確かである。しかし、これらの国が支持したブラジル・コロンビア決議案は、「グァテマラ政府の苦情(complaint)」を取り扱うに際して、右の点を明らかにすることなく「国連憲章第8章の諸規定」一般を考慮するにとどまり、また、いずれにせよ、フランス提案の追加条項とともに否決された[99]。他方、単独で再度提出され且つ全会一致で採択されたフランス決議案は、憲章上の基礎に言及しなかった。そして、国連事務局の或る見解によれば、この決議は、第36条1項又は第40条のいずれにも準拠しうるという[100]。更に、6月25日の安全保障理事会については、右と同じ曖昧さを指摘できるほか、グァテマラの苦情が議事日程への採択を拒否されただけに、前回における取り扱いとの間の不統一が問題となろう[101]。

安全保障理事会のこのように不明確な立場は、しかし、アルベンス政府自身のそれに基因するところも少くない。グァテマラは、一方で、侵略の存在を主張しながらも、反政府軍の侵入に対するホンジュラス、ニカラグアおよび米国の関与を示唆するにとどめ、侵略者を同定し又はこれらの国をそのように非難することを慎重に差し控えており[102]、また他方で、自国の提訴が「事態」に関するものとして取り扱われることは認めつつ、右諸国との間に「紛争」の存在を否定した。その結果、「事態は侵略を伴っておらず、グァテマラ人に対するグァテマラ人の反乱にすぎない[103]」、と反論されている。少くとも、グァテマラが憲章第7章と併せて第6章にも依拠したことは、一旦、米州平和委員

---

98 J. E. S. Fawcett, "Intervention in International Law," *Recueil des Cours*, tome 102 (1961-I), p.308. Eduardo Jiménez de Aréchaga, "Le traitement des différends internationaux par le Conseil de Sécurité," *Recueil des cours*, tome 85 (1954-I), p.96 なお、この問題は、すぐ後にふれるように、国連の実行上、「紛争」と「事態」の区別が放棄されたこととも関係する。

99 Cf. Nizard, *supra* note 64, p.24. もっとも、ブラジル・コロンビア決議案が、第52条に従って、提出され且つ支持されていたことは否定できない。ただ、その場合も、同決議案(とくに本文第1項)が依拠しうるのは、ニザールのいう(*Ibid.*)同条2項ではなく、3項であろう。

100 *Repertory*, *supra* note 38, p.456, para.60.

101 この点は次章で詳しく検討される。

102 SCOR: 9th Yr., 675th Mtg., 22 June 1954, paras.97-98, 187-188.

103 *Ibid.*, para.158(米国)。

会の介入を同国が要請した事実と相俟って[104]、問題が第6章の枠内で処理されるのを容易にしていた。加えて、再度の提訴に際するアルベンス政府の立場には、グァテマラの米州機構加盟国たる地位について前回との間に一貫性がみられない。事態の性質決定と地域的解決に対するアルベンス政府のこうした態度の曖昧さが、グァテマラ事件において、安全保障理事会の措置に混乱をもたらす一方、地域的機関の先議が主張されるのを可能にしたことは否定できないであろう。しかしながら、安全保障理事会は、アルベンス政府によって提起された問題が、単なる内乱にすぎないか、又は第6章にいう「紛争」あるいは「事態」なのか、もしくは直接又は間接の侵略を伴っているのか、という基本問題についての判断を不明確にとどめたところに[105]、6月25日の決定に限らずグァテマラ事件を通じてその態度を非難される余地を残したのであり、また、そこに、グァテマラ事件における安全保障理事会の行動を地域的機関先議の主張に関する先例と看做しうる限界がある。

　更に、グァテマラは、憲章第52条の関連規定が地方的「紛争」にのみ言及する理由から、第6章の下においても、第34条および第35条にいう「事態」として取り扱われるべき自国の提訴に関しては、地域的機関の先議が主張されることに反対していた。第6章の諸規定は、「紛争」と「紛争又は事態」の文言を使い分けており[106]、国連憲章上、「紛争」と「事態」との相違は、安全保障理事会における表決手続や理事国以外の加盟国又は非加盟国の討議への参加などにも関係する重要な問題である[107]。また、「紛争」と「その他の事態」を区別して観念することは、技術的に不可能ではなかろう[108]。しかし、こうした区

104　ブラジル・コロンビア決議案は、前文で、この点に注目している。前掲注(59)参照。また、米国も、事態が先ず米州機構によって処理されうる種類の問題であると主張するに際して、「グァテマラ政府は……米州機構に行動をとるよう既に要請したというまさにその事実が、この見解を強める」、と述べていた。SCOR:9th Yr., 675th Mtg., *supra* note 102, para.157.

105　Louis B. Sohn, "The Role of International Institutions as Conflict-Adjusting Agencies," *University of Chicago Law Review*, Vol.28, No.2（Winter 1961）, p.241.

106　すなわち、第33条、第35条2項、第36条2項および3項、第37条、および第38条は前者を、他方、第34条、第35条1項および第36条1項は後者を、それぞれ用いている。このうち、第52条の諸規定との関係でとくに問題となるのは、後者の諸条項である。

107　第27条3項但書および第32条は、「紛争当事国」にのみ言及するからである。

108　すべての事態が紛争ではないがいかなる紛争も事態であるから、このように区別する方が適切であろう。Kelsen, *supra* note 7, p.360. 両者の差異は、通常、当事者間にはっきりとしたかたちで主張の対立がみとめられるか否かにあるとされており、また、この点からみれば、グァ

別は、国連の発足当初は試みられ大いに論じられたが、その後の実行のなかで放棄されてきた[109]。また、米州諸条約の関係規定も、専ら紛争(dispute, controversy)にのみ言及することを理由に、国連憲章にいうその他の事態への適用が排除されるとは思われない。従って、地域的機関先議の主張に関して、「紛争」と「事態」の場合における相違を論ずる実際上の必要はないといえよう。事実、キューバ問題を審議した安全保障理事会において、カストロ政府自身、最早、この問題に関する「無益な形式主義的論議」に立ち入ることを必要とは認めなかった[110]。

IV 国際連合への直接的提訴(2)

1 サンフランシスコ会議においては、先に言及した地方的紛争の場合に限らず、一般に、紛争の平和的解決における国連加盟国自身の責任が重視された。憲章が、第2条3項の基本原則を具体化する規定として、第6章の冒頭で、紛争当事者による自発的な平和的解決への努力を強調することになったのは、そうした理由からである[111]。第33条1項によれば、その継続が国際の平和および安全の維持を危くする虞のある紛争が発生した場合、当事者は、「先ず第一に」、地域的機関又は地域的取極の利用を含めて自らの選ぶ平和的手段により解決を求めなければならない。このような手段によって紛争の解決を試みることは、とくに、第37条による手続がとられるための前提条件として重要である。すなわち、先の性質をもつ紛争が第33条1項に規定する手段

  テマラとホンジュラスやニカラグアとの間に紛争が存在したことは否定できない。Fawcett, *supra* note 98, p.380.
109 Leland M. Goodrich and Ann P. Simons, *The United Nations and the Maintenance of International Peace and Security* (Brookings Institution, 1955), pp.71, 133. Goodrich, Hambo and Simons, *supra* note 95, pp.252-253. とくに問題の、安全保障理事会の討議への国連非加盟国の参加については、この点からも「憲章第32条の精神に従った」解決が図られた。*Repertory, supra* note 38, pp.177-180.
110 SCOR: 15th Yr., 874th Mtg., 18 July 1960, para.8.
111 すなわち、ダンバートン・オークス提案第8章A節に規定する諸条項の配列を変更した「テクストの最も重要な考えは、機構の加盟国がその紛争を平和的手段によって解決する責任を負うという原則であり、従って、この規定が本章の冒頭におかれた」のである。*UNCIO*, Vol.12, p.105.

によって解決されなかったとき、第37条1項が要求する安全保障理事会への付託は当事者の一方によるものでよいとされている[112]が、しかし、当事者の選択する手段によって平和的解決が何ら試みられないままに紛争が安全保障理事会に付託された場合には、他方の当事者がこの付託に反対することは可能であり、また、理事会も第37条2項に従って行動することを拒否できるからである[113]。第6章の諸規定の下で安全保障理事会が当事者の要請に基づいて紛争に介入するのは、紛争当事者による自発的な平和的解決の努力が尽された後であることを原則とし[114]、また、同じことが総会との関係においてもあてはまる[115]。この意味で、紛争の平和的解決に関する限り、国連の政治的機関は、本来、加盟国が任意に選択すべき他の手段を補充する第二次的な機

---

112 この付託には紛争の両当事者の合意を必要としないことについて、サンフランシスコ会議の第三委員会第二専門委員会では次のような解釈がなされている。「紛争当事者の一方がその紛争を安全保障理事会に付託すべき義務に違反しても、そのことは他方の当事者が紛争を付託する権利に決して影響を与えるものでなく、また、安全保障理事会は、その場合、紛争を完全に受理することになる」。*Ibid.*, p.47. See also, *ibid.*, p.126.
　　もっとも、ケルゼンは、この解釈が「非常に望ましい」ことを認めながらも、「それは第37条1項の唯一の可能な解釈ではない」し、また、「憲章のテクストはこの解釈に適合せしめられなかった」、と述べている。Kelsen, *supra* note 7, p.378.
113 *Ibid.*, p.375.
114 第38条によれば、紛争当事者間に合意がある場合、安全保障理事会は、「第33条から第37条までの規定にかかわらず」、「いかなる紛争についても」、その平和的解決のため当事者に対して勧告をすることができる。しかし、このことは、「その継続が国際の平和および安全の維持を危くする虞のある」紛争の場合にも、当事者が、第33条1項に掲げる解決手段を事前に利用することなく、合意によって直接に安全保障理事会に付託するのを認める趣旨とは理解されるべきではなかろう。第38条の下では紛争への介入が安全保障理事会の任意に委ねられているのに対して、第37条2項はこれを理事会に義務づけていることから、先の性質をもつ紛争の場合、第37条1項に定める手続が重視されていると考えられるからである。もっとも、この点との関連で、第38条は「その目的が明白でありまた何ら注釈を必要としない」(*UNCIO*, Vol.12, p.109)、とまではいえないであろう。
115 第33条1項にいう「当事者が選ぶ」平和的手段とは、「機構の関与なしに当事者自身によって選択された」ものを意味すると解するべきであって、そのなかには、安全保障理事会に限らず総会への付託を含めることも、立法者の意図に反するであろう。Kelsen, *supra* note 7, p.377.
　　なお、第6章は、第35条で安全保障理事会と総会を並記するほかは、安全保障理事会にのみ言及するが、第10条で総会に付与された一般的権限およびこの権限を平和維持の分野について具体的に規定する第11条によれば、第6章の諸条項が理事会に認めるすべての権限を総会も行使できることになる。もっとも、第37条の下での安全保障理事会の場合とちがって、総会は、紛争が当事者によって付託されたときにも平和的解決のため介入する義務を負わず、また、その行動は、理事会のそれとの関係で第12条に基づく一定の制約を受ける。

能を予定されているといえよう[116]。第52条2項は、第33条1項に定めるこうした原則を、とくに地域的解決手段が紛争当事者に利用可能な場合について、一層明確に規定したものにほかならない。従って、地方的紛争に限らず、またこの場合はとくに、国連への直接的提訴を無条件で認めることが憲章の趣旨ではない。

　もっとも、憲章第33条1項の下で国連加盟国が負う義務は、あまり厳格には解釈されてこなかった。すなわち、先ず、そこに列挙された平和的諸手段のすべてを累積的に適用することは紛争当事者に要求されておらず、これらの手段のいずれかを択一的に利用することをもって足りる、と一般に理解されている[117]。また、これまでの実行において、紛争当事者の一方が、安全保障理事会への付託に際し、一定の平和的手段による解決の努力が失敗に終った旨を主張する場合、通常、理事会は、この手段がどの程度に尽されたかをとくに審査することなく、右の主張を受け入れて紛争に介入してきた[118]。従って、実際上、第33条1項の下で紛争当事者は、国連の総会又は安全保障理事会に付託するに先立ち、その選択する何らかの手段によって紛争を平和的に解決するよう誠実に努力する義務を負うにとどまっているのであり[119]、また、この限りにおいては、地方的紛争の場合も、当事者が地域的解決手段を利用することなく単に外交交渉を試みたことによって、憲章上の義務は履行されたものといえるのである[120]。こうした点から先ず、第52条2項の下で地域的機関の加盟国が負う義務についても、あまり厳格に解釈することは問題であろう。

116　別の観点からいえば、「国際法が、紛争解決の方法および原則としてこれまでに作り上げ且つ発展させたすべてのものは、存続するのであり、決して、憲章の第33条ないし第37条によって除去され又は変容されることはない。現行のすべての方法、およびこの問題について国際法の実行がうちたてたすべてのことは、将来とも、紛争の平和的解決に資することができるし、また、そうすべきでさえある」。Georges -S. -F. -C. Kaeckenbeeck, "La Charte de San-Franscisco dans ses rapports avec le droit international," *Recueil des cours*, tome 71 (1947-I), p.191.

117　この点について異論はみられない。例えば、Kelsen, *supra* note 7, pp.374-375. Goodrich, Hambro and Simons, *supra* note 95, pp.260-261.

118　H. Lauterpacht, *Oppenheim's International Law*, Vol.2 (7th ed., Longmans, 1952), p.102.

119　Jiménez de Aréchaga, *supra* note 98, p.21; Jiménez de Aréchaga, *supra* note 55, p.433.

120　Nizard, *supra* note 64, pp.40-41. ロスによれば、「一般国際法上、国家は外交交渉の要求に応ずる義務がないと考えられるから、(第33条1項の)唯一の効果は、当事者が外交交渉の径路による試みを余儀なくされる、ということである」。Ross, *supra* note 4, p.159.

更に重要なのは、安全保障理事会に一定の範囲で紛争への自発的な介入が認められることと関係して、国連憲章上、第33条1項およびその適用例である第52条2項の原則自体が貫かれていないことである。すなわち、第6章の下で安全保障理事会(および総会)が平和的解決のため紛争に介入するのは、当事者の付託によるのを原則とするが、しかし、理事会は、第34条、第33条2項および第36条を限度として、自己の発意による介入を認められており、また、これとの関連では、とりわけ、第35条1項によりいずれの国連加盟国も、必要な右の措置をとるよういかなる紛争についても理事会の注意を促すことができる。この場合、安全保障理事会は介入を義務づけられるわけではなく、また、そのとりうる措置も解決条件の勧告にまで及ぶことをえないとされているが、後に検討するこれらの点を別にして[121]、またとくに、それぞれが目的とするところからは、紛争に対し理事会の「注意を促す(bring to the attention)」ことと理事会に紛争を「付託する(refer)」ことの間に実質的な相違がみられないのである[122]。そこで、第37条1項の下で紛争を付託する前に、第33条が示す手段による解決のため努力するよう要求する以上は、当事者に対する第35条1項の適用を制限ないし排除することが、両者の手続を調和させる論理的な1つの方策といえよう[123]。しかし、安全保障理事会の注意を促す

---

[121] そのほか、第35条による安全保障理事会の介入はex officioなものであるから、この介入を促した国が紛争を撤回することはできないのに対し、第37条の場合、第2項に基づく理事会の介入が当事者に依拠するから第1項の下で付託された紛争は撤回されうる、と解するべきであろう。もっとも、その際に安全保障理事会が自発的な介入を必要と認めるかどうかは別の問題である。なお、当事者が第35条1項の下で自ら提起した紛争の撤回を通告した後も、安全保障理事会が自己の判断により引き続いて介入できるかについては、かつてイラン・ソ連紛争において、論議されたことがある。See Kelsen, *supra* note 7, p.417 note 1; Julius Stone, *Legal Controls of International Conflict: A Treatise on the Dynamics of Disputes- and War-Law* (Revisd ed., with Supplement 1953-1958, Maitland, 1959), p.191.

[122] Kelsen, *supra* note 7, pp.410-411. Lauterpacht, *supra* note 118, p.100. 事実、憲章も、第11条2項では、第35条2項に従って総会に「付託される(brought)」問題と規定し、両者を同一に取り扱っているようである。また、これらの間の相違が不明確であることは、サンフランシスコ会議においても指摘されていた。*UNCIO*, Vol.12, p.121(エチオピア).

[123] この解釈は、ケルゼンの言葉を借りると、「第35条1項の文言には合致しないが、第6章の精神に合致する」。Kelsen, *supra* note 7, p.419. 憲章第34条-第36条は、本来、「世界の一隅に重大な紛争が発生し、又は紛争を誘発する危険のある事態が生じていながら、当事者の何れもこの紛争を理事会に付託しない場合」に備えた規定というべきである。田岡『前掲書』(注35)164頁。田岡(『前掲書』(注54)79-82頁をも参照)をはじめとする多くの学者が、憲章第6章を考察するに際して、紛争当事者に対する第35条1項の適用にはとくに言及するところがないのも、

権利を紛争当事者たる国連加盟国に否認することは、第35条の文言からみて困難であり[124]、また、これらの国が理事会の注意を促すにあたっても、自らの選択する解決手段を事前に利用しておくことは別段に要求されていない[125]。かくして、実行が示すように、第35条1項により国連加盟国は、第37

また、同じ考えに基づくものと理解される。これに対して、次のような主張は、憲章が国連による紛争への自発的な介入を認める趣旨との関連で、明らかに推論が逆であるといわねばならないであろう。すなわち、第35条1項の下で「注意を促すことができるのは、紛争当事者たる国際連合の加盟国に限定せられないので、加盟国であれば、自国が紛争の当事国でない場合にも理事会や総会の注意を促すことができる」。前原光雄「国際連合における紛争の処理」国際法学会(編)『国際法講座第2巻』(有斐閣、1953年)245頁。

同様に問題なのは、当事者に対する第35条1項の適用を一定の重大でない紛争の場合に限定しようとする次のような解釈である。すなわち、第33条1項との関係で、「当事国については、第35条第1項にいう『いかなる紛争』から、『国際の平和と安全を危くするおそれのある紛争』は除かれるというべきだろう。従って、当事国に関するかぎり、『国際の平和と安全を危くするおそれのある紛争』は、第35条第1項によって理事会へ付託することはできないというべきだろう」。更に、第38条をも考慮して「厳密にいえば、第35条第1項にいう『いかなる紛争』は、……当事者双方が理事会への合意の付託ができない場合にだけ、『国際の平和と安全を危くするおそれのある紛争』が除かれるというべきだろう」。神谷龍男『国際連合の安全保障〔増補版〕』(有斐閣、1971年)222-223頁(傍点著者)。考えるに、第6章の下で安全保障理事会が、自発的に又はいずれかの当事者による付託に基づいて、平和的解決のため紛争に介入することができるのは、その紛争の継続が国際の平和および安全の維持を危くする虞のある場合に限られており、他方、かかる性質をもたない紛争、つまり、右にいう「いかなる紛争」から「国際の平和と安全を危くするおそれのある紛争」を除いた残余の紛争、については、両当事者間に付託の合意がない限り、理事会はこれに介入する権限を与えられていないのである。このように、第35条1項の下でいずれかの当事者により付託しうる唯一の紛争が、まさに、安全保障理事会が介入する権限をもたない紛争にほかならない場合、改めて、紛争当事者に対する第35条1項の適用を認める目的が問われねばならないであろう。そこで、先の解釈も、紛争当事者については、第35条1項の適用を排除し第37条1項に定める手続を要求するものとしてのみ理解することができる。あるいはまた、「第35条第1項は国際連合加盟国といっているから、紛争当事国でない加盟国はもとより、紛争当事国たる加盟国を含むことはいうまでもない」(同書、224頁)という立論に沿って述べれば、紛争当事者に対する第35条1項の適用が第33条1項によって制限される、と端的に結論するをもってことは足りる。そして、この両者のいずれが意味するところも同じであり、筆者が、本文で「制限ないし排除」と並記したのはこの理由からである。また、右著者は、安全保障理事会への付託に関して両当事者間に合意のあるときには「その継続が国際の平和および安全の維持を危くする虞のある紛争」の場合も第33条1項が適用されない、とする(同書、220、223頁)が、第38条の解釈について再度たち入ることなく(前掲注(114)参照)、いずれにせよ、紛争当事者間に付託の合意がある場合を第35条1項の下で考慮することが必要とは思われない。

124 Kelsen, *supra* note 7, p.410; Lauterpacht, *supra* note 118, pp.100, 102. 第35条の第1項と第2項の両者の規定を対比すれば、このように結論せざるをえないであろう。また、憲章の邦(公定)訳が右第1項でいう「国際連合加盟国」とは、英・仏文のテクストによれば、「すべての(Any, Tout)」国連加盟国のことである。

125 Kelsen, *supra* note 7, p.411. 第35条1項の下で「第33条の場合のように当事国に事前に平和的解

条1項に定める手続を回避して、第33条1項で指示された手段によって予め解決を試みることなく、安全保障理事会又は総会に紛争を提起することが可能となる[126]。同様に、第52条2項の規定にかかわらず、同条4項によって第35条が地方的紛争への適用を保証されている結果、地域的機関の加盟国の場合も相互間の紛争を、地域的手段によるその平和的解決のため「あらゆる努力をする」以前に、国連の政治的機関に提起し、必要な措置をとるよう要請すること自体は認められざるをえないであろう[127]。地方的紛争を国連へ直接に提訴した国が共通に援用する憲章上の基礎の1つは、この第35条1項なのであった。

第33条1項にあまり大きな役割りが期待できないのは、そこに掲げるいずれの解決手続に紛争が付されるためにも当事者間の合意を必要とするからであり[128]、また、憲章の下で国連加盟国は、相互間の地方的紛争の場合も地域的解決手段について、かかる合意に達すべきことを義務づけられないところ

決を試みる義務もない」とは解さない例として、「オッペンハイム『国際法』2巻7版、102-3頁」を掲げる(高野雄一『国際法概論(下)補正版』(弘文堂新社、1967年)189頁)のは、同書の改訂者たるラウターパクトの論述を正確に伝えるものではない。当該の個所でラウターパクトは次のように述べているからである。「紛争について、その当事者により第35条の下で安全保障理事会の注意が促される前に、紛争当事者は、第33条に規定される何らかの平和的解決手段を利用することが義務づけられる、と論ずることはできる。しかしながら、第35条はこのように云っておらない」(傍点筆者)。また、同書では右のほかにも、第33条および第37条の手続が第35条によって容易に回避されうることは、しばしば指摘されている(Lauterpacht, *supra* note 118, pp. 100-102)。

なお、国連加盟国でない紛争当事者による付託についてここでは検討を差し控えるが、第35条2項にいう、「この憲章に定める平和的解決の義務」のなかに第33条1項を含めることも問題であろう。非加盟国は、第33条が直接に関係する第37条1項の適用をうけないからである。

126 Kelsen, *supra* note 7, p.413. Lauterpacht, *supra* note 118, p.100. See also, "Tabulation of Questions Submitted to the Security Council," in *Repertory*, *supra* note 38, pp.267-270; *Repertory of Practice of United Nations Organs*, 1st Supplement, Vol.1 (1958), p.313; *Repertory of Practice of United Nations Organs*, 2nd Supplement, Vol.2 (1964), pp.374-377.

127 ヒメネス・デ・アレチャガが図式的に述べるところによれば、「第52条4項は、紛争を地域的メカニズムによって平和的に解決するよう『あらゆる努力をする』義務が、第35条の適用を何ら害するものではないと規定」しており、かくして、地方的紛争についても「安全保障理事会への直接的提訴が正当化される」、ということになる。Jiménez de Aréchaga, *supra* note 55, p.434.

128 Kelsen, *supra* note 7, p.375. この点をロスは次のように明確に指摘する。すなわち、平和的解決手段の「選択は当事者自身にまかされている。つまり、当事者が、とるべき行動について合意することになる。しかし、当事者が合意する場合には、義務について述べることが不必要なのであり、また、確かに、合意すべきいかなる義務についても合理的には述べることができない」。Ross, *supra* note 4, p.159 (emphasis original).

に、第52条2項の適用上の限界がある。この点では、地域的解決努力の優先を定める地域的取極の規定も同様に、それ自体が、特定の解決手続に付すべき法的義務を設定するものではないことに留意すべきである[129]。他方、安全保障理事会が自己の発意又は第三国の要請に基づく一定の介入を認められることからは、第33条1項および第52条2項の規定を厳格に解釈する実益が疑わしくなる[130]。加えて、こうした理事会の自発的な介入を紛争当事者も促すことができる以上、右の原則自体を維持することが困難である[131]。更に、いかなる紛争についても理事会の介入を促すことがすべての国連加盟国に認められている限り、地方的紛争の場合にその当事者たる地域的機関の加盟国に対して、この権利が否認され又はその行使が制限されるものとは安易に推定されるべきではない[132]。むしろ、直接的に提訴された地方的紛争を安全保障理事会が有効に受理しうることは、第52条3項からも示唆されるように思われる。すなわち、安全保障理事会が地域的解決を「奨励する」ことは、紛争当事者によってそうした解決の努力がなされる前にのみ可能であり、またとくに、理事会は、かかる紛争を受理する権限をもたない場合、これを地域的機関に「付託する」ことをえないからである[133]。このようにみると、地域的機関の加

---

[129] 国連憲章第33条1項に関するロスの指摘(前掲注(128))は、米州機構憲章についてもそのままあてはまるだろう。事実、同(改正)憲章は、問題の第23条につづいて、次のような規定をおいている。

第24条 「平和的手続とは、直接交渉、周旋、仲介、調査および調停、司法的解決、仲裁裁判並びに紛争の当事国が随時特に合意するものをいう」。

第25条 「二以上の米州諸国の間にその一国が通例の外交手続では解決しえないと考える紛争が生じた場合には、当事国は、解決の達成を可能にする他の何らかの平和的手続を協定しなければならない」。

[130] 紛争当事者が、自己に代ってその紛争を安全保障理事会に提起する用意のある第三国をみいだすことは、通常、困難ではないからである。

[131] 安全保障理事会の「自発的」介入を「紛争当事者」たる国連加盟国も促すことができる、という表現は、たしかに、矛盾している。しかし、そこにむしろ、第6章における第35条1項の地位の不明確さをみとめるべきであろう。

[132] 次節でみるように、この点は、国連の実行において強調されている。

[133] これに対して、第52条3項は専ら当事者以外の国によって地方的紛争が提起された場合を対象として規定するとの理由から、紛争当事者に関する限り同条2項の文言に従って地域的解決手段の事前の利用を厳格に要求する立場を維持する反論も予想される。See Saba, *supra* note 34 p.700. しかし、この解釈は、第35条1項との関係だけでなく、第52条の起草過程からも問題であろう。サンフランシスコ会議では、既にダンバートン・オークス提案が規定していた第3項に第2項が新たに追加されたのであって、その逆なのではない。なお、安全保障理事会による地域的機関への「付託」の意味については、後に改めて検討される(VI)。

盟国は、憲章第52条2項の下で、先ずこの地域的手段によって平和的解決を達成するよう誠実に努力することを、第33条1項の下での他の国連加盟国の場合よりも一層強く、要請されているが、そのために地方的紛争の直接的提訴を妨げられることはなく、地域的解決の努力が何らかの理由で有効たりえず又は不可能もしくは不適当と判断する場合には、これを直ちに安全保障理事会又は総会に提起することを選択できる、と結論されよう[134]。

このように地方的紛争の直接的提訴を認めることは、地域的解決努力の優先を定める国連憲章および地域的取極の関係諸規定を無意味にするものではない。憲章第33条1項の義務は、・事・前・に履行されるべきことを意図されていたが、実行においてはむしろ、この義務の・継・続・的・な側面が重視されてきた[135]。つまり、国連が紛争に介入した後も、当事者は、自己の選択する他の手段によって解決するよう努力すべき義務を解除されるわけではなく、また、紛争の平和的解決に関して両者の責任は、「並行してはいるが独立した[136]」ものだからである。地方的紛争の場合、地域的解決への努力はいわば事後においても、国連憲章および地域的取極によって一層強く要請されているといわねばならないであろう。この点で、憲章第33条1項および第52条2項には、なお、第33条2項および第52条3項を補足する役割りが残されている[137]。

しかしながら、第52条4項および第35条1項を根拠として、地方的紛争の直接的提訴が認められるのを確認すること自体は、あまり多くのことを意味するわけではない。国連憲章は、先にふれたように、安全保障理事会に紛争が第35条又は第37条のいずれの下で提起されるかによってその法的効果および介入の程度を区別しており、とくに前者の点で、理事会は、第35条の下で提起された紛争に介入する権限はもつがそうすることを義務づけられない、と理解しなければならないからである。もっとも、実行において、安全保障理事会が右のいずれの条項により紛争への介入を要請されるかの

134　Jimenez de Arechaga, *supra* note 55, p.440. Nizard, *supra* note 64, p.41.
135　Goodrich, Hambro and Simonds, *supra* note 95, p.261. See also Goodrich and Simonds, *supra* note 109, p.275.
136　Bentwich and Martin, *supra* note 33, p.76.
137　グァテマラ政府の苦情を米州機構の審議に付託するよう求めるブラジル・コロンビア決議案が憲章第52条2項に依拠する、というニザールの指摘も、この意味においては理解することができよう。前掲注(99)参照。

間でとられる手続きに差異はみられず[138]、また、前者の場合に理事会がおこなう勧告も調整の手続又は方法に必ずしも限定されていない[139]。従って、第37条の要件が第35条の下で回避されうるというにとどまらず、これらの点をも考慮すればむしろ、「憲章の第6章には2つの並行したそして容易に調和できない手続が存在する[140]」との主張に首肯すべきであろう。この見解の是非を一般的に論ずることが当面の課題ではないが、かかる実情から、地方的紛争の直接的提訴を承認することの意味についてもなお検討の必要があるように思われる。

2　グァテマラ事件以後も地域的機関の先議が繰り返し主張されるなかで、必要な場合、地方的紛争が国連に対して直接に提訴されうること自体は、はっきりと承認されたということができる。この間、とくに、1960年のキューバ問題は、グァテマラ事件で提起された種々の観点から、地域的機関先議の主張が改めて論議される機会を提供した。その際も、安全保障理事会において米国および西欧三国が先ず問題としたのは、カストロ政府が米州機構による解決のため「何らの努力もしてこなかった[141]」ことである。しかし、これらの国の強い支持の下に、実際上の措置として米州機構の先議を提案したラテン・アメリカ諸国自身は、むしろ、キューバの行動に関して「この（直接的提訴の—筆者）問題の法的および理論的な分析が不可欠とは考えない」立場を強調していた。「何故なら」、アルゼンチンの主張によると、「いずれの国も、自国が加盟している機構への提訴を否認されえないことは、一般に承認されているからである[142]」。そして、この見解は、エクアドルによって次のように敷衍されている。

138　Kelsen, *supra* note 7, p.416.
139　*Ibid.*, p.385. Lauterpacht, *supra* note 118, pp.100, 107. 更に、平和解決の手続と条件との区別が困難な場合もあろう。Goodrich and Simonds, *supra* note 109, p.263.
140　Lauterpacht, *supra* note 118, p.100.
141　SCOR: 15th Yr., 874th Mtg., 18 July 1960, para.98. See also, *ibid.*, paras.96-101（米国）; 875th Mtg., 18 July 1960, para.8（イタリア）; *ibid.*, para.21（フランス）; *ibid.*, paras.63-64（イギリス）. 米国は、安全保障理事会が会合する以前に、この点からキューバの行動を非難していた。SCOR: 15th Yr., Suppl. for July, August and September 1960（S/4388, 15 July 1960）.
142　SCOR: 15th Yr., 874th Mtg., 18 July 1960, para.134.

「地域的取極又は機関に関する憲章の規定および地域的機関の設立に際して諸国が引き受けた義務は、これらの国が、自国の権利又は利益を防衛するため必要と考え、もしくは、特定の事態又は紛争が、地域的行動に適当ではあるが、国際の平和および安全を危くすると考える場合に、安全保障理事会に提訴する権利を無効にするものではない、ということは明らかである。これとは反対のいかなる解釈も、地域的機構の加盟国を国際連合においてより少しの権利しかもたない(capitis diminutio)地位におくことになり、そのようなことは、悲しむべきであるとともに法的にも妥当でない[143]」。

直接的提訴を問題にした諸国の第一次的な目的は、実質上、米州機構の先議を確保することにあった[144]。他方、国連の介入を主張するソ連およびポーランドにとっては、キューバの権利と安全保障理事会の権限を確認しておくことが不可欠の条件となる[145]。この間にあって、ラテン・アメリカ諸国と共に「蝶番[146]」の役割りを果した小国は、前者の要求に実際上の理由から同意しつつ、原則面では、キューバの行動を支持する後者の立場を明確にしていた[147]。それを具体化したものが、反対なしで採択されたアルゼンチン・エクアドル共同決議案である[148]。この結果、カストロ政府の苦情に関して安全保障理事会は、米州機構の先議を認めながらも、同時に、国連に対する直接的提訴を承認した、といわねばならないであろう[149]。アラブ連盟の関係では、これより先、レバノンの提訴に際して、アラブ連合自身が、「いつでも安全保

143　*Ibid.*, para.156.
144　その際、これらの国が強調したのは、米州機構で外務大臣協議会議によるキューバ問題の審議が予定されていることであった。
145　グァテマラ事件において、この点を不明確にしたままアルベンス政府の苦情を米州機構に付託することを求めたブラジル・コロンビア共同決議案は、フランスの追加修正を伴っても、ソ連の拒否によって採択を阻まれたことが想起される。
146　Nizard, *supra* note 64, p.15.
147　セイロンは、キューバ政府が「安全保障理事会又は地域的機構のいずれに付託するかを選択する権利をもつことについて疑問の余地はありえない」と、また、チュニジアも、「地域的機関の利用を定める(憲章の)規定は、………国連の権限ある機関、とくに安全保障理事会への提訴を妨げるものと解釈されえない」と、それぞれ述べている。SCOR: 15th Yr., 875th Mtg., 18 July 1960, paras.29, 41.
148　前掲注(67)参照。
149　Claude, Jr., *supra* note 9, p.37.

障理事会でいかなる問題についても討議する用意がある」と言明し、また、理事会議長も、「すべての国連加盟国が、いつでも安全保障理事会の会合を求める権利を有する」ことを確認していた[150]。同様に、ハイチ・ドミニカ共和国紛争およびパナマ・米国紛争においても、提訴国の同意の下に地域的機関の先議を認めることによって、これらの国の権利と安全保障理事会の権限が害されるわけでないことは明確にされている[151]。

翻って考えるに、厳密には、問題のグァテマラ事件においても、安全保障理事会が、議事日程の採択を拒否することによって、同時に、地方的紛争の直接的提訴を否認したと看做しうるかは疑問である。カストロ政府の提訴については逆に、「異議なく議事日程が採択されたことによって、安全保障理事会の管轄権およびキューバの権利も承認されたものと推定されねばならない[152]」、との主張があった。しかし、一般に、いずれの場合も議事日程採択の問題に対してあまり積極的な法的意味を付与すること自体が従来の実行から支持されない[153]。また、とくに、アルベンス政府は、再度の提訴にあたって、前回における決議の採択によりグァテマラ問題が完全に安全保障理事会の権限の下におかれている、と主張していた[154]。事実、安全保障理事会は、既にアルベンス政府の最初の苦情に関して、議事日程のみならず、フランスが提案した緊急措置を全会一致で採択しており、しかも、理事会の権限と責任を確認する[155]この提案には、米州機構の先議を主張するすべての理事国が二度も賛成投票をおこなっていたのである[156]。従って、グァテマラの再度の要請に際して国連に対する直接的提訴を争うことは遅きに失したというべきであろう[157]。

安全保障理事会仮手続規則第10条によれば、「安全保障理事会の議事日程のいずれかの議題でその会議において審議未了となったものは、理事会が別段

---

150 SCOR: 13th Yr., 818th Mtg., 27 May 1958, paras.16, 37.
151 SCOR: 18th Yr., 1036th Mtg., 9 May 1963, paras.19（ハイチ）, 151（議長）; 19th Yr., 1086th Mtg., 10 January 1964, paras.58（ブラジル）, 104-105, 107-108（議長）.
152 SCOR: 15th Yr., 875th Mtg., 18 July 1960, para.29（セイロン）.
153 Goodrich and Simons, *supra* note 109, pp.107-113.
154 SCOR: 9th Yr., Suppl. for April, May and June 1954（S/3241, 23 June 1954）.
155 See SCOR: 9th Yr., 675th Mtg., 20 June 1954, paras.76-77.
156 すなわち、フランスにより追加修正されたブラジル・コロンビア共同決議案に、拒否権を行使したソ連のほかは、すべての国が賛成していたからである。
157 Claude, Jr., *supra* note 9, p.28.

の決定をしない限り、自動的に次回の会議の議事日程に掲載される」ことになっている。この点からもソ連は、憲章第33条に基づいてグァテマラを討議に参加させるために再度の手続自体が不要である、と主張していた[158]。しかし、議事日程の採択を支持した他の国が強調したのは、むしろ、前回にとられたのと同じ手続が今回も採用されるのを妨げる新たな理由をみいだせないことであった[159]。これらに対して、中国は次のように述べている。「議事日程を採択しないことは1つの問題であり、また、この議題を議事日程から削除することは全く別個の問題である。この特定の会議のための議事日程の採択に反対することによって、その議題を安全保障理事会の議事日程から除去するのではない[160]」。この立場から、グァテマラ問題に対する安全保障理事会の権限と責任は、議事日程の採択を支持しなかった理事国によっても留保されていた[161]。すなわち、「安全保障理事会は、今日、この問題を議事日程に採択することを拒否しても、決して、本件に無関心でいたり又は自己の窮極の責任を放棄するわけではない」し、「事実、その問題は理事会に引き続いて係属する」のである[162]。そして、結局、採用されたのがこの処理方式であったことは、その後におけるグァテマラ事件の取り扱いによって確認される[163]。従って、「この最終決定(議事日程採択の拒否—筆者)は、必ずしも無権限の宣言という法的効果を伴なうものではない[164]」、と判断することが可能であろ

---

158 SCOR: 9th Yr., 676th Mtg., 25 June 1954, para.140.
159 *Ibid*., para.103.
160 *Ibid*., para.123.
161 安全保障理事会でこの点に言及しなかったのは、コロンビア、トルコおよび米国の三国だけである。
162 SCOR: 9th Yr., 676th Mtg., 25 June 1954, paras.94, 96(イギリス). また、フランスも、「安全保障理事会は、一層十分な通報をうけるまで行動を停止することにより、決して、理事会に付託された問題を投げ出すのではない」、と述べている。*Ibid*., para.99. 賛成投票をしたレバノンも、とくに、表決で棄権したこの二国の立場との間には、実質的な相違をみいだせなかった。*Ibid*., para.105.
163 See *Repertory, supra* note 38, p.457. これは、「安全保障理事会が、ある問題を議事日程に載せた場合、適切な決定によってのみその事件を削除する」、と主張される「確立した先例」にも合致するといえよう。Eduardo Jimenez de Arechaga, *supra* note 55, p.444. もっとも、中国は、先に掲げた主張の前提として、前回の安全保障理事会における議事日程の採択が「暫定的(on the provisional, tentative basis)」なものであったとするが、「仮議事日程」とは別に、このような区別が可能か疑問である。See SCOR: 9th Yr., 676th Mtg., 25 June 1954, paras.118-121.
164 Nizard, *supra* note 64, p.29.

う。しかしながら、右決定は、同時に、「国際連合の管轄権が停止し麻痺し続けることを意味した^165」とも結論しなければならない。ソ連が「6月20日の安全保障理事会で拒否された提案(米州機構への付託―筆者)へ復帰する企図^166」と非難し、また、レバノンも「危険な先例^167」と懸念していたのは、後者の側面を指してである。とくに、小国にとって最大の関心事は、「安全保障理事会が、その到達するいかなる決定によっても、憲章で付与された最高の責任と権威を放棄する様相を呈すべきでない」^168、ということにあった。そのために必要なのは、国連加盟国が、希望する場合、安全保障理事会の審理をうける権利をもつこと、並びに、理事会は、要請された場合、その決定いかなる措置にも先立って、右の機会を与える義務があること、を承認することである^169。この立場から次のように主張されていた。「最も正しいと考えられる手続は、問題を議事日程に載せたうえで、グァテマラ代表が何か新しい情報又は提案をもっているかどうかを審理することである。もし、何も新しいことが出てこなければ、休会に確信をもって同意し、且つ、十分な信頼をもって米州平和委員会の手に問題の審議を委ねよう^170」、と。

グァテマラ事件において、「少なくとも、危機に瀕した小国に対し審理の機会が与えられるべきであった^171」、という主張は、憲章上、地域的機関の先議を正当化しうるいかなる考慮をも凌駕するように思われる。そして、既にみたその後における国連の実行のなかでこの点が承認されてきたことから、直接的提訴の問題に関する限り、「グァテマラの先例は明確に且つ繰り返し退

---

165 Jiménez de Aréchaga, *supra* note 55, p.427.
166 SCOR: 9th Yr., 676th Mtg., 25 June 1954, para.152.
167 *Ibid*., para.105.
168 *Ibid*., paras.29-30(ニュージーランド、emphasis added).
169 *Ibid*., paras.101, 134.
170 *Ibid*., para.133(デンマーク).
171 Sohn, *supra* note 105, p.241. フォーセットは、更に、安全保障理事会の行動に迅速性が欠けていたことからも、「最少の正義すらおこなわれたようには思われなかった」、と結論している。Fawcett, *supra* note 98, p.382. アルベンス政府は6月22日に提訴していた(23日付で受領)のに、25日まで安全保障理事会が会合しなかったからである。ソ連も理事会でこの点を非難していた。SCOR: 9th Yr., 676th Mtg., 25 June 1954, para.141. See also, SCOR: 9th Yr., Suppl. for April, May and June 1954(S/3247, 24 June 1954). 因みに、当時の議長は米国代表ロッジ(H. C. Lodge, Jr.)である。

けられた¹⁷²」といえるであろう。安全保障理事会によるグァテマラ問題の処理は、事態がアルベンス政府の崩壊という重大な結末を伴なったことも相俟って、逸早く、第9国連総会でラテン・アメリカ諸国自身により拒否された¹⁷³。それを確認する機会を提供したのがキューバ問題である¹⁷⁴。更に、ハイチ・ドミニカ共和国紛争に際して地域的機関の先議が主張されたときも、安全保障理事会は、「ローマが燃えているときには些細なことに時をつぶすべきでない¹⁷⁵」と、グァテマラの教訓に注意を喚起されたことがある。そうしたなかでもとくに注目すべきなのは、グァテマラ事件が、国連事務総長により年次報告の序文のなかで次のように留意されていたことであろう。

「平和の維持に関して地域的取極の重要性は憲章のなかで十分に承認されており、また、そのような取極の適切な使用は奨励される。しかし、そのような取極の利用が第一次的に選択される場合にも、その選択は、国際連合の窮極の責任に対していかなる疑問を投げかけるものとも認められるべきではない。同様に、地域的機関の妥当な役割りに十分な余地を与える政策は、同時に、憲章に基づいて加盟国が審理をうける権利を十分に保護することができるし、また、そうすべきである¹⁷⁶」。

V 安全保障理事会の権限

1 国連憲章上、安全保障理事会(又は総会)が自発的に紛争へ介入する場合、

---

172 Jiménez de Aréchaga, *supra* note 55, p.429.
173 GAOR: 9th Sess., 481st Plenary Mtg., 28 September 1954, p.98(ウルグァイ); 485th Plenary Mtg., 1 October 1954, p.148(エクアドル); 486th Plenary Mtg., 1 October 1954, p.174(ブラジル); 488th Plenary Mtg., 4 October 1954, p.174(アルゼンチン). なかでも注目されるのは、安全保障理事会で議事日程の採択に強く反対したブラジルが見解を修正していることである。
174 とくに、安全保障理事会におけるアルゼンチンとエクアドルの主張は、既にグァテマラ事件に関して総会で表明されていた。前掲注(173)、参照。また、カストロ政府も、右総会におけるウルグァイとエクアドルの見解を紹介している。SCOR: 15th Yr., 874th Mtg., 18 July 1960, paras.10, 11.
175 SCOR: 18th Yr., 1036th Mtg., 9 May 1963, para.69(ガーナ).
176 Introduction to the Annual Report of the Secretary-General on the Work of the Organization, 1 July 1953 to 30 June 1954, GAOR: 9th Sess., Suppl. No.1(A/2663), p.xi.

平和的解決のためにそのとりうる措置は、第36条の下での勧告を限度とする、と一般に理解されている。しかし、紛争が当事者たる国連加盟国によって提起される場合はとくに、それが第35条又は第37条のいずれに基づくかの間で、理事会による介入の程度に区別を維持することが可能か、検討の余地あるところといえよう[177]。と同時に、地方的紛争の場合はむしろ、少なくとも地域的解決の努力が尽されるまで、安全保障理事会は介入を更に制限され又は一定の行動を義務づけられるか、が一層重要な問題となる。第52条3項の下で理事会は、地域的解決の発達を奨励するよう要求されており、他方、同条4項は、第52条が「第34条および第35条」の適用を何ら害するものではない、と規定するにとどまるからである。安全保障理事会は、地方的紛争の直接的提訴を受けた場合、「第52条3項に従ってこの事件を地域的機関に付託しなければならない[178]」、といった主張も、広く、こうした点からの考察を先ず必要とするように思われる。

　地方的紛争に対する安全保障理事会の権限の範囲は、サンフランシスコ会議において、平和的解決の分野での国連と地域的機関の関係をめぐる主要な論点であった。その際、多くのラテン・アメリカ諸国の要求は、憲章第52条3項の下で、地方的紛争に対する安全保障理事会の直接的な、すなわち第36条および第37条に基づく、介入が、地域的解決努力の失敗した又は不可能な場合に限定されるよう明確にすることにあった。そして、この観点から、問題の憲章第52条4項については、そこでの言及が第34条および第35条に限られ第36条および第37条に及んでいない、というコロンビア代表の示唆が留意されたのである。同様に、パン・アメリカン・ユニオン事務局長が、同理事会（Governing Board of the Union―米州機構理事会＝現常設理事会の前身）への報告のなかで、サンフランシスコ会議の決定から次のように結論したとき、明らかに、彼の理解も、右に留意された限りでのジェラス・カマルゴの説明に依

---

[177] 紛争がその当事者でない国連加盟国によって提起された場合でも、それだけの理由から、安全保障理事会による解決条件の勧告を排除することは、憲章の構想と両立しないときがある、と主張されている。Goodrich and Simonds, *supra* note 109, p.246. また、これまで、「問題が安全保障理事会に提起される方法は、理事会がとる行動にはっきりとした影響を及ぼしてはいない」という。Goodrich, Hambro and Simonds, *supra* note 95, p.285.

[178] Vellas, *supra* note 8, p.89.

拠していたように思われる。すなわち、地域的機関には、地方的紛争が安全保障理事会に付託されるに先立ちこれの平和的解決に努める「主要な責任」が存在するが、この原則は、第34条および第35条の規定による制約をうける。「しかしながら、この制限内において理事会の管轄権は、問題の調査にのみ及ぶのであって、地域的機関による平和的解決の努力に取って代り又はこれと重複するにまで至るものとは解釈されなかった[179]」。

このような見解は、更に、地域的手段による紛争の平和的解決と国連との関係が現実の問題として提起される以前から、幾人かの学者によって一層はっきりと表明されている[180]。例えば、イェーペス(J. M. Yepes)の主張によれば、憲章第52条4項が第34条および第35条にのみ言及していることは、Inclusio unis, exclusio alterius(一方の包含は他方の排除なり)の意味に理解されねばならない。従って、地方的紛争に対する安全保障理事会の介入は、紛争の状況を調査することにとどめられるべきであって、第36条に基づき解決手続を勧告するにまで至ることをえない。「地域的機関の加盟国相互間の紛争の平和的解決は、この機関の排他的権限に属する」のであり、他方、この紛争に対する安全保障理事会の介入は、地域的解決の努力が失敗した場合に限定される。そして、第52条4項をこのような意味に解釈しなければ、地方的紛争の平和的解決について「地域的機関の自律性を規定する憲章の構造自体に矛盾が存在することになる」、と彼は考えるのである[181]。同様に、サロモン(André Salomon)も、地方的紛争の場合、「安全保障理事会は、第36条および第37条に基づいて解決の手続又は条件を勧告することはできず、………第52条4項によりその行動は、第34条および第35条の規定を適用することにとどめられるべきである」、と主張する。すなわち、安全保障理事会は、自己の発意により又はいずれかの国の要請に基づいて、問題の地方的紛争が平和の維持を危くする虞があるかどうかを決定することはできるが、「この点に到達すれば、理事会の行動は停止する」のである。そして、彼は、このように安全保障理

179　Cited in Manuel S. Canyes, "The Inter-American System and the Conference of Chapultepec," *American Journal of International Law*, Vol.39, No.3 (July 1945), p.508.
180　以下に掲げるもののほか、Boutros Boutros-Ghali, *Contribution a l'étude des ententes régionales* (Pedone, 1949) もしばしば指摘されるが、この文献を参照することはできなかった。
181　Yepes, *supra* note 34, p.279.

事会の権限が第52条4項によって制限されると理解しなければ、同条項の目的を問うことが必要になる、と考える[182]。

　これら第52条4項の制限的解釈は、とりわけ、ヒメネス・デ・アレチャガ (Eduardo Jimenez de Arechaga) およびニザール (Lucien Nizard) により、国連におけるその後の実行の検討と併せて、詳細に批判された。そのうち前者が、「第37条従ってまたそこに含まれる第36条は、(第52条4項で)明示に引用されていないが、地方的紛争に適用があるように思われる」、と端的に反論する[183]のに対して、後者は更に、これらの条項の適用を排除するためには、その旨の「明文規定」が必要であり、それらについて「第52条4項が沈黙しているだけでは十分でない」、と主張する[184]。この点では、ケルゼンも同様に、第52条によって第6章を制約することが意図される場合、この趣旨の条項が第6章に挿入される必要のあったことを認める[185]のであるが、その際、彼は次のような立場を留保していることにむしろ注目すべきであろう。すなわち、「第52条4項で第34条および第35条のみが言及されている事実は、必らずしも、そこに言及されない第6章の諸条項の適用を第52条が害することを意味するわけではない」のであって、一般に、そのような解釈は、「可能であるが必然ではない」、と[186]。

　考えるに、憲章第52条4項により地方的紛争の場合、安全保障理事会の介入は第34条および第35条に限定されるか、あるいはまた、とくに、第36条および第37条の適用が排除されるか否か、というかたちでの議論は、いずれの立場からみても、問題のたてかた自体が不正確というべきであり、事実、かかる立論の下では、それぞれの主張の間に実質的な差異をみとめることが困難であろう。すなわち、一方で、制限的解釈論者も、地域的解決の努力が失敗した場合には、地方的紛争に対する第36条および第37条の適用を否認するわけではなく[187]、また他方で、制限的解釈に反対する者も、結論においては、

182　Salomon, *supra* note 34, p.81.
183　Jiménez de Aréchaga, *supra* note 98, p.81.
184　Nizard, *supra* note 64, p.44.
185　Kelsen, *supra* note 7, p.436.
186　*Ibid.*, p.435.
187　この点は、必らずしも明確でないが、サンフランシスコ会議におけるペルー代表の主張が明示又は黙示にそのままのかたちで援用されている事実から推察されうる。Salomon, *supra* note 34, pp.82-83. Yepes, *supra* note 34, p.279.

この種の紛争の場合、地域的解決を奨励するためにその努力を優先させ、またこの間、安全保障理事会の介入が必要な最少限度、つまり第34条および第35条、にとめられるべきことに同意している[188]からである。この点に関して、それぞれの立場から強調される側面は、共に、サンフランシスコ会議でコロンビア代表により指摘されていたことが想起されよう。そして、先の主張のいずれの側もジェラス・カマルゴの説明のうち互いに異なる一部分のみを援用している[189]事実は、その間の論争における対立点の不明確さが、問題の一面的な把握と相手の見解に対する不十分な理解とに基づく議論によるものであることを窺わせる[190]。同様に、制限的解釈に対立し又はそれの反論を支持するものとして援用される[191]グッドリッチおよびハンブロ(Leland M. Goodrich & Edvard Hambro)の次のような見解も、双方の立場が共通に依拠するジェラス・カマルゴによって既に表明された以上のことを主張しているとは思われない。

「国際の平和および安全の維持に関して安全保障理事会が第24条の下で負う全面的な責任からは、第36条および第37条という特定の規定と併せて考えると、紛争が地域的取極又は地域的機関によって解決されずまた国際の平和および安全の維持が現実に危くされることが明らかとなる場合、安全保障理事会に対しその通常の機能を行使する権限を否定することは第52条の下で意図されていない、という結論が正当化されるように思われる[192]」。

---

188 Nizard, *supra* note 64, p.44. Jiménez de Aréchaga, *supra* note 98, p.82, and *supra* note 55, p.446. See also Saba, *supra* note 34, p.701.
189 Compare Salomon, *supra* note 34, p.83 and Jiménez de Aréchaga, *supra* note 98, p.82. いずれもこうした不十分なかたちでジェラス・カマルゴに依拠しつつ、第52条4項について、前者は、「このテクストの起草者の真の意図については疑問の余地が全く残されていない」と、また後者も、「(自己の)解釈はとりわけ国連憲章の準備文書によって確認される」と、それぞれ断言するのである。なお、ヒメネス・デ・アレチャガが右に引用するジェラス・カマルゴの説明のうち、「(憲章)第37条」と置き換えられた部分の原文は「5項」、すなわち、ダンバートン・オークス提案第8章A節5項であり、これは憲章第36条(1項)に該当する規定である。
190 国際法の場合も他の法分野におけると同様に、学説上の対立又は論争が、往々にして、その両者の側にみられる自説の不正確な表現と他説の不十分な理解といった不用意を原因の一部とし、又はこのために無益な議論を伴うことは、つとに教示されているところである。田岡良一『委任統治の本質』(有斐閣、1941年)119-126頁。同『前掲書』(注3)228-229頁。
191 Salomon, *supra* note 34, p.82. Nizard, *supra* note 64, p.44.
192 Leland M. Goodrich and Edvard Hambro, *Charter of the United Nations* (2nd ed., Stevens, 1949), p.315.

地域的手段による平和的解決を奨励し且つその努力を優先させるためには、地方的紛争に対する第6章の適用を第34条および第35条にとどめることが必要であり、また、地域的解決を奨励すること以上に直接的な、とくに第36条および第37条に基づく、安全保障理事会の介入が、一般に、地域的解決の失敗した場合に限定されるべきこと自体は、サンフランシスコ会議以来、異論のなかったところである。しかし、その場合においても、安全保障理事会が、特定の地方的紛争に何時そして如何に介入するかを自らで決定する地位にあるか否かは、憲章上、必らずしも明確にされていなかった。第52条4項の解釈として主張される見解の真の対立も、この点にみいだされねばならないであろう[193]。すなわち、地方的紛争に対する安全保障理事会の直接的な介入を同じく一定の場合に限定するなかでも、一方が、同時に、そのような場合について理事会が独自に判断する権限を何らかのかたちで制限しようと意図するのに反して、他方は、かかる判断を理事会の裁量に委ねている、と考えられるからである[194]。もっとも、そこで展開される議論については、予め、次の点を指摘しておくことが必要であろう。先ず、制限的解釈論の立場が正当化されるには、地方的紛争に関する地域的機関の第一次的な役割りを強調するだけでは十分でない。この第一次的機能に対する制約は、厳密にいえば、既に第34条および第35条の適用についてみいだされるものなのである[195]。また、同様に、国際の平和および安全の維持に関する安全保障理事会の「主要な責任」を援用するだけでは、制限的解釈に対する反論として説得力に乏しい。この責任に基づく義務を果すために安全保障理事会に付与される特定の権限は、憲章中の関連諸章で具体的に定められているからである[196]（第

---

193 紛争解決の分野における国連と地域的機関との関係をこの観点から考察しているのはヴェラスである。Vellas, *supra* note 8, pp.88, 99-100.
194 こうした点を制限的解釈論者は、それに対立する立場ほどには明確にしていないが、サンフランシスコ会議では事情がむしろ逆であり、そこにおいて前者の主張は、地方的紛争へ安全保障理事会が介入しうる場合の決定を専ら地域的機関の判断に委ねようとするラテン・アメリカ五国共同提案（*UNCIO*, Vol.12, p.771）によって代表されていた。
195 ニザールによれば、「地方的紛争を地域的枠内で解決するよう奨励することが要求される場合、安全保障理事会に調査することを許しましたその権限を認めることは、事実、奇異である」。Nizard, *supra* note 64, p.45.
196 この点をサロモンは、第24条2項に従い、「代理権制度（un régime de pouvoirs délégués）の場合と同様に、第8章が理事会に付与していないすべてのものは拒否されたと考えるべきである」、と述べている。Salomon, *supra* note 34, p.82.

24条2項後段)。たしかに、地方的紛争に対する安全保障理事会の権限の範囲は、これら両者の一般的考慮と共に、第52条4項の規定、そしてとりわけ、第34条の適用がそこで明示に保証されていることの意味を明らかにすることを通して、考察されるべき問題である。そうすることによってまた、第36条および第37条が言及されない意味も明らかにされよう。

2　憲章第2条3項により国連加盟国が負う紛争の平和的解決に関する一般的義務とは別に、第6章の下で紛争当事者が、先ず第1に、自らの選ぶ平和的手段による解決を求めるよう要求され、かつ、そうした手段によって解決できなかったときに、安全保障理事会へ付託するよう義務づけられるのは、その継続が国際の平和および安全の維持を危くする虞のある紛争の場合である。また同様に、第6章は、安全保障理事会が自発的に紛争へ介入し又は当事者の一方による付託に基づいて平和的解決のため適当な種々の勧告をおこなうについても、その紛争の継続が国際の平和および安全の維持を危くする虞のあることを条件として規定している。他方、このような制限に第52条の諸規定は言及しないが、地方的紛争の場合も、その当事者たる地域的機関の加盟国が安全保障理事会に付託する前に地域的手段による平和的解決のためあらゆる努力をするよう要求され、また、理事会はこうした地域的解決を奨励すべきことがとくに問題となるのは、一定の重大な紛争に関してであろう[197]。一般に、当事者間に付託合意のない場合、紛争がかかる性質をもつものであるかどうかを安全保障理事会が予め調査によって決定しうることは、その平和的解決機能が発動されるための前提であり[198]、また同時に、この調査をおこなうことによって理事会は、紛争の実情に適合した解決の手続又は条件を勧告することができるのである。従って、安全保障理事会の調査を規定する第34条は、「紛争の平和的解決に関する憲章の構想のなかで、とられるべき手

---

[197] Kelsen, *supra* note 7, pp.434-435.
[198] もっとも、この決定が平和的解決の勧告に先立って別個にとられる必要はなく、また、「紛争の継続が国際の平和および安全の維持を危くする虞があるかどうか」についても、厳格な解釈は採用されてこなかった。See Jiménez de Aréchaga, *supra* note 98, pp.14-18. Goodrich and Simons, *supra* note 109, pp.232-234, 269-273. Goodrich, Hambro and Simons, *supra* note 95, pp.268-270.

続並びに安全保障理事会の特別な機能および権限の両者の観点から基本的な[199]」、そしてこの意味で、第24条に基づく理事会の「主要な責任」をこの分野において具体化する、条項であると看做されよう。安全保障理事会による調査の重要性は、ダンバートン・オークス提案が第8章A節「紛争の平和的解決」の冒頭でこれを規定していたことにも示される。サンフランシスコ会議で憲章中の右の位置が他の規定に譲られたのは、既に述べた別個の理由によるものであった[200]。

憲章第34条の下で安全保障理事会は、いかなる紛争についても、その継続が国際の平和および安全の維持を危くする虞があるかどうかを決定するために調査する権限を付与されている。と同時に、調査の結果、紛争がこのような性質をもつと判明しても必要と認めるときは、安全保障理事会が、自らの直接的な介入を差し控えつつ、当事者に対しその選択する平和的手段によって解決のため努力するよう求めることは可能でありかつ要請されている(第33条2項)。そして、この点に関しては、地方的紛争の場合も同様に、理事会は、地域的手段による平和的解決を奨励することが必要かつ適当かどうかを自由に決定できる、と考えるべきである[201]。これに反して、地方的紛争については、安全保障理事会のかかる判断又はそれに基づく行動の選択が予め制限され、またとくに、地域的解決の努力が尽されるまで第36条および第37条の適用が一般的に排除されるのであれば、第52条4項がこの種の紛争に理事会の調査を保証する意味の大半が失われるであろう[202]。むしろ、安全保障理事会が地方的紛争について調査をおこなう目的は、国際の平和および安全の維持が危くされる虞のあると認める場合に、広く、これの審議を地域的機関に付託し又は当事者に地域的手段の利用を促しもしくは現に払われている解決の努力を支持することによって、地域的解決を奨励するにとどめるか、あるいはまた、平和的解決に適当な他の方法、そして必要なときには解決条件、を勧告すべきであるかを決定することにこそ、みいだされるのである。またと

---

[199] Goodrich, Hambro and Simons, *supra* note 95, pp.265-266.
[200] その結果、第6章の諸条項を「完全に体系的且つ論理的な順序に」配列することが困難であったことは承認されている。*UNCIO*, Vol.12, p.105.
[201] すなわち、安全保障理事会は、問題の地方的紛争と地域的解決手段を「評価する権限をもつ」といえよう。Nizard, *supra* note 64, p.41.
[202] *Ibid.*, pp.45-47. Jiménez de Aréchaga, *supra* note 98, pp.81-82.

くに、安全保障理事会は、問題の地方的紛争が関係地域的機関の下で平和的に解決される可能性があるかどうかを調査によって確かめることができる、と考えることが、第34条の規定に反するとは思われない[203]。事実、紛争の性質又は掛かり合いおよび解決手続の整備又はその運用などの実状如何によっては、地域的機関の介入自体が事態を悪化させ又は紛争の長期化をまねきもしくは一般に平和的解決の達成を一層困難にする虞もある。そして、地方的紛争に関して安全保障理事会の調査を保証することの意味は、まさにこのような場合にも、第36条および第37条の適用を可能にするところにあるといえよう[204]。

　従って、安全保障理事会は、地方的紛争の継続が国際の平和および安全の維持を危くする虞のある場合、そのいかなる段階においても適当な解決の手続又は方法を勧告することができ、また、この紛争がそうした性質を実際にもつと認める一定の場合には、右の行動をとるか又は適当な解決条件を勧告するかのいずれかを決定しなければならない。と同時に、地方的紛争に関するこのような勧告は、地域的解決が失敗したときを含めて一般に、安全保障理事会の判断によれば、地域的機関の下で平和的解決の達成が不可能であり又はそのための努力が有効たりえないと認められる場合に限定され、また、この決定にあたって理事会は、第52条の2項および3項の規定を十分に考慮に入れなければならない[205]。すなわち、憲章が地域的解決の努力を優先させか

---

[203] 第34条に規定する調査の目的は限定されているが、そのことから、任務の遂行に必要な他の調査を排除することが意図されているとは結論できない。Kelsen, *supra* note 7, p.391. Goodrich and Simonds, *supra* note 109, p.176.

[204] かくして、「第36条および第38条(sic!)に基づく安全保障理事会の勧告は、問題が先ず地域的機関に付託されるべきであったという理由で拒否されえない」のである。Bentwich and Martin, *supra* note 33, p.112. また安全保障理事会に提起された地方的紛争が同時に地域的機関に係属しているといった、所謂litispendenceに憲章が明確な法的効果を付与しているかは疑問であり、かかる事態も、理事会に直接的な介入を差し控えさせる1つのそして重要な考慮となるにとどまると考えるべきであろう。もっとも、「安全保障理事会は、第36条1項に基づく権限により、その手続上、すべてのlitispendenceを回避することが可能となる」。Vellas, *supra* note 8, p.88 (emphasis original). なお、指摘されるように、"litispendence" は、同列にある司法機関相互の間で権限が競合する場合に生ずる事態を指すものと一般に理解されているから、国連と地域的機関との関係においてこれを用いることは適切でない。Nizard, *supra* note 64, p.50. See also, J. Basdevant, *Dictionnaire de la terminologie du droit international* (Sirey, 1960), pp.377-378. Georg Schwarzenberger, *A Manual of International Law* (5th ed., Stevens, 1967), p.637.

[205] Jiménez de Aréchaga, *supra* note 55, p.446.

つ奨励する際、問題は、地方的紛争の場合、第6章に基づく安全保障理事会の権限を制限することではなく、むしろ、この枠内における任務の適切な遂行を可能にするため理事会に指針を提示することにある、とみるべきであろう[206]。同様に、第52条4項は、一方で、地方的紛争に対する第34条および第35条の適用を保証することによって、平和的解決に関する安全保障理事会の窮極の権威を確認するとともに、他方で、第36条および第37条に言及しないことにより間接に、地域的機関がこの分野で果すべき役割りの重要性に注意を喚起してもいるのである。このように考えれば、サンフランシスコ会議で、前者に懸念したペルー代表は、後者を示唆するにとどまったコロンビア代表よりも正確に、国連憲章の構造を理解していたことが承認されねばならないであろう。憲章は地方的紛争に関して、国連と地域的機関との間に「権限の配分を規定せず、その競合を確認するとともに右配分の実効的な判断を安全保障理事会に委ねているにすぎない[207]」、といえるのである。そして、地方的紛争を国連へ直接に提訴した国が、第35条と並んで共通に援用する憲章上の基礎は、この点を明確にしている第34条なのであった。

安全保障理事会が、地方的紛争に対し何時そして如何に介入するかを自らで決定できる地位にあり、またとくに、直接に提訴を受けた場合も、そのために、必らずしも介入を制限され又は一定の行動を義務づけられるわけでないことは、地域的機関の先議を主張した諸国自身によって承認されてきたということができる[208]。事実、これらの国は、地域的解決手続が尽されず又は迂回されたことを問題とする以上に、いずれにせよ現にとられ又は別途に予定されている地域的解決の努力を実際上の理由から尊重するよう要求していた。この種の要求がはたして正当化されうるかの判断は各場面における実情の検討を俟たねばならないが、その際も、「安全保障理事会の権限を否定する

---

206 Nizard, *supra* note 64, p.48.
207 *Ibid.*, p.41.
208 もっとも、既にみたところ(IV-2)からも明らかなように、国連の実行において、地域的機関の加盟国が相互間の紛争を安全保障理事会に対して直接に提訴する権利と、かかる地方的紛争に理事会が介入する権限とは、ほとんど区別なく論じられている。John Norton Moore, "The Role of Regional Arrangements in the Maintenance of World Order," in Cyril E. Black and Richard A. Falk(eds.), *The Future of the International Legal Order*, Vol.III *Conflict Management*(Princeton University Press, 1971), pp.146-147.

ことが提案されているのでない[209]」ことは明示されている。むしろ、地域的機関の先議を認めることによって、「理事会は、自己の権限を減少させるどころか、実際にそれを行使しているのである[210]」、とさえ主張されたことに注目されよう。更に、安全保障理事会は、直接的な介入を差し控える場合も、同時に、事態の悪化を防ぐに必要な緊急措置をとると共に問題を議事日程にとどめおくことにより、自己の権限と責任を明確にしてきた。その問題について、「将来、安全保障理事会が処理するよう要請されることを予期しておかねばならない[211]」からである。

このように、憲章第52条の下で、地方的紛争に対する第6章の諸規定の適用を制限することが意図されておらず、従って、問題は、かかる安全保障理事会の権限を承認しつつも如何なる限度において、地域的機関による紛争の平和的解決が奨励されるべきかにある、といえるだろう。

VI 地域的機関への「付託」

1　国連憲章第52条3項によれば、安全保障理事会は、「関係国の発意に基くものであるか安全保障理事会からの付託によるものであるかを問わず」、地域的取極又は地域的機関による地方的紛争の平和的解決の発達を奨励するよう要請されている。このうち、理事会が関係国の発意に訴えることは、地方的紛争の場合に限らず一般に、当事者自身による自発的な解決努力を促すため通常先ず要求されるところであり、憲章が第6章ですでに定めるそうした原則の単なる適用例にすぎない。またとくに、第36条の下で安全保障理事会は、地域的取極又は地域的機関の利用を含めて適当と考える調整の手続又は方法を勧告できるほか、その際に考慮されるべき「当事者が既に採用した紛争解決の手続」には、右の取極又は機関において設定される地域的手続が含まれることも疑問の余地はないように思われる[212]。従って、地域的解決を奨励す

209　SCOR: 15th Yr., 874th Mtg., 18 July 1960, para.136.
210　*Ibid.*, para.155.
211　SCOR: 19th Yr., 1086th Mtg., 10 January 1964, para.107.
212　ベンウイッチおよびマーチンが述べるように、「『採択した』という文言は、理事会が介入す

るため第8章が規定する独自の方法があるとするならば、それは、安全保障理事会が紛争を地域的取極又は地域的機関に「付託する」という点にみいだされよう[213]。

地方的紛争が安全保障理事会に対し直接に提訴された場合、理事会の権限を承認しつつも実際上地域的機関の先議を確保する方法として、具体的に提案されたのもかかる措置である。とくに、グァテマラ事件においてブラジル・コロンビア決議案は、文字通り、理事会が「グァテマラ政府の苦情を米州機構による緊急の審議に付託する」ことを求めていた[214]。また、キューバ問題に際して理事会が、アルゼンチン・エクアドル決議を採択することにより、「米州機構から報告を受けるまでこの問題の審議を延期」した目的も実質的には同じである[215]。同様の措置は、レバノン・アラブ連合紛争、ハイチ・ドミニカ共和国紛争およびパナマ・米国紛争の場合、正式の決議のかたちをとることなく了承されている[216]。これらのうち前二者において地域的機関に紛争の審議を委ねることが争われた際、先ず問題とされたのは当事者の一方がこの措置に反対しているという点であった。なかでもソ連は、グァテマラが米州機構への付託を拒否しているにかかわらずブラジル・コロンビア決議案を採択することは国連憲章の規定に違反する、と結論する[217]。また、キューバも、自国が提訴したのは米州機構ではなく国連に対してであることを強調

る時までに当事者が現実に利用した手続だけでなく、当事者間の事前の条約取極に規定された解決手続であってその紛争に適用できるものをも指す」と考えられるからである。Bentwich and Martin, *supra* note 33, p.84. 憲章第36条2項の下に右の2つの場合が包摂されており、そのうち後者は、とくに地域的機関による紛争解決との関連で問題とされてきたことについて、Goodrich, Hambro and Simons, *supra* note 95, pp.279-280.

213　Ross, *supra* note 4, p.170.
214　SCOR: 9th Yr., Suppl. for April, May and June 1954 (S/3236, 20 June 1954). なお、実際に表決に付されたのは修正ブラジル・コロンビア決議案である。SCOR: 9th Yr., 675th Mtg., 20 June 1954, paras.69, 77. 同決議案の内容については、前掲注(59)参照。
215　SCOR: 15th Yr., Suppl. for July, August and September 1960 (S/4395, 19 July 1960). 同決議の内容については、前掲注(67)参照。このように安全保障理事会の審議を延期することが「米州機構へ問題を付託することを意味する」ことは、ソ連が指摘する通りであろう。SCOR: 15th Yr., 876th Mtg., 19 July 1960, para.95.
216　SCOR: 13th Yr., 818th Mtg., 27 May 1958; 18th Yr., 1036th Mtg., 9 May 1963; 19th Yr., 1086th Mtg., 10 Jan. 1964.
217　SCOR: 9th Yr., 675th Mtg., 20 June 1954, paras.146-149. 同じ主張はその後も展開されている。SCOR: 676th Mtg., 25 June 1954, paras.144-145. もっとも、その際ソ連が援用するのは第36条2項の規定であり、ここでの議論とは必らずしもかみ合わない。

し、安全保障理事会自身による審議を繰り返し要求していた[218]。そして、このように紛争当事者の一方が反対する場合、憲章第52条3項の下で地域的機関に付託することができるかは一部の学者によっても疑問視されている。例えば、ヒメネス・デ・アレチャガは、地域的機関への付託がおこなわれるためには「紛争の両当事者が同意していることが必要である[219]」と端的に主張するほか、グッドリッチおよびハンブロにとっては、「いかに安全保障理事会が、関係当事者の同意に基づく以外に、紛争を地域的機関へ現実に付託しうるのかを理解することは困難である[220]」。同じ疑問は、更に、高野雄一教授によっても表明されている[221]。しかし、こうした主張の是非を論ずるためには、予め、そこでいう「地域的機関への付託」が何を意味するかを明らかにしておくことが必要であろう。

地域的機関に紛争を「付託する」に際して両当事者の同意を要求する立場は、この手続が、憲章第6章の下で紛争当事者に地域的機関の利用を勧告する場合とは異る、との前提に立って展開されている。すなわち、第36条の下で安全保障理事会は、適当と考える調整の手続又は方法を紛争当事者に勧告する権限をもつにすぎず、この勧告に従って地域的機関に紛争を付託するかどうかは当事者間の合意に委ねられるのに対し、第52条3項の下では、理事会によって地方的紛争が直接に地域的機関に付託される。然るに、憲章上、国連加盟国は任意に受諾した解決手続を利用する以上のことを要求されえないから、両当事者の同意なしに安全保障理事会が紛争を地域的機関に付託することはできない[222]、と。たしかに、第36条に基づく安全保障理事会の勧告が、それ自体として特定の紛争解決手続を設定し又はその利用を当事者に義務づけるものでないことは、憲章の起草過程、関連諸条項および国連の実行

---

218 SCOR: 15th Yr., 874th Mtg., 18 July 1960, paras.6-8; 876th Mtg., 19 July 1960, paras.129-133.
219 Jiménez de Aréchaga, *supra* note 55, p.442.
220 Goodrich and Hambro, *supra* note 192, p.315.
221 高野雄一『国際法概論(下)新版』(弘文堂、1972年)223頁。
222 Goodrich and Hambro, *supra* note 192, pp.314-315. 高野『前掲書』(注221)223頁。ヒメネス・デ・アレチャガによると、これは、「国連憲章上、第33条で列挙されたいずれの平和的解決手続も義務的性格をもたず、当事者の『選択』にまかされているという事実の論理的な帰結である」、という。Jiménez de Aréchaga, *supra* note 55, p.442.

のいずれからも確認することができる[223]。従って、理事会自身が地域的機関に対して直接に紛争を付託することは、「憲章第6章で規定された手続と完全には調和しない新しいもの[224]」ということができよう。また、憲章は、第8章で地域的解決を奨励することにより、地方的紛争の当事者に対して、すでに地域的機関の下で負う義務を履行する以上のことを要求しているわけではない[225]。むしろ、問題は、第52条3項でいう「安全保障理事会からの付託」を、それによって紛争が直ちに地域的機関の審議の下に置かれる、との意味に理解すべきかどうかであろう。

　地域的機関に紛争を「付託する」ことは、厳密にはケルゼンがいうように、紛争の「解決」を委ねそのための権限を付与することを意味する[226]。とすれば、先ず、安全保障理事会は、そこに付託された地方的紛争を地域的機関に付託することによって、これを解決する自己の権限を移譲することはできない。憲章上、理事会は、国際の平和と安全の維持を危くする虞のある紛争で当事者自身が解決できないものについては、適当な調整の手続・方法又は解決条件を自ら勧告する権限を有すると同時にその責任を負っているからである。他方、地域的機関の側も、別段の法的根拠なしに国連から直接に紛争の付託をうけることは、当事者が現に受諾している以上の権限を認められる結果となるであろう。更に、その際、紛争の両当事者の同意を要求する以前、安全保障理事会がはたして「地域的機関」に対し付託することができるかが疑問である。地域的取極又はその下に組織される地域的機関は、憲章第33条が掲げる他のものと同等な特定の紛争解決手続ではなく、それ自体が一又は二以上

223　Lauterpacht, *supra* note 118, p.107. 国際司法裁判所への付託の勧告（憲章第36条3項）との関連でこの点が論じられた事例にコルフ海峡事件がある。イギリスは、裁判所の管轄権を正当化する根拠の1つとして、安全保障理事会の付託勧告の決議が当事者を拘束すると主張していた。裁判所自体はこの問題を判断する必要を認めなかったが、7名の裁判官は個別意見のなかで、イギリスの解釈を受け入れることを拒否している。SCOR: 2nd Yr., No.34, 127th Mtg., 9 April 1947; Affaire du détroit de Corfou, Arrêt sur l'exception préliminaire, *C.I.J. Recueil 1948*, pp.31, 32.

224　Goodrich and Hambro, *supra* note 192, p.314. 同様に、第52条3項が第6章の諸規定と両立し難いことは、ケルゼンによっても強調されている。Kelsen, *supra* note 7, pp.435-437.

225　ロスも、第52条2項の規定は、「憲章が（取極の）加盟国に対し、地域的取極からすでに導かれるのではない処理に紛争を従わしめる義務を課していることを意味しない」、と述べている。Ross, *supra* note 4, p.169.

226　Kelsen, *supra* note 7, pp.435-437.

の解決手続を包含する制度である[227]。従って、そのような制度全体としての地域的機関は、本来、「付託」の対象になりえないというべきであろう。このように理解すれば、憲章第52条3項の下で安全保障理事会は、地域的機関が適当な解決手続を備えている場合、その利用を紛争当事者に勧告することができるにすぎない。この意味で、「安全保障理事会からの付託」は、たしかに憲章起草者の意図を適正に表現してはいないが、第36条の下で地域的機関の利用を勧告する場合と異るところはなく[228]、むしろその適用例とみることができる。すなわち、安全保障理事会は、第36条の下で調整の手続又は方法を勧告するに際し、法律的紛争が原則として国際司法裁判所への付託によって解決されるべきことを考慮に入れるよう要請される(第3項)のと同様に、地方的紛争の場合、地域的取極を締結し又は地域的機関を組織することにより「当事者が既に採用した紛争解決の手続」(第2項)を考慮し、その利用を勧告することによって地域的解決の発達を奨励するよう、第52条3項の下で一層強く要請されているのである[229]。

ところで、こうした地域的解決の利用を奨励するためには、グァテマラ事

---

[227] これは多くの論者によって指摘されるところである。Ross, *supra* note 4, p.170; Bentwich and Martin, *supra* note 33, p.78; Goodrich, Hambro and Simons, *supra* note 95, p.263. しかし、このことを理由に、地域的解決の勧告にあたって「理事会は、第33条により他の解決手続と同列に置かれている地域的機関の利用を全体的に指示するにとどめ」、「この組織にその最も適当と判断する具体的な方法を選択させるべきである」、と結論するのは問題であろう。そのような「紛争解決手続の分権化」を憲章が設定しているとみることはできないからである。Jiménez de Aréchaga, *supra* note 98, p.79.

[228] Kelsen, *supra* note 7, p.436. 第36条3項の用語に倣えば、地域的機関への「付託の勧告」と表現するのが適当であろう。ロスは、「地域的機関の注意を促す」と置換えている。いずれの場合も、「当事者に対してそのすでに受諾している規則に従うよう要求する以上のことを何ら意味しない」。Ross, *supra* note 4, p.170. 同様に、グッドリッチおよびハンブロも、第52条3項の下で安全保障理事会は、「地域的機関がそれを設立する協定の下でとる権限を与えられた行動のために」付託するのである、と結論している。Goodrich and Hambro, *supra* note 192, p.315. ただ、そのように、地域的取極の規定に従って紛争が地域的解決の手続に付されることになる以上、安全保障理事会による「付託」の段階で両当事者の同意を問題にする必要があるとは思われない。同じことは高野教授の所説についてもいえるであろう。高野『前掲書』(注221)223頁参照。

[229] これは、たしかに、「第33条1項で曖昧に定義された紛争の解決を求める義務を履行する最も自然な方法は、すでに他の方法によって引き受けたそうすべき義務を履行することである」、という考えから導かれることである。Ross, *supra* note 4, p.170. しかし、他方、「地域的取極が地域的機関による地方的紛争の解決を明示に規定していない場合、安全保障理事会は問題を地域的機構に付託する権限がない」、とまでいえるかは疑問である。Bentwich and Martin, *supra* note 33, p.112 (emphasis added).

件に際して提案されたように、必らずしも地域的機関への「付託」決議の形式をとることを要しない。むしろ実行では、キューバ問題におけるように、地域的機関から報告をうけるまで安全保障理事会の審議を「延期する」ことが決議されたにとどまる。更に他の場合、理事会は、正式の決議によるまでもなく、同じ目的から議事日程を維持したままで審議の「中断」を決定している。これらの措置も、安全保障理事会の直接的な介入を差し控えることにより地域的解決を奨励しようとする点で、地域的機関の利用を積極的に勧告する場合と実質的には異らない[230]。と同時に、いずれの方法による場合でも、「多くはそのような付託を当事者が受諾する意思にかかっている[231]」ことは否定できないであろう。しかし、それは、すでに第36条の下での勧告一般についていえることである[232]。

2　安全保障理事会において紛争の審議を地域的機関に委ねることが主張された際、その理由として共通に援用されたのは、地域的解決の努力が現にとられ又は別途に予定されているという点である。事実、グァテマラの苦情を米州機構の審議に付託するよう求めたブラジル・コロンビア決議案は、「米州の平和および安全の維持に関する問題を効果的に処理できる米州の組織が利用可能であること」に一般的に留意するだけでなく、とくに、「グァテマラ政府が、(安全保障理事会に対すると)同様の通知を米州機構の一機関である米州平和委員会に送付したことに注目し」ていた[233]。また、理事会が、アルゼンチン・エクアドル決議案を採択することにより、米州機構から報告を受けるまでキューバ問題の審議を延期することに決定したのも「この問題が米州機構によって審議中である」ことを考慮してである[234]。

　こうした事情は、とくにグァテマラの再度の提訴をうけた安全保障理事会

230　もっとも、議事日程の採択が拒否される場合は、これらと区別されねばならないであろう。前述IV－2参照。

231　D. W. Bowett, *The Law of International Institutions* (2nd ed., Stevens, 1970), p.145.

232　地域的機関への付託にあたって紛争当事者間の合意が必要であることは国連の実行のなかで「積極的にもまた消極的にも確立された」という主張も、この意味においては肯定できるであろう。Jiménez de Aréchaga, *supra* note 55, p.442.

233　SCOR: 9th Yr., Suppl. for April, May and June 1954 (S/3236, 20 June 1954).

234　SCOR: 15th Yr., Suppl. for July, August and September 1960 (S/4395, 19 July 1960).

で、議事日程の採択すら拒否する論拠として援用されている。ブラジルによると、米州平和委員会が現に実情を調査している以上、理事会はその報告を待つべきであり、この段階で独自に行動することは、「仮えそれが討論にすぎなくとも正当化されえず」、かえって事態を混乱させるだけであった[235]。また、コロンビアも、すでに開始されている米州機構の活動に理事会が介入することは「留保なしに」差し控えるよう要求していた[236]。その際に強調されたのは、憲章上、安全保障理事会は、「当事者が既に採用した」紛争解決の手続を考慮に入れ（第36条2項）、かつ、「関係国の発意に基く」地域的解決を奨励するよう（第52条3項）要請されていることである。しかし、これらの規定から、何らかの地域的行動がとられている場合、直ちに、安全保障理事会が地方的紛争への介入を制限ないし排除され又は地域的機関への付託を義務づけられるわけでないことは、議事日程の採択を支持しなかった他の理事国によっても承認されていたように思われる[237]。むしろ、そこでは、先のブラジル・コロンビア決議案の場合と同様、現に払われている平和的解決の努力を実際的な見地から尊重して地域的機関に審議の機会を与え、従ってこの間、理事会の直接的な介入を差し控えることが意図されていたにとどまる[238]。こうした立場は、キューバ問題に際して、次のように一層詳細に展開された。

　「（アルゼンチン・エクアドル決議案では）問題に対する理事会の権限を否認したり、又は、いずれの機構が先に行動すべきかという法的問題を解決することさえ提案されていないことに留意すべきである。提案されていることは、地域的機構が問題を取り扱っているという具体的事情に留意し、また、問題点を一層良く評価するため、地域的機構が到達した所見を保持し

235　SCOR: 9th Yr., 676th Mtg., 25 June 1954, para.27.
236　*Ibid.*, para.78.
237　この点については、前述Ⅵ－2参照。もっとも、その際、議事日程の採択を拒否することと紛争に対する理事会の権限との関係が明確にされたとはいえない。
238　表決に棄権したイギリスとフランスがとくにそうである。SCOR: 9th Yr., 676th Mtg., 25 June 1954, paras.95, 97. また、ブラジル・コロンビア決議案については、米国でさえ、「この決議案は、安全保障理事会から責任を免除しようとするのではなく、米州機構に対して何か有益なことをなしうるかを考えるよう求めているにすぎない」、と述べている。SCOR: 9th Yr., 675th Mtg., 20 June 1954, para.171.

ていることが有益であることを承認することなのである[239]」。

　しかし、このように実際的な見地から主張される地域的機関の先議がはたして正当化されるかを判断するには、改めて、各場合における地域的解決の実情を検討することが必要であろう。その際先ず問題となるのは、地域的機関の下で現にとられ又は予定されている解決手続に対する紛争当事者の意向である。

　この点で、とくにグァテマラ事件では、安全保障理事会で指摘されまたブラジル・コロンビア決議案も言及するように、当初、グァテマラ政府自身が理事会に対すると同時に米州平和委員会[240]にも提訴したことは事実である。しかし、同政府は、その後直ちに、安全保障理事会の会合に先立って、米州機構に対しては、国連が適切な措置をとるまで介入の停止を要求しており、この旨を理事会においても強調していた[241]。更に、安全保障理事会が、米州機構に審議を付託することなく、流血をもたらす行動の終結を要請する決議を採択した後、グァテマラは、米州平和委員会に対する提訴の取り下げを完了している[242]。しかし、今度は、ホンジュラスとニカラグアの側が紛争の早期解決のため平和委員会に援助を要請した。そこで、米州平和委員会は、関係三国に実情調査委員会を派遣することを決定するとともに、グァテマラも右措置に同意するよう招請したが、グァテマラはこれを受諾せず、かえって、安全保障理事会に対し先の決議の履行を確保するよう要請したのである。再度の提訴をうけた理事会で議事日程の採択すら拒否された理由は、明らかに、「仮えグァテマラ政府が協力を拒んでも[243]」米州平和委員会が所定の活動に着手していることにあった。その結果グァテマラが平和委員会の招請を最終的

239　SCOR: 15th Yr., 875th Mtg., 18 July 1960, para.134.
240　以下、グァテマラ事件における米州平和委員会の行動については、次の文書に依拠する。*Report of the Inter-American Peace Committee, supra* note 58.
241　SCOR: 9th Yr., 675th Mtg., 20 June 1954, para.59.
242　その理由として、同政府は、「安全保障理事会が昨日承認した決議の公式テクストは地域的機構に何ら言及しておらず、右決議の範囲に自国の態度を全面的に合致させるため」、と述べている。*Report of the Inter-American Peace Committee, supra* note 58, p.3.
243　SCOR: 9th Yr., 676th Mtg., 25 June 1954, para.15(ブラジル). 同様の指摘は、すでにブラジル・コロンビア決議案との関連でもなされていた。SCOR: 9th Yr., 675th Mtg., 20 June 1954, para.132(レバノン).

には受諾したという事実は、しかし、理事会の決定を正当化するわけではない。むしろ、ホンジュラスとニカラグアの側だけの要請によって米州平和委員会が活動を開始していたため、グァテマラは、事態の重大な段階において、安全保障理事会の援助を得る機会を奪われたことが問題にされるべきであろう[244]。

他方、キューバ問題の場合、安全保障理事会でキューバは、「この問題が米州機構によって審議中である」こと自体を否定して、アルゼンチン・エクアドル決議案に反対していた[245]。また、ソ連によると、「米州機構はある問題を審議することを決定しているが、それはキューバによって提起された問題ではない。その問題ではなくて別の問題である[246]」、という。いずれにせよ、キューバは米州機構の介入を終始一貫して拒否したため、地域的解決が期待できないことはグァテマラ事件の場合よりも明らかであった。すなわち、米州機構では、安全保障理事会が先の決議を採択する前日、第7回外務大臣協議会議の招集が決定されたが[247]、キューバは、1月後に開催された同会議への参加を中途で拒否し、また、そこで設置されたアド・ホック周旋委員会[248]

---

244 当時の米州平和委員会規程（1950年制定）によれば、「事件が直接の利害関係当事者（a directly interested party）によって審議のため付託された場合」委員会は介入を認められており（第11条）、従って、グァテマラの側の同意を必要としなかったからである。しかし、1956年に改正された規程の下では、「両当事者の事前の同意を得てのみ（only with the prior consent of the Parties）」平和委員会は事件をとりあげうることになった（第2条）。この間の事情は詳らかでないが、右の変更にグァテマラ事件が無関係とは思われない。もっとも、米州平和委員会が紛争に介入するためには両当事者の同意を必要とすべきかどうかは、1940年の第2回外務大臣協議会議における委員会の創設決議の当初から、その後、1967年の米州機構憲章改正に伴う新委員会（米州平和的解決委員会）の設置に至るまでの間、くり返し論議されてきたところである。この経緯については、さしあたり、Ball, *supra* note 44, pp.365-372参照。また、米州平和委員会の新・旧規程は、それぞれ、以下に付録されている。Inter-American Institute of International Legal Studies, *supra* note 44; *Report of the Inter-American Peace Committee*, *supra* note 42.

245 SCOR: 15th Yr., 876th Mtg., 19 July 1960, para.131.

246 *Ibid.*, para.102.

247 安全保障理事会でフランスは、米州機構理事会のこの決定が全会一致でおこなわれ、「キューバ代表もそれに賛成投票をした」ことを強調している。SCOR: 15th Yr., 875th Mtg., 18 July 1960, para.21.

248 決議によると、同委員会は、ベネズエラ、メキシコ、ブラジル、コロンビア、チリおよびコスタリカの代表から構成され、「直接の利害関係政府の要請に基づいて、事実を明確にしまた周旋を提供することにより、米州諸政府間の紛争の解決を促進する」ことを任務とする。*Department of State Bulletin*, Vol.43, No.1107 (Sept. 12, 1960), p.407.

もキューバの協力を得られぬままに、事態は悪化の一途を辿り、その間、再三にわたって国連の総会および安全保障理事会に問題が提起されている。従って、第15総会で再び米州機構に審議を付託することが提案された際、メキシコが次のように述べたのは適切というべきであろう。

「総会は、当事者の意向を含む事件のすべての状況を考慮して、最も有効と考えるいかなる手続をも自由に勧告することができる。本件において、……アド・ホック周旋委員会の行動は、事実を明らかにしまた当事者が紛争を解決するのを援助するこめの適当かつ公平な方法となりえよう。しかしながら、もしいずれかの当事者がその手続を不適当と考えるならば、総会は、他の手段による解決を探求すべきである[249]」。

これら地域的手段の利用が拒否された最大の理由は、紛争解決の努力とは別の行動も地域的機関の下では併行してとられていたことにある。この点で、グァテマラ事件における米州機構の活動のうち、安全保障理事会で強調されたのは米州平和委員会のそれである。しかし、米州機構では、第10回米州会議(1954年3月)においてグァテマラのアルベンス政府への適用を想定した所謂「カラカス宣言」が採択されており、これによって、共産主義政権下にあると認定される米州国に対しリオ条約に基づく強制措置の発動を予定していた[250]。安全保障理事会に提起された問題自体、かかる政策をホンジュラスとニカラグアが米国の支援の下に、いわば米州機構の枠外で個別的に、実現しようとした結果にほかならない[251]。従って、国連の手を離れたグァテマラ

---

249 GAOR: 15th Sess., 1st Cmttee., 1154th Mtg., 18 April 1961, para.15.
250 「国際共産主義の干渉に対して米州諸国の政治的統一を保全するための連帯に関する宣言」と題する決議第93がそれであり、次のように宣言している。
「国際共産主義運動が大陸外勢力の政治制度をこの半球に及ぼし、いずれかの米州国の政治機構を支配又は管理することは、米州諸国の主権および政治的独立に対する脅威を構成し、米州の平和を危くするものであり、従って、現行の諸条約に基づいて適当な行動をとることを審議するよう協議会議に要請する」。*Documents on American Foreign Relations*, 1954, p.412; *American Journal of International Law*, Vol.48, No.3 (July 1954), Official Documents, pp.123-124. カラカス宣言採択の経緯と決議の評価については、とりわけ、John C. Dreier, *The Organization of American States and the Hemisphere Crisis* (Harper & Row, 1962), pp.50-54, 参照。
251 この間の事情を的確に述べたものとしてしばしば引用されるところによると、

事件の処理に関して、もはや、米州平和委員会に活動の余地はほとんど残されていなかったのが実情である。むしろ、米州機構は、安全保障理事会がグァテマラの再度の提訴を拒絶した直後に、カラカス宣言の実施に着手していた[252]。同じことがキューバ問題の場合にもあてはまる。安全保障理事会が事実上審議を委ねた第7回外務大臣協議会議は、本来、表面化したキューバ・米国間の対立を調整するためよりも、むしろ、それに伴うキューバ・ソ連間の提携という事態に対処する目的で開催されたものである[253]。そこで採択された「サン・ホセ宣言」は、キューバに対する先のカラカス宣言の適用を容易にすることにより、後の第8回外務大臣協議会議（1961年1月）で「米州制度への参加からのキューバ現政府の除外」を含む強制措置が発動されるのを可能にしたといえよう[254]。このサン・ホセ宣言の下で、キューバはなお、同時に設

「真面目に問題となる唯一のことは、米国がこの種の活動を巧妙にかつ首尾よく操作することができるかどうかである。……もし奨励しまた支援すべき土着の革命運動が存在しないならば、その場合、何か他の救済策がみつけられねばならなかったであろう。幸い善意の土着の運動が存在し、また、幸いにもホンジュラスはそれを自国領土から送り出す用意があった」。Cited in Taylor, *supra* note 56, p.806; Claude, Jr., *supra* note 9, p.31. この点は、当時の大統領アイゼンハワーによって後に確認されている。仲晃・佐々木謙一（訳）『アイゼンハワー回顧録Ｉ』（みすず書房、1965年）380頁。

252 すなわち、早くも翌日、ホンジュラス、ニカラグアおよび米国を含む10国は米州機構理事会に対して、「グァテマラ共和国に対する国際共産主義運動の明白な干渉およびこれが大陸の平和と安全にもたらす危険」に対処するため、リオ条約の協議機関たる外務大臣協議会議の開催を要請しており、その2日後、理事会は、「国際共産主義運動によるグァテマラの政治機構への侵透から生ずる大陸の平和と安全に対してのあらゆる面での危険、および、とるに望ましい措置を審議するために」、同会議の招集を決定した。*Applications of the Rio Treaty, supra* note 43, Vol.I, pp.159-161. この間、アルベンス政府が崩壊するまでに、米州平和委員会の実情調査委員会は未だグァテマラに到達していなかった。*Report of the Inter-American Peace Committee, supra* note 58, pp.7-11.

253 カストロ政府の農地改革法をめぐって緊張を孕んでいた米国・キューバ間の関係は、米国がキューバ糖の輸入割当を削減し（1960年7月6日）、他方キューバが対抗措置として米国人資産を国有化するに及んで、悪化を極めた。加えて、ソ連はキューバに対し、米国が削減した量に相当するキューバ糖の購入を申し出るとともに、米国の武力侵略に際しての全面的援助を約束するに至り、ここに、キューバをめぐる米・ソ間の対立が表面化した。かかる「事態の種々の局面および影響を米州制度において有効な原則、基準および義務に照して審議するため」、ペルーが開催を要請したのが第7回外務大臣協議会議である。なお、この会議は、リオ条約に基づく協議機関としてではなく、当時のボゴタ憲章第39条（改正憲章第59条）の下で「米州諸国にとって緊急でありかつ共通の利害関係がある問題を審議する」ための会合である。

254 サン・ホセ宣言は冒頭の2項で次のように述べている。
「1. 米州諸共和国の内政に対する大陸外の国の干渉又は干渉の威嚇を、それが条件付きの場合でも強く非難し、また、いずれかの米州国による大陸外からの干渉の威嚇の受諾は米州の連帯および安全を危くするものであり、従って、米州機構は同様に強力にそれを非難しかつ拒

置されたアド・ホック周旋委員会への協力を要求されていたのである。すなわち、「加盟国間のすべての紛争は、米州制度のなかで企画された平和的解決のための措置によって解決されるべきである(6項)」と。

このように、国連に提訴した国に対して行動を企図している地域的機関に審議を委ねることは、単に紛争解決機関の選択上の問題ではなく、提訴国の立場を原告から被告に逆転させることを意味する[255]。少くとも、対立する一方の当事者を全体として支持する地域的機関の下で紛争の公平な処理は期待できなかったといわねばならない[256]。むしろ、そこでは、地域的機関自身が、実質的には紛争当事者の立場にあった。このような場合、事態は仮え「地方的紛争」ではあっても「地域的行動に適当な事項」であるかが改めて問われるべきであろう[257]。

VII　地域的解決の奨励とその限界

平和的解決における国連と地域的機関との関係について、憲章の基本的立

　否する義務を負っていることを宣言する。
2. いずれかの米州国の政治的、経済的又は社会的事態を利用しようとする中・ソ諸国の企図は西半球の団結を破壊しまた西半球の平和および安全を危くする虞があり、従って、そのような企図もまた拒否する。……」
Deptartment of State Bulletin, Vol.43, No.1107(Sept. 12, 1960), pp.407-408.
　カラカス宣言とサン・ホセ宣言並びにその間の「サンチャゴ宣言」(1959年8月の第5回外務大臣協議会議で採択)の三者の関連について詳しくは、拙稿「米州機構の平和維持機能と国際連合(一)」『法学論叢』第80巻6号46-59頁(本書第2部第7章)参照。なお、このサン・ホセ宣言が、その後カストロ首相による「マルクス・レーニン主義への帰依」の言明を契機として、キューバに対し強制措置がとられる基礎となったことは、例えば、「除外」措置の次のような理由付けとの対照からも明らかであろう。
「1. 米州機構のいずれかの加盟国によるマルクス・レーニン主義への帰依は米州制度と両立せず、また、かかる政府の共産主義陣営への同調は西半球の統一および連帯を破壊する。
2. マルクス・レーニン主義政府であることを公式に確認したキューバ現政府は、米州制度の原則および目的と両立しない。
3. この矛盾によりキューバ現政府は米州制度への参加から除外される。………」*Applications of the Rio Treaty, supra* note 43, Vol.2, p.76.
255　Claude, Jr., *supra* note 9, p.30.
256　Nizard, *supra* note 64, p.57.
257　「地方的紛争」の意味内容は必ずしも明確でないが(詳しくは、Fawcett, *supra* note 98,

場は、「地域的行動によって処理されうる紛争を地域的機関を通じて解決するよう努力するのが、法的に妥当でありまた政治的にも望ましい[258]」ということにある。憲章は、紛争当事者が任意に利用すべき解決手段の1つとして、地域的取極および地域的機関の有用性を一般的に承認するとともに、とくに地方的紛争については、これら地域的手段による平和的解決の努力を奨励している。こうした構想は、国連の実行において、先ず、「事態が何処で最も迅速かつ有効に処理できるか[259]」という見地から支持されてきた。地域的機関を組織する諸国は、「共に行動することに久しく慣れており、歴史的および地理的な絆によって互に結ばれており、従ってまた、これらの国の間では、一層大きな規模の国際組織におけるよりも容易に了解が達成されうる[260]」、といえるからである。むしろ、国連の介入は、地域外の第三国とくに対立する陣営の利害を反映して、当初は地方的な紛争をかえって拡大し又は事態の長期化をまねく虞もある。そのような場合、地域的行動によって紛争の局地化を図ることが平和的解決を促進する方策となるであろう。すべての紛争が常に国連の場での処理に適しているわけではない[261]。また、広く地域的解決の発達を奨励することによって、国連を過重な負担から解放することができよう。紛争の平和的解決に関する限り、国連の政治的機関は、本来、加盟国が任意に利用すべき他の解決手段を補充する第二次的な機能を予定されているにすぎないのである。従って、地方的紛争の場合、地域的解決を奨励するためにその努力を優先させ、またこの間、国連の介入を必要な最少限にとどめるべきこと自体については異論の余地がないように思われる。

---

  pp.380-381参照)、共通の理解は「地域的取極又は地域的機関の加盟国相互間の紛争」と要約できよう。Vellas, *supra* note 8, p.87; Kelsen, *supra* note 7, p.434; Goodrich and Hambro, *supra* note 192, p.314; Goodrich, Hambro and Simonds, *supra* note 95, p.369; Jiménez de Aréchaga*supra* note 98, p.78. しかし、同時に、ここでとりあげた事例が「地方的紛争」にあたるかは疑問視されるところである。Fawcett, *supra* note 98, p.381; Claude, Jr., *supra* note 9, p.32.

258 SCOR: 15th Yr., 874th Mtg., 18 July 1960, para.154(エクアドル).
259 SCOR: 9th Yr., 675th Mtg., 20 June 1954, para.156(米国).
260 *Ibid.*, para.75(フランス). 同様の指摘は他の国によっても繰り返されている。例えば、*Ibid.*, para. 67(ブラジル); para.89(イギリス).
261 Sir Francis Vallat, "The Peaceful Settlement of Disputes", in *Cambridge Essays in International Law: Essays in honour of Lord McNair*(Stevens & Sons, 1965), p.167; The David Davies Memorial Institute of International Studies, *International Disputes: The Legal Aspects*(Europa Publications, 1972), pp.73-74.

憲章が地域的解決を奨励していることは、しかし、地方的紛争に関して特別な解決手続を設定し又は地域的機関に一定の排他的権限を付与するものと解されてはこなかった。すなわち、地域的機関の加盟国は、相互間の紛争を先ずこの地域的手段によって平和的に解決するようあらゆる努力をすることを要求されているが、そのために国連への直接的提訴を妨げられることはなく、地域的解決の努力が有効たりえず不可能又は不適当と判断する場合には、総会又は安全保障理事会に提起することを選択できる。地方、安全保障理事会の側は、地方的紛争に対し何時そして如何に介入するかを自ら決定できる地位にあり、またとくに、直接に提訴を受けた場合もそれだけの理由から、地域的解決の手段が尽されるまで介入を制限され又は地域的機関へ委託することを要求されるわけではない。安全保障理事会が地域的機関に審議を委ねるに際して、紛争の当事者双方の同意は必要としないが、現に払われ又は別途に予定されている地域的行動が平和的解決に資するかどうかを理事会は評価することができ、またそうすべきであろう。このようにみると、憲章上、地域的機関の先議は手続的に規定されておらず[262]、従って、かかる主張が国連の政治的機関においてはたして或いはまたどの程度に尊重されるかは各場合における地域的解決努力の有効性に依存する、といわねばならない。この点で、地域的機関における紛争解決制度の不備が指摘される[263]ほか、当事者の意向に反して地域的解決を要求することから多くは期待できないことに留意すべきである[264]。

---

262 Dan Ciobanuに倣えば、地域的機関先議の主張も「国連の政治的機関の管轄権に関する先決的抗弁」の1つになるが、そこでいう強行的性格を持たない部類に入るだろう。*Preliminary Objections Related to the Jurisdiction of the United Nations Political Organs* (Nijhoff, 1975), p.66. その結果、紛争の平和的解決において国連と地域的機関との関係は、「互に排他的でなく補完的である」点がしばしば強調される。GAOR: 9th Sess., Plenary 481st Mtg., para.15(ウルグァイ); 15th Sess., 1st Cmtte., 1158th Mtg., para.96(ベネズエラ). SCOR: 15th Yr., 874th Mtg., 18 July 1960, para.8(キューバ); 18th Yr., 1036th Mtg., para.50(ブラジル).
263 米州機構についても、「その平和的解決制度はすべての場合において、国連憲章第52条に従い『地方的紛争の平和的解決を達成するためあらゆる努力がなされるのに』適切な手段たりうるわけではない」、と主張されているとおりである。The Inter-American Institute of International Legal Studies, *supra* note 44, p.205. ほかに、William Manger, *Pan America in Crisis: The Future of the OAS* (Public Affairs Press, 1961), p.50; John C. Dreier, "New Wine and Old Bottles: The Changing Inter-American System," *International Organization*, Vol.22, No.2 (Spring 1968), pp.484-485参照.
264 紛争の平和的解決における国連と地域的機関との関係をより広い角度から扱ったもの

として、更に詳しくは、UNITARによる以下の一連の研究を参照。Aida Luisa Levin, The *Organization of American States and the United Nations: Relations in the Peace and Security Field* (UNITAR, 1974), p.43; A. H. Robertson, *The Relations Between the Council of Europe and the United Nations* (UNITAR, 1972), p.29; Berhanykun Andemicael, *Peaceful Settlement Among African States: Roles of the United Nations and the Organization of African Unity* (UNITAR, 1972), p.45.

9　米州機構における紛争の平和的解決
―― 米州平和委員会の展開を中心に

I　米州機構先議の主張

　平和的解決の分野における国際連合と地域的機関との関係について、憲章の基本的立場は、「地域的行動によって処理できる紛争は地域的機関を通じて解決するよう努力するのが法的に妥当でありまた政治的にも望ましい[1]」、ということにある。国連憲章は、紛争当事者が先ず第1に利用すべき自らの選ぶ解決手段の1つとして、地域的取極および地域的機関の有用性を一般的に承認するとともに、とくに第8章で、地方的紛争すなわち右の取極又は機関の加盟国相互間の紛争については、これら地域的手段による平和的解決の発達を奨励している。こうした立場は、先ず、事態の迅速かつ有効な処理を確保するという実際的な見地から支持されよう。地域的機関を組織する諸国はより広範に利害を共有しており、従って、相互間の紛争は当該の地域的枠内で解決が達成されやすいといえるからである。むしろ、国連の介入は、地域外の第三国とくに対立する陣営の利害を反映して、当初は地方的な紛争をかえって拡大し又は事態の長期化をまねく虞もある。そのような場合、地域的行動によって紛争の局地化を図ることが平和的解決を促進する方策となるであろう。すべての紛争が常に国連の場での処理に適しているわけではない[2]。

1　United Nations Security Council, Official Records(SCOR): 15th Yr., 874th Mtg., 18 July 1960, para.154.

2　Sir Francis Vallat, "The Peaceful Settlement of Disputes," in *Cambridge Essays in International Law: Essays in Honour of Lord McNair*(Stevens & Sons, 1965), p.167; The David Davies Memorial Institute of International Studies, *International Disputes: The Legal Aspects*(Europa Publications, 1972), pp.73-74.

また、広く地域的解決の発達を奨励することによって、国連を過重な負担から解放することができよう。紛争の平和的解決に関する限り、国連の政治的機関は、本来、加盟国自身の責任と自発的な努力を補充する第二次的な機能を予定されているにすぎない。そのように紛争当事者が任意に利用すべき解決手段として、地域的機関は自律的な平和的解決機能を認められており[3]、国連の統制の下におかれる地域的強制行動の場合と事情が異なる[4]。

　平和的解決の分野で国連憲章が規定する地域的機関の役割は、しかし、これまでの実行において十分な評価を受けておらず、また、今日なお、地域的な紛争解決手段の利用可能な範囲は限られている。事実、戦後数多くの締結をみた地域的協定のほとんどは、侵略に対する共同防衛、相互援助といった対外的側面および軍事的性格を強調するものであって、通常、紛争の平和的解決について何らかの一少なくとも、国連憲章第2条3項の原則を再確認する一一般規定を含んではいるがその実施に必要な手続又は組織を伴っておらず、従って、そこでは平和的解決の努力を予想するのが困難である。憲章第51条の集団的自衛権に依拠するこの種の取極が、同時に第8章の「地域的取極」として機能する可能性は否定されえず、またとくに、地方的紛争の解決手続を備えていないことを理由に、「地域的取極」たる資格をもたないと結論することもできないように思われる[5]。しかし、右の取極が、少なくとも、紛争の平和的解決の分野において「地域的取極」たる地位を主張できないことは、承認されねばならないであろう。それらにあっては、憲章第8章で予定される

3　Alf Ross, *Constitution of the United Nations: Analysis of Structure and Function* (Munksgaard, 1950), p.169; Georges Kaeckenbeeck, "La Charte de San-Francisco dans ses rapports avec le droit international," *Recueil des cours*, tome 71 (1947-I), p.191.

4　拙稿「地域的強制行動に対する国際連合の統制―米州機構の事例を中心に―」『変動期の国際法：田畑茂二郎先生還暦記念』(有信堂、1973年)参照(本書第2部第10章)。

5　Norman Bentwich and Andrew Martin, *A Commentary on the Charter of the United Nations* (Routledge & Kegan Paul, 1950), p.110. Michael Akehurstが述べるように、「第51条の下で有効な活動が第8章にも合致することは必要ではない。しかしながら、このことは、NATOのような機構がその加盟国間の紛争解決の如く第8章に従うとみなされる副次的機能を担う可能性を、必ずしも排除するものではない。問題は、ある機構が地域的機関であるかどうかではなく、特定の事態の下でそのようなものとして機能しているかどうかにある。その機能の一部は第51条の下に、そして、他はおそらく第8章の下にとらえられよう」。"Enforcement Action by Regional Agencies, with Special Reference to the Organization of American States," *British Year Book of International Law*, Vol.42 (1967), p.180 (emphasis original).

この「地域的行動に適当な事項」を有効に処理することが期待できないからである[6]。

こうしたなかで、米州機構は、機構憲章上、「国際連合内においては地域的機関である」と自らを規定し（第1条後段）、また、国連憲章に基づく「地域的責任」を果すべくその基本的目的および原則の1つとして、加盟国間の紛争の平和的解決を宣言するとともに、このため、早くから手続および組織を整備しかつこれまでに努力を重ねてきた点で、他の地域的機構からはっきりと区別される。国連憲章は「地域的取極」を定義しなかったが、一般に、第8章の諸規定との関係が問題となりうるのはある程度の対内的指向性を備えた地域的機構の場合であって、加盟国間の紛争解決への努力とこのための平和的手段の整備は、「地域的機関」がもつべきそのような性格を端的に示すと同時に、平和的解決の分野で地域主義が主張されるための基盤といえよう。この点でとくに注目されるのは、米州機構憲章が、「米州諸国間に生ずることのあるすべての国際紛争は、国際連合安全保障理事会に付託される前に、この憲章に掲げる平和的手続に付されなければならない」と、地域的解決の優先を規定していることである[7]。同じ立場から、既にサンフランシスコ会議において、

---

[6] 「第8章の意味での『地域的取極』としての資格をもつためには、地域的機構が、地方的紛争を解決するための充分なメカニズムを備えていなければならない」という指摘も、この意味においては首肯することができる。Gerhard Bebr, "Regional Organizations: A United Nations Problem," *American Journal of International Law*, Vol.49, No.2 (April 1955), p.169. 同様の指摘は、ほかにも多数みうけられる。例えば、J. M. Yepes, "Les accords régionaux et le droit international," *Recueil des cours*, tome 71 (1947-II), pp.251-252; André Salomon, *L'O.N.U. et la paix : le Conseil de sécurité et le règlement pacifique des différends* (Paris, 1948), p.84; Hanna Saba, "Les accords régionaux dans la Charte de l'O.N.U.," *Recueil des cours*, tome 80 (1952-I), p.686.

[7] 旧憲章第20条＝改正憲章第23条。同じ規定は、米州機構の他の文書にもおかれている。

米州相互援助条約第2条「締約国は、紛争を国際連合安全保障理事会に付託する前に、米州制度に規定された手続および組織によって右紛争の平和的解決を達成するようなあらゆる努力をしなければならない」。（旧条約第2条も類似の規定）

平和的解決に関する米州条約第2条「締約国は、国際紛争を国際連合安全保障理事会に付託する前に、地域的な平和的手続によって解決する義務を承認する」。

これらの文書のテクストは、Ⅱ-1注(18)-(20)参照。このような規定は他の地域的取極にはみられないが、それらにあっても、紛争解決手続を設けている限りいわばその存在理由として、地域的解決優先の要請が含意されているものとみなされる。その代表的な例というべきアフリカ統一機構の場合について、Patricia Berko Wild, "The Organization of African Unity and the Algerian-Moroccan Border Conflict: A Study of New Machinery for Peacekeeping and for the Peaceful Settlement of Disputes Among African States," *International Organization*, Vol.20, Issue 1 (1966), pp.25-28; Berhanykun Andemicael, *Peaceful Settlement among African States: Roles*

地方的紛争に対する国連の介入を地域的解決が尽された場合に限定すべきことが強調されていた。こうした地域的機関の先議が国連憲章上の原則として主張されうるかの問題が具体的に提起されたのは、主に、米州機構を迂回して直接に安全保障理事会に対し提訴された米州諸国間の紛争の取り扱いをめぐってである。

　地方的紛争の場合、地域的解決を奨励するためにその努力を優先させ、またこの間、国連の介入を必要な最少限にとどめるべきこと自体については、国連憲章上、異論の余地がないように思われる。しかし、憲章が第8章で地域的解決を奨励していることは、直ちに、地方的紛争に関して特別な解決手続を設定し又は、とくにその初期の処理段階において、地域的機関に一定の排他的権限を付与するものと解されてはこなかった。すなわち、地域的機関の加盟国は、相互間の紛争を先ずこの地域的手段によって平和的に解決するようあらゆる努力をすることを要求されているが、そのために国連への直接的提訴を妨げられることはなく、必要と判断する場合には安全保障理事会（又は総会）に提起することを選択できる。他方、安全保障理事会の側は、地方的紛争に対し何時そして如何に介入するかを自ら決定できる地位にあり、またとくに、直接に提訴を受けた場合でもそれだけの理由から、地域的解決の手段が尽されるまで介入を制限され又は一定の行動、例えば地域的機関への

---

of the United Nations and the Organization of African Unity（UNITAR, 1972）, pp.45-50; B. David Meyers, "Intraregional Conflict Management by the Organization of African Unity," *International Organization*, Vol.28, Issue 3（Summer 1974）, pp.369-372参照。他方、欧州評議会規程が紛争の平和的解決に言及しないことと関連して、「西欧においては、地域的紛争が原則として普遍的機構に優先して地域的機関により解決されねばならないといった西半球の場合と類似の感情は存在しない」、と指摘されたことがある（M. Margaret Ball, "The Organization of American States and the Council of Europe: A Comparative Study," *British Year Book of International Law*, Vol.27（1950）, p.165）が、その後、地域的解決に関心が払われている。Alexandre Ch. Kiss, "Conseil de l'Europe et le règlement pacifique des différends," *Annuaire français de droit international*, tome 11（1965）, pp.668-686; A. H. Robertson, *The Relations between the Council of Europe and the United Nations*（UNITAR, 1972）, pp.29-32. 更に注目されるのは、NATOにおいても、1956年の理事会決議によって、「直接に解決できないと判明した紛争は、加盟国政府が他のいかなる国際機関にも提訴する前に、北大西洋条約機構の枠内の周旋手続に付託されねばならない」、と約束されていることである。Marjorie M. Whiteman, *Digest of International Law*, Vol.12（Department of State Publications, 1971）, pp.917-918; Francis O. Wilcox, "Regionalism and the United Nations," *International Organization*, Vol.19, No.3（Summer 1965）, pp.795-796; Louis B. Sohn, "The Role of International Institutions as Conflict-Adjusting Agencies," *University of Chicago Law Review*, Vol.28, No.2（Winter 1961）, pp.255-256.

付託、を義務づけられるわけではない。理事会は、そこに付託された地方的紛争の審議を地域的機関に委ねるに際して、当該の地域的行動が平和的解決の達成に資するかどうかを評価することができ、またそうすべきであろう。このようにみると、国連憲章上、地域的機関の先議は手続的に規定されておらず、従って、かかる主張が国連の政治的機関において、はたして或いはまたどの程度に、尊重されるかは各場合における地域的解決努力の有効性に依存する、といわねばならない[8]。

米州機構先議の主張は、これまでのところ、地域的解決の発達を促進することによって国連の負担を軽減し又は特定の紛争のより効果的な解決を達成するという本来の目的以上に、むしろ問題をいわば内部的に処理しようとの意図に動機づけられてきたのであり、他方、米州機構の解決手続が回避される事実は、その制度上の不備以外の理由からも当事者にとって、紛争の有効かつ公平な処理がこの地域的機関に期待できないことを示唆する[9]。この点で米州機構における紛争処理が、一部のラテンアメリカ諸国をして国連の介入を要請することを余儀なくさせる実情にあったことは否定できない[10]。と同時に留意されるべきなのは、米州機構が紛争解決制度自体についても不備をつとに指摘されており、「この制度は、すべての場合において、国連憲章第52条に従い『地方的紛争の平和的解決を達成するよう』あらゆる努力がなされ

8　Leland M. Goodrich, Edvard Hambro and Anne Patricia Simons, *Charter of the United Nations: Commentary and Documents* (3rd and Revised ed., Columbia University Press, 1969), pp.360-364. 更に詳しくは、拙稿「地域的機関先議の主張―国連憲章上の限界―(一)、(二)および(三)」『法学会雑誌[岡山大学]』第21巻1号(1971年)、同3・4号(1972年)、第27巻1号(1977年)(本書第2部第8章)参照。なお、こうした立場から、米州相互援助条約が1975年の改正に際して、地域的解決の優先を定める規定は「国際連合憲章第34条および第35条に基づく当事国の権利および義務を害するものと解釈されてはならない」(第2条末段)と追加規定し、国連憲章第52条4項の趣旨を確認したことは注目される。

9　Inis L. Claude, Jr, "The OAS, the UN, and the United States," *International Conciliation*, No.547 (1964), pp.21-46.

10　拙稿「米州機構の平和維持機能と国際連合(一)」『法学論叢』第80巻6号(1967年)45-60頁(本書第2部第7章)。とくに議論を呼んだグァテマラ事件およびキューバ問題の事例研究として、次のものが示唆に富む。Philip B. Taylor, Jr., "The Guatemalan Affair: A Critique of United States Foreign Policy," *American Political Science Review*, Vol.50, No.3 (September 1956), p.787; René-Jean Dupuy, "Organisation internationale et unité politique: La crise de l'Organisation des États américains," *Annuaire français de droit international*, tome 6 (1960), p.185; Lucien Nizard, "La question cubaine devant le Conseil de Sécurité," *Revue générale de droit international public*, tome.66, N°3 (Juillet-Septembre 1962), p.486.

るのに適切な手段たりうるわけではない」ことである[11]。

かくして、紛争解決制度の整備は、1967年の米州機構憲章の改正に際して課題の1つであった[12]。改正憲章にみるその唯一の成果として、機構理事会を引き継ぐ常設理事会の下に「米州平和的解決委員会」が設置されたことが挙げられる[13]。この新設機関自体、それまで憲章上の基礎をもたずに機構理事会の下で、米州機構における紛争の平和的解決を担ってきた「米州平和委員会」を実質的に受け継いだものである。従って、憲章の改正によって事態が根本的に改善されたということはできない[14]。むしろ、米州平和的解決委員会に至る米州平和委員会の展開のなかに、米州機構の先議が主張されるための基盤というべき米州の地域的な紛争解決制度とその運用における問題点のいくつかをみいだすことができるのである[15]。

II 米州機構における紛争解決制度の展開

1 平和的解決に関する米州条約の機能停止

1889-90年の第1回米州国際会議以来、米国といわゆるラテンアメリカ諸国

---

11 Inter-American Institute of International Legal Studies, *The Inter-American System: Its Development and Strengthening* (Oceana Publications, 1966), p.205. 米州機構事務次長を務めたWilliam Manger も、「平和的解決に関する米州大陸の制度は未だ存在しておらず、米州機構は、今なお、この非常に重要な分野においては不完全なメカニズムでもって活動している」、と述べている。*Pan America in Crisis: The Future of the OAS* (Public Affairs Press, 1961), p.50.

12 Jaime Somarriba Salazar, "Évolution de l'Organisation des États Américains (O.E.A.): Projets de réforme," *Annuaire français de droit international*, tome 12 (1966), p.117; A. H. Robertson, "Revision of the Charter of the Organisation of American States," *International and Comparative Law Quarterly*, Vol.17, No.2 (April 1968), p.361; Héctor Gros Espiell, "Le processus de la réforme de la Charte de l'Organisation des États Américains," *Annuaire français de droit international*, tome 14 (1968), p.162; César Sepúlveda, "The Reform of the Charter of the Organization of American States," *Recueil des cours*, tome 137 (1972-II), p.99.

13 拙稿「米州機構憲章の改正」『法学会雑誌[岡山大学]』第19巻3・4号 (1970年) 262頁 (本書資料編第1章)。

14 改正憲章が「平和的解決という比較的無難な分野においてほとんど進歩を遂げていない」、と指摘されるのもこの点からである。John C. Dreier, "New Wine and Old Bottles: The Changing Inter-American System," *International Organization*, Vol.22, No.2 (Spring 1968), p.485.

15 本稿でとりあげる「米州機構の平和的解決関係文書」については、『法学会雑誌[岡山大学]』第27巻3・4号 (本書資料編第4章) に訳出した資料を参照されたい。

によって形成されてきた米州制度(Inter-American System)は、国際連合の設立を契機として大きな発展を遂げ、米州機構に再編成されるに至った[16]。その基礎を据えたのが、1945年3月、メキシコシティーで開催された「戦争と平和の諸問題に関する米州会議[17]」である。この会議で構想された戦後の米州における平和維持制度の発展は、とりわけ、次の3点にみられる。

1 戦時の協力体制を発展させ、侵略に対する米州諸国の連帯を基礎にした共同行動によって米州の平和と安全を維持する制度を確立すること(決議第8「相互援助および米州の連帯(チャプルテペック協定)」)。
2 設立される一般国際機構の下で地域的機関としての有効的機能を確保するため、これまで組織法を欠いていた米州制度を基本条約の下に組織化すること(決議第9「米州制度の再組織、統合および強化」)。
3 米州諸国間の紛争の平和的解決を促進するため、以前に締結された紛争の防止および平和的解決に関する諸条約を統合して解決手続を整備しその利用を高めること(決議第39「米州平和制度」)。

このうちチャプルテペック協定は、1947年、リオデジャネイロの「米州大陸の平和および安全の維持に関する米州会議」で米州相互援助条約[18](通称「リ

---

16 「米州制度」を厳密に定義することは困難であるが、例えば、John C. Dreierは、米州諸国間の法原則、政策およびそれらを具体化する諸条約、並びに共通の目標を達成するための組織からなる複合体を指して用いている。John C. Dreier, *The Organization of American States and the Hemisphere Crisis*(Harper & Row, 1962), p.11. 米州制度は、そのすべてが米州機構憲章の下に再編成されたわけでない(米州平和委員会がこの例であることは後にみる通りである)ため、「米州機構」よりも広い意味で今日なお使用されているようである。Gordon Connell-Smith, *The Inter-American System*(Oxford University Press, 1966), p.xv. なお、米州機構の加盟国は、当初、米国とラテンアメリカ20国であったが、その後加盟したトリニダード・トバゴ(1967年)、バルバドス(1967年)、ジャマイカ(1969年)、グレナダ(1975年)およびスリナム(1977年)を加えて、現在、26国を数える。
17 Serie sobre Congresos y Conferencias No.47: Conferencia Interamericana sobre Problemas de la Guerra y de la Paz, Unión Panamericana, 1945. 詳しくは、以下を参照。Manuel S. Canyes, "The Inter-American System and the Conference of Chapultepec," *American Journal of International Law*, Vol.39, No.3(July 1945), p.504; Josef L. Kunz, "The Inter-American Conference on Problems of War and Peace at Mexico City and the Problem of the Reorganization of the Inter-American System," *ibid.*, p.527.
18 "Inter-American Treaty of Reciprocal Assistance," *United Nations Treaty Series*(*UNTS*), Vol.21 (1948), p.77. なお、リオ条約は1975年に改正された(テクストは、*International Legal Materials*,

オ条約」)としていち早く具体化され、また、後二者については、翌年、ボゴタの第9回米州国際会議において、米州機構憲章[19]（通称「ボゴタ憲章」）および平和的解決に関する米州条約[20]（別名「ボゴタ条約」）が採択された。米州機構の平和維持制度は、組織および一般原則を規定するボゴタ憲章を中心に、憲章の第4章「紛争の平和的解決」および第5章「集団安全保障」のそれぞれ特別条約に相当するボゴタ条約およびリオ条約の3基本条約によって構成される。

　この体制の下で、集団安全保障については、リオ条約が米州機構の組織を通じて適用されることによりボゴタ憲章との実質的な一体化が図られている。すなわち、リオ条約に基づく「協議機関」としての任務は外務大臣協議会議がおこない、また、機構理事会（現常設理事会）は、協議機関の開催を決定するほか、緊急の場合には、自らが暫定的に協議機関として行動することができる[21]。従って、リオ条約の適用上、ボゴタ憲章は不可分の関係にあり、また現実に、米州機構の全加盟国によってリオ条約が受諾されている[22]。こ

　　Vol.14, No.5 (September 1975), p.1122)が、その構造に基本的な変更はなく、また、本章が扱うのは改正前の時期であるので、以下の本文では旧条約のまま掲げることとし、必要に応じて（注）で新条約を示す。
19　"Charter of the Organization of American States," *UNTS*, Vol.119 (1952), p.3. 米州制度の再組織一般にはここで立ち入らないが、この問題については、以下を参照。Charles G. Fenwick, "The Ninth International Conference of American States," *American Journal of International Law*, Vol.42, No.3 (July 1948), p.553; Josef L. Kunz, "The Bogota Charter of the Organization of American States," ibid., p.568. すでにふれたように、ボゴタ憲章は、1967年2月、第3回特別米州会議の「米州機構憲章改正議定書（ブエノスアイレス議定書）」によって全面改正をうけた（*International Legal Materials*, Vol.6, No.2 (March 1967), p.310. 改正憲章のテクストは、Treaty Series, No.1-C, *OAS Official Records*, OAS/Ser. A/2 (English), Rev.)が、本章における新旧ボゴタ憲章の取り扱いは、リオ条約の場合と同じである（前注(18)参照）。
20　"American Treaty on Pacific Settlement (Pact of Bogotá)," *UNTS*, Vol.30 (1949), p.55.
21　リオ条約は、「この条約に掲げられている協議は、この条約を批准した米州の諸共和国の外務大臣の会合によってか、または将来協定されることのある方法もしくは機関によって、おこなわなければならない」（旧条約第11条＝新条約第14条）と規定し、他方、ボゴタ憲章は、「外務大臣協議会議は、米州諸国にとって緊急でありかつ共通の利害関係がある問題を審議し並びに協議機関としての任務をおこなうために開催する」（旧憲章第39条＝改正憲章第59条）と規定している。リオ条約の「この条約を批准した米州の諸共和国の外務大臣の会合」とボゴタ憲章の「外務大臣協議会議」は、理論上別個の機関とみる見解もある（Kunz, *supra* note 19, p.576）が、両文書の当事国が一致している今日ではこの2つを区別する実際上の必要はなく、また、外務大臣協議会議以外の方法又は機関による協議が企図されたこともない。なお、協議機関の代行を含む機構理事会（常設理事会）の機能と権限については、次節で言及する。
22　この点に関連して、米州機構への新規加盟の手続を定めた第1回特別米州会議（1964年）の「ワシントン協定」は、リオ条約への同時加入を機構への加盟条件としていないが、申請国に対し、集団安全保障に関する憲章上の義務を受諾する意思のあることを宣言するようとくに要求し

れに対して、紛争の平和的解決をボゴタ憲章は全面的に「特別条約」に委ねており、ボゴタ条約の適用に米州機構の組織が直接に関与することはないほか、後にふれるように、常設機関である機構理事会にも紛争解決に関して独自の権限が認められていない。その結果、何らかの理由でボゴタ条約が機能しなくなることは、制度的には、直ちに米州機構における紛争解決機能の喪失を意味した。

　このボゴタ条約は、1923年のいわゆるゴンドラ条約を始めとするそれまで米州諸国が紛争の防止と平和的解決に関して締結した9条約[23]を統合し綜合的に発展させたものであって、その豊富で詳細な内容は、「米州諸国の間の紛争が妥当な期間内に最終的解決に達しないことのないように、紛争の平和的解決の適切な手続を設定し、かつ、その適用のための適当な手段を規定する」（ボゴタ憲章第23条）特別条約の名に値する。そこでは、締約国が直接交渉によって解決できないすべての紛争が順次付されるべき各種の解決手続が体系的に規定されており、なかでも、国際司法裁判所の強制管轄権の受諾を含む義務的裁判の制度が広範に採用されていることに注目される。また、ボゴタ条約の適用上、法律的紛争であるか否かによって取り扱いに区別は設けられていないほか、国内管轄事項の決定や自国民の外交的保護の限界などについても通例以上に厳格な規定がおかれている[24]。

　ボゴタ条約を特徴づけるこのような生硬さと斬新さが多数の国による同条約自体の受諾を妨げる虞のあることは、たしかに、当初から予想されえた。

ており、かくして、ボゴタ憲章とリオ条約の一体性に注意が喚起されている。Final Act of the First Special Inter-American Conference, Pan American Union, Washington, D.C., December 16-18, 1964, *O.A.S. Official Records*, OEA/Ser. C/I./12 (English). ワシントン協定の規定は、後に、改正憲章に挿入された（第6条）。なお、スリナムのリオ条約加入については確認していない。

[23] すなわち、米州諸国間の紛争の回避又は防止に関する条約（ゴンドラ条約、1923年）、米州の調停に関する一般協約(1929年)、米州の仲裁裁判に関する一般協約、および漸進的仲裁裁判に関する追加議定書(1929年)、米州の調停に関する一般協約の追加議定書(1933年)、不侵略および調停に関する反戦条約(1933年)、米州諸国間の現行条約の履行を調整、拡張および確保するための協約(1936年)、周旋および仲介に関する米州条約(1936年)、および、紛争の防止に関する条約(1936年)である。これらの条約の概要については、川島慶雄「米州機構の安全保障制度」『阪大法学』第47号(1963年)48-53頁参照。

[24] ボゴタ条約の内容はわが国でも以下で詳しく紹介されているので、ここでは深く立ち入らない。川島「前掲論文」（注23）、54-60頁。色摩力夫「米州における平和維持体制」『外務省調査月報』第1巻8号(1960年)14-21頁。田岡良一『国際法Ⅲ〔新版〕』（法律学全集）(1973年、有斐閣)115-117頁。

事実、ボゴタ条約は、その採択にあたって11国の賛成しか得ておらず（但し、ボゴタ会議に参加した21国すべてが署名）、また署名に際しては重要な部分について多くの留保が付された。今日（1976年9月現在）なお、ボゴタ条約を批准した国は、わずか13をかぞえるのみである[25]。その他の国については、ボゴタ条約に統合された諸条約が名目的に効力を保っているにすぎない[26]。こうした状況を、すでに1954年、カラカスの第10回米州会議において、当時の機構事務総長であったジェラス・カマルゴ（Alberto Lleras Camargo）は次のように要約している。すなわち、「米州国際会議の発足以来64年後においても、我々は、米州諸国の間に何時でも生ずる虞がありかつ現に生じている紛争を解決するための秩序ある制度を未だ有していない。このうちの8国（当時）は平和的解決に関する米州条約により、また、その他の国は留保の極めて複雑な網のために機能しなくなっている諸条約によって、相互に結びつけられているのである[27]」、と。

このような事態を改善するため、カラカス会議は、ボゴタ条約の改正について米州各国の意向を打診するよう機構理事会に要請した[28]が、多数の積極

---

25 すなわち、ブラジル、コロンビア、コスタリカ、チリ、ドミニカ、ハイチ、ホンジュラス、メキシコ、ニカラグア、パナマ、パラグァイ、ペルー、およびウルグァイである。なお、先に批准していたエルサルバドルは、1973年、第56条の下で廃棄を通告した。Serie sobre Tratados No.5: Estado de los Tratados y Convenciones Interamericanos（Revisado al 30 de Septiembre de 1976）, Secretaría General, Organización de los Estados Americanos, 1976.
26 ボゴタ条約は、「締約国の間においてそれぞれの国が各自の批准書を寄託した順序に従って効力を生ずる」（第53条）。また、そこに統合された諸条約は、「ボゴタ条約が順次締約国の批准によって効力を生ずるに従って、それらの国については効力を失う」（第58条）。しかし、これら9条約自体、そのほとんどは限られた批准しか得ておらず、従って、それらをもって「米州の平和制度の存在を真に肯定しえない」ことは、つとに指摘されている通りである。Edgar Turlington, "The Pact of Bogota," *American Journal of International Law*, Vol.42, No.3（July 1948）, p.609.
27 Cited in Eduardo Jiménez de Aréchaga, "Le traitement des différends internationaux par le Conseil de Sécurité," *Recueil des cours*, tome 85（1954-I）, p.82, n.2; Jiménez de Aréchaga, "La coordination des systèmes de L'ONU et de l'Organisation des États américains pour le règlement pacifique des différends et la sécurité collective," *Recueil des cours*, tome 111（1964-I）, p.449.（両者の間で引用に1個所相異があり、ここでは後者によった。）
28 決議第99「平和的解決に関する米州条約の改正の可能性」, *American Journal of International Law*, Vol.48, No.3（July 1954）, Official Documents, p.130. ボゴタ条約改正の問題点とカラカス会議におけるその取り扱いについて、詳しくは、Charles G. Fenwick, "The Revision of the Pact of Bogota," *American Journal of International Law*, Vol.48, No.1（January 1954）, pp.123-126; Charles G. Fenwick, "The Tenth Inter-American Conference: Some Issues of Inter-American Regional Law," *American Journal of International Law*, Vol.48, No.3,（July 1954）, p.468.

的な反応は得られなかった結果、改正作業が着手されぬまま今日に至っている。その間、ボゴタ条約が利用された事例はあり[29]、また、批准国もわずかに増加した。従って、「ボゴタ条約は発足当初から死文化している[30]」、とまで断言することはできない。しかし、ボゴタ条約が実質的に機能を停止している事実に変りはなく、同条約自体の改正に替って米州機構の紛争解決制度における不備を補う別の方策がみいだされねばならなかった。その1つがリオ条約の運用によるものである。

2 米州相互援助条約の運用

ボゴタ憲章は、第2次大戦中、米州諸国間に形成されてきた侵略に対する連帯[31]を再確認し、「米州の一国に対する侵略行為は、他のすべての米州諸国に対する侵略行為である」と繰り返し宣言している(第5条f、第24条)。米州相互援助条約(リオ条約)は、この原則に基づいてとられるべき集団的措置とそのための手続を規定する特別条約であって、その基礎となったチャプルテペック協定の実効性を設立される一般国際機構の下で確保するため、国連憲章に第51条が挿入されるに至った経緯は周知の通りである[32]。国連憲章第51条に依拠して数多くの締結をみた相互援助条約のなかで、リオ条約は、対外的な共同防衛に限られず地域的集団安全保障としての機能をかなり維持しているのが特徴といえよう[33]。

リオ条約が規定する集団安全保障の方式は、大きく、2つの場合に区別す

29　1955年のコスタリカ・ニカラグア間の紛争における調査委員会の設置、および、ホンジュラス・ニカラグア間の領土紛争に際しての国際司法裁判所への付託(「スペイン王の裁定に関する事件」、ボゴタ条約に従って付託合意—1957年のワシントン協定—が結ばれた)などを挙げることができる。
30　Jerome Slater, *The OAS and United States Foreign Policy* (Ohio State University Press, 1967), p.28.
31　その発展の経緯については、Josef L. Kunz, "The Idea of Collective Security in Pan-American Developments," in *The Changing Law of Nations: Essays on International Law* (Ohio State University Press, 1968), p.707; Samuel Flagg Bemis, *The Latin American Policy of the United States* (Harcourt, Brace and Company, 1943), p.367; J. Lloyd Mecham, *The United States and Inter-American Security 1889-1960* (University of Texas Press, 1965), p.181参照。
32　例えば、Josef L. Kunz, "Individual and Collective Self-Defense in Article 51 of the Charter of the United Nations," *American Journal of International Law*, Vol.41, No.4 (October. 1947), p.872.
33　「地域的」集団安全保障体制がもつ対内的および対外的の両側面の関係については、高野雄一『国際安全保障』(法学理論篇165) (日本評論新社、1953年)81頁以下。Inis L. Claude, Jr., *Power and International Relations* (Random House, 1962), p.145.

ることができる[34]。その1は、米州国に対する「武力攻撃」の場合であって、右攻撃が非米州国又は他の米州国のいずれによるものであるかを問わない。この場合、第3条の下で、先ず、各締約国は、国連憲章第51条に基づく個別的又は集団的自衛権の行使として、各自が決定する措置により直接に攻撃を受けた国を援助する義務を負う。と同時に、協議機関は遅滞なく会合しなければならず、そこで、すでに個別的にとられた措置が検討され、かつ、集団的にとることを必要とする措置が協定される。その2は、武力攻撃以外の広範な事態を規定する第6条の場合であって、そこには、「武力攻撃でない侵略」、「米州外又は米州内の紛争」、および「米州の平和を危くする虞のある他の何らかの事実又は事態」が含まれる。かかる事態によって「米州のいずれかの国の領土の不可侵もしくは保全、又は主権もしくは政治的独立が影響を受ける」ときは、協議機関は、侵略の場合にはその犠牲国を援助するための措置又はいかなる場合でも共同防衛および米州大陸の平和と安全の維持に必要な措置を協定するため、直ちに会合しなければならない[35]。

　このうち、第6条の下でとられる措置は、武力攻撃に対する集団的自衛行動とちがって、単なる地域的強制行動にとどまるというべきであり、両者は、その本質と国連憲章上の取り扱いを異にする[36]。また、米州国に対する武力攻撃の場合、協議機関の主たる任務は、リオ条約に基づく義務の履行として各締約国がとった措置を調整し、これを補充する集団的措置を協定することにあるのに対し、第6条が規定する事態の下で締約国は、米州諸国間の紛争の場合に事態の原状回復と平和的解決に資する措置をとるため随時協議することを要求されているほかは、協議機関の決定をまたずに個別的に行動することは義務づけられず、また認められるところではない。ただ、このように、

34　Kunzは、リオ条約の下で集団的措置がとられる場合を更に詳しく5つに分類するが、本節の目的上、そのすべてを網羅することは必要でない。Josef L. Kunz, "The Inter-American Treaty of Reciprocal Assistance," *American Journal of International Law*, Vol.42, No.1（January 1948）, p.115.
35　新条約のそれぞれ第3条および第5条に該当し、いずれも基本的な変更はない。協議機関がとる措置には、外交、経済および運輸通信にわたる関係の中断、並びに武力の使用が含まれ、また、措置の採択には締約国の3分の2が必要である。ただ、旧条約の下でこのような決議は、武力の使用を伴う場合を除いて、すべての締約国を拘束した（第20条）が、新条約の下では、いずれの措置も区別なく、拘束力ある決定又は勧告の形式によって適用されうることになっている（第23条）。
36　田畑茂二郎『国際法Ⅰ〔新版〕』（法律学全集）（有斐閣、1973年）364頁。

武力攻撃に至らぬ場合であっても一定の重大な事態の下では協議機関の会合が予定される一方で、協議機関自体は、国連安全保障理事会の如く「継続して任務を行うことができるように」(国連憲章第28条1項)組織されていない。しかし、そのことが、かえって、リオ条約の柔軟な運用を可能にしたといえよう。

リオ条約の採択にあたって、ワシントンにある常設機関に権限を集中することに対するラテンアメリカ諸国の危惧から、当時のパン・アメリカン・ユニオン理事会に協議機関としての任務を委ねることが拒否され、理事会は、いずれかの締約国の要請に基づいて協議機関を招集するにとどめられた[37]。しかし、リオ条約で想定される事態は、本来、協議機関が「遅滞なく」(第3条)又は「直ちに」(第6条)会合することを必要とするほど緊急なものであるのに対して、ボゴタ憲章によって右の任務を指定された外務大臣協議会議は迅速に開催されえない。この間隙を埋めるため、リオ条約は、理事会に、「協議機関の会合がおこなわれるまで、一時協議機関として行動する」ことを認めている(第12条)。その結果かえって、パン・アメリカン・ユニオン理事会を引きつぐ米州機構理事会は、リオ条約が規定する事態であっても第6条の下で提訴を受けた多くの場合、協議機関を形式的に招集する一方で自らが暫定協議機関の資格において事態の収拾を図ることにより、現実には、外務大臣協議会議の開催とそれに伴う強制措置の発動を不必要にしてきた。これまでリオ条約が適用された14の事例のうち、協議機関たる外務大臣協議会議の開催にまで至ったのはわずか4例にすぎず、その余裕がなかった他の1例を除くほとんどすべての場合、暫定協議機関たる機構理事会の下で事態の平和的解決が達成されている[38]。このように、フェンウィック(Charles G. Fenwick)のいわ

---

37 但し、武力攻撃が発生した場合には、後にボゴタ憲章によって、機構理事会議長が協議機関を招集するものとされた(第43条)。この手続は、更に、改正されたリオ条約に引きつがれている(第3条4項)。
38 リオ条約が適用された事例は、以下の通りである。コスタリカ・ニカラグア間の紛争(1948年)、カリブ海地域の事態(1950年)、グァテマラ問題(1954年)、コスタリカ・ニカラグア間の紛争(1955年)、ホンジュラス・ニカラグア間の国境紛争(1957年)、パナマの事態(1959年)、ニカラグアの事態(1959年)、ベネズエラ大統領暗殺未遂事件(1960年)、キューバ問題(1961年)、ミサイル危機(1962年)、ドミニカ・ハイチ間の紛争(1963年)、キューバの干渉行為(1963年)、パナマ運河事件(1964年)、および、エルサルバドル・ホンジュラス間の武力衝突(1969

ゆる「紛争解決のための新しい簡易手続[39]」として、リオ条約は、それが最初に適用されたコスタリカ・ニカラグア紛争以来、運用されてきたといえるのである。

リオ条約の発効1ヶ月後の1948年12月、コスタリカは、自国領土がニカラグアから発出した軍隊によって侵入されたことを機構理事会に通告し、リオ条約第6条に基づいて必要な措置を緊急にとるため理事会が暫定協議機関として行動するよう要請した。そこで、理事会は、先ず、外務大臣協議会議を「その会合の場所と日時は後に設定される」ままで招集するとともに自らを暫定協議機関とし、その資格において、現地に調査委員会を派遣することに決定した。現地調査によって、ニカラグアはその領域がコスタリカ政治亡命者による反政府活動の基地として使用されるのを黙認する一方、コスタリカも類似の活動を支援していることが判明したため、理事会は、更に、事態の監視と平和的解決の援助を任務とする軍事専門家委員会を両国に派遣している。その結果、翌年1月の友好条約において、コスタリカとニカラグアは、将来、内戦時における国家の義務および権利に関する条約に従って行動しまた相互間に生ずる紛争をボゴタ条約によって解決することを約束するに至った。かくして、機構理事会は、「外務大臣協議会議の招集を必要とした理由がもはや存在しなくなった」と宣言し、かつ、暫定協議機関としての自らの役割りを終了せしめたのである[40]。

このようなリオ条約の運用によって、米州機構の紛争解決制度における不備がある程度まで補われてきたことは否定できないが、同時に、そこにはい

年)。このうち、第8、9、12および14において外務大臣協議会議が開催され、また、第8、9、10、および12において強制措置が適用された。なお、第3においては、事態の急変のため、企図された協議機関の会合と強制措置の適用にまで至らなかったにすぎない。これらのリオ条約適用の事例は、各事件ごとに、次の文書に一括されている。Organization of American States, *Inter-American Treaty of Reciprocal Assistance: Applications*(*Applications of the Rio Treaty*), Vol.1 (1948-1959), Vol.2(1960-1972) (1973).

39 Charles G. Fenwick, "Inter-American Regional Procedures for Settlement of Disputes," *International Organization*, Vol.10, No.1(Winter 1956), p.13.

40 *Applications of the Rio Treaty*, supra note 38, p.33. この最初の適用例については、以下にも詳しい。C. G. Fenwick "Applications of the Treaty of Rio de Janeiro to the Controversy between Costa Rica and Nicaragua," *American Journal of International Law*, Vol.43, No.2(April 1949), p.329; René-Jean Dupuy, "L'application du traité d'assistance mutuelle de Rio-de-Janeiro dans l'affaire Costa Rica-Nicaragua," *Annuaire français de droit international*, tome 1(1955), p.99.

くつかの側面から困難が提起されている。先ず、リオ条約の最初の適用にあたって、機構理事会が暫定協議機関として行動するためには外務大臣協議会議が招集されるべきことが決定されたのは、当然の解釈といえよう。しかし、その結果、理事会が協議機関を代行することを可能にするだけの目的で、実際には開催する意図もなく外務大臣協議会議が招集されてきた。こうした「法的操作」を必要としたのは、機構理事会が、その資格においては、米州諸国間の紛争をとりあげる権限をもたないからである[41]。従って、暫定協議機関の活動は、それが長期化する場合はとくに、理事会の政治的権限に関する疑義を孕んできた[42]。また、暫定協議機関の制度は、1962年のミサイル危機のように、外務大臣協議会議の会合をまっては有効に対処できないほど緊急な事態にそなえたものであり、この制度の濫用とそのためにする協議機関の形式的な招集の繰り返しによって、リオ条約本来の集団安全保障体制が形骸化されることに懸念が表明されている[43]。他方、リオ条約に基づく機構理事会の介入は、必要な場合、強制措置発動の可能性をもつだけに、事態の迅速な

41 更に、機構理事会で米国代表を勤めたDreierによると、「理事会は、協議会議の招集を発するまで、注意を喚起された事態を調査することについてさえ権限を有しないと自ら判断している」、という。すなわち、「理事会がリオ条約およびボゴタ憲章の下で外務大臣協議会議を招集するか否かを決定する任務を負っているならば、その決定を賢明におこなえるようにするための充分な情報を収集する権限を理事会はもつとみるのが論理的と思われる」が、憲章の厳格な解釈と事実調査を通じて紛争にまきこまれることに対する懸念から、「右とは反対の見解が理事会を支配してきた」。Dreier, *supra* note 16, p.126.
42 この問題については、米州法律委員会の研究報告がある。Organization of American States, Inter-American Juridical Committee, Opinion on the Scope of the Powers of the Council of the Organization of American States, Pan American Union (March 1961) (OEA/Ser. I/VI. 2, CIJ-59, English). ほかに、C. G. Fenwick, "The Competence of the Council of the Organization of American States," *American Journal of International Law*, Vol.43, No.4 (October 1949), p.772; Alwyn V. Freeman, "The Political Power of the OAS Council," in George A. Lipsky (ed.), *Law and Politics in the World Community: Essays on Hans Kelsen's Pure Theory and Related Problems in International Law* (University of California Press, 1953), p.252, 参照。チャプルテペック会議の決議第9(4項(a))の下で、「現在の任務に加えて、パン・アメリカン・ユニオン理事会は、米州国際会議によって課せられた制限内でかつ外務大臣会議の特定の指示に従って、米州制度の有効的機能および米州諸共和国の連帯と一般的繁栄に影響をおよぼすすべての事項について行動する」、と包括的に規定されたが、ボゴタ会議において機構理事会の権限は特定され、憲章第50条の下で、「理事会は、米州会議又は外務大臣協議会議が付託する事項を、この憲章並びに米州諸条約および諸協定の範囲内において受理する」にすぎない。
43 Dreier, *supra* note 16, p.125.

処理に貢献することが指摘されてきた[44]。しかし、そのことは、リオ条約の下で紛争当事者が、受諾したくない条件での収拾を強制される虞のあることをも意味するというべきであり、むしろ、事態がリオ条約の適用を正当化し又は可能にする以前の段階で平和的解決の達成を有効に援助できる常設機関の必要性を示している。米州平和委員会の活用は、そのような方策の1つとみることができるであろう。

3 米州平和委員会の活用

米州平和委員会は、1940年7月、フランスの降伏によって新たな局面を迎えたヨーロッパの事態に対処するためハバナで開催された第2回外務大臣会議[45]に起源をもつ。ハバナ会議は、決議第14「紛争の平和的解決[46]」において、米州大陸の可能な限り緊密な団結を確保するには米州諸国間に存在する紛争を解決することが急務であるとの認識から、パン・アメリカン・ユニオン理事会に対し、五国の代表によって構成される委員会をその目的のために最も適当と思われる米州国の首都に組織するよう勧告した。決議によれば、この委員会の任務は、「相互の間に性質の如何を問わず何らかの紛争が存在し又は発生することのある諸国がその紛争を可及的速やかに解決することを確保するため絶えず監視し、また、当事国が採択した方法又は合意することのある手続を害することなく、解決に導く措置および手段を提案する」ことである。また、委員会は、紛争の状態および解決のためにとられた措置を外務大臣会議と米州国際会議のたびごとに報告することを義務づけられた。この決議に

---

44 Aida Luisa Levin, *The Organization of American States and the United Nations: Relations in the Peace and Security Field* (UNITAR, 1974), p.23.
45 外務大臣会議は、リオ条約が規定する協議機関としてボゴタ憲章が指定する外務大臣協議会議の前身であって、1936年、ブエノスアイレスの「平和の維持のための米州会議」が「平和の維持、擁護および再建に関する条約」により設定した「協議」手続を実施する機関として、1938年、リマの第8回米州国際会議で創設された。第2次大戦中、外務大臣会議は3回開催されている。ハバナ会議のほか、大戦の勃発に際してのパナマ会議 (1939年) と日本の米国攻撃に対処するためのリオデジャネイロ会議 (1942年) である。詳しくは、前掲Ⅱ-2、注(16)の文献を参照。なお、外務省政務局第7課『米洲外相会議(自第1回至第3回)』(1943年) の調査資料がある。
46 テクストは、次の文書に再録されている。Second Report of the Inter-American Peace Committee to the Tenth Inter-American Conference, Doc. 11, SG-11 (3 Feb. 1954); Report of the Inter-American Peace Committee on the Amendment of its Statutes, Submitted to the Second Special Inter-American Conference, OEA/Ser. L/III/II. 11 (31 March 1965).

従って、同年12月、パン・アメリカン・ユニオン理事会は、アルゼンチン、ブラジル、キューバ、メキシコおよび米国を委員国に選出し、これら五国をもってワシントンに設置された無名の委員会が米州平和委員会の前身である。

　この(紛争の平和的解決)委員会は、それまでの米州諸条約によって設けられた各種の解決手続にみられる煩雑さを回避しつつ、当事者自身による平和的解決の達成を援助するにとどまるが、当時、パン・アメリカン・ユニオン理事会には政治的権能が一般的に否定されているなかで、米州制度に常設的な紛争解決機関が導入されたことは注目に値する[47]。しかし、ハバナ決議の場合も、米州制度において紛争解決手続がひとたび採択された後は利用されぬままに放置された一例にすぎない。事実、キューバ以外の委員国は代表の任命すらおこなわなかったため、委員会が実際に組織され活動を開始したのは8年後のことである。その間、すでにみたように、第9回米州国際会議は、以前に締結された紛争の防止および平和的解決に関する諸条約を統合しボゴタ条約の下で綜合的に発展させるとともに、米州制度を再編成しボゴタ憲章の下に組織化したが、ボゴタ条約にハバナ決議は統合されず、また、この決議によって設置された委員会の任務および権限が米州機構のいずれの機関に受け継がれることもなかった。かかる「紛争の平和的解決委員会」の再生と確立に大きく貢献したのは、1948年のドミニカ共和国・キューバ紛争および翌年のハイチ・ドミニカ共和国紛争である。

　すでに1947年9月、パン・アメリカン・ユニオン事務局長に対してハバナ決議を実施するために必要な措置をとるよう要請していたドミニカ共和国は、更にボゴタ会議の後、米州機構理事会に対し、委員会がキューバとの間の紛争の解決を援助できるように委員国が各自の代表を任命することを求めるよう要請した。その結果、1948年7月31日、ハバナ決議の委員会は、ここにようやく、「紛争の平和的解決方法に関する米州委員会(Inter-American Committee on Methods for the Peaceful Solution of Conflicts)」として正式に発足し、同

47　1928年の第6回米州国際会議が採択した「パン・アメリカン・ユニオンに関する条約」第6条の下で、「理事会およびパン・アメリカン・ユニオンは、共に、本条約によって指定された職務を遂行する。但し、政治的性質の権能を行使してはならない」、と規定されていた。

8月、自らが制定した暫定規則「行動基礎[48]（Bases of Action）」の下に活動を開始するに至ったのである。そして、委員会の介入によって再開された直接交渉を通じてドミニカ共和国・キューバ紛争が収拾されたほか、この通称「五国委員会（Committee of Five）」が当事者による紛争の平和的解決を促進するため大きな役割りを果しうることは、その後間もなく、一層多くの困難を提起した同種のハイチ・ドミニカ共和国紛争の処理によって確認された。

　1949年2月、ハイチは、ドミニカ共和国が自国領土からの放送によるハイチ政府の攻撃のため施設の使用をハイチ元高官に許していることを非難して、米州機構理事会に対しリオ条約に基づく協議機関の招集を要請した。ハイチの主張によれば、「外国の領土で教唆されたこの道義的侵略は、リオデジャネイロ条約が維持し擁護しようとする平和を危くする虞のある重大な事態を惹起した」という。しかし、理事会は、事態がリオ条約の適用を必要とするほどに重大であるとは認めず、むしろ、両国が「適用可能な米州の諸文書で規定された平和的手続の利用によって友好的合意に到達する」よう希望して、協議機関の招集を差し控えることに決定した[49]。かかる状況の下で、五国委員会は、ハイチの要請およびドミニカ共和国の同意に基づいて、平和的解決の達成を援助するため介入したのである。そして、五国委員会が両国に派遣した3名の代表による実情調査の報告に基づいて協議が重ねられた結果、直接交渉の再開と交渉の基礎となる諸原則を定めた共同宣言が両当事者のほか五国委員会の全委員によって署名された。

　このハイチ・ドミニカ共和国紛争の処理は、事態がリオ条約の適用を正当化するにまで発展する以前の段階で平和的解決の達成を確保するため、ボゴタ条約が掲げる手続の利用を促進し又はその他の方法により当事者を有効に援助できる常設機関の必要性と、そのような機関として五国委員会の有用性を例証したといえよう[50]。そして、1949年7月、「米州平和委員会（Inter-American Peace Committee）」と改称したこの委員会は、以後につづく一連の紛争への介

48　テクストは、注(46)の資料を参照。
49　*Applications of the Rio Treaty, supra* note 38, p.75.
50　C. G. Fenwick, "The Inter-American Peace Committee," *American Journal of International Law*, Vol.43, No.4 (October 1949), p.771; Edgar S. Furniss, Jr., "The Inter-American System and Recent Caribbean Disputes," *International Organization*, Vol.4, No.4 (November 1950), p.588.

入を通じて、その実効的機能を一般的に承認されるとともに、自己の地位を米州機構のなかに確立するに至った。その結果、米州平和委員会は、「行動基礎」以上に明確な活動の基準を要求され、1950年5月、「米州平和委員会規程[51]（Statutes of the Inter-American Peace Committee）」を自ら制定した。かくして、ハバナ決議が設置した委員会は、ボゴタ条約を補充する常設的な紛争解決機関として、実質的に、米州機構の平和維持制度のなかに編入されたのである[52]。

III 米州平和委員会の変遷

1 規程の改正

1950年5月の米州平和委員会規程は、その冒頭で、「第2回協議会議（ハバナ、1940年）の決議第14に従って、1940年12月4日、パン・アメリカン・ユニオン理事会によって設置された委員会は、米州平和委員会と称し、所在地をワシントン市におく」、と規定する。ハバナ決議に基づく五国委員会が、このように、米州平和委員会として実質的に米州機構に編入されて以後、機構憲章の改正により米州平和的解決委員会へと継承されるまでの間、この紛争解決機関のあり方をめぐって三たび論議される機会があった。まず、1950年の米州平和委員会規程については、制定の直後から、いくつかの重要な点で異論が表明されたため、1954年の第10回米州会議の決定に従って、1956年に新たな委員会規程が制定されている。その後、1959年の第5回外務大臣協議会議において、平和委員会の機能強化を図るべく1950年規程の基本的立場への復帰が主張された結果、暫定的に、委員会に対し一定の新たな任務と権限が付与された。この暫定的措置を最終的に委員会規程のなかに挿入かどうするか

51 テクストは、注(46)の資料を参照。
52 ハバナ決議の委員会が米州平和委員会として米州機構のなかに自己の地位を確立するまでの経緯については、以下を参照。Gilles Fuchs, "La Commission interaméricaine de la paix," Annuaire français de droit international, tome 3 (1957), p.142; Ann Van Wynen Thomas and A. J. Thomas, Jr., *The Organization of American States* (Southern Methodist University Press, 1963), p.125; Charles G. Fenwick, *The Organization of American States: The Inter-American Regional System* (Kaufmann Printing, 1963), p.106; Mecham, *supra* note 31, p.326; Connell-Smith, *supra* note 16, p.224; Inter-American Institute of International Legal Studies, *supra* note 11, p.82; M. Margaret Ball, *The OAS in Transition* (Duke University Press, 1969), p.365.

は第11回米州会議の決定に委ねられたが、同会議がいく度か延期され事態は機構憲章の改正へと進展するに及んで、右の懸案も、米州平和委員会を含む機構全体の改組作業のなかで処理されるに至ったのである。

　以上の経緯において繰り返し提起された主要な論点は、米州平和委員会のとくに権限に関して、1950年規程と1956年規程のうちいずれの立場を採用すべきかであり、それ自体、この紛争解決機関を米州機構の平和維持制度のなかでどのように位置づけるかに深くかかわっている。そこで、まず、1950年規程の問題点の検討を通して、1956年規程に定める米州平和委員会の概要をみておくことが必要と思われる[53]。

　1950年の米州平和委員会規程に対する異論は、次の3点に要約することができる。まず、ハバナ会議の決議に従って設置された委員会は、第9回米州国際会議で、米州機構の平和的解決制度に組み入れられることなく放置されたため、かかる米州平和委員会の法的基礎自体について、一部から改めて疑義が投げかけられた。また、米州諸国が適正に代表されるべき紛争解決機関としての性質上、平和委員会を構成する五国が固定され委員国の交替は予定されていないことにも不満が多かった。更に、委員会が一方の紛争当事国だけの要請で平和的解決のため行動できることには強い反対があり、委員会の介入を、紛争当事国双方の同意がある場合のみに限定するよう主張された。これらの異論は、いずれも、1950年規程に定める米州平和委員会の基本的側面について再検討を迫るものである。そこで、機構理事会は、自らは「平和委員会の法的地位に関して何ら問題は存在しない」としながらも、米州法律委員会に意見を求める一方、提起された問題を第10回米州会議での議題としてとりあげることに決定し、ここに、ハバナ会議以来はじめて、米州平和委員会の諸側面を審議する機会が設けられた[54]。

　1954年のカラカスにおける第10回米州会議では、ボゴタ条約をいわば補充する常設的な紛争解決機関の必要性と、そのような機関として機能する米州平和委員会の有用性は再確認されたということができる。事実、平和委員会

53　以下に言及する平和委員会の1948年行動基礎(暫定規則)、1950年規程および1956年規程については、次の拙訳を参照されたい。「前掲・米州機構の平和的解決関係文書」(注15)83頁以下。

54　Ball, *supra* note 52, p.365.

は、1948年に活動を開始して以来、すでに8件もの紛争や事態に関与し、当事者による平和的解決の達成を援助してきた。会議に報告されたこれらの活動[55]に関して、委員会は「時宜を得た効果的な方法で」ハバナ決議の任務を遂行してきた、と高く評価されている（決議第101「米州平和委員会の報告[56]」）。と同時に、カラカス会議では、「米州平和委員会の組織および基本的な活動基準を明文でかつ明確に規定する」必要があることも確認された。そこで、第10回米州会議は、改めて、「第2回外務大臣協議会議の決議第14によって設置された米州平和委員会を信任しかつその機関を存続させる」ことに決定するとともに、機構理事会に対し、平和委員会の新規程を委員会自身の草案に基づきまた各国政府の所見も考慮に入れて作成するよう要請した（決議第102「米州平和委員会[57]」）。この決議に従って、1956年5月、理事会によって新たな米州平和委員会規程が承認された。この1956年規程は、形式的には、1967年のボゴタ憲章改正（1970年発効）によって平和委員会が米州平和的解決委員会に継承されるまで、効力を保っている。

2 法的地位

1950年規程は、米州平和委員会をもって、1940年のハバナにおける第2回外務大臣協議会議の決議に従って設置されたものと規定していた。しかし、ハバナ決議がなお平和委員会の法的基礎たりうるかは、たしかに議論の余地ある問題であった。一方、1948年8月の暫定規則たる行動基礎はこの点に言及していないが、同じことは、当時の紛争の平和的解決方法に関する米州委員会についてもいえるであろう。すでにみたように、1948年4月、ボゴタの第9回米州国際会議は、それまでの紛争解決諸手続を整備しボゴタ条約の下で綜合的に発展させるとともに、米州制度を再編成しボゴタ憲章の下に組織化したが、ボゴタ条約にハバナ決議は統合されず、また、この決議によって設置された委員会の任務および権限がボゴタ憲章上のいずれの機関にも受け継がれていないからである。

---

55 *Second Report of the Inter-American Peace Committee to the Tenth Inter-American Conference*, Doc. 11, SG-11 (3 Feb. 1954).
56 Décima Conferencia Interamericana, *Actas y Documentos*, Vol.2 (Pan American Union, 1956), p.344.
57 *Ibid.*, pp.344-345.

もっとも、ハバナ決議の委員会が如何なる理由で米州機構の平和的解決制度に組み入れられなかったのかは詳らかでない。しばしば指摘されるように[58]、ボゴタ会議はハバナ決議を「見落した」にすぎないと考えられなくもないが、当時、この委員会が実際には組織されぬまま放置されていた事実からは、むしろ、同決議の取扱いを改めて論議すること自体が不必要であったように思われる。いずれにせよ、ボゴタ条約に統合されたのはすべて紛争の防止と平和的解決に関する条約であるから、そのなかにハバナ決議が含まれていないのは当然である。一方、ボゴタ憲章上、機構理事会の権限は特定されており、この常設機関に対し、リオ条約およびボゴタ条約の適用をはなれて、一般的に政治的権限を付与することは慎重に差し控えられた[59]。従って、ボゴタ会議における米州制度の再編成と紛争解決諸手続の統廃合の結果、ハバナ決議の委員会は、会議の諸決定でとくに言及されていないが、右の三基本条約に定める米州機構の平和維持制度によりとってかわられたとみるのが素直な理解であるように思われる。

カラカスの第10回米州会議において、ハバナ決議が米州平和委員会の適切な法的基礎たりえないとする立場からは、少くとも平和委員会を条約の基礎の上におくよう主張され、また、その具体的方法として、委員会規程を改正しボゴタ条約の規定の一部または追加議定書のかたちで作成することが提案された[60]。しかし、従来の平和的解決に関する米州諸条約またとくに現行ボゴタ条約の批准状況だけをみても、最終的にかかる措置がとられなかったことは、その後における米州平和委員会の発展にとって幸いしたというべきであろう。カラカス会議では、ボゴタ条約の改正問題が見送られたこととも関連して、すでにふれたように、米州平和委員会をそれまでと同じかたちで新規程の下に「存続させる」旨の決議が採択されるにとどまった。これによって、平和委員会は、米州機構の常設機関たる地位を確認されたといえるが、同時に、この委員会が機構のなかでどこに位置づけられるのか不明確なまま残されたことは否定できない。また、1956年の新規程からも、委員会の法的地位

---

58 例えば、Fenwick, *supra* note 50, p.770; Manger, *supra* note 11, p.47; Dreier, *supra* note 16, p.37; Thomas and Thomas, Jr., *supra* note 52, p.125.
59 Freeman, *supra* note 42, pp.271-272.
60 Ball, *supra* note 52, p.363, n.18

を確定することは困難である。従って、米州平和委員会は、厳密には、「憲章に掲げる『機関』の既存のカテゴリーのいずれにも合わない独特の機関[61]」として、米州機構に編入されたと結論するほかないであろう。

　ボゴタ憲章の枠内に米州平和委員会を位置づけようとする場合、まず想定されうるのは外務大臣協議会議の下部機関としてである[62]。事務総局のパン・アメリカン・ユニオンが作成した機構図も、実際上、米州機構で平和委員会がそのように取り扱われてきたことをうかがわせる。この立場は、委員会を創設したハバナ決議の継承という観点からはたしかに支持されえよう。第2回外務大臣協議会議の決議の効力が米州機構においても維持される場合、それはボゴタ憲章上の機関となった外務大臣協議会議の決議としてである[63]、と考えられるからである。また、1948年暫定規則の下で平和委員会の活動は、ハバナ決議に従って、米州会議のほか外務大臣協議会議だけに報告されることになっていた。更に、1959年の第5回外務大臣協議会議では、米州平和委員会に対し、1956年規程の枠外で直接に、一定の新たな任務と権限が付与されたことも、協議会議と平和委員会の位置関係を示唆するものといえよう。

　このように、米州平和委員会を外務大臣協議会議の下部機関とみることには一応の理由があるといわねばならないが、同時に、右の立場にもいくつかの点で問題があることは否定できない。とくに、任務・機能の面で、両機関の間に直接の関連があるようには思われない。外務大臣協議会議は、ボゴタ憲章上、「米州諸国にとって緊急でありかつ共通の利害関係がある問題を審議し並びに協議機関としての任務を行なうため開催する」(旧憲章第39条＝改正憲章第59条)不定期の会合であるのに対し、米州平和委員会は、紛争当事国による平和的解決の達成を援助することを任務とする常設機関だからである。また、設立の経緯と組織や運営の面をみると、平和委員会はむしろ機構理事

61　Fenwick, *supra* note 52, p.106.
62　フェンウィックは、平和委員会の「独特の地位」を、「米州会議の最高権威、又は例外的な事情の下では外務大臣協議会議、に対してのみ責任を負う機関」と説明している。Fenwick, *supra* note 50, p.772. しかし、この委員会を「米州会議」の直属機関とみる見解は、ほかにみあたらない。
63　ボゴタ会議において、「新憲章の下での米州諸国の活動に関連する決議の効力について以前の諸会議の決定の継続性は破られない」旨が決定されたという。Fenwick, "The Tenth Inter-American Conference," *supra* note 28, p.464.

会との方がより密接な関係にあることがわかる。ハバナ決議に従って委員会を実際に設置したのはパン・アメリカン・ユニオン理事会であり、米州機構においてそれは理事会が継承している。1956年規程の下でも、平和委員会を構成する五国が機構理事会によって選出されることは後にふれるとおりである。また、委員国の代表は、従来から、理事会への各国代表が兼ねるのを常とした。1956年規程では、「これらの代表は、米州機構理事会に派遣される代表と同一であってよい」(第7条)と明記されている。従って、米州平和委員会は、組織と運営の実際上、機構理事会内部の機関とみることもできるであろう[64]。

 もっとも、初期の米州平和委員会が形式上機構理事会から独立して任務を遂行していたことは指摘されるとおりである。事実、1950年の平和委員会規程は、1948年の暫定規則と同様、委員会自身によって制定されており、これらの規程の下で、平和委員会は、その活動状況を理事会に報告する必要すら認めなかった。しかし、1956年規程は、カラカス会議の決議に従い機構理事会によって制定されたものであり、そこでは、平和委員会と理事会の結びつきが強化されている。そして、この新規程においては平和委員会を機構理事会の下に置くことが右米州会議の意図であったという[65]。いずれにせよ、機構理事会が、ボゴタ憲章上は自己に付与されていない紛争解決機能を、実際上米州平和委員会を通して担ってきたことは否定し難いように思われる。また、そこに、米州機構における平和委員会の地位が不明確たらざるをえなかった理由をみいだすことができよう。

3　構　成

　1940年のハバナ会議における決議は、パン・アメリカン・ユニオン理事会に対し、「五国の代表によって構成される委員会」を組織するよう勧告するに

---

[64] 色摩「前掲論文」(注24)22-23頁参照。かくして、「平和委員会の行動は、単に装いを異にした理事会の行動にすぎない」、「平和委員会は、実際には、理事会の延長であり、……委員会の行動と理事会の行動の間には大して相違がなかった」、と結論されている。Slater, *supra* note 30, p.47; Sepúlveda, *supra* note 12, p.100. Cf., Fenwick, *supra* note 50, p.771. そこでは、「理事会の職務は憲章で詳細に規定されており、そのなかに、憲章で言及されない機構の機関の監督は含まれていない」から、平和委員会を理事会の下に位置づけることはできないという。

[65] Fenwick, *supra* note 52, p.203.

とどまり、委員会の構成についてそれ以上は規定しなかった。この決議に従って、同年12月、理事会が選出した米州五国をもって委員会は形式的に設置されたが、そのまま久しく放置され、1948年に至って、紛争の平和的解決方法に関する米州委員会が実際に組織されたことは、すでにふれたとおりである。その暫定規則たる行動基礎は、「パン・アメリカン・ユニオン理事会によって適正に決定されたように、委員会は、アルゼンチン、ブラジル、キューバ、合衆国およびメキシコの代表によって構成される」(第20条)、と規定していた。1950年の米州平和委員会規程は、このように明文で委員五国を特定していない(第2条)が、その意味するところは同じである。同規程は、平和委員会が「1940年12月4日、パン・アメリカン・ユニオン理事会によって設置された委員会」であることを明記する(第1条)一方、委員国の選出方法や任期には全く言及しないため、委員会の構成が先に選出された五国のままに固定され、委員国の交替は予定されていないとみるほかないからである。もっとも、委員国が一方の紛争当事国である場合には、その委員は投票を棄権しなければならず、また、他方の当事国は、委員会での討議に参加する権利を認められた(第10条)。この点は、1948年の行動基礎と同じである(第6条)。

　このように、1950年規程の下で米州平和委員会は特定の五国をもって構成されたが、それがハバナ会議の決議に基づくわけでないことは明らかである。また、米州機構の常設機関として確認されたその法的地位からみて、平和委員会の構成が先に決定された一部の国になお固定されていることはたしかに問題であった。そこで、1956年の米州平和委員会規程は、委員会の構成にいくつかの点で重要な変更を加えている。

　1956年規程の下で、米州平和委員会は、機構理事会が5年の任期で選出する五国によって構成され、毎年、そのうちの一委員国が交替する[66]。そして、いずれの委員国も、引き続いて再選されえず、また、少くとも1年が経過するまで再任は許されない。なお、委員会が特定の事件について行動している間に委員国の任期が満了した場合には、その委員国の任期は、右の事件に関

66　経過規定に従って、1956年8月、それぞれ1、2、3、4および5年の任期をもつキューバ、アルゼンチン、ブラジル、米国およびメキシコが選出され、翌年以後は、毎年、5年任期のエルサルバドル、ウルグァイ、ベネズエラ、コロンビア、米国、ドミニカ共和国、アルゼンチン、ニカラグアが、順次、退任国と交替した。

する限りでのみかつそれが完了するまで、自動的に延長される（第3条-第6条）。更に、いずれの委員国も、委員会に付託された紛争の当事国である場合には、委員の資格で行動することができない。このような場合には、もっぱらその紛争に関してのみ当事国たる委員国と交替する他の国が、機構理事会により選任されることになっている（第10条、第11条）。

　以上のように、1956年規程は、米州平和委員会が、米州諸国を衡平に代表する構成の下で、その組織と活動における継続性も維持できるよう配慮している。また、委員会の構成から紛争当事国たる委員国を排除し、その審議中はad hoc委員国をもって交替させることにより、公平な第三者機関としての委員会の立場が一層明確にされた。これらの点は、ほとんどそのままのかたちで、後の米州平和的解決委員会の構成に受け継がれている。

4　権　限

　1950年の米州平和委員会規程に対する最も強い異論は、委員会の権限に関してである。すでに1940年のハバナ会議において、新設の委員会に付与されるべき権限の範囲、とくに、いかなる条件の下で委員会は平和的解決のため紛争に介入することが認められるかをめぐり、見解の対立があった。そして、この点は、米州平和委員会の存続中、それぞれの立場からくり返し提起されかつ最終的な決着をみなかった基本的問題である。

　ハバナ決議によれば、委員会の任務は、「相互の間に性質の如何を問わず何らかの紛争が存在し又は発生することのある諸国がその紛争を可及的速やかに解決することを確保するため絶えず監視し、また、当事国が採択した方法又は合意することのある手続を害することなく、解決に導く措置および手段を提案する」ことにある。しかし、かかる任務の遂行上委員会に付与される権限の範囲について、決議自身は何ら言及するところがなく、問題は未解決のまま残された。このハバナ決議に対して、ペルーは、すべての紛争当事国の同意を得てのみ委員会は行動しうるものとすべきである旨を明示に留保しており、また、同様の見解が、アルゼンチン、チリ、ドミニカ共和国、ホンジュラスおよびベネズエラによっても表明されている[67]。しかし、これらの国の

67　Fuchs, *supra* note 52, p.142; Ball, *supra* note 52, pp.366-367.

立場は、ハバナ決議を具体化した最初の文書である1948年の紛争の平和的解決方法に関する米州委員会行動基礎において採用されなかった。この暫定規則の下で、委員会は、米州諸国間の紛争に対し、直接交渉その他通常の外交手続による解決が失敗するか又はそれが実際上不可能である場合、「いずれかの当事国が要請したことを条件として、管轄権をもつ」(第2条)。また、このため、「委員会は、自己の発意に基づいて又はいずれかの米州国の要請により会合することができる。しかし、委員会は、二又はそれ以上の国の間の紛争の審議においては、いずれかの当事国の要請によってのみ行動することができる」(第3条)ものとされた。

1950年の米州平和委員会規程は、この暫定規則の基本的立場を一層明確にしかつ発展させたものである。同規程は、ハバナ決議が定める委員会の任務をくり返し述べた後、問題の権限に関して、「委員会は、直接交渉の利用が尽された場合、他のいかなる外交もしくは平和的解決の通例の手続も進行中でない場合、又は、現存の事情から交渉が実行不可能である場合には、いずれかの米州国の要請によって行動することができる」(第7条)と規定する。また、そのための手続として、「事件が直接の利害関係当事国によって審議のため付託された場合には、議長は、直ちに委員会の会合を招集し、かつ、適切な手段がとれるように他の関係当事国に通知する」(第2条)ことになっているほか、「いずれの米州国も、直接の利害関係当事国であるか又は委員会の委員国として代表を出しているか否かを問わず、いつでも、委員会による審議に値すると判断するいかなる米州の紛争についても委員会の注意を促すことができる」(第12条)ものとされた。このように、1950年規程の下で、米州平和委員会は、直接交渉が尽され他の解決手続も進行中でないことを唯一の条件として、いずれの当事国からの要請がなくとも、第三国の注意喚起によって自発的に紛争に介入し、平和的解決のための措置を提案することができる。従って、この規程は、いずれかの紛争当事国による要請をもって委員会が行動するための条件とした1948年の暫定規則よりも、一層広い範囲で委員会の権限を認めたものといえよう。

1954年のカラカスにおける第10回米州会議では、平和委員会が、米州諸国間の紛争に対し自発的に介入することはおろか、一方の紛争当事国だけの要

請によって平和的解決のため行動できること自体に強い反対があり、委員会の介入をすべての紛争当事国の同意がある場合のみに限定するよう多くの国によって主張された[68]。とくに、先のハバナ決議に対し右の立場を明示に留保したペルーは、カラカス会議での米州平和委員会に関する2つの決議に対しても同様の留保を付している[69]。その後、1956年、カラカス決議の手続に従って新たに作成された規程においては、これらの国の立場が全面的に採用されることになったため、平和委員会は、以前と較べ極めて限られた範囲での権限しかもたずに従来と同じ任務を遂行することを余儀なくされるに至った。

1956年の米州平和委員会規程の下では、「他の米州国との紛争に直接の利害関係をもついずれの国も、委員会に行動するよう要請することができる。しかし、委員会は、……当事国(複数)の事前の同意を得てかつその平和的解決のため他のいかなる手続も進行中でない場合にのみ、事件をとりあげる」(第2条)ことになっている。また、そのための手続として、「紛争に直接の利害関係をもつ国が委員会に行動するよう要請した場合には、委員会は、まず、委員会がその事件において行動することに同意するかどうかを他の当事国と協議する」(第15条)。その結果、「否定的な回答を受領した場合には、委員会は、事件をとりあげることを差し控え」、各国政府と関係機関に対し必要な通報をするにとどめなければならない(第17条)。このように、1956年規程の下で、米州平和委員会に行動を要請することができるのは紛争当事国のみであり、かつ、委員会が行動するためにはすべての紛争当事国の事前の同意を必要とする。従って、平和委員会は、第三国の要請により自発的に米州諸国間の紛争に介入することは許されず、また、一方の紛争当事国からの要請があった場合には、他方の当事国の意向を確かめねばならない。この協議において、「委員会は、その任務に応じかつその職務の性質に従って、役務を提供する」(第16条)が、双方の紛争当事国の同意なしには、委員会は、平和的解決のため実質的な行動を何もとりえない。

68　*Ibid.*, p.368.
69　すなわち、「委員会は、米州諸国間に生ずるいかなる紛争についても、直接の関係当事国(複数)が米州機構理事会に対し要請した場合に行動するものとする」。Décima Conferencia Interamericana, *supra* note 56, p.354.

米州平和委員会の権限がこのように厳しく制限されることになったのは、委員会が実際上機構理事会の補助機関として機能し、ボゴタ憲章上は理事会に付与されていない任務を遂行してきたという実態の承認と無関係ではないように思われる。この点で、ペルーは、カラカス会議において、平和委員会はすべての紛争当事国が「機構理事会」に要請した場合にのみ行動しうるものとすべきである、と留保していたことが想起される。また、ハバナ決議の任務を遂行するうえで、平和委員会は第三国又は一方の当事国だけの要請で米州諸国間の紛争に介入できることが、当然の前提として要求されるわけではない。むしろ、委員会の介入に対する紛争当事国双方の同意は、一般に、委員会が平和的解決の達成を有効に援助しうるための基本的要素というべきであろう。しかしながら、1956年規程の厳しい制約の下で、平和委員会の活動の不振はやがて顕著な事実となり、その結果、委員会の機能強化を図るべく、1950年規程の立場への復帰が主張されるに至った。以下でこの問題に立ち入る前に、あらかじめ、米州平和委員会の各規程の下での活動を概観しておきたい。

IV 米州平和委員会の活動と問題点

1 活動の概要

米州平和委員会が1948年に紛争の平和的解決方法に関する米州委員会として設置されて以来、その活動は、順次、同年の暫定規則たる行動基礎、1950年規程、および1956年規程によって規律されてきた。更に、1959年の第5回外務大臣協議会議では、平和委員会に対し規程の枠外で直接に、一定の新たな任務と権限が付与された結果、それ以後、委員会は2つの活動の基礎を併せもつことになった。右協議会議の決議とこれに基づく活動については別途に言及することとし、前記の各規程の下で、平和委員会が関与し平和的解決のため行動を要請された紛争や事態は次のとおりである[70]。

---

70 平和委員会が1948年行動基礎、1950年規程および1956年規程の下で扱った各事例の詳細は、次の文書に一括して報告されている。Second Report of the Inter-American Peace Committee

1948年行動基礎——ドミニカ共和国・キューバ紛争(1948年)、ハイチ・ドミニカ共和国紛争、キューバ・ペルー紛争、カリブ海地域の事態、キューバの要請、ドミニカ共和国問題(以上、1949年)

1950年規程——キューバ・ドミニカ共和国紛争(1951年)、コロンビア・ペルー紛争(1953年)、グァテマラ・ホンジュラス、ニカラグア紛争(1954年)、キューバ・ドミニカ共和国紛争(1956年)

1956年規程——ホンジュラス・ニカラグア紛争(1961年)、パナマ・米国紛争(1964年)

米州平和委員会が関与したこれらの紛争や事態において、問題の状況は多様であり、また、平和的解決のためとられた行動が多岐にわたるほか、委員会の活動の基礎も同じではない。しかし、ここでは、それぞれの側面から各事例の詳細に立ち入ることなく、平和委員会の活動にみられるいくつかの一般的な特徴、動向、および問題点を明らかにするにとどめたい。

まず、平和委員会に提起された問題の大半は、カリブ海地域の諸国が関係するものである。この地域においては、独裁政権の存続およびクーデターの続発が、政治亡命者による破壊活動とそれに基因する関係諸国間の紛争を慢性化してきた。これらの一連の紛争の場合、通常、それぞれの事態はリオ条約の適用を正当化するほど重大でない一方、近隣諸国に波及しやすく、1949年と1959年のように、全般的緊張を惹起するおそれもある。従って、そこでは迅速に対処することが要請されるとともに、多くの場合、現地の実情調査に基づいて関係諸国間の直接交渉を促進することにより収拾を図ることが可能である。そのような手段として平和委員会がしばしば利用され、事実、委員会は、この種の紛争において最も有効に平和的解決を援助してきた[71]。次

Submitted to the Tenth Inter-American Conference, Doc. 11, SG-11 (3 Feb. 1954); Report of the Inter-American Peace Committee to the Second Special Inter-American Conference on the Activities of the Committee since the Tenth Inter-American Conference 1954-1964, OEA/Ser. L/III/II. 10 (31 March 1965). また、これらの文書に基づく各事例の要約として、次のものは便利である。Inter-American Institute of International Legal Studies, *supra* note 11, pp.86-104.

71 機構理事会がリオ条約に基づく暫定協議機関として行動し、平和的解決の達成に貢献したのも、主にこの種の紛争においてである。詳しくは、Furniss, Jr., *supra* note 50, p.585; Fenwick, *supra* note 39, p.12.

に、1953年のコロンビアおよび1961年のニカラグアによる要請は、それぞれ、庇護事件および国境紛争における国際司法裁判所の判決の履行に関するものである。平和委員会は、前者では、アヤ・デ・ラ・トーレの解放のため直接交渉の開始を実現させ、また後者では、混合委員会を設置して係争地域からのニカラグアの撤退を監視することにより、いずれも最終的解決に導いている。国際判決の履行は関係政府の国内的および国際的威信がからんで少なからず困難を伴うが、そのような場合、平和委員会の介入は、判決の円滑な履行を確保するため有益であることが示されたといえよう。しかも、委員会に援助を要請した右のコロンビアとニカラグアは、ともに敗訴国であった。

　以上のようなラテンアメリカ諸国間の比較的軽微な紛争だけでなく、1964年のパナマ運河事件[72]のように、米国を一方の当事国としかつ同国軍隊の発砲をひきおこした重大な事態が、平和委員会の介入によって収拾されたことはとくに注目されてよい。この事件では、当初、パナマは国連安全保障理事会にも提訴したが、結局、両当事国が併行して同時に米州平和委員会の行動を要請している。そこで、平和委員会は、直ちにパナマへ移動し、現地に混合協力委員会を設置して運河地帯の秩序回復を図るとともに、両国の間で外交関係の再開と直接交渉の開始を合意させることに成功した。パナマ運河事件は、米州機構の枠内での処理にとどめることによって紛争を局地化し、かつ、平和委員会の介入を通じて事態の政治的側面を極力除去することにより、平和的解決が達成された例である。これと対照をなすのは1954年のグァテマラ事件[73]である。そこでは、ホンジュラスとニカラグアの領土から反政府軍の侵入を受けたグァテマラのアルベンス政府は、一旦、米州平和委員会に行動を要請したが直ちにこれを撤回して、国連安全保障理事会に援助を求めたのに対し、その後、新たにホンジュラスとニカラグアの側が平和委員会の介入を要請している。しかし、グァテマラが安全保障理事会によって実質的に審議を拒否された後、平和委員会の派遣した実情調査委員会が現地に到着するいとまもなく、アルベンス政府は崩壊した。

72　この事件を全体的に扱ったものとして、The Hammarskjöld Forum, *The Panama Canal* (1965) がある。
73　Taylor, *supra* note 10, p.787 は、この事件の背景および国連と米州機構での処理全般についての問題点を指摘している。

グァテマラがこのように米州機構ではなく国連に援助を求めたのは、「北方の政府」によるホンジュラスとニカラグアへの支援に加えて、直前の第10回米州会議でアルベンス政府への適用を想定した所謂「カラカス宣言[74]」が採択され、これによって、共産主義政権の下にあると認定される米州国に対しリオ条約に基づく強制措置の発動が予定されていたからである。かかる状況の下で、平和委員会には、グァテマラ問題の「平和的解決」のため行動する余地がほとんど残されていなかったといわねばならない。むしろ、そこでは、パナマ運河事件の場合とちがって、米州機構が全体として、対立する関係諸国の一方の側に与しており、従って、機構のいずれの機関も、もはや紛争解決手段としては有効に機能しえない状況にあった。同じことは、後にふれるように、カストロ政府をめぐる一連のキューバ問題の場合にもあてはまる。

一方、安全保障理事会がグァテマラの提訴について審議を差し控えた理由は、同国が地域的解決の努力を尽していないことよりも、ともかく現実に、平和的解決のため地域的行動がとられているということにあった[75]。事実、ホンジュラスとニカラグアの要請を受けた米州平和委員会は、グァテマラの協力いかんにかかわらず、所定の活動に着手していた。そして、1950年規程の下で、平和委員会が、一方の関係当事国の側だけの要請で行動しうるものとされていたことは、すでに述べたとおりである。しかし、そのために、グァテマラにとっては、事態の重大な段階において、国連の援助を得る機会が奪われる結果となった。後に、1956年規程によって、平和委員会が、紛争当事国双方の事前の同意なしには何ら実質的な行動をとりえないとされるに至ったのも、少くとも一部には、グァテマラ事件を教訓としてであったと推測す

---

[74] 「国際共産主義の干渉に対して米州諸国の政治的統一を保全するための連帯に関する宣言」と題する決議第93がそれであり、次のように述べている。「国際共産主義運動が大陸外勢力の政治制度をこの半球に及ぼし、いずれかの米州国の政治機構を支配又は管理することは、米州諸国の主権および政治的独立に対する脅威を構成し、米州の平和を危くするものであり、従って、現行の諸条約に基づいて適当な行動をとることを審議するよう協議会議に要請する」。*American Journal of International Law*, Vol.48, No.3 (July 1954), Official Documents, pp.123-124. この決議の採択経緯と評価については、C. G. Fenwick, "Intervention-At the Caracas Conference," *American Journal of International Law*, Vol.48, No.3 (July, 1954), p.451; Dreier, *supra* note 16, p.50, 参照。

[75] Claude, Jr., *supra* note 9, pp.27-28. この点について、更に詳しくは、拙稿「前掲・地域的機関先議の主張(三)」(注8)64-66頁参照。

るに難くない。

　以上のように、米州平和委員会の紛争解決機能に一定の限界があることは否定できないが、むしろ、それは、米州機構自体の存立基盤にも由来し従ってその平和維持制度全般に認められる制約というべきであろう。この枠内において、平和委員会が、ボゴタ条約の欠落を埋めリオ条約を補足する紛争解決機関として有効に機能しかつ多大の成果を挙げてきたことは承認されねばならない[76]。平和委員会にそうした「重要性と有用性」が確保されえた要因として、後に委員会自身が、その常設性、効果的な協力、および行動の柔軟性、の三点をとくに指摘している[77]。たしかに、唯一の常設的な紛争解決機関として、平和委員会の迅速な行動は、時宜を得た効果的な措置によって平和的解決を達成するための要素であった。また、それを可能にしたのは、いずれの委員会規程の下でも、ほとんどの場合、すべての関係当事国の協力が得られたからである。更に、平和委員会は各規程の下で、煩雑な手続に拘束されず、事態の必要に応じた柔軟な行動をとりえた。また、委員会が平和的解決のため提案又は勧告しうる措置にも制約はない。ただ、活動全般からみた平和委員会の行動は、事実調査とそれに基づく直接交渉の促進といった控え目な介入にとどまるものが中心である。それが、かえって、委員会の活動に対する関係諸国の協力を可能にしてきたことも見落せないであろう[78]。

2　機能強化の問題(1)

　第10回米州会議の決定に従って1956年に新たな規程が作成されて以後、米州平和委員会の問題が再び論議されたのは、1959年8月、チリのサンチャゴで開催された第5回外務大臣協議会議においてである。そこに提出された報

76　これらの活動を通して平和委員会が担ってきた具体的機能として、紛争の平和的解決の監視、機構理事会の調査機能の代行、後の行動の基礎となる一般的政策の表明、および紛争当事国間の伝達径路、の4つが挙げられている。Slater, *supra* note 30, pp.48-49; Sepúlveda, *supra* note 12, pp.100-101.
77　Report of the Inter-American Peace Committee on the Amendment of Its Statutes, Submitted to the Second Special Inter-American Conference, *supra* note 46, pp.3-6.
78　ドライヤーも、「米州平和委員会のまさにその弱さが、紛争当事国を歩み寄らせ鋭い紛争を平和的に解決するのを援助することに成功してきた原因である」と述べている。Dreier, *supra* note 16, p.38.

告書[79]のなかで、平和委員会自身が、この間の事情を次のように明確に述べている。

　「新規程が効力を発生した日である1956年5月9日以来、事件は何1つとして委員会に審議のため付託されなかった。このことから推論されることは、諸政府が、相互の間に発生した問題又は事態を解決するため、米州制度の他の手続の利用を優先させたということである。委員会は、この事実が、規程に導入された変更に基因するものと考える」。

　右にいう規程上の変更とは、1956年規程のトで、紛争当事国だけが平和委員会に行動を要請することができ、かつ、委員会はすべての紛争当事国の事前の同意を得てのみ行動できるものとされた（第2条、第15条）ことを指すのはくり返し述べるまでもない。そして、平和委員会のこのような所見は、サンチャゴ会議でかなり多くの国の支持を得ている。なかでも、1940年のハバナ決議の発案者と目されるエクアドル[80]は、平和委員会の機能回復のための具体的措置を含む、次のような決議案[81]を提出した。

　「第5回外務大臣協議会議による審議のため提出された米州平和委員会の報告書によると、規程における一定の変更が、米州人陸の平和および平穏のため過去に与えられた有益な役務とは対照的に、この3年の間、委員会の正常な機能に影響を及ぼしてきたこと、および
　米州平和委員会が以前に有していた実効性を回復させるためには、規程の改正に着手することが基本的に重要であることを考慮して、
　第5回外務大臣協議会議は次のとおり決議する。

79　Report of Inter-American Peace Committee to the Fifth Meeting of Consultation, OEA/Ser. F/II. 5, Doc. 5 (6 August 1959).
80　ハバナ決議の提案国はハイチであるが、その発案はエクアドルによるという。Fuchs, *supra* note 52, p.142.
81　エクアドル決議案は、これを米州法律委員会の検討に付託した決議第6とともに、次の文書に収録されている。Report of the Inter-American Peace Committee to the Second Special Inter-American Conference on the Activities of the Committee since the Tenth Inter-American Conference 1954-1964, *supra* note 70, pp.63, 64.

1940年にハバナで開催された第2回外務大臣協議会議においてその設立を促した目的を達成するために必要な権限をその機関に回復させるため、米州機構理事会に対し、米州平和委員会の現行規程、とくに第2条、第7条、第11条、第12条、および第15条を改正するよう要請する。米州機構理事会は、右の目的のため、その報告書を第11回米州会議による審議に付託するものとする」。

これは、平和委員会の活動不振の原因を、規程に導入された一定の変更に求める委員会自身の所見を再確認するとともに、かかる見地からの具体的方策として、委員会規程の再度の改正を提案するものである。また、改正のためそこで列挙された1956年規程の諸条項のなかには、平和委員会の権限を以前と較べて厳しく制限した、問題の第2条および第15条が含まれる。従って、エクアドル決議案は、平和委員会の機能強化を図るため、委員会の権限に関し基本的には1950年規程の立場への復帰を主張するものといえよう。

たしかに、平和委員会が活動の停滞を余儀なくされた3年の間[82]にも、米州諸国の間で紛争や事態が発生しなかったわけではなく、また、それらの解決のため、関係当事国が「米州制度の他の手続の利用を優先させた」ことは、委員会によって指摘されるとおりである。事実、1957年、ホンジュラスとニカラグアの間では、1906年のスペイン王による仲裁裁定の効力をめぐって国境紛争が表面化し、軍隊の発砲事件にまで発展した。また、1959年には、キューバ革命の余波ともいうべく、カリブ海地域に緊張が高まり、順次、パナマ、ニカラグアおよびドミニカ共和国をまきこむ一連の事態が発生している。サンチャゴ会議自体、かかる事態に全般的に対処するため開催されたものである。この間、米州平和委員会にかわって、機構理事会が「リオ条約の運用」を通じて問題の解決に努力してきた。すなわち、ホンジュラス（およびニカラグア）、パナマ並びにニカラグアがリオ条約の適用を要請した各場合とも、理事会は、会合の日時と場所は未定のまま協議会議を形式的に招集する一方で、自らを暫定協議機関とし、その資格において、現地に事実調査委員会を派遣

---

82 「新規程の採択から1959年までの間、平和委員会は、新議長の歓迎と退任議長の送別のため毎年1度会合しただけである」という。Manger, *supra* note 11, p.55.

するなど平和的解決のため種々の役務を提供した。その結果、現実には、協議機関たる外務大臣協議会議の開催は不必要となりまたリオ条約に基づく強制措置がとられることもなく、事態は一応の収拾をみている[83]。

このように、紛争や事態がリオ条約の適用を正当化し又は可能にする以前の段階で平和的解決を達成するため、関係当事国を有効に援助することが、本来、米州平和委員会の任務というべきである。その平和委員会は、組織と運営の実際上、右に述べた「リオ条約の運用」を担う機構理事会のいわば補助機関として機能してきた。ただ、リオ条約の適用は、当然に、いずれの関係当事国も機構理事会に要請できることであり、また、理事会は、暫定協議機関の資格において、すべての当事国の同意を得ずとも実際上平和的解決のため行動することができる。そして、この点が、1956年規程の下での米州平和委員会の場合と異なるところである。従って、平和委員会の機能強化を図るため、委員会の権限に関して1950年規程の立場への復帰を主張するエクアドル提案には理由があるといわねばならない。

もっとも、平和委員会の権限に関する1956年規程の制約が、委員会の活動に停滞をもたらし又は紛争当事国をして他の解決手続の利用を優先させた原因といえるかは、にわかに断定しがたい。リオ条約の運用による平和的解決のための措置も、実際には、関係当事国すべての協力を得てとられているからである。また、その後、すでにふれた1961年のホンジュラス・ニカラグア間の国境紛争や1964年のパナマ運河事件など、1956年規程の下で平和委員会が行動を要請され平和的解決に導いた事例も存在する。いずれにせよ、サンチャゴ会議において、エクアドル決議案は米州法律委員会の検討に付託されるにとどまり（決議第6）、規程の再改正によって平和委員会の機能強化を図ることは差し控えられた。しかし、同時に、会議では平和委員会に対し1956年規程の枠外で一定の新たな任務と権限が付与されたことにより、実質上、エクアドル提案の目的は別のかたちで実現されている。それは、直接的には、サンチャゴ会議の開催を必要とした事態の現実に対処するための具体的措置としてである。

---

83 *Applications of the Rio Treaty*, Vol.1, *supra* note 38, pp.251, 331, 375.

3 機能強化の問題(2)

　サンチャゴでの第5回外務大臣協議会議は、リオ条約上の協議機関としてではなく、ボゴタ憲章第39条(当時)にいう「米州諸国にとって緊急でありかつ共通の利害関係がある問題」を審議するために開催されたものである。当時、カリブ海地域では、キューバ革命(1959年1月1日)の強い影響の下に近隣諸国で相次ぐ反政府暴動が発生し、とくに、独裁政権が存続するニカラグアおよびドミニカ共和国と民主的措置の回復をおしすすめるベネズエラそしてキューバとの間で対立がにわかに激化した。また、キューバ革命によって直ちに損われることのなかった米国とキューバの関係も、カストロ政府が外国系資産の収用に着手するに及んで、悪化のきざしをみせていた。このように全般的に緊張を孕むカリブ海地域の事態に対処するため、ブラジル、チリ、ペルーおよび米国の要請によって開催されたのがサンチャゴ会議[84]であり、そこでは、「米州制度の諸原則および諸基準、とくに不干渉および不可侵の原則からみたカリブ海地域の緊張」、並びに「代議制民主主義の有効的実施および人権の尊重」の問題が審議された結果、関連措置として、「サンチャゴ宣言」および「米州平和委員会に関する決議」の2つが全会一致で採択されている。

　そのうち、サンチャゴ宣言は、カリブ海地域における政治的緊張の解決策を、米州諸国が代議制民主主義の諸原則および人権と基本的自由を遵守することに求めて、これらの「政権および政府がどの程度民主主義制度に従っているかを国内的および国際的世論が測定できるようにするため、西半球における民主主義制度の若干の原則および特質を一般的に宣明」したものである[85]。「代議制民主主義の有効的実施(the effective exercise of representative democracy)」は、米州機構の各種会議でくり返し要請されかつすべての米州諸国によって常に支持されてきたにもかかわらず、ボゴタ憲章が「再確認」する諸原則のうち最も遵守されていないものの1つであるといわれている[86]。そ

84　サンチャゴ会議の招集に至る経緯については、*Applications of the Rio Treaty*, supra note 38, pp.417-420.

85　Quinta Reunión de Consulta de Ministros de Relaciones Exteriores, *Actas y Documentos* (Unión Panamericana, 1961), OEA/Ser. F/III. 5, pp.301-303.

86　Jorge Castañeda, "Pan Americanism and Regionalism: A Mexican View," *International Organization*,

れに止らず、とくにカリブ海地域においては、独裁政権の存続およびクーデターの続発が、領域国の多少とも明白な支援を受けた政治亡命者による破壊活動とそれに基因する関係諸国間の紛争を慢性化していた。今回の事態もその例外でなく、状況に従来と根本的な差異はみられない[87]。しかしながら、他方、ボゴタ憲章も、米州諸国に代議制民主主義の採用を法的に義務づけているわけではない。各国は、「その文化的、政治的および経済的生活を自由かつ自然に発展させる権利」(憲章第13条)を行使するうえで、右制度の有効的実施を要請されているにすぎないからである。従って、これまでも、代議制民主主義の不履行が、それ自体として、憲章で規定する他の基本原則とくに不干渉の原則の利益を奪い、又は米州機構による集団的干渉を正当化するものとは解されてこなかった[88]。サンチャゴ宣言は、こうしたボゴタ憲章の基本的立場を堅持しつつもその枠内において、代議制民主主義の主要な諸側面を具体的化することにより、米州諸国におけるこの制度の有効的実施を促進しようとするものである。

　デュピュイ(René-Jean Dupuy)に倣って[89]、サンチャゴ宣言が米州制度の基礎にある政治的イデオロギーを簡潔に定義した規範面での措置であるとすれば、他方、事態の現実に対処するための具体的措置が決議第4「米州平和委員会[90]」によって示されたといえよう。そのなかで、第5回外務大臣協議会議は、次のとおり決議している。

　Vol.10, No.3 (August 1956), p.384. なお、この問題を全般的に扱ったものとして、A. J. Thomas, Jr., and Ann Van Wynen Thomas, "Democracy and the Organization of American States," *Minnesota Law Review*, Vol.46 (1961-1961), p.337がある。

87　ただ、当時は、キューバ革命の影響の下で、独裁政権が劣勢にあったことが指摘できよう。トルヒーリョ政府は、「ベネズエラ政府の関与を得てキューバ領土で組織された」ドミニカ共和国への侵入を機構理事会に提訴したが、ほとんど支持が得られなかったため、これを撤回せねばならなかった。*Applications of the Rio Treaty*, Vol.1, *supra* note 38, p.419.

88　Ann Van Wynen Thomas and A. J. Thomas, Jr., *Non-Intervention: The Law and Its Import in the Americas* (Southern Methodist University Press, 1956), p.364; Thomas and Thomas, *supra* note 52, p.221; C. Neale Ronning, *Law and Politics in Inter-American Diplomacy* (John Wiley and Sons, 1963), p.77.

89　René-Jean Dupuy, "Organisation internationale et unité politique: La crise de l'Organisation des États américains," *Annuaire français de droit international*, tome 6 (1960), p.201.

90　この決議は、次の文書に収録されている。Report of the Inter-American Peace Committee to the Second Special Inter-American Conference on the Activities of the Committee since the Tenth Inter-American Conference 1954-1964, *supra* note 70, p.65.

「1. 米州平和委員会に対し、他の機関の特定の権限を害することなく、この会議の招集の主題であった問題の研究を委託する。また、この目的のため、委員会は以下のことを検討するものとする。
    a 既存の政府を転覆すること又は内戦時における国家の権利および義務に関する条約の如き文書で想定されたような干渉又は侵略の機会を挑発することを企図する、外部からのすべての活動を防止するための方法および手続。但し、(i)領域内庇護に関する条約で承認された政治亡命者の権利および自由、(ii)人の権利および義務についての米州宣言、および(iii)米州諸国の国内憲法を損わないことを条件とする。
    b 一方で人権の蹂躙又は代議制民主主義の不履行と他方で西半球の平和に影響を及ぼす政治的緊張の関係、および
    c 経済的低開発と政治的不安定の関係。
2. 委員会は、その任務の遂行にあたって、諸政府の要請により又は自己の発意に基づいて、第1項で言及する事項に関して行動することができるが、その行動はいずれの場合にも、それぞれの領域でなされる調査については当該国家の明示の同意を条件とする。
　………………
4. この決議が米州平和委員会に対して暫定的に付与する新たな権限は、第11回米州会議の終了時まで有効とし、そこで、右委員会の規程へのそれらの最終的挿入について決定をおこなうものとする」。

サンチャゴ会議は、それがリオ条約でなく専らボゴタ憲章に基づく外務大臣協議会議であったことに示されるとおり、いずれか特定の国に対する非難を公開、審査したりまして集団的措置をとるためではなく、カリブ海地域の緊張を全般的に審議するため開催された[91]。同じことは、米州平和委員会に

---

[91] 米国も、機構理事会とサンチャゴ会議の両者において、この点を強調していた。*The Department of State Bulletin.*, Vol.41, No.1048 (July 27, 1959), p.137; *ibid.*, No.1053 (August 31, 1959), pp.301-302.

委ねられた任務の性質についてもいえるであろう[92]。右の決議において、事態の主要な諸側面が網羅され、かつ、それらは全体として、すべての国が受諾できるよう慎重に配列されている所以である。しかし、平和委員会の検討に付託されたこれらの問題の大部分は、以前から具体的な紛争として、委員会が行動を要請され又はリオ条約に基づき機構理事会に提起されてきたものにほかならない。また、これらの事項に関する限り、平和委員会は、「諸政府の要請により又は自己の発意に基づいて」行動することが認められた。その結果、委員会は、新たに付与された一般的な任務の遂行上、実際には、広範にわたる米州諸国間の紛争を、1956年規程の制約をうけずにとりあげることが可能になる。従って、右のサンチャゴ決議は、平和委員会の権限に関して1950年規程の立場への復帰を求めたエクアドル提案を、委員会規程の改正によらず実現したものといえよう。この決議第4に基づいて、平和委員会は、1959年にハイチとベネズエラ、1960年にエクアドルとドミニカ共和国、また1961年にはメキシコとペルーのいずれも一方的な要請により、紛争に介入している[93]。そして、この新たな権限に基づく委員会の活動において指針となるものが先のサンチャゴ宣言であった。このように、サンチャゴ会議の2つの措置は一体をなしている。

以上のように、第5回外務大臣協議会議は、1956年規程の改正を差し控える一方、規程の枠外で直接に、米州平和委員会に対し一定の新たな任務と権限を付与した。しかし、それは、平和委員会の機能強化を図るための規程改正にかわる方策というよりも、むしろ、サンチャゴ会議の開催を必要とした事態の現実に対処するための具体的措置としてである。従って、この新たな任務と権限の下での平和委員会の活動は、同じ目的で採択されたサンチャゴ

---

92 決議は、第3項で、委員会の作業内容を次のように規定している。「委員会は、他の国際文書で規律される事態を除いて、この決議の第1項が言及する問題についての広汎な研究を直ちに開始し、また、米州諸国政府が所見を明確に表明できるよう予備報告書を作成するものとする。この報告書に引き続いて最終報告書が作成されるものとし、それは、適切な決定がなされるよう、第11回米州会議、又は指示がある場合には外務大臣協議会議に提出される」。

93 平和委員会がサンチャゴ会議の決議第4の下で扱った各事例の詳細は、次の文書に一括して報告されている。Report of the Inter-American Peace Committee to the Seventh Meeting of Consultation of Ministers of Foreign Affairs, OEA/Ser. F/II. 7/Doc. 6 (5 August 1960); Report of the Inter-American Peace Committee to the Eighth Meeting of Consultation of Ministers of Foreign Affairs 1962, OEA/Ser. L/III. CIP/1/62 (14 Jan. 1962).

宣言の実際的機能と同様、その後における事態の全般的推移とそれに伴う外務大臣協議会議を中心とした米州機構の対応の変化によって掣肘をうけることは免れえなかった。

4 平和的解決機能の限界

サンチャゴ会議以後もカリブ海地域の緊張は緩和されることなく、事態がドミニカ問題とキューバ問題にいわば収斂されつつ悪化の一途を辿るなかで、それぞれの局面に対処するため、1960年8月、コスタリカのサンホセにおいて引き続き2度の外務大臣協議会議が開催された[94]。そのうち、ドミニカ問題を審議した第6回会議は、ベネズエラの提訴に基づき、リオ条約上の協議機関として開かれたものである。同会議は、カラカスで発生したベタンクール大統領殺害未遂事件に関し、「ドミニカ共和国政府のベネズエラに対する侵略および干渉の行為への荷担」を強く非難するとともに、リオ条約に基づいて、ドミニカ共和国との外交関係の断絶および経済関係の一部中断の措置を決定した[95]。他方、第7回会議は、急速に表面化した米国とキューバの対立およびそれに伴うキューバとソ連の提携[96]によって新たに惹起された、「事態の種々の局面および影響を米州制度において有効な原則、基準および義務に照して審議するため」ペルーの要請により開催されたもので、サンチャゴ会議と同様、専らボゴタ憲章に基づく外務大臣協議会議である。そこでは、米国・キューバ紛争についてはアド・ホック周旋委員会が設置されるにとどまり、とくに、キューバとソ連の提携に関して米州国の内政に対する大陸外勢力の干渉と米州国によるかかる「干渉の受諾」とを同様に厳しく非難し

---

94 サンチャゴ会議と両サンホセ会議の三協議会議相互間の密接な関連については、ここではふれないが、次のなかで極めて刻明に描かれている。Dupuy, *supra* note 89, pp.204-224; R. St. J. Macdonald, "The Organization of American States in Action," *University of Toronto Law Journal*, Vol.15, No.2 (1964), pp.366-380.
95 *Applications of the Rio Treaty, supra* note 38, Vol.2 (1960-1972), pp.7-9.
96 すでにサンチャゴ会議の当時、カストロ政府の農地改革法(1959年5月17日)をめぐって緊張を孕んでいた米国とキューバの関係は、その後、米国がキューバ糖の輸入割当を削減し(1960年7月6日)、他方キューバが対抗措置として米国人資産を国有化するに及んで、悪化を極めた。加えて、ソ連はキューバに対し、米国が削減した量に相当するキューバ糖の購入を申し出るとともに、米国の武力侵略に際しての全面援助を約束するに至り、ここに、キューバをめぐる米ソ間の対立が表面化した。

た「サンホセ宣言」が採択された[97]。後に、カストロ首相によるマルクス・レーニン主義への帰依の言明[98]を契機として、キューバに対し強制措置をとるための基礎を提供したのはこのサンホセ宣言である。1961年1月、コロンビアの要請によりウルグァイのプンタ・デル・エステで開かれた第8回外務大臣協議会議は、リオ条約上の協議機関として、「共産主義の諸原則が米州制度の諸原則と両立しない」(決議第1)ことを確認するとともに、「米州制度への参加からのキューバ現政府の除外」(決議第6)およびキューバとの経済関係の一部中断(決議第8)を含む措置を決定した[99]。

このようにドミニカ共和国とキューバに対し強制措置が発動されるに至る事態の展開のなかで、米州平和委員会は、トルヒーリョ政府とカストロ政府を、それぞれサンチャゴ宣言およびサンホセ宣言に基づき、一方的に非難する場として機能してきた。ドミニカ問題の場合、ベネズエラ大統領殺害未遂事件の直前に、平和委員会は、ベネズエラの要請でおこなった調査の報告を機構理事会に提出している。そのなかで、平和委員会は、「カリブ海地域の国際緊張がドミニカ共和国における……人権の重大かつ広範な蹂躙によって悪化した」と結論するとともに、サンチャゴ宣言の諸原則に違反する数多くの事実を指摘しつつ、「委員会の見解によれば、ドミニカ共和国において人権の重大な蹂躙が存続する限り、右の緊張は引続いて増大するであろう」と強調していた[100]。しかしながら、ドミニカ共和国に対し強制措置が発動されたのは、結局、専らリオ条約に基づいてであって、平和委員会の所見に示されるサンチャゴ宣言の実施という観点からではない。すなわち、ベネズエラの提訴を受けた機構理事会が、暫定協議機関の資格で、現地に調査委員会を派遣

---

97 Septima Reunión de Consulta de Ministros de Relaciones Exteriores, Actas y Documentos (Unión Panamericana, 1961), OEA/Ser. F/III. 7, pp.407-408.
98 1961年12月1日、カストロ首相は、「統一革命組織」の設立に関する演説のなかで、自らがマルクス・レーニン主義者であること、「資本主義と社会主義の間に第三の道はない」こと、および、キューバ革命を防衛・強化するために既存の3つの革命勢力をマルクス・レーニン主義を基礎に統合することを言明している。"The Only Lawful Guarantee of Our Power (an abridged version of Castro's speech)," *International Affairs* (USSR) (Feb. 1962), pp.63-71.
99 *Applications of the Rio Treaty*, Vol.2, *supra* note 38, pp.69-78.
100 Report of the Inter-American Peace Committee to the Second Special Inter-American Conference on the Activities of the Committee since the Tenth Inter-American Conference 1954, *supra* note 70, pp.25-26.

し改めて実情を調査した結果、ドミニカ共和国の侵略と干渉の行為への荷担が確証されたため、正式の協議機関たる第6回外務大臣協議会議が開催されることとなり、また、同会議は、実情調査委員会の報告に基づいて、強制措置をとることに決定したのである。

　一方、キューバ問題の場合、サンホセ宣言が非難するカストロ政府の行動に対処するため、いち早くペルーは、機構理事会に対しリオ条約に基づく外務大臣協議会議の招集を要請したが、理事会はペルーの苦情を米州平和委員会の調査に委ねるにとどめた[101]。その後、コロンビアから同様の提訴を受けていた理事会は、カストロ首相のマルクス・レーニン主義に関する言明を契機として、第8回外務大臣協議会議の開催を決定するに至り、同会議に、先のペルーの要請で平和委員会がおこなった調査の報告も提出された。そのなかで、平和委員会は、キューバ政府によるマルクス・レーニン主義の自認をサンチャゴ宣言およびサンホセ宣言に基づいて厳しく非難するとともに、中・ソ諸国とのキューバの提携は米州制度を規律する原則および基準と両立せずまたボゴタ憲章およびリオ条約に掲げる義務の履行を妨げるものと結論している[102]。そして、キューバに対し強制措置が発動されたのは、まさしく右の所見を理由としてである[103]。すなわち、ドミニカ問題の場合と違って、コロンビアの提訴を受けた機構理事会は、予め暫定協議機関の資格で独自の調査をせぬまま正式の協議機関の招集を決定したため、米州平和委員会が、第8回外務大臣協議会議での決定の基礎となる唯一の資料を提供していた。しかも、それはペルーの要請に基づく調査の報告である。従って、キューバ問題の場合には、リオ条約の適用を正当化する事実又は事態の存否自体について疑義が払拭されえなかった[104]。

101　*Applications of the Rio Treaty*, Vol.2, *supra* note 38, p.62.
102　Report of the Inter-American Peace Committee to the Eighth Meeting of Consultation of Ministers of Foreign Affairs 1962, *supra* note 93, pp.27-47.
103　Fenwick, *supra* note 52, p.109. 事実、とくに「キューバ現政府の除外」決議は、措置の理由づけの一部に、平和委員会の調査報告を直接引用している。
104　この点について詳しくは、C. G. Fenwick, "The Issues at Punta del Este: Non-Intervention v. Collective Security," *American Journal of International Law*, Vol.56, No.2(April 1962), pp.469-474; 拙稿「米州機構の平和維持機能と国際連合(二・完)」『法学論叢』第81巻2号(1967年)37-39頁(本書第2部第7章)参照。

このように、サンチャゴ会議で付与された任務と権限の下で、米州平和委員会は、実際上、特定の国に対する非難を審査し公開する機能を担ってきたのであり、まずこの点から、一般に、平和的解決の達成を委員会が有効に援助することはあまり期待できなかった。事実、この新たな任務と権限の下で、平和委員会は、これを付与した外務大臣協議会議の補助機関たる地位を併せもつ結果となり、従って、そのような委員会には、それぞれの事態に対処するため協議会議が提示した基本的立場、すなわちサンチャゴ宣言およびサンホセ宣言をはなれて、平和的解決を促進しうる余地は残されていなかったといわねばならない。ことに、キューバ問題でみられたように、特定の紛争や事態において、米州機構が全体として、対立する関係当事国の一方の側に与する場合、機構理事会ないし外務大臣協議会議に直属する米州平和委員会は、もはや平和的解決機関として機能しえなかった。むしろ、そこでは、平和委員会は、専らボゴタ憲章に基づく外務大臣協議会議が委ねた任務を遂行することによって、リオ条約上の協議機関たる外務大臣協議会議が強制措置を発動するための基礎を提供していたのである。

このようにみると、サンチャゴ会議が、規程の枠外で直接に、平和委員会に対し一定の新たな任務と権限を付与したことは、その後における事態の推移のなかで、委員会の平和的解決機能を、強化するのに貢献したというよりも、大きく歪める結果を伴ったと結論せざるをえない。そして、この点で、サンチャゴ会議においてエクアドルは、平和委員会の機能強化を図るため、委員会の権限に関し1950年規程の立場への復帰を主張した際、同時に、かかる平和委員会の組織と運営を機構理事会から切り離すべく、1956年規程中の関係規程、すなわち第7条の改正をも提案していたことが想起されるのである。

サンチャゴ会議の決議第4によれば、米州平和委員会に対して暫定的に付与された新たな権限は、第11回米州会議まで有効とし、そこで、委員会規程にこれを挿入するかどうかが最終的に決定されることになっていた。しかし、第11回米州会議は、当初の予定をいく度か延期した後、結局、開催されるに至らず、かわって、1965年11月、リオデジャネイロで開かれた第2回特別米

州会議が、ボゴタ憲章の全面改正に着手することを決定するに及んで、右の懸案も、平和委員会を含む米州機構全体の改組作業のなかで処理されることとなったのである。一方、サンチャゴ会議によって問題のエクアドル決議案の検討を委託された米州法律委員会は、すでに1960年、機構理事会に報告書を提出していた。そのなかで、法律委員会は、エクアドル提案の主要論点について判断を差し控えつつ、次のように結論している。すなわち、「その問題は、1950年規程又は1956年規程のいずれを適用することにより多少とも大きな成功が得られるかに従って、米州諸国政府が決定すべきである。かかる成功又は失敗は、明らかに、法律委員会が決して評価しうるべきところではない[105]」、と。たしかに、米州平和委員会に付与されるべき権限の範囲は、それ自体として論じられうる法的問題でなく、この紛争解決機関を米州機構の平和維持制度のなかでどのように位置づけるかに深くかかわる政治的問題である。そして、ボゴタ憲章の改正と米州機構の改組は、平和委員会の機能強化の問題についても、こうした広い視点からの再検討がなされるべきまたとない機会であった。

V 米州機構憲章の改正と紛争の平和的解決

1948年のボゴタ憲章によれば、その「改正は、このために招集された米州会議においてのみ採択することができる」(第111条前段)。この規定に従って、1965年の第2回特別米州会議はリオデジャネイロ協定[106](Act of Rio de Janeiro)」により、第3回特別米州会議をブエノスアイレスに招集することを決定するとともに、その間、全加盟国の代表者からなる特別委員会をパナマで開催することとし、これに、憲章改正の予備草案の作成を委託した。また、同協定には、改正憲章に規定される機構改組の大綱を示した指針が列挙されている。このリオ協定に従って、パナマの特別委員会は、1966年4月、「米州機構

---

105 Etude du projet de l'Equateur sur la Commission interaméricaine de la paix, *Préparée conformément à la Résolution VI de la Cinquième réunion de consultation des ministres des relations extérieures*, CIJ-50 (Juin 1960), p.10.
106 *International Legal Materials*, Vol.5, No.1 (January 1965), p.140.

憲章改正予備草案[107]（Preliminary Draft Proposal）」の作成を完了し、直ちに、各加盟国政府による検討に付された。その結果、1967年2月27日、第3回特別米州会議において採択、署名されたのが「米州機構憲章改正議定書[108]（ブエノスアイレス議定書）Protocol of Amendment to the Charter of the O.A.S., "Protocol of Buenos Aires"」である。かくして改正されたボゴタ憲章は、3年後の1970年2月27日、必要な数の批准を得て発効した[109]。

ボゴタ憲章の改正にあたって、米州機構の平和的解決機能の強化は課題の1つであり、この点から、米州平和委員会の諸側面にも再検討が加えられた。第2回特別米州会議において、1959年のサンチャゴ会議が平和委員会に付与した権限は終了せしめられる一方、再度、委員会規程の改正が提起されている。この問題に関して、同会議には、新規程の草案を含む平和委員会の報告が提出された。そのなかで、平和委員会は、委員会の権限に関して1950年規程の立場への復帰を提案するとともに、かかる委員会と機構理事会の間に一定の法的絆を設定するよう勧告している[110]。すなわち、新規程草案の下で、平和委員会は、紛争当事国であるか否かを問わず、いずれの米州国の要請によっても、平和的解決のため行動する権限が認められ、また、米州の平和を危くする事態について機構理事会の注意を促すことができるものとされた。これに対して、第2回特別米州会議は、むしろ機構理事会が、紛争の平和的解決を「効果的に援助する」ための権限を付与される必要のあることを確認している（決議第8）。しかし、そこでは、平和委員会に付与されるべき権限の範囲について年来の基本的対立が解消されず、結局、委員会規程の改正問題は、パナマの特別委員会にもちこされた[111]。

特別委員会の憲章改正予備草案では、機構理事会を受け継ぐ常設理事会に

107　*Ibid.*, Vol.5, No.3 (May 1966), p.488.
108　*Ibid.*, Vol.6, No.2 (March 1967), p.310.
109　憲章改正の経緯と改正憲章の問題点について詳しくは、拙稿「前掲・米州機構憲章の改正」（注13）111-117頁参照。
110　Report of the Inter-American Peace Committee on the Amendment of Its Statutes, Submitted to the Second Special Inter-American Conference, *supra* note 46, pp.10-12.
111　Ball, *supra* note 52, pp.371-372; A. H. Robertson, "Revision of the Charter of the Organisation of American States," *International and Comparative Law Quarterly*, Vol.17, No.2 (April 1968), pp.354-355; Gros Espiell, *supra* note 12, p.155.

紛争解決機能が付与され、その補助機関として、米州平和委員会に相当する委員会が設置されるが、理事会および委員会ともに、紛争当事国双方の同意なしに平和的解決のため行動することは認められない。従って、それは、実質上、権限に関して1956年の現行規程の立場を維持したまま、従来の平和委員会を正式に機構理事会の下に置き、その限りで、理事会にも紛争解決機能を付与したにすぎないといえよう。第3回特別米州会議は、この常設理事会の補助機関に新たな「米州平和的解決委員会(Inter-American Committee on Peaceful Settlement)」の名称を与えただけで、憲章改正予備草案をそのまま承認した。そして、憲章改正議定書の発効により、1970年7月、米州会議を受け継ぐ総会は常設理事会の作成した新委員会規程[112]を承認し、翌年、五国からなる米州平和的解決委員会が発足するに至ったのである。

　紛争の平和的解決の分野でボゴタ憲章の改正にみる唯一の成果は、このように、常設理事会の下に米州平和的解決委員会が設置されたことである。しかし、改正憲章の関係規定(第82条-第90条)および新委員会規程の詳細に立ち入るまでもなく、この平和的解決委員会は、すでに考察した1956年規程の下での米州平和委員会と実質的に何ら異なるところはない。また、その限りでの紛争解決機能が、新たに、常設理事会にも認められたにとどまる。この点で、エクアドルは、憲章改正議定書に対して、「常設理事会は、紛争の平和的解決につき加盟国を効果的に援助するための十分な権限を付与されていない」、との不満を表明していた[113]。たしかに、ボゴタ憲章の改正によって、米州機構の平和的解決制度が根本的に改善されたと結論することは困難である。

　しかしながら、改正ボゴタ憲章は、常設理事会の紛争解決機能を担う補助機関として米州平和的解決委員会を設置することにより、一方で、機構理事会の「政治的機能」に関するこれまでの疑義を払拭するとともに、他方で、米州平和委員会を受け継ぐ紛争解決機関の法的地位を明確にした。また、その際、平和委員会に付与されるべき権限の範囲をめぐり、1950年規程と1956年規程の間で繰り返された見解の対立にも、後者の立場から憲章上の決着がつ

112　*Statutes and Rules of Procedure of the Inter-American Committee on Peaceful Settlement*, OEA/Ser. G, CP/CISP-1/73; 拙訳「前掲・米州機構の平和的解決関連文書」(注15) 105頁。

113　*International Legal Materials*, Vol.6, No.2 (March 1967), p.354.

けられている。これによって、米州平和的解決委員会には、以前の平和委員会にみられない安定した活動の基盤が据えられたといえよう。

　更に、改正憲章の下で看過しえないのは、憲章改正前からの動向と相俟って、実際上、ますます多くの手続が、米州諸国間の紛争の平和的解決のため利用可能になっていることである。すなわち、改正憲章の規定によれば、常設理事会に提起された紛争は、通常、まず平和的解決委員会に付託され、そこで解決できないときは理事会自身による平和的解決が試みられるが、一方の当事国が委員会や理事会の介入をあくまで拒絶する場合には、理事会は総会に対し報告するにとどめる。その際、米州会議にかわり新たに年次会合をもつ総会が、明文規定はないが、平和的解決のための勧告をなしうるものとすれば、改正憲章の下で「三段階」の紛争解決手続が設けられていることになる[114]。と同時に、常設理事会には、「リオ条約の運用」を通してこれまでどおり、暫定協議機関の資格で平和的解決のため行動する途も残されている。また、改正憲章の下でも従来のまま維持された外務大臣協議会議は、リオ条約上の協議機関としての任務をおこなう以外に、ボゴタ憲章にいう「米州諸国にとって緊急でありかつ共通の利害関係がある問題」として特定の紛争や事態を審議するために会合し、そこで直接に、平和的解決のため適当と考える具体的措置をとる傾向が強くなっている。

　これら各種機関を通じての多様な紛争解決努力をいかに調整するかは、改正憲章の下で残された課題の1つである。事態がリオ条約の適用を正当化し又は可能にする以前の段階で平和的解決の達成を有効に援助できる手段の確立は、リオ条約の便宜的運用を回避しもってそれ本来の機能を維持するうえからも要求されるところであり[115]、また、そのためには、米州平和的解決委員会の紛争解決機能を他の諸機関の活動とどのように関連づけるかが重要な問題となるからである。これらの点については稿を改めて論ずることとしたい。

114　Dreier, *supra* note 14, p.484; Sepúlveda, *supra* note 12, p.130. 総会のこのような権限は、「米州諸国間の友好関係に関する事項を審議する」権限（第52条a）から導かれている。

115　Report of the Inter-American Peace Committee on the Amendment of Its Statutes, *supra* note 46, p.14.

10 地域的強制行動に対する国際連合の統制

——米州機構の事例を中心に

I はしがき

　国連憲章は、第8章において、「国際の平和及び安全の維持に関する事項で地域的行動に適当なものを処理するための地域的取極又は地域的機関」の存在を承認するとともに、かかる地域的行動と国連との関係を、紛争の平和的解決および強制行動の両者について規定する。そのうち、平和的解決の分野において、地域的取極および地域的機関は、紛争当事者がまず第1に利用すべき自らの選ぶ手段の1つとして、憲章上、その有用性を一般的に承認され、また、とくに地方的紛争については、この手段による平和的解決の努力が優先し、かつ奨励されるべきことが明記されている。したがって、地域的行動が紛争の平和的解決を目的とする限り、第52条1項但書および第54条を条件として、国連からの自律性を害される余地はないように思われる[1]。これと比べて、地域的強制行動は、安全保障理事会によりその権威のもとに利用される場合があるほか、第53条1項において、次のように規定されている。すなわち、「いかなる強制行動も、安全保障理事会の許可がなければ、地域的取極に基いて又は地域的機関によってとられてはならない」、と。

　すでにダンバートン・オークス提案が第8章C節2項で規定していたこの原則は、同提案に示される集団安全保障体制のかなめであったが、同時に、そ

1　G.-S.-F.-C. Kaeckenbeek, "La Charte de San-Francisco dans ses rapports avec le droit international," *Recueil des cours*, tome 71 (1947), p.191; A. Ross, *Constitution of the United Nations* (Rinehart, 1950), p.169.

の後ヤルタ会談で合意された安全保障理事会の表決手続と相俟って、サンフランシスコ会議における各方面からの不満の対象であった。その結果、対旧敵国措置に関する例外規定に加えて、個別的または集団的自衛の措置に安全保障理事会の許可、したがって、また拒否権の適用、を免除する第51条が新設されたことにより、地域的強制行動は、実質上その最も重要な部分において、国連による事前の統制を免れることになった[2]。なかでも、「集団的自衛」という概念は、「米州制度のような地域的制度を維持する必要」から創設されたものである[3]。そして、この経緯からいちはやく、「この条項(第51条―筆者)の承認はチャプルテペック協定が憲章と矛盾しないことを意味する」とともに、「やがて起草される条約によって補完されるチャプルテペック協定は、新しい国際機構が要求するすべての基準に合格するだろう」、と主張されていた[4]。

　しかし、とどめおかれた第53条にいう地域的強制行動と第51条に基づく集団的自衛行動とは、「事実上両者が競合する場合はありうるとしても、観念の上でははっきりと区別されなければならない[5]」であろう。前者が国際の平和と安全の維持または回復を目的とするのに対して、後者は一定の権利侵害の排除を本質とするからである。この点で、チャプルテペック協定を具体化した1947年の米州相互援助条約(リオ条約)は、国連憲章第51条を援用する第3条の個別的または集団的自衛措置とは別に、第6条において、いずれかの米州国の領土保全または政治的独立が「武力攻撃でない侵略」、米州内外の紛争または「米州の平和を危くする虞のある他の何らかの事実もしくは事態」によって影響を受ける場合にも共同防衛措置の発動を予定しており[6]、そのう

2　Ross, *supra* note 1, pp.172-173. 田岡良一『国際法上の自衛権』(勁草書房、1964年)196頁。
3　*United Nations Conference on International Organization*(*UNCIO*), Vol.12, p.680.「ラテン・アメリカの危機」と呼ばれる事態はこの間の事情を示す。J. L. Kunz, "Individual and Collective Self-Defense in Article 51 of the Charter of the United Nations," *American Journal of International Law*, Vol.41(1947), p.872.
4　*UNCIO*, Vol. 12, pp.681, 706.
5　田畑茂二郎『国際法I』〔法律学全集〕(有斐閣、1957年)263頁。
6　*United Nations Treaty Series*(*UNTS*), Vol. 21(1948), p.77. リオ条約のもとで集団的措置の適用が想定される事態について、詳しくは、J. L. Kunz., "The Inter-American Treaty of Reciprocal Assistance," *American Journal of International Law*, Vol. 42(1948), p.115.

ち後者は自衛行動として正当化されえないものと一応考えられる[7]。これまでに憲章第53条の適用が主張されてきたのも、主にこのリオ条約第6条に基づく米州機構の外交的、経済的および軍事的措置に関してであった[8]。

米州機構は、「国際連合内においては地域的機関である」と自らを規定し(機構憲章第1条後段)、かつ、国連憲章に基づく「地域的責任」を果たすことをその目的の重要な一部とする(同第2条)点で、もっぱら憲章第51条に依拠する他の多くの地域的協定または地域的機構から区別される。一般に、第8章の諸規定の適用が問題となりうるのはある程度の対内的指向性を備えた地域的機構の場合であって、地方的紛争の平和的解決と地域的集団安全保障の機能は、「地域的取極」のそうした性格を最もよく示すものといえよう。しかし、集団的自衛を第一次的な目的とする先の取極が、それだけの理由から、第8章で想定されるこれらの機能を担うことを妨げられるわけではなく[9]、また、とくに「地域的取極」に不可欠な条件として紛争解決手続の整備を要求する[10]に足る根拠も見出せないように思われる。第8章にいう「地域的取極」は、結局、憲章の中で定義されなかった。また、この種の取極を同定するための基準を国連の実行から導くことも困難である。したがって、第8章の諸規定の適用上、「問題は、ある機構が地域的機関で・あ・る・か・ど・う・か・ではなく、特・定・の・事・態・に・お・い・て・そういったものとして機・能・し・て・い・る・か・ど・う・か・に・あ・る・[11]」、と結論せざるをえないであろう。

憲章第8章の適用は、強制行動の分野に限らず、とくに米州機構との関係

7 もっとも、リオ条約をはじめ相互援助・共同防衛諸条約にいう「武力攻撃」が、国連憲章第51条におけると同一の意味をもって規定されているとは限らない。田岡『前掲書』(注2)219-221頁参照。
8 リオ条約の適用事例は次の文書に一括されている。*Inter-American Treaty of Reciprocal Assistance: Applications* (hereinafter cited as *Applications of the Rio Treaty*), Vol.1(1948-1959), Vol.2 (1960-1964) (Pan American Union, General Secretariat, Organization of American States, 1964).
9 N. Bentwich and A. Martin, *A Commentary on the Charter of the United Nations* (Routledge & Kegan Paul, 1950), p.110.
10 J. M. Yepes, "Les accords régionaux et le droit international," *Recueil des cours*, tome 71(1947), p.251; A. Salomon, *L'O.N.U. et la Paix : le Conseil de sécurité et le règlement pacifique des différends* (Editions internationales, 1948), p.84; H. Saba, "Les accords régionaux dans la Charte de l'O.N.U.," *Recueil des cours*, tome 80(1952), p.686; G. Bebr, "Regional Organizations: a United Nations Problem," *American Journal of International Law*, Vol.49(1955), p.169.
11 M. Akehurst, "Enforcement Action by Regional Agencies, with Special Reference to the Organization of American States," *British Year Book of International Law*, Vol.42(1967), p.180(emphasis original).

において多岐にわたる一連の困難な問題を提起してきた[12]。それらは、サンフランシスコ会議における決定の不明確さにも基因するが、米州内外における米国の政策に負うところが大きく[13]、またこの点で、米州機構における平和維持の実情[14]そして広く国連における平和維持制度の変容との関連が併せて考察されねばならないであろう。しかし、本稿においては、これらの動向を考慮しつつ、とくに、米州機構の非軍事的および軍事的措置を第8章の枠内で正当化するために展開された議論を検討することにより、第53条の原則の意味を明らかにするにとどめたい。

II 地域的強制行動と非軍事的措置

1 国連憲章第53条の適用が現実に提起されたのは1960年のドミニカ問題においてが最初である。同年8月、サン・ホセの第6回外務大臣協議会議は、ベタンクール大統領殺害未遂事件を含む「ベネズエラへの侵略および干渉行為に対する加担」を理由に、リオ条約第6条および第8条に基づいて、ドミニカ共和国との外交関係の断絶および経済関係の一部中断を決定した[15]。この措置は憲章第54条に従って安全保障理事会に報告されたが、ソ連は、理事会が第53条のもとで右決定を「承認する(approve)」よう要求した[16]。「ソ連の提案は、反対解釈により、安全保障理事会がその適当と考える場合にこれらの措置を無効にし又は修正する権限をもつことをも意味することが明らかであ

12　See J. N. Moore, "The Role of Regional Arrangements in the Maintenance of World Order," in C. E. Black and R. A. Falk (eds.), *The Future of the International Legal Order: Conflict Management* (Princeton University Press, 1971), pp.140-141.

13　I. L. Claude, Jr., "The OAS, the UN, and the United States," *International Conciliation*, No. 547 (1964), pp.14-15; F. O. Wilcox, "Regionalism and the United Nations," *International Organization*, Vol.19 (1965), pp.792-795.

14　この点について詳しくは、拙稿「米州機構の平和維持機能と国際連合(二)」『法学論叢』第81巻2号(1967年)32頁以下(本書第2部第7章)参照。

15　経済関係の中断は、当初一切の武器および軍用資材の貿易停止に限られていたが、後に、石油および石油製品ならびにトラックおよびその部品の輸出禁止が追加された。*Applications of the Rio Treaty*, Vol.2, *supra* note 8, pp.9, 12.

16　SCOR: 15th Yr., Suppl. for July, August, and September 1960 (S/4477, 5 Sept. 1960 and S/4481/Rev. 1, 8 Sept. 1960).

る[17]」。しかし、安全保障理事会は、結局、米州三国の提案によりサン・ホセ決議に「留意する(take note)」にとどめた[18]。その際に多くの理事国が表明した見解によれば、事前に安全保障理事会の許可を必要とする地域的「強制行動」は、「それなしには憲章のもとで違法となる行動、すなわち武力の行使または武力による威嚇」に限られる[19]。この立場は、後のキューバ問題において一層明確に主張された。しかし、米州諸国にとっても、そのように、「第53条で使用される『強制行動』の文言が軍事的措置にのみ言及する、との確信は最近の産物である[20]」といわねばならない。事実、サン・ホセ会議においてハーター国務長官は、そこで採択された種類の制裁措置が、「地域的機関の強制行動に関する憲章の規定によって影響を受ける」虞のあることを示唆していた[21]。と同時に、それまでも、憲章第53条のもとで、地域的機関の外交的または経済的措置に安全保障理事会の許可が必要であると一般に考えられていたわけではない。

とくに、サンフランシスコ会議において、ヤルタ方式による安全保障理事会の表決手続と結合したダンバートン・オークス提案第8章C節2項は、チャプルテペック協定や対ドイツ相互援助諸条約が想定するような、軍事的措置も要求される事態との関連で危惧されたのであり、かつ、第51条の創設と対旧敵国措置に関する例外規定の追加によって、武力侵略に対処するために必要な地域的行動の自律性が確保された結果、もはや、第53条にとどめおかれた原則の適用範囲を論議する必要は感じられず、したがって、非軍事的措置に関心が払われる余地もほとんどなかったのが実情である。その間、二、三のラテン・アメリカ諸国が、地域的機関の軍事的および「経済的またはその他の性格の制裁措置」すべてに安全保障理事会の許可が必要である、との立

17　SCOR: 15th Yr., 893rd Mtg., 8 Sept. 1960, para.31. ソ連も、自己の行動の意図を次のようにはっきりと述べていた。「ドミニカ共和国に関する本件の類推によって、他の一定の場合に、米国が一定のラテン・アメリカ諸国に対して追求する侵略的政策に関し同種の討論が行なわれ、かつ同種の決定が採択されることは、勿論、疑いなく必要であろう」。*Ibid.*, 895th Mtg., 9 Sept. 1960, para.11 (emphasis added).
18　SCOR: 15th Yr., Suppl. for July, August, and September 1960 (S/4484, 8 Sept. 1960).
19　J. L. Brierly - C. G. M. Waldock, *The Law of Nations* (6th ed., Oxford University Press, 1963), p.395.
20　Claude, Jr., *supra* note 13, p.50.
21　*Department of State Bulletin*, Vol.43 (1960), p.356.

場を表明していた[22]ことは注目されるが、少なくともウルグァイはそのように理解しておらず[23]、また、いずれの主張も会議で考慮されたようには思われない。これと比べて、リオ条約を起草した「大陸の平和および安全の維持に関する米州会議」では、非軍事的措置をも憲章第53条にいう強制行動として取扱うべきことが、米国およびラテン・アメリカ数国によって一層はっきりと提案された[24]。しかし、条約自体にこの旨が明記されていないほか、米州機構事務総長により会議の報告書の中で、右提案と明確に対立する解釈が採用されていることは後にふれるとおりである。

　他方、サン・ホセ決議に安全保障理事会が「留意する」にとどめたことも、当時、その提案国たる米州三国自身によって承認されていたように、憲章第53条の解釈に関する先例と看做しうるかは疑問である。なかでも、エクアドルは、同条の適用範囲についてどこからも「明白な回答が見出せない」ので、自己の見解を示すのを差し控えていた。また、アルゼンチンは、地域的機関の措置が武力の使用を伴う場合のみ安全保障理事会の許可を要求する立場に「有力な理由」を認めながらも、「いずれにせよ、問題に議論の余地がある」と留保し、かつ、「今回はその法的問題を十分に検討するのに最上の機会でない」ことを強調した。さらに、第53条の適用に強く反対していた米国も、結局、「問題の原則が将来の審議に委ねられた」ことを了承している[25]。その後、1962年1月にプンタ・デル・エステの第8回外務大臣協議会議で決定された、「米州制度への参加からのキューバ現政府の除外」およびキューバに対する武器の禁輸等の措置[26]が安全保障理事会の許可なくとられることの合憲性について、カストロ政府は、改めて国際司法裁判所から勧告的意見を求めるよう理

22　UNCIO, Vol.4, pp.265, 829; 12, pp.767, 783. 米国も、ダンバートン・オークス提案の起草段階でこの立場を明らかにしていた。R. B. Russel, *A History of the United Nations Charter*（Brookings Institution, 1958), p.256.

23　UNCIO, Vol.1, p.327.

24　Claude, Jr., *supra* note 13, p.50.

25　SCOR: 15th Yr., 893rd Mtg., paras.32, 64-65; 895th Mtg., paras.31-32. 逆にセイロンは、実際的な考慮から米州三国決議案を支持しながらも、「ソ連決議案がたしかに論理的態度を採用しており、かつ無理とは思われない線に沿った第53条の解釈に従っている」ことを承認していた。*Ibid.*, 894th Mtg., 9 Sept. 1960, para.20.

26　*Applications of the Rio Treaty*, Vol.2, *supra* note 8, pp.75, 77. See also C. G. Fenwick, "The Issues at Punta del Este: Non-Intervention v. Collective Security," *American Journal of International Law*, Vol.56 (1962), p.471.

事会に要請したが、この提案は採択されなかった[27]。しかし、その際に米州諸国を含む多数の理事国が依拠したドミニカ問題の処理からは、むしろ、「第53条のもとでの『強制行動』の意味に関して、したがって当然に、プンタ・デル・エステでとられた諸決定のいくつかと憲章の規定との両立性についても、合理的な疑問の根拠が依然残されている[28]」、と結論せざるをえないであろう。

サン・ホセ決議を憲章第53条のもとで「承認する」よう安全保障理事会に提案したソ連の見解によれば、「強制行動」は、一般に、とられた措置の内容にかかわりなくその目的および性質によって同定される。そして、経済関係の中断や外交関係の断絶などの非軍事的措置も強制的な目的と性質をもつ以上、地域的機関がこれを発動するには安全保障理事会の許可を必要とする。すなわち、憲章第41条で規定された措置は、兵力の使用を伴わないが、まさに、侵略国を強要して他国に対する侵略行為をやめさせ、かつ侵略の再発を防止する目的で安全保障理事会が適用するのであるから、その性質上、強制措置である。同様に、サン・ホセ決議が企図する米州機構の措置も、その第2項から明らかなように、国際の平和と安全にとって危険な行動をドミニカ共和国政府にやめさせることを目的としている点で、強制的性質をもつことに変りはなく、したがって、安全保障理事会の許可が必要となる[29]、と。その際ソ連が援用したように、すでにケルゼンは、第41条で掲げられた措置も、場合によって呼称を異にするが「憲章の種々の条項で言及される『強制措置』または『強制行動』である」、と結論することによって、地域的機関がとる類

---

27 このキューバ問題の処理について詳しくは、高橋悠「地域的機関における強制行動―キューバ問題をめぐる米州機構と国際連合との関係」『国際法外交雑誌』第63巻4号(1964年)13頁参照。

28 SCOR: 17th Yr., 996th Mtg., 21 Mar. 1962, para.88. プンタ・デル・エステ決議の合憲性を国際司法裁判所に諮問する必要を認めなかった諸国の立場が勧告的意見において支持される保証はなかったのである。Claude, Jr., *supra* note 13, p.59. R. St. J. Macdonald, "The Developing Relationship between Superior and Subordinate Political Bodies at International Level: A Note on the Experience of the United Nations and the Organization of American States," *Canadian Yearbook of International Law*, Vol.2 (1964), p.45. なかでも米国にとって、本件は「安全保障理事会がすでに十分審議しかつ明確な決定に到達した問題」であり、また、フランスも、この問題は「1960年9月のドミニカ共和国問題の討議に際して理事会により解決されている」と述べていた。SCOR: 17th Yr., 993rd Mtg., 15 Mar. 1962, para.119; id., 995th Mtg., 20 Mar. 1962, para.43.

29 SCOR: 15th Yr., 894th Mtg., paras.56-66. なお、サン・ホセ決議第2項は、「ドミニカ共和国政府が西半球の平和および安全に対して危険でなくなった場合に」、制裁措置を停止する権限を機構理事会に付与している。

似の非軍事的措置を第53条にいう「強制行動」の中に含ましめる解釈を示唆していた[30]。

これと対比されるのは、サンフランシスコ会議で「地域的取極」に関する第三委員会第四専門委員会の議長を勤めたコロンビアのジェラス・カマルゴが、後に米州機構事務総長の立場から、リオ会議の報告書の中で示した見解である。それによれば、「憲章上、軍事行動と緊密に同一視される物理的暴力の要素が欠けている意味で強力的coerciveでない第41条の措置(強制行動enforcement action)と、第42条の措置との間には、明確な区別がある」。後者の武力行使を伴う強制措置は、個別的または集団的自衛を唯一の例外として、安全保障理事会の特権に属するが、前者はそうでない。すなわち、他の国との外交、領事および経済の関係を断絶しまたは運輸通信を中断することは、いずれの国も、憲章の目的、原則または規定に必ずしも違反せずして行ないうることである[31]。そして、安全保障理事会において次のように主張された際、ジェラス・カマルゴの見解が援用されていたことは明らかであろう。

「イギリス政府の見解によれば、第53条におけるこの文言(「強制行動」―筆者)の使用は、安全保障理事会の決議に基づくほかは通常正当でないような行動のみを包摂する、と解釈するのが常識である。国際法上原則として、いずれの国もそのように決定する場合、他の国との外交関係を断絶しまたは経済関係の一部中断を設定することを何ら妨げられない。これらの手段は、ドミニカ共和国に関して米州機構が決定した措置であるが、完全にいずれの主権国家の権限内にもある政策上の行為である。したがって、明らかに、それらは集団的に行動する米州機構加盟国の権限内にあることになる。換言すれば、第53条が『強制行動』に言及する場合、そこでは、安全保障理事会の決議に基づくほかは通常いずれの国家または国家の集団にとっても正当でない方法による武力の行使が意図されているにちがいない[32]」。

30　H. Kelsen, *The Law of the United Nations* (Stevens, 1950), p.724.
31　"Report on the Result of the Inter-American Conference for the maintenance of Continental Peace and Security," *Congress and Conference Series* No.53 (Pan American Union, 1947), pp.22-23, cited in *Applications of the Rio Treaty*, Vol.1, *supra* note 8, pp.17-18.
32　SCOR: 15th Yr., 893rd Mtg., paras.96-97.

憲章第53条の適用範囲について対立する解釈は、キューバ問題に際して、一層詳細に展開される[33]一方、カストロ政府により国際司法裁判所への中心的な諸問事項として次のように要約された。すなわち、「国連憲章第53条の『強制行動』という表現は、憲章第41条で規定された措置を含むと看做されうるか。第41条における措置のリストは網羅的であるか[34]」。しかし、「米州制度への参加からのキューバ現政府の除外」は、憲章第41条で掲げられた種類の措置[35]とは別途に考察されねばならないであろう。

2　第53条は問題の地域的「強制行動」を定義していないが、憲章中、国連の「集団的措置」について、同じ文言が第2条5項および第5条で用いられるほか、第2条7項および第50条は「強制措置」と規定する。しかし、まず、強制「行動」と強制「措置」は交換可能な表現と解するべきであって、その間に実質的な差異を認めることが困難である[36]。また、とくに、第7章に基づく安全保障理事会の「強制」行動には第41条および第42条で規定される両者の措置が含まれることも、異論の余地はないように思われる。これらの措置は、いずれも、第39条が定める事態を惹起した国に圧力を加えてかかる行為をその意思に反してやめさせることにより、国際の平和と安全を維持しまたは回復することを目的とする[37]。第41条が「(安全保障理事会の)決定を実施するために」と規定するのは、そこに掲げる非軍事的措置のこうした強制的性格を端的に示すものであり、また、右の措置では「不充分な」場合に第42条の軍事的措置が適用

33　拙稿「前掲論文」(注14) 62-67頁参照。
34　SCOR: 17th Yr., Suppl. for January, February and March 1962 (S/5086, 8 Mar. 1962 and S/5095, 20 Mar. 1962).
35　第41条が非軍事的措置を網羅的に列挙していないことについて、たとえば、次に掲げられた措置のリストを参照。Report of the Collective Measures Committee, GAOR: 7th Sess, Suppl. No.17 (A/2215).
36　Kelsen, *supra* note 30, p.724; E. Beckett, *The North Atlantic Treaty, the Brussels Treaty and the Charter of the United Nations* (Stevens, 1950), p.7. サンフランシスコ会議において、「行動」は、「措置」よりも強力な行為すなわち物理的力の使用を指す意味で用いられるべき旨が提案されていた。しかし、この区別を憲章上支持することはできないであろう。国際司法裁判所の意見によると、「措置」はある種の「行動」を意味する。Certain Expenses of the United Nations (Article 17, Paragraph 2, of the Charter), *I.C.J. Reports 1962*, p.163.
37　この点で、第2条5項、第5条および第50条が並記する「防止」措置と「強制」措置の間に実質的な差異はない。これらと区別される「暫定」措置については、森脇庸太「憲章第四〇条—その法理と実践(一)」『法文論叢〔熊本大学〕』第15号(1963年)1頁参照。

される。そして、これらと類似の措置は、ソ連が強調するように、地域的取極に基づきまたは地域的機関によってとられる場合も兵力の使用を伴うか否かを問わず、強制的な目的および性質をもつことに変りはないであろう。「強制」措置または強制「行動」が一般に「強力的な(coercive)」すなわち武力の行使を伴うものに限定される、ということはできない[38]。

しかしながら、問題は、このように、第41条の非軍事的措置が第42条の軍事的措置と同様に強制措置であり、また、それらは地域的行動としてとられる場合も目的と性質を同じくする、といった争われえない事実を確認することではなく、そうした理由からただちに、憲章上、国連または地域的機関のいずれによる「強制行動」も一様の意味内容をもって規定され、また、とくに、第7章で掲げられたいずれかの強制措置が地域的機関によってとられるすべての場合を第53条は想定する、と理解するのが適当かどうかにある[39]。その際、憲章の一貫性を確保するべく、その種々の条項で用いられる特定の文言について共通に適用可能な一定の概念を維持することが往々にして容易でなく、また、そうした努力は必ずしも適切でないこともある、との指摘が留意されよう[40]。さらに、第7章および第8章における関係諸規定の趣旨からは、各場合の「強制行動」の範囲について、異なった解釈の必要性が示唆されるように思われる。すなわち、第7章は、安全保障理事会が、平和維持の分野において主要な責任を果たしうるよう、対処すべき事態に即した行動をとるために必要な権限を定めるものであって、この権限のもとに「国連の集団的措置」として組織化され、したがってまた、原則として加盟国に義務づけられ

---

38 「強制」措置は当然に武力の使用を意味する、との理由で第53条の強制行動を制限的に解釈する立場がないわけではない(例えば、SCOR: 17th Yr., 994th Mtg., 16 Mar. 1962, paras.65-67)が、一般には同条の制限的解釈のもとでも、第41条の非軍事的措置が「強制行動」を構成すること自体は否定されない。とくに、ジェラス・カマルゴはこの点を明確にしていた。本文368-369頁参照。

39 第53条の「強制行動」について「特別の定義は与えられていないから、ここでも憲章の他におけると同一の概念が包摂されていると推定されるほかはない」との主張もある。J. W. Halderman, "Regional Enforcement Measures and the United Nations," *Georgetown Law Journal*, Vol.52 (1963), p.93.

40 E. Hambro, "A Case of Development of International Law through the International Court of Justice," in G. A. Lipsky (ed.), *Law and Politics in the World Community* (University of California Press, 1953), pp.243, 245. South West Africa Cases (Ethiopia v. South Africa; Liberia v. South Africa), Preliminary Objections, *I.C.J. Reports 1962*, p.407 (Jessup, J., Separate Opinion).

る強制措置を規定するのが第41条および第42条である[41]。それに対して、第8章では、「地域的機関または取極を媒介として集団的に行動する個々の国連加盟国に焦点が移行し」、かつ、このような地域的行動と、安全保障理事会を通した国連との関係が問題となる[42]。そして、強制行動をこの側面から規定する第53条のもとで、「安全保障理事会の許可が、武力の行使のようにそれなくしてとられるならば国際法違反となる行動にのみ必要であって、外交関係の断絶のごとく主権国家の排他的権限内にある行動については必要とされないのではなかろうか[43]」、と問うことには理由があるといわねばならないであろう。

もっとも、この観点から地域的「強制行動」を制限的に解釈することに対しては、「地域的機構に加盟している各国の個別的権利とその機構の加盟国としての権利を区別する」立場からの反論がある[44]。それによると、国家が地域的機関の加盟国たる資格で行動する場合には、個別国家としての権利義務が、憲章との関係においては地域的機関のそれに埋没する。「したがって、国家はその個別的資格において一定の権利を有するが、そのうちのいくらかは、(地域的)機構と憲章との間に設定された別の関係によって負う義務に従属する」。しかし、この議論は多分にpetitio principiiの誤りを犯しているように思われる。右にいう各国の個別的権利と地域的機関加盟国としての権利を区別して観念することは不可能でないが、問題は、はたしてそこで前提とされるように、個別国家の権利が地域的機関加盟国の立場で自由に行使されるのを妨げるような関係が、憲章上、国連と地域的機関との間に設定されている、とみることができるかどうか自体にある。そして、地域的機関を組織する国が、それだけの理由から他の国連加盟国と比べて事実上、主権を制限されるものと推定されてはならないであろう[45]。

41　なお、国連の強制行動について詳しくは、三好正弘「国連の強制行動—実行におけるその意味」『法学研究』第42巻1号(1969年)14頁参照。
42　M. G. Goldman, "Action by the Organization of American States: When Is Security Council Authorization Required under Article 53 of the United Nations Charter?" *UCLA Law Review*, Vol.10 (1963), p.852.
43　SCOR: 15th Yr., 893rd Mtg., para.65.
44　*Ibid.*, 894th Mtg., paras.16-17. この立場を支持するものとして、Halderman, *supra* note 39, p.96; J. W. Halderman, *The United Nations and the Rule of Law* (Oceana, 1966), p.40.
45　E. Jiménez de Aréchaga, "La coordination des systèmes de l'ONU et de l'Organisation des Etats

他方、各国の権限内にある措置も、個別的発意または集団的決定のいずれによってとられるかの間で「適用範囲、したがってまた、重要性が完全に異なる」、との理由から地域的機関の非軍事的措置に安全保障理事会の許可を要求する主張[46]は、実際的効果と法的評価を混同しているというべきである。また、その際、地域的機関の決議に基づく措置であるか否かによるその政治的影響力の差異を強調することも現実的とは思われない。むしろ、「プンタ・デル・エステ会議が招集される以前に、キューバとの外交および貿易の関係は多くの国によって断絶されていた。ある意味で、プンタ・デル・エステ決議は、多数の個別政府がキューバ政府の政策に対抗してすでに行なっていることの集団的表現にほかならない[47]」、と指摘されている。そして、このように、地域的機関の枠外において憲章上合法的に、かつ効果を損うことなく実現されうる措置が、地域的行動としてとられる場合に安全保障理事会の許可を必要とする合理的な根拠を見出すことは困難であろう[48]。第41条に掲げられた種類の措置は、すべて、そうした性格をもつものである[49]。

　さらに、第53条のもとで安全保障理事会の許可は、「米州制度への参加からのキューバ現政府の除外」のように、「理事会が自ら行動できずもっぱら地域的機関自身の権限に属する事項に関する地域的行動」に対しても要求されえ

---

américains pour le règlement pacifique des différends et la sécurité collective," *Recueil des cours*, tome 111 (1964), pp.480-481.

46　SCOR: 17th Yr., 998th Mtg., 23 Mar. 1962, para.38. See also, *ibid*., 15th Yr., 894th Mtg., para.69. この主張に対する批判は、Akehurst, *supra* note 11, p.196.

47　SCOR: 17th Yr., 995th Mtg., para.33. もっとも、キューバとの外交関係の断絶は、1964年の第9回外務大臣協議会議において採択された。*Applications of the Rio Treaty*, Vol.2, *supra* note 8, p.186. See also M. S. Vazquez, "La IXe réunion de consultation des ministres des affaires étrangères et l'affaire de Cuba," *Annuaire français de droit international*, tome 10 (1964), p.638.

48　See Goldman, *supra* note 42, pp.853-855; G.I.A.D. Draper, "Regional Arrangements and Enforcement Action," *Revue égyptienne de droit international*, tome 20 (1964), p.18; Jiménez de Aréchaga, *supra* note 45, p.481.

49　憲章第2条4項の適用を「武」力の行使に限定することに反対する主張は、近時、有力になりつつあるが、まだ一般的に支持されるには至らない。さしあたり、L. M. Goodrich, E. Hambro and A. P. Simons, *Charter of the United Nations* (3rd and revised ed., Columbia University Press, 1969), p.48. See also R. Layton, "The Effect of Measures Short of War on Treaties," *University of Chicago Law Review*, Vol.30 (1962), p.96; Q. Wright, "Non-Military Intervention," in K. W. Deutsch and S. Hoffman (eds.), *The Relevance of International Law* (Schenkman, 1968), p.1. 憲章第41条の措置については、米州機構憲章が、他国に対する武力の行使に限らず非軍事的な干渉および強制をも禁止する（第18条および第19条）こととの関連で、なお検討の余地がある。

ない[50]。キューバは、右の「米州機構からの除名」を決議する権限が「国連憲章第6条に従ってもっぱら総会に付与されている」と主張する一方、除名措置がその例外的な性質上「最大限の強制措置」であることを強調した[51]。しかし、憲章第6条が国連からの除名のみを規定することは明白である。地域的機関の加盟国たる地位は、その機構の内部組織および運営と同様に、「国連がいかなるlocus standiをも有しない事項[52]」とみるべきであろう。もっとも、キューバに対する措置は、機構からの「除名」というよりむしろ加盟国としての「権利および特権の停止」と解するべきであるが、いずれにせよ、ボゴタ憲章(またはリオ条約)で規定されないそのような措置が採択されるためには、手続上、まず、関係文書の改正が必要と考えられ、また、とられた措置の性格からみて、議決機関についての疑問も残る[53]。キューバは安全保障理事会において、第8回外務大臣協議会議自体に法的基礎が欠けていることを指摘しつつ、プンタ・デル・エステ決議と、国連憲章のみならずボゴタ憲章およびリオ条約との両立性についても、国際司法裁判所から勧告的意見を求めるよう提案していた[54]。しかし、地域的機関の基本条約の解釈および適用に関する疑義は本質的にその機構の内部において処理されるべき事項であって、安全保障理事会がこの点から地域的機関の決定を独自に審査しまたは右機関の同意なくして国際司法裁判所に諮問するのを正当化する憲章上の根拠を見出すことはできない[55]。また、「自己をマルクス・レーニン主義政府として公式に確認したキューバ現政府は、米州制度の原則および目的と両立しない」、との理由で同政府を米州機構の全活動から排除することが、ただちに、国連の目的および原則と一致せず、したがって憲章第52条1項の条件に反する、と結論するのも困難である。なぜなら、「実効的であるためには、地域的機構は共通の

50　SCOR: 17th Yr., 993rd Mtg., para.101.
51　*Ibid.*, 992nd Mtg., paras.78, 104.
52　*Ibid.*, 995th Mtg., para.15.
53　拙稿「前掲論文」(注14)39-41頁参照。See also L. B. Sohn, "Expulsion or Forced Withdrawal from an International Organization," *Harvard Law Review*, Vol.77 (1964), pp.1424-1425.
54　結論的諮問事項には、プンタ・デル・エステ決議が「国連憲章、米州機構憲章およびリオ条約の諸規定に従っているか」、とある。SOCR: 17th Yr., Suppl. for January, February, and March 1962 (S/5086, 8 Mar. 1962 and S/5095, 20 Mar. 1962).
55　SCOR: 17th Yr., 996th Mtg., para.60.

目的をもたねばならない。それは、また、最少限度の内部的結合、すなわち基本的な共通目的の意識をもたねばならない。地域的機関に対し、その加盟国全体によって共有される目的および理想を支持しなくなったと他の加盟国が何らかの理由で看做す政府または国家を加盟国としての特権から除外する自由を否定することは、地域的機構からその主要な存在理由である利益および目的の共同体意識を奪い、またそうすることによって、地域的機構という考え全体を無に帰することになる」からである[56]。

III 軍事的措置に対する統制の排除

1 米州機構はこれまでに2度にわたって軍隊の使用を伴う措置を採択したことがある。まず、1962年10月、機構理事会は暫定協議機関の資格において、「加盟国に対し、米州相互援助条約第6条および第8条に従って、キューバ政府が中・ソ諸国から大陸の平和および安全を危くする虞のある軍用資材および関連補給物資を引続いて受けとれないよう確保しかつ攻撃的能力のあるキューバにおけるミサイルが大陸の平和および安全に対して顕在的脅威となるのを防止するために必要と思われるあらゆる措置を、兵力の使用を含めて個別的または集団的にとるよう勧告」した[57]。これより先、ケネディー大統領は、キューバにおいてソ連の手により秘密裡に「一連の攻撃的ミサイル基地が建設中である、との事実が確証された」ことを公表して、「この攻撃的な建設を阻止するため、キューバへ輸送中のすべての攻撃的軍用器材に対する厳重な隔離(quarantine)」を行なう決意を明らかにしていたが、正式には右の決議に従って、「キューバに対する攻撃的兵器の輸送の遮断」が布告された[58]。この「選択的封鎖[59]」を内容としたいわゆる「隔離」措置が、国連憲章上、第2条4項の適用を例外的に免除されない限りそこで禁止された「武力による威嚇また

---

56 *Ibid.*, para.62.
57 *Applications of the Rio Treaty*, Vol.2, supra note 8, p.112.
58 *Department of State Bulletin*, Vol.47(1962), pp.115, 117.
59 J. G. Starke, *Introduction to International Law*(7th ed., Butterworths, 1972), p.487.

は武力の行使」を構成することは明らかである[60]。しかし、米州機構の決定は第54条のもとで安全保障理事会に報告されたにとどまり、また、理事会において問題の法的側面がほとんど議論されぬままに、事態はウ・タント事務総長代行(当時)の努力によって収拾された。

隔離措置を正当化する憲章上の根拠として、第51条は多くの学者によって援用され[61]、かつ、その可能性が広く論じられた[62]。しかし、同条で規定される自衛権の発動条件について多岐に分かれる解釈[63]に立入るまでもなく、キューバにおけるミサイル基地の建設をもって「武力攻撃が発生した場合」と看做しえないことは、すでに米州機構において承認されていたように思われる。事実、米国が機構理事会に提訴しまた暫定協議機関が先の措置を採択したいずれの際に依拠されたのも、リオ条約のうち、国連憲章第51条を援用する第3条ではなく、「武力攻撃でない侵略」またはそれにも至らぬ事態に対処するための共同防衛措置に関する第6条であった。さらに、自衛行動の名のもとに隔離措置を正当化するいかなる試みも、後に国務省法律顧問および同補

60　Q. Wright, "The Cuban Quarantine," *American Journal of International Law*, Vol.57(1963), p.557; E. Giraud, "L'interdiction du recours à la force, la théorie et la pratique des Nations Unies: A propos de l'affaire cubaine–La 'Quarantaine'," *Revue générale de droit international public*, tome 67(1963), p.523; Ch. Rousseau, "Le blocus américain de Cuba et le droit international," *Le Monde*, 24 octobre 1962; 田岡良一「キューバ封鎖と国際法」『読売新聞』(1962年10月26日、朝刊)。

61　W. T. Mallison, Jr., "Limited Naval Blockade or Quarantine-Interdiction: National and Collective Defense Claims Valid under International Law," *George Washington Law Review*, Vol.31(1962), p.335; E. Seligman, "The Legality of U.S. Quarantine Action under the United Nations Charter," *American Bar Association Journal*, Vol.49(1963), p.142; C. Q. Christol and C. R. Davis, "Maritime Quarantine: The Naval Interdiction of Offensive Weapons and Associated Materiel to Cuba, 1962," *American Journal of International Law*, Vol.57(1963), p.525; C. G. Fenwick, "The Quarantine against Cuba: Legal or Illegal?" *American Journal of International Law*, Vol.57(1963), p.558; B. MacChesney, "Some Comments on the 'Quarantine' of Cuba," *American Journal of International Law*, Vol.57(1963), p.592; M.S. McDougal, "The Soviet-Cuban Quarantine and Self-Defense," *American Journal of International Law*, Vol.57(1963), p.597; J.B. McDevitt, "The UN Charter and the Cuban Quarantine," *Judge Advocate General Journal*, Vol.17(1963), p.71; Goldman, *supra* note 42, p.837.

62　See L. M. Tondel, Jr.(ed.), *The Inter-American System and the Cuban Crisis*(Oceana Publications, 1964); *Proceedings of the American Society of International Law*(1963), p.165. なお、第51条の援用に批判的な立場をとるものには、前掲注(60)に掲げたほか以下がある。L. Henkin, "Force, Intervention and Neutrality in Contemporary International Law," *Proceedings of the American Society of International Law*(1963), p.148; R. Kahn, "Cuban Quarantine and the Charter of the U.N.," *Indian Journal of International Law*, Vol.4(1964), p.107; Jiménez de Aréchaga, *supra* note 45, p.424.

63　議論の詳細については、とりわけ、田畑茂二郎「国連憲章五一条と自衛権」『法学論叢』第67巻1号(1960年)1-32頁、および、田岡『前掲書』(注2)203-251頁を参照。

佐によってはっきりと否定されている。すなわち、米国は、隔離措置を「第51条の意味内での『武力攻撃』に対処するために必要な措置として正当化しようとしなかった」ばかりか、「第51条が自衛権の包括的な表明ではなく、また、隔離は『武力攻撃』以外の場合における自己の防衛のためいずれの国も個別的にとることができる自衛措置である、との根拠によって自らの行動を支持しようともしなかった[64]」、と。しかし、その場合には改めて第53条の適用が問題とされねばならないが、米国政府による当時の言明は、大統領布告における米州機構決議への言及を含めて一般に、「事実の明確な表明であって法的見解の表現ではない[65]」、というべきであろう。後に検討するような、憲章第8章のもとで隔離措置を正当化する議論は、国務省の法律家によって事後に展開されたものである[66]。

　一方、1965年のドミニカ共和国の内乱に際して、第10回外務大臣協議会議が自己の「権威のもとに行動する米州軍(Inter-American Force)を創設するため、米州機構の利用に供される軍隊を拠出するようその意思と能力のある加盟国政府に要請」した[67]とき、すでに米国は、「米国市民の生命が危険に晒されている」ことを理由にいちはやく海兵隊を、またその後「ドミニカ共和国に共産主義政府が樹立されないように監視するため」空挺部隊を、さらには「西半球にもう1つの共産主義国が成立するのを阻止する」目的から地上軍をと、一万有余の三軍を相次いでサント・ドミンゴへ派遣していた[68]。後に「米州機構

64　L. C. Meeker, "Defensive Quarantine and the Law," *American Journal of International Law*, Vol.57 (1963), p.523. See also A. Chayes, "The Legal Case for U.S. Action on Cuba," *Department of State Bulletin*, Vol.47 (1962), p.763; A. Chayes, "Law and the Quarantine of Cuba," *Foreign Affairs*, Vol.41 (1963), p.550. 以下で、Chayesの見解は、より詳しい後者による。

65　Draper, *supra* note 48, p.16. But cf., Christol and Davis, *supra* note 61, pp.534-535.

66　もっとも、このことは、政策決定に際して法的考慮が払われなかったことを意味するわけではない。See L. Henkin "International Law and the Behavior of Nations," *Recueil des cours*, tome 114 (1965), pp.251-271.

67　Reprinted in *American Journal of International Law*, Vol.59 (1965), p.987. このドミニカ問題に関する米州機構の活動は次の文書に一括されている。Report of the Secretary-General of the Organization of American States Regarding the Dominican Situation, OEA/Ser. F/110. 10 (English), 1965.

68　*Department of State Bulletin*, Vol.52 (1965), pp.738, 742, 746. See also "Cronique des faits internationaux," *Revue générale de droit international public*, tome 69 (1965), p.1117; J. Slater, *Intervention and Negotiation: The United States and the Dominican Revolution* (Harper & Row, 1970), p.18.

統一司令部(OAS Unified Command)」の指揮下におかれたのは、主として、これら在ドミニカ米軍である。この事実から、まず、ex iniuria ius non oriturの原則を理由に米州軍の違法性が指摘された[69]。しかし、「米州軍の創設が当然に、ドミニカ領域に現在いる軍隊の、一国家または国家集団のではなく米州機構のものである別の軍隊への変容を意味する」(創設決議前文)ことは否定できない。したがって、米州軍の行動は米軍の介入と一応区別されねばならないであろう[70]。と同時に、第10回外務大臣協議会議が、米州制度において国連憲章の第7章に相当するリオ条約ではなく、米州機構憲章に依拠することから、ただちに、米州軍に対して安全保障理事会の許可を免除することはできない。むしろ米州軍の創設を機構憲章の枠内における措置と看做しうるかどうかが争われていたのである[71]。

米州軍の創設決議は、「米州機構が平和の維持および民主的常態の再建に関して加盟国を援助する権限を有する」ことを確認するとともに、米州軍の「唯一の目的」として、「民主的公平の精神をもって、ドミニカ共和国における常態の回復、住民の安全および人権の不可侵性の維持、ならびに、民主的諸制度の機能を可能にする平和と和解の環境の樹立に協力する」ことを掲げてい

---

69 たとえば、SCOR: 20th Yr., 1221st Mtg., 7 June 1965, paras.42-45. なお、米国の介入に関して以下の議論を参照。C. G. Fenwick, "The Dominican Republic: Intervention or Collective Self-Defense," *American Journal of International Law*, Vol.60(1966), p.64; R. T. Bohan, "The Dominican Case: Unilateral Intervention," *American Journal of International Law*, Vol.60(1966), p.809; D. S. Bogen, "The Law of Humanitarian Intervention: United States Policy in Cuba(1898)and in the Dominican Republic(1965)," *Harvard International Law Club Journal*, Vol.7(1966), p.296; V. P. Nanda, "The United States Action in the 1965 Dominican Crisis: Impact on World Order – Part I," *Denver Law Journal*, Vol.43(1966), p.439: V. P. Nanda, "The United States Action in the 1965 Dominican Crisis: Impact on World Order - Pt. 2", *Denver Law Journal*, Vol.44(1967), p.255; J. Carey (ed.), *The Dominican Republic Crisis 1965*(Oceana Publications, 1967), p.6.
70 米州軍へ米軍が統合されたことによって、米国の介入が合法化されるかは別個の問題である。See J. P. S. Mclaren, "The Dominican Crisis: An Inter-American Dilemma," *Canadian Yearbook of International Law*, Vol.4(1966), p.178; J. Slater, "The Limits of Legitimization in International Organization: The Organization of American States and the Dominican Crisis," *International Organization*, Vol.23(1967), p.48.
71 See Carey, *supra* note 69, pp.44-52. ボゴタ憲章第39条=改正憲章第59条によると、外務大臣協議会議は、リオ条約に基づく協議機関としてのほか、「米州諸国にとって緊急であり且つ共通の利害関係がある問題を審議するため」にも開催される。第10回会議は、米国の介入にではなく、「ドミニカ共和国における武力闘争によって惹起された重大な事態」に対処するため招集された。

る。安全保障理事会においても、米州軍のこうした非強制的および中立的な性格が強調された。とくに米国によれば、「米州軍は、ドミニカ共和国またはドミニカ人民に対して(against)行動することが企図されておらずまた現に行動していない」から、「国連憲章の要件は、第53条でなく第52条および第54条に規定されたものである[72]」。さらに、米州軍は、中東、コンゴそしてとりわけキプロスに派遣された国連のいわゆる平和維持軍(UNEF、ONUCおよびUNFICYP)に類する地域的行動として積極的に正当化された[73]。これらの国連活動は、軍隊組織の使用を伴うが、関係国の同意を基礎としたその非強制的および中立的な性格から、「平和維持活動(Peace-Keeping Operations)」として憲章第7章の強制行動と対比される[74]。そして、この種の活動が地域的機関のもとでとられる可能性を否定することはできないであろう[75]。しかし、そのためには「本質的と一般に看做される前提条件、すなわち関係当事者の同意、が欠けていることだけからも[76]」、ドミニカ米州軍を、地域的平和維持活動として第53条の「強制行動」から区別することは困難である。

ドミニカ共和国が米州軍の駐留に同意していないと主張された最大の根拠は、サント・ドミンゴで対峙するいずれの側も政府としての資格を備えていないということにあった[77]。少なくとも、既存の政府側のみによる同意をもってはもはや米州機構の介入が正当化されえず、また、米州軍の目的からはと

72　SCOR: 20th Yr., 1220th Mtg., 3 June 1965, paras.79-81.
73　Ibid., 1222nd Mtg., 9 June 1965, para.21.
74　UNEFおよびONUCが強制行動を構成しないことは、国際司法裁判所の勧告的意見の中で確認されている。Certain Expenses, supra note 36, p. 177. 香西茂「国連の平和維持活動と経費の分担義務―国際司法裁判所の勧告的意見」『法学論叢』第76巻1・2号(1964年)110、114頁。そのほか、平和維持活動の性格については、香西教授による一連の研究のうち、とりわけ以下を参照。「国連軍をめぐる『関係国の同意』の問題―スエズとコンゴの場合」『法学論叢』第68巻5・6号(1961年)149頁、「国連軍」『国際連合の研究 第1巻』〔田岡良一先生還暦記念論文集〕(有斐閣、1962年)109頁以下、「キプロス国連平和維持軍」『法学論叢』第81巻3号(1967年)1頁、および「国連の平和維持活動―同意原則の再検討」『国際法外交雑誌』第69巻4・5・6合併号(1971年)104頁。
75　Goldman, supra note 42, p.858; Akehurst, supra note 11, p.213; Moore, supra note 12, p.154. もっとも、その際、国連の平和維持活動が「防止外交(Preventive Diplomacy)」という、集団安全保障に代る新しい政策と緊密に結びついて展開されてきた経緯を看過してはならないであろう。See also L. B. Miller, "Regional Organization and the Regulation of Internal Conflict," World Politics, Vol 19(1967), p 582.
76　SCOR: 20th Yr., 1221st Mtg., 7 June 1965, para.44.
77　Ibid., paras.60-61.

くに、反政府団体の同意も得ることが要求されたといわねばならない[78]。と同時に、米州軍の創設決議に必要な3分の2(14国)の支持が「ドミニカ共和国」を含めてようやく確保されたことは、かえって、決議採択の有効性を疑わしめる。しかも、反乱側の「立憲政府」のみならず、既存の政府を引継ぐ「国家再建政府」も、安全保障理事会に対して、米州軍を退去させるよう要請していた[79]。さらに、右の決議に先立って成立したサント・ドミンゴ(停戦)協定[80]が、中立地帯における避難民の保護と安全を「米州機構が適当と考える方法によって」保証していることから、米州軍に対する両政府の事前の同意を推定することはできない。加えて、この中立安全地帯における米州軍の存在自体が、米州機構および国連の調停活動にとっても最大の障碍となっていた[81]。そして、このように、米州軍の強制的性格が否定されえない限り、安全保障理事会の許可が改めて問題とされねばならないことは、キューバ封鎖の場合と同じである。

2　先のドミニカおよびキューバ問題において広く主張された見解によれば、安全保障理事会の許可を必要とする地域的行動は、「それなしには憲章上違法となる行動」に限られる。この制限的解釈による第53条の下で、地域的「強制行動」から非軍事的措置が除外される一方、すべての地域的軍事行動に安全保障理事会の許可が要求されるわけでないことは明らかである。対旧敵国措置のほか、そしてとりわけ、集団的自衛行動は国連による事前の統制を免除されている。しかし、キューバに対する隔離措置は、国務省の法律家により憲章第8章の枠内で正当化されてきた。その際に展開された第53条の新たな制限的解釈を、地域的「強制行動」の一層の限定と安全保障理事会による「許

78　国連による内乱への介入の法理を適用すれば、このように結論されよう。金東勲「国連の平和維持機能と国内紛争」『法学論叢』第85巻6号(1969年)60頁、および、香西「前掲論文」(「国連の平和維持活動―同意原則の再検討」)(注74)112頁参照。
79　See SCOR: 20th Yr., 1230th Mtg., 20 July 1965, paras.23, 25; 1231st Mtg., 22 July 1965, paras.3, 38; 1232nd Mtg., 26 July 1965, paras.13-14, 29.
80　Reprinted in *Department of State Bulletin*, Vol.52 (1965), p.868.
81　この事実は、国連事務総長特使によって確認されている。SCOR: 20th Yr., 1212nd Mtg., 19 May 1965, paras.78-87. なお、調停活動における国連と米州機構との対立にはここで立入らない。See R.-J. Dupuy, "Les Etats-Unies, l'O.E.A. et l'O.N.U. à Saint-Domingue," *Annuaire français de droit international*, tome 11 (1965), p.102; Nanda (Pt.2), *supra* note 69, p.254.

可」の形骸化に大別することができる[82]。

　まず、「米国が理解する『強制行動』は、武力の使用を伴う義務的な行動を意味する」から、隔離措置のように、地域的機関がその加盟国に対して勧告するにすぎない行動は、第53条のもとで安全保障理事会の許可を必要とする「強制行動」に含まれない。「国連のある種の経費」に関する国際司法裁判所の勧告的意見は、このように、国連の強制行動から義務的でない行動を除外することを支持する立場として援用されるとともに、第53条で規定される地域的機関の場合も、「強制行動」の文言には「同じ意味を与えるのが適切である」、と主張された[83]。しかし、勧告的意見において、UNEFおよびONUCが強制行動を構成しないと判断されたのは、それらの措置が関係国の同意を基礎とすることによるものであって、決定または勧告のいずれに従ってとられた措置であるかにより強制行動と平和維持活動とが区別されたのではない[84]。また、裁判所は、憲章第11条2項の末尾にいう「行動」が第7章の強制行動を意味すると解釈するにとどまり、この強制行動を安全保障理事会が第39条のもとで、また総会も「平和のための統合」決議に基づいて、「勧告する」ことの合憲性に立ち入る必要を認めなかった。さらに、憲章上一般に、「強制行動」が義務的なものに限定されているわけではない[85]。「勧告」と「決定」との区別は、第11条2項で定める国連内部の機関相互の間における権限の画定にとって重要な意味をもつにしても、国連と地域的機関との関係を規定する第53条の適用上は無視されるべきである[86]。さもなければ、安全保障理事会の許可が地域的機関の意のままに回避されうるほか、とくに、米州機構のいかなる軍事的措置も「強制行動」たりえないことになるであろう。リオ条約第20条によれば、「いかなる国も自国の同意なしには武力を使用することを要求されることはない」からである。そして、このように、「義務的になされると違法なことが任意的になされると合法になる」ことを意味する主張には、合理的な根拠を

82　これらについては、別途に言及するもののほか、とくに以下で詳しく検討されている。Jiménez de Aréchaga, *supra* note 45, pp.201-203, 216-219; Moore, *supra* note 12, pp.152-153, 158-161.
83　Meeker, *supra* note 64, pp.521-522.
84　Certain Expenses, *supra* note 36, p.171.
85　高野雄一「『平和のための結集』決議」『国際連合の研究 第1巻』(前掲注74) 37-38頁参照。
86　Goldman, *supra* note 42, p.857.

見出すことはできない[87]。

　もっとも、第53条の「強制行動」を義務的な行動に限定する見解を、それが、地域的機関の勧告によってとられる行動は各国の責任に基づく、したがって機構の枠外における行動である、と主張する意味に解釈する立場もある[88]。この解釈は、隔離措置が米州機構の集団的行動であることを強調する米国の意図に合致しないように思われるが、「勧告」手続の採用がとられた行動を機構から分離するわけでないことは指摘されるとおりである。と同時に、右に解釈される主張のもとでは、第51条に基づく以外の軍事行動を憲章上正当化することがかえって一層困難になるであろう。

　一方、キューバに対する隔離措置に安全保障理事会の「許可が必要であると考えられても（もっとも、これは米国の見解でないが）、そのような許可は、理事会が採択した行態によって与えられていた[89]」、という。すなわち、安全保障理事会は、隔離措置が実施される前に会合しながらも、これを害するいかなる行動をも差し控えつつ当事者間の外交交渉による解決への努力を奨励し、またとくに、隔離措置を非難するソ連の決議案は理事会の一致によって表決に付されなかった[90]、と。しかし、そうした前提として主張されるように、憲章第53条のもとで安全保障理事会の許可は、「事前」かつ「明示」であることを必要とせず「事後」かつ「黙示」にも適正に与えられうる、と解釈できるかが疑問であろう。とくに、1960年のドミニカ問題から、「『許可』の要件は事前の承認を必要とせず、事後における理事会の行動または地域的機関の行為に対する単なる『留意』によってさえ満たされる[91]」、と結論されている。当時、ソ連は、サン・ホセ決議が実施された後に、ドミニカ共和国に対する制裁措置を承認するよう安全保障理事会に提案した。この行動には、「理事会が事後に『許可』を適正に与えうる」ことを示唆するものがある[92]。しかし、フランスは、「許可は事前に与えられねばならないから、……今回、第53条を

87　Draper, *supra* note 48, p.24.
88　Halderman, *supra* note 39, pp.99-101.
89　Meeker, *supra* note 64, p.522.
90　ただし、隔離措置を肯定する米国の決議案も同様に表決に付されなかったことが言及されないのは公平でない。Text in SCOR: 17th Yr., 1022nd Mtg., para.80.
91　Chayes, *supra* note 64, p.556.
92　Meeker, *supra* note 64, p.520.

適用することは自己矛盾である[93]」、と主張していた。いずれにせよ、多数の理事国は米州機構の右措置が「強制行動」を構成しないと判断していたのであるから、ドミニカ問題の処理は、キューバ問題の場合と同様、第53条にいう「許可」の解釈適用に関する先例とは看做しえない。

また、安全保障理事会における常任理事国の棄権の取扱いから類推して、「安全保障理事会が地域的行動を否認しないことは第53条の意味での許可に等しい[94]」、と主張することもできないように思われる。常任理事国の棄権は憲章第27条3項のもとで決議の成立を妨げない[95]ことが当該理事国の意思にも合致するのに対して、安全保障理事会が地域的行動を「否認しない(fail to disapprove)」にとどまる場合に「許可」を推定することは、棄権の取扱いを含む表決手続が適用された結果とその意味を変更することになる。第53条にとってより適切な類推は、「国家の国連加盟を承認する場合における総会の権限」に関する国際司法裁判所の勧告的意見に求められるべきであろう。それによると、第4条2項のもとで総会が加盟承認を決定するためには、安全保障理事会の明示かつ積極的な勧告を必要とし、またその際、理事会の勧告がないことをもって「非好意的(unfavourable)」勧告があったことと同等に取扱うことはできない[96]。同様に、地域的行動を安全保障理事会が否認しないことを「許可」と推定することは、第53条の要件を、手続的に処理することによって実質上は回避するものといわねばならない。

第53条にいう「許可」がたんなる「黙認」を意味するにすぎない場合、第51条

---

93 SCOR: 15th Yr., 893rd Mtg., para.90. エクアドルも次のように述べている。「協議会議の決議は、安全保障理事会からの許可なくして実効的であり、また、米州機構加盟国によって既にほとんど完全に履行された。従って、我々は、既に効力を有しかつ実施された決議を取扱っているのである」、と。*Ibid.*, para.60.
94 Chayes, *supra* note 64, p.556.
95 安全保障理事会の拡大に伴う新たな事態のもとで従来の慣行が維持できるかについては、C. A. Stavropoulos, "The Practice of Voluntary Abstention by Permanent Members of the Security Council under Article 27, Paragraph 3, of the Charter of the United Nations," *American Journal of International Law*, Vol.61(1967), p.737; L. Gross, "Voting in the Security Council: Abstention in the Post-1965 Amendment Phase and Its Impact on Article 25 of the Charter," *American Journal of International Law*, Vol.62(1968), p.315. 内田久司「安全保障理事会の表決における棄権と欠席(二・完)」『法学会雑誌〔東京都立大学〕』第11巻2号(1971年)129頁参照。
96 Compétence de l'Assemblée pour l'admission aux Nations Unies, Avis consultatif, *C.I.J. Recueil 1950*, p.9.

が創設される必要はなかったことは明らかである。サンフランシスコ会議において問題は、第27条の表決方式と結合した第53条のもとで、非友好的な拒否権が地域的行動を阻止するために使用されうることにあった。これと比べて、第51条は、友好的な拒否権が地域的行動に対する安全保障理事会の介入を阻止するために使用されるのを可能にする。安全保障理事会の許可が「事後かつ黙示」にも適正に与えられうるとの主張は、第53条のもとでこのように、拒否権の機能を逆転させることを意図するにほかならないのである。

IV　あとがき

キューバに対する隔離措置を憲章第8章の枠内で正当化するために展開された議論は、ドミニカ米州軍についても援用が可能であろう。それらは、先のドミニカおよびキューバ問題で採用された「適切なアプローチ」による第53条の解釈と両立しないが、同時に、これらの先例においてすでに認められる傾向の「直接的かつ論理的な帰結である」、とみることができる[97]。事実、ドミニカ問題に際して、地域的「強制行動」の範囲について明確な見解を示すことよりは、「憲章第53条が将来いかに解釈されようとも」、地域的機関がその地域内の問題を解決するために十分な権威をもつよう確保することに関心が払われていた[98]。さらにプンタ・デル・エステ決議の措置については、それが、「本質上、国連憲章第51条のもとで正当化される集団防衛に関する事項である」、とさえ主張されている[99]。このように、第53条に関する一連の制限解釈は、第51条の拡大解釈とともに、「安全保障理事会に対する米州機構の完全な自律性」の確保を目的として展開されてきたものである[100]。ドミニカ米州軍を正当化するために展開された議論についても同じことがいえるであろ

97　Draper, *supra* note 48, pp.15, 18.
98　SCOR: 15th Yr., 893rd Mtg., para.41（アルゼンチン）また、エクアドルも、第53条は、「地域的機関の行動を厳格に安全保障理事会の許可に従わせるために使用されえないしまたそうされるべきではない」と述べている。*Ibid.*, para.66. なお、本文367-368頁参照。
99　SCOR: 17th Yr., 995th Mtg., para.59.
100　Claude, Jr., *supra* note 13, p.58.

う。そうした一方的な「地域的機関による責任の増大の受諾」は、国連における総会および事務総長の役割の強化に対応するものとして正当化された[101]。しかし、国連内部の機関相互の関係は国連と地域的機関との関係から区別されねばならないと同時に、国連においても、右の傾向は現実には強制行動と対比される分野に限られていることに留意すべきであろう。また、そのような分野においても、地域的機関の役割の過大な強化は、「それが仕えようとする窮極の目的が国連の目的である場合においてさえ、国連の地位を弱めかつその影響力と実効性を減少させることになる[102]」、との指摘に注目しなければならない。

101　Meeker, *supra* note 64, pp.519-520; Chayes, *supra* note 64, pp.556-557.
102　Introduction to Annual Report of the Secretary-General on the Work of the Organization, 1 July 1953 to 30 June 1954, GAOR: 9th Sess., Suppl. No.1, p.11.(A/2663). 現に、国連事務総長が、ドミニカ米州軍を「やっかいな先例」と看做したのも、この観点からであろう。Nanda(Pt.2), *supra* note 69, p.266.

11　米州機構の現状と課題

I　戦後米州制度の展開

　アメリカ合衆国とラテン・アメリカ諸国の間では、前世紀末以来、数多くの各種米州会議を通して米州制度(Inter-American System)と総称される広汎な地域的協力の枠組が漸次形成されてきた。米州機構は、第2次大戦後、国際連合の設立を契機として、この米州制度を新たに組織法の下に再編成し発展させたもので、広く政治・経済・社会・文化の諸分野にわたる米州諸国間の協力の促進を目的とするとともに、とくに平和維持の分野では、「地域的機関」として「国際連合憲章に基づく地域的責任を果す」ことを謳っている。このように、米州機構は、その長い前史や高度な組織とあわせて、総合的な機能および国際連合との関係など様々な面で、他の地域的国際機構とはっきり区別できる特徴をもつが、ここでは、主に地域的機関としての米州機構を、従ってその平和維持機能を中心に扱うことにしたい。

　米州の平和維持制度は、一般原則と組織を定める1948年の米州機構憲章(ボゴタ憲章)を中心に、それぞれの分野での特別条約として憲章と不可分の関係にある1947年の米州相互援助条約(リオ条約)および1948年の平和的解決に関する米州条約(ボゴタ条約)から構成される。これら3基本条約の下で、米州機構は、地域的集団安全保障の機能をかなり維持するとともに、地方的紛争の平和的解決のため一通りのメカニズムを設けている点で、国連憲章が予定する「国際の平和及び安全の維持に関する事項で地域的行動に適当なものを処理する」ことができる体制を備えており、またそこに、国際連合との関係

で地域主義の主張が展開される基盤があった。

　米州機構は、当初からの21国に、新生のカリブ海諸国などを順次加えて規模を拡大し、現在の加盟国は33国を数える。ことに1990年には懸案のカナダの加盟が実現し、地域内での普遍性がほぼ達成されるに至った。しかし、この間、戦後の米州内外の国際環境による掣肘をうけて、米州機構は、平和の維持を含む様々な分野で多くの困難に直面し、組織と活動の両面にわたる根本的な変革を迫られてきた。過去20年以上もの間、上記3基本条約いずれかの改正問題が絶えず論議されてきたことは、それを端的に示すものである。そのうち、ボゴタ憲章については、1967年のブエノス・アイレス議定書(1970年発効)と1985年のカルタヘナ・デ・インディアス議定書(1988年発効)によって、再度にわたり全面的ともいえる改正がおこなわれた(以下、適宜1967、1985年憲章という)。また、リオ条約は、1975年、いくつかの重要な部分が改正されたが、この改正はまだ効力を発生していない。これに対して、ボゴタ条約は、その全面的な改正の必要性がいち早く指摘され、また予備的検討が繰り返されてはいるが、具体的な改正作業に着手されるに至っていないのが実情である。これら基本条約をめぐる動向から、平和維持に関するそれぞれの側面で米州機構に提起されてきた問題とそれへの対応を知ることができる。

II　改組と活動の方向づけ

　米州機構の「危機」が米州の内外で叫ばれるようになったのは、1960年代に入って間もなくのことである。米州機構は、戦後の冷戦を反映して、アメリカの強力な指導の下に、1954年のいわゆるカラカス宣言に示される反共政策を推進し、一部のラテン・アメリカ諸国に脅威をもたらす一方、これらの国が急務とする経済的社会的諸問題の解決を久しく放置してきた。1959年のキューバ革命はこれらの山積する課題を一挙に表面化させる結果となり、以後、キューバをめぐる一連の動向が米州機構に提起した問題は極めて多岐にわたる。

かかる事態へのいわば個別的な対応として、米州開発銀行の創設(1959年)、米州人権委員会の設置(1960年)、進歩のための同盟の発足(1961年)など、一定の分野で新たな活動があいついで開始されたことは注目されてよい。しかし、他方、キューバ現政府は米州機構への参加から除外された(1962年)ほか、1965年のドミニカ共和国に対するアメリカの軍事介入によって、米州制度の存立の基盤すら危くされた。この間、予定された最高機関の米州会議もいく度か延期され、1954年以来の開催を阻まれている。

　このような状況の下で着手されたボゴタ憲章の改正に際して、米州機構の機能強化が、組織の再編成と活動の新たな方向づけの両面から企図された。そのうち前者は、1967年憲章のなかにいち早く具体化されている。そこでは、5年ごとの米州会議にかわり新たに年次会合をもつ総会が設けられ、その下に、機構常設理事会と並んで米州経済社会理事会と米州教育科学文化理事会が置かれるなど、最高機関を強化するとともに、旧機構理事会に集中していた権限を分散し、もって経済・社会・文化面での機能を拡充した点がとくに重要である。しかし、この全面改組にみるほど明確には、機構の活動に新たな方向づけが与えられておらず、また、この点で1985年憲章も大きな進展を記さなかった。

　米州機構の発足当初からアメリカと多くのラテン・アメリカ諸国を対立させてきたのは、機構の活動全般にかかわる方向づけともいうべき基本的問題であり、それを政治的軍事的防衛の強化と経済的社会的協力の促進に対置することができる。この2つの立場は、1948年のボゴタ会議において防衛理事会の設置案とラテン・アメリカ・マーシャル・プランの実施要求に示されていたが、ボゴタ憲章の改正に際しては、それぞれ、米州軍の創設と米州経済相互援助条約の締結の主張にまで発展した。前者は、アメリカのドミニカ介入が集団化されて以来の主張で、間接侵略ないし破壊活動に対処するためリオ条約の強化を意図し、また後者は、むしろ経済的分野へのリオ条約の拡大を目的とする。

　このうち政治的分野において、大多数のラテン・アメリカ諸国は、米州軍の制度化を含め安全保障の強化に一切応じなかったのみならず、次にふれる紛争の平和的解決とは別に、「平和維持」に関する一般的権限を常設理事会に

認めることにも反対していた。この点では、1985年憲章で機構事務総長が国連事務総長の場合と類似の政治的権限を付与されたことに注目される。他方、経済的社会的文化的協力について、1967年憲章の各分野別の基準や1985年憲章の「統合的発展」の基準はかなり詳細であり、ラテン・アメリカ諸国の経済統合、貿易や経済援助のあり方、新国際経済秩序の具体化などに関する重要な規定を多く含むが、それらも、具体的義務の設定には反対するアメリカを前に、概して政策や目標の表明にとどまることを余儀なくされた。このように、ボゴタ憲章の改正を通して、従来の基本的立場の対立は維持されたままであるが、同時に、米州機構の活動の重心が、以前と較べて安全保障の問題から経済的社会的分野へ、従って一般にアメリカの関心事からラテン・アメリカ諸国のそれへと移行する兆しは窺うことができる。なお、1975年のリオ条約改正議定書では、米州諸国の発展のため、「集団的経済安全保障」の必要性も言及されている。

III　紛争解決制度の再構築

　1954年の米州会議で、退任を目前にしたジェラス・カマルゴ事務総長は、米州機構の紛争解決制度の不備を改めて指摘し、それが米州の平和維持体制全般に及ぼす影響について各国の注意を喚起した。以来、ボゴタ条約の改正を含む紛争解決制度の改善は、米州機構の重要課題の1つとなっている。

　紛争の平和的解決について、ボゴタ憲章は、具体的な手続と手段を全面的にボゴタ条約に委ねた。同条約は、文字どおり憲章にいう、「米州諸国間の紛争が妥当な期間内に最終的解決に達しないことのないように、紛争の平和的解決の適切な手続を設定し、かつ、その適用のための適当な手段を規定する」特別条約の名に値する。しかし、ボゴタ条約は半数あまりの国の批准しか得られなかったため、十分に機能しえない状況にある。そこで、長期的には同条約の改正が検討される一方、当面の方策として、それぞれ問題のあるリオ条約の運用と米州平和委員会の活用により、紛争解決制度の欠陥が早くから補われてきた。

このうち、リオ条約の運用とは同条約上の暫定協議機関としての機構理事会による紛争処理をいうが、協議機関は本来リオ条約の適用を任務とするものであり、またとくに、ボゴタ憲章上、理事会はその資格において政治的権限が一般的には認められていないため、かかる活動の法的基礎について疑義があった。他方、米州平和委員会は、1940年のハバナ決議に起源をもつが、米州機構に統合されなかったため、憲章上の地位が不明確であるほか、その権限の範囲、とくに紛争の両当事国の同意に基づいてのみ行動できるものとすべきかどうかをめぐって対立が根強く、委員会規程も変更を繰り返した。加えて、理事会と平和委員会の機能はかなり重複しており、相互の間の調整が必要であった。

　1967年憲章は、新たに、機構常設理事会の補助機関として米州平和的解決委員会を設けるとともに、すべての紛争当事国の同意を前提にした常設理事会の平和的解決機能を明確にすることにより、ボゴタ憲章の枠内で紛争解決機関を整備しかつ年来の論議にも一応の決着をつけた。しかしながら、実際には、紛争当事国双方の同意が容易に得られないため、常設理事会の紛争解決機能は大幅に制約されており、ことに平和的解決委員会は、往時の米州平和委員会と対照的に、機能を全く停止した状態が続く。そこで、1985年憲章は、常設理事会の権限を拡大し、いずれかの紛争当事国の要請により行動することを認めるとともに、補助機関として、常設の平和的解決委員会を廃止する一方、理事会が各紛争ごとに設けるアド・ホック委員会はすべての当事国の同意によるものとした。しかし、これら両改正憲章の間で、制度上の変更にみるほどは、理事会の紛争解決機能に実質的な差異はない。

　このように、米州機構において機構（常設）理事会の紛争解決機能が常に制限されてきたのは、ワシントンに常置された機関への政治的権限の集中にラテン・アメリカ諸国が危惧したからである。ことに、理事会はリオ条約の適用にも関与するため、そこでの紛争処理が強制措置の発動を背景にしておこなわれることが懸念された。理事会ないしその補助機関の介入の条件として、紛争当事国双方の同意の問題が絶えず提起されてきたのもこうした理由による。そこで、理事会から多少とも独立した紛争解決機関を整備することが、米州機構の平和的解決機能を強化するための1つの方策となる。と同時に、

次にみるリオ条約の今後の動向にも、紛争の平和的解決の問題は深くかかっている。この両者の点で注目されるのは、中米和平の達成に貢献したコンタドーラ・グループの調停努力が、米州機構とは一応別個のイニシアチブであり、また、冷戦の図式にとらわれない交渉による解決を原則としていたことである。

IV　共同防衛体制の変容

　米州制度の発展は、不干渉の原則に支えられ、かつ、他の地域にみられないその拡大・強化を伴ってきた。この原則が、今日なお、米州において最も重要にして特徴的な国際規範とされるのは、それが大陸の団結でなく分裂から生れたことに由来し、また、かかる本来消極的な規範を存立の基礎とするところに、米州機構の基本的性格が示される。しかし、戦後の冷戦の下で、米州機構が反共政策への偏向を重ねたことは、この不干渉の原則の維持すら危くしてきた。
　ボゴタ憲章は、不干渉の原則を再確認し詳細に規定するが、同時に、現行条約すなわちリオ条約に基づく平和維持のための措置は不干渉の原則の違反とならない旨を明記する。他方、リオ条約は、侵略に対する米州の連帯の原則に基づいて、武力攻撃に対する個別的・集団的自衛の措置を規定するほか、「武力攻撃でない侵略」その他の場合にも共同防衛措置を予定している。そこで、米州から共産主義勢力を排除するため援用されてきたのが、とりわけ、武力攻撃でない侵略つまり間接侵略ないし破壊活動に対する共同防衛義務であり、また、リオ条約の関係規定の柔軟解釈を通して、一部のラテン・アメリカ諸国に対し強制措置が企図され現実にも適用されたことは、集団的干渉ともいうべき脅威であった。1954年のグァテマラ事件をはじめ1960年以後のキューバ問題などの処理に際し、リオ条約はそのように運用されてきたのが実情である（広く米州内外で支持された、1960年のドミニカ共和国に対する外交・経済制裁がほとんど唯一の例外である）。
　しかし、その後もアメリカはリオ条約の一層の強化を主張するなかで、

むしろ同条約の地位低下をもたらす動向が顕著となっている。まず第1に、1964年のキューバとの外交関係断絶の措置は、一部の国によって履行されなかったのみならず、後に加盟した国が自国に対する上記決定の拘束力を否認したこともあって、1975年、その目的を達成できぬまま解除されるに至った。第2に、加盟国の増加によって、ボゴタ憲章とリオ条約の一体性が損われた。両改正憲章は、加盟条件の1つとして、憲章に定める集団安全保障の義務を受諾する意思のあることを掲げるが、リオ条約への加入を明文で要求しないため、新規加盟国のほとんどは同条約に加入していない。第3に、1975年のリオ条約の改正は、とりわけ、問題の武力攻撃でない侵略を共同防衛の対象から削除しもって強制措置の拡大適用を防止するとともに、措置の解除も容易にし従来の3分の2から過半数の賛成で足るものとした。そのほか、1982年のフォークランド戦争に際してのアメリカの態度がリオ条約に対するラテン・アメリカ諸国の支持を後退させたことは否定できず、また、翌年のコスタリカの永世中立宣言もリオ条約への対応と無関係におこなわれたものではない。

　このような一連の動きは、ラテン・アメリカ諸国によるリオ条約からの着実な離反を反映するものであり、それは集団的干渉の脅威を除去しまたはこれへの関与を回避する意味をもっている。しかし、このリオ条約離れは、アメリカにとって全く別のことを意味しており、それが同国単独の干渉の口実となりかねないところに問題がある。これまでも、キューバ(コチーノス湾侵攻、1961年)、ドミニカ共和国(1965年)、グレナダ(1983年)、パナマ(1989年)など、そのような事態は繰り返されてきた。従って、米州での行動様式として改めて確立されねばならないのは共同行動の体制であり、そのためには、リオ条約の枠内でその可能性と限界、つまり共同防衛に値する脅威についての理解を、すべての米州諸国が共有する必要がある。米州内外の国際環境の変化のなかで、そうした共通の理解がどこまで形成されうるかに、米州の共同防衛体制の今後がかかっている。

　この点で注目されるのは、1985年憲章が、すべての国の自由に政治経済社会体制を選択する権利を規定することである。このいわゆるイデオロギーの多元性の承認は、リオ条約の改正議定書の前文で言及されていたが、新た

に、米州機構の原則の1つとして明記されることになった。また、最近では、東西間の緊張緩和を反映して、米州の域内協力が政治的分野でも多様化する傾向にある。とくに、コンタドーラ・グループと同支援グループのラテン・アメリカ8国は、1986年、中米問題に限らず、広汎な分野にわたる政策協議の場(リオ・グループ)を結成した。こうした重層的な域内協力関係の進展は、共同防衛のあり方についても、米州諸国間の新たな合意の形成を促す大きな要因となりえよう。

【資 料 編】

1　米州機構憲章の改正

I　1948年、ボゴタで開催された第9回米州国際会議において、米州制度（Inter-American System）は、米州機構憲章（ボゴタ憲章）の下に再編成された。米州機構は、国際連合との関係では「地域的機関」であり（ボゴタ憲章第1条後段）、その平和維持制度は、組織及び一般原則を規定するボゴタ憲章を中心に、憲章の第4章「紛争の平和的解決」および第5章「集団安全保障」のそれぞれ特別条約に相当する、平和的解決に関する米州条約（「ボゴタ条約」、1948年）および米州相互援助条約（リオ条約、1947年）から構成される。これら3つの基本条約の下に、米州機構は、地域的集団安全保障としての機能をかなり維持するとともに紛争の平和的解決のためのメカニズムを整備している点で、国連憲章が予定する「国際の平和及び安全の維持に関する事項で地域的行動に適当なもの」をより有効に処理できる地域的機関であるといえよう。と同時に、米州機構は、その歴史および組織化に併せて、とくに、政治・経済・社会・文化の各種分野に亙る協力の促進といった、その機能の綜合性により、今日、他の地域的国際機構からはっきりと区別される。米州機構が国連の小型（a miniature U.N.）と称される所以もここにみいだすことができよう。

この米州制度の起源は、遠く、1889－90年の第1回米州国際会議に遡る。しかし、米州制度の歴史において、米州機構の構想を可能にする政治的環境が成立したのは、比較的最近のことであり、また、今日に至るその発表は、米国の善隣政策によって基盤を据えられ、第2次世界大戦の脅威によって誘導され、且つ、一般的国際機構の設立を契機として一層促進された、ということができる。これらの成果は、サンフランシスコ会議の直前に、メキシコ・シティーの「戦争と平和の諸問題に関する米州会議」において具体化され、そ

こに、米州機構の概容が示された。先の3つの基本条約は、いずれも、メキシコ・シティー会議の決議に基礎をおいている。

　米州制度のこの発展が、不干渉の原則に支えられ、且つ、他にみられないその拡大・強化を伴ってきた[1]ことは、留意されるべきであろう。この原則が、今日もなお、米州において最も重要にして特徴的な国際規範とされているのは、それが大陸の団結ではなく分裂から生れたことに由来し、従ってまた、米州制度にとってその本来消極的な側面を指してである。米国とラテン・アメリカ諸国との間の政治的・経済的・社会的異質性は、久しく「米州の連帯」という標語の下に、また、とくに米州機構の設立に際しては、国連の枠内における地域主義の主張によって、繕われてきた。しかし、米州制度にとって戦後の歴史は、それが亀裂となって改めて顕在化する過程であったと要約できる。この過程は、戦後の国際社会を特徴づける2つの動向によって促進されてきた。すなわち、米国が、米州への共産主義勢力の侵透を阻止することに第一次的重要性をおいたこと、および、経済的には依然と米国に従属するラテン・アメリカ諸国に民族解放運動が波及したこと、である。

　米州制度の基礎を揺がすかかる事態は、グァテマラにおけるアルベンス政府の出現によって、ある程度は認識されていた。しかし、1959年1月1日のキューバ革命は、リオ・グランデの南において新しい社会体制の樹立を告げただけに、米国およびラテン・アメリカ諸国の双方に与えた影響がとくに大きく、また、一連のキューバ問題が米州機構に提起した問題は、極めて多岐に亙る。その結果、米州機構は、国連との関係で多くの困難をもたらした[2]に止らず、その様々の側面について危機を指摘され、且つ、あらゆる分野の活動およびこれを担う組織の両者について、根本的な再検討を迫られるに至った。1965年4月の米国によるドミニカ共和国への軍事介入は、この米州

1　不干渉の原則の条約化は、1928年、ニカラグアに対する米国の干渉の最中に開催された第6回米州国際会議で大きくとりあげられ、その後、1933年の第7回米州国際会議における「国家の権利義務に関する条約」(その第8条に不干渉の原則が規定されたが、米国は、条約全体に留保を付した。*American Journal of International Law*, Vol.28 (1934), suppl. p.75.)を経て、1936年の「平和の維持のための米州会議」における「不干渉に関する追加議定書」(*American Journal of International Law*, Vol.31 (1937), suppl. p.57.)に具体化され、更に、ボゴタ憲章第15条に発展した。

2　拙稿「米州機構の平和維持機能と国際連合(一)、(二)」『法学論叢』第80巻6号(1967年)、第81巻2号(1967年)(本書第2部第7章)参照。

機構の破綻を確認するにすぎない。たしかに、キューバ革命という試練を経た米州制度は、現在、大きな転換期を迎えている。最近おこなわれたボゴタ憲章の改正は、その1つの現れということができる。

II　米州制度の強化に関する多くの問題は、1960年の前後にエクアドルのキトで予定された第11回米州会議において審議されることになっていたが、キト会議は、いく度か延期された後、結局、開催されるに至らなかった。その背景に、キューバ問題が大きくよこたわっていたことはいうまでもないが、より直接の原因は、エクアドルにおけるクーデターの続発およびペルーとの国境紛争[3]にある。米州に日常的ともいうべきこれらの障害によって最高機関の開催が阻まれたところに、米州機構の重大な欠陥がはからずも露呈していた。そこで、「米州制度の強化に基本的重要性をもつ諸問題」を審議するために、1965年11月、リオ・デ・ジャネイロにおいて開催されたのが、第2回特別米州会議[4]である。この会議は、米州制度の組織および機能に関するほとんどすべての問題をあらゆる側面から再検討するなかで、とりわけ、ボゴタ憲章改正への途を正式にうちだした。「リオ・デ・ジャネイロ協定(Act of Rio de Janeiro)」がそれである。

　ボゴタ憲章によれば、その「改正は、このために招集された米州会議においてのみ、採択することができる」(第111条前段)。この規定に基づき、協定は、第3回特別米州会議をブエノス・アイレスに招集することに決定するとともに、その間、全加盟国の代表者からなる特別委員会をパナマに開催することとし、これに、憲章改正の予備草案の作成を委託した。パナマ委員会がその際に利用すべき指針(guidelines)は、協定に列挙されている。また、予備草案には、経済、社会、文化の各分野における米州協力のための追加基準が挿入されるべきこととされ、このための指針は、別個の「リオ・デ・ジャネイロ経済社会協定(Economic and Social Act of Rio de Janeiro)」に詳細に規定され

---

[3]　最近にこの紛争を扱ったものに、Georg Maier, "Ecuadorean-Peruvian Boundary Dispute," *American Journal of International Law*, Vol.63, No.1 (Jan. 1969), pp.28-46がある。

[4]　以下に挙げるこの会議の諸決議のテキストは、*Final Act of the Second Special Inter-American Conference*, Rio de Janeiro, Brazil, November 17-30, 1965, O. A. S. Official Records OEA/Ser. C/I. 13 (English)を参照。

た。更に、会議は、平和的解決手段の強化および人権保護の促進など多くの事項について決議を採択している。リオ・デ・ジャネイロ協定に従って、パナマの特別委員会は、1966年4月に、「米州機構憲章改正予備草案[5](Preliminary Draft Proposal)」の作成を完了し、この草案は、直ちに、各加盟国政府による検討に付された。その結果が、1967年2月27日、第3回特別米州会議において署名された「米州機構憲章改正議定書[6](ブエノス・アイレス議定書) Protocol of Amendment to the Charter of the O.A.S., "Protocol of Buenos Aires"」である。かくして改正された米州機構憲章は、ボゴタ憲章の場合と同様、これを採択した米州会議の開催地に因んで、「ブエノス・アイレス憲章(the Charter of Buenos Aires)」と通称されることになろう。

ブエノス・アイレス議定書により米州制度に1つの時期が画されたことについては、西半球におけると同様、地域的組織を戦後新たに発展させてきた西欧においても関心が払われている[7]。ところで、ボゴタ憲章の改正は、その目的たる米州制度の強化に資する十分な効果を伴っているであろうか。これは、改正憲章に併せて、憲章改正の過程を検討することにより明らかとなる問題である。リオ・デ・ジャネイロ協定は、憲章改正の基本目的として、米州制度の諸機関の活動を調整し、その相互の間に努力の重複と権限の衝突を回避することに加えて、米州制度に「ダイナミズムの新風」を培い、「諸問題を効果的に解決する能力」を与えることを掲げている。すなわち、米州制度の強化は、改組と並んで、新たな方向付けといった側面からも企図されてい

---

5 For the text, see *Final Act of the Special Committee to Prepare a Preliminary Draft Proposal on Amendments to the Charter of the Organization of American States*, signed at Panama City, Panama, April 1, 1966, O. A. S. Official Records OEA/Ser. K/XIII/1. 1, Doc. 90 (English) Rev. (April 1, 1966), reproduced in *International Legal Materials*, Vol.5, No.3 (May 1966), p.488. なお、この段階でのコメントには、J. Somarriba-Salazar, "L'évolution de l'Organisation des Etats Américains (O. E. A.). Projets de réforme," *Annuaire français de droit international*, tome 12 (1966), pp.110-122がある。

6 For the text, see O. A. S. Official Records OEA/Ser.E/XIV. 1, Doc. 11 (English) Rev. 5 (February 27, 1967), reproduced in *International Legal Materials*, Vol.6, No.2 (March 1967), p.310. また、会議の諸決議については、*Final Act of the Third Special Inter-American Conference*, Buenos Aires, Argentina, February 15-27, 1967, O. A. S. Official Records OEA/Ser. C/I. 14 (English).

7 例えば、A. H. Robertson, "Revision of the Organization of American States," *International and Comparative Law Quarterly*, Vol.17, No.2 (April 1968), pp.346-367. なお、両機構を比較検討したものに、M. Margaret Ball, "The Organization of American States and the Council of Europe," *British Year Book of International Law*, Vol.26 (1949), pp.150-176がある。

た。このうち、改正憲章に具体化されたのは、主として、前者に限られており、また、機構の再編成にあたっても、いくつかの例外を除いて、諸機関の権限の拡大は差し控えられた。この点からは、「ブエノス・アイレス会議は、それに先立つ会議と同様に、なし遂げたことよりもしなかったことによって、注目に価する[8]」との批評に首肯しなければならない。しかし、後者についても、対立する見解のなかに米州制度の進むべき方向を示唆した点で、憲章改正作業にいくらかの意義を認めるべきであろう。

III 「米州機構の加盟国の多くが、共産主義の問題の実体を把握しない限り、機構は、活火山の上に坐すことになる[9]」。ボゴタ会議以来、米国と多くのラテン・アメリカ諸国を常に対立させてきたのも、右に深くかかわる機構の方向付けといった問題にほかならず、それを、政治的軍事的防衛の強化と経済的社会的協力の促進に対置することができる。そして、米州機構が、リオ条約第6条の拡大解釈を通して、反共政策への偏向を重ねたことは、ラテン・アメリカ諸国にとって、集団的干渉へ導く「危険な傾向」であり、しかも、これらの国が「責任の分担」を果さない場合には、米国の単独行動がこれを直接又は間接に補充してきた。他方、ラテン・アメリカ諸国の経済発展は、既にメキシコ・シティー会議においてその重要性を指摘されていたが、ボゴタ経済協定の挫折以来、米州制度の枠内においては久しく放置され、米国が固執する二国間協定による処理に委ねられてきた。この分野においては、むしろ、米国の強い反対の下で国連に設置されたラテン・アメリカ経済委員会(ECLA)が、経済統合の促進などに重要な役割りを果してきたことに注目される。1961年のプンタ・デル・エステ憲章により、米州制度は、ラテン・アメリカ諸国の綜合的な経済発展および社会開発に着手したが、この「進歩のための同盟(Alianza para Progreso)」も、右の状態を未だ大きく変えるに至っていない。

　これら2つの問題は、ボゴタ会議において防衛理事会の設置案とラテン・アメリカ・マーシャル・プランの実施の要求に示されていたが、ボゴタ憲

8　John C. Dreier, "New Wine and Old Bottles: The Changing Inter-American System," *International Organization*, Vol.22, No.2 (Spring 1968), p.485.
9　Ann Van Wynen Thomas, and A. J. Thomas, Jr., *The Organization of American States* (Southern Methodist University Press, 1963), p.407.

章の改正に際してはいずれも大きく発展し、それぞれ、米州軍(Inter-American Force)の創設と米州経済相互援助条約(Inter-American Treaty on Reciprocal Economic Assistance)」の締結の主張(パナマ)となって現れた。前者は、いわゆる共産主義勢力による「間接侵略」又は「破壊活動(Subversion)」に先制し対処するため、リオ条約の強化を意図しており、また後者は、むしろ経済的分野へのリオ条約の拡大を目的とする。このうち、米州軍の制度化又は常設化は、ドミニカ共和国に対する米国の軍事介入が集団化されて以来、米国によって強く主張されてきたが、この度も、ブラジルなど主に軍事又は独裁の政権下にある一部の国の支持を得るにとどまった結果、議題として正式に議論されることはなかった。これとの関連で注目されるのは、紛争の平和的解決とは別に「平和の維持」に関する権限を機構理事会(新常設理事会)に付与することに対し、すべての主要なラテン・アメリカ諸国が反対したことである。他方、経済的社会的協力について、改正憲章は、かなり詳細な規定をおいている。そこに挿入された新しい経済的基準および社会的基準は、進歩のための同盟の諸原則を確認したこと、同盟の目標の1つであるラテン・アメリカ諸国の経済統合を米州機構のそれとして明確にしたこと、並びに、貿易および経済援助などに関して、米国に一定の政策の採用を義務づける効果をもつ諸原則を規定したこと、にいくらかの進歩がみられる。しかし、ラテン・アメリカ諸国にとって最も関心のある右の最後の問題が当初からかなり後退したことは否定できず、従ってまた、憲章改正の過程で論議をよんだのもこの点であった。すなわち、リオ・デ・ジャネイロ経済社会協定は、この分野において「法的拘束力のある」諸原則を設けることの必要性に留意しつつ、米国に広範囲の負担を課すことになる一般原則を掲げており、また、憲章改正予備草案もこの協定に基づいて作成されたが、米国は、パナマ会議においてその作業の終了後、予備草案に具体化された諸条項が受諾できない旨を言明し、全面修正案を提出したからである。米国の説明によれば、協定で同意された政策および目標を条約義務の文言に　置き換えることは、憲法上の困難を惹起し、また行政府として、上院の同意に相当の期待をもてない条約には署名できない、というのであった[10]。その結果、予備草案の規定は、後に米州経済社会理事会に

10　See Statement of the U. S. in the Document, *supra* note 5.

おいて、大幅な修正を受けている。

　このように、いずれの問題についても、改正憲章のなかに大きな進展が記されることなく、これまでの米国と多くのラテン・アメリカ諸国の基本的立場およびその間の対立は、維持され再確認された、といわねばならない。と同時に、憲章改正の作業過程からは、米州制度の活動の重心が、安全保障の問題から経済的社会的分野へ、従って一般に、米国の関心事からラテン・アメリカ諸国のそれへ、移行するきざしをうかがうことができる。また、そこに、米州の新たな展望をいくらかみいだすことができよう[11]。なお、とくに経済統合の促進については、第3回特別米州会議にひきつづきプンタ・デル・エステで開催された米州首脳会議において、一層の発展をみている。

Ⅳ　米州制度およびその諸機関の改組並びに再編成は、事実上、米州各種会議のたびごとに、議題の1つとして論じられてきた。ボゴタ憲章以前においては、このことに十分な理由がある。むしろ、それまで、米州制度は、条約上の基礎を欠いており、従って、米州会議における諸決議の集積を通して整備されてきたといえる[12]。このように組織法をもたなかったことは、米州制度に、多くの重複や不備を伴ったが、同時に、事態に適応した漸進的な発展を可能にしたとの評価を受けている。この「経済的な進化」は、米州制度がボゴタ憲章の下に組織化されたことにより、終りを告げると予想された[13]が、その後も、同じ傾向をはっきりと認めることができる。その結果、米州機構における組織上の変遷および発展にはかなり顕著なものがあり、またそのなかには、機能の強化および他の機関との調整、あるいは法的基礎の明確化などを必要としたものが少くない。この背景からも、ボゴタ憲章の改正にあたっ

11　この見地から、Milton Eisenhower, *The Wine is Bitter: the United States and Latin America* (Doubleday, 1963) は示唆に富む。

12　一般に、米州制度の各種機関の決議は、米州会議のそれを含めて、勧告的性質しかもたなかったが、第1回米州国際会議の米州商務事務局（パン・アメリカン・ユニオンの前身）設置決議（批准を必要とした）の第16項により、その存続中、組織上の変更に関し多数決により採択される決議は、直ちに、法的拘束力をもつとされた。従って、厳密にいえば、この間の米州制度の法的基礎はこの1890年決議の第16項に求められる。For the text, see J. B. Scott (ed.), *International Conferences of American States 1889-1928* (Oxford University Press, 1931), p.39.

13　Josef L. Kunz, "The Bogota Charter of the Organization of American States," *American Journal of International Law*, Vol.42, No.3 (July 1948), p.588.

て、米州制度の全面改組が1つの課題となったのである。

　改正憲章にみるその特徴としては、機構の最高機関が強化されたのに加えて、とくに、ボゴタ憲章の下で機構理事会に集中していた機能および権限が分散され、それに伴い、理事会の諸機関(経済社会理事会、法律家理事会および文化理事会)が再編成されたことを指摘できる。すなわち、これまで事実上欠落していた米州会議にかえて、新たに、年次会合をもつ総会(General Assembly)が設けられ、その下には、機構常設理事会(Permanent Council of the Organization)と並んで、米州経済社会理事会(Inter-American Economic and Social Council)および米州教育科学文化理事会(Inter-American Council for Education, Science, and Culture)が置かれる。また、法律事項に関する機関は、リオ・デ・ジャネイロの米州法律委員会(Inter-American Juridical Committee)に一本化され且つ拡充された。他方、1960年に設置された米州人権委員会(Inter-American Commission on Human Rights)は、機構の常設機関として、新たに憲章上の基礎を与えられ、また同様に、1963年の米州進歩のための同盟委員会(Inter-American Committee on the Alliance for Progress, CIAP)は、同盟の実施中、現行の地位を維持するものとされた。なお、外務大臣協議会議は変更をうけていない。ところで、機構の分権化は、各種機能の強化並びに米国の影響力の削減という2つの側面からとらえることができる。三理事会構成は、常設理事会のPrimus inter paresたる地位を維持しているが、前者の点で、新しい経済的、社会的および文化的各種基準と共に、改正憲章の下でこれらの分野が重視されることを示している。また後者の点から、リオ・デ・ジャネイロ協定は、三理事会の所在地を事務総局(パン・アメリカン・ユニオン)から地理的に分散することを考慮していたが、改正憲章はこの点を保留している。

　改組のなかで最も注目されるのは、米州平和委員会(Inter-American Peace Committee)が、新たに米州平和的解決委員会(Inter-American Committee on Pacific Settlement)として、常設理事会の下に置かれたことである。紛争の平和的解決については、ボゴタ条約が多数の国の批准を得られなかった[14]ために、この欠陥は、同条約に統合されなかった米州平和委員会の活用およびリオ条約

14　批准国はブラジル、コスタ・リカ、ドミニカ共和国、エル・サルバドル、ハイチ、ホンジュラス、メキシコ、ニカラグア(留保付)、パナマおよびウルグァイの10国。

第12条に基づく暫定協議機関(機構理事会)の運用によって、早くから補われてきた。と同時に、これら相互の間には、かなりの重複が認められ、また、そのいずれもが、最終的な決定を必要とする重要な問題をかかえている。すなわち、平和委員会は、1950年の規程上、当事者の一方による付託又は第三者の要請に基づいて紛争の解決に資する行動をとることを認められていたが、1956年の規程改正により、全当事者の事前の同意に基づいてのみ、活動を開始できることとされた。しかし、その後、委員会の有効な任務遂行のために、旧規程の立場に復帰する必要性が論議されており[15]、この主張は、憲章改正の過程でも繰り返された。他方、暫定協議機関の活動は、背後に強制措置の発動が控えておりまた機構理事会の政治的権限が一般的には認められていない[16]関係上、それが長期化する場合、法的基礎が明らかにされる必要があった。改正憲章は、新たに平和的解決委員会としてこれまでの平和委員会に憲章上の基礎を付与し、また、これを常設理事会の下に置くことにより紛争解決手段の重複を除去する一方、現行平和委員会規程の立場を堅持し且つその限度における理事会の紛争解決機能を明確にすることによって、年来の論議に決着をつけたということができる。

なお、改組に関連して、ボゴタ憲章が言及しなかった新規加盟の手続については、新興独立国の加盟申請が予想された[17]ため、既に1964年、この問題を決定するために開催された第1回特別米州会議により「ワシントン協定[18] (Act of Washington)」が採択されている。そこに規定する加盟手続は、改正憲章に挿入された。これによると、加盟申請国は、リオ条約への事前の加入を要求されないが、集団安全保障に関する憲章上の義務を受諾する意思のあることをとくに要求されており、かくして、憲章とリオ条約との一体性に注意

---

15 この間の事情については、Inter-American Institute of International Legal Studies, *Inter-American System: Its Development and Strengthening* (Oceana Publications, 1966), pp.82-86を参照。なお、委員会の権限強化を一貫して主張してきたのは、ペルーとの国境の再検討を要求するエクアドルである。

16 この問題の経緯については、Alwyn V. Freeman, "The Political Power of the OAS Council," in A. Lipsky (ed.), *Law and Politics in the World Community* (University of California Press, 1953), pp.252-278.

17 すなわち、1962年9月に独立したジャマイカおよびトリニダード・トバゴである。また、1966年に、ガイアナおよびバルバドスが独立した。

18 For the text, see *Final Act of the First Special Inter-American Conference*, Pan American Union, Washington, D. C., December 16-18, 1964, O. A. S. Official Records OEA/Ser. C/I.1 12 (English). この手続に基づいて、1967年、バルバドスおよびトリニダード・トバゴが加盟した。

を喚起されている。また、大陸外の国と機構加盟国との間で係争中の地域については、その領土紛争が平和的解決をみるまで、加盟申請が凍結される。これは、とくに、英国統治下のベリセ(英領ホンジュラス)およびマルヴィナス諸島(フォークランド諸島)に対するそれぞれグァテマラおよびアルゼンチンの請求を考慮したものである。また、ベネズエラも、旧英領ギアナ(現ガイアナ)の一部について主権を主張してきた。

　他方、機構加盟国たる権利および特権の停止又は機構からの除名については、1962年の第8回外務大臣協議会議における「キューバ現政府の除外」措置をめぐり、憲章上の不備が指摘されていたにもかかわらず、改正憲章にも規定がおかれていない[19]。

　ボゴタ憲章によれば、その「改正は、第109条に掲げた条件と手続とに従って効力を生ずる」(第111条後段)。この規定に基づいて、憲章改正議定書は、ボゴタ憲章の署名国の3分の2が批准書を事務総局に寄託したとき、批准国の間において発効し、また、他の国については、各自がその批准書を寄託したとき効力を生ずる(議定書第26条)。ブエノス・アイレス会議は、加盟国に対し議定書の可及的速やかな批准を要請したが、これまでのところ、批准の進行状況ははかばかしくない[20]。これは、改正憲章についてのみいえることではなく、ボゴタ憲章も、3年の期間を経過して1951年末にようやく発効し、また、すべての署名の批准を得るのには、更に5年を必要とした。もっとも、その間を待たずに、米州機構は、ボゴタ会議の暫定措置に基づいて、直ちに活動を開始している。同様に、リオ・デ・ジャネイロ会議は、改正憲章が発効するまで、外務大臣協議会議の年次会合を決定し、また、ブエノス・アイレス会議も、この間にとるべきいくつかの経過措置を決議した。更に、改正憲章の発効後、未だ批准をおこなっていない加盟国(ボゴタ憲章の当事国)の取り扱いについても、ボゴタ憲章の経験から、実際上の困難は予想されないであろう。かくして、米州制度は、新たな発展のための枠組を与えられた。以下に訳出するのは、ブエノス・アイレス議定書が規定するところに従って

19　米州機構における加盟および除名については、一般に、Hugo J. Gobbi, *Admision y Exclusion de Miembros de la O.E.A.* (Bibliografica Omeba, 1966) を参照。
20　ブエノス・アイレス議定書の採択後3年現在、批准の完了を伝えられたのは、アルゼンチン、グァテマラおよびパラグアイの三国である。

改正される米州機構憲章の諸条項である。

改正米州機構憲章

第1部

第1章　性質および目的
第1条、第2条　（現第1条、第2条）

第2章　原則
第3条　（現第5条）

第3章　加盟国
第4条、第5条　（現第2条、第3条）
第6条(条件)　機構の加盟国になることを希望する他のすべての米州独立国は、事務総長に宛てた文書によりこの旨を示し、そのなかで、機構憲章の署名および批准、並びに、加盟国たる地位に固有のすべての義務、とくに憲章第27条および第28条に明示に規定する集団安全保障に関する義務の受諾をおこなう意思のあることを宣言しなければならない。
第7条(手続)　総会は、機構常設理事会の勧告に基づいて、事務総長に対し、申請国に憲章の署名を許可し且つ対応する批准書の寄託を受理する権限を付与することが適当かどうかを決定する。常設理事会の勧告および総会の決定は、いずれも、3分の2の加盟国の同意投票を必要とする。
第8条(係争地域)　第1回特別米州会議が定めた期日である1964年12月18日以前に、領土の全部又は一部が大陸外の国家と機構の1又は2以上の加盟国との間で争訴又は請求の主題となった政治主体の加盟申請については、その紛争が何らかの平和的手続により終結するまで、常設理事会はいかなる勧告もおこなってはならず、また総会もいかなる決定をおこなってはならない。

第4章　国家の基本的権利および義務
第9条—第22条　（現第6条—第19条。但し、現第19条が言及する「第15条および第17条」を「第18条および第20条」と改める）

第5章　紛争の平和的解決
第23条—第26条　（現第20条—第23条）

第6章　集団安全保障
第27条、第28条　（現第24条、第25条）

第7章　経済的基準

第29条(一般原則)　加盟国は、米州の連帯と協力の原則に立って、西半球における社会正義およびその国民のための動態的且つ調和のとれた経済発展を、平和および安全の本質的条件として確保するため、努力を結集することを約束する。

第30条(資源の動員)　加盟国は、その経済的および社会的進歩にとってまた効果的な米州の協力を確保するため基本的な条件として、適正な計画によって自国の人的および物的資源を動員することを約束し、且つ、効率的な国内組織の下で運営することの重要性を承認する。

第31条(基本目標)　加盟国は、自己の方法および手続に従い且つ民主主義の諸原則および米州制度の機構の枠内においてその経済的および社会的発展を促進する目的をもって、次の基本目標を達成するためあらゆる努力をおこなうことに同意する。

a　一人あたり国民生産の実質的且つ自立的増大。
b　国民所得の衡平な配分。
c　適切且つ衡平な税制。
d　衡平にして効率的な土地所有制度、農業生産性の増大、未開発農地の拡大利用、生産の多角化、および、農業生産物の加工および販売のためのより優れた組織に通ずる農村生活の近代化および改革。並びに、これらの目的達成のための手段の強化拡大。
e　とくに資本財および中間財の急速且つ多角的な工業化。
f　持続的な経済発展および社会正義の達成と両立する国内物価水準の安定。
g　公正な賃金、就職の機会、および、すべての人に受け入れられる労働条件。
h　文盲の急速な撲滅、および、すべての人に対する教育の機会の拡大。
i　近代医学の普及と応用による人間の潜在力の保護。
j　とくに食糧の生産と利用を増大するための国家的努力の増強による適正な栄養摂取。
k　国民のすべての階層に対する適切な住宅の供給。
l　健康的、生産的且つ充実した生活の機会を与える都市の条件。
m　公共部門の活動と調和のとれた私企業および私的投資の促進、および
n　輸出の拡大と多角化。

第32条(相互協力)　本章に定める目的を達成するため、加盟国は、その資源が許し且つその法律が規定する範囲内において、最広義の米州連帯精神をもって相互に協力することに同意する。

第33条(資源の供給)　加盟国は、可及的速やかに均衡のとれた持続的発展を達成するため、前条に従って各加盟国が随時提供する資源を、弾力的な条件において且つ被援助国の必要を満たすためとられる国内的および多数国間の計画および努力を支援するように、比較的低開発の諸国に特別の考慮を払いつつ供給しなければならないことに同意する。

　加盟国は、類似の条件において且つ類似の目的をもって、西半球外部の供給源および国際組織に財政的および技術的協力を求めるものとする。

第34条(有害な政策の回避)　加盟国は、他の加盟国の経済的および社会的発展に重大な悪影響を及ぼす政策、行動又は措置を回避するためあらゆる努力をおこなわなければならない。

第35条(緊急問題の解決)　加盟国は、いずれかの加盟国の経済の発展又は安定が、その国の努力によって除去できない事態のため重大な影響を受ける場合に生ずる緊急の又は重大な問題に対し、共同して解決をみいだすことに同意する。

第36条(科学技術の普及)　加盟国は、現行諸条約および国内法に従って科学および技術の知識の交換および活用を奨励することにより、科学および技術の恩恵を相互に普及させなければならない。

第37条(外国貿易)　加盟国は、外国貿易と経済的および社会的発展との緊密な相互依存関係を認識して、次の事項を達成するため個別的および集団的な努力をおこなわなければならない。

a　機構加盟国の輸出に影響を及ぼす関税上および関税外の障壁を輸入国が削減し又は撤廃すること。但し、右の障壁が、経済構造を多角化し、低開発加盟国の発展を推進し又はその経済統合の過程を促進するために適用される場合、もしくは、国家の安全又は経済的均衡上の必要に関係する場合を除く。

b　経済的および社会的発展の継続を次の手段によって維持すること。

　i　適当な場合には国際協定により、また市場のかく乱を回避する秩序ある取引手続により、並びに、市場の拡大を促進し、且つ生産者に確実な収入をまた消費者に充分且つ確実な供給を確保するとともに生産者にとって引き合いまた消費者にとって公平な安定価格を確保するために企図されたその他の措置により、基本産品の交易条件を改善すること。

　ii　基本産品の輸出国が蒙る輸出代価の激しい変動の悪影響を減殺するため、国際金融協力を改善しまたその他の措置を採用すること、および

　iii　国内的および多数国家間の組織並びにこの目的のため締結された取極を促進強化することにより、開発途上諸国の輸出の多角化並びに製品および半製品の輸出機械の拡大を図ること。

第38条(低開発国への譲歩)　加盟国は、高度開発諸国が国際貿易協定において関税およびその他の外国貿易障壁を低開発諸国のために削減し又は撤廃する譲歩を認める場合、低開発諸国の経済発展並びに財政および貿易上の必要と両立しない相互的譲歩を期待すべきではないという原則を再確認する。

第39条(運輸通信の改善)　加盟国は、その経済発展、地域統合、並びにその通商条件の拡大および改善を促進するため、開発途上諸国内および加盟国間の運輸および通信の改善並びに調整を促進する。

第40条(ラテン・アメリカ共同市場)　加盟国は、西半球の開発途上諸国の統合が米州制度の目的の1つであることを承認し、よって、ラテン・アメリカ共同市場を可能な最短期間に設立することを目標に、統合の過程を促進するためその努力を結集且つ必要な措置をとるものとする。

第41条(統合の強化促進)　加盟国は、そのあらゆる面における統合を強化し且つ促進するため、多数国家間計画の作成および実施並びにその融資に適切な優先順位を与え、また、米州制度の経済的および財政的組織に対し、地域統合の組織および計画への最も広汎な支持を継続するよう奨励することに同意する。

第42条(技術財政協力)　加盟国は、地域経済統合を促進するための技術的および財政的協力が、低開発諸国をして自己の努力により基礎構造計画、新規の生産および輸出の多角化の一層の発展を促進することを可能にする決定的要因となるよう比較的低開発の諸国に特別の注意を払いつつ、調和のとれ均衡ある効率的発展の原則に基づかねばならないことに同意する。

第8章　社会的基準

第43条(原則・組織)　加盟国は、人間が経済発展および真の平和を伴う正しい社会秩序の枠内においてのみその願望の完全な実現を達成しうることを確信し、次の原則と組織の適用のためあらゆる努力をおこなうことに同意する。

a　すべての人間は、人種、性、国籍、信条又は経済的条件に関する差別なく、自由、尊厳、機会均等および社会的安全の環境の下に、物質的福祉および精神的発達を達成する権利を有する。

b　労働は、権利であり、また、社会的義務である。労働は、これをおこなう者に尊厳を与える。また、労働は、公正な賃金制度を含めて、労働年令においても老令期においても、又は何らかの事情により労働の可能性が奪われたときにおいても、労働者およびその家族に対し生命、健康および品位のある生活水準を保障する条件の下におこなわれるべきものである。

c　使用者および労働者は、農村におけると都市におけるとを問わず、自己の利益を擁護しまた促進するため、自由に団結する権利を有する。この権利は、団体交渉権および労働者の罷業権、組合の法人格の承認、並びに労働者の自由および独立の保護を含むが、すべて関係法律に従うものとする。

d　社会全体の利益の保護に対する十分な考慮を伴った、産業諸分野間の協議および協力のための公正且つ有効な制度。

e　私的部門との調和を保ちつつ社会の要求および利益に合致する方法による、行政、金融および信用、企業、並びに流通および販売の諸制度の運営。

f　国内社会の完全な統合、社会的流動性の過程の促進、および民主主義体制の強化を達成するため、農村および都市の両地域における国民の最下層を国家の経済的、社会的、市民的、文化的および政治的生活に編入しまたその参加を増大させること。社会の発展および進歩を目的とする民間の振興および協力のための努力を奨励すること。

g　労働組合、協同組合、並びに文化的、職業的、商業的、近隣および地域社会の団体の社会生活および発展過程に対する貢献の重要性を承認すること。

h　効果的な社会保障政策の発展、および

i　すべての人がその権利を保障するため適正な法的援助を得るに適切な措置。

第44条(社会立法の調和)　加盟国は、ラテン・アメリカ地域統合の過程を助長するため、とくに労働および社会保障の分野において開発途上諸国の社会立法の調和を図り、よって、労働者の権利を平等に保護することが必要であることを承認し、また、この目標を達成するため可能な最大限の努力をおこなうことに同意する。

第9章　教育的、科学的および文化的基準

第45条(原則)　加盟国は、その開発計画において、個人の総合的向上を目指しつつ民主主義、社会正義および進歩のための基礎として、教育、科学および文化の奨励に対し主たる重要性を与えるものとする。

第46条(相互協力)　加盟国は、その教育上の必要を満たし、科学研究を促進し且つ技術の進歩を助長するため、相互に協力する。加盟国は、米州諸国民の文化遺産を保存し且つ豊かにする義務を個別的に且つ共同して負うことを認める。

第47条(教育)　加盟国は、教育を受ける権利の有効な行使を確保するため、その憲法上の手続に従い、次の基礎に立って最大限の努力をおこなうものとする。

a 初等教育は、学令の子供にとって義務的であり、これを享受できるその他のすべての人に対しても機会を与えられる。初等教育は、国家が与える場合、無償とする。
 b 中等教育は、社会的進歩のため、可能な限り多くの国民に対し漸進的に拡大される。中等教育は、一般教育の提供を害することなく、各国の開発上の必要に合致するよう多様化される。
 c 高等教育は、高い水準を維持する目的に応じた規則上の又は学術的基準が満たされることを条件として、すべての人に開放される。
第48条(文化) 加盟国は、文盲の撲滅に特別の注意を払い、成人および職業教育制度を強化し、且つ、文化の恩恵が国民全体に開放されることを確保するものとする。加盟国は、これらの目的を遂行するため、あらゆる情報手段の利用を促進する。
第49条(科学技術) 加盟国は、教育および研究の施設並びに拡大情報計画によって、科学および技術を発展させる。加盟国は、国内の目標および法律並びに現行諸条約に従って、これらの分野における協力を効率的に組織し、且つ、知識の交換を十分に増大させるものとする。
第50条(文化の交流) 加盟国は、各加盟国の特質を十分に尊重しつつ、米州の理解を強化する手段として文化の交流を促進することに同意する。加盟国は、また、教育、科学および文化の領域における緊密な連繋によって地域統合計画を強化すべきことを承認する。

第2部

第10章 機 関

第51条(機関) 米州機構は、次の機関によって、その目的を達成する。
 a 総会
 b 外務大臣協議会議
 c 三理事会
 d 米州法律委員会
 e 米州人権委員会
 f 事務総局
 g 専門会議、および
 h 専門機関
  憲章が規定するものに加えて且つ憲章の規定に従って、必要と思われる各種補助機関を設置することができる。

第11章 総 会

第52条(権限) 総会は、米州機構の最高機関である。総会は、憲章が付託する他のものに加えて、次の主要な権限をもつ。
 a 機構の一般的行動および政策を決定し、諸機関の構成および任務を定め、且つ、米州諸国間の友好関係に関する事項を審議すること。
 b 機構の各種機関の活動相互の間並びに右の活動と米州制度の他の組織の活動とを調整するための措置を設けること。
 c 国際連合およびその専門機関との協力を強化し且つ調整すること。

d　とくに経済的、社会的および文化的分野において、米州機構の目的と同種の目的をもつ他の国際機構との協力を促進すること。
　e　機構の予算計画を承認し、加盟国の分担金を決定すること。
　f　米州制度の各種機関が提出する年次報告および特別報告を審議すること。
　g　事務総局の活動を規律する一般的基準を採択すること、および
　h　自己の手続規則および議題を採択すること。但し、議題の採択は3分の2の投票を必要とする。
　　総会は、その権限を、憲章およびその他の米州諸条約の規定に従って行使しなければならない。
第53条(分担金・予算)　総会は、各国政府が機構の維持のため負担すべき分担金の決定基準を、それぞれの国の支払能力と公平に分担しようとする決意とを考慮して、設定する。予算事項に関する決定は、加盟国の3分の2の承認を必要とする。
第54条(構成)　すべての加盟国は、総会に代表を出す権利をもつ。各国は、1個の投票権をもつ。
第55条(会期・開催地)　総会は、毎年、手続規則が定める期間に、輪番の原則に従って選択する場所で、会合する。各通常会期において、次期通常会期の期日および場所を手続規則に従って決定する。
　　総会は、何らかの理由のため選択された場所において開催することができない場合、一加盟国がその領域内の場所を適時に提供し機構常設理事会がその場所での総会の会合に同意しない限り、事務総局において会合する。
第56条(特別会期)　特別な事情があり、加盟国の3分の2の承認がある場合、常設理事会は、総会の特別会期を招集する。
第57条(表決)　総会の決定は、加盟国の絶対多数の同意投票により採択する。但し、3分の2の投票を必要とすることを、憲章が規定し又は総会がその手続規則で規定する場合を除く。
第58条(準備委員会)　総会に、すべての加盟国の代表によって構成される準備委員会を置く。委員会は、次の任務をもつ。
　a　総会各会期の議案を作成すること。
　b　予算計画案および分担金決議案を検討し、且つ、総会に対し、適当と考える勧告を付した報告を提出すること、および
　c　総会が付託するその他の任務を遂行すること。
　　議案および報告は、適正に、加盟国政府に送付されねばならない。

第12章　外務大臣協議会議
第59条―第67条　(現第39条―第47条。但し、現第41条中の「日程」を「議題」と改める)

第13章　機構三理事会：共通規定
第68条(責任・権限・任務)　機構常設理事会、米州経済社会理事会および米州教育科学文化理事会は、総会に対し直接に責任を負い、また、各理事会は、憲章およびその他の米州諸条約が付与する権限並びに総会および外務大臣協議会議が付託する任務をもつ。
第69条(構成)　すべての加盟国は、各理事会に代表者を出す権利をもつ。各国は、1個の投票権をもつ。

第70条（勧告）　三理事会は、憲章およびその他の米州諸条約の範囲内において、それぞれの権限内の事項に関して勧告をおこなうことができる。
第71条（提案）　三理事会は、それぞれの権限内の事項に関して総会に対し、研究と提案、国際協定の草案、および、専門会議の開催、専門機関およびその他の米州諸機関の創設、改変および除去、並びにこれらの活動の調整に関する提案を提出することができる。
第72条（緊急専門会議）　各理事国は、緊急の場合、加盟国と協議した後に第128条が規定する手続を経ることなく、その権限内の事項に関する専門会議を招集することができる。
第73条（専門的役務）　三理事会は、それぞれの能力の限度において且つ事務総局の協力を得て、各国政府に対しその要請する専門的役務を提供する。
第74条（助言的役務）　各理事会は、他の理事会およびそれに対し責任を負う補助機関に対して、それぞれの権限領域内の事項に関する情報および助言的役務の提供を要請する権限をもつ。三理事会は、また、米州制度のその他の機関に対し同じ役務を要請することができる。
第75条（補助機関）　三理事会は、総会の事前の承認を得て、その任務のよりよき達成のため適当と考える補助機関を設置することができる。総会が会期中でないときには、前記の機関は、当該の理事会により暫定的に設置することができる。三理事会は、これらの機関の構成員たる資格を選定するにあたって、可能な限り輪番と衡平な地理的代表の基準に従わなければならない。
第76条（開催地）　三理事会は、適当と考えるときには当該政府の事前の同意を得て、いずれの加盟国においても会合をもつことができる。
第77条（規程・手続規則）　各理事会は、自己の規程を作成し、承認のため総会に提出する。各理事会は、自己の手続規則並びにその補助機関および委員会の手続規則を承認する。

第14章　機構常設理事会

第78条（構成）　機構常設理事会は、それぞれの政府により大使の資格をもって特に任命される各加盟国の一人の代表者によって構成される。各政府は、代表代理、並びに必要と考える交代要員および顧問を派遣することができる。
第79条（議長・副議長）　常設理事会の議長職は、各代表が、それぞれの国名のスペイン語アルファベットの順序に従って、順番に占める。副議長職は、アルファベットの逆の順序に従って、同じ方法によって埋める。
　議長および副議長は、規程が定める6月をこえない任期で在職する。
第80条（任務の範囲）　常設理事会は、総会又は外務大臣協議会議が付託する事項を、憲章並びに米州の諸条約および諸協定の範囲内において受理する。
第81条（現第52条。但し、同条が言及する「第43条」を「第63条」と改める）
第82条（友好関係の維持）　常設理事会は、加盟国間の友好関係の維持を絶えず監視し、また、この目的のため、以下の諸規定に従って、加盟国の紛争の平和的解決を有効に援助しなければならない。
第83条（米州平和的解決委員会）　前条の権限の行使にあたって常設理事会を援助するため、理事会の補助機関として機能する米州平和的解決委員会を設置する。委員会の規程は、理事会が作成し且つ総会が承認する。
第84条（理事会の周旋）　紛争当事者は、周旋を得るため、常設理事会を利用することができる。この場合、理事会は、当事者を援助し、且つ、紛争の平和的解決のため適当と考

える手続を勧告する権限をもつ。
　当事者が希望する場合、理事会の議長は、紛争を直接に米州平和的解決委員会へ付託する。

第85条(事実の確認)　前条の権限の行使にあたって、常設理事会は、米州平和的解決委員会又はその他の手段により紛争事実を確認し、また、いずれの当事者の領域においても当該政府の同意を得て、これをおこなうことができる。

第86条(委員会の周旋)　憲章第24条が規定するいずれの平和的手続もとられていない紛争のすべての当事者は、常設理事会に対し紛争を受理するよう提訴することができる。
　理事会は、この要請を直ちに米州平和的解決委員会に付託する。委員会は、問題がその権限にあるかどうかを審議し、また、適当と考える場合には、他の1又は2以上の当事者に対し周旋を提供する。周旋が受諾された場合、米州平和的解決委員会は、当事者を援助し、且つ、紛争の平和的解決のため適当と考える手続を勧告することができる。
　本条の権限の行使にあたって、委員会は、紛争事実の調査をおこない、また、いずれの当事者の領域においても当該政府の同意を得て、これをおこなうことができる。

第87条(周旋の拒否)　いずれかの当事者が周旋の提供を拒否する場合、米州平和的解決委員会は、常設理事会に対し報告するにとどめる。但し、委員会は、当事者の国交が断絶している場合にこれを回復するため、又は、当事者間に調和を再樹立するための措置をとることを害されない。

第88条(提案)　常設理事会は、右の報告を受領した後、第87条の目的で当事者を会合させるための提案をおこない、また、必要と考える場合には、当事者に対し、紛争を悪化させる虞のあるすべての行動を回避するよう要請することができる。
　いずれかの当事者が、米州平和的解決委員会又は理事会の周旋を拒否しつづける場合、理事会は、総会に対し報告を提出するにとどめる。

第89条(表決)　常設理事会は、これらの任務の遂行にあたって、紛争当事者を除く加盟国の3分の2の同意投票により決定をおこなう。但し、手続規則が、単純多数により採択することを規定する決定を除く。

第90条(行動準則)　常設理事会および米州平和的解決委員会は、紛争の平和的解決に関するその任務の遂行にあたって、憲章の規定並びに国際法の原則および基準を遵守し、且つ、当事者の間で有効な条約の存在を考慮に入れなければならない。

第91条(その他の任務)　次のことも、常設理事会の任務である。
  a　総会又は外務大臣協議会議の決定で、その実施が他のいずれの機関にも付託されていないものを実施すること。
  b　事務総局の活動を規律する基準の遵守を監視し、また、総会が会期中でない場合、事務総局の行政的任務の遂行を可能にする規則的性質の規定を採択すること。
  c　総会が別段の決定をおこなわない限り、憲章第58条の文言に従って、総会の準備委員会として行動すること。
  d　加盟国の要請に基づき且つ機構の適当な機関の協力を得て、米州機構と国際連合との間又は機構と国際的地位を認められた他の米州諸機関との間の協力を促進し容易にするための協定を作成すること。これらの協定案は、承認のため総会に提出されねばならない。
  e　機構の活動並びにその補助機関および委員会の調整に関する勧告を総会に提出すること。

f　米州法律委員会および米州人権委員会の報告に関する所見を総会に提出すること、および
　　g　憲章が付託するその他の任務を遂行すること。
第92条(所在地)　常設理事会は、事務総局と同じ所在地におく。

第15章　米州経済社会理事会

第93条(構成)　米州経済社会理事会は、それぞれの政府により最高の資格をもって特に任命される各加盟国の一人の主たる代表者によって構成される。

第94条(目的)　米州経済社会理事会は、第7章および第8章が規定する基準に従って、加速度的な経済的および社会的発展を達成するため米州諸国間の協力を促進することを目的とする。

第95条(任務)　米州経済社会理事会は、その目的を達成するため、次の任務をもつ。
　　a　計画および行動方針を勧告し、また、加盟国がおこなった努力を定期的に検討し評価すること。
　　b　機構のすべての経済的および社会的活動を促進し調整すること。
　　c　この理事会の活動を機構の他の理事会の活動と調整すること。
　　d　米州技術援助計画の調整をとくに考慮しつつ、国際連合の対応する機関並びに他の国内的および国際的組織との協力関係を設定すること、および
　　e　適当な手続を設定することにより、憲章第35条が規定する事態の解決を促進すること。

第96条(会合)　米州経済社会理事会は、少なくとも毎年1回閣僚級の会合を開催する。理事会は、また、総会又は外務大臣協議会議が招集する場合、又は自己の発意に基づいて、もしくは憲章第35条が規定する事態のために、会合する。

第97条(常設執行委員会)　米州経済社会理事会に常設執行委員会をおく。委員会は、理事会によりその規程に定める任期をもって選任された1名の議長および7名を下らないその他の委員によって構成される。各委員は、1個の投票権をもつ。委員の選任にあたっては、可能な限り、衡平な地理的代表および輪番の原則を考慮に入れなければならない。常設執行委員会は、機構のすべての加盟国を代表する。

第98条(委員会の任務)　常設執行委員会は、米州経済社会理事会が付託した任務を、理事会が定めた一般的基準に従って遂行する。

第16章　米州教育科学文化理事会

第99条(構成)　米州教育科学文化理事会は、それぞれの政府により最高の資格をもって特に任命される各加盟国の一人の主たる代表者によって構成される。

第100条(目的)　米州教育科学文化理事会は、米州諸国民の文化的水準を向上させ、これらの者の個人としての尊厳を再確認し、これらの者をして進歩のための任務に対し十分に備えさせ、且つ、その発展を特徴づけた平和、民主主義および社会正義に対する貢献を強化するため、加盟国間の教育的、科学的および文化的協力並びに交流によって、米州諸国民間の友好関係および相互理解を促進することを目的とする。

第101条(任務)　米州教育科学文化理事会は、その目的を達成するため、次の任務をもつ。
　　a　機構の教育的、科学的および文化的活動を促進し調整すること。
　　b　憲章第9章が掲げる基準を実施するため、適切な措置を採択し又は勧告すること。

c 社会開発のための努力に対し特別の注意を払いつつ、あらゆる水準において教育を改善し普及させるための加盟国の個別的又は集団的努力を支援すること。
   d 国民のあらゆる階層をそれぞれの国民文化に統合することを目的とする特別教育計画の採択を勧告し奨励すること。
   e とくに国内開発計画に関連する科学的および技術的な教育並びに研究を奨励し支援すること。
   f 教授、研究員、技術者および学生、並びに研究資料の交流を促進すること。また、あらゆる教育水準におけるカリキュラムの漸進的調整並びに資格および学位の有効性および等価性に関する二国間又は多数国間協定の締結を奨励すること。
   g 共通の価値および運命を強調し保持するため、調和のある国際関係と米州の歴史的および文化的起源のより一層の理解とを目的とする米州諸国民の教育を促進すること。
   h 精神的および芸術的創造性、文芸作品および民俗研究の交流、並びに米州の種々の文化地域の相互連携を組織的に増進すること。
   i 西半球の文化遺産を保護し保存し且つ増大させるための協力および技術援助を促進すること。
   j この理事会の活動を他の理事会の活動と調整すること。米州経済社会理事会と調和を保ちつつ、教育、科学および文化を促進するための計画と、国内開発および地域統合の計画との相互連携を増進すること。
   k 国際連合の対応する機関並びに他の国内的および国際的組織との協力関係を設定すること。
   l 民主主義の有効的実施および人間の権利義務の遵守のための基礎の1つとして、米州諸国民の市民意識を強化すること。
   m 教育、科学および文化の分野における努力および計画によって、西半球の開発途上諸国の統合を強化するため適当な手続を勧告すること、および
   n 教育、科学および文化の分野において加盟国がおこなった努力を定期的に検討し評価すること。
第102条(会合) 米州教育科学文化理事会は、少くとも毎年1回閣僚級の会合を開催する。理事会は、また、総会又は外務大臣協議会議が招集する場合、又は自己の発意に基づいて、会合する。
第103条(常設執行委員会) 米州教育科学文化理事会に常設執行委員会をおく。委員会は、理事会によりその規程に定める任期をもって選任された1名の議長および7名を下らないその他の委員によって構成される。各委員は、1個の投票権をもつ。委員の選任にあたっては、可能な限り、衡平な地理的代表および輪番の原則を考慮に入れなければならない。常設執行委員会は、機構のすべての加盟国を代表する。
第104条(委員会の任務) 常設執行委員会は、米州教育科学文化理事会が付託した任務を、理事会が定めた一般的基準に従って遂行する。

第17章 米州法律委員会

第105条(目的) 米州法律委員会は、法律事項に関する機構の諮問機関としての任務をおこない、国際法の漸進的発達および法典化を促進し、且つ、西半球の開発途上諸国の統合に関する法律問題、および、望ましいとみられる限り、それらの立法における統一達

成の可能性を研究することを目的とする。

第106条(任務)　米州法律委員会は、総会、外務大臣協議会議又は機構三理事会が付託した研究および予備作業をおこなう。委員会は、また、自己の発意により、有益と認める研究および予備作業をおこない、また、法律専門会議の開催を提案することができる。

第107条(構成)　米州法律委員会は、加盟国の国民である11名の法律家によって構成され、これらの法律家は、加盟国が提出する3名の候補者名簿から総会が4年の任期をもって選任する。その選任にあたっては、委員の部分的交代および、可能な限り、衡平な地理的代表を考慮に入れた制度が使用される。委員会のいずれの2名も、同一国の国民であることをえない。欠員が生ずる場合、上記の方法によりこれを補充する。

第108条(地位)　米州法律委員会は、機構のすべての加盟国を代表し、また、可能な最も広範囲な技術上の自治性をもつ。

第109条(協力関係)　米州法律委員会は、大学、研究所およびその他の教授施設、並びに、国際的利害関係をもつ法律事項の研究、調査、教授又は情報の普及に従事する国内的および国際的な委員会および団体と協力関係を設定する。

第110条(規定・手続規則)　米州法律委員会は、自己の規程を立案し、承認のため総会に提出する。
　委員会は、自己の手続規則を採択する。

第111条(所在地)　米州法律委員会の所在地は、リオ・デ・ジャネイロ市とする。但し、特別の場合、委員会は、当該の加盟国と協議した後、指定された他のいかなる場所においても会合することができる。

第18章　米州人権委員会

第112条(米州人権委員会)　米州人権委員会をおく。委員会は、人権の遵守および保護を促進し、且つ、これらの事項に関する機構の協議機関としての任務をおこなうことを主要な任務とする。
　米州人権条約は、人権委員会並びにこれらの事項について責任を負うその他の機関の構成、権限および手続を定める。

第19章　事務総局

第113条(任務)　事務総局は、米州機構の中央常設機関である。事務総局は、憲章、その他の米州の諸条約および諸協定並びに総会が付託した任務を遂行し、且つ、総会、外務大臣協議会議又は三理事会が委任した職務を実施する。

第114条(事務総長の選任)　機構事務総長は、5年の任期をもって総会により選任され、一度以上の再選又は同一国籍の者による後継は許されない。事務総長が欠員となった場合、総会が全任期をもつ新事務総長を選任するまで、事務次長は事務総長の職務を代行する。

第115条(事務総長の地位)　事務総長は、事務総局を統轄し且つその法律上の代表者であり、また、第91条b項の規定にかかわらず、事務総局の義務および任務の適正な遂行について総会に責任を負う。

第116条(事務総長の権限)　事務総長又はその代表者は、機構のすべての会合に参加し、発言権をもつが、投票権はもたない。

第117条(事務総局の任務)　事務総局は、機構のすべての加盟国の間の経済的、社会的、法律的、教育的、科学的および文化的関係を、総会が決定した行動および政策並びに三

理事会の関連ある決定に従って、増進する。
第118条（事務総局の任務）　事務総局は、また、次の任務を遂行する。
   a　総会、外務大臣協議会議、米州経済社会理事会、米州教育科学文化理事会および専門会議の招集状を職務として各加盟国に送付すること。
   b　議題および手続規則の作成に関し、適当な場合、他の機関に助言すること。
   c　三理事会、諸機関、および、予算計画に経費が含まれねばならない諸組織が採択した計画に基づいて、機構の予算計画案を作成し、また、三理事会又はその常設委員会と協議した後、これを総会の準備委員会にそして次に総会に提出すること。
   d　総会およびその他の機関に対して適当な事務的役務を永続的に提供し、また、その指示および付託事項を実施すること。その能力の範囲において、機構のその他の会合に対し役務を提供すること。
   e　米州会議、総会、外務大臣協議会議、三理事会および専門会議の文書と記録との保管者たること。
   f　米州の諸条約および諸協定並びにその批准書の寄託を受けること。
   g　総会の各通常会期に、機構の活動および財政状態に関する年次報告を提出すること、および
   h　総会又は三理事会がおこなった決定に従って、専門機関並びにその他の国内的および国際的組織との協力関係を設定すること。
第119条（事務総長の権限）　事務総長は、次のことをおこなう。
   a　事務局に、その目的を達成するため必要な部局を設置すること、および
   b　事務総局の事務職員および使用人の数を決定し、それらを任命し、それらの権限および職務を規定し、且つ、それらの報酬を決定すること。
   　事務総長は、本条の権限を、総会が定めた一般的基準および予算規定に従って行使しなければならない。
第120条（事務次長の選任）　事務次長は、5年の任期をもって総会により選任され、一度以上の再選又は同一国籍の者による後続は許されない。事務次長が欠員となった場合、常設理事会は、総会が全任期をもつ新事務次長を選任するまで在職する補欠者を選任する。
第121条（事務次長の任務・権限）　事務次長は、常設理事会の書記とする。事務次長は、事務総長の補佐たる任務を有し、また、事務総長が委任するすべての事項についてその代理として行動する。事務総長の一時的不在又は執務不能の間、事務次長は、事務総長の任務を遂行する。
　　事務総長と事務次長とは異った国籍の者でなければならない。
第122条（事務総長・次長の罷免）　総会は、機構の適正な運営上必要なときはいつでも、加盟国の3分の2の投票によって、事務総長又は事務次長もしくは両者を罷免することができる。
第123条（書記長）　事務総長は、それぞれの理事会の承認を得て、経済社会問題担当書記長および教育科学文化担当書記長を任命する。これらの書記長は、また、それぞれの理事会の書記とする。
第124条（職員の責任の国際性）　事務総長および事務総局の職員は、その任務の遂行にあたって、いかなる政府からも又は機構外のいかなる当局からも指示を求めもしくは受けてはならず、また、機構に対してのみ責任を負う国際的職員としての地位と両立しないいかなる行動をも慎しまなければならない。

第125条（責任の国際性の尊重）　加盟国は、事務総長および事務総局の職員の責任のもっぱら国際的な性質を尊重すること、並びに、その任務の遂行に関してこれらの者を左右しようとしないことを約束する。

第126条（職員の選任）　事務総局の職員の選任にあたって、能率、才能および誠実を第1に考慮しなければならない。但し、同時に、すべての階級の職員の募集にあたって、可能な限り広範囲な地理的代表を得る必要性を重視しなければならない。

第127条　（現第92条）

第20章　専門会議

第128条（定義・招集）　専門会議は、特別の技術的事項を処理するため又は米州協力の特殊部面を促進するための政府間会合である。専門会議は、総会又は外務大臣協議会議が、自己の発意により又は三理事会もしくは専門機関の一の要請に基づいて決定したとき、開催する。

第129条（議題・手続規則）　専門会議の議題および手続規則は、関係の理事会又は専門機関が作成し、審議のため加盟国政府に提出される。

第21章　専門機関

第130条　（現第95条）

第131条（登録簿）　事務総局は、関係理事会の報告の後に総会が決定するところにより、前条に定める条件をみたす専門機関の登録簿を備える。

第132条（権限）　専門機関は、完全な技術上の自治性を有するが、憲章の規定に従って、総会および三理事会の勧告を考慮に入れなければならない。

第133条（報告）　専門機関は、その事業の進行並びに年次予算および支出経費に関する年次報告を総会に提出する。

第134条（機構との関係）　専門機関と機構との間に存在すべき関係は、総会の許可を得て、各機関と事務総長との間で締結する協定によって定める。

第135条　（現第100条）

第136条（所在地の決定）　専門機関の所在地の決定にあたっては、すべての加盟国の利害と、可能な限り衡平な地理的代表の基礎に立ってこれらの機関の所在地を選ぶことの望しさとを考慮しなければならない。

第3部

第22章　国際連合

第137条　（現第102条）

第23章　雑　則

第138条（出席）　米州機構の常設機関の会合、又は憲章が規定しもしくは機構が主催する会議又は会合への出席は、右の機関、会議又は会合の多数国家間的性格に従うものとし、いずれの加盟国政府と開催地国政府との二国家間の関係に基づくものであってもならない。

第139条（現第103条）

第140条(特権・免除)　機構の諸機関における加盟国の代表者、それらの代表団の職員、並びに、事務総長および事務次長は、その地位に対応し且つその任務を独立して遂行するため必要な特権および免除を享有する。

第141条(特権免除に関する協定)　専門機関の法律上の地位と、この機関およびその職員並びに事務総局の職員に対して与えられるべき特権および免除とは、多数国家間協定において定める。前記の規定は、必要と考える場合、二国家間協定の締結を妨げるものではない。

第142条　(現第106条)

第143条(差別の禁止)　米州機構は、機構の活動に参加しまたそれに就職するための資格に関して、人種、信条又は性に基づくいかなる制限をも認めない。

第24章　批准および効力の発生

第144条―第148条　(現第108条―第112条。但し、現第111条が言及する「第109条」を「第145条」と改める)

第25章　経過規定

第149条(米州進歩のための同盟委員会)　米州進歩のための同盟委員会は、同盟の実施中、米州経済社会理事会の常設執行委員会として行動する。

第150条(米州人権委員会)　第18章が言及する米州人権条約が発効するまで、現米州人権委員会は、人権の遵守を絶えず監視しなければならない。

(注)改正憲章のテクストについては、前掲文書(注6)参照。また、現憲章のテクストは、*United Nations Treaty Series*(*UNTS*), Vol.119 (1951), p.3.
　なお、憲章改正議定書により削除されない現憲章の条項中、別途に明記した文言のほか、「米州会議」、「機構理事会」又は「理事会」、および「パン・アメリカン・ユニオン」は、適宜、「総会」、「機構常設理事会」、又は「事務総局」と、また、右条項の英文テクスト中、"Continent"(米州大陸)および"continental"は"Hemisphere"(西半球)又は"hemispheric"と、それぞれ、変更する(議定書第24条)。

2 米州機構憲章の改正(カルタヘナ議定書)

　米州機構総会は、1985年12月5日、コロンビアのカルタヘナ・デ・インディアスで開催された第14特別会期において、「米州機構憲章改正議定書[1](カルタヘナ・デ・インディアス議定書)Protocol of Amendment to the Charter of the Organization of American States, "Protocol of Cartagena de Indias"」を採択した。米州機構憲章の改正は、1967年についで2度目である。
　米州機構憲章は、1948年4月30日、第9回米州国際会議で採択され[2](同会議の開催地に因んで「ボゴタ憲章Charter of Bogotá」と通称される)、1951年12月13日、効力を発生した。米州機構は、アメリカ合衆国とラテン・アメリカ20国により、半世紀に及ぶ数多くの各種米州会議を通じて漸次形成されてきた広汎な地域的協力の制度(「米州制度 Inter-American System」と総称される)を、第2次大戦後、一般的国際機構の設立を契機として新たに基本法の下に再編成し発展させたもので、国際連合の小型ないし地域版と評されるように、広く政治・経済・社会・文化の諸分野にわたる米州諸国間の協力の促進を目的とし、その古い歴史や高度な組織化とあわせて、とくに総合的な機能の面で他の地域的国際機構からはっきりと区別することができる。と同時に、米州機構は、国際連合との関係では「地域的機関」でありかつ「国際連合憲章に基づく地域的責任を果たす」べきことを、設立条約で謳う唯一の地域的国際機構でもあり、その平和維持制度は、一般原則と組織を定めるボゴタ憲章を中心に、この分野

1　OEA, Documentos Oficiales, OEA/Ser.A/41 (SEPF); Serie sobre Tratados 66, Secretaria General, Organizacion de los Estados Americanos, Washington, D.C., 1986. 英文テクストは、概要のコメントを付して、次に収録されている。*International Legal Materials*, Vol.25, No.3 (May 1986), p.527.
2　*United Nations Treaty Series* (*UNTS*), Vol.119 (1952), p.3.

での特別条約として憲章と不可分の関係にある1947年の米州相互援助条約[3]（通称「リオ条約Rio Treaty」）および1948年の平和的解決に関する米州条約[4]（別名「ボゴタ条約Pact of Bogotà」）から構成される。これら3基本条約の下で、米州機構は、地域的集団安全保障としての機能をかなり維持するとともに、地方的紛争の平和的解決のため一通りのメカニズムを整備している点で、国連憲章が予定する「国際の平和及び安全の維持に関する事項で地域的行動に適当なもの」を処理するための地域的機関の名に値する。ボゴタ憲章の再度にわたる大幅な改正は、米州機構のこうした2つの側面ともに強化することを企図したものである。

ボゴタ憲章の最初の改正として、1967年2月27日、第3回特別米州会議で「米州機構憲章改正議定書[5]（ブエノス・アイレス議定書Protocol of Buenos Aires）」が採択され、同議定書は、1970年2月27日、効力を発生した。ブエノス・アイレス議定書は米州機構の全面改組を主な内容とするもので、改正憲章の下ではとくに、機構の最高機関が強化されたほか、従来機構理事会に集中していた機能と権限が分散され、それに伴って理事会の下部機関（経済社会理事会、法律家理事会および文化理事会）が再編成されるとともに、憲章上の基礎をもたない諸機関の法的地位も明確にされた。すなわち、それまでの5年ごとの米州会議にかえて、新たに年次会合をもつ総会が設けられ、総会の下には、機構理事会を引継ぐ機構常設理事会に加えて、米州経済社会理事会と米州教育科学文化理事会が並置される。また、法律事項に関する機関は、法律家理事会の廃止に伴い、リオ・デ・ジャネイロの米州法律委員会に一本化され拡充された。他方、1960年設立の米州人権委員会は、機構の常設機関たる地位を与えられ、同様に、憲章との関係が不明確であった米州平和委員会は、新たに米州平和的解決委員会として常設理事会の補助機関とされた。なお、リオ条約上の協議機関でもある外務大臣協議会議は変更を受けていない。このう

3　Inter-American Treaty of Reciprocal Assistance, *UNTS*, Vol.21（1948）, p.77.
4　American Treaty on Pacific Settlement（Pact of Bogotá）, *UNTS*, Vol.30（1949）, p.55.
5　*International Legal Materials*, Vol.6, No.2（March 1967）, p.30. 改正憲章のテクストは、Charter of the Organization of American States as Amended by the Protocol of Buenos Aires in 1967, Treaty Series No.1-C, OAS Official Records, OEA/Ser. A/2（English）Rev., General secretariat, Organization of American States, Washington, D.C., 1970.

ち、機構の分権化に伴う三理事会構成の採用は、とりわけ、非政治的諸分野での機能強化を企図したものであり、これと関連して、経済的基準、社会的基準並びに教育的、科学的および文化的基準についてもかなり詳細な規定が設けられた[6]。

　全面的に改変された組織の下で米州機構をさらに一層強化するため、ブエノス・アイレス議定書の発効後ほどなく、ボゴタ憲章再改正の作業が着手され、総会は、早くも1973年の通常会期で、このための特別委員会を設置している。特別委員会は1975年に報告書を提出し、そこでの所見に基づいて、1977年には機構常設理事会が加盟国への報告書のなかで憲章の改正を提案した。しかし、その後、憲章改正の作業は中断のやむなきに至り、ようやく1984年になって総会が改正作業の再開を決定した。その結果、1985年、事務総局の作成した研究報告を基礎にして総会で採択されたのが、カルタヘナ・デ・インディアス議定書である[7]。カルタヘナ議定書によるボゴタ憲章の改正は、ブエノス・アイレス議定書の場合と同様に、米州機構の組織と機能の両面にわたる広汎なものであり、3部23章151条からなる新改正憲章は、現行憲章と対照して、前文と20条の修正、10条の削除および新規定11条の追加を伴っている。また、現行憲章が第7—9章で規定する「経済的基準」、「社会的基準」並びに「教育的、科学的及び文化的基準」は、新第7章「統合的発展(Integral Development)」の下に一括され、そのほか、修正を受けなかった諸規定も、その大半は条文番号が変更されている。

　カルタヘナ議定書にみる改正点のなかでとくに注目されるのは、まず第1に、新規の加盟承認に関して、いわゆる「普遍性」の促進が図られたことである。米州機構への新規加盟について、ボゴタ憲章は、当初、何も規定しなかったが、その後、新生独立国の加盟申請が予想されるに至って、1964年の第1回特別米州会議でワシントン協定[8]が採択され、そこに定める条件と手続等がブエノス・アイレス議定書により現行憲章でも規定された。これらの規定

6　以上の改正点について、さらに詳しくは、拙稿「米州機構憲章の改正」『法学会雑誌[岡山大学]』第19巻3・4号(1970年)111頁以下(本書資料編第1章)参照。同資料には、改正された条項が訳出してある。

7　この間の経緯の概要は、*International Legal Materials*, Vol.25, No.3, p.527.

8　"Act of Washington," *Final Act of the First Special Inter-American Conference*, Pan American Union, Washington, D.C., December 16-18, 1964, OAS Official Records, OEA/Ser. C/I.1 12（English）.

の下で、カリブ海地域の英連邦諸国など11国の加盟が実現した[9]が、同時に、第8条により、大陸外の国と機構加盟国の間で係争中の地域については、その領土紛争が平和的解決をみるまで加盟申請が凍結されるため、現実に、ベリーズとガイアナの加盟が阻まれている。そこで、新憲章では、現第8条を新第151条として「経過規定」に移しかつその効力を1990年末までに限定するとともに、新第8条の下で、機構への加盟を西半球の現存および将来の独立国に広く開放した。なお、機構の普遍性との関連では、1962年に事実上除名されたキューバの復帰が懸案となっていたが、そのための具体的措置は今回も見送られている[10]。

　平和維持の分野では、機構常設理事会の紛争解決機能に重要な変更が加えられ、また、それと関連して、常設理事会の補助機関である米州平和的解決委員会が廃止されたことも注目される。紛争の平和的解決については、1948年のボゴタ憲章は具体的手段と手続を全面的に特別条約に委ねたが、ボゴタ条約が多数の国の批准を得られなかったため、この欠陥は、リオ条約に基づく暫定協議機関(機構理事会)の運用と1940年のハバナ決議に起源をもつ米州平和委員会の活用によって、早くから補われてきた[11]。しかし、機構理事会は、旧憲章の下で、政治的権限が一般的には認められていない関係上、その紛争解決機能の法的基礎について疑義があった。他方、米州平和委員会は憲章上の地位が不明確であるほか、その権限の範囲、とくに紛争の両当事国の同意に基づいてのみ行動できるものとすべきか否か、をめぐり見解が対立していた[12]。そこで、ブエノス・アイレス議定書は、新たに、機構常設理事会の補助機関として米州平和的解決委員会を設けるとともに、すべての紛争当事国の同意を前提にした常設理事会の平和的解決機能を明確にすることにより、

9 　加盟の順に、トリニダード・トバゴ、バルバドス、ジャマイカ、グレナダ、スリナム、ドミニカ国、セントルシア、アンチグア・バーブーダ、セントビンセント及びグレナディーン諸島、バハマ、セントクリストファー・ネイビス。

10 　Ch. Rousseau, "Chronique des faits internationaux," Revue générale de droit international public, tome 90, №2 (1986), p.461.

11 　拙稿「米州機構における紛争の平和的解決―米州平和委員会の展開を中心に―(一)、(二)・完」『国際法外交雑誌』第76巻6号(1978年)39頁以下、第80巻1号(1980年)46頁以下(本書第2部第9章)。

12 　その結果、米州平和委員会規程およびそれに先立つ関係規則は、委員会の権限の範囲について変更を繰り返してきた。拙稿「米州機構の平和的解決関係文書」『法学会雑誌[岡山大学]』第27巻3・4号(1978年)325頁以下(本書資料編第4章)。

ボゴタ憲章の枠内で紛争解決機関を整備しかつ年来の論議にも一応の決着をつけた。しかしながら、実際には、現行憲章の要求する紛争当事国双方の同意が容易に得られないため、常設理事会の紛争解決機能は大幅に制約されており、ことに、平和的解決委員会は、往時の活動的な米州平和委員会と対照的に、機能を全く停止した状態にある。その結果、カルタヘナ議定書に基づく新憲章は、常設理事会の権限を拡大し、いずれかの紛争当事国の要請により行動することを認める(第84条)とともに、補助機関として、常設の平和的解決委員会を廃止する一方、理事会は、各紛争ごとに、すべての当事国が同意する適宜のアド・ホック委員会を設けることができるものとした(第85条)。

　紛争の平和的解決に関しては、議論のあった国際連合と米州機構の権限関係を、新憲章が明確にしたことも重要である。国連憲章が第8章で地方的紛争の地域的解決を奨励する(第52条2、3項)のに対応して、米州機構の三基本条約は、当初からかつ一様に、米州諸国間の紛争を、国際連合の安全保障理事会(または総会)に付託するに先立って、米州の地域的解決手続に付すべきことを規定する[13]。このことから、米州機構の加盟国がその相互間の紛争を国際連合に対して直接に提訴することを否認し、またはかかる紛争に対する国際連合の介入を、地域的解決が尽されるまで制限ないし排除しようとする、いわゆる「米州機構の先議」が主張された。しかし、国連憲章第8章は、地域的解決を奨励する一方で、地方的紛争の場合にも第34条および第35条の適用を保証する(第52条4項)ため、地域的機関の先議を手続的に設定するものとはいえず、このような理解が国際連合の実行においても支持されてきた[14]。そこで、新憲章は、ボゴタ憲章に対する国連憲章の優先を定める従来の規定(第136条)に加えて、新たに第23条で国連憲章第34条および第35条に言及することにより、米州機構先議の主張を制限している。なお、同じ趣旨の規定は、リオ条約にも、すでに1975年の改正(未発効)に際して追加された[15]。

　平和維持に関連して、第115条では、機構事務総長が総会および常設理事

13　ボゴタ憲章第20条(同改正(1967年)憲章第23条)、リオ条約第2条、およびボゴタ条約第2条。
14　詳しくは、拙稿「地域的機関先議の主張―国連憲章上の限界―(一)、(二)、(三)・完」『法学会雑誌[岡山大学]』第21巻1号(1971年)55頁以下、第21巻3・4号(1972年)93頁以下、第27巻1号(1977年)57頁以下(本書第2部第8章)参照。
15　第2条3段。リオ条約の改正議定書は、*International Legal Materials*, Vol.14, No.5 (September 1975), p.1122。

会の注意を促す権限を付与されたことも、新憲章の重要な改正点である。この権限は国連憲章第99条が事務総長に認めるのと類似のもので、地域的国際機構の事務総長がかかる政治的権限を認められるのは、米州機構が最初の例である。

カルタヘナ議定書に基づく新憲章では、そのほか、機構の性質と目的(第1章)および原則(第2章)についても、加盟国の国内管轄事項に対する機構の干渉の禁止(第1条後段)、代議制民主主義の確認(前文第3項、第2条(b))、通常兵器の効果的な制限の達成(第2条(g))、すべての国が、自由に、政治経済社会体制を選択し自己を組織する権利(第3条(e))など、重要な諸規定が新設されている。また、経済的、社会的および文化的諸基準も、新たに「統合的発展」の基準として一括するに当って、多くの部分が改正された。そのなかには、多国籍企業と外国私的投資に関する新設の第35条など、とくに、米州機構における新国際経済秩序の具体化ないし発展の状況をみるうえで、注目すべき規定も少なくない。

以下に訳出するのは、カルタヘナ・デ・インディアス議定書に従って改正された米州機構憲章の全文である[16]。

米州機構憲章(1985年改正)

　第9回米州諸国国際会議に代表者を出した諸国は、その国民の名において、
　米州の歴史的使命が、人に自由の地とその人格の発展及び正当な願望の実現にとって好ましい環境とを提供することにあることを確信し、
　その使命が、ともに平和に生活しようとし、且つ、相互の理解とおのおのの主権の尊重とによって、独立に、平等に及び法の下ですべての者の向上を図ろうとする米州諸国民の欲求の中にその本質的価値を有する幾多の協定をすでに成立させてきたことを自覚し、
　代議制民主主義が、米州地域の安定、平和及び発展にとって不可欠の条件であること

16　テクストは前掲注(1)の米州機構文書による。また、各条には見出しを付け加えた。
　なお、カルタヘナ議定書は、機構の現加盟国の3分の2が批准書を事務総局に寄託したとき、批准国(現在は機構加盟国でなくとも、後に加盟国となりかつ本議定書を批准した国を含む)の間で効力を発生し、また、他の国については、各自が批准書を寄託した日に発効する(第9条)。これまでのところ、批准した国はまだ伝えられていない。

を確信し、

　米州の連帯と善隣との真の意義が、民主的制度の枠内で、人の本質的権利の尊重に基づく個人の自由及び社会的正義の体制をこの大陸において確立することのみを意味することを信じ、

　これらの諸国の福祉と世界の進歩及び文明に対する貢献とが、一層強い大陸的協力を必要とすることを確信し、

　これらの諸国が厳粛に再確認する原則及び目的を有する国際連合に対して人類が付与した崇高な使命を堅持することを決意し、

　法的機構が、道徳的秩序及び正義に基づく安全及び平和に必要な条件であることを確信し、且つ

　メキシコ・シティーにおいて開催された戦争と平和の諸問題に関する米州会議の第9決議に従って、

　以下の米州機構憲章を協定した。

第1部

第1章　性質及び目的

第1条(米州機構)　米州諸国は、平和及び正義の秩序を達成し、これらの諸国の連帯を促進し、その協力を強化し且つその主権、領土保全及び独立を守るために発展させてきた国際機構をこの憲章によって確立する。米州機構は、国際連合内においては、地域的機関である。

　米州機構は、この憲章によって明示的に付与されたもの以外のいかなる権限ももたない。憲章のいかなる規定も、加盟国の国内管轄権内にある事項に干渉する権限を機構に与えるものではない。

第2条(目的)　米州機構は、機構の基礎となっている原則を実行し且つ国際連合憲章に基づく地域的責任を果たすため、次の本質的目的を宣言する。

(a) 米州大陸の平和及び安全を強化すること。
(b) 不干渉の原則を十分に尊重しつつ、代議制民主主義を促進し且つ強化すること。
(c) 紛争を起こすことのある原因を防止し、且つ、加盟国間に生ずることのある紛争の平和的解決を確保すること。
(d) 侵略の際に加盟国における共同行動を準備すること。
(e) 加盟国間に生ずることのある政治的、法律的及び経済的問題の解決を求めること。
(f) 協力的行動によって、加盟国の経済的、社会的及び文化的発展を促進すること、及び
(g) 最大量の資源を加盟国の経済的及び社会的発展に当てることができるよう、通常兵器の効果的制限を達成すること。

第2章　原則

第3条(原則)　米州諸国は、次の原則を再確認する。

(a) 国際法は、米州諸国の相互関係における行動の基準である。
(b) 国際的秩序は、本質的に、国の人格、主権及び独立の尊重並びに条約及びその他の国際法の法源から生ずる義務の誠実な履行から成り立つ。

(c) 信義誠実が国家間の関係を支配しなければならない。
(d) 米州諸国の連帯及びそれによって追求される崇高な目的は、これらの諸国による代議制民主主義の有効的実施を基礎とする政治機構を必要とする。
(e) すべての国は、外部からの干渉を受けずに、その政治的、経済的及び社会的制度を選択し且つ自らに最もふさわしい方法で自己を組織する権利を有し、また、他の国の問題に干渉することを慎しむ義務を有する。前記のことを条件として、米州諸国は、その政治的、経済的及び社会的制度の性質に関係なく、相互間で十分に協力しなければならない。
(f) 米州諸国は、侵略戦争を否定する。勝利は、権利を与えるものではない。
(g) 米州の一国に対する侵略行為は、他のすべての米州諸国に対する侵略行為である。
(h) 二以上の米州諸国の間に生ずる国際的性質を有する紛争は、平和的手続によって解決しなければならない。
(i) 社会的正義及び社会的安全は、永続的平和の基礎である。
(j) 経済的協力は、米州大陸の諸国民の共同の福祉及び繁栄にとって不可欠である。
(k) 米州諸国は、人種、国籍、信条又は性に関する差別のない個人の基本的権利を宣言する。
(l) 米州大陸の精神的結合は、米州諸国の文化的価値の尊重に基づくものであって、文明の崇高な目的のためこれらの諸国が緊密に協力することを必要とする。
(m) 国民の教育は、正義、自由及び平和を指向しなければならない。

第3章　加盟国

第4条(加盟国)　この憲章を批准するすべての米州諸国は、この機構の加盟国である。

第5条(加盟国の結合)　若干の加盟国の結合によって生ずる新しい政治主体でそれ自体としてこの憲章を批准するものは、この機構の加盟国となる。その新しい政治主体のこの機構への加入により、その政治主体を構成する個個の国は加盟国の地位を失う。

第6条(加盟の条件)　機構の加盟国となることを希望する他のいずれの米州独立国も、事務総長に宛てた文書によりこの旨を示し、そのなかで、機構憲章の署名及び批准並びに加盟国の地位に固有のすべての義務、とくに憲章第27条及び第28条で明示的に規定する集団安全保障に関する義務の受諾を行う意思のあることを宣言しなければならない。

第7条(加盟の手続)　総会は、機構常設理事会の勧告に基づいて、事務総長に対し、申請国に憲章の署名を許可し且つ対応する批准書の寄託を受理する権限を付与することが適当かどうかを決定する。常設理事会の勧告及び総会の決定は、いずれも、加盟国の3分の2の賛成投票を必要とする。

第8条(加盟の資格)　機構における加盟国の地位は、1985年12月10日現在で国際連合加盟国であった西半球の独立国、及び1985年11月5日付の文書OEA/Ser. P, AG/doc. 1939/85において掲げる非自治地域でそれらが独立する場合に限られる。

第4章　国家の基本的権利及び義務

第9条(国家平等)　国家は、法的に平等であって、平等な権利及びそれを行使する平等な能力を享有し、且つ、平等な義務を有する。各国の権利は、権利行使を確保するその国の力に依存するのではなく、その国が国際法の下で一個の人格として存在するという単なる事実に基づくものである。

第10条（他国の権利の尊重）　米州各国は、他の各国が国際法に従って享有する権利を尊重する義務を有する。

第11条（基本的権利の不可侵）　国家の基本的権利は、いかなる方法によっても侵してはならない。

第12条（独立権）　国家の政治的存在は、他の国の承認に依存しない。承認前でも、国家は、その完全性及び独立を守り、その存続及び繁栄を図る権利を有する。従って、また、国家は、自らふさわしいと考えるように自己を組織し、その利害について立法し、その行政をなし、且つ、その裁判所の管轄及び権限を定める権利を有する。これらの権利の行使は、国際法に従った他の国の権利の行使によってのみ制限される。

第13条（承認）　承認は、それを与える国が新しい国の人格を、これらの両国について国際法が規定するすべての権利義務とともに受諾することを意味する。

第14条（権利濫用の禁止）　各国が自己を防衛し、自己の生活を営む権利は、他の国に対して不正な行為をなすことをその国に許すものではない。

第15条（管轄権）　国家の管轄権は、各自の領域内においては、自国民であるか他国民であるかを問わずすべての住民に平等に行使される。

第16条（自由な発展）　各国は、その文化的、政治的及び経済的生活を自由に且つ自然に発展させる権利を有する。国家は、この自由な発展に当たり、個人の権利及び普遍的道徳の原則を尊重しなければならない。

第17条（条約の遵守）　条約の尊重及び誠実な遵守は、国家間の平和的関係の発展の基準である。国際条約及び協定は、公開されなければならない。

第18条（不干渉の義務）　いずれの国又は国の集団も、理由のいかんを問わず、直接又は間接に、他の国の国内又は対外の事項に干渉する権利を有しない。この原則は、武力のみでなく、国の人格又はその政治的、経済的及び文化的要素に対する他のいかなる形態による干渉又は威嚇の試みも禁止するものである。

第19条（非軍事的強制の禁止）　いずれの国も、他の国の主権意思を強制し、それによって何らかの利益を得るため、経済的又は政治的性質を有する強制手段を用い又は用いることを奨励してはならない。

第20条（領土の不可侵）　国家の領土は、不可侵である。国家の領土は、いかなる理由によっても、直接又は間接に、一時的であっても、他の国の軍事占領又はその他の武力措置の対象としてはならない。武力又はその他の強制手段のいずれによって得られたいかなる領土取得又は特殊利益も、承認してはならない。

第21条（武力行使の禁止）　米州諸国は、その国際関係において、現行条約に従い又はその履行として行う自衛の場合を除いては、武力行使に訴えないことを約束する。

第22条（平和維持措置）　現行条約に従い平和及び安全の維持のためとられる措置は、第18条及び第20条に掲げる原則の違反とはならない。

第5章　紛争の平和的解決

第23条（地域的手続への付託）　加盟国間の国際紛争は、この憲章に掲げる平和的手続に付されなければならない。

　この規定は、国際連合憲章第34条及び第35条に基づく加盟国の権利及び義務を害するものと解されてはならない。

第24条（平和的手続）　平和的手続とは、直接交渉、周旋、仲介、審査及び調停、司法的解決、

仲裁裁判並びに紛争当事国が随時特に合意するものをいう。
第25条（手続の協定）　二以上の米州諸国の間にその一国が通例の外交手続では解決できないと考える紛争が生じた場合には、当事国は、解決達成を可能にする他の何らかの平和的手続を協定しなければならない。
第26条（特別の条約）　米州諸国の間の紛争が妥当な期間内に最終的解決に達しないことのないように、紛争解決の適切な手段を設定し、且つ、それぞれの平和的手段の適当な手続を定めるため特別の条約を締結する。

第6章　集団安全保障
第27条（侵略に対する連帯）　米州の一国の領土保全若しくは領土の不可侵又はその主権若しくは政治的独立に対する一国によるすべての侵略行為は、他の米州諸国に対する侵略行為と認める。
第28条（集団安全保障）　米州のいずれかの国の領土の不可侵若しくは保全又はその主権若しくは政治的独立が、武力攻撃、武力攻撃でない侵略行為、米州大陸外の紛争、二以上の米州諸国の間の紛争又は米州の平和を危くする虞のある他の事実若しくは事態によって影響される場合には、米州諸国は、米州大陸の連帯又は集団的自衛の原則を推し進めて、この問題に関する特別条約において設定される措置及び手続を適用しなければならない。

第7章　統合的発展
第29条（一般原則）　加盟国は、米州の連帯及び協力の原則に立って、平和及び安全の本質的条件として、相互の関係における国際的社会正義及びその国民のための統合的発展を確保するため努力を結集することを誓約する。統合的発展は、経済、社会、教育、文化、科学及び技術の分野を包括するものであり、これらの分野を通して、各国が統合的発展を実現するために設定する目標が達成されなければならない。
第30条（共同の責任）　統合的発展のための米州協力は、民主主義の原則及び米州制度の機構の枠内において、加盟国の共通及び共同の責任である。米州協力は、経済、社会、教育、文化及び科学技術の分野を含み、加盟国の国家的目標の達成を支持し、且つ、政治的拘束又は条件なしに、各国がその発展計画において設定する優先順位を尊重しなければならない。
第31条（協力の形態）　統合的発展のための米州協力は、継続的なものであり、また、加盟国間の二国間協力を害することなく、可能な限り多数国間機構の径路によるものでなければならない。
　加盟国は、その資源及び能力に応じて且つその国内法に従って、統合的発展のための米州協力に貢献する。
第32条（各国の責任）　発展は、各国の主要な責任であって、個人の完成を可能にし且つそれに貢献する一層公正な経済的及び社会的秩序の樹立のための統合的及び継続的過程を構成しなければならない。
第33条（基本的目標）　加盟国は、特に、機会の均等、富及び所得の衡平な配分並びに自国の発展に関する決定へのその国民の完全参加が統合的発展の基本的目的であることに同意する。これらの目的を実現するため、加盟国は、次の基本的目標を達成するよう最大限の努力を行うことにも同意する。

(a) 一人当り国民生産の実質的且つ持続的増大。
(b) 国民所得の衡平な配分。
(c) 適切且つ衡平な税制。
(d) 農村生活の近代化、並びに、衡平且つ効率的な土地所有制度、農業生産性の増大、土地の拡大利用、生産の多角化並びに農業生産物の加工及び販売制度の改善に通じる改革。及び、これらの目的達成のための手段の強化拡大。
(e) 特に資本財及び中間財の急速且つ多角的な工業化。
(f) 持続的な経済的発展及び社会的正義の達成と両立する国内物価水準の安定。
(g) 公正な賃金、就職の機会及びすべての人に受け入れられる労働条件。
(h) 文盲の迅速な撲滅及びすべての人に対する教育の機会の拡大。
(i) 近代医学の普及及び応用による人間の能力の保護。
(j) 特に食糧の生産及び利用を増大するための国家的努力の増強による適正な栄養摂取。
(k) 国民のすべての階層に対する適切な住宅供給。
(l) 健康的、生産的且つ充実した生活の機会を与える都市の条件。
(m) 公共部門の活動と調和のとれた私企業及び私的投資の促進、及び
(n) 輸出の拡大及び多角化。

第34条（有害な政策の回避）　加盟国は、他の加盟国の発展に重大な悪影響を及ぼす政策を実施すること及びそのような行動又は措置を採用することを慎まなければならない。

第35条（多国籍企業・外国私的投資）　多国籍企業及び外国私的投資は、受入国の立法、その国の権限ある裁判所の管轄並びにその国が当事国である国際条約及び協定に従うものとし、且つ、受入国の発展政策に合致しなければならない。

第36条（緊急問題の解決）　加盟国は、いずれかの加盟国の経済的発展又は安定がその国の努力によって除去できない事態により重大な影響を受ける場合に生ずる緊急又は重大な問題について、共同して解決を求めることに同意する。

第37条（科学技術の普及）　加盟国は、現行条約及び国内法に従って科学及び技術上の知識の交換及び活用を奨励することにより、科学及び技術の恩恵を相互に普及させる。

第38条（外国貿易）　加盟国は、外国貿易と経済的及び社会的発展との緊密な相互依存関係を認識して、次のことを達成するため個別的及び集団的努力を行わなければならない。

(a) 特に機構加盟国の輸出に影響を及ぼす関税上及び関税外の障壁を輸入国が削減し又は撤廃することによる、米州地域の開発途上国の生産物にとっての世界市場への接近の有利な条件。但し、右の障壁が経済構造を多角化し、低開発加盟国の発展を推進し、且つその経済統合の過程を促進するために適用される場合、又は、国家の安全若しくは経済的均衡上の必要に関係する場合を除く。
(b) 次の手段による経済的及び社会的発展の継続。
　i 適当な場合には国際協定による基本産品の交易条件の改善、市場のかく乱を回避する秩序ある取引手続、及び、市場の拡大を促進し且つ生産者に確実な収入をまた消費者に充分にして確実な供給を確保するとともに、生産者にとって引合いまた消費者にとって公平な安定価格を確保するよう企図されたその他の措置。
　ii 基本産品の輸出国が蒙る輸出所得の激しい変動の悪影響を減殺するため、国際金融協力を改善しまたその他の措置を採用すること。
　iii 開発途上国の輸出の多角化並びに製品及び半製品の輸出機会の拡大。

iv　加盟国特に米州地域の開発途上国の実質輸出所得の増大及びそれらの国の国際貿易への参加の増大に資す条件。
第39条(低開発国への譲歩)　加盟国は、高開発国が国際貿易協定において関税又はその他の外国貿易障壁を低開発国の利益のために削減し又は撤廃する譲歩を与える場合には、低開発国の経済的発展並びに財政及び貿易上の必要と両立しない相互的譲歩を期待してはならないという原則を再確認する。
第40条(運輸通信の改善)　加盟国は、その経済的発展、地域統合並びにその通商条件の拡大及び改善を推進するため、開発途上国内及び加盟国間の運輸及び通信の改善並びに調整を促進する。
第41条(ラテン・アメリカ共同市場)　加盟国は、西半球の開発途上国の統合が米州制度の目的の1つであることを承認し、よって、ラテン・アメリカ共同市場を可能な最短期間内に設立することを目標に、統合の過程を促進するためその努力を結集し且つ必要な措置をとるものとする。
第42条(統合の強化促進)　加盟国は、統合をそのすべての面において強化し且つ促進するため、多数国間計画の作成及び実施並びにその融資に適切な優先順位を与えること、並びに、米州制度の経済的及び金融的組織に対し地域統合の組織及び計画への最も広汎な支持を継続するよう奨励することに同意する。
第43条(技術的財政的協力)　加盟国は、地域経済統合を促進するための技術的及び財政的協力が、比較的低開発国をして自己の努力により基礎構造計画、新規の生産及び輸出の多角化の一層の発展を促進することを可能にする決定的要因となるよう、これらの国に特別の注意を払いつつ、調和のとれ均衡ある効率的発展の原則に基づかなければならないことに同意する。
第44条(社会的原則・制度)　加盟国は、人が経済的発展及び真の平和を伴う公正な社会秩序内においてのみその願望の完全な実施を達成し得ることを確信し、次の原則及び制度の適用のためあらゆる努力を行うことに同意する。
　(a)　すべての人は、人種、性、国籍、信条又は社会的条件に関する差別なく、自由、尊厳、機会均等及び経済的安全の環境の下で、物質的福祉及び精神的発達を追求する権利を有する。
　(b)　労働は、権利であり且つ社会的義務である。労働は、これを行う者に尊厳を与える。また、労働は、公正な賃金制度を含めて、労働年令においても老令期においても又は何らかの事情により労働の可能性が奪われたときにも、労働者及びその家族に対し生命、健康及び品位のある生活水準を保障する条件の下に行われるべきものである。
　(c)　使用者及び労働者は、農村におけると都市におけるを問わず、自己の利益を擁護し且つ増進するため、自由に団結する権利を有する。この権利は、団体交渉権及び労働者の罷業権、組合の法人格の承認並びに組合の自由及び独立の保護を含むが、すべて関係法令に従うものとする。
　(d)　社会全体の利益の保護に適正な考慮を払った産業諸部門間の協議及び協力のための公正且つ効率的な制度及び手続。
　(e)　私的部門との調和を保ちつつ社会の要求及び利益に合致する方法による、行政、金融及び信用、企業並びに流通及び販売の諸制度の運営。
　(f)　国内社会の完全な統合、社会的流動性の過程の推進及び民主主義制度の強化を達成するため、農村及び都市の両地域における住民の最下層を国家の経済的、社会的、市

民的、文化的及び政治的生活に編入しまたその参加を増大させること。地域社会の発展及び進歩を目的とする民間の振興及び協力のためのあらゆる努力を奨励すること。
  (g) 労働組合、協同組合並びに文化的、職業的、商業的、近隣及び地域社会団体等の組織の社会生活及び発展過程に対する貢献の重要性を承認すること。
  (h) 効率的な社会保障政策の発展、及び
  (i) すべての人がその権利を確保するため適正な法的扶助を得るための適当な措置。

第45条(社会立法の調和) 加盟国は、ラテン・アメリカ地域統合の過程を助長するため、特に労働及び社会保障の分野において開発途上国の社会立法の調和を図り、もって労働者の権利を平等に保護することが必要であることを承認し、また、この目標を達成するため可能な最大限の努力を行うことに同意する。

第46条(教育・科学・技術・文化の奨励) 加盟国は、その開発計画において、個人の綜合的向上を目指しつつ民主主義、社会的正義及び進歩のための基礎として、教育、科学、技術及び文化の奨励に対し主たる重要性を与える。

第47条(相互協力) 加盟国は、その統合的発展のための教育上の必要を満たし、科学研究を促進し且つ技術の進歩を助長するため相互に協力する。加盟国は、米州諸国民の文化遺産を保存し且つ豊かにする義務を個別的に且つ共同して負うことを認める。

第48条(教育) 加盟国は、教育を受ける権利の有効な行使を確保するため、その憲法上の手続に従い、次の基礎に立って最大限の努力を行う。
  (a) 初等教育は、学令の子供にとって義務的であり、これを享受できるその他のすべての人に対しても機会が与えられる。初等教育は、国家が与える場合には、無償とする。
  (b) 中等教育は、社会的進歩のため、可能な限り多くの国民に対し漸進的に拡大される。中等教育は、一般教育の提供を害することなく、各国の開発上の必要を満たすように多様化される、及び
  (c) 高等教育は、高い水準を維持するため、この目的に応じた規律上の又は学術的基準が満たされることを条件として、すべての人に開放される。

第49条(文化) 加盟国は、文盲の撲滅に特別の注意を払い、成人及び職業教育制度を強化し、且つ、文化の恩恵が国民全体に開放されることを確保する。加盟国は、これらの目的を達成するため、あらゆる情報手段の利用を促進する。

第50条(科学技術) 加盟国は、教育、研究及び技術の開発活動並びに情報及び普及計画によって、科学及び技術を発展させる。加盟国は、その統合発展の必要に技術を適合させる目的で、この分野における活動を奨励する。加盟国は、国家的目標及び国内法並びに現行条約に従って、これらの分野における協力を効率的に組織し、且つ、知識の交換を十分に増大させる。

第51条(文化の交流) 加盟国は、各加盟国の特質を十分に尊重しつつ、米州諸国間の理解を強化する有効な手段として文化の交流を促進することに同意する。また、加盟国は、教育、科学及び文化の分野における緊密な連繋によって地域統合計画を強化すべきことを承認する。

第2部

第8章 機関

第52条(機関) 米州機構は、次の機関によって、その目的を達成する。
  (a) 総会

(b) 外務大臣協議会議
(c) 三理事会
(d) 米州法律委員会
(e) 米州人権委員会
(f) 事務総局
(g) 専門会議、及び
(h) 専門機関

　憲章が規定するものに加えて且つ憲章の規定に従って、必要と思われる補助機関を設置することができる。

第9章　総　会

第53条(地位・権限)　総会は、米州機構の最高機関である。総会は、憲章が付託する他のものに加えて、次の主要な権限をもつ。
(a) 機構の一般的行動及び政策を決定し、諸機関の構成及び任務を定め、且つ、米州諸国間の友好関係に関する事項を審議すること。
(b) 機構の諸機関の活動相互の間並びにそれらの活動と米州制度の他の組織の活動を調整するための措置を設けること。
(c) 国際連合及びその専門機関との協力を強化し調整すること。
(d) 特に経済、社会及び文化の分野において、米州機構の目的と類似の目的をもつ他の国際機構との協力を促進すること。
(e) 機構の予算計画を承認し、加盟国の分担金を決定すること。
(f) 外務大臣協議会議の報告、第90条(f)項の規定に従って他の諸機関が提出すべき報告について常設理事会が提出する所見及び勧告、並びに、総会自身が要求することのあるいずれかの機関の報告を審議すること。
(g) 事務総局の活動を規律する一般的基準を採択すること、及び
(h) 自己の手続規則を採択すること及び3分の2の投票によって議事日程を採択すること。

　総会は、その権限を憲章及びその他の米州諸条約の規定に従って行使しなければならない。

第54条(分担金・予算)　総会は、各国政府が機構の維持のため負担すべき分担金の決定基準を、それぞれの国の支払能力と衡平に分担しようとする決意を考慮して、設定する。予算事項に関する決定は、加盟国の3分の2の承認を必要とする。

第55条(構成・投票権)　すべての加盟国は、総会に代表者を出す権利を有する。各国は、1個の投票権を有する。

第56条(通常会期・開催地)　総会は、毎年、手続規則が定める期間に、輪番の原則に従って選定する場所で、会合する。各通常会期において、次期通常会期の期日及び場所を手続規則に従って決定する。

　総会は、何らかの理由のため、選定された場所で開催することができない場合には、一加盟国がその領域内の場所を適時に提供し且つ機構常設理事会がその場所での総会の会合に同意しない限り、事務総局において会合する。

第57条(特別会期)　特別な事情がある場合には、加盟国の3分の2の承認を得て、常設理事会は、総会の特別会期を招集する。

第58条(表決) 総会の決定は、加盟国の絶対多数の賛成投票によって採択する。但し、3分の2の投票を必要とすることを、憲章が規定し又は総会がその手続規則で規定する場合を除く。

第59条(準備委員会) 総会に、すべての加盟国の代表者によって構成される準備委員会を置く。委員会は、次の任務をもつ。
　(a)　総会各会期の議事日程案を作成すること。
　(b)　予算計画案及び分担金決議案を検討し、且つ、総会に対し適当と考える勧告を付した報告を提出すること、及び
　(c)　総会が付託するその他の任務を遂行すること。
　議事日程案及び報告は、適正に、加盟国政府に送付されなければならない。

第10章　外務大臣協議会議

第60条(任務) 外務大臣協議会議は、米州諸国にとって緊急であり且つ共通の利害関係がある問題を審議し並びに協議機関としての任務を行うため開催する。

第61条(招集) いずれの加盟国も、協議会議の招集を要請することができる。要請は、機構常設理事会に提出し、常設理事会は、会議を開催すべきかどうかを絶対多数によって決定する。

第62条(議事日程・議事規則) 協議会議の議事日程及び議事規則は、機構常設理事会が作成し、且つ、審議のため加盟国に提出する。

第63条(外務大臣の代理) 外務大臣は、例外的な理由のため会議に出席することができない場合には、特別の代表によって代理される。

第64条(武力攻撃が発生した場合の協議) 米州の一国の領域に対して又は現行条約の定める安全保障地域内において武力攻撃が行われた場合には、米州相互援助条約の当事国に関しては同条約の規定を害することなく、常設理事会議長は、協議会議の招集を決定するため理事会の会合を遅滞なく招集する。

第65条(防衛諮問委員会) 集団安全保障に関する現行の特別条約の適用に関連して生ずる軍事的協力の問題について協議機関に勧告するため、防衛諮問委員会を設置する。

第66条(委員会の構成) 防衛諮問委員会は、協議会議に参加する米州諸国の最高軍事当局者によって構成される。例外的な事情の下においては、各国政府は、代理を任命することができる。各国は、1個の投票権を有する。

第67条(委員会の招集) 防衛諮問委員会は、協議機関が侵略に対する防衛に関する事項を取り扱う場合には、協議機関と同一の条件の下に招集される。

第68条(委員会の招集) 防衛諮問委員会は、また、総会若しくは協議会議が、又は加盟国の3分の2の多数をもって各国政府がこれに特定の問題に関する技術的研究又は報告を付託するときは会合する。

第11章　機構三理事会：共通規定

第69条(地位・権限・任務) 機構常設理事会、米州経済社会理事会及び米州教育科学文化理事会は、総会に対し直接に責任を負い、また、各理事会は、憲章及びその他の米州諸条約が付与する権限並びに総会及び外務大臣協議会議が付託する任務をもつ。

第70条(構成) すべての加盟国は、各理事会に代表者を出す権利を有する。各国は、1個の投票権を有する。

第71条(勧告)　三理事会は、憲章及びその他の米州諸条約の範囲内において、それぞれの権限内の事項に関して勧告を行うことができる。

第72条(提案)　三理事会は、それぞれの権限内の事項に関して、総会に対し研究及び提案、国際協定の草案、並びに、専門会議の開催、専門機関及びその他の米州諸機関の創設、改変又は廃止並びにこれらの機関の活動の調整に関する提案を提出することができる。三理事会は、また、専門会議に対し研究、提案及び国際協定の草案を提出することができる。

第73条(緊急専門会議の招集)　各理事会は、緊急の場合には、加盟国と協議した後に第127条が規定する手続を経ることなしに、その権限内の事項に関する専門会議を招集することができる。

第74条(専門的役務の提供)　三理事会は、それぞれの能力の限度において且つ事務総局の協力を得て、各国政府が要請する専門的役務を提供する。

第75条(情報・助言的役務の要請)　各理事会は、他の理事会及びそれに対し責任を負う補助機関に対して、それぞれの権限領域内の事項に関する情報及び助言的役務の提供を要請する権限をもつ。三理事会は、また、米州制度のその他の機関に対し同じ役務を要請することができる。

第76条(補助機関)　三理事会は、総会の事前の承認を得て、それぞれの任務のよりよき遂行のため有益と考える補助機関を設置することができる。総会が会期中でないときには、前記の機関は、当該の理事会によって暫定的に設置することができる。三理事会は、これらの機関の構成を定めるに当って、可能な限り輪番と衡平な地理的代表の基準に従わなければならない。

第77条(開催地)　三理事会は、有益と考えるときには当該政府の事前の同意を得て、いずれの加盟国においても会合をもつことができる。

第78条(規程・手続規則)　各理事会は、自己の規程を作成し、承認のため総会に提出する。各理事会は、自己の手続規則並びにその補助機関及び委員会の手続規則を承認する。

第12章　機構常設理事会

第79条(構成)　機構常設理事会は、それぞれの政府により大使の資格をもって特に任命される各加盟国の一人の代表者によって構成される。各政府は、代表代理並びに必要と考える交代要員及び顧問を派遣することができる。

第80条(議長・副議長)　常設理事会の議長職は、各代表者が、それぞれの国名のスペイン語によるアルファベットの順序に従って、順番に占める。副議長職は、アルファベットの逆の順序に従って、同じ方法によって埋める。

議長及び副議長は、規程が定める6月をこえない任期で在職する。

第81条(任務の範囲)　常設理事会は、総会又は外務大臣協議会議が付託する事項を、憲章並びに米州諸条約及び諸協定の範囲内において受理する。

第82条(暫定協議機関)　常設理事会は、その問題に関する特別条約の規定に従って、暫定的に協議機関としての任務を行う。

第83条(友好関係の維持)　常設理事会は、加盟国間の友好関係の維持を絶えず監視し、また、この目的のため、以下の規定に従って、加盟国の紛争の平和的解決を有効に援助しなければならない。

第84条(紛争の付託)　この憲章の規定に従って、憲章に規定されたいかなる平和的手続も

とられていない紛争のいずれの当事国も、周旋を得るため常設理事会を利用することができる。理事会は、前条の規定に従って、当事国を援助し、また、紛争の平和的解決のため適切と考える手続を勧告する。

第85条(アド・ホック委員会)　常設理事会は、その任務の遂行に当っては紛争当事国の同意を得て、アド・ホック委員会を設置することができる。

アド・ホック委員会は、常設理事会が各事件において紛争当事国の同意を得て合意する構成及び任務をもつ。

第86条(事実の調査)　常設理事会は、また、適当と考える手段によって紛争事実を調査し、且つ、いずれの当事国の領域においても当該政府の同意を得てこれを行うことができる。

第87条(解決手続の拒絶)　常設理事会が勧告し若しくは関係アド・ホック委員会がその委任事項の下で提示した紛争の平和的解決のための手続が一方の当事国によって受諾されない場合、又は、一方の当事国がその手続は紛争を解決しなかったことを宣言する場合には、常設理事会は、総会に対しその旨を通報する。但し、理事会は、当事国間の合意を確保し又は当事国間の関係を回復するための措置をとることを害されない。

第88条(紛争解決の表決)　常設理事会は、これらの任務の遂行に当って、紛争当事国を除く加盟国の3分の2の賛成投票によって決定を行う。但し、手続規則が、単純多数によって採択することを規定する決定を除く。

第89条(行動準則)　常設理事会及びそれぞれのアド・ホック委員会は、紛争の平和的解決に関するその任務の遂行に当って、憲章の規定並びに国際法の原則及び基準を遵守し、且つ、当事国の間で有効な条約の存在を考慮に入れなければならない。

第90条(その他の任務)　次のことも、常設理事会の任務である。
(a)　総会又は外務大臣協議会議の決定で、その実施が他のいずれの機関にも付託されていないものを実施すること。
(b)　事務総局の活動を規律する基準の遵守を監視し、また、総会が会期中でないときには、事務総局の行政的任務の遂行を可能にする規律的性質の規定を採択すること。
(c)　総会が別段の決定を行わない限り、憲章第59条の文言に従って、総会の準備委員会として行動すること。
(d)　加盟国の要請に基づいて且つ機構の適当な機関の協力を得て、米州機構と国際連合の間又は機構と国際的地位を認められた他の米州諸機関の間の協力を促進し助長するための協定案を作成すること。これらの協定案は、承認のため総会に提出されなければならない。
(e)　機構の活動並びにその補助機関及び委員会の調整に関する勧告を総会に提出すること。
(f)　他の理事会、米州法律委員会、米州人権委員会、事務総局、専門機関及び専門会議並びにその他の諸機関の報告を審議し、また、必要と考える所見及び勧告を総会に提出すること、及び
(g)　憲章が付託するその他の任務を遂行すること。

第91条(所在地)　常設理事会と事務総局の所在地は、同じ場所とする。

第13章　米州経済社会理事会

第92条(構成)　米州経済社会理事会は、それぞれの政府により最高の資格をもって特に任命される各加盟国の一人の主たる代表者によって構成される。

第93条(目的)　米州経済社会理事会は、第7章に掲げる基準に従って、急速な経済的及び社会的発展を達成するため米州諸国間の協力を促進することを目的とする。

第94条(任務)　米州経済社会理事会は、その目的を達成するため、次の任務をもつ。
 (a)　計画及び行動方針を勧告し、また、加盟国が行った努力を定期的に検討し評価すること。
 (b)　機構のすべての経済的及び社会的活動を促進し調整すること。
 (c)　この理事会の活動を機構の他の理事会の活動と調整すること。
 (d)　特に米州技術援助計画の調整に関して、国際連合の対応する機関並びにその他の国内及び国際機関との協力関係を設定すること、及び
 (e)　適当な手続を設定することによって、憲章第36条が想定する事態の解決を促進すること。

第95条(会合)　米州経済社会理事会は、少なくとも毎年1回閣僚級の会合を開催する。理事会は、また、総会若しくは外務大臣協議会議が招集する場合、自己の発意に基づいて、又は憲章第36条が想定する事態のために、会合する。

第96条(常設執行委員会)　米州経済社会理事会に常設執行委員会を置く。委員会は、理事会によりその規程に定める任期をもって選出される1人の議長及び7人を下らないその他の委員によって構成される。各委員は、1個の投票権を有する。委員の選出に当たっては、可能な限り衡平な地理的代表と輪番の原則を考慮に入れなければならない。常設執行委員会は、機構のすべての加盟国を代表する。

第97条(委員会の任務)　常設執行委員会は、米州経済社会理事会が付託する任務を、理事会が定めた一般的基準に従って遂行する。

第14章　米州教育科学文化理事会

第98条(構成)　米州教育科学文化理事会は、それぞれの政府により最高の資格をもって特に任命される各加盟国の1人の主たる代表者によって構成される。

第99条(目的)　米州教育科学文化理事会は、米州諸国民の文化的水準を向上させ、これらの者の個人としての尊厳を再確認し、これらの者をして進歩のための任務に対し十分に備えさせ、且つ、その発展を特徴づけた平和、民主主義及び社会的正義に対する貢献を強化するため、加盟国間の教育的、科学的及び文化的協力並びに交流によって、米州諸国民間の友好関係及び相互理解を促進することを目的とする。

第100条(任務)　米州教育科学文化理事会は、その目的を達成するため、次の任務をもつ。
 (a)　機構の教育的、科学的及び文化的活動を促進し調整すること。
 (b)　憲章第7章に掲げる基準を実施するための適切な措置を採択し又は勧告すること。
 (c)　地域社会開発を目的とする努力に特別の注意を払いつつ、あらゆる水準において教育を改善し普及させるための加盟国の個別的又は集団的努力を支援すること。
 (d)　国民のあらゆる階層をそれぞれの国民文化に統合することを目的とする特別教育計画の採択を勧告し奨励すること。
 (e)　特に国内開発計画に関連する科学及び技術の教育並びに研究を奨励し支援すること。
 (f)　教授、研究員、技術者及び学生並びに研究資料の交流を促進すること。また、あらゆる教育水準におけるカリキュラムの漸進的調整並びに資格及び学位の有効性並びに等価性に関する二国間又は多数国間協定の締結を奨励すること。

(g) 米州諸国民の共通の価値及び運命を強調し保持するため、調和のとれた国際関係と米州の歴史的及び文化的起源の一層よき理解とを目的とする米州諸国民の教育を促進すること。
(h) 知的及び芸術的創造性、文芸作品及び民俗研究の交流、並びに米州の種種の文化地域の相互連携を組織的に増進すること。
(i) 西半球の文化遺産を保護し、保存し且つ増大させるための協力及び技術援助を促進すること。
(j) この理事会の活動を他の理事会の活動と調整すること。米州経済社会理事会と調和を保ちつつ、教育、科学及び文化を促進するための計画と国内開発及び地域統合の計画との相互連携を増進すること。
(k) 国際連合の対応する機関並びにその他の国内及び国際団体との協力関係を設定すること。
(l) 民主主義の有効的実施及び人の権利義務の遵守のための基礎の1つとして、米州諸国民の市民意識を強化すること。
(m) 教育、科学及び文化の分野における努力及び計画によって、西半球の開発途上国の統合を強化するための適当な手続を勧告すること、及び
(n) 教育、科学及び文化の分野において加盟国が行った努力を定期的に検討し評価すること。

第101条(会合) 米州教育科学文化理事会は、少なくとも毎年1回閣僚級の会合を開催する。理事会は、また、総会若しくは外務大臣協議会議が招集する場合、又は自己の発意に基づいて、会合する。

第102条(常設執行委員会) 米州教育科学文化理事会に常設執行委員会を置く。委員会は、理事会によりその規程に定める任期をもって選出される1人の議長及び7人を下らないその他の委員によって構成される。各委員は、1個の投票権を有する。委員の選出に当っては、可能な限り衡平な地理的代表と輪番の原則を考慮に入れなければならない。常設執行委員会は、機構のすべての加盟国を代表する。

第103条(委員会の任務) 常設執行委員会は、米州教育科学文化理事会が付託する任務を、理事会が定めた一般的基準に従って遂行する。

第15章 米州法律委員会

第104条(目的) 米州法律委員会は、法律事項に関する機構の諮問機関としての任務を行い、国際法の漸進的発達及び法典化を促進し、且つ、西半球の開発途上国の統合に関連する法律問題、及び、望ましいとみられる限り、それらの国の立法における統一達成の可能性を研究することを目的とする。

第105条(任務) 米州法律委員会は、総会、外務大臣協議会議又は機構三理事会が付託する研究及び予備作業を行う。委員会は、また、自己の発意によって、有益と認める研究及び予備作業を行い、且つ、法律専門会議の開催を提案することができる。

第106条(構成) 米州法律委員会は、加盟国の国民である11人の法律家によって構成され、これらの法律家は、加盟国が提出する3人の候補者名簿から総会が4年の任期をもって選出する。選出に当っては、委員の部分的交代及び可能な限り衡平な地理的代表を考慮に入れた制度が使用される。委員のいずれの2人も、同一国の国民であることを得ない。

委員会の委員の任期の通常の満了以外の理由のため欠員が生ずる場合には、機構常設

理事会が前項で定める基準に従ってこれを補充する。
第107条(地位)　米州法律委員会は、機構のすべての加盟国を代表し、また、なるべく広い技術上の自治をもつ。
第108条(協力関係)　米州法律委員会は、大学、研究所及びその他の教授施設、並びに、国際的利害関係がある法律事項の研究、調査、教授又は情報の普及に従事する国内及び国際委員会並びに団体と協力関係を設定する。
第109条(規程・手続規則)　米州法律委員会は、自己の規程を立案し、承認のため総会に提出する。
　　委員会は、自己の手続規則を採択する。
第110条(所在地)　米州法律委員会の所在地は、リオ・デ・ジャネイロ市とする。但し、特別の場合には、委員会は、当該の加盟国と協議した後、指定された他のいかなる場所においても会合することができる。

第16章　米州人権委員会
第111条(米州人権委員会)　米州人権委員会を置く。委員会は、人権の遵守及び保護を促進し、且つ、これらの事項に関して機構の協議機関としての任務を行うことを主要な任務とする。
　　米州人権条約は、人権委員会並びにこれらの事項について責任を負うその他の機関の構成、権限及び手続を定める。

第17章　事務総局
第112条(地位・任務)　事務総局は、米州機構の中央常設機関である。事務総局は、憲章、その他の米州諸条約及び諸協定並びに総会が付託する任務を遂行し、且つ、総会、外務大臣協議会議又は三理事会が委託する職務を実施する。
第113条(事務総長の選任)　機構事務総長は、総会により5年の任期をもって選任され、2度以上の再選又は同一国籍の者による後継は許されない。事務総長が欠員となった場合には、総会が全任期をもつ新事務総長を選任するまで、事務次長は事務総長の職務を代行する。
第114条(事務総長の地位)　事務総長は、事務総局を統轄し且つその法律上の代表者であり、また、第90条(b)項の規定にかかわらず、事務総局の義務及び任務の適正な遂行について総会に責任を負う。
第115条(事務総長の権限)　事務総長又はその代表は、機構のすべての会合に参加し、発言権を有するが、投票権は有しない。
事務総長は、西半球の平和及び安全又は加盟国の発展を脅威すると認める事項について、総会又は常設理事会の注意を促すことができる。
前項が規定する権限は、この憲章に従って行使されなければならない。
第116条(事務総長の任務)　事務総局は、機構のすべての加盟国間の経済的、社会的、法律的、教育的、科学的及び文化的関係を、総会が決定する行動及び政策並びに三理事会の関連ある決定に従って、促進する。
第117条(事務総局の任務)　事務総局は、また、次の任務を遂行する。
　(a)　総会、外務大臣協議会議、米州経済社会理事会、米州教育科学文化理事会及び専門会議の招集状を職務として加盟国に送付すること。

(b) 適当な場合には、議事日程及び手続規則の作成に関して他の機関に助言すること。
(c) 予算計画にその経費が含まれなければならない三理事会及びその他の諸機関が採択した計画に基づいて、機構の予算計画案を作成し、且つ、三理事会又はその常設委員会と協議した後、これを総会の準備委員会そして次に総会に提出すること。
(d) 総会及びその他の機関に対し適当な事務的役務を恒常的に提供し、また、その指示及び付託事項を実施すること。その能力の限度において、機構のその他の会合に対し役務を提供すること。
(e) 米州会議、総会、外務大臣協議会議、三理事会及び専門会議の文書と記録の保管者たること。
(f) 米州諸条約及び諸協定並びにその批准書の寄託者たること。
(g) 総会の各通常会期に、機構の活動及び財政状態に関する年次報告を提出すること、及び
(h) 総会又は三理事会が行った決定に従って、専門機関並びにその他の国内及び国際機関との協力関係を設定すること。

第118条（事務総長の権限）　事務総長は、次のことを行う。
(a) 事務総局に、その目的を達成するため必要な部局を設置すること、及び
(b) 事務総局の事務職員及び使用人の数を決定し、それらの者を任命し、それらの者の権限及び職務を規定し、且つ、それらの者の報酬を定めること。
　事務総長は、本条の権限を、総会が設ける一般的基準及び予算規定に従って行使しなければならない。

第119条（事務次長の選任）　事務次長は、総会により5年の任期をもって選任され、2度以上の再選又は同一国籍の者による後継は許されない。事務次長が欠員となった場合には、常設理事会は、総会が全任期をもつ新事務次長を選任するまで在職する代行者を選任する。

第120条（事務次長の任務・権限）　事務次長は、常設理事会の書記とする。事務次長は、事務総長の補佐人としての任務を行い、また、事務総長が委託するすべての事項についてその代理人として行動する。事務総長の一時的不在又は執務不能の間、事務次長は、事務総長の任務を遂行する。
　事務総長と事務次長は、異った国籍の者でなければならない。

第121条（事務総長・次長の罷免）　総会は、機構の適正な運営上必要なときはいつでも、加盟国の3分の2の投票によって、事務総長若しくは事務次長又は両者を罷免することができる。

第122条（事務次長補）　事務総長は、それぞれの理事会の承認を得て、経済社会問題担当事務次長補及び教育科学文化担当事務次長補を任命する。これらの事務次長補は、また、それぞれの理事会の書記とする。

第123条（責任の国際性）　事務総長及び事務総局の職員は、その任務の遂行に当って、いかなる政府からも又はこの機構外のいかなる当局からも指示を求め、又は受けてはならず、また、この機構に対してのみ責任を負う国際的職員としての地位と両立しないいかなる行動も慎まなければならない。

第124条（責任の国際性の尊重）　加盟国は、事務総長及び事務総局の職員の責任のもっぱら国際的な性質を尊重すること、並びに、これらの者が任務を果たすに当ってこれらの者を左右しようとしないことを誓約する。

第125条(職員の選任)　事務総局の職員の選任に当っては、能率、能力及び誠実を第1に考慮しなければならない。但し、同時に、すべての階級の職員の募集に当っては、なるべく広い地理的代表を得る必要性を重視しなければならない。

第126条(事務総局の所在地)　事務総局の所在地は、ワシントン市・コロンビア特別区とする。

第18章　専門会議

第127条(定義・招集)　専門会議は、特別の技術的事項を処理するため又は米州協力の特定部門を促進するための政府間会合である。専門会議は、総会若しくは外務大臣協議会議が開催を決定したとき、自己の発意により又は三理事会若しくは専門機関の一の要請に基づいて、開催する。

第128条(議事日程・手続規則)　専門会議の議事日程及び手続規則は、関係の理事会又は専門機関が作成し、審議のため加盟国政府に提出される。

第19章　専門機関

第129条(定義)　この憲章の適用上、米州専門機関は、多数国間協定によって設立され且つ米州諸国にとって共通の利害関係がある技術的事項に関し特定の任務をもつ政府間機関である。

第130条(登録簿)　事務総局は、関係理事会からの報告の後に総会が決定するところにより、前条で定める条件を満たす機関の登録簿を備える。

第131条(地位)　専門機関は、完全な技術上の自治をもつが、憲章の規定に従って、総会及び三理事会の勧告を考慮に入れなければならない。

第132条(報告)　専門機関は、その事業の進行並びに年次予算及び経費支出に関する年次報告を総会に提出する。

第133条(機構との関係)　専門機関とこの機構の間に存在すべき関係は、総会の許可を得て、各機関と事務総長の間で締結する協定によって定める。

第134条(世界的機関との協力)　専門機関は、同一の性質をもつ世界的機関とその活動を調整するため協力関係を設定する。全世界的性質をもつ国際機関と協定を締結するに当っては、米州専門機関は、国際機関の地域的任務を行う場合でも、米州機構の構成部分としてのその独自性と地位を保持しなければならない。

第135条(所在地の決定)　専門機関の所在地の決定に当っては、すべての加盟国の利害関係と、なるべく衡平な地理的代表の基礎に立ってこれらの機関の所在地を選定することの望ましさを考慮しなければならない。

第3部

第20章　国際連合

第136条(憲章の解釈)　この憲章のいかなる規定も、加盟国の国際連合憲章に基づく権利及び義務を損ずるように解釈してはならない。

第21章　雑則

第137条(会合への出席)　米州機構の常設機関の会合又は憲章が規定し又は機構が主催して開催する会議若しくは会合への出席は、右の機関、会議及び会合の多数国間的性格

に従うものとし、いずれの加盟国政府と開催地国政府との二国間関係に依存するものであってもならない。

第138条(機構の地位)　米州機構は、その任務の遂行及び目的の達成のために必要な法律上の能力、特権及び免除を各加盟国の領域において享有する。

第139条(特権・免除)　機構の諸機関における加盟国の代表者、それらの代表団の構成員並びに事務総長及び事務次長は、その地位に対応し且つその任務を独立して遂行するために必要な特権及び免除を享有する。

第140条(特権・免除に関する協定)　専門機関の法律上の地位と、これらの機関及びその職員並びに事務総局の職員に対して与えられるべき特権及び免除とは、多数国間協定において定める。前記の規定は、必要と考える場合には、二国間協定の締結を妨げるものではない。

第141条(通信の無料)　無料郵送許可印のある米州機構の通信は、印刷物及び小包を含め、加盟国の郵便により無料で輸送しなければならない。

第142条(差別の禁止)　米州機構は、機構の活動に参加しまた機構に就職するための資格に関して、人種、信条又は性に基づくいかなる制限も認めない。

第143条(非加盟国の協力)　この憲章の規定内において、権限ある機関は、発展のための協力の領域において、機構の加盟国でない国の一層大きな協力を得るため努力しなければならない。

第22章　批准及び効力の発生

第144条(署名・批准・正文・寄託)　この憲章は、米州諸国の署名のために開放しておくものとし、且つ、各自の憲法上の手続に従って批准されなければならない。原文は、スペイン語、英語、ポルトガル語及びフランス語の本文をひとしく正文とし、事務総局に寄託する。事務総局は、右の認証謄本を、批准のため各国政府に送付する。批准書は、事務総局に寄託し、事務総局は、その寄託を署名国に通告する。

第145条(効力発生)　この憲章は、署名国の3分の2が批准書を寄託したとき、批准国の間において効力を生ずる。他の国については、各自がその批准書を寄託したとき効力を生ずる。

第146条(登録)　この憲章は、事務総局を通じて国際連合事務局に登録する。

第147条(改正)　この憲章の改正は、その目的のために招集された総会においてのみ、採択することができる。改正は、第145条に掲げる条件と手続に従って効力を生ずる。

第148条(廃棄)　この憲章は、無期限に効力を有する。但し、加盟国は、事務総局に宛てた通告書により廃棄することができる。事務総局は、受領した各廃棄通告を他のすべての加盟国に通知する。事務総局が廃棄通告を受領した日から2年後に、この憲章は、廃棄国について効力を失い、右の廃棄国は、この憲章から生ずる義務を履行した後に、機構への所属を終止する。

第23章　経過規定

第149条(米州進歩のための同盟委員会)　米州進歩のための同盟委員会は、同盟の実施中は、米州経済社会理事会の常設執行委員会として行動する。

第150条(米州人権委員会)　第16章が規定する米州人権条約が効力を生ずるまで、現米州人権委員会は、人権の遵守を絶えず監視しなければならない。

第151条（係争地域）　第1回特別米州会議が定めた期日である1964年12月18日以前に、領土の全部又は一部が米州大陸外の国と機構の一又は二以上の加盟国との間で争訟又は請求の対象となった政治主体の加盟申請については、その紛争が何らかの平和的手続によって終結するまで、常設理事会はいかなる勧告も行ってはならず、また、総会もいかなる決定を行ってはならない。この条は、1990年12月20日まで有効とする。

3　米州機構憲章の改正（ワシントン議定書・マナグア議定書）

　米州機構総会は、最近、2つの「米州機構憲章改正議定書（Protocol of Amendments to the Charter of the Organization of American States）」を相次いで採択した。1992年12月14日に第16特別会期で採択された「ワシントン議定書（Protocol of Washington）」と1993年7月10日に第19特別会期で採択された「マナグア議定書（Protocol of Managua）」がそれである。米州機構憲章の改正は、1967年2月27日採択の「ブエノス・アイレス議定書（Protocol of Buenos Aires）」（1970年2月27日発効）および1985年12月5日採択の「カルタヘナ・デ・インディアス議定書（Protocol of Cartagena de Indias）」（1988年11月16日発効）に次いで、都合、4回を数える。これより先、新規加盟の問題については、1964年の第1回特別米州会議で「ワシントン協定（Act of Washington）」が採択され、そこに定める条件と手続等がブエノス・アイレス議定書に受け継がれた。

　米州機構憲章は、1948年4月30日に第9回米州諸国国際会議で採択され（同会議の開催地に因んで「ボゴタ憲章（Charter of Bogotá）と通称される）、1951年12月13日に効力を発生した。米州機構は、アメリカ合衆国とラテンアメリカ20国により、半世紀に及ぶ数多くの各種米州会議を通じて漸次形成されてきた広汎な地域的協力の枠組（「米州制度（Inter-American System）」と総称される）を、第2次大戦後、一般的国際機構の設立を契機として新たに基本法の下に再編成し発展させたもので、国際連合の小型ないし地域版と評されるように、広く政治・経済・社会・文化その他の諸分野にわたる米州諸国間の協力の促進を目的とし、その古い歴史や高度な組織化とあわせて、とくに総合的な機能の面で他の地域的国際機構からはっきりと区別することができる。と同時に、米州機構は、国際連合との関係では「地域的機関」として「国際連合憲章に基づ

く地域的義務を果たす」べきことを設立条約で明記する唯一の地域的国際機構でもあり、その平和維持制度は、一般原則と組織を定めるボゴタ憲章を中心に、この分野での特別条約として憲章と不可分の関係にある1947年の米州相互援助条約(通称「リオ条約(Rio Treaty)」)および1948年の平和的解決に関する米州条約(別名「ボゴタ条約(Pact of Bogotá)」)から構成される。これら3基本条約の下で、米州機構は、地域的集団安全保障の機能をかなり維持し、また地方的紛争の平和的解決のため一通りのメカニズムを整備している点も注目されるところである。

　米州機構は、当初から加盟している21国に、新生のカリブ海諸国などを順次加えて規模を拡大し、現在の加盟国は35国を数える(ただし、カストロ政権下のキューバは、1962年以来、機構への「参加を除外」されたままである)。ことに、1990年には懸案のカナダの加盟が実現し、地域内での普遍性がほぼ達成されるに至った。しかし、この間、戦後の米州内外の国際環境による掣肘をうけて、米州機構は、平和の維持を含む様々な分野で多くの困難に直面し、組織と活動の両面にわたる根本的な変革を迫られてきた。過去40年もの間、前記の3基本条約のいずれかの改正問題が絶えず論議されてきたことは、それを端的に示すものである。ボゴタ憲章のほかに、ボゴタ条約は、1954年、その全面的な改正の必要性がいち早く指摘され、また予備的検討が繰り返されてはいるが、まだ具体的な改正作業は着手されていない。他方、リオ条約は、1975年、いくつかの重要な部分が改正されたが、この改正はいまだに効力を発生していない。

　ブエノス・アイレス議定書[1]によるボゴタ憲章の改正は米州機構の全面改組を内容とするもので、これによって、とくに機構の最高機関が強化されたほか、従来機構理事会に集中していた機能と権限が分散された。すなわち、それまでの5年ごとの米州会議にかえて、新たに年次会合をもつ総会が設けられ、総会の下に、機構理事会を引継ぐ機構常設理事会に加えて、米州経済社会理事会と米州教育科学文化理事会が並置される。そのほか、憲章上の基礎をもたない諸機関の法的地位も明確にされ、とくに、それまでの米州平和

1　ブエノス・アイレス議定書について、詳しくは、拙稿「米州機構憲章の改正」『法学会雑誌[岡山大学]』第19巻3・4号(1970年)111頁以下(本書資料編第1章)参照。

委員会は新たに米州平和的解決委員会として常設理事会の補助機関とされた。このうち、機構の分権化に伴う3理事会構成の採用は、とりわけ、非政治的諸分野での機能強化を企図したものであり、これと関連して、経済的、社会的および文化的諸基準についてもかなり詳細な規定が設けられた。

　カルタヘナ議定書[2]では、まず、先の全面改組にも示される、機構の活動の新たな方向づけが一層明確にされた。とくに、従来の経済的基準、社会的基準ならびに教育的、科学的および文化的基準に関する3章の規定は、新たに「統合的発展(Integral Development)」のタイトルの下に再編成して一括され、そこには、米州機構における新国際経済秩序の具体化ないし発展の状況をみるうえで注目すべきいくつかの新規定も追加された。また、機構の目的および原則についても、国内管轄事項への不干渉、代議制民主主義、いわゆるイデオロギーの多元性の承認などに関する重要な規定が新設された。他方、米州平和的解決委員会は、往時の活動的な米州平和委員会と対照的に[3]、機能停止の状態に陥ったため廃止され、かわって常設理事会自身による紛争解決機能が拡大された。さらに、機構事務総長に対し、国際連合憲章第99条が国連事務総長に認めるのと類似の、総会および常設理事会の注意を促す政治的権限が付与されたことも、重要な改正点である。

　今回のボゴタ憲章改正のうち、まず、ワシントン議定書は、民主的に樹立された政府が武力によって転覆された加盟国について、機構のすべての活動に参加する権利の停止を規定する。代議制民主主義の有効的実施は、米州機構の目的および原則の1つとして憲章で明記されているが、最近のハイチ情勢をみるまでもなく、中南米諸国における軍事クーデターの続発とこれに伴う重大な人権侵害への効果的な対応が機構にとって緊急の課題とされてきた。参加停止の措置は、そうした具体的方策の1つとして注目される。これとの関係で、かなりの米州諸国における貧困状態が西半球における民主主義の促進強化にとって重大な障害になっているとの認識から、極貧の撲滅への

2　カルタヘナ・デ・インディアス議定書について、詳しくは、拙稿「米州機構憲章の改正(カルタヘナ議定書)」『法学会雑誌[岡山大学]』第37巻2号(1987年)315頁以下(本書資料編第2章)、参照。
3　拙稿「米州機構における紛争の平和的解決——米州平和委員会の展開を中心に　(　)、(二・完)」『国際法外交雑誌』第76巻6号(1978年)39頁以下、第80巻1号(1980年)46頁以下(本書第2部第9章)、参照。

努力が、機構の目的および原則ならびに統合的発展の目標の1つとして、繰り返し明記されることになった。他方、マナグア議定書によって、米州経済社会理事会と米州教育科学文化理事会は統合され、新たに米州統合的発展理事会(Inter-American Council for Integral Development)が設置された。これは、先に経済的、社会的および文化的諸基準が「統合的発展」として統合されたことに組織上対応し、この分野での機能を強化するための再編成で、併せて、統合的発展の目標を一層明確にする規定も追加された。このように、ボゴタ憲章の一連の改正は、組織の再編成と活動の方向づけのいずれに関しても、なお進行中の継続的な作業であり、今回の2つの改正議定書もそのような過程の一部とみることができる[4]。

両議定書が規定するボゴタ憲章改正の具体的内容は、要旨、以下のとおりである[5]。

［ワシントン議定書］
第1条　加盟国に関する第3章に新第9条(参加の停止)を追加する。
第2条　現行の第2条(目的)、第3条(原則)、第33条(統合的発展の基本的目的)および第116条(事務総局の任務)を修正する。
第3条　新第9条の追加に伴って、現第9条を第10条とし、以下同様に順次改番する。

［マナグア議定書］
第1条　米州経済社会理事会(新、米州統合的発展理事会)に関する第13章に

---

[4] 拙稿「米州機構の現状と課題」『世界法年報』第11号(1991年)46頁以下(本書第2部第11章)参照。
[5] ワシントン議定書およびマナグア議定書は、以下に収録されている。*International Legal Materials*, Vol.33, No.3, pp.1005-1013.
　なお、両議定書とも、効力発生について次のように規定する。
　「本議定書は、署名国の3分の2が批准書を寄託したとき、批准国の間において効力を生ずる。他の国については、各自がその批准書を寄託したときに効力を生ずる」。
　この方式は、ボゴタ憲章の改正規定に従ったものであり、以前の改正議定書でも採用されているが、すべての加盟国について機構の基本条約の一体性を確保できない、という問題があることは指摘されるとおりである。Heidi V. Jiménez, "Introductory Note," *ibid.*, p.984.
　1994年末現在、ワシントン議定書を批准した国は、アルゼンチン、バハマ、カナダ、エルサルバドル、アメリカの5国、またマナグア議定書を批准した国は、バハマ、ボリビア、カナダ、メキシコ、アメリカの5国である。

第94条(任務)、第96条(専門委員会)および第97条(事務次長補への委託)、また事務総局に関する第17章に第122条(事務次長補)のそれぞれ新条文を追加する。

第2条　現行の第69条(機構理事会の地位・権限・任務)、第92条(米州経済社会理事会(新、米州統合的発展理事会)の構成)、第93条(同理事会の目的)および第95条(同理事会の会合)を修正する。

第3条　第94条、第96条、第97条、米州教育科学文化理事会に関する第14章の諸条(第98条〜第103条)および第122条を削除する。

第4条　第13章のタイトルを「米州統合的発展理事会」と修正する。

第14章を削除する。それに伴って残余の諸章を改番し、第15章は第14章となり、以下同様に順次繰り上がる。

第5条　第104条以下の諸条を改番し、同条は第98条となり、以下これと同様に続ける(ただし、ワシントン議定書も併せると、第104条は第99条となり、以下も一条づつ繰り下げて改番されることになる)。

第6条　ワシントン議定書とマナグア議定書による改正を含む憲章の統合条文は、これらの議定書が効力を発生したとき、事務総局が作成する。

　以下に訳出するのは、ワシントン議定書およびマナグア議定書に従って改止された米州機構憲章の全文である。各条に見出しを付け加えた。

米州機構憲章(1992、93年改正)

　　第9回米州諸国国際会議に代表者を出した諸国は、各自の人民の名において、
　　米州の歴史的使命が、人に自由の地並びにその人格の発展及び正当な願望の実現にとって好ましい環境を提供することにあることを確信し、
　　その使命が、ともに平和に生活しようとし、且つ、相互の理解と各自の主権の尊重によって、独立に、平等に及び法の下ですべての者の向上を図ろうとする米州諸人民の欲求の中にその本質的価値を有する幾多の協定をすでに成立させてきたことを自覚し、
　　代議制民主主義が、米州地域の安定、平和及び発展にとって不可欠の条件であることを確信し、
　　米州の連帯と善隣の真の意義が、民主的制度の枠内で、人の本質的権利の尊重に基づく個人の自由及び社会的正義の体制をこの大陸において確立することのみを意味するこ

とを信じ、

　これらの諸国の福祉並びに世界の進歩及び文明に対するその貢献が、一層緊密な大陸的協力を必要とすることを確信し、

　これらの諸国が厳粛に再確認する原則及び目的を有する国際連合に対して人類が付与した崇高な使命を堅持することを決意し、

　法的機構が、道徳的秩序及び正義に基礎をおく安全及び平和にとって必要な条件であることを確信し、且つ

　メキシコ・シティーにおいて開催された戦争と平和の諸問題に関する米州会議の第9決議に従って、

　以下の米州機構憲章を協定した。

第1部

第1章　性質及び目的

第1条（米州機構）　米州諸国は、平和及び正義の秩序を達成し、これらの諸国の連帯を促進し、その協力を強化し且つその主権、領土保全及び独立を守るために発展させてきた国際機構をこの憲章によって設立する。米州機構は、国際連合内においては、地域的機関である。

　米州機構は、この憲章によって明示的に付与されたもの以外のいかなる権限も有しない。憲章のいかなる規定も、加盟国の国内管轄権内にある事項に干渉する権限を機構に与えるものではない。

第2条（目的）　米州機構は、機構が基礎をおく原則を実行し且つ国際連合憲章に基づく地域的義務を果たすため、次の基本的目的を宣言する。

(a)　米州大陸の平和及び安全を強化すること。
(b)　不干渉の原則を十分に尊重しつつ、代議制民主主義を促進し且つ強化すること。
(c)　紛争を起こすことのある原因を防止し、且つ、加盟国間に生ずることのある紛争の平和的解決を確保すること。
(d)　侵略に際しての加盟国の共同行動を準備すること。
(e)　加盟国間に生ずることのある政治的、法律的及び経済的問題の解決を求めること。
(f)　協力的行動によって、加盟国の経済的、社会的及び文化的発展を促進すること。
(g)　西半球の人民の完全な民主的発展にとって障害となる極貧を撲滅すること、及び
(h)　最大限の資源を加盟国の経済的及び社会的発展に当てることができるよう、通常兵器の効果的制限を達成すること。

第2章　原則

第3条（原則）　米州諸国は、次の原則を再確認する。

(a)　国際法は、国家間の相互関係における行動基準である。
(b)　国際的秩序は、本質的に、国家の人格、主権及び独立の尊重並びに条約及びその他の国際法の淵源から生ずる義務の誠実な履行から成り立つ。
(c)　信義誠実が国家間の関係を支配しなければならない。
(d)　米州諸国の連帯及びそれによって追求される崇高な目的は、代議制民主主義の有効的実施に基礎をおくこれらの諸国の政治機構を必要とする。

(e) すべての国家は、外部からの干渉を受けずに、その政治的、経済的及び社会的制度を選択し且つ自らに最もふさわしい方法で自己を組織する権利を有し、また、他の国家の問題に干渉することを慎しむ義務を有する。前記のことを条件として、米州諸国は、その政治的、経済的及び社会的制度の性質に関係なく、相互間で十分に協力しなければならない。
(f) 極貧の撲滅は、代議制民主主義の促進及び強化の基本的部分であり、また米州諸国の共通且つ共同の責任である。
(g) 米州諸国は、侵略戦争を否認する。勝利は、権利を与えるものではない。
(h) 米州の一国に対する侵略行為は、他のすべての米州諸国に対する侵略行為である。
(i) 二以上の米州諸国の間に生ずる国際的性質を有する紛争は、平和的手続によって解決しなければならない。
(j) 社会的正義及び社会的安全は、永続的平和の基礎である。
(k) 経済的協力は、米州大陸の人民の共通の福祉及び繁栄にとって不可欠である。
(l) 米州諸国は、人種、国籍、信条又は性による差別のない個人の基本的権利を宣言する。
(m) 米州大陸の精神的結合は、米州諸国の文化的価値の尊重に基づくものであって、文明の崇高な目的のためこれらの諸国が緊密に協力することを必要とする。
(n) 人民の教育は、正義、自由及び平和を指向しなければならない。

第3章 加盟国

第4条(加盟国)　この憲章を批准するすべての米州諸国は、この機構の加盟国である。

第5条(加盟国の結合)　若干の加盟国の結合によって生ずる新しい政治主体でそれ自体としてこの憲章を批准するものは、この機構の加盟国となる。その新しい政治主体のこの機構への加入により、その政治主体を構成する個々の国は加盟国の地位を失う。

第6条(加盟の条件)　機構の加盟国となることを希望する他のいずれの米州独立国も、事務総長に宛てた文書によりこの旨を示し、そのなかで、機構憲章の署名及び批准並びに加盟国の地位に固有のすべての義務、特に憲章第28条及び第29条で明示的に規定する集団安全保障に関する義務の受諾を行う意思のあることを宣言しなければならない。

第7条(加盟の手続)　総会は、機構常設理事会の勧告に基づいて、事務総長に対し、申請国に憲章の署名を許可し且つ対応する批准書の寄託を受理する権限を付与することが適当かどうかを決定する。常設理事会の勧告及び総会の決定は、いずれも、加盟国の3分の2の賛成投票を必要とする。

第8条(加盟の資格)　機構における加盟国の地位は、1985年12月10日現在で国際連合加盟国であった西半球の独立国、及び1985年11月5日付の文書OEA/Ser. P, AG/doc. 1939/85において掲げる非自治地域でそれらが独立する場合に限られる。

第9条(参加の停止)　民主的に樹立された政府が武力によって転覆された機構加盟国には、総会、協議会議、機構理事会及び専門会議の会期並びに委員会、作業グループ及び設立されるその他のすべての機関に参加する権利の行使を停止することができる。
(a) 停止する権限は、当該加盟国における代議制民主主義の回復を促進するため機構によって行われる外交的発議が不成功であった場合にのみ行使される。
(b) 停止する決定は、総会の特別会期において、加盟国の3分の2の賛成投票によって採択する。
(c) 停止は、総会による承認の後直ちに効力を生ずる。

(d) 停止にもかかわらず、機構は、当該加盟国における代議制民主主義の再建に貢献する追加的な外交的発議を行うよう努力する。
(e) 停止された加盟国は、機構に対する義務を引続いて履行しなければならない。
(f) 総会は、加盟国の3分の2の承認を得て採択された決定により停止を取消すことができる。
(g) この条で規定する権限は、この憲章に従って行使されなければならない。

第4章 国家の基本的権利及び義務

第10条（平等） 国家は、法的に平等であって、平等な権利及びそれを行使する平等な能力を享有し、且つ、平等な義務を有する。各国の権利は、権利行使を確保するその国家の力に依存するのではなく、その国家が国際法の下で一個の人格として存在するという単なる事実に基づくものである。

第11条（他国の権利の尊重） 米州各国は、他の各国が国際法に従って享有する権利を尊重する義務を有する。

第12条（基本的権利の不可侵） 国家の基本的権利は、いかなる方法によっても侵してはならない。

第13条（独立権） 国家の政治的存在は、他の国家の承認に依存しない。承認前でも、国家は、その完全性及び独立を守り、その存続及び繁栄を図る権利を有する。従って、また、国家は、自らふさわしいと考えるように自己を組織し、その利害について立法し、その行政をなし、且つ、その裁判所の管轄及び権限を定める権利を有する。これらの権利の行使は、国際法に従った他の国家の権利の行使によってのみ制限される。

第14条（承認） 承認は、それを与える国家が新しい国家の人格を、これらの両国について国際法が規定するすべての権利義務とともに受諾することを意味する。

第15条（権利濫用の禁止） 各国が自己を防衛し、自己の生活を営む権利は、他の国家に対して不正な行為をなすことをその国家に許すものではない。

第16条（管轄権） 国家の管轄権は、各自の領域内においては、自国民であるか他国民であるかを問わずすべての住民に平等に行使される。

第17条（自由な発展） 各国は、その文化的、政治的及び経済的生活を自由に且つ自然に発展させる権利を有する。国家は、この自由な発展に当たり、個人の権利及び普遍的道徳の原則を尊重しなければならない。

第18条（条約の遵守） 条約の尊重及び誠実な遵守は、国家間の平和的関係の発展の基準である。国際条約及び協定は、公開されなければならない。

第19条（不干渉の義務） いずれの国家又は国家の集団も、理由のいかんを問わず、直接又は間接に、他の国家の国内又は対外の事項に干渉する権利を有しない。この原則は、武力のみでなく、国家の人格又はその政治的、経済的及び文化的要素に対する他のいかなる形態による干渉又は威嚇の試みも禁止するものである。

第20条（非軍事的強制の禁止） いずれの国家も、他の国家の主権意思を強制し、それによって何らかの利益を得るため、経済的又は政治的性質を有する強制手段を用い又は用いることを奨励してはならない。

第21条（領土の不可侵） 国家の領土は不可侵である。国家の領土は、いかなる理由によっても、直接又は間接に、一時的であっても、他の国家の軍事占領又はその他の武力措置の対象としてはならない。武力又はその他の強制手段のいずれによって得られたいかな

る領土取得又は特殊利益も、承認してはならない。
第22条(武力行使の禁止) 米州諸国は、その国際関係において、現行条約に従い又はその履行として行う自衛の場合を除いては、武力行使に訴えないことを約束する。
第23条(平和維持措置) 現行条約に従って平和及び安全の維持のためとられる措置は、第19条及び第21条に掲げる原則の違反とはならない。

第5章　紛争の平和的解決

第24条(地域的手続への付託) 加盟国間の国際紛争は、この憲章に掲げる平和的手続に付されなければならない。
　　この規定は、国際連合憲章第34条及び第35条に基づく加盟国の権利及び義務を害するものと解されてはならない。
第25条(平和的手続) 平和的手続とは、直接交渉、周旋、仲介、審査及び調停、司法的解決、仲裁裁判並びに紛争当事国が随時特に合意するものをいう。
第26条(手続の協定) 二以上の米州諸国の間にその一国が通例の外交手続では解決できないと考える紛争が生じた場合には、当事国は、解決達成を可能にする他の何らかの平和的手続を協定しなければならない。
第27条(特別の条約) 米州諸国の間の紛争が妥当な期間内に最終的解決に達しないことのないように、紛争解決の適切な手段を設定し、且つ、それぞれの平和的手段の適当な手続を定めるため特別の条約を締結する。

第6章　集団安全保障

第28章(侵略に対する連帯) 米州の一国の領土保全若しくは領土の不可侵又はその主権若しくは政治的独立に対する一国によるすべての侵略行為は、他の米州諸国に対する侵略行為と認める。
第29条(集団安全保障) いずれかの米州国の領土の不可侵若しくは保全又はその主権若しくは政治的独立が、武力攻撃、武力攻撃でない侵略行為、米州大陸外の紛争、二以上の米州諸国の間の紛争又は米州の平和を危くする虞のあるその他の事実若しくは事態によって影響される場合には、米州諸国は、米州大陸の連帯又は集団的自衛の原則を推し進めて、この問題に関する特別の条約において設定される措置及び手続を適用しなければならない。

第7章　統合的発展

第30条(一般原則) 加盟国は、米州の連帯及び協力の原則に立って、平和及び安全の本質的条件として、相互の関係における国際的な社会的正義及びその人民のための統合的発展を確保するため努力を結集することを誓約する。統合的発展は、経済、社会、教育、文化、科学及び技術の分野を包括するものであり、これらを通じて、各国が統合的発展を実現するために設定する目標が達成されなければならない。
第31条(共同の責任) 統合的発展のための米州協力は、民主主義の原則及び米州制度の組織の枠内において、加盟国の共通且つ共同の責任である。米州協力は、経済、社会、教育、文化及び科学技術の分野を含み、加盟国の国家目標の達成を支持し、且つ、政治的拘束又は条件なしに、各国がその発展計画において設定する優先順位を尊重しなければならない。

第32条(協力の形態)　統合的発展のための米州協力は、継続的なものであり、また、加盟国の間の二国間協力を害することなく、多数国間組織の経路を通じて行うことが望ましい。

加盟国は、その資源及び能力に応じて且つその国内法に従って、統合的発展のための米州協力に貢献する。

第33条(各国の責任)　発展は、各国の第一次的責任であって、個人の完成を可能にし且つそれに貢献する一層公正な経済的及び社会的秩序の樹立のための統合的及び継続的過程を構成しなければならない。

第34条(基本的目標)　加盟国は、特に、機会の均等、極貧の撲滅、富及び所得の衡平な配分並びに自国の発展に関する決定へのその人民の完全な参加が統合的発展の基本的目的であることに同意する。これらの目的を実現するため、加盟国は、次の基本的目標を達成するよう最大限の努力を行うことにも同意する。

(a)　一人当り国民生産の実質的且つ自立的増大。
(b)　国民所得の衡平な配分。
(c)　適切且つ衡平な税制。
(d)　農村生活の近代化、及び、衡平且つ効率的な土地所有制度、農業生産性の向上、土地の拡大利用、生産の多角化並びに農業生産物の加工及び販売制度の改善に通じる改革。及び、これらの目的達成のための手段の強化拡大。
(e)　特に資本財及び中間財の加速的且つ多角的な工業化。
(f)　持続的な経済発展及び社会的正義の達成と両立する国内物価水準の安定。
(g)　公正な賃金、雇用の機会及びすべての者に受け入れられる労働条件。
(h)　文盲の迅速な撲滅及びすべての者に対する教育の機会の拡大。
(i)　近代医学の普及及び応用による人の潜在能力の保護。
(j)　特に食料の生産及び利用を増大するための国家的努力の増強による、適正な栄養摂取。
(k)　住民のすべての階層に対する適切な住宅の供給。
(l)　健康的、生産的且つ充実した生活の機会を与える都市の条件。
(m)　公共部門の活動と調和のとれた私企業及び私的投資の促進、及び
(n)　輸出の拡大及び多角化。

第35条(有害な政策の回避)　加盟国は、他の加盟国の発展に重大な悪影響を及ぼす政策を実施すること、及びそのような行動又は措置を採用することを慎まなければならない。

第36条(多国籍企業・外国私的投資)　多国籍企業及び外国の私的投資は、受入国の立法、その権限ある裁判所の管轄並びに受入国が当事国である国際条約及び協定に従うものとし、且つ、受入国の発展政策に合致しなければならない。

第37条(緊急問題の解決)　加盟国は、いずれかの加盟国の経済的発展又は安定がその国家の努力によって除去できない事態により重大な影響を受ける場合に生ずる緊急又は重大な問題について、共同して解決を求めることに同意する。

第38条(科学技術の普及)　加盟国は、現行条約及び国内法に従って科学及び技術上の知識の交換及び活用を奨励することにより、科学及び技術の恩恵を相互に普及させる。

第39条(外国貿易)　加盟国は、外国貿易と経済的及び社会的発展との緊密な相互依存関係を承認して、次のことを達成するため個別的及び統一的努力を行わなければならない。

(a)　特に機構加盟国の輸出に影響を及ぼす関税上及び関税外の障壁を輸入国が削減し

又は撤廃することによる、米州地域の開発途上国の産品にとっての世界市場への参入の有利な条件。但し、右の障壁が経済構造を多角化し、低開発加盟国の発展を推進し、且つその経済統合の過程を促進するために適用される場合、又は、国家の安全若しくは経済均衡上の必要に関係する場合を除く。
  (b) 次の手段による経済的及び社会的発展の継続。
    i 適当な場合には国際協定による基本的商品の交易条件の改善、市場の攪乱を回避した秩序ある取引手続、及び、市場の拡大を促進し且つ生産者に確実な収入をまた消費者に適切にして確実な供給を確保するとともに、生産者にとって採算がとれまた消費者にとって公正な安定価格を確保するよう企図されたその他の措置。
    ii 基本的商品の輸出国が蒙る輸出収入の激しい変動の悪影響を減殺するため、国際金融協力を改善しまたその他の措置を採用すること。
    iii 開発途上国の輸出の多角化並びに製品及び半製品の輸出機会の拡大。
    iv 加盟国、特に米州地域の開発途上国の純輸出収入の増大、及びそれらの国の国際貿易への参入の増大に資する条件。
第40条(低開発国への譲許) 加盟国は、先進国が国際貿易協定において関税又はその他の外国貿易障壁を低開発国の利益のために削減し又は撤廃する譲許を与える場合には、低開発国の経済発展並びに財政及び貿易上の必要と両立しない相互的譲許を期待してはならないという原則を再確認する。
第41条(運輸通信の改善) 加盟国は、その経済発展、地域統合並びにその通商条件の拡大及び改善を推進するため、開発途上国内及び加盟国間の運輸及び通信の改善並びに調整を促進する。
第42条(ラテン・アメリカ共同市場) 加盟国は、西半球の開発途上国の統合が米州制度の目的の1つであることを承認し、よって、ラテン・アメリカ共同市場を可能な最短期間内に設立することを目標に、統合の過程を促進するためその努力を結集し且つ必要な措置をとるものとする。
第43条(統合の強化促進) 加盟国は、統合をそのすべての面において強化し且つ促進するため、多数国間計画の作成及び実施並びにその融資に適切な優先順位を与えること、並びに、米州制度の経済的及び金融的組織に対し地域統合の組織及び計画への最も広汎な支持を継続するよう奨励することに同意する。
第44条(技術的財政的協力) 加盟国は、地域経済統合を促進するための技術的及び財政的協力が、比較的低開発国をして自己の努力により基礎構造計画、新規の生産及び輸出の多角化の一層の発展を促進することを可能にする決定的要因となるよう、これらの諸国に特別の注意を払いつつ、調和のとれ均衡ある効率的発展の原則に基づかなければならないことに同意する。
第45条(社会的原則・制度) 加盟国は、人が経済発展及び真の平和を伴う公正な社会秩序内においてのみその願望の完全な実現を達成し得ることを確信し、次の原則及び制度の適用のためあらゆる努力を行うことに同意する。
  (a) すべての者は、人種、性、国籍、信条又は社会的条件による差別なく、自由、尊厳、機会均等及び経済的安全の環境の下で、物質的福祉及び精神的発達を追求する権利を有する。
  (b) 労働は、権利であり且つ社会的義務である。労働は、これを行う者に尊厳を与える。また、労働は、公正な賃金制度を含めて、就労年齢においても老齢期においても又は

何らかの事情により労働の可能性が奪われたときにも、労働者及びその家族に対し生命、健康及び品位のある生活水準を保障する条件の下に行われるべきものである。
  (c) 使用者及び労働者は、農村におけると都市におけるを問わず、自己の利益を擁護し且つ増進するため、自由に団結する権利を有する。この権利は、団体交渉権及び労働者の罷業権、組合の法人格の承認並びに組合の自由及び独立の保護を含むが、すべて関係法令に従うものとする。
  (d) 社会全体の利益の保護に適正な考慮を払った産業諸部門間の協議及び協力のための公正且つ効率的な制度及び手続。
  (e) 私的部門との調和を保ちつつ社会の要求及び利益に合致する方法による、行政、金融及び信用、企業並びに流通及び販売の諸制度の運営。
  (f) 国内社会の完全な統合、社会的流動性の過程の推進及び民主主義制度の強化を達成するため、農村及び都市の両地域における住民の最下層を国家の経済的、社会的、市民的、文化的及び政治的生活に編入しまたその参加を増大させること。地域社会の発展及び進歩を目的とする民間の振興及び協力のためのあらゆる努力を奨励すること。
  (g) 労働組合、協同組合並びに文化的、職業的、商業的、近隣及び地域社会団体等の組織の社会生活及び発展過程に対する貢献の重要性を承認すること。
  (h) 効率的な社会保障政策の発展、及び
  (i) すべての者がその権利を確保するため適正な法的扶助を得るための適当な措置。

第46条(社会立法の調和) 加盟国は、ラテン・アメリカ地域統合の過程を助長するため、特に労働及び社会保障の分野において開発途上国の社会立法の調和を図り、もって労働者の権利を平等に保護することが必要であることを承認し、また、この目標を達成するため可能な最大限の努力を行うことに同意する。

第47条(教育・科学・技術・文化の奨励) 加盟国は、その発展計画において、個人の総合的向上を目指しつつ、民主主義、社会的正義及び進歩のための基礎として、教育、科学、技術及び文化の奨励に対し第一次的重要性を与える。

第48条(相互協力) 加盟国は、その統合的発展のための教育上の必要を満たし、科学研究を促進し且つ技術の進歩を助長するため相互に協力する。加盟国は、米州諸人民の文化遺産を保存し且つ豊かにする義務を個別的に且つ共同して負うことを認める。

第49条(教育) 加盟国は、教育を受ける権利の有効な行使を確保するため、その憲法上の手続に従い、次の基礎に立って最大限の努力を行う。
  (a) 初等教育は、学齢の子供にとっては義務的であり、これを享受できるその他のすべての者に対しても機会が与えられる。初等教育は、国家が与える場合には、無償とする。
  (b) 中等教育は、社会的進歩のため、可能な限り多くの国民に対し漸進的に拡大される。中等教育は、一般教育の提供を害することなく、各国の発展上の必要を満たすように多様化される、及び
  (c) 高等教育は、高い水準を維持するため、この目的に応じた規律上の又は学術的基準が満たされることを条件として、すべての者に開放される。

第50条(文化) 加盟国は、文盲の撲滅に特別の注意を払い、成人及び職業教育制度を強化し、且つ、文化の恩恵が国民全体に開放されることを確保する。加盟国は、これらの目的を達成するため、あらゆる情報手段の利用を促進する。

第51条(科学技術) 加盟国は、教育、研究及び技術の開発活動並びに情報及び普及計画に

よって、科学及び技術を発展させる。加盟国は、その統合的発展の必要に技術を適合させる目的で、この分野における活動を奨励する。加盟国は、国家目標及び国内法並びに現行条約に従って、これらの分野における協力を効率的に組織し、且つ、知識の交換を十分に増大させる。

第52条(文化の交流)　加盟国は、各加盟国の特質を十分に尊重しつつ、米州諸国間の理解を強化する有効な手段として文化の交流を促進することに同意する。また、加盟国は、教育、科学及び文化の分野における緊密な連繋によって地域統合計画を強化すべきことを承認する。

第2部

第8章　機　関

第53条(機関)　米州機構は、次の機関によって、その目的を達成する。
 (a)　総会
 (b)　外務大臣協議会議
 (c)　(二)理事会
 (d)　米州法律委員会
 (e)　米州人権委員会
 (f)　事務総局
 (g)　専門会議、及び
 (h)　専門機関

憲章が規定するものに加えて且つ憲章の規定に従って、必要と思われる補助機関を設置することができる。

第9章　総会

第54条(地位・権限)　総会は、米州機構の最高機関である。総会は、憲章が付託する他のものに加えて、次の主要な権限を有する。
 (a)　機構の一般的行動及び政策を決定し、諸機関の構成及び任務を定め、且つ、米州諸国間の友好関係に関する事項を審議すること。
 (b)　機構の諸機関の活動相互の間及びそれらの活動と米州制度の他の組織の活動を調整するための措置を設けること。
 (c)　国際連合及びその専門機関との協力を強化し調整すること。
 (d)　特に経済、社会及び文化の分野において、米州機構の目的と類似の目的をもつ他の国際機構との協力を促進すること。
 (e)　機構の予算計画を承認し、加盟国の分担金を決定すること。
 (f)　外務大臣協議会議の報告、第91条(f)項の規定に従って他の諸機関が提出すべき報告について常設理事会が提出する所見及び勧告、並びに、総会自身が要求することのあるいずれかの機関の報告を審議すること。
 (g)　事務総局の活動を規律する一般的基準を採択すること、及び
 (h)　自己の手続規則を採択すること及び3分の2の投票によって議事日程を採択すること。

総会は、その権限を憲章及びその他の米州諸条約の規定に従って行使しなければなら

ない。
第55条(分担金・予算) 総会は、各国政府が機構の維持のため負担すべき分担金の決定基準を、それぞれの国の支払能力及び衡平に分担しようとする決意を考慮して、設定する。予算事項に関する決定は、加盟国の3分の2の承認を必要とする。
第56条(構成・投票権) すべての加盟国は、総会に代表者を出す権利を有する。各国は、1個の投票権を有する。
第57条(通常会期・開催地) 総会は、毎年、手続規則が定める期間に、輪番の原則に従って選定する場所で会合する。各通常会期において、次期通常会期の期日及び場所を手続規則に従って決定する。

　　総会は、何らかの理由のため、選定された場所で開催することができない場合には、一加盟国がその領域内の場所を適時に提供し且つ機構常設理事会がその場所での総会の会合に同意するのでない限り、事務総局において会合する。
第58条(特別会期) 特別な事情がある場合には、加盟国の3分の2の承認を得て、常設理事会は、総会の特別会期を招集する。
第59条(表決) 総会の決定は、加盟国の絶対多数の賛成投票によって採択する。但し、3分の2の投票を必要とすることを、憲章が規定し又は総会がその手続規則で規定する場合を除く。
第60条(準備委員会) 総会に、すべての加盟国の代表者によって構成される準備委員会を置く。委員会は、次の任務を有する。
(a)　総会各会期の議事日程案を作成すること。
(b)　予算計画案及び分担金決議案を検討し、且つ、総会に対し適当と考える勧告を付した報告を提出すること、及び
(c)　総会が付託するその他の任務を遂行すること。
　　議事日程案及び報告は、適正に、加盟国政府に送付されなければならない。

第10章　外務大臣協議会議
第61条(任務) 外務大臣協議会議は、米州諸国にとって緊急であり且つ共通の利害関係がある問題を審議し並びに協議機関としての任務を行うため開催する。
第62条(招集) いずれの加盟国も、協議会議の招集を要請することができる。要請は機構常設理事会に提出するものとし、常設理事会は、会議を開催すべきかどうかを絶対多数によって決定する。
第63条(議事日程・議事規則) 協議会議の議事日程及び議事規則は、機構常設理事会が作成し、且つ、審議のため加盟国に提出する。
第64条(外務大臣の代理) 外務大臣は、例外的な理由のため会議に出席することができない場合には、特別の代表によって代理される。
第65条(武力攻撃が発生した場合の協議) 米州の一国の領域に対して又は現行条約の定める安全保障地域内において武力攻撃が行われた場合には、米州相互援助条約の当事国に関しては同条約の規定を害することなく、常設理事会議長は、協議会議の招集を決定するため理事会の会合を遅滞なく招集する。
第66条(防衛諮問委員会) 集団安全保障に関する現行の特別条約の適用に関連して生ずる軍事的協力の問題について協議機関に勧告するため、防衛諮問委員会を設置する。
第67条(委員会の構成) 防衛諮問委員会は、協議会議に参加する米州諸国の最高軍事当局

者によって構成される。例外的な事情の下においては、各国政府は、代理を任命することができる。各国は、1個の投票権を有する。

第68条(委員会の招集)　防衛諮問委員会は、協議機関が侵略に対する防衛に関する事項を取扱う場合には、協議機関と同一の条件の下に招集される。

第69条(委員会の招集)　防衛諮問委員会は、また、総会若しくは協議会議が又は加盟国の3分の2の多数をもって各国政府が、これに特定の問題に関する技術的研究又は報告を付託するときは会合する。

第11章　機構理事会：共通規定

第70条(地位・権限・任務)　機構常設理事会及び米州統合的発展理事会は、総会に対し直接に責任を負い、また、各理事会は、憲章及びその他の米州諸条約が付与する権限並びに総会及び外務大臣協議会議が付託する任務を有する。

第71条(構成)　すべての加盟国は、各理事会に代表者を出す権利を有する。各国は、1個の投票権を有する。

第72条(勧告)　理事会は、憲章及びその他の米州諸条約の範囲内において、それぞれの権限内の事項に関して勧告を行うことができる。

第73条(提案)　理事会は、それぞれの権限内の事項に関して、総会に対し研究及び提案、国際協定の草案、並びに、専門会議の開催、専門機関及びその他の米州諸機関の創設、改変又は廃止並びにこれらの機関の活動の調整に関する提案を提出することができる。理事会は、また、専門会議に対し研究、提案及び国際協定の草案を提出することができる。

第74条(緊急専門会議の招集)　各理事会は、緊急の場合には、加盟国と協議した後に第122条が規定する手続を経ることなしに、その権限内の事項に関する専門会議を招集することができる。

第75条(専門的役務の提供)　理事会は、それぞれの能力の限度において且つ事務総局の協力を得て、各国政府が要請する専門的役務を提供する。

第76条(情報・助言的役務の要請)　各理事会は、他の理事会及びそれに対し責任を負う補助機関に対して、それぞれの権限領域内の事項に関する情報及び助言的役務の提供を要請する権限を有する。理事会は、また、米州制度のその他の機関に対し同じ役務を要請することができる。

第77条(補助機関)　理事会は、総会の事前の承認を得て、それぞれの任務のよりよき遂行のため有益と考える補助機関を設置することができる。総会が会期中でないときには、前記の機関は、当該の理事会によって暫定的に設置することができる。理事会は、これらの機関の構成を定めるに当って、可能な限り輪番と衡平な地理的代表の基準に従わなければならない。

第78条(開催地)　理事会は、有益と考えるときには当該政府の事前の同意を得て、いずれの加盟国においても会合をもつことができる。

第79条(規程・手続規則)　各理事会は、自己の規程を作成し、承認のため総会に提出する。各理事会は、自己の手続規則並びにその補助機関及び委員会の手続規則を承認する。

第12章　機構常設理事会

第80条(構成)　機構常設理事会は、それぞれの政府により大使の資格をもって特別に任命される各加盟国の1人の代表者によって構成される。各政府は、代表代理並びに必要と

考える交代要員及び顧問を派遣することができる。

第81条(議長・副議長)　常設理事会の議長職は、各代表者が、それぞれの国名のスペイン語によるアルファベットの順序に従って、順番に占める。副議長職は、アルファベットの逆の順序に従って、同じ方法によって埋める。

　　議長及び副議長は、規程が定める6月をこえない任期で在職する。

第82条(任務の範囲)　常設理事会は、総会又は外務大臣協議会議が付託する事項を、憲章並びに米州諸条約及び諸協定の範囲内において受理する。

第83条(暫定協議機関)　常設理事会は、その問題に関する特別条約の規定に従って、暫定的に協議機関としての任務を行う。

第84条(友好関係の維持)　常設理事会は、加盟国間の友好関係を絶えず監視し、また、この目的のため、以下の規定に従って、加盟国の紛争の平和的解決を有効に援助しなければならない。

第85条(紛争の付託)　この憲章の規定に従って、憲章に規定されたいかなる平和的手続もとられていない紛争のいずれの当事国も、周旋を得るため常設理事会を利用することができる。理事会は、前条の規定に従って、当事国を援助し、また、紛争の平和的解決のため適切と考える手続を勧告する。

第86条(アド・ホック委員会)　常設理事会は、その任務の遂行に当っては紛争当事国の同意を得て、アド・ホック委員会を設置することができる。

　　アド・ホック委員会は、常設理事会が各事件において紛争当事国の同意を得て合意する構成及び任務を有する。

第87条(事実の調査)　常設理事会は、また、適当と考える手段によって紛争事実を調査し、且つ、いずれの当事国の領域においても当該政府の同意を得てこれを行うことができる。

第88条(解決手続の拒絶)　常設理事会が勧告し若しくは関係アド・ホック委員会がその委任事項の下で提示した紛争の平和的解決のための手続が一方の当事国によって受諾されない場合、又は、一方の当事国がその手続は紛争を解決しなかったことを宣言する場合には、常設理事会は、総会に対しその旨を通報する。但し、理事会は、当事国の合意を確保し又は当事国間の関係を回復するための措置をとることを妨げられない。

第89条(紛争解決の表決)　常設理事会は、これらの任務の遂行に当って、紛争当事国を除く加盟国の3分の2の賛成投票によって決定を行う。但し、手続規則が、単純多数によって採択することを規定する決定を除く。

第90条(行動準則)　常設理事会及びそれぞれのアド・ホック委員会は、紛争の平和的解決に関するその任務の遂行に当って、憲章の規定並びに国際法の原則及び基準を遵守し、且つ、当事国の間で有効な条約の存在を考慮に入れなければならない。

第91条(その他の任務)　次のことも、常設理事会の任務である。

(a)　総会又は外務大臣協議会議の決定で、その実施が他のいずれの機関にも付託されていないものを実施すること。

(b)　事務総局の活動を規律する基準の遵守を監視し、また、総会が会期中でないときには、事務総局の行政的任務の遂行を可能にする規律的性質の規定を採択すること。

(c)　総会が別段の決定を行わない限り、憲章第60条の規定に従って、総会の準備委員会として行動すること。

(d)　加盟国の要請に基づいて且つ機構の適当な機関の協力を得て、米州機構と国際連合の間又は機構と国際的地位を認められた他の米州諸機関の間の協力を促進し助長す

るための協定案を作成すること。これらの協定案は、承認のため総会に提出されなければならない。
 (e) 機構の活動並びにその補助機関及び委員会の調整に関する勧告を総会に提出すること。
 (f) 他の理事会、米州法律委員会、米州人権委員会、事務総局、専門機関及び専門会議並びにその他の諸機関の報告を審議し、また、必要と考える所見及び勧告を総会に提出すること、及び
 (g) 憲章が付託するその他の任務を遂行すること。
第92条(所在地) 常設理事会と事務総局の所在地は、同じ場所とする。

第13章 米州統合的発展理事会
第93条(構成・補助機関) 米州統合的発展理事会は、それぞれの政府により閣僚又はそれと同等の資格をもって特別に任命される各加盟国の1名の主たる代表者によって構成される。
　憲章の規定に従って、米州統合的発展理事会は、その任務のよりよき遂行のため有益と考える補助機関を設置することができる。
第94条(目的) 米州統合的発展理事会は、憲章の基準、特に経済、社会、教育、文化、科学及び技術の分野に関して第7章に掲げる基準に従って、統合的発展を達成しまた特に極貧の撲滅を援助するため米州諸国間の協力を促進することを目的とする。
第95条(任務) 米州統合的発展理事会は、特に技術協力の特定の領域における種々の目標を達成するため、次のことを行なう。
 (a) 総会が定めた一般的政策及び優先順位の枠内で、統合的発展のための協力の問題に関する政策、計画及び行動方針を定める戦略計画を作成し、総会に勧告すること。
 (b) 技術協力及び理事会のその他の活動の予算案の作成のための指針を作成すること。
 (c) 次の領域において、加盟国が確認した優先順位に基づいて、促進を図り、調整し且つ発展計画及び企画の遂行の責任を補助機関及び関連機関に割当てること。
   i 貿易、観光、統合及び環境を含む経済的及び社会的の発展。
   ii すべての水準にわたる教育の改善及び拡大、技術協力を通じての科学技術研究の促進並びに文化活動の支援、及び
   iii 民主主義の有効的実施及び人の権利及び義務の遵守のための基礎の1つとしての、米州諸人民の市民意識の強化。
これらの目的は、部門参加組織並びに憲章及びその他の総会規定によって設置されるその他の補助機関及び機構によって促進する。
 (d) 特に米州技術協力計画の調整に関して、国際連合の対応する機関並びにその他の国内及び国際機関との協力関係を設定すること。
 (e) 統合的発展のための協力活動を、政策、計画及び企画の実施の達成、それらの影響、有効性、効率及び資源の利用、並びにとりわけ提供された技術協力役務の質の観点から、定期的に評価し、総会に報告すること。
第96条(会合) 米州統合的発展理事会は、少なくとも毎年1回閣僚級又はこれと同等の会合を開催する。理事会は、また、その権限の領域又は範囲内で、関連があると考える専門的又は部門別の問題のため同一レベルの会合を招集する権限を有する。理事会は、また、総会若しくは外務大臣協議会議が招集するとき、自己の発意によって又は憲章第37

条で規定する場合のため会合する。

第97条(専門委員会)　米州統合的発展理事会には、理事会が設置を決定しその任務の適切な遂行のため必要な非常設の専門委員会を置く。これらの委員会は、理事会規程で定めるところにより活動し、構成される。

第98条(事務次長補への委託)　承認された企画の実施及び、適当な場合には、その調整は、統合的発展担当事務次長補に委託し、事務次長補は、その実施の結果を理事会に報告する。

第14章　米州法律委員会

第99条(目的)　米州法律委員会は、法律事項に関する機構の諮問機関としての任務を行い、国際法の漸進的発達及び法典化を促進し、且つ、西半球の開発途上国の統合に関連する法律問題及び、望ましいとみられる限り、それらの国の立法における統一達成の可能性を研究することを目的とする。

第100条(任務)　米州法律委員会は、総会、外務大臣協議会議又は機構理事会が付託する研究及び予備作業を行う。委員会は、また、自己の発意によって、有益と認める研究及び予備作業を行い、且つ、法律専門会議の開催を提案することができる。

第101条(構成)　米州法律委員会は、加盟国の国民である11人の法律家によって構成され、これらの法律家は、加盟国が提出する3人の候補者名簿から総会が4年の任期をもって選出する。選出に当っては、委員の部分的交代及び可能な限り衡平な地理的代表を考慮に入れた制度が使用される。委員のいずれの2人も、同一国の国民であることを得ない。

　　委員会の委員の任期の通常の満了以外の理由のため欠員が生ずる場合には、機構常設理事会が前項で定める基準に従ってこれを補充する。

第102条(地位)　米州法律委員会は、機構のすべての加盟国を代表し、また、なるべく広い技術上の自治を有する。

第103条(協力関係)　米州法律委員会は、大学、研究所及びその他の教授施設、並びに、国際的利害関係がある法律事項の研究、調査、教授又は情報の普及に従事する国内並びに国際委員会及び団体と協力関係を設定する。

第104条(規程・手続規則)　米州法律委員会は、自己の規程を立案し、承認のため総会に提出する。

　　委員会は、自己の手続規則を採択する。

第105条(所在地)　米州法律委員会の所在地は、リオ・デ・ジャネイロ市とする。但し、特別の場合には、委員会は、当該加盟国と協議した後、指定された他のいかなる場所においても会合することができる。

第15章　米州人権委員会

第106条(米州人権委員会)　米州人権委員会を置く。委員会は、人権の遵守及び保護を促進し、且つ、これらの事項に関して機構の協議機関としての任務を行うことを主要な任務とする。

　　米州人権委員会は、人権委員会並びにこれらの事項について責任を負うその他の機関の構成、権限及び手続を定める。

第16章　事務総局

第107条（地位・任務）　事務総局は、米州機構の中央常設機関である。事務総局は、憲章、その他の米州諸条約及び諸協定並びに総会が付託する任務を遂行し、且つ、総会、外務大臣協議会議又は理事会が委託する職務を実施する。

第108条（事務総長の選任）　機構事務総長は、総会により5年の任期をもって選任され、2度以上の再選又は同一国籍の者による後継は許されない。事務総長が欠員となった場合には、総会が全任期をもつ新事務総長を選任するまで、事務次長は事務総長の職務を代行する。

第109条（事務総長の地位）　事務総長は、事務総局を統轄し且つその法律上の代表者であり、また、第91条(b)項の規定にかかわらず、事務総局の義務及び任務の適正な遂行について総会に対し責任を負う。

第110条（事務総長の権限）　事務総長又はその代表は、機構のすべての会合に参加し、発言権を有するが、投票権は有しない。

事務総長は、西半球の平和及び安全又は加盟国の発展を脅威すると認める事項について、総会又は常設理事会の注意を促すことができる。

　　前項が規定する権限は、この憲章に従って行使されなければならない。

第111条（事務総局の任務）　事務総局は、機構のすべての加盟国間の経済的、社会的、法律的、教育的、科学的及び文化的関係を、極貧の撲滅のための協力を特に強調しつつ、総会が決定する行動及び政策並びに理事会の関連ある決定に従って、促進する。

第112条（事務総局の任務）　事務総局は、また、次の任務を遂行する。
 (a)　総会、外務大臣協議会議、米州統合的発展理事会及び専門会議の招集状を職務として加盟国に送付すること。
 (b)　適当な場合には、議事日程及び手続規則の作成に関して他の機関に助言すること。
 (c)　予算計画にその経費が含まれなければならない理事会及びその他の諸機関が採択した計画に基づいて、機構の予算計画案を作成し、且つ、理事会又はその常設委員会と協議した後、これを総会の準備委員会そして次に総会に提出すること。
 (d)　総会及びその他の機関に対し適当な事務的役務を恒常的に提供し、また、その指示及び付託事項を実施すること。その能力の限度において、機構のその他の会合に対し役務を提供すること。
 (e)　米州会議、総会、外務大臣協議会議、理事会及び専門会議の文書並びに記録の保管者たること。
 (f)　米州諸条約及び諸協定並びにその批准書の寄託者たること。
 (g)　総会の各通常会期に、機構の活動及び財政状態に関する年次報告を提出すること、及び
 (h)　総会又は理事会が行った決定に従って、専門機関並びにその他の国内及び国際機関との協力関係を設定すること。

第113条（事務総長の権限）　事務総長は、次のことを行う。
 (a)　事務総局に、その目的を達成するため必要な部局を設置すること、及び
 (b)　事務総局の事務職員及び使用人の数を決定し、それらの者を任命し、それらの者の権限及び職務を規定し、且つ、それらの者の報酬を定めること。

　　事務総長は、本条の権限を、総会が設ける一般的基準及び予算規定に従って行使しなければならない。

第114条（事務次長の選任）　事務次長は、総会により5年の任期をもって選任され、2度以上の再選又は同一国籍の者による後継は許されない。事務次長が欠員となった場合には、常設理事会は、総会が全任期をもつ新事務次長を選任するまで在職する代行者を選任する。

第115条（事務次長の任務・権限）　事務次長は、常設理事会の書記とする。事務次長は、事務総長の補佐人としての任務を行い、また、事務総長が委託するすべての事項についてその代理人として行動する。事務総長の一時的不在又は執務不能の場合には、事務次長は、事務総長の任務を遂行する。
　　事務総長と事務次長は、異なった国籍の者でなければならない。

第116条（事務総長・次長の罷免）　総会は、機構の適正な運営上必要なときはいつでも、加盟国の3分の2の投票によって、事務総長若しくは事務次長又は両者を罷免することができる。

第117条（事務次長補）　事務総長は、米州統合的発展理事会の承認を得て、統合的発展担当事務次長補を任命する。

第118条（責任の国際性）　事務総長及び事務総局の職員は、その任務の遂行に当って、いかなる政府からも又はこの機構外のいかなる当局からも指示を求め、又は受け手はならず、また、この機構に対してのみ責任を負う国際的職員としての地位と両立しないいかなる行動も慎まなければならない。

第119条（責任の国際性の尊重）　加盟国は、事務総長及び事務総局の職員の責任のもっぱら国際的な性質を尊重すること、並びに、これらの者が任務を果たすに当ってこれらの者を左右しようとしないことを誓約する。

第120条（職員の選任）　事務総局の職員の選任に当っては、能率、能力及び誠実を第1に考慮しなければならない。但し、同時に、すべての階級の職員の募集に当っては、なるべく広い地理的代表を得る必要性を重視しなければならない。

第121条（事務総局の所在地）　事務総局の所在地は、ワシントン・コロンビア特別区とする。

第17章　専門会議

第122条（定義・招集）　専門会議は、特別の技術的事項を処理するため又は米州協力の特定部門を促進するための政府間会合である。専門会議は、総会若しくは外務大臣協議会議が開催を決定したとき、自己の発意により又は理事会若しくは専門機関の一の要請に基づいて、開催する。

第123条（議事日程・手続規則）　専門会議の議事日程及び手続規則は、関係の理事会又は専門機関が作成し、審議のため加盟国政府に提出される。

第18章　専門機関

第124条（定義）　この憲章の適用上、米州専門機関は、多数国間協定によって設立され且つ米州諸国にとって共通の利害関係がある技術的事項に関し特定の任務をもつ政府間機構である。

第125条（登録簿）　事務総局は、関係理事会からの報告の後に総会が決定するところにより、前条で定める条件を満たす機関の登録簿を備える。

第126条（地位）　専門機関は、完全な技術上の自治を有するが、憲章の規定に従って、総会及び理事会の勧告を考慮に入れなければならない。

第127条(報告) 専門機関は、その事業の進行並びに年次予算及び経費支出に関する年次報告を総会に提出する。

第128条(機構との関係) 専門機関とこの機構の間に存在すべき関係は、総会の許可を得て、各機関と事務総長の間で締結する協定によって定める。

第129条(世界的機構との協力) 専門機関は、同一の性質をもつ世界的機構とその活動を調整するため協力関係を設定する。全世界的性質をもつ国際機構と協定を締結するに当っては、米州専門機関は、国際機構の地域的任務を行う場合でも、米州機構の構成部分としてのその独自性及び地位を保持しなければならない。

第130条(所在地の決定) 専門機関の所在地の決定に当っては、すべての加盟国の利害関係と、なるべく衡平な地理的代表の基礎に立ってこれらの機関の所在地を決定することの望ましさを考慮しなければならない。

第3部

第19章 国際連合

第131条(憲章の解釈) この憲章のいかなる規定も、加盟国の国際連合憲章に基づく権利及び義務を損ずるように解釈してはならない。

第20章 雑則

第132条(会合への出席) 米州機構の常設機関の会合又は憲章が規定し又は機構が主催して開催する会議若しくは会合への出席は、右の機関、会議及び会合の多数国間的性格に従うものとし、いずれの加盟国政府と開催地国政府との二国間関係に依存するものであってもならない。

第133条(機構の地位) 米州機構は、その任務の遂行及び目的の達成のために必要な法律上の能力、特権及び免除を各加盟国の領域において享有する。

第134条(特権・免除) 機構の諸機関における加盟国の代表者、それらの代表団の構成員並びに事務総長及び事務次長は、その地位に対応し且つその任務を独立して遂行するために必要な特権及び免除を享有する。

第135条(特権・免除に関する協定) 専門機関の法律上の地位、並びに、これらの機関及びその職員並びに事務総局の職員に対して与えられるべき特権及び免除は、多数国間協定において定める。前記の協定は、必要と考える場合には、二国間協定の締結を妨げるものではない。

第136条(通信の無料) 無料郵送許可印のある米州機構の通信は、印刷物及び小包を含め、加盟国の郵便により無料で輸送しなければならない。

第137条(差別の禁止) 米州機構は、機構の活動に参加しまた機構に就職するための資格に関して、人種、信条又は性に基づくいかなる制限も認めない。

第138条(非加盟国の協力) この憲章の規定内において、権限ある機関は、発展のための協力の領域において、機構の加盟国でない国の一層大きな協力を得るため努力しなければならない。

第21章 批准及び効力の発生

第139条(署名・批准・正文・寄託) この憲章は、米州諸国の署名のために開放しておく

ものとし、且つ、各自の憲法上の手続に従って批准されなければならない。原文は、スペイン語、英語、ポルトガル語及びフランス語の本文をひとしく正文とし、事務総局に寄託する。事務総局は、右の認証謄本を、批准のため各国政府に送付する。批准書は、事務総局に寄託し、事務総局は、その寄託を署名国に通告する。

第140条(効力発生)　この憲章は、署名国の3分の2が批准書を寄託したとき、批准国の間において効力を生ずる。他の国については、各自がその批准書を寄託したとき効力を生ずる。

第141条(登録)　この憲章は、事務総局を通じて国際連合事務局に登録する。

第142条(改正)　この憲章の改正は、その目的のために招集された総会においてのみ、採択することができる。改正は、第140条に掲げる条件と手続に従って効力を生ずる。

第143条(廃棄)　この憲章は、無期限に効力を有する。但し、加盟国は、事務総局に宛てた通告書により廃棄することができる。事務総局は、受領した各廃棄通告を他のすべての加盟国に通知する。事務総局が廃棄通告を受領した日から2年後に、この憲章は、廃棄国について効力を失い、右の廃棄国は、この憲章から生ずる義務を履行した後に、機構への所属を終止する。

第22章　経過規定

第144条(米州進歩のための同盟委員会)　米州進歩のための同盟委員会は、同盟の実施中は、米州統合的発展理事会の常設執行委員会として行動する。

第145条(米州人権委員会)　第15章が規定する米州人権条約が効力を生ずるまで、現米州人権委員会は、人権の遵守を絶えず監視しなければならない。

第146条(係争地域)　第1回特別米州会議が定めた期日である1964年12月18日以前に、領土の全部又は一部が米州大陸外の国と機構の一又は二以上の加盟国との間で争訟又は請求の対象となった政治主体の加盟申請については、その紛争が何らかの平和的手続によって終結するまで、常設理事会はいかなる勧告も行ってはならず、また、総会もいかなる決定を行ってはならない。この条は、1990年12月10日まで有効とする。

4 米州機構の平和的解決関係文書

はしがき

　以下に訳出する文書は、拙稿「米州機構における紛争の平和的解決―米州平和委員会の展開を中心に―」(『国際法外交雑誌』第76巻6号(本書第2部第9章))の関係資料である。

　米州機構憲章(通称「ボゴタ憲章」)は、1948年4月30日、ボゴタの第9回米州国際会議で採択され、1951年12月13日に効力を発生した。その後、1967年2月27日、ブエノスアイレスの第3回特別米州会議で「米州機構憲章改正議定書(ブエノスアイレス議定書)」が採択され、1970年2月27日、同議定書が所定の数の批准を得たのに伴って改正憲章が発効した。ブエノスアイレス議定書に従って改正されたボゴタ憲章の諸条項については、すでに紹介する機会があった(「米州機構憲章の改正」『法学会雑誌[岡山大学]』第19巻3・4号(本書資料編第1章))ので、ここでは、他の関連部分と併せて、必要な限度で抄訳するにとどめる。テクストは、"Charter of the Organization of American States as Amended by the Protocol of Buenos Aires in 1967," Treaty Series No.1-C, OAS Official Records, OEA/Ser. A/2（English）Rev., General Secretariat, Organization of American States, Washington, D.C., 1970. また、旧憲章およびブエノスアイレス議定書については、それぞれ、United Nations Treaty Series, Vol.119（1952）, p.3およびInternational Legal Materials, Vol.6, No.2（March 1967）, p.310, 参照。なお、米州機構は、当初、米国およびラテンアメリカ20国によって構成されていたが、その後、トリニダード・トバゴ(1967年)、バルバドス(同年)、ジャ

マイカ(1969年)、グレナダ(1975年)およびスリナム(1977年)が加盟し、今日、加盟国は計26をかぞえる。

　平和的解決に関する米州条約(別名「ボゴタ条約」)は、1948年4月30日、ボゴタの第9回米州国際会議で米州機構憲章と同時に採択され、1949年5月6日、2番目の批准(コスタリカ)を得て発効した。ボゴタ条約は、ボゴタ憲章の「紛争の平和的解決」(旧憲章第4章、第23条＝改正憲章第5章、第26条)で予定される「特別条約」に相当する。テクストは、"American Treaty on Pacific Settlement (Pact of Bogotá)," United Nations Treaty Series, Vol.30 (1949), p.55. ボゴタ条約に署名した米国およびラテンアメリカ20国のうち、批准した国は、ブラジル(1965年)、チリ(1974年、留保付)、コロンビア(1968年)、コスタリカ(1949年)、ドミニカ共和国(1950年)、ハイチ(1951年)、ホンジュラス(1950年)、メキシコ(1948年)、ニカラグア(1950年、留保付)、パナマ(1951年)、パラグァイ(1967年)、ペルー(1967年、留保付)およびウルグァイ(1955年)の13国である(1976年9月現在)。なお、先に批准していたエルサルバドル(1950年)は、1973年、廃棄を通告した。Estado de los Tratados y Convenciones Interamericanos (Revisado al 30 de Septiembre de 1976), Serie sobre Tratados No.5, Secretaría General, Organización de los Estados Americanos, Washington, D.C., 1976; Inter-American Treaties and Conventions: Signature, ratifications, and deposits with explanatory notes, Treaty Series No.9, Rev.1976, General Secretariat Organization of American States, Washington, D.C., 1976.

　米州平和委員会は、1940年7月、ハバナで開催された第2回外務大臣協議会議の決議第14「紛争の平和的解決(The Peaceful Solution of Conflicts)」に基礎をおく。この決議に従い、同年12月4日、パン・アメリカン・ユニオン理事会によってワシントンに設置された五国からなる委員会は、現実に組織されぬまま久しく放置され、また、ボゴタ会議で米州機構に編入されることもなかったが、1948年7月31日、「紛争の平和的解決方法に関する米州委員会(Inter-American Committee on Methods for the Peaceful Solution of Conflicts)」として正式に発足し、同年8月24日、自らが制定した暫定規則「行動基礎(Bases of Action)」の下に活動を開始した。この通称「五国委員会(Committee of Five)」は、更に、1949年7月6日、「米州平和委員会(Inter-American Peace Committee)」と改称し、また、1950年5月

2日、委員会自身によって規程(Statutes)が採択された。しかし、そこで定める委員会の法的基礎、構成および権限について異論が表明されたため、1954年3月、カラカスで開催された第10回米州会議の決定(決議第102「米州平和委員会」)に従って、1956年5月9日、機構理事会により新たな規程が採択されている。その後、1959年8月、サンチャゴの第5回外務大臣協議会議は、決議第4「米州平和委員会」において、委員会の任務・権限を暫定的に拡大するとともに右措置の規程への採否を第11回米州会議の決定に委ねたが、米州会議の開催がいく度か延期されるなかでボゴタ憲章の改正作業が着手されるに至った。改正憲章の下で、機構理事会を引き継ぐ常設理事会の補助機関として設置された「米州平和的解決委員会(Inter-American Committee on Peaceful Settlement)」は、実質上、従来の米州平和委員会を継承したものである。改正憲章の発効に伴い、1970年7月7日、総会(第1回特別会期)において、米州平和的解決委員会規程が承認された。右規程のテクストは、Estatuto y Reglamento de la Comisión Interamericana de Soluciones Pacíficas (Statutes and Rules of Procedure of the Inter-American Committee on Peaceful Settlement), OEA/Ser. G, CP/CISP-1/73, Secretaría General de la Organización de los Estados Americanos, Washington, D.C., 1973. その他の米州平和委員会関係文書については、Second Report of the Inter-American Peace Committee to the Tenth Inter-American Conference, Doc.11. SG-11 (3 Feb. 1954); Report of the Inter-American Peace Committee on the Amendment of Its Statutes, Submitted to the Second Special Inter-American Conference, OEA/Ser. L/III/II. 11 (31 March 1965), Pan American Union, Washington, D.C.

I 米州機構憲章(抄)

第5章 紛争の平和的解決

第23条(地域的解決の優先) 米州諸国間に生ずることのあるすべての国際紛争は、国際連合安全保障理事会に付託される前に、この憲章に掲げる平和的手続に付されなければならない。

第24条(平和的手続) 平和的手続とは、直接交渉、周旋、仲介、調査および調停、司法的解決、仲裁裁判並びに紛争当事国が随時特に合意するものをいう。

第25条(平和的解決)　二以上の米州諸国の間にその一国が通例の外交手続では解決しえないと考える紛争が生じた場合には、当事国は、解決達成を可能にする他の何らかの平和的手続を協定しなければならない。

第26条(特別の条約)　米州諸国の間の紛争が妥当な期間内に最終的解決に達しないことのないように紛争の平和的解決の適切な手続を設定し、かつ、その適用のための適当な手段を規定するため特別の条約を締結する。

第14章　機構常設理事会

....

第82条(友好関係の維持)　常設理事会は、加盟国間の友好関係の維持を絶えず監視し、また、その目的のため、以下の諸規定に従って、加盟国の紛争の平和的解決を有効に援助しなければならない。

第83条(米州平和的解決委員会)　この権限の行使にあたって常設理事会を援助するため、理事会の補助機関として機能する米州平和的解決委員会を設置する。委員会の規程は、理事会が作成し、かつ、総会が承認する。

第84条(理事会の周旋)　紛争当事国は、周旋を得るため常設理事会を利用することができる。そのような場合、理事会は、当事国を援助し、かつ、紛争の平和的解決のため適当と考える手続を勧告することができる。

　　当事国が希望する場合には、理事会議長は、紛争を直接に米州平和的解決委員会へ付託する。

第85条(事実の確認)　この権限の行使にあたって、常設理事会は、米州平和的解決委員会又はその他の手段により紛争事実を確認し、また、いずれの当事国の領域においても当該政府の同意を得てこれをおこなうことができる。

第86条(委員会の周旋)　憲章第24条に掲げる平和的手続が何もとられていない紛争のいずれの当事国も、常設理事会に対し紛争を受理するよう提訴することができる。

　　理事会は、この要請を直ちに米州平和的解決委員会へ付託する。委員会は、問題が自己の権限内にあるかどうかを審議し、また適当と考える場合には、他の当事国に周旋を提供する。周旋が受諾された場合には、米州平和的解決委員会は、当事国を援助し、かつ、紛争の平和的解決のため適当と考える手続を勧告することができる。

　　この権限の行使にあたって、委員会は、紛争事実の調査をおこない、また、いずれの当事国の領域においても当該政府の同意を得てこれをおこなうことができる。

第87条(周旋の拒絶)　一方の当事国が周旋の提供を拒絶した場合には、米州平和的解決委員会は、常設理事会に報告するにとどめる。但し、委員会は、当事国間の国交が中断している場合にはこれを回復するため、又は、当事国の間に調和を再建するための措置をとることを害されない。

第88条(提案)　そのような報告を受領した場合、常設理事会は、第87条の目的で当事国を会合させるための提案をおこない、また、必要と考える場合には、当事国に対し紛争を悪化させる虞のあるすべての行動を回避するよう要請することができる。

　　一方の当事国が、米州平和的解決委員会又は理事会の周旋を拒絶しつづける場合には、理事会は、総会に報告を提出するにとどめる。

第89条(表決)　常設理事会は、これらの任務の遂行にあたって、紛争当事国を除く加盟国の3分の2の同意投票によって決定をおこなう。但し、手続規則が単純多数によって採択

することを規定する決定は除く。
第90条(行動準則)　紛争の平和的解決に関する任務の遂行にあたって、常設理事会および米州平和的解決委員会は、憲章の規定並びに国際法の原則および基準を遵守し、かつ、当事国の間で有効な条約の存在を考慮に入れなければならない。

II　平和的解決に関する米州条約(ボゴタ条約)

　第9回米州国際会議に代表者を出した諸政府は、その人民の名において、米州機構憲章第23条(改正憲章第26条)の履行として次の条約を締結することに決定した。

第1章　平和的手段による紛争解決の一般的義務
第1条(平和的解決)　締約国は、以前の国際諸条約および諸宣言並びに国際連合憲章においてなされた各自の約束を厳粛に再確認し、紛争の解決のため武力に威嚇もしくは武力の行使又は他のいかなる強制手段をも慎しむこと、および、常に平和的手続を利用することに同意する。
第2条(地域的解決の優先)　締約国は、国際紛争を国際連合安全保障理事会に付託する前に、地域的な平和的手続によって解決する義務を承認する。
　従って、二以上の署名国の間に当事国が通例の外交手続による直接交渉では解決しえないと考える紛争が生じた場合には、当事国は、本条約において定められた手続を以下の条項で規定された方法によりかつその条件の下に利用し、又は、それに替えて、当事国が解決に達することを可能にすると考える特別の手続を利用することを約束する。
第3条(手続の順序)　本条約で定められた平和的手続の順序は、当事国が各場合において最も適当と考える手続を利用してはならないこと、当事国がこれらすべての手続を利用しなければならないこと、又は、明示に規定される以外は、それらの手続のうちのいずれが他に優先することも意味するものではない。
第4条(手続の併用禁止)　当事国間の合意によるか又は本条約もしくは以前の協定の履行としてであるかを問わず、何らかの平和的手続が開始された後には、その手続が終了するまで他のいかなる手続も開始されてはならない。
第5条(国内管轄事項)　前記の諸手続は、その性質上国家の国内管轄権内にある事項に対して適用されてはならない。紛争が国内管轄事項に関するものであるかどうかについて当事国が合意できない場合には、この先決問題は、いずれかの当事国の要請に基づいて、国際司法裁判所による決定に付託されるものとする。
第6条(既決事項)　前記の諸手続は、更に、当事国間の取極もしくは仲裁裁定もしくは国際裁判所の判決によってすでに解決された事項、又は、本条約の締結時に有効な協定もしくは条約によって規律される事項に対して適用されてはならない。
第7条(外交的保護)　締約国は、自国民がそれぞれの国の権限ある国内裁判所にその訴えを提起する手段を利用できた場合には、自国民を保護するために外交上の申立てをおこなわず、又は、その目的のため紛争を国際裁判所に付託しないことを約束する。
第8条(自衛権との関係)　紛争の解決のための平和的手段の利用又はその使用の勧告は、武力攻撃の場合に、国際連合憲章で規定された個別的又は集団的自衛の権利の行使を遅

延させるための根拠とされてはならない。

第2章　周旋および仲介手続
第9条(周旋手続)　周旋手続とは、紛争当事国でない一もくしは二以上の米州国政府又は紛争当事国でないいずれかの米州国の一もしくは二以上の著名な市民が、当事国をして自らの間で適切な解決に達することを可能にするため、当事国を会合させることをいう。
第10条(周旋の限界)　当事国が会合しかつ直接交渉を再開した後には、周旋を提供し又は周旋提供の招請を受諾した国もしくは市民によってそれ以上のいかなる行動もとられてはならない。もっとも、これらの国又は市民は、当事国間の合意によって、交渉に出席することができる。
第11条(仲介手続)　仲介手続とは、紛争当事国でない一もしくは二以上の米州国政府又は紛争当事国でないいずれかの米州国の一もしくは二以上の著名な市民に紛争を付託することをいう。いずれの場合にも、仲介者は、当事国間の相互の合意によって選定される。
第12条(仲介者の任務)　仲介者の任務は、形式を避けて受諾可能な解決を探求することにより、最も単純かつ直接的な方法で紛争の解決のため当事国を援助することである。仲介者はいかなる報告もおこなってはならず、また、仲介者に関する限り、審理は完全に秘密とする。
第13条(仲介の失敗)　締約国が仲介手続に同意したが、2月以内に仲介者の選任について合意に達することができない場合、又は、仲介の開始後5月以内に紛争の解決が達成されなかった場合には、当事国は、遅滞なく本条約で定められた他のいずれかの平和的解決の手続を利用しなければならない。
第14条(仲介の提供)　締約国は、個別的に又は共同で仲介を提供することができるが、紛争が本条約で定められた他のいずれかの手続による解決の進行中は仲介を提供しないことに同意する。

第3章　調査および調停手続
第15条(調査および調停手続)　調査および調停手続とは、調査および調停委員会に紛争を付託することをいう。委員会は、本条約の以下の条項の規定に従って設置され、かつ、そこで定められた制限内で機能する。
第16条(手続の開始)　調査および調停手続を開始する当事国は、米州機構理事会に調査および調停委員会を招集するよう要請しなければならない。理事会の側は、直ちに委員会を招集するための措置をとらなければならない。
　　委員会を招集する要請が受理された後には、当事国間の紛争は直ちに停止されなければならず、また、当事国は、調停を一層困難にする虞のあるすべての行為を慎しまなければならない。その目的のため、一方の当事国の要請に基づいて、米州機構理事会は、委員会が招集されるまでの間、当事国に適当な勧告をおこなうことができる。
第17条(調査および調停委員会委員の任命)　各締約国は、他の各署名国との単純な交換公文からなる二国間協定によって、2名の調査および調停委員会委員を任命することができる。そのうちの1名だけは、自国の国籍をもつ者であってよい。委員長の職務を遂行する第5番目の委員は、このようにして任命された委員の共同の合意によって直ちに選任されるものとする。
　　いずれの締約国も、自国民であるか又は外国人であるかを問わず、自国が任命した委

員を解任することができるが、同時に、後任を任命しなければならない。後任が任命されない場合には、解任はおこなわれなかったものとみなされる。任命および交代は、パン・アメリカン・ユニオンに登録されなければならず、パン・アメリカン・ユニオンは、委員会が5名の委員の全定員を維持することを確保するよう努力しなければならない。

第18条(常設米州調停者名簿) 前条の規定を害することなく、パン・アメリカン・ユニオンは、以下の要領で常設米州調停者名簿を作成しなければならない。
 (a) 各締約国は、公平、有能および徳望に最高の名のある2名の自国民を3年の任期で任命する。
 (b) パン・アメリカン・ユニオンは、候補者にそれぞれの正式な受諾の通知を要請し、受諾を通知した者の氏名を調停者名簿に記載する。
 (c) 政府は、それぞれの被任命者に生ずる空席をいつでも補充することができる。また、政府は、それぞれの委員を再任することができる。

第19条(委員会の設置) 第17条で規定された委員会を設置していない二以上の米州諸国間に紛争が発生した場合には、以下の手続がとられなければならない。
 (a) 各当事国は、常設米州調停者名簿から、任命する当事国と同一の国籍をもたない2名の委員を指名する。
 (b) これら4名の委員は、次に、常設名簿からいずれの当事国の国籍ももたない第5番目の委員を選定する。
 (c) 4名の委員がその選任の通知後30日の期間内に第5番目の委員について合意することができない場合には、これらの委員は、各自個別的に常設名簿を構成する調停者をそれぞれの選択の順序に従って配列する。そのようにして作成された名簿の比較に基づいて、最初に過半数の票を得た者が選出されたと宣言される。そのようにして選出された者は、委員会委員長の職務を遂行する。

第20条(委員会の会合) 調査および調停委員会を招集するにあたって、米州機構理事会は、委員会が会合する場所を決定しなければならない。その後は、委員会は、作業の遂行のため最上の便益を考慮に入れて、活動する場所を決定することができる。

第21条(当事国) 三以上の国が同一の紛争に関係する場合には、類似の見解をもつ諸国は、単一の当事者とみなされる。これらの国が異った利害をもつ場合には、すべての当事国が平等に代表されるように調停者の数の増加を求める権利が認められる。委員長は、第19条で規定された方法で選出される。

第22条(委員会の任務) 当事国間の紛争点を明らかにしかつ相互に受諾可能な条件で当事国間に合意をもたらすよう努力することは、調査および調停委員会の任務である。委員会は、受諾可能な解決の基礎を提案するために必要と考える紛争に関係した事実の調査をおこなう。

第23条(当事国の義務) 委員会の作業を援助し、また、可能な最大限に委員会に対しすべての有益な文書および情報を提供し、更に、委員会が証人又は鑑定人を召喚しかつ尋問しまた当事国の領域内でそれぞれの国内法に従ってその他の作業を遂行することができるように各自の利用可能な手段を用いることは、当事国の義務である。

第24条(代表・代理人) 委員会での審理の間、当事国は、全権代表又は代理人によって代表せられ、これらの者は、当事国と委員会との間の仲立として行動する。当事国および委員会は、技術顧問および専門家の役務を利用することができる。

第25条(期限) 委員会は、その開設の日より6月の期間内に作業を終了しなければならな

い。但し、当事国は、相互の合意によって右の期間を延長することができる。

第26条(事実調査)　当事国が紛争は専ら事実問題に関係すると考える場合には、委員会は、そのような問題を調査するにとどめ、また、適当な報告書によって活動を終了する。

第27条(最終報告書)　調停によって合意が成立した場合には、委員会の最終報告書は、合意の本文に限られるものとし、また、当事国が別段の決定をおこなわない限り、当事国への交付の後に公表される。合意が成立しない場合には、最終報告書は、委員会の作業の要旨を含むものとする。最終報告書は、当事国に交付され、また当事国が別段の決定をおこなわない限り、6月の経過後に公表される。いずれの場合にも、最終報告書は、過半数の投票によって採択される。

第28条(報告書の性質)　調査および調停委員会の報告書および結論は、事実の記述に関しても又は法律問題についても当事国を拘束するものではなく、紛争の友好的解決を促進するため当事国の考慮に付される勧告として以外のいかなる性質ももたない。

第29条(議事録)　調査および調停委員会は、各当事国並びにパン・アメリカン・ユニオンに審理の議事録の認証謄本を交付する。この議事録は、当事国が決定しない限り公表されてはならない。

第30条(報酬、経費)　委員会の各委員は、金銭的報酬を受けるものとし、その額は当事国間の合意によって決定される。当事国が金額について合意しない場合には、機構理事会が報酬を決定する。各政府は、自己の経費および前記の報酬を含む委員会の共通経費の平等な分担額を支払わなければならない。

第4章　司法的手続

第31条(選択条項の受諾)　国際司法裁判所規程第36条2項に従って、締約国は、次の事項に関して相互の間に生ずるすべての法律的性質の紛争についての裁判所の管轄を他のすべての米州国との関係において、本条約が有効である限りいかなる特別の合意の必要もなく当然に義務的であると認めることを宣言する。
　(a)　条約の解釈
　(b)　国際法上の問題
　(c)　認定されれば国際義務の違反となるような事実の存在
　(d)　国際義務の違反に対する賠償の性質又は範囲

第32条(国際司法裁判所の強制管轄権)　本条約で先に定められ又は当事国の合意による調停手続が解決をもたらさず、かつ、右の当事国が仲裁手続を合意しない場合には、いずれの当事国も、裁判所規程第40条で定められた方法により国際司法裁判所に提訴する権利をもつ。裁判所は、裁判所規程第36条1項に従って強制管轄権をもつ。

第33条(先決問題の決定)　裁判所が紛争に対して管轄権をもつかどうかについて当事国が合意できない場合には、裁判所自身が先ずその問題を決定する。

第34条(紛争の終了)　裁判所が本条約の第5条、第6条および第7条に掲げる理由により紛争を審理する管轄権がないと宣言した場合には、そのような紛争は終了したと宣言される。

第35条(仲裁裁判への移管)　裁判所がその他の理由により紛争を審理し判決する管轄権がないと宣言した場合には、締約国は、本条約第5章の規定に従って紛争を仲裁裁判に付託することを約束する。

第36条(判決)　本条約が規定する司法的手続に付託された紛争の場合には、判決は、全員

の法廷、又は、当事国が要請する場合には、裁判所規程第26条に従って特別裁判部により下されるものとする。更に、当事国は、衡平および善に基づく紛争の裁判に合意することができる。
第37条(手続)　裁判所が従う手続は、裁判所規程で定められた手続とする。

第5章　仲裁手続
第38条(仲裁裁判に付託される紛争)　本条約第4章の規定にかかわらず、締約国は、合意する場合には、相互の間ですでに発生し又は将来生ずることのあるいかなる種類の紛争も、法律的であるか否かを問わず、仲裁裁判に付託することができる。
第39条(仲裁裁判所の設置)　紛争が付託される仲裁裁判所は、本条約第35条および第38条で想定された場合には、反対の合意がない限り、以下の方法で設置されるものとする。
第40条(裁判所の設置方法)　(1)第35条で規定された場合には裁判所の判決の通知後2月の期間内に、各当事国は、国際法の問題に有能の名がありかつ最高の徳望がある1名の仲裁人を指名し、それを機構理事会に通知する。同時に、各当事国は、ハーグ常設仲裁裁判所裁判官総名簿に記載されている者のなかから自国の国別裁判官団に属さずかつ仲裁裁判所の裁判官となる意思のある10名の法律家を選定し、その名簿を理事会に提出する。
(2)　機構理事会は、名簿の提出後1月以内に、以下の方法で仲裁裁判所を設置する手続をとらなければならない。
(a)　当事国によって提出された名簿が3名の氏名を共通に含んでいる場合には、これらの者は、当事国によって直接に指名された2名と共に仲裁裁判所を構成する。
(b)　これらの名簿が3名以上の氏名を共通に含んでいる場合には、裁判所を完成するために必要な3名の仲裁人は、抽せんによって選任する。
(c)　前2項で規定された場合には、指名された5名の仲裁人は、そのうちの1名を裁判長として選定する。
(d)　名簿が2名の氏名しか共通に含んでいない場合には、これらの候補者および当事国によって直接に選任された2名の仲裁人は、裁判所の長となる第5番目の仲裁人を共同の合意によって選定する。選定は、前記のハーグ常設仲裁裁判所総名簿に記載されている法律家であって当事国によって作成された名簿に含まれていない者をおこなわなければならない。
(e)　名簿が1名の氏名しか共通に含んでいない場合には、その者は裁判所の裁判官となり、また、他の1名は、前記の名簿に記載された残りの18名の法律家のなかから抽せんによって選定される。裁判長は、前項で定められた手続に従って選出される。
(f)　名簿が1名の氏名も共通に含んでいない場合には、各名簿から1名の仲裁人が抽せんによって選定される。裁判長として行動する第5番目の仲裁人は、先に指示された方法で選定される。
(g)　4名の仲裁人がその任命を機構理事会が通知した後1月以内に第5番目の仲裁人について合意できない場合には、各仲裁人は、個別的にそれぞれの選択の順序に従って法律家の名簿を作成する。そのようにして作成された名簿の比較の後に、最初に過半数の票を得た者が選出されたと宣言される。
第41条(合意による裁判所の設置)　当事国は、相互の合意によって、最も適当と考える方法で裁判所を設置することができる。当事国は、単独の仲裁人を選任することもでき、そのような場合には、当事国が相互に信頼する国家の元首、著名な法律家又は司法裁判

所を指名する。
第42条(当事国)　三以上の国が同一の紛争に関係する場合には、同一の利益を擁護する諸国は、単一の当事者とみなされる。これらの国が対立する利害をもつ場合には、すべての当事国が平等に代表されるように仲裁人の数の増加を求める権利が認められる。裁判長は、第40条で定められた方法によって選任される。
第43条(特別協定)　当事国は、事件のたびごとに、紛争の主題である特定の事項、裁判所の所在地、遵守すべき手続規則、判決が下される期間、および当事国が相互の間で合意するその他の条件を明確に定める特別協定を作成しなければならない。

　　特別協定が裁判所の開設の日から3月以内に作成されない場合には、協定は、国際司法裁判所が簡易手続によって作成し、それが当事国を拘束する。
第44条(当事国の代表)　当事国は、その指名する者によって仲裁裁判所で代表される。
第45条(機構理事会による裁判所の設置)　一方の当事国が第40条で規定された期間内に仲裁人の指名および候補者名簿の提出をおこなわない場合には、他方の当事国は、機構理事会に仲裁裁判所の設置を要請する権利をもつ。理事会は、直ちに不履行国に対し15日の追加期間内に義務を履行するよう要求し、その期限の後には、理事会自身が以下の方法で裁判所を設置する。
　(a)　理事会は、申請国によって提出された名簿から抽せんで1名を選任する。
　(b)　理事会は、絶対多数の投票によって、ハーグ常設仲裁裁判所総名簿からいずれの当事国の国別裁判官団にも属さない2名の法律家を選定する。
　(c)　そのようにして指名された3名の者は、申請国によって直接に選定された1名と共に、裁判長として行動する第5番目の仲裁人を第40条で規定された方法で選任する。
　(d)　裁判所が開設された後には、第43条で定められた手続に従うものとする。
第46条(判決)　判決には、その基礎となる理由が付されねばならない。判決は、過半数の投票によって採択され、また、当事国に通知された後に公表される。反対する仲裁人は、反対の根拠を述べる権利をもつ。

　　判決は、適正に下されかつ当事国に通知された後には、紛争を最終的に解決し、上訴を認めない。また、判決は、直ちに履行されなければならない。
第47条(判決の解釈)　判決の解釈又は執行に関して生ずるすべての紛争は、判決を下した仲裁裁判所の決定に付託される。
第48条(再審)　判決の通知後1年以内には、以前から存在し裁判所および再審請求当事国に知られていなかった事実が発見された場合で、そのような事実が判決に決定的な影響を与えると裁判所が判断する場合に限り、判決は、一方の当事国の請求に基づいて同一の裁判所による再審に付される。
第49条(報酬、経費)　裁判所の各裁判官は、金銭的報酬を受けるものとし、その額は当事国間の合意によって決定される。当事国が金額について合意しない場合には、機構理事会が報酬を決定する。各政府は、自己の経費および前記の報酬を含む裁判所の共通経費の平等な分担額を支払わなければならない。

　　　第6章　判決の履行
第50条(判決の履行)　一方の当事者たる締約国が国際司法裁判所の判決又は仲裁裁定によって課された義務を履行しない場合には、他方の関係当事国は、国際連合安全保障理事会に付託する前に、外務大臣協議会議を提議し司法判決又は仲裁裁定の履行を確保す

るための適当な措置を協定するよう求めなければならない。

第7章　勧告的意見
第51条(勧告的意見)　紛争の解決に利害関係をもつ当事国は、合意によって、いかなる法律問題についても国際司法裁判所の勧告的意見を要請するよう国際連合の総会又は安全保障理事会に申請することができる。

　申請は、米州機構理事会を通じてなされなければならない。

第8章　最終規定
第52条(批准)　本条約は、締約国によって各自の憲法上の手続に従って批准されなければならない。原文は、パン・アメリカン・ユニオンに寄託され、パン・アメリカン・ユニオンは、認証謄本を批准のため各国政府に送付する。批准書は、パン・アメリカン・ユニオンの記録に寄託され、パン・アメリカン・ユニオンは、寄託を署名国政府に通知する。そのような通知は、批准書の交換とみなされる。

第53条(発効)　本条約は、締約国の間においてそれぞれの国が各自の批准書を寄託した順序に従って効力を生ずる。

第54条(加入、留保の撤回)　本条約の署名国でないか又は本条約に留保を付したいずれの米州国も、パン・アメリカン・ユニオンに公式文書を送付することによって、本条約に加入し、又は、留保の全部もしくは一部を撤回することができる。パン・アメリカン・ユニオンは、ここに定められた方法でそれを他の締約国に通知する。

第55条(留保)　いずれかの締約国が本条約に関して留保を付す場合には、そのような留保は、留保国との関係においては相互性を基礎にしてすべての署名国に適用される。

第56条(廃棄)　本条約は、無期限に効力を有する。但し、1年の予告によって廃棄することができる。予告期間の終了後に、本条約は、廃棄国について効力を失うが、他の署名国については引き続き効力を有する。廃棄は、パン・アメリカン・ユニオンに通告され、パン・アメリカン・ユニオンは、それを他の締約国に送付する。

　廃棄は、特定の通告の送付以前に開始された進行中の手続についてはいかなる効果ももたない。

第57条(登録)　本条約は、パン・アメリカン・ユニオンを通じて国際連合事務局に登録する。

第58条(失効する条約)　本条約が順次締約国の批准によって効力を生ずるに従って、以下の条約、協約および議定書は、それらの国については効力を失う。

　1923年5月3日の、米州諸国間の紛争の回避又は防止に関する条約
　1929年1月5日の、米州の調停に関する一般協約
　1929年1月5日の、米州の仲裁裁判に関する一般協約、および、漸進的仲裁裁判に関する追加議定書
　1933年12月26日の、米州の調停に関する一般協約の追加議定書
　1933年10月10日の、不侵略および調停に関する反戦条約
　1936年12月23日の、米州諸国間の現行条約の履行を調整、拡張および確保するための協約
　1936年12月23日の、周旋および仲介に関する米州条約
　1936年12月23日の、紛争の防止に関する条約

第59条(経過規定)　前条の規定は、上記のいずれかの国際文書に従ってすでに開始され又

は合意された手続には適用されない。
第60条(略称) 本条約は、「ボゴタ条約」と呼ぶ。

　以上の証拠として、全権委任状を提示しそれが良好妥当であると認められた下名の全権委員は、各自の政府の名において、それぞれの署名の下に掲げる日に本条約に署名する。
　1948年4月30日にボゴタ市において、英語、フランス語、ポルトガル語およびスペイン語による4つの本文を作成した。

　留　保
アルゼンチン
　「アルゼンチン共和国代表団は、平和的解決に関する米州条約(ボゴタ条約)に署名するにあたり、受諾できない以下の条項に関して留保をおこなう。
(1)　外国人の保護に関する第7条
(2)　第4章(第31条から第37条)、司法的手続
(3)　第5章(第38条から第49条)、仲裁手続
(4)　第6章(第50条)、判決の履行
　仲裁裁判所および司法的手続は、制度として、アルゼンチン共和国の堅い支持を得るが、同代表団は、これらの手続がこの文書の署名以前に存在する原因、事態もしくは事実から発生し又はそれらと何らかの関係をもつ紛争ではなく将来生ずる紛争のためにのみ定められるべきであると考えるので、これらの手続の適用を規制する形式を受諾することができない。仲裁又は司法判決の強制的執行、および、国が第5条に従って各自の国内管轄権に属する事項に関して自ら判断することを妨げる制限は、アルゼンチンの伝統に反する。外国人は、アルゼンチン共和国では最高法規によって自国民と同一の程度に保護されているので、外国人の保護もまた、アルゼンチンの伝統に反する」。

ボリビア
　「ボリビア代表団は、当事国間の取極によって解決された事項から生ずる紛争であっても右の取極が国の重大利益に影響を与える場合には平和的手続が適用されると考えるので、第6条に関して留保をおこなう」。

エクアドル
　「エクアドル代表団は、本条約の署名にあたり、第6条、および、国際連合憲章、米州機構憲章もしくはエクアドル共和国憲法によって宣言された諸原則もしくはそれらに含まれる諸規定と牴触し又は調和しないすべての規定に関して明示の留保をおこなう」。

アメリカ合衆国
「1　合衆国は、原告として、国際司法裁判所に対し裁判所の管轄内に適正にあると考えられないいかなる紛争をも付託することを約束しない。
2　司法的解決と区別される仲裁裁判への合衆国の側によるいかなる紛争の付託も、事

件の当事国間での特別協定の締結に基づかなければならない。
3 本条約で規定されたように、当然にかつ特別の合意なしに義務的なものとしての合衆国による国際司法裁判所の管轄の受諾は、裁判所規程第36条4項に基づいて合衆国が寄託しかつ事件の付託時に有効な宣言に含まれた管轄権又はその他に関するすべての制約によって制限される。
4 合衆国政府は、外交的保護および救済の完了に関する第7条を受諾することができない。合衆国政府の側としては、国際法によって規定された外国人による国内的救済の完了の規則を含む外交的保護の規則を維持する」。

パラグアイ
　「パラグアイ代表団は、以下の留保をおこなう。
　パラグアイは、国家主権に影響を与えかつ現在有効な条約で特に合意されたものでないすべての非法律的性質の紛争については、本条約で定められた仲裁手続の前提条件として当事国の事前の合意を要求する」。

ペルー
　「ペルー代表団は、以下の留保をおこなう。
1 第5条後段に関する留保。国内管轄権はその国自身によって決定されるべきであると考える。
2 第33条および第34条の関連部分に関する留保。既判事項の除外は、当事国間の解決によって決定されたか又は有効な協定および条約によって規律されるかを問わず、その客観的かつ強行的性質により、すべての手続の適用からのこれらの事件の除外を決定すると考える。
3 第35条に関する留保。仲裁裁判が利用される前に、一方の当事国の要請に基づいて、米州機構憲章で定められた協議機関の会合がおこなわれうる。
4 第45条に関する留保。一方の当事国の参加なしに設定される仲裁裁判は、ペルー憲法の規定に反すると考える」。

ニカラグア
　「ニカラグア代表団は、平和的解決に関する米州条約（ボゴタ条約）に承認を与えるにあたり、右の条約に含まれたいかなる規定も、仲裁裁判が無効であり又は無効にされると判断される場合にはそれを否認することを明確に認める国際法の原則に基づいてニカラグア政府が有効性を争っている仲裁裁判に関して同政府がとるいかなる立場も害さないことを明示に記録に留めることを希望する。従って、ニカラグア代表団による本条約の署名は、ニカラグアが争っておりまた有効性が明確でないいかなる仲裁判決の受諾とも主張されえない。
　それ故、ニカラグア代表団は、今月28日に第三委員会で前記の条約の本文を承認する際におこなった声明を繰り返す」。

III 米州平和委員会関係文書

1. 第2回外務大臣協議会会議決議第14「紛争の平和的解決」

　米州大陸の可能な最大限に緊密な団結のためには、いくつかの米州諸国間に存在する紛争が解決されることが急務であるので、
　第2回外務大臣会議は、以下の通り決議する。
　パン・アメリカン・ユニオン理事会に対し、相互の間に性質の如何を問わず何らかの紛争が存在し又は発生することのある諸国がその紛争を可及的速やかに解決することを確保するため絶えず監視し、また、当事国が採択した方法又は合意することのある手続を害することなく、解決に導く措置および手段を提案することを任務とする五国の代表によって構成される委員会を、その目的のために最も適当と思われる米州国の首都に組織することを勧告する。
　委員会は、各外務大臣会議および各米州国際会議に、そのような紛争の状態および解決をもたらすためにとられた手段に関して報告書を提出しなければならない。

2. 紛争の平和的解決方法に関する米州委員会行動基礎

　紛争の平和的解決方法に関する米州委員会の委員は、その活動および審議を遂行するための以下の行動基礎を採択することに同意した。

　　1　権　限
1　行動基礎の枠内で、委員会は、正義、国際法および有効な米州諸文書の原則に従わなければならない。
2　委員会は、二以上の国の間の紛争に対し、直接交渉もしくは通例の外交手続によるその解決が失敗した場合、又は、現実の事情からいかなる交渉も不可能である場合に、いずれかの当事国が要請したことを条件として、管轄権をもつ。

　　2　会　合
3　委員会は、自己の発意に基づいて又はいずれかの米州国の要請によって会合することができる。しかし、委員会は二以上の国の間の紛争の審議のためには、いずれかの当事国の要請によってのみ行動することができる。
4　要請が提出された場合には、議長は直ちに委員会を招集し、委員会はこれを他の当事国に通報する。

　　3　当事国
5　委員会での審理の間、当事国は、全権代表によって代表される。当事国および委員会は、顧問および技術専門家の役務を利用することができる。
6　委員会の委員の一人が一方の当事国の国民である場合には、その委員は投票を棄権しなければならず、また、委員会の会合での発言権が他方の当事国に認められる。

4　一般的手続

7　平和的了解および紛争の除去に導く方法又は手段を提案する前に、委員会は、当事国が合意する方式又は手続を害することなく、紛争の解決のため周旋を提供することができる。

8　委員会は、当事国が各自の主張を、すでに国際法で規定された米州諸国の調和ある関係および団結に関する条件に調整するよう勧告することができる。

9　委員会の行動は、常に当事国の利用に供されなければならない。

10　委員会は、当事国に対し有益と考えるすべての情報を提供するよう招請し、また、受領したすべての書類を当事国の利用に供さなければならない。

11　会合は、委員会が別段の決定をする場合を除いて、秘密とする。

12　委員会は、当事国の協力および合意を達成するために役立つすべての手段をとらなければならない。

13　いかなる場合でも、最終報告書および決定は、過半数の投票によって採択される。

5　期　限

14　主張提出の猶予期間を認めることを避けて、紛争は、可及的速やかに解決されなければならない。

6　委員会の結論

15　委員会は、主張、報告書および研究を検討した後、望ましいと考える場合には、問題の友好的解決を達成するための方法および行動を提案することができる。

16　当事国間の合意が達成された場合には、委員会は、達成された合意の本文のみを含む議事録の謄本を当事国に交付する。

17　委員会の努力にもかかわらず合意が達成されなかった場合には、当事国に謄本が交付される各議事録は、交渉および委員会によっておこなわれた作業についての説明を含まなければならない。

18　委員会は、いかなる情報を公表することが望ましいと考えるか、および、いつ公表するかを決定する。

7　協議会議および米州会議への報告

19　第2回外務大臣協議会議の決議第14に従って、委員会は、各協議会議および各米州会議に、それぞれの紛争の状態およびそれらを解決するためにとられた手段に関して報告しなければならない。

8　委員会への代表

20　パン・アメリカン・ユニオン理事会によって適正に決定されたように、委員会は、アルゼンチン、ブラジル、キューバ、合衆国およびメキシコの代表によって構成される。これらの代表は、前記五国の政府によって直接に派遣されなければならず、各政府は、正式代表の不在の間その者と交代する代表代理を任命することができる。

9　委員会の記録

21　委員会の議事録および記録は、米州機構事務総局であるパン・アメリカン・ユニオンに寄託される。

10 行動基礎の改正
22 委員会は、この行動基礎を過半数の投票によって改正することができる。

3. 米州平和委員会規程(1950年)

名称および所在地
1 第2回協議会議(ハバナ、1940年)の決議第14に従って、1940年12月4日、パン・アメリカン・ユニオン理事会によって設置された委員会は、米州平和委員会と称し、所在地をワシントン市におく。

構　成
2 委員会は、各自の政府によって適正に派遣された米州五国の代表によって構成される。各政府は、正式代表の不在の場合にその者の代理として行動する代表代理を指名することができる。
3 すべての米州機構加盟国は、機構事務総局を通じて、委員会への代表の氏名を適正に通知される。
4 委員会には、11月から10月にわたる1年の任期の間在職する議長をおく。議長職は輪番制とし、輪番の順序は抽せんによって決定する。但し、過去にその代表が議長職にあった国は、以前の在職の順序に従って名簿の最後におかれる。
5 議長が不在の場合には、その職務は、委員会の委員として最も長期間在任した代表によって暫定的に行使される。

権　限
6 委員会は、米州諸国間の平和的かつ友好的関係の維持を促進することを唯一の目的とし、相互の間に性質の如何を問わず何らかの紛争が存在し又は発生することのある諸国がその紛争を可及的速やかに解決することを確保するため絶えず監視し、また、当事国が採択した方法又は合意することのある手続を害することなく、解決に導く措置および手段を提案することを任務とする。
7 委員会は、直接交渉の利用が尽された場合、他のいかなる外交もしくは平和的解決の通例の手続も進行中でない場合、又は、現存の事情から交渉が実行不可能である場合には、いずれかの米州国の要請によって行動することができる。

一般的基準
8 委員会は、衡平、正義および国際法の原則、並びに、適用ある国際文書で具体化された原則を作業の指針とする。

当事国
9 当事国は、委員会に出頭する場合には、その目的のため特に派遣された代表を出すようとりはからう。右の代表は、顧問および技術専門家を伴うことができる。
10 委員会の委員が一方の当事国の国民である場合には、その委員は、投票を棄権しなければならず、また、他方の関係当事国は、委員会の会合の間討論に参加する権利を認められる。

手　続

11　事件が直接の利害関係当事国によって審議のため付託された場合には、議長は、直ちに委員会の会合を招集し、かつ、適当な手段がとれるように他の関係当事国に通知する。

12　いずれの米州国も、直接の利害関係当事国であるか又は委員会の委員国として代表を出しているか否かを問わず、いつでも、委員会による審議に値すると判断するいかなる米州の紛争にも委員会の注意を喚起することができる。委員会は、そのような申請の検討を開始しなければならず、その目的のため、直接の利害関係国の協力を要請することができる。また、委員会は、相当の期間内に、その問題に関する自己の見解を公表しなければならない。

13　委員会は、平和的合意に導く措置を提案する前に、かつ、当事国が採択した方式および合意した手続を害することなく、紛争の解決を促進するため周旋を提供することができる。

14　委員会は、直接の利害関係当事国に対し有益と思われる資料を提供するよう招請する。委員会の審理に関する文書は、当事国およびすべての米州機構加盟国の利用に供される。

15　会合は、委員会が反対の決定をおこなわない限り、公開とする。

16　委員会の決定は、その性質の如何を問わず、委員の絶対多数の投票によって採択する。

17　委員会は、審議のため付託された事件について可及的速やかに決定するよう努力し、また、この目的を考慮して、審理の不必要な遅延を回避するよう努めなければならない。

18　委員会は、作業の成功に貢献する何らかの措置の実施のため必要な手段である場合にはいつでも、一又は二以上の委員に委任して委員会を代表させる権限をもつ。

19　委員会は、審議のため付託された事件の審査を完了した後には速やかに、紛争の友好的解決に導くと判断する措置又は手段を提案しなければならない。

20　当事国が手続又は紛争の実質に関して了解に到達した場合には、委員会の作業は、到達した合意に関する報告書を含む記録の作成に限られ、また、この記録の謄本は、米州各国政府に送付される。

21　委員会の努力にもかかわらず、当事国によって合意が達成されなかった場合には、委員会の活動および作業、並びに第19条に従って委員会がおこなった提案の説明を含む記録が作成される。この文書の謄本は、当事国に交付され、また、他の米州国政府にも送付される。

22　委員会は、公表に適当と考える情報を公表する時期およびその形式を決定する。

他の機関への通知

23　第2回外務大臣協議会議の決議第14に従って、委員会は、右の協議会議および米州会議に委員会が審査した紛争の状態および解決を達成するため委員会がとった手段に関して通報しなければならない。この通報は、同様に、すべての事件において、委員会議長によって米州機構事務総長に送付される。更に、国際連合憲章第54条に従って、国際連合安全保障理事会は、委員会議長によって、委員会の活動に関して常に充分に通報されていなければならない。この規定の遵守を容易にするため、委員会は、諸政府に関連情報を要請することができる。

事務局

24　委員会は、その記録および書類を補完する事務長を指名する。また、これらの文書は、

米州機構事務総局であるパン・アメリカン・ユニオンに寄託される。

会　合

25　委員会は、毎月1回定例会合をもつ。緊急の問題のため必要な場合には、委員会は、特別会合をもつ。

改　正

26　本規定の改正は、その目的のため特に招集された会合で、委員会の絶対多数の投票によって採択する。

4. 米州平和委員会規程(1956年)

1　権　限

第1条　米州平和委員会は、相互の間に何らかの紛争が存在する諸国がその紛争を可及的速やかに解決することを確保するためその権限の範囲内で絶えず監視し、この目的のため、解決に導く措置および手段を提案する。また、委員会は、当事国が合意した方法又は手続を常に尊重しなければならない。

第2条　他の米州国との紛争に直接の利害関係をもついずれの国も、委員会に行動するよう要請することができる。しかし、委員会は、本規定の第15条および第16条の規定に従った後には、当事国の事前の同意を得てかつその平和的解決のため他のいかなる手続も進行中でない場合にのみ、事件をとりあげるものとする。

2　委員国

第3条　委員会は、米州機構理事会を通じて諸政府が5年の任期で指名した5委員国によって構成される。

第4条　いずれの委員国も、その任期の終了時に委員会の委員国として再選されることはできず、また、少くとも1年が経過するまでは再任することが許されない。

第5条　委員会の1委員国は毎年交代する。この目的のため、諸政府は、米州機構理事会を通じて、毎年、辞任する委員国と交代する国を指名する。

第6条　委員会が特定の事件について行動している間に委員会の委員の任期が満了した場合には、その委員の任期は、前条で規定された手続を害することなく、その特定の事件に関する限りでのみ自動的に延長され、かつ、前記の事件の完了によって終了する。

第7条　委員会の委員国の代表は、各自の政府によって指名される。これらの代表は、米州機構理事会に派遣されている代表と同一であってよい。

第8条　それぞれの政府は、代表の不在の場合又は代表がその他の理由で任務につけない場合に代表と交代する代表代理を指名する。

第9条　委員会は、米州機構事務総長を通じて、前2条で規定された任命について通知される。

第10条　委員会の委員であるいずれの国も、委員会が行動を要請された紛争の利害関係当事国である場合には、委員の資格において行動することができない。

第11条　前条で規定された種類の事件の場合には、委員会は、定足数を満たしたその行動を害されることなく、米州機構理事会に専ら前記の紛争に関してのみその代表が行動す

3　議長職
第12条　委員会の議長職は、輪番制とし、毎年、新議長が選出される。
第13条　議長の不在の場合には、その職務は、委員会に最も長期間在任する代表によって暫定的に行使される。

4　所在地
第14条　委員会は、所在地をワシントン市におく。但し、必要と考える場合には、同市以外で会合することができる。

5　手　続
第15条　紛争に直接の利害関係をもつ国が委員会に行動するよう要請した場合には、委員会は、先ず、委員会がその事件において行動することに同意するかどうかを他の当事国と協議する。
第16条　前条で規定された協議において、委員会は、その任務に応じかつその職務の性質に従って、役務を提供する。
第17条　肯定的な回答を受領した場合には、委員会は、直ちに事件をとりあげる。否定的な回答を受領した場合には、委員会は、事件をとりあげることを差し控え、本規程第18条および第22条の規定を実施するにとどめる。
第18条　前3条で規定された通信および委員会が受領した回答は、理事会での各自の代表を通じて米州機構加盟国政府に送付される。
第19条　当事国は、委員会に出頭する場合には、その目的のため特に派遣された代表を出すものとする。代表は、顧問を伴うことができる。
第20条　委員会が会合を開くためには、少くとも3名の委員が出席しなければならない。
第21条　同様に、委員会の決定は、少くとも3名の委員の投票によっておこなわれる。
第22条　各事件において、委員会は、米州機構理事会、外務大臣協議会議および米州会議にその活動および努力の結果を充分に通報しなければならない。国際連合憲章第54条に従って、委員会は、また、国際連合安全保障理事会にその活動を常に通報しなければならない。

6　事務局および経費
第23条　米州機構事務総局は、委員会の活動に必要な事務的役務および作業便益を提供する。
第24条　委員会が紛争におけるその活動の結果として負ったすべての経費は、紛争当事国によって支払われる。パン・アメリカン・ユニオンは、必要な場合にはいつでも、そのような経費を支払うために必要な基金を貸与する。
第25条　いずれの米州機構加盟国又は米州平和委員会自身も、米州会議による審議のため、本規程の改正を提案することができる。

経過規程
本規程に基づいて委員会の最初の委員国を決定し、かつ、第5条で規定された委員国の交代を可能にするため、諸政府は、米州機構理事会を通じて、それぞれ1、2、3、4および

5年の任期で在任する五国を指名する。この指名は、本規程が理事会によって承認された時から90日以内におこなわれる。各国が在任する任期は、米州機構理事会で抽せんによって決定される。現委員は、委員会の新委員が指名されるまで引き続いて在任する。

5. 第5回外務大臣協議会議決議第4「米州平和委員会」

第5回外務大臣協議会議は、
この協議会議が招集された目的、および
米州平和委員会が常設の機関であり、また、この決議で定められた方法で前記の目的の実現を援助するための適当な機関であることを考慮し、
以下の通り決議する。
1 米州平和委員会に、他の機関の特定の権限を害することなく、この会議の主題であった問題の研究を委任する。この目的のため、委員会は、以下のことを検討しなければならない。
　a (i)領域内庇護に関する条約で承認された政治亡命者の権利および自由、(ii)人の権利および義務に関する米州宣言、並びに(iii)米州諸国の国内憲法を害することなく、既存の政府を転覆し又は内戦時における国の義務および権利に関する条約などの文書で想定された干渉もしくは侵略の機会を挑発することを企図する外部からのすべての活動を防止するための方法および手続
　b 一方で人権の蹂躙又は代議制民主主義の不履行と他方で西半球の平和に影響を与える政治的緊張との関係、および
　c 経済的低開発と政治的不安定との関係
2 委員会は、その任務の遂行にあたって、諸政府の要請により又は自己の発意に基づいて、第1項で言及された事項に関して行動することができる。但し、その行動は、いずれの場合でも、それぞれの領域でおこなわれる調査については、当該国家の明示の同意を条件とする。
3 委員会は、他の国際文書によって規律された事態を除いて、この決議の第1項が言及する問題についての広汎な研究を直ちに開始し、また、米州諸政府が所見を明確に表明できるように予備報告書を作成しなければならない。この報告書に引き続いて最終報告書が作成されなければならず、最終報告書は、適切な決定がおこなわれるように、第11回米州会議又は指示がある場合には外務大臣協議会議に提出される。
4 この決議が米州平和委員会に暫定的に付与する新たな権限は、第11回米州会議の終了まで有効とし、同会議が右委員会の規程へのそれの最終的な挿入に関して決定をおこなう。

6. 米州平和的解決委員会規程

　1 性質および目的
第1条 米州平和的解決委員会は、常設理事会の補助機関であり、また、その目的は、米州機構憲章第82条が理事会に付与する権限の行使にあたって理事会を援助することである。

　2 委員国

第2条　常設理事会は、委員会の委員国となる機構の五加盟国を4年の任期で選出する。選挙においては、可能な限り衡平な地理的代表および輪番の原則を考慮に入れなければならない。委員会の委員国は、毎年一部交代する。

第3条　第2条の規定にかかわらず、委員会が特定の事件に関して行動している間に委員会の一又は二以上の委員国の任期が満了した場合には、第2条で規定された委員国の交代を害することなく、その事件への参加が終了するまで任期は延長される。

第4条　第2条の規定に従って選出された国は、常設理事会における各自の長たる、臨時又は代理の代表を委員会に出すものとする。もっとも、当該政府は、他の者をその長たる、臨時又は代理の代表として指名することができる。この場合には、機構事務総長を通じてその旨を理事会に通知しなければならない。

第5条　委員会の委員である国が当事国となっている紛争の場合には、委員会でのその国の代表は、委員の資格において行動することができない。

第6条　第5条で規定された場合には、常設理事会は、行動する資格のない当事国とその事件においてのみ代表が交代する国を可及的速やかに指名しなければならない。但し、その間、委員会は、必要な定足数を満たして行動することを害されない。

3　議長職および副議長職

第7条　委員会は、1年の任期をもつ議長および副議長を選出する。議長および副議長は、これらのいずれの職にも引き続いて再選されることができない。

第8条　議長の一時的又は恒久的不在の場合には、副議長が議長と交代する。両者の不在の場合には、議長代行が選出される。両者の恒久的不在の場合には、残余の任期で議長および副議長が選出される。

第9条　第5条の規定の理由によって議長が主宰する資格をもたない場合には、その事件が処理されている間、副議長と交代する。両者が資格をもたない場合には、アド・ホック議長が選出される。

4　事務局および所在地

第10条　常設理事会事務長又はその代表は、委員会の事務長となり、また、委員会の審理に発言権をもって参加するが、投票権はもたない。

第11条　機構事務総局は、恒久的かつ適切な事務的役務を委員会に提供し、また、委員会の委任および指示を遂行しなければならない。

第12条　事務総長又はその代表は、委員会の審理に発言権をもって参加するが、投票権はもたない。

第13条　委員会の所在地は、常設理事会の所在地であるワシントン市におく。

5　権　限

第14条　理事会が委員会に憲章第24条で掲げられたいずれの平和的手続もとられていない紛争のいずれかの当事国の要請を付託した場合には、委員会は、問題が自己の権限内にあるかどうかを審議し、また、適当と考える場合には、他の当事国に周旋を提供する。周旋が受諾された後には、委員会は、当事国を援助し、かつ、紛争の平和的解決のため適当と考える手続を勧告することができる。

第15条　紛争の両当事国が周旋を得るため常設理事会を利用した場合には、委員会は、理

事会の命令に従ってかつ理事会が指示する他の任務を害することなく、紛争事実を確認することができる。

第16条　常設理事会議長が紛争の両当事国の希望に従って紛争を直接に委員会へ付託した場合には、委員会は、当事国を援助し、かつ、紛争の平和的解決のため適当と考える手続を勧告する権能をもつ。

第17条　規程第14条、第15条および第16条で規定された権限の行使にあたって、委員会は、紛争事実の調査および確認をおこない、また、いずれの当事国の領域においても当該政府の事前の同意を得てこれをおこなうことができる。

第18条　一方の当事国が第14条で規定された周旋の提供を拒絶した場合には、委員会は、常設理事会に報告するにとどめる。但し、委員会は、当事国間の国交が中断している場合にはこれを回復するため、又は、当事国の間に調和を再建するための措置をとることを害されない。

第19条　委員会は、その任務の遂行にあたって、憲章の規定並びに国際法の原則および基準を遵守し、かつ、当事国の間で有効な条約の存在を考慮に入れなければならない。

6　手　続

第20条　委員会は、その所在地で会合する。但し、必要と考える場合には、当該政府の同意を条件として他の場所で会合することができる。

第21条　委員会の委員の過半数が定足数を構成する。

第22条　委員会の決定は、委員の過半数の投票によっておこなわれる。

第23条　委員会は、特定の活動を一又は二以上の委員に委託することができる。

第24条　紛争当事国は、他の者を派遣しない限り、常設理事会へのそれぞれの代表を通じて委員会で行動する。

第25条　委員会は、各事件において、遂行された作業の結果を常設理事会に報告しなければならず、また、適当と考える場合には、その活動の進行について報告することができる。

7　経　費

第26条　委員会の経費は、機構によって支払われる。各当事国は、自己の経費を負担する。

8　規程の改正

第27条　本規程は、総会の承認を得てのみ改正することができる。改正は、常設理事会によって作成され、かつ、審議のため総会に提出される。

経過規定

委員会の最初の構成のため、かつ、第2条で規定された委員国の部分的交代を可能にするために、常設理事会は、以下の任期をもつ5委員国を選出する。すなわち、1年任期の1国、2年任期の1国、3年任期の1国および4年任期の2国。任期の長さは、抽せんによって決定される。

中村道教授　略歴

1941年12月2日	東京都中野区にて出生
1960年3月	京都市立堀川高等学校卒業
1964年3月	京都大学法学部卒業
1964年4月	京都大学大学院法学研究科修士課程入学
1966年3月	京都大学大学院法学研究科修士課程修了
1966年4月	京都大学大学院法学研究科博士課程進学
1968年3月	京都大学大学院法学研究科博士課程退学
1968年4月	岡山大学法文学部助手
1969年7月	岡山大学法文学部講師
1972年4月	岡山大学法文学部助教授
1980年4月	岡山大学法学部教授
1981年5月	外務事務官(条約局)併任(国際連合国際法委員会第33会期に日本政府オブザーバーとして出席、同年7月まで)
1989年11月	ロンドン大学、米州機構(法務部)客員研究員(1990年9月まで)
1991年4月	神戸大学法学部教授
1993年3月	米州機構(法務部)、ロンドン大学客員研究員(同年5月まで)
1993年4月	神戸大学大学院国際協力研究科教授(法学部教授兼任)
1996年7月	神戸大学評議員(1998年7月まで)
1996年10月	岡山大学名誉教授
1997年10月	日本学術会議・国際関係法学研究連絡委員会委員(2003年10月まで)
1998年10月	神戸大学大学院国際協力研究科長・神戸大学評議員(2000年9月まで)
1999年4月	世界法学会理事(2008年5月まで)
2000年8月	日本学術振興会・特別研究員等審査会専門委員(2002年7月まで)
2001年4月	神戸大学附属図書館長・神戸大学評議員(2003年3月まで)
2002年4月	神戸大学大学院法学研究科教授(大学院国際協力研究科教授兼務)
2003年10月	国際法学会理事(2008年7月まで)
2005年3月	神戸大学退職
2005年4月	神戸大学名誉教授
2005年4月	中部大学国際関係学部教授
2008年7月12日	神戸市灘区にて逝去

中村道教授 研究業績 　　　　　　＊書評、辞典類等は除く。

1 著 書

国際法 1（共著）　　　　　　　　　　　　　　　　蒼林社、1980年9月
国家承認―日本の国際法事例研究（1）―（共著）
　　　　　　　　　　　　　　　　　　日本国際問題研究所、1983年10月
国際法 1〔第二版〕（共著）　　　　　　　　　　　　蒼林社、1985年5月
国際法 2（共著）　　　　　　　　　　　　　　　　蒼林社、1985年12月
国際機構条約・資料集（共編）　　　　　　　　　　東信堂、1988年5月
国交再開・政府承認―日本の国際法事例研究（2）―（共著）
　　　　　　　　　　　　　　　　　　　　　　　　慶應通信、1988年5月
領土―日本の国際法事例研究（3）―（共著）　　　　慶應通信、1990年6月
外交・領事関係―日本の国際法事例研究（4）―（共著）
　　　　　　　　　　　　　　　　　　　慶應義塾大学出版会、1996年10月
条約法―日本の国際法事例研究（5）―（共著）
　　　　　　　　　　　　　　　　　　　慶應義塾大学出版会、2001年4月
国際機構条約・資料集〔第二版〕（共編）　　　　　　東信堂、2002年9月
二一世紀の国際機構：課題と展望［香西茂先生古稀記念論文集］（共編）
　　　　　　　　　　　　　　　　　　　　　　　　東信堂、2004年4月

2 論 文

米州機構の平和維持機能と国際連合（一）　　『法学論叢』第80巻6号（1967年3月）
米州機構の平和維持機能と国際連合（二・完）
　　　　　　　　　　　　　　　　　『法学論叢』第81巻2号（1967年5月）
インドネシアの国連脱退および復帰
　　　　　　　　　　　　　　『法経学会雑誌〔岡山大学〕』第18巻6号（1969年4月）
米州機構憲章の改正　　　『法学会雑誌〔岡山大学〕』第19巻3・4号（1970年3月）
地域的機関先議の主張（一）―国連憲章上の限界―
　　　　　　　　　　　　　　『法学会雑誌〔岡山大学〕』第21巻1号（1971年7月）
地域的機関先議の主張（二）―国連憲章上の限界―
　　　　　　　　　　　　『法学会雑誌〔岡山大学〕』第21巻3・4号（1972年3月）

地域的強制行動に対する国際連合の統制―米州機構の事例を中心に―
　太寿堂鼎(編)『変動期の国際法』[田畑茂二郎先生還暦記念](有信堂、1973年3月)
地域的機関先議の主張(三・完)―国連憲章上の限界―
　　　　　　　　　　　　　　　『法学会雑誌〔岡山大学〕』第27巻1号(1977年8月)
米州機構における紛争の平和的解決(一)―米州平和委員会の展開を中心に―
　　　　　　　　　　　　　　　　　　『国際法外交雑誌』第76巻6号(1978年3月)
米州機構の平和的解決関係文書
　　　　　　　　　　　　　『法学会雑誌〔岡山大学〕』第27巻3・4号(1978年3月)
アルゼンチン200海里水域における漁業規制
　　　　　　　　　　　　　　　　　　『外国海洋法制の研究』第2号(1978年3月)
深海海底を律する原則宣言と慣習国際法の成立―　方的国内立法との関連で―
　　　　　　　　　　　　　　　　　　　　　『日本の海洋政策』第2号(1979年3月)
一方的国内立法問題再論　　　　　　『日本の海洋政策』第3号(1980年3月)
米州機構における紛争の平和的解決(二・完)―米州平和委員会の展開を
　中心に―　　　　　　　　　　　『国際法外交雑誌』第80巻1号(1981年4月)
国際法委員会第33会期の審議の概要
　　　　　　　　　　　　　　　　　　『国際法外交雑誌』第81巻2号(1982年6月)
フランス第5共和国憲法下での属領の独立
　　　　　　　　　　国際法事例研究会『国家承認』(日本国際問題研究所、1983年10月)
国連海洋法条約と第三国(一)　『国際法外交雑誌』第84巻4号(1985年12月)
国連海洋法と他の条約および国際協定との関係
　　　　　　　　　　　　　　　　　　　『海洋法と海洋政策』第9号(1986年3月)
国連海洋法条約と第三国(二・完)　『国際法外交雑誌』第85巻4号(1986年10月)
米州機構憲章の改正(カルタヘナ議定書)
　　　　　　　　　　　　　　　『法学会雑誌〔岡山大学〕』第37巻2号(1987年10月)
国際連合におけるカンボジア代表権問題
　　　　　　　　　　国際法事例研究会『国交再開・政府承認』(慶應通信、1988年5月)
南　　極　　　　　国際法事例研究会『領土』(慶應通信、1990年6月)
米州機構の現状と課題　　　　　　　　　『世界法年報』第11号(1991年10月)
The Status, Privileges and Immunities of International Organizations in Japan
　- An Overview -　　　　*Japanese Annual of International Law*, No.35(1992)
米州機構憲章の改正(ワシントン議定書・マナグア議定書)
　　　　　　　　　　　　　　　　　　『神戸法学雑誌』第44巻4号(1995年3月)

国際機構の地位、特権および免除
　　　　　　国際法事例研究会『外交・領事関係』(慶應義塾大学出版会、1996年10月)
日本における国際機構法研究
　　　　　　　　　　　　『国際法外交雑誌』第96巻4・5合併号(1997年12月)
条約法条約に対する日本の立場
　　　　　　国際法事例研究会『条約法』(慶應義塾大学出版会、2001年3月)
条約締結能力について―条約法条約第六条の成立過程―
　　　　　　　　　　　　　　　　　　『神戸法学年報』第18号(2003年3月)
条約法条約の紛争解決条項に対する留保―日本の異議を手がかりとして―
　　　　　　香西 茂・山手治之(編)『国際社会の法構造：その歴史と現状』[21世紀国際社会における人権と平和：国際法の新しい発展をめざして(田畑茂二郎先生追悼論文集)上巻](東信堂、2003年3月)
国際連合と地域的機構―冷戦後の新たな関係―
　　　　　　安藤仁介・中村道・位田隆一(編)『21世紀の国際機構：課題と展望』[香西茂先生古稀記念論集](東信堂、2004年4月)
「国際法先例彙輯」に関する研究(共著)　　『外交史料館報』第18号(2004年9月)
条約に関する戦前の日本の実行―『国際法先例彙輯』を素材として―
　　　　　　　　　　　　　　　　　　『神戸法学雑誌』第54巻2号(2004年9月)
冷戦後における国際連合と地域的機構の新たな関係：補論
　　　－Ademola Abass, *Regional Organisations and the Development of Collective Security: Beyond Chapter VIII of the UN Charter* (2004)の書評を兼ねて
　　　　　　　　　　　　『貿易風〔中部大学国際関係学部〕』第1号(2006年3月)
条約法条約の逐条コメンタリー(五)(条約法研究会)
　　　　　　　　　　　　　　　　　『関西大学法学論集』第56巻4号(2006年12月)
国際連合と地域的機構の関係：60年の変遷と課題
　　　　　　　　　　　　　　　　　　『世界法年報』第28号、刊行予定

あとがき

　中村道先生は、2008年7月12日、残念ながら癌との壮絶な戦いの末お亡くなりになりました。享年66歳でした。ご家族の懸命な看病にもかかわらず、日に日にやせ衰えていくご様子に、文字通り言葉を失う思いでありました。中村先生は大変にご家族思いの方で、ご自分がそのような状況にありながらも、常にご家族のことを気遣っておられました。そして、最後まで学問的情熱を失うことなく、体がよくなったらこの研究もあの研究も完成させたいとの思いを語っておられました。中村先生を喪ったことは学界にとっても大きな損失でしたが、中村先生ご自身にとってもさぞ無念なことであったと思います。もちろん、残されたご家族の悲しみは察するに余りあります。

　中村先生は1964年に京都大学法学部を卒業後、大学院に進学され、田畑茂二郎先生のご指導の下、国際法の研究に励まれました。1968年に岡山大学法文学部助手に採用され、同講師、助教授を経て、1980年に岡山大学法学部教授に就任されました。1991年に神戸大学法学部教授に着任され、1993年には神戸大学大学院国際協力研究科教授を兼任されることとなりました。1998年10月には同研究科長に就任され(2000年9月まで)、2000年10月から神戸大学附属図書館長に就任されるなど(2002年3月まで)、神戸大学において大学行政の重責を相次いで担われました。研究好きの先生には、かなりつらい日々であったように思われます。

　2005年3月の神戸大学定年の後、中村先生は三顧の礼をもって中部大学国際関係学部教授に迎えられました。先生は神戸大学時代に失った研究時間を取り戻すべく、中部大学に移籍後は一年に一本の論文を書くことを目標とされ、それを実践しておられた矢先に病魔に襲われました。先生の無念さは想像に難くありません。中部大学を病気療養のために休職されていた先生は、

休職が長引き大学にご迷惑をおかけしているとの思いからか、主治医の先生の反対を押し切って、お嬢さまを伴い、中部大学を辞する旨を中部大学の関係者に直接会ってお伝えになりました。残された体力を使い果たすことを恐れていましたが、翌日、安堵されたかのような先生のお顔を拝見すると、信義に厚く律儀な中村先生らしい行動であり、一見無謀とも思えるこの行動も良かったのではないかと思い直した記憶があります。

　本書は、中村先生の数多い業績の中から、先生がもっとも情熱を注がれた国際機構法に関する論文を選び、それを体系的にまとめたものです。先生の遺稿集ということになりますが、中村先生がご健在であれば、文章その他、色々と手を入れたいとのお考えがあったものと推測されます。それが果たせなかったのは本当に残念ですが、本書は十分に中村先生の国際機構法の体系を示す内容になっていると考えています。絶筆となった世界法学会の2007年度研究大会のご報告の論文も収録されています。先生は2008年1月のある日に私の研究室を訪れ、再入院の報告とともに、この論文を私に託されました。体力的にも極めて困難な状況の中で、一字一字生命を削るように論文に仕上げられた先生の学問に対する真摯な姿勢に圧倒された思いが蘇ります。文字通り珠玉の論文から成る本書は、学界にとっても貴重な財産になるものと確信しています。

　中村先生は、1997年に開催された国際法学会百周年記念大会で「日本における国際機構法研究」と題する報告を行いました。後日、その内容は『国際法外交雑誌』第96巻4・5合併号に掲載されました(本書第1部第1章)。このことは、まさしく日本の国際機構法研究の第一人者であるという学会の中村先生に対する評価の表れであったと思います。とりわけ、米州機構の研究については他の追随を許さない揺るぎない学問的業績をあげてこられました(本書第2部第7章から第11章)。こうした先生の実力は、安藤仁介京都大学名誉教授を責任者として改訂が行われた『国際関係法辞典(第2版)』(三省堂、2005年)での国際組織法の編集責任者として、いかんなく発揮されました。特筆されるべきは、国際法学会百周年記念事業としての『国際法外交雑誌総索引』(2005年)の責任者として、同書の刊行を成功裡に導かれたことです。論語に「徳孤ならず、必ず隣あり」との一節がありますが、先生の人徳のなせる技で、総索引の作

業は、先生を慕う多くの神戸大学の国際関係法の研究者の協力によって行われました。本書もまた、神戸大学の五十嵐正博教授、柴田明穂教授、林美香准教授、前田直子助教、及び京都大学の浅田正彦教授、酒井啓亘教授、濱本正太郎教授の協力によって、その刊行が実現しました。みなさんが本書の校正をはじめとする必要な作業を分担して下さいました。色々な機会に中村先生の薫陶を受けたこれらの人たちによって、本書の刊行が可能になったことを鬼籍にある先生ご自身がもっとも喜ばれていると思います。

　最後になりましたが、困難な出版事情の中で、本書の出版をご快諾いただいた東信堂の下田勝司社長と松井哲郎氏のご厚意に、深く感謝申し上げます。

2009年6月　本書の刊行に尽力された友人を代表して

坂元　茂樹

索 引

[ア行]

アフリカ統一機構(OAU) 36-38, 42-44, 66, 67, 75, 78, 95, 97, 105-107, 116, 249, 258, 261, 262, 316
アラブ抑止軍(LAS) 36, 37, 42, 43, 45, 46, 67, 75, 78, 95, 97, 105, 107, 116
ある種の国連経費事件(ある種の国連経費(憲章第17条2項)事件) 42, 51, 107
安定化軍(SFOR) 59, 115
EC委員会代表部事件 20
イスラム会議機構(OIC) 37, 105
違法性阻却事由 84, 85
インテルサット 14
インマルサット 14
ウエストファリア体制 139
欧州安全保障協力会議(機構)(CSCE, OSCE) 33, 37-40, 47, 48, 54, 76, 88, 98, 105, 106, 108, 110, 114
欧州共同体(欧州連合)(EC、EU) 11, 12, 15, 20-22, 24, 37, 38, 40-42, 44-47, 62-67, 69, 74, 76, 79, 82-84, 86-90, 105, 108, 115, 116, 140, 143, 144, 401
欧州石炭鉄鋼共同体(ECSC) 11, 143

[カ行]

解釈宣言 124, 126-133, 138
隔離措置 79, 101, 102, 211, 212, 235, 236, 376, 377, 380-382, 384
カラカス宣言 165, 308, 309, 310, 345, 387
カラカス決議(宣言) 162-165, 167, 171, 175, 177, 178, 185, 188, 201, 203, 209, 211, 244, 308-310, 341, 345, 387
カルタヘナ・デ・インディアス議定書 387, 421, 423, 426, 445, 447
北大西洋条約 35, 37, 39, 76, 94, 106, 317
北大西洋条約機構(NATO) 37, 39, 40, 47, 57-60, 64, 68, 70, 76, 77, 79, 82, 84, 94, 105, 106, 115, 117, 256, 257, 315, 317
キプロス国連平和維持軍(UNFICYP) 41, 51, 379
旧敵国条項 34, 94
キューバ危機 79, 101, 116, 211, 213

強行規範(jus cogens) 84-86
強制行動 31, 32, 34, 35, 42, 44, 46, 47, 49, 51-55, 57-65, 68-70, 73, 75, 77-90, 92-94, 99-102, 111-117, 153, 154, 208, 215-236, 244, 246-248, 273, 315, 325, 362-372, 379-385, 491
強力な(robust)平和維持活動(強力な地域的平和維持活動) 60, 79, 87
拒否権 6, 16, 18, 34, 80, 94, 145, 146, 185, 193, 194, 215-217, 226, 227, 232, 233, 235, 245, 247, 265, 286, 363, 384
グァテマラ事件 173, 182, 185, 188, 189, 194, 197, 242, 264, 266, 267, 269, 271, 273, 275, 284-289, 300, 303, 306-308, 318, 344, 345, 391
軍事監視団 48, 54, 55, 110, 111
権限踰越(ultra vires) 13, 42, 46, 107
行為主体 9, 10, 14, 18, 56, 141, 142
国際機構設立条約 142, 143
国際機構締結条約法条約 20, 21, 23
国際行政法 25, 26
国際行政連合 144
国際社会の共通(一般)利益 9, 141
国際責任 19, 21, 22
国際通貨基金(IMF) 15, 145
国際復興開発銀行(世界銀行) 15, 20
国際法委員会(ILC) 19, 21, 84, 123, 130, 489, 491
国際法人格 18, 19, 20
国際連合の役務中に蒙った損害に対する賠償事件 18
国際労働機関(ILO) 14
国連緊急軍(UNEF) 41, 42, 51, 107, 109, 241, 379, 381
国連グルジア監視団(UNOMIG) 65
国連シエラレオネ監視ミッション(UNOMSIL) 65
国連大学 14, 20
国連大学事件 20
国連タジキスタン監視団(UNMOT) 65
国連停戦監視機構(UNTSO) 41
国連平和活動に関するパネルの報告書(ブラヒミ・レポート) 57, 112

国連貿易開発会議(UNCTAD) 14, 17
国連保護軍(UNPROFOR) 40, 41, 57, 112, 113
国連リベリア監視団(UNOMIL) 45, 64, 65, 69
国家結合 8, 140
国家責任条文 84, 85, 86
コトヌー停戦合意 64
コンゴ国連軍(ONUC) 41-43, 51, 107, 109, 241, 379, 381
コンタドーラ・グループ 391, 393

［サ行］

サンチャゴ宣言 168-173, 175, 177, 178, 197, 199-201, 203, 310, 350, 351, 353, 355-357
サンフランシスコ会議 34, 36, 37, 73, 75, 92-96, 101, 104, 120, 122, 125, 127, 130, 132, 136, 138, 151, 152, 154, 159, 160, 179, 180, 215, 217-219, 232, 244, 247-253, 255-258, 263, 273, 276, 277, 279, 282, 290, 292-294, 296, 298, 316, 363, 365, 366, 369, 370, 384, 397
サン・ホセ宣言 174, 176-178, 194, 201, 203, 212, 226, 245, 309, 310
自衛権
　個別的── 34, 94, 212, 214, 218, 236, 325, 363, 369, 377, 391
　集団的── 34, 35, 73, 81, 92-96, 99-101, 106, 154, 212, 217, 218, 236, 247, 256, 257, 315, 325, 363, 364, 369, 380, 391, 430, 453, 471
シエラレオネ停戦監視団(ECOMOG) 41, 45, 46, 62-67, 69, 89, 108, 115, 116
事情不変更条項 122
集団自衛 94
集団的自衛機構 39, 40, 74, 76, 77, 94, 95, 106
条約締結能力 20, 492
条約法条約 20, 21, 23, 84, 492
条約法草案 123, 130
新戦略概念(new Strategic Concept) 39, 106
人道的干渉(介入) 64, 82, 85, 116
西欧同盟(WEU) 37, 40, 47, 105
世界保健機構(WHO) 121, 137

［タ行］

ダンバートン・オークス提案 34, 73, 92,
93, 124, 125, 152-154, 179, 215-217, 219, 247, 251, 252, 255, 256, 276, 282, 293, 296, 362, 366, 367
地域的機関(機構)の先議 34, 49, 70, 78, 98, 250, 262, 268, 272, 273, 275, 284, 286, 288, 289, 298-300, 306, 312, 317, 318, 425
地域的強制行動 34, 35, 46, 49, 54, 55, 62-64, 69, 70, 73, 75, 78, 79, 83, 84, 86-89, 93, 94, 99-102, 111, 114-117, 215-219, 227, 235, 246, 247, 273, 315, 325, 362, 363, 365, 491
地域的平和維持活動 32, 41, 42, 45, 46, 49-55, 60-62, 65, 67-69, 102, 107-111, 114-116, 379
チャド平和維持軍(チャド・アフリカ軍) 42, 44, 46, 66, 107
チャプルテペック協定 153, 154, 158, 215, 217, 218, 258, 320, 324, 363, 366
中ソ友好同盟相互援助条約 34
デイトン合意 40, 59, 115
独立国家共同体(CIS) 37, 38, 40, 41, 47-49, 54, 61, 62, 65-69, 76, 88, 105, 108, 110, 114, 116, 117, 360, 469
──集団的平和維持軍 48, 61, 62, 66, 68, 88, 105, 114
──平和維持軍 48, 64
特権免除 19, 20, 420
ドミニカ米州軍 45, 46, 67, 102, 108, 379, 384, 385

［ナ行］

内政不干渉(の原則) 43, 200
南部アフリカ開発共同体(SADC) 76, 86
ニカラグア事件 84
西アフリカ諸国経済共同体(ECOWAS) 37, 38, 40, 41, 44-46, 62-65, 69, 74, 76, 79, 82-84, 86-90, 105, 108, 115, 116
ノーコメント・アプローチ 69, 87

［ハ行］

ハーグ平和会議 144
平和維持軍 41, 43-46, 48, 54, 55, 61, 62, 65-68, 88, 105, 108, 110, 111, 114, 241, 379
破綻国家 85

索　引　499

パナマ運河事件　326, 344, 345, 349
ハバナ決議　162, 330, 332, 334-337, 339-342, 347, 390, 424
パン・アメリカン・ユニオン理事会　326, 328-330, 332, 337, 338, 468, 480-482
非5条任務　39, 77, 106
必然的含意の法理　12
表決制度　15-18, 145, 146
普遍的国際機構への国家代表条約　23
紛争の平和的解決方法に関する米州委員会　330, 334, 338, 340, 342, 468, 480
プンタ・デル・エステ決議　205, 208, 232, 368, 373, 374, 384
並行展開（co-deployment）　31, 40, 41, 64, 65, 69, 89, 116
米州開発銀行　245, 388
米州機構（OAS）
　──常設理事会　260, 290, 321, 359-361, 388, 390, 402, 404, 405, 407, 412-415, 418, 420, 422-425, 428, 434-437, 440, 441, 444, 446, 447, 451, 457-464, 466, 469-471, 486-488
　──経済社会理事会　388, 402, 404, 412, 415, 416, 418, 420, 422, 435, 437-440, 443, 446, 448, 449
　──教育科学文化理事会　388, 404, 412, 414-416, 418, 422, 435, 438-440, 446, 448, 449
米州機構憲章（ボゴタ憲章）　46, 99, 151, 152, 154, 190, 199, 200, 204, 207, 228, 229, 258, 260, 282, 307, 316, 319-321, 358, 359, 373, 374, 378, 386, 397, 400, 407, 421-423, 426, 427, 445-447, 449, 450, 467-469, 471, 478, 479, 486, 490, 491
米州機構憲章改正議定書（ブエノスアイレス議定書）　321, 359, 400, 421, 422, 445, 467
米州機構憲章の改正（カルタヘナ議定書）　46, 78, 98, 99, 260, 319, 358, 359, 397, 420, 421, 423, 425, 426, 445-447, 467, 490, 491
米州諸国間の紛争の回避又は防止に関する条約（ゴンドラ条約）　322, 477
米州人権委員会　203, 260, 261, 388, 404, 411, 415, 417, 420, 422, 434, 437, 440, 443, 457, 461, 462, 466

米州制度（Inter-American System）　46, 96, 97, 152-155, 157-160, 168, 172, 176, 177, 179, 203, 206-209, 215-217, 226, 229, 237, 244, 251, 255, 258, 259, 262, 268, 270, 309, 310, 316, 320, 321, 328, 330, 334, 335, 347, 348, 350, 351, 354-356, 363, 367, 370, 373, 374, 378, 386, 388, 391, 397-401, 403, 404, 406, 408, 409, 411-413, 421, 430, 432, 434, 436, 445, 453, 455, 457, 459
米州相互援助条約（リオ条約）　78, 86, 96-98, 100-102, 154, 155, 158, 159, 161, 163, 164, 166, 168, 171-181, 186, 197-214, 218, 219, 225, 229, 236, 237, 240, 259-264, 267, 268, 270, 308, 309, 320-329, 331, 335, 343, 345-357, 361, 363-367, 374, 376, 378, 381, 386-392, 397, 401, 402, 404, 405, 422, 424, 425, 446, 458
米州平和委員会　97, 152, 154, 161, 166, 169, 172-174, 177, 182-188, 196, 199, 202, 203, 205, 259, 264, 265, 268, 270, 272, 274, 288, 304-309, 314, 319, 320, 329-353, 355-360, 389, 390, 404, 422, 424, 425, 446, 447, 467-469, 480, 482, 484, 485, 486, 491
　──規程　307, 332-334, 338-341, 424, 482, 484
米州平和的解決委員会　260, 307, 319, 332, 334, 339, 360, 361, 390, 404, 413, 414, 422, 424, 447, 469, 470, 471, 486
平和維持活動　7, 28, 30-33, 38-69, 79, 87-89, 92, 102, 103, 105-116, 198, 241, 379, 380, 381
　──伝統的な三原則　57, 112
平和強制　28, 29, 31, 50, 55-57, 60-62, 64, 65, 88, 109, 111-114
平和強制部隊　29
平和構築　29-33, 50, 56, 103, 111
平和創造　30-33, 50, 56, 103, 109, 111
平和的解決に関する米州条約（ボゴタ条約）　96, 97, 154, 162, 173, 181, 259, 263, 316, 319, 321-324, 327, 330-335, 346, 386, 387, 389, 397, 404, 422, 424, 425, 446, 468, 471, 478, 479
平和への課題　29, 31, 32, 36, 40, 54, 57, 72, 75, 90, 103, 104, 110, 112, 118
平和への課題・追補　31, 32, 40, 57, 103, 112
防止外交　→　予防外交

補完性の原則	67	［ラ行］	
保護する責任	117, 118	リベリア停戦監視団（ECOMOG）	41, 45, 46, 62, 63, 64, 65, 66, 67, 69, 89, 108, 115, 116
［マ行］		6条域外任務	77, 106
黙示的権限	12, 19, 44, 46, 80, 108		
モンロー主義	155, 156, 178, 241	［ワ行］	
		和平履行軍（IFOR）	59, 115
［ヤ行］		ワルシャワ条約	35, 94, 106
有志連合	80, 81, 115		
予防外交	29, 32, 33, 50, 103		
予防展開	29		

国際機構法の研究			*定価はカバーに表示してあります
2009年7月12日　　初　版　第1刷発行			〔検印省略〕

著 者Ⓒ中村 道　　発行者 下田勝司　　　　　　　印刷・製本／中央精版印刷

東京都文京区向丘1-20-6　　郵便振替00110-6-37828
〒113-0023　TEL(03)3818-5521　FAX(03)3818-5514　　　株式会社　発行所　東信堂

Published by TOSHINDO PUBLISHING CO., LTD
1-20-6, Mukougaoka, Bunkyo-ku, Tokyo, 113-0023, Japan
E-mail：tk203444@fsinet.or.jp

ISBN978-4-88713-928-2　C3032